本書出版得到國家古籍整理出版專項經費資助

郝懿行集

㈦

[清]郝懿行 著
安作璋 主編

齊魯書社

曬書堂集

耿天勤 點校
安作璋 通校

曬書堂文集

序

郝觀察聯薇志述祖德，既奉蘭皋先生所著《易》、《春秋》、《爾雅》等書暨王安人婉佺所著《詩問》、《列女傳》等書次第上諸朝，又將《晉宋書故》、《補刑法食貨志》、《宋瑣語》、《荀子補注》、《竹書紀年校正》、《寶訓》、《燕子春秋》、《蜂衙小記》、《海錯》及《證俗文》先後刊印傳佈，今復甄綜《曬書堂文集》、《外集》、《别集》、《筆記》、《筆録》、《時文》、《試帖》及《詩鈔》、《詩餘》凡如干種，並附王安人所遺文、詩，都爲一集，於是先生述造畢顯於世，海内學人罔不稱快。

既梓成，徵序於予。予惟先漢之學，齊魯爲盛。《易》，田生；《書》，伏氏；以至申、轅之《詩》，高堂之《禮》，胡母之《春秋》，傳相祖授，著於竹帛。戰國遭秦滅學，六經之道賴以不墜者，山東大師維持之力也。至鄭君出而奄有諸儒之業，遂爲東京絶學。蓋其地帶山負海，禀氣清雄，又被服鄒、魯之教，故鴻生魁壘，蟬嫣不絶。若是二千年來微言少熸息矣。我朝張徵君爾岐，粹精「三禮」，首引其端，嗣是桂大令馥、孔檢討廣森輩，咸各摘伏發微，辯章絶業。齊魯之學，於焉復振。

先生家古東牟，距鄭君之居三百里，而近又飫聞諸老師緒言，故學有原本，自周、秦、兩漢故書雅記，旁逮小説九百，文章派别，靡不淹賅，而尤邃於故訓。通籍後，踸踔郎署垂三十年，休沐之暇日，與比肩人發議質難，著書爲笑樂。蓋許慎謹案、劉炫規過，得諸閨闈中，尤前古所未有也。

區區婦人集，曷足絓齒哉？抑予重有感者，鄭君丁時窨㱡，抱持遺典，何邵公操戈於前，王子雝、虞仲翔之徒摧毁於後，江左以來，鄭學衰微，弗絶如綫。

先生遭際清時，仕宦雖未大顯，而身没名留。寫定之書，詔付祕閣，經生顯遇，萬流嗟咨。蓋先生稽古之榮，視鄭君有加。而觀察寶護勤辛，勿替門業，亦非小同。比至校勘精勤，終始勿懈，則觀察之兄聯蓀之力也，亦賢矣哉！班固云：「聖人遺化好學之國。」繼此以往，山東學者庶有聞風而興者乎！

光緒癸未陬月人日

吴縣潘祖蔭

凡例

謹案：《矖書堂集》，原題《矖書堂草》，曰《雜文一》、《雜文二》、《雜著一》、《雜著二》、《雜記一》、《雜記二》、《古近體詩詩餘》，共七册，但約略部居而已。嗣經周孟伯儀部編訂，分門別類，不相雜厠，今悉依所定。

一、《文集》正本凡百十三篇，首《賦》、次《書》、次《序》、次《跋》、次《書事》、次《辯》、次《考》、次《論》、次《傳》、次《記》、次《碑》、次《文》，凡十二門，依《曝書亭集》例也，各有目録。

一、《外集》編次目録與正本略同，凡上、下二卷。

一、《別集》一卷，附《外集》末。

一、凡原本雜録成文而不參己見者編成《筆記》，凡二卷。

一、凡原本雜録故事而參以己見者編爲《筆録》，五種，凡六卷。

一、凡原本行間、眉上，或有添註、塗乙、旁行斜上，或篇末粘簽至有數四，蓋由隨手札記，隻字單詞均當年心血所存，今悉分別附刊，不敢稍有删汰，以俟後來者之考訂。

一、《時文》向無清本，謹於塾課中録刊三十首以備一格，凡一卷。

一、《古近體詩》若干首，分爲上、下二卷；《試帖》、《詩餘》、《和鳴集》合爲一卷。

一、《曬書堂閨中文存》十一篇，乃先大母王太夫人所著，謹附於《别集》後，又《祭財神詩十首》附於《和鳴集》後。

一、此集付梓始於光緒四年，屢求畢東河大宗伯參酌校正，極費經營。其間兩次恭辦進呈書籍，不無擱延，今於十年功竣。均隨刊隨校，慎之又慎，第昔人言「校書如掃落葉」，恐訛誤仍所不免，通人巨眼，尚祈匡所不逮。

聯蓀、聯薇謹識

目録

卷三　叙

卷四　跋

曬書堂文集卷一　賦

鳳尾蕉賦有叙

嘉慶壬申六月八日，余以形勢家言改修門户。朱碧煥然，文彩鮮新，而鳳尾枯株蹶然生肄。欣彼應期，乃爲斯賦。

伊萬物之靡定兮，羌忽爾而枯榮。枯不知其何以萎兮，榮不解其奚以生。諒生萎其無意兮，何又似乎有情？

兹有物焉，厥類名蕉，其形若鳳。擢翠翹之匑匑兮，舒青翰之縱縱；自閩越而飛來兮，豐羽毛而作貢。何德衰以容悴兮，柯如鐵而旋凋？俗名爲鐵樹　豈雄鷄之尾斷兮，非爨桐而形焦？忽緑變而黄隕兮，哀譙譙以翛翛。

循剥復其如環，固消息之善轉。雛居然而盈握，羽新生其若剪。轆轤兮如抽，局踏乎善卷。卷與舒其任運兮，藏與顯其隨時。謂門庭堪羅雀兮，靈禽胡摇尾而下之？被寵光于蓬蓽兮，奚必援瑶草與瓊枝？

按：琉球譯鐵樹曰的即如，又名鳳尾蕉。又云鳳尾蕉曰火必書，亦曰靴底子。

寥寥數語耳，而起伏頓挫，却如一火鑄成。至其品格遒逸，吐屬清華，在六朝間，大似庾子山。

趙鳳崖

導源荀卿，挹秀潘令，真鏤月裁雲手也。

鮑雙五

蒲葵扇賦有叙　甲戌

兒童市一柄，余賞其簡率，有適時之用，欣然賦之。

繄蒲葵之嘉名，本棕櫚之斷梗。施裁剪之微長，比團扇而功省。發清風于動摇，忘赫曦之炎景。雖資材之稍輕，實有濟乎時用。藏乎不得不損，行乎不能不縱。既裁葉以爲匡，亦因莖而爲柄；不躬被乎羅紈，惟體全乎勁正；無標韵之可悦，類枯槁之生成。本山澤之陋質，鮮葵藿之款誠。謝斫彫以爲樸，仍全真而保素。固抑揚以隨人，究離合而任數。非放而舒，靡懷而卷，不剛而撓，罔柔而軟。動而却熱，静而趨凉，俯而如下，仰而若昂。雖規體以爲圓，仍廉礪而有隅。內骨格之聳峭，外混一于棱觚。不隨勢以曲折，終放意而蹁躚，任推移而靡凝滯，忽在後而瞻在前。器雖小而用可大：含天機兮動天籟，扇飲食兮助清凉，障雨暘兮充笠蓋，毆幺麿兮逐蠅蚊，蕩穢惡兮除埃氛，清溽暑兮豁煩衿，净書幌兮拂素琴。

昔中宿之滯貨，幸攀安而遇謝。重馬骨于千金，同蟬翼而增價。信榮聞之有時，遂流譽于天下。何前時之遼落？豈材多而用寡？感良會于寸心，操柔翰而獨寫。

小中見大，寄託遥深，江、鮑得意之篇，非庾、徐所能到也。　鮑雙五

燈花賦有叙　乙亥

世人皆謂燈光有神，雖未敢信，以余所見，瑰狀琦形，非常所綜，窺占測驗，即理如存，志

此久矣，乃爲之賦。

維鄂不之麗質，實嘉樹之挺生。何震夷之猗靡，秉離火之炎精？匪先春而吐穎，乃乘夜而攢莖。含脂膏之霑潤，假草木之萼榮，赫烌烌以騰焰，褰翹翹而舒英。豈趨炎而附熱，洵用晦而逾明。爾其聚若攢叢，單如鹿獨，圓似朱櫻，細侔金粟。乍乘氣以欲飛，旋隨烟而仍復；初突兀以峥嶸，漸聯翩而湊蔟。綻紅頰以垂頤，包赤心而洞腹；披蓮蕊于炎房，繫熒星乎深屋。飛蛾赴焜以回旋，蛣蜣聞香而起伏。本氣焰之所生，傳金錢之可卜。《西京雜記》：「燈花得錢財。」

既粗標其形狀，亦細推其端詳：或濃如帶雨，或艷似拒霜，或華齊若木，或影妒扶桑。忽成陰兮披傘蓋，旋露質兮耀明璫。形乍離而還合，體將翕而故張。綴珊瑚于火樹，雜玫瑰于夜光，燦熔金于鑪冶，浣毳布于燎揚。旋吸呼于列缺，倏明滅于宵行。偶牢籠而掩蔽，逾騰躍于輝光。依鐵蹲以立幹，鐵蹲鐙臺，見《唐人説薈》。逐金剪而垂芒。擬採榮而擷秀，驚炙手以探湯。不炫明而自耀，羌在暗而彌章。儻被莛尊之拂拭，應參葦苣于堂皇。

若乃樺燭高張，柏油流照，蘭膏香焚，松脂炳爓，競吐奇葩，並呈妍妙。別有蠟淚冰凝，羊肪雪耀，染以蒨津，通以葦竅，棉絮爲纏，燈心爲繞。叨承乏于賓筵，續餘輝于庭燎；紛緒碗之葳蕤，緒碗，見《弟子職》。映曲房之窈窕。既含蕾以忘言，亦破顔而欲笑。微摇漾于攲斜，惜繁華之傾掉。申吉讖以諗余，庶寒灰之重曜。拜嘉賜于宵明，對燭光而舒嘯。宵明、燭光，見《海內北經》。

運典雅于纖穠，孰謂經生不能才子？

鮑雙五

晚菊賦有叙

乙亥之秋，戌月廿二，時維霜降，亥月廿三，小雪戒寒，叢菊方秀，悦茂于霜雪中，供置齋頭，清芬宜嗅，陶然佳趣，會心非遥，欣爲之賦，其詞曰：

猗秋華之高潔，殊散質于日精。《説文》：「日精似秋華。」既别二名，明非一物。際衆芳之摇落，超凡卉而舒榮。何今茲之遲莫？攢晚節之繁英。踐冰雪之凜凓，傲風霜而孤清；侔後凋之勁幹，擢莖穎于纖莖。齋頭晨夕而相對，交如水而淡以成。彼蒲柳之秋悴，茲嘉樹之冬生。標疏瘦而爲骨，歷滄涼而靡驚；召款東以作婢，《陶注本草》：「款東華似大菊華。」呼芳梅而爲兄。梅菊同時，尤爲難得。本託根于籬下，由酈谷而涉乎上京。避豪家之趨走，孰拜獻而先爭。都門上菊，先集豪門。

厭市闤之塵俗，賈又輦余以求贏。市肆廛間，亦皆列菊。富門慕清以延賞，冬暖廡而夏凉棚。亦騎奴之同席，徒與余繁貌而寡情。謂深閨之幽靚，聞媒召而遄行。默無言以甘淡，恐粉黱之見輕。緬招提之净境，庶捆載而遄征。陋修修之釋子，貌隱逸而唊清名。梵刹禪棲，鬻花成市。睠空門而又不堪乎棲託，乃還憩乎寒士之檐楹。雖蕭條之陋室，尚戀戀有故人之款誠。抗温湯而沃灌，熾鑪炭之通瑩；幕窗間以氈罽，然書案之燈檠；懼夜寒之侵隙，延晨曦于簾旌。雖微三沐三薰之伎巧，都門花肆薰沐早開，根傷先敗。頗費一朝一夕之經營。

觀夫素黄競艷，紅紫紛呈，文章麗爾，工類馬卿。嵚崎歷落，蕭散攲傾，不冠不履，狂似步兵；霜姿兀傲，疏影斜横，不充不隕，雅近潛明。至乎凍雲如結，寒月乍晴，顔色憔悴，意緒愁縈，復若行吟澤畔見放之屈平。若乃華堪延壽，葉可芼羹，菸而不落，蘖其復萌，更如杖晚唾遠有道之彭鏗。抱孤芳之索莫，全初志乎廉貞；遇炎熏而靡染，遭冷落而不更；稟高寒于北陸，楊壯厲乎西庚。若無情而有意，仍饒色而希聲。宜淡人之賞遇，絶俗客之將迎。塵中既不可乎久處，余逝將返駕乎層城。

亂曰：蓬蒿盈兮，多棘荆兮；蘼蕪并兮，霜雪凊兮。《世説·排調篇》注：「吴人以冷爲凊。」荃與蓀其不可撑兮，何怪乎芳芷與杜衡！

此《幽通》、《思元》之縮本也。比物連類，風骨遒上，寄託遥深，覺廣平《梅花》徒多脂粉氣。胡墨莊

造極處，人所不能。鮑雙五

口琴賦戊寅

都下街頭有喚賣口琴者，兒童聞聲趨赴，口銜手彈，鏦錚可聽。余索而觀之，蓋鐵爲兩柱，中央夾一鐵片，微掔而薄，翕引如舌，即其弦也。弦末有尾，可便手持，柱端懸鉤，用指撥之，聲則出焉。亦以人氣嘘吸鼓動而成，宛類弦音。音分大小，製亦工矣。亦有用銅及竹作者，竹韵更清，獨以臘、正月間賣之，過此無有。余異之，因爲賦曰：

非絲非木，亦手亦口。資呼吸以發聲，覓軫徽而非有。但一氣之所調，羌獨弦而無偶。於時丱童孌女，翕氣宣音，嗚廉脩營。涓子琴心，緑綺號鍾，響泉韵磬。洋洋入耳，錚錚動聽。

至于舌澀喉乾，韻斷音連。蟬嘶蟋咽，松石之間。及至急弦赴曲，繁音操促；瀲洌沸騰，風駭雲屬。稚子欿愉，妙姬歡欣；啓唇舒齒，不鼓昭文。

洪纖徐疾，惟口所出。鍾期安弦，伯牙應律。異衡草以鼓箏，顔師古《漢書注》云：鼓箏草者，「兩幼童對銜之，手鼓中央，則聲如箏也。」非卷蘆而鳴箄。都下兒童卷蘆葉吹之，即箄篥也，其音高壯。感蜡臘之和豳，爰操觚而命筆。

難老賦己卯消夏草

有童而角，遭先生于道，拱手而趨，盱衡而言。先生唯唯，厥口便便。人何爲乎速老？天何爲乎假年？

先生之心長而髮短，蒙竊惑焉：鬚皤而宣，豈霜雪之獨偏？面黧而槁，將食肉之不飽？竹擢竿而修長，何先生體似隱囊而貌之不颺也？耳偏聽而肩聳，何先生形非橐駝而忽背之腫也？眉異苗而獨秀，淚非雨而長溜，腰與尻忽相親，何子之燕居而體曾未見申申？股不寒而猶栗，手戰兢而恐失，何先生之才非景略而慣于捫虱？眼荷校而耳受牽，齒決竇而鼻流泉，右手持械，左拱不拜，爲敬先生之年邁，何公違乎聖言而在得之不戒？案有盤餐，兒女言歡，何對桑榆晚景而悽楚之多酸？筋力衰殘，宜絶仕宦，先生濫竽，又似乎戀棧？情欲既疏，房室長虚，先生自有妻而何慕乎鰥居？自身禮簡，責人偃蹇，何忘君子之三反？丁寧絮語，詬誶煩苛，違道家之律科，而又奚取折枝之按摩？反復推求，莫能了悟。羌種種之可疑，瞀然而曾不知其何故。問天天不言，先生又不寤，小子不敏，爰腹心之敢布也。

解老賦

水閲水而成川，日積日而爲年。孰荏苒而不老？疇悠久其如天？彼踆烏與顧兔，詎頽景之能駐？星耿耿以垂芒，人遲遲而將暮。既昨覺其已非，寧今吾之仍故。

世皆賤老，有客送難。此老倔强，善能解懸。語不多述，姑略具一二于篇。

當夫秋老霜酣，草零木落，顔失渥丹，貌非沃若。髮類星星，姿同鶴鶴。笑彼叟之龍鍾，驚此翁之矍鑠。

至于暮春畹晚，花柳縱横，開軒命酌，冠蓋相傾。推當筵之祭酒，屬在會之耆英。無先生而不老，有四海以皆兄。

若乃崔、張之雅材，班、蔡之秋實，鄒、枚之麗詞，淵、雲之妙筆。罔非晚歲以訂成，多是暮年之撰述。桂抱蠹而香盈，薑陳根而味出，蠶鍊葉而爲絲，蜂釀花而成蜜。

及乎營平、新息，交阯、先零，音憐金城策敵，馬革籌邊，並樹功于絶域，非受任于丁年。跳踉兮若老驥騰夷路，矯健兮若蒼鶻摩秋天。將軍雖老，猶稱善飯；博士買驢，尚能書券；彭鏗唾遠，有何恨怨！縱頭童而齒豁，頗膂强而力健，譬一鶚之孤騫，可當鷹雛之累萬也！

第觀夫士皤皤，人俁俁，鼛吾鼓，軒吾舞。子固嗤老夫之既耄，余亦笑孃子之爲豎也！于是彼童赧然色沮，逡巡而退，愕眙却顧，自慚失言於褐之父。

罵病賦有叙　己卯消夏草

僕年壯以還，粗知導引，居常少病，唯酉亥中間抱疴委頓，備極苦辛。因念鮮民罷癃殘疾，受諸荼毒，無可告訴，所謂矜人，劇可哀矣。昔東方生罵鬼，余今罵病，皆罵其可罵也。其詞曰：

佩先哲之格言，甄是貧而非病。甘貧味其如飴，苦病容而自鏡。診二豎之難攻，罹百憂之交并。嗟彈劾之無靈，恨巫醫之予聖。

因魔而病，遺魔甚難，魔非一狀，病有千端。《素問》、《靈樞》未及載，《爾雅·釋詁》莫能殫；令談之者色變，俾當之者眉攢；諒創深其尤痛，恆懲小而難安。雖蠹生于腐木，實蓼集于芳蘭；工伺人而抵隙，譬承乏而攝官；或災延于一室，或痛結于孤單。

每蹈襲乎故常，洵行踪之獰惡。侮衰老之龍鍾，偏助天而爲虐；欺嬰孺之幼咳，善隨風而剽掠；喜媒孽于酸寒，獨嫁殃于脆弱；多夭折于伶仃，更摧殘于摇落。值雄傑之奘夫，先趦趄而退却；遭倦仰之孱人，仍揶揄其相謔。

本惡直而醜正，非扶善而衛良。孔泣麟而夢奠，顔勞目而精亡；孟采薪而負疢，曾易簀而就床。彼聖賢之處世，何疢疾之應當？不松茂而柏悦，反芝焚而蕙傷。伊盜跖與莊蹻，獨體健而身康。亮彼昏其罔覺，徒陵弱而畏强。

既不速而忽來，仍見揮而不去。或信宿以淹留，或終年以沉痼。共晨夕而弗離，如託契于舊故。非惜別于三秋，奚邀寵于一顧？請割席以絶交，毋纏綿而永慕！

于是病魔嗒然若喪，喟然若吁，神若愕眙，步若踟躕，宛將言而意索，如神動而欲逋。爰命儔而嘯侶，吾將星駕而就途。此邦不可與處兮，其人剛强而粗疏；竟申申其詈予兮，逝將去而南圖，問爰止于何所兮，將逃之乎機鬼之都。

《傳》稱「二豎」，《經》表「三尸」，未必真有其物，曾何足罵？先生蓋有託而言也。每嘆世情薄惡，吐剛茹柔，翻雲覆雨，恨不能濡翰道其醜態。得此痛快淋漓之筆，寫得如此暢足，余心爲之稍平焉。覽者幸勿以游戲目之。

王成齋

砧聲賦

雲慘淡兮日長陰，天泬寥兮氣蕭森。催寒衣兮鳴促織，流爽籟兮動疏砧。爰憑子墨，聊寫餘音。

既抗厲以忽高，復墜沉而旋下；方嘈雜而靡間，更虛徐而多暇。若金井之輕敲，類澗泉之暗瀉；摇閣外之風鈴，走簷前之鐵馬；混珠點之落盤，亂雹冰之拋瓦。

爾其蟬聯錯落，斷續糾紛，嘹嘹嚦嚦，側耳遠聞，如邊鴻失侶，繁響入雲。瑟瑟蕭蕭，四鄰齊起，如落葉辭林，鏗然階戺，淅淅瀝瀝，瀟雯丁東，又如連江寒雨，夜滴疏桐。既凄凄以清清，忽騂然而響絶，又如擊破銀瓶，水漿迸裂。警獨鶴之夜飛，厲寒蛩之幽咽；泣怨妾于長門，弔孤臣之嚙雪。

于是薄暮，烟横長空，景没棲鵶。何處猶喧玉笛？誰家乍歇？傷緋素之徒工，恨關山之難越。山城早閉，吹來萬户秋風；畫角遥傳，搗碎一樓明月。

若乃二八妖姬，三千嬌額，永巷宵閒，中庭地白。閟彼深宫，際兹清夜，亦復空照流黄，頻催刀尺。沾來香汗，和血淚以都紅；噴出瓊漿，共唾花而争碧。

别有黄花遣戍，白帝生寒；羈人憔悴，遷客悲酸；故鄉萬里，愁結千端。此人但聞砧聲四起，莫不驚魂嗒喪，流淚泛瀾。惜春華之漸暮，哀綺節之將殘；寫遥情于尺素，裁新句于烏欄。

詩曰：子夜歌終闋，搗衣聲更寒；秋風如有意，吹落玉門關。

曬書堂文集卷二 書

答李飲川論《春秋》書

俗冗匆匆，未獲時承指授。連日伏讀教言，如齊小白、子糾兄弟之説，存而勿論；管仲之事，第毋深考。以上二條，具見説經謹嚴，剷盡藤葛處，已擬于拙著内刊落數行，以誌愧服也。至于「蔡人殺陳佗」，比之「楚人殺夏徵舒」，确不可易，知《傳》説當删也；「齊侯獻戎捷」，參之「齊人伐戎、伐北戎」，讀書得間，知舊説宜刊也。以上三條，敬當改易舊稿以代書紳也。

若乃桓之篇不書王，以爲「聖人有意闕之」，似不可通也。「齊、衛、鄭來戰于郎」，以爲「言戰乃敗」，似《傳》未可從也。「單伯逆王姬」，「單伯至自齊」，自非一人，而「單伯」無妨是名也。何以明之？祭伯、祭仲，即如今稱老大、老二；榮叔、南季，即如今之老三、老四。古人尚質，有特立名字者，亦有以行次爲名者，春秋之初尚多有之，于後漸不復見。既以行次爲名，或單伯之族復有名「單伯」者，亦未可定。如魯國有二「翬齊」，并見于經，亦其例也。不獨

「單伯」是名，雖「孔父」是名亦自無妨。何以明之？甫者，男子之美稱，經典假借作「父」。是故晉有潘父，宋有正考父，經亦有齊侯禄父及王使家父之類是也。如謂孔父死難便應書字，然則仇牧、荀息未聞書字之例也。謂孔子尊祖，《春秋》又非孔氏私書也。

愚管如是，幸辱裁之。

與孫淵如觀察書戊辰

先生津逮後學，獎藉鯫生，前呈鄙著《山海經疏》，猥蒙激賞，並許辱作叙文，良深感佩。前在都下，嘗因燕閒承詢：「《爾雅》『茵芝』」。「茵」字幽僻，他書無考，爾時未有以對，過後思之，唯《藝文類聚》引作「菌」字，形義相近，似乎可從耳。又説「黑鰷」。「黑」當作「儵」，似從郭注悟出，未審他書復有可取證者不也？至「杜土鹵」之「鹵」，蒙意當爲「臾」字之壞。「元良」訓「首」，疑「良」即「首」字之譌，并據古文形近似，確乎可信者也。竊詳《爾雅》，此類甚多。先生博極群書，儻有關涉《雅》義，足資考證者，乞勿吝開示爲荷。《爾雅正義》一書，足稱該博，猶未及乎研精，至其下卷，尤多影響。懿行不揆檮昧，創爲

《略義》，不欲上掩前賢，又不欲如劉光伯之規杜過，用是自成一書，不相因襲。性喜簡略，故名之《爾雅略義》。

嘗論孔門多識之學，殆成絶響，唯陸元恪之《毛詩疏》剖析精微，可謂空前絶後。蓋以故訓之倫，無難鈎稽搜討，至乃蟲魚之注，非夫耳聞目驗，未容置喙其間。牛頭馬髀，强相附會，作者之體，又宜舍諸。少愛山澤，流觀魚鳥，旁涉蘇條，靡不覃研鑽極。積歲經年，故嘗自謂《爾雅》下卷之疏，幾欲追蹤元恪陸農師之《埤雅》、羅端良之《翼雅》，蓋不足言。兹書藏之敝簏，殆將十稔。比癸亥夏，重詣都門，而後有《山海經箋疏》之作。以爲《山海經》者，其間怪物，太史遷所不敢言，郭景純作注亦復不説。至若尋山脈川，《水經注》是其潭奥；草木蟲魚，《爾雅》是其鈐鍵。旁逮動植之倫，可以治疾瘵病，《神農本草》又復足資津涉。其它是正文字，辨析異同，《玉篇》、《廣韵》、《類聚》、《御覽》之屬，是其華苑。已上書籍，殆將搜采無遺，唯《北堂書鈔》未見寫本，《開元占經》未有其書。鄙固之譏，誠知不免。今世楊子雲如有穰秋之稽，開倉庾以振窮，俾懿行飢春獲濟，敝帚享以千金，武夫抵彼連城，即今《爾雅》、《山經》具在，當如劉舍人之干沈隱侯，自負其書獻至車下。小子狂簡，先生幸辱裁之。《爾雅略義》，後易名《爾雅義疏》。孫聯蓀謹識。

又啓者，《竹書紀年》校正本，此次匆匆，未及呈政。再前二十年，著有《春秋説略》。其時未治漢學，但主于詮釋經文，及經中前後自有比例，持以銓衡三傳，是非不失毫厘，雖復拘迂，亦自謂不刊之作。而前數年，復有《禮記箋》，專用鄭注以駁陳澔，屬稿未定，旋以他事廢閣。《韓詩外傳》、《大戴記》，俱有訂正，即今尚未脱稿。而拙荆王婉佺前著《葩經小記》，未有定本，又校《列仙傳》二卷，輯《周宣夢書》一卷，近復欲注《列女傳》，將上繼曹大家之遺躅，亦未知能了此事不也？性頗疏散，不喜檢書，乃其有志，亦殊大善。如將來傳注粗就，並當寫本呈覽。《山海經疏》便擬奉寄。

聞山尊説，先生不日南旋，以此且停，容再寄上，外將需檢之書而此間未有者謹單開列。《開元占經》内引《山海經》，《北堂書鈔》寫本内引《山海經》及《爾雅》者，俱希鈔示。道藏《山海經》内，《大荒東經》、《大荒南經》二篇缺，又郭氏《圖讚》自《荒經》已下並缺，此明藏也。如别本或尚有者，乞俱鈔示，幸甚！

答張蒙泉重刻《金石三例》書

接奉手教，所議《金石三例》叙文，深中肯綮，而于鄙著疏謬處，尤能指其竅要，不失古良朋切劘之意，更爲近今所難，實深佩服。

弟于金石之文，素未究心，顧嘗側聞先達之言，以爲碑銘之體，文質相宜。陸平原云：「碑披文以相質，銘博約而温潤。」劉舍人云：「其序則傳，其文則銘。」四語足以盡之矣。昭明所選蔡中郎、王仲寶、沈休文四篇具在，足備典型，而後來作者全似傳紀，不爲碑銘。尊示乃云：「詞皆駢體，不爲典要」，非篤論也。夫文各有體，碑銘亦文耳。若以史法作之，是謂有序無文，舍人之論，雅不如是。後之學者特震于昌黎之名，不敢誰何耳。《三例》一刻，弟實未滿于此，訪諸通人，亦以爲然，而時賢之爲八家古文者亟賞此書，且有購覓不獲以爲憾者。弟親見其然，故商之雅雨，盧氏欣然出其家藏而重付之梓，且屬爲作序。弟亦震于昌黎之名而不敢誰何者，故其爲序雖遠引漢魏以來而不敢薄今愛古，又以今世爲文多無師法，與其面壁虚造，不如取法乎中猶得其下，故力成此舉以徇時好，非弟亦亟賞此書也。《序》中隱躍其詞，不欲明白，恐觀者不喜，大抵意在于斯。不期已爲解人道破，即來示云：「『論者惜其未備』等句，似未辨晰」，吾兄可謂知言哉！鄙序蕪拙，本不經意，罅漏尚多，特因尊示所及而附辨于此。

又此書篇末載朱竹垞欲取東漢以來文銘體例，用止仲之法臚列于篇，此誠先得我心，而又云：「惜乎老矣！不能爲也。」弟之鄙見亦復云然。如有嗜古之士起而爲之，不特補兹書所未備，亦方今文章一大關鍵也。弟雖不能爲，尚俟諸異日耳。

《三例》鈔本，謹已收到。因感吾兄見教，故直吐胸臆，不計言之當否。儻續有教正，仍望

嘉慶辛未六月廿四日

答王幼海辭會典館總纂書

前奉諭，令幫辦官書，甚承盛意，且感且欣。乃過後思之，以愚僻性，加之疏拙，祇能著述私書，而不能裨補官書。况官書當有程限，不得優游自如，儻以過咎，翻爲招損。就令有益，不過徒得加一級耳。

自惟齒近衰暮，精力頹唐，簡牘勞形，枯槁成性，青雲無路，白髮催人，還讀我書，何預人事？量力慮情，百無一可，方嘆吾兄前答程春廬以「渠未必肯來」之言，可謂先見明于知人也。以此自揣，决意方命，深辜盛愛，慚荷交并。見春廬兄亦即代致愚忱，並鳴謝悃，不更作柬。諒諒。

再者，昨晤賈閣，聞因述兄及春廬兄援引之意：渠以舊恙未痊，心腎不交，見在覓醫，服藥未效，並屬作柬時代爲辭謝。不盡。

裁示。

率兹奉覆，匆匆不具。

答陳恭甫侍御書丙子

問闊數年，時縈懷想，緬惟閣下動静安善爲頌。前二年中曾惠手問，兼承遠頒《異義疏證》，展頌之餘，如聆謦咳，意甚樂也。

居常私念：《五經異義》一書，紛綸葳蕤，隱栝宏通，漢儒舊説，多藉收羅，實古經之淵囿，箋注之郭郛也，不獨因爲許君之書偏存愛嗜耳。鄭君之駁，過于掊擊，鄙意雅所不喜。且經生師授，各有門風，異撰何傷，亦各其志。推此而言，鍼膏發墨，亦屬詞繁，况五經無雙之許叔重者乎！愚病此久矣，聊因尊著一發洩之。自惟狂簡，幸望大雅辱而裁之。

賤患偏疝，三載于今，邇來體氣差覺平復耳。以此之故，蟲魚輟注，良以慨然。比緣閒廢，聊刊《瑣語》小書，欲爲索米之資。七年無俸米吃。自比鈔胥，不堪覆瓿，祇恐流播人間作話柄耳。今從同年趙穀士編修寄上此書并拙荆《列女傳補注》各一分，並希加以是正。

燕閩相望，眠食爲珍，採蘭潔膳，板輿熙春，歡欣無量。如弟輩薄祜人何敢望此！乞代請慈幃安福。不宣。

與馬元伯書

元伯足下：

人生會有别離，但未知若爲蚤莫耳。方其聚也，不謂當散；迨其散也，謂當復聚。自古而然，乃今見之。丈夫思立名，富貴本所輕。當足下盛時，美績高于水部，隆聲振乎天都，及六計弊群僚，又名編上第，謂青雲可立致。飇風欻起，孤蓬振而驚沙飛，十載功名蕩爲塵壒。吁嗟惜乎！良足悕已。然塞翁失馬，關尹望牛，自今以往，不出二三年，足下當復奮泥蟠而登雲衢，禍福相依伏，升沉故難預卜哉！

僕舊患偏疝，夏間斗發。君被議出都之日，正僕采薪高卧之時，恨未能扶病走唁，臨岐叙别，耿耿此情，北望增欷，足下儻未之知耶！

僕以丁丑生，明年周甲，自顧衰殘，竊吹久濫。足下嘗以燕間從容見規，謂宜引退。僕雖佩服斯言，而未便投足。非疲駑戀豆，直以蟲魚薄技夙願未酬耳。大抵不過一二春秋，《爾雅》可粗畢，便當頓違塵網，言歸故廬。伏想爾時，足下返旆南轅，僕則馬首東還，恐遂蹉跎不及班荆草露間也。

僕自癸酉抱疴，迄乙亥冬方乃小愈，中間無可消遣，偶讀晉、宋《書》，有所未滿于晉人清虛，矯以事實，故爲《晉文鈔》二百餘首。沈休文之書，欲追步班固、馬遷，獨缺《刑法》、《食貨》二志，而別增《符瑞志》三篇。今删其所增，又補其所缺，凡抄補俱採本書爲之。其二書中精液膏腴足備觀覽者，復採爲《晉宋瑣語》，略放《世説新語》之例，又同《新序》、《説苑》之倫。中有隱滯，間爲疏通，别爲《晉宋書故》二卷。即今《宋瑣語》并《補志》二及《書故》一。雖已付之剞劂，然終比于鈔胥，故不足寄呈郢削，而《爾雅》諸疑義又不能從千餘里外録求訂正，求如在都聚首時往復辨論，籍徵英談，豈可得乎？自臧西成、張阮林相繼凋喪，阮芸臺、王石渠兩先生及伯申大理相次出都，師友落落，如霜葉風林。今足下又赴長白，同人自胡墨莊外，殆成稀絶，而僕又老病，爲將來先散之一人。朋舊艱難如此，何得不相思也？

嗟乎元伯！尚復何言？北風寒冽，伏惟珍攝，眠食自愛。語長情重，惟照不宣。

嘉慶廿一年七月日書

十二月初寄

再奉雲臺先生論《爾雅》書

懿行比來修整《爾雅》，竊謂詁訓以聲爲主，以義爲輔。古之作者，《釋名》以聲代聲，聲近而義同，故《釋名》一部，爲《爾雅》二部也。《廣雅》以義闡義，義博而文賅，故《廣雅》一部，爲《爾雅》二、三部也。今之所述，蓋主《釋名》之聲，而推《廣雅》之義，一聲通轉至十餘聲，是得《爾雅》十餘部也。一義旁推至四、五義，是得《爾雅》四、五部也。以此證發，觸類而通，不似舊人疏義但鈔撮古書，以爲通經，守定死本子，不能動轉。耽思旁訊，歲月漸深，研鑽穿穴，往往意外遘奇，方悟空山落葉，行迹可尋，正恐外間人尋不得耳。

又適購得《經籍纂詁》一書，絕無檢書之勞，而有引書之樂。是書體例甚精，而又聚集通人衆手所成，故能芳漱六藝，囊括百家，洵著述者之潭奧，學覽者之華苑，所謂懸諸日月不刊之書。而懿行于《爾雅》幸得獵其艷詞，拾其香草，以攘臂振捥于其間者也。即今《釋詁》一篇，經營未畢，其中佳處，已復不少，亟欲繕寫一通，先呈誨正，而語多不了，容俟八、九月入都時邸中晉謁，庶幾復修請業執經之故事。

謹此布聞，尚希慈鑒，諸維不宣。

陰雨連旬，屋壁漏濕，門無車馬，意静心閒，聊取前書録存篋笥，用志師友相與之意。

嘉慶己巳六月六日

六月廿一日又記

與鄧湘皋孝廉書

三月之杪，由敝寓齊魯館馨谷兄處奉到惠函，弟亦兼荷存問，感深銘勒。借讀來書，忽驚凶問，實深愴惋，廿五迭更，慘痛如何。兹奉四金，聊申菲奠，伏惟存録，意不具宣。

弟以西歲抱痾，延及戌春，幸蒙賜診，子年秋杪，甫獲就痊，即今堅核消磨次第向盡，兼頗善啖，體氣復佳。引領衡湘，遥申叩謝而已。八味丸方，未敢輟服，近加高麗人參煮製火酒，每當臨卧飲二小盅，加以早年粗知導引，六十許人猶頗輕健，足資調養，不須更覓扶劣膏也。

前承屬購《戴氏遺書》，都下萬難尋覓，近倩人向曲阜孔氏代致，早晚或當有以報命。弟緣病鈔書，比刊《宋瑣語》，附奉一觀，恐不堪覆瓿耳。又前屬題畫册一幀，并奉繳。肅兹布款，藉申弔唁，惟照不宣。

附：題蓬萊畫册

登州蓬萊閣者，海天之交會，林巒之包羅，登眺之極矚也。高甍冠雲，虚檐納壑，勝流名侶自遥而集者，遊趾恆交錯其間。

鄧子湘皋，南楚清韵士也。詩筆故多奇崛，蓋嘗登斯閣，并倩人製圖。甲戌夏，余于都門覽焉，紙墨紛披，題咏殆遍，余不能爲謝朓驚人句，聊取蘇長公《登州謝啓》中語以寄意焉。其語云：「賓出日于麗譙，山川炳焕；傳夕烽于海嶠，鼓角清閑。」蓋其遥情勝槩因可想見云。閣本宋朱守所建賓日樓，其地爲海疆雄鎮，宋元皆置府兵于此，故表意云爾。

與王伯申大理書乙亥

奉别以來，遂離寒暑，望風企想，能不依然。文旌所莅，校藝爲勞，齊魯之士多才氣而少術學，是其一病。閣下稟經酌雅，涵育薰陶，可令從風而靡，幸何如之。計此時回轅歷下，暫以蕭閒，侍慶椿庭，游心竹素，喜樂如何？

弟養疴廢業，偶讀沈約《宋書》，箋記備忘，遂多著録。其書無《刑法》、《食貨》二志，沈《序》乃云「分見紀傳中」，此謂缺所當補；又增《符瑞志》一篇，此謂補所當缺也。今竟欲删除《符瑞》，都無存留，仍刺取沈書補還二志。如謂删去非宜，姑存其半。中下兩篇并入《五行志》，奚不可也？

又後漢以還，遂缺《藝文》，今欲撰《晉宋藝文志》。不列古書于前，但採晉宋人著述，摽其最目，各爲條流，亦如《漢志》藝文之體。然難于檃栝，失在罣漏，恐見聞短淺，將來未易可成也，聊儗度之耳，惟高明裁而正之。

又與王伯申學使書

某近爲《爾雅義疏》，《釋詁》一篇，尚未了畢。竊謂詁訓之學，以聲音、文字爲本，轉注、假借，各有部居，疏通證明，存乎了悟。前人疏義，但取博引經典以爲籍徵，不知已落第二義矣。鄙意欲就古音古義中博其恉趣，要其會歸，大抵不外同、近、通、轉四科，以相統系。先從許叔重書得其本字，而後知其孰爲假借，觸類旁通，不避繁碎，仍自條理分明，不相雜厠，其中亦多佳處，爲前人所未發。如兄澹雅之才，儻謂斯言爲是不耶？某爲此事，存之數年，頗減交游，欲求閒静，庶竭鄙才，而公私敦迫，擺脱爲難。方知一行作吏，此事那復可爲？自念生平作學僮時，亦何可得耶？嚴寒自愛，安雞爲佳。

十一月十三日

與王伯申侍郎論孫卿書

近讀《孫卿書》而樂之，其學醇乎醇，其文如《孟子》，明白宣暢，微爲繁富，益令人入而不能出，頗怪韓退之謂爲「大醇小疵」。蒙意未喻，願示其詳。

推尋韓意，豈以孟道性善，荀道性惡？孟氏尊王賤霸，荀每王霸并衡。以是爲疵，非知言也。何以明之？孟遵孔氏之訓，不道桓、文之事，荀矯孟氏之論，欲救時世之急。《王霸》一篇，剴切錞于沁人肌骨。假使六國能用其言，可無暴秦并吞之禍。因時無王，降而思霸。孟、荀之意，其歸一耳。至于性惡、性善，非有異趣，性雖善不能廢教，性即惡必假人爲。爲與僞，古字通。其云：人之性惡，其善者僞也。僞，即爲耳。孟、荀之恉，本無不合，惟其持論各執一偏，準以聖言「相近」，即兼善惡而言；言「習相遠」，乃從學染而分。後儒不知此義，妄相毁詆。閣下深于理解，必蚤見及，願得一言以袪所蔽。

孫卿與孟時勢不同，而願得藉手救弊扶衰，其道一也。本圖依託春申行其所學，迨春申亡而蘭陵歸，知道不行，發憤著書，其恉歸意趣盡在《成相》一篇，而託之瞽矇之詞以避患也。楊倞何人？不知其字，里居事實，尤所未聞。《唐書·世系表》檢無其人，願具示之。其注大體不誤，而中多未盡，往往喜加「或曰」云云，知其持擇未精，亦由詁訓未明，不知古書假借之義，故動多疐礙。蒙意未安，欲復稍加訂正以存本來。久疏摳謁，茅塞蓬心，聊述近所省存，用代奉面。匆匆不宣。

道光四年甲申二月日具

與李月汀比部論楊倞書

來示：「《唐書·藝文志》以倞爲楊汝士子，而《宰相世系表》則載汝士三子：一名知温，一名知遠，一名知至。無名倞者。《表》、《志》同出歐陽手，不知何以互異？意者倞或改名，如温庭筠之一名岐歟？」

余謂《志》、《表》互異，當由史氏未詳，故闕然弗備，若以馬班史法，于表、志中書本名及改名，如漢劉更生爲劉向之例，斯無不合矣。又按《唐書》倞不立傳，當由仕宦未達，無事實可詳，故《志》、《表》闕略而僅存其名。然千載下遂不知倞爲何人，雖疑則載疑，要亦史筆之疏耳。

汪氏容甫據《古刻叢鈔》載唐故銀青光禄大夫使持節蔚州諸軍事蔚州刺史兼御史中丞馬公墓志銘，其文則楊倞所作，題云：「朝請大夫使持節汾州諸軍事守汾州刺史楊倞撰」，結銜校《荀子》加詳。汪氏又據《志》載「會昌四年」，定爲武宗時人。然則此恐别一楊倞，若《藝文志》注《荀子》之人，止題「大理評事」而無「朝請大夫」以下銜者，蓋非一人可知矣。汪孟慈深以此説爲不然，因言「《藝文志》但云汝士子，安知不有兩汝士也」！余無以應之，請質諸月汀。

閏七月廿四日

曬書堂文集卷三　叙

新製書衣叙

余自七歲入家塾，日讀《論》、《孟》數行。至十三從外傅，輒令手一編，皆時文，率日誦一篇。未幾，遂令學爲文，應童子試。時余年十六，不獨諸經瞢如，即四子書尚未粗知大義也。又三年，補縣庠弟子員。再三年，食餼，于是專治時文，習舉子業，而經史益高閣矣。

東省教弟子甚無法，其舊家世族學有淵源，猶知教子弟以遠到，至于寒鄉僻壤，子弟初入學，無論穎鈍但讀一經，多者至兩經、三經而止，便學操觚爲文，意在速化。其英分稍異者，遂已博巍科致通顯，即鈍者揣摩時趨，間亦僥倖弋科名，功成求得，則遂高自誇詡稱名儒，若忘其中之無有也。父兄既以此獲售，于是教子弟亦復然，數十篇爛時文，不徒作隨時竿木，並奉爲傳家衣鉢。至于經史諸書，務囚鎖深室中類怪物，不則散置破簏，飽蠹魚腹，意若恐子弟一見遂荒其務時文之業者。此東省教弟子類如此，而余亦隨俗波靡浮沉幾二十年，以至于今未已也夫。

弟子之聰明精專强固，隨所試靡不效，在教者之善用而已。古之教弟子，以倫紀爲先務，不令爲文，而古人無不工文者，此聰明有餘之驗也。今以數篇剿襲之時文，半生攻苦，盡耗其有用之聰明以赴之，士當束髮授書，居心已苟，即他日立朝，安得不依阿取容澳涊無耻？士風之壞，職此之由。

夫學求心得而已，非必屏舉業，薄功名，然亦曰得之不得，曰有命而已。故余嘗謂教弟子者，準歐陽公讀書之法，自七、八歲始，不過十五、六歲，大約諸經已讀畢，然後出其緒餘，文亦易工，處爲通儒，出爲名臣。此之所得視彼何如耶？余數年來持此教弟子之法，而自顧卑賤，不能冀俗之因余言而改也，且奈之何哉？

今年丁未夏，歸自都門，家大人進而命之曰：「吾有藏書如干卷，無書衣，舊常散置，即藏猶弗藏矣。吾不能爲縹囊緗帙，然粗布可市也，爾善爲之，吾且督率以先爾焉。」于是經始于七月七日，告成於八月三日。工既訖，偶憶余平日之所感者，因援筆而爲叙。

意氣勤勤，似宋四子文筆。　　牟默人

重裝墨刻叙

此刻乃余八世祖中丞公筆也。祖諱晉，居林下日，于詩古文辭外，尤工書法。爾時親戚、交游閒，收藏蓋夥，洎遭兵燹，向之藏者悉爲灰燼矣。

行生也晚，于先人遺迹，雖零簡隻字，凡有所得，輒亟加裝潢，襲而藏焉。邇歲冥心蒐討，僅得所爲詩古文詞如干首，屬他人鈔本，而我祖手迹闕如也。頃從舊帙中簡得此刻，綜計之：詩一，記一，俱祖所自著。又詩二，一復作，一璸作。復，祖之弟；璸，祖之子也。又詩五，則親戚、交游倡酬之作，而皆祖手書也。披閱之餘，愛其筆力清遒，豐骨高峻，是真得晉人家法者。惜乎苔剥雨蝕，損其什一，幸有存者，又已飽蠹魚之腹。而前時出諸灰燼者，卒爲斷簡零章而已矣。

雖然，先人手澤，余何忍没？是用次其零亂，補其闕漏，閲日而成此摺。嗟乎！德裕平泉，雖一花石耳目之玩猶昭示後人蘄其勿失，矧夫睹其書想見其人尤所稱筆墨有靈者乎？我子孫尚知所寶哉！

《詩意》叙

雪夜，余剪燭，瑞玉擁爐，婢子注水銅壺煮茗，拂几塵，相與讀《詩意》。未終卷，余曰：「此非《詩》意，牟子之意也。牟子蓋疾夫世俗之談《詩》者，不顧其安，都令人晝欲卧，乃獨崎嶇尋絶壑荒邱，蘄合于古作者之意，吾惡知必有合也。」

瑞玉曰：「牟子言之矣。其述子輿氏也，以意逆志，斯爲得之。牟子之意，則《詩》之意也。」

余曰：「小序，吾不知之矣。乃若《二南》之篇，吾知爲周之西；《王風》之作，吾知爲周之東。今也，西其東亦東其西，非倫也。宣有雅，平無頌，吾所知者。今也，劣宣而優平，此亦非吾所知也。『吾其爲東周乎』，以是爲孔子予平王也，夫東周之説則未知爲平王歟？敬王歟？審如牟子之論，惟東周無盛王，故孔子欲興起其治爾，安在爲予平乎？」

瑞玉曰：「無以多譚爲也。夫時鳥候蟲，自鳴天籟，語不同聲，聊以適己意焉爾。且子不嘗爲《詩問》乎？其意亦若是焉已矣，子難牟子，人又以難子也。」

余無以應之，乃笑曰：「如卿言，亦復佳耶！」

爐炭熾甚，茗熟啜之，更剪燭，相與讀之終篇焉。

《韓詩外傳考證》叙

《韓詩外傳》，十卷，蓋殘闕不全之書也。案《漢志》，《内傳》四篇，《外傳》六篇。迨《隋志》止存《外傳》，仍題爲十篇，蓋後人掇拾或分析其簡以求合《漢志》十篇之數，非本書也。書中多儒先緒論，旁及諸子遺説。又如孔子爲司寇之命，古天子即位之策，皆有典法，非經師不能道。又如卵繭喻性，即是董子《繁露》之旨。董、韓同時，孝武中，嘗會論上前，董不能難，而是語與《繁露》合，是則董之精者，韓亦不能易也。仲舒治《春秋》，談災變，而是書言雲而雨，猶不雲而雨，無用之變，不急之災，棄而不治，其論甚正，故《漢志》〔《漢書》〕云：「其人精悍，處事分明。」是則韓之精者，董亦不能易也。

書經屢寫，脱誤頗多，偶獲舊本，因加校讎，往往是正。此間地僻無書，懿行又束書不觀，不能抽繹考訂，是一恨也。

其書雖殘，遺説猶時時見于他書。如第一卷，「家貧親老，不擇禄而仕」，引《詩》「父母孔邇」，據《漢書》引注《韓詩》叙「《汝墳》，辭家也」，是其證也。《文選注》引《韓詩》「《漢廣》，悦人也」，而是書第一卷「處子佩瑱而浣」，亦其證也。他如第一卷《行露》之説，與劉向《列女傳》同；《甘棠》之説，與《漢書·王吉傳》同。第三卷「嗟嗟保介」，以證楚莊王之不祭河也；第七卷「征夫捷捷，每懷靡及，蓋傷自上而御下也」；第九卷「宜爾子孫繩繩兮，言賢母使子賢也。」凡此之類，皆《韓詩》家舊説，僅存是書。《内傳》久亡，無可考證，是二恨也。

又案《漢志》，韓有《易傳》二篇，亦經久亡，而是書第三卷、第八卷稱《易》：「有一道，大足以守天下，中足以守其國家，近足以守其身，《謙》之謂也。」第六卷稱《易》曰：「困于石，據于蒺藜，入于其宫，不見其妻。凶。言困而不見，據賢人也。」《易·中孚》九二云：「我有好爵，吾與爾靡之。」《釋文》引《韓詩》云：「靡，共也。」案「詩」當爲「易」字之誤也。《漢書·蓋寬饒傳》引《韓氏易傳》言：「五帝官天下，三王家天下」，此亦《韓易》僅存而未亡者也。烏呼！古書存者，百無一二，斷篇殘簡，讀者愈益珍重。兹書雖殘，宜以珍《繁露》者珍之。浄几明窗，焚香静對，守此二珍，因忘余之二恨矣。

嘉慶三年四月望前四日序

五年六月五日書

補遺

陰陽相勝，氛祲絪氳也。《大戴禮記·少閒篇》「水土未絪」句盧辯注引。

曾參喪妻不更娶，人問其故，曾子曰：「以華、元善人也。」《漢書·王吉傳》：「駿爲少府時，妻死，因不復娶，或問之，駿曰：『德非曾參，子非華、元，亦何敢娶？』」如淳注曰：「華與元，曾參之二子也。」即引此《韓詩外傳》之文。「一曰曾參之子字華元。」師古曰：「二子是也。」案：《大戴禮》「曾子疾病，曾元抑首，曾華抱足」，是《韓詩》所本，與《檀弓》記異也。

代馬依北風，飛鳥翔故巢。《後漢書·班超傳》章懷注引。

鄭交甫逢（士）女魃服。《康熙字典》「魃」字注引。案：此見《說文》。

鶬鴿胎生，孔子渡江，見而異之者乎？《大戴禮·易本命篇》注引《韓詩內傳》曰。案：「鴿」疑「䳆」字之譌。

魯哀公喟然太息。《文選·舞賦注》引。

周成王與弟戲，以桐葉爲圭，「吾以此封汝。」周公曰：「天子無戲言。」王應時而封，故曰應侯鄉。《漢書·地理志》「潁川郡父城」下注：「應鄉，故國，周武王弟所封。」應劭注引。

齊人崔杼弑莊公，陳不占聞君有難，將往赴之，食則失哺，上車失軾。其僕曰：「敵在數百里外而懼如是，雖往其益乎？」占曰：「死君之難，義也；無勇，私也。」乃驅車而奔之，至公門之外，聞鼓戰之聲，遂駭而死。君子謂：不占無勇而能行義，可謂志士矣！《文選·長笛賦注》引。此二條皆今本所無，後一條見《新序》、《説苑》。

天子社廣五丈，東方青，南方赤，西方白，北方黑，上冒以黄土。將封諸侯，各取方土，苴以白茅，以爲社也。《史記·夏本紀》「貢維土五色」注，《正義》引。

鳳鳴，雄曰節節，雌曰足足，昏鳴曰固常，晨鳴曰發明，晝鳴曰保章，舉鳴曰上翔，集鳴曰歸昌。《太平御覽》引。《説苑·辨物》篇「保章」作「保長」，與《廣雅》同。《毛詩義疏》則云：「朝鳴曰發明，晝鳴曰上翔，夕鳴曰滿昌，昏鳴曰固常，夜鳴曰保長。」

《壺海生詩草》叙

懿行少學詩文，茫未涉其藩籬，而于詩尤瞢如。雖嘗有作，不能工，又不肯竟學，以是荒落久矣。

歲在丁未，以姻連故獲謁古郵先生于舊草堂，輒持文藝就正。先生不拒，細加斧削，屬望良殷，行于是遂師事焉。

先生居福之海瀕，右拱之罘，左挹磁山。山高水長，先生之風于焉斯在。行學慚寡昧，無能窺測高深，又去先生且百里，不獲晨夕請業。每郵筒寄文評閲，亦嘗于文尾附五字詩請正，而揣摩時趨，非由心得，然嘗竊見先生詩，反復吟諷，雖不能至，心焉嚮往，于是者有年矣。

庚申初秋，行在京邸，接奉先生手書，兼以詩篇賜讀。比冬臘間，行接家書，慘離五五。粤辛酉春，倉卒旋里，閲半載餘，時以未獲登堂展謁爲恨。迨今年春初，先生仍以前編見寄，欲令償夙負也。行曉夜披吟，乃益盡見曩時所未見，所爲心嚮往者倍益切而自慚寡昧倍益深矣。

竊維先生以霽月光風之度，地兼山海之靈，齒逾不惑，解組歸田。今甫耆年，消揺林壑，家居日久，課讀問耕，世味淡而詩味濃。及于親戚友朋良游話舊，興到筆隨，往往有作。行故不解爲詩者也，然讀之終篇，竊覺罘磁兩峰，山林冥窅，蓬壺仙隝，天鏡磨空，怳如置身山海間。烏乎！先生真移我情矣！行于是請退而學詩。

壬戌孟春下澣謹叙

《李柘村指頭畫》叙

柘村，隱于畫者也。畫，不惟其貌，惟其神。其畫唯用兩指鈎摹大意，既而潑墨淋漓，五指并下，及成，别具神理，以此重於時。

先是，畫家無用指頭法，自國朝高大司寇且園始。《懶真子》五記司馬温公云：「私第諸處榜額，皆公染指書。其法：以第二指尖抵第一指頭，〔指頭〕上節微屈，染墨書之。」此則指頭作書，温公創意。以此作畫，且園以前蓋未有也。余嘗覽且園一册，自述生平本用古法，其改用指頭，乃以夢中得之。其事固奇，今觀其畫，骨氣清高，殆疑天授，非人工可造也。

柘村之先大人曰悔道人，嘗以其法馳聲畫苑。柘村傳其家學，衍而暢之，生平足迹半天下，北過燕趙，出居庸，西經關陜，南下荆門，遊吴越者凡二十餘年，所見所聞，一寓之于畫。所至紙素坌集，從晨至暮，可作數十紙。然逢人輒作，既不少重惜。以此求者益夥，柘村一無所却，手爲之涅，指爲之禿，目爲之翳，吾不知其人將隱于畫耶，與畫將隱于其人耶？余居嘗自嘆，浮生勞攘，甘爲形役，作苦不休，至于形弊然後已，吾不知其人將役于畫耶，與畫將役于其人耶？將求畫者復爲其人之畫役耶？塵世浮游，當作畫圖觀，有識者儻不以畫師目其人，可也。

柘村，海陽世家，高才宿學，顧不求仕進，世以無能知之者，獨知其畫耳。其人今老矣，行且倦遊，出橐中金買山而隱，所居林泉幽勝如在畫中。烏呼！柘村其可以隱矣！又工鎸印，玉晶銅牙，各臻佳妙，勁遒入古，生動有神，不復以雕飾爲工，蓋與作畫同一機軸云。

嘗見柘村畫青鷄，尾長數倍于身，川陜間人常用作膳。余稽《爾雅》「秩秩海雉」，《夏小正》言「玄雉爲蜃」，皆是物也。《漢書·西域傳》載：「師子似虎，正黄，尾端毛大如斗。」柘村所作，蒼黑色，尾毛又不甚大，唯兩耳中有𩋾毛，舒之可長數尺。

按：《如是我聞》四載，康熙十四年，西洋貢獅，有見者言：其身如黄犬，尾如虎而稍長，面圓如人，不似他獸之狹削。與此又復不同。又言：忽一震吼，聲如無數銅鉦斗然合擊，厩馬聞之皆戰栗，伏櫪下移時不敢動。獅初至時，少宰阿公禮稗曾橐筆對寫一圖，筆意精妙，題曰：元人獅子真形圖。

其在吴門，遣人入水取姑蘇臺瓦，精堅蒼潤，堪中硯材，皆柘村所獨得，古今未有言及者也。附著于篇，用廣異聞焉。

嘉慶十年乙丑仲冬

送王春溪員外遊越中叙

越中山水名天下，又書籍淵藪也。自昔士大夫居焉、遊焉，樂斯二者，弗能去。

余生未嘗履越中，然山水之佳者每往來于心，書籍北來者時流覽于目也。居嘗自念：山水，仁智之樂；書籍，聖賢之心。非夙具慧業種福緣不能兼二者而有焉；有，亦不能領也。今年在始衰，塵俗逼人，自知不免，川巖佳趣，無以爲懷，惟讀書静照，差可忘求。又他鄉著書，聊足遣日，如斯而已。

京師琉璃廠者，書肆所湊者。顧偶思購一書即多不可得，間有得者又往往爲彼居奇不輕售，余病此久矣，以故不能多聚書。當其必用，輒假諸人，及至還書，一瓻又缺。

半生夙負，積算良多。至若空山無人，水流花開，如此境界，更不敢作夢遊想矣。老之將至，當復奈何，美志不遂，良可嘆悒！而春溪先生乃今獨爲越中之遊。先生，故宦于越者也，于越中山水及書籍宜無所不覩，今復有此舉者，蓋登臨之趣領會尤深，篇卷之緣結習未盡也。

余于先生年輩俱後，獨斯二樂竊有同情，然不能追隨其後者，此事蓋不可强，當由未具慧業種福緣故與？雲山江水鬱乎蒼蒼，先生書船滿載穰穰，雖不能至，心嚮往焉。先生瀕行，舉二樂從容諗余，興言未終而此心已馳於彼矣。又承示所欲得書，疏其最目，將爲代購。余既壯先生之行，又感殷勤之意，謹述所志以質諸先生。

嘉慶戊辰九月二十三日

《謝氏族譜》叙

謝氏之先，蓋鼻祖於黄帝。《晉語》稱黄帝之子得姓十四人，而任居第七。《世本》稱任姓之宗得國者有十，而謝居其一。周宣王時，封舅申伯于謝，而任姓之謝始微。或言「宣王封舅于徐」，《楚辭注》引《詩》「申伯番番，既入于徐」是也。或言「于序」，王符《潛夫論》引《詩》「于邑于序」是也。不同者，序、徐、謝，俱一聲之轉。蓋齊、魯、韓三家《詩》作「徐」，或作「序」，《毛詩》作「謝」，良由古讀音緩，不須改字。序、徐、謝三者，俱字異音同，故《鄭語》云：「謝西之九州，何如？」韋昭注：「謝，宣王之舅申伯之國，今在南陽。」然則，序、徐皆音謝，是其證矣。春秋之世，魯有成大夫謝息，未知去申伯幾何世，中葉稍微。秦漢之間，書缺有間，漢有謝堯、謝多、謝夷吾、謝曼卿，落落亦無多人。漢末有謝咸，本名服，以大鴻臚爲將軍出征，改謝爲射，服爲咸，見於《三輔決録》。而《儀禮音義》第十一有射慈，説經與鄭康成同，慈必咸之族人。此皆謝氏舊譜所未詳而可以補其缺漏者也。

自周以前謝爲國，春秋以後謝爲氏。居南陽者，後漢有謝該，以名儒爲孔融薦拜議郎，見《儒林傳》。而吴有謝景。《吴志》列傳載，謝煚，漢尚書郎、徐令。徐即申國舊封，詩人所稱「申伯入徐」者也。煚子承，撰《後漢書》，稱煚仁孝明達。煚弟貞，篤學尚義，舉孝廉，建昌長。承，武陵太守，博學洽聞，子崇、勖並知名。蓋謝世居南陽，以國爲家，後遷會稽山陰，至煚、承而始大。晉氏過江，安、石最顯。自時厥後，世次行事，舊譜已頗能詳，兹故無煩覼縷矣。

謝掾桐詔者，會稽人，在農曹久，恂謹自將，今年春以譜來謁，欲斸資重梓，丐余言以冠其簡。余案舊譜或詳于近而略于遠，又不原謝所以得姓受氏之由，皆有所未備。今故考而録之，俾資觀省焉，因並叙其譜而歸之。

重刻《金石三例》叙

《金石三例》者，雅雨堂盧氏舊刻也。今其版亡，爰購而重梓之。盧氏刻書，凡十餘種，皆善本，有益于世，兹特其一也。

蓋嘗論之：古墓不墳。言葬者，藏也，欲人之弗得見也。後世表而揚之，恐人弗見，故碑碣誌銘之事興焉。然世傳比干墓銅盤銘云「右林左泉，後岡前道」，此贋鼎耳。《史記·秦紀》載《石椁銘》「賜爾石椁以華氏」，亦不足信。《莊子·則陽篇》衛靈公得《石椁銘》曰「不馮其子，靈公奪而埋之」。又《史記索隱》引《博物志》夏侯嬰葬得銘云「佳城鬱鬱，三千年見白日，吁嗟滕公居此室」，蓋皆好事者爲之耳。《華陽國志》載：「蜀王薨，輒立大石，長三丈，爲墓志。」又言：「其親埋作冢者皆立方石以志基墓。」似墓志肇于周秦之間，顧世遠文略，靡得而詳。而西漢杜子夏臨終作文，令刻石埋于墓前。東漢趙嘉亦有墓前樹石之刻。迨魏繆襲改葬父母，制墓，下埋文，欲後人有所聞知，張詹刻石虛造白楸之語，欲令後人勿傷。又隋代釀家于王戎墓得銘數百字。《齊春秋》載王儉言：「石誌不出禮典，起宋元嘉顔延之爲王琳石誌。」是則兹事之興自漢魏，晉宋以來始創意爲之而亦不多見，故《文選》止載《郭有道碑文》以下五首及《劉夫人墓誌》、《竟陵王行狀》二首，略具梗概而已。

唐宋以來，兹事遂繁。于是潘氏始有《金石例》一書，王氏、黄氏相繼有作，盧氏彙刻爲《金石三例》，凡所標舉，不過唐宋諸家而止。論者惜其未備，然由此推而上之，可從漢、魏、晉、宋以追求古人之用心，未必非兹書之力，今兹之刻，殆弗可以已也。潘、盧俱吾鄉先達之有文者，因附著焉。

《經治堂解義》叙

余以嘉慶丙辰赴禮部試，偕牟默人明經過濰，獲交岱封郭君。于時初春雪下，凍塗未滌，日遣家車延余二人登所謂經治堂者，商訂解義，亹亹忘倦。因屬默人爲其《解義》叙，顧未見其書也。

歲戊辰秋，來應順天鄉試，問其書，屬稿尚未成。越六年，癸酉，陳希白中翰以其師遺稿視余，並屬讎校，則岱封已于前一年捐館舍。烏呼！其書在其人亡矣！就令中有疑難，吾誰與質之？余比又抱疴不時癒，而中翰屢促付梓，爰强起披覽。

蓋《周易》已付鈔録，尚缺定本。此《解義》二卷，似已經編定，往往博綜群言，時出新義，而其中未及論定者亦間有焉。

如上卷「羕爲永字異文」一條：「《説文·永部》既引《詩》『江之永矣』，又引《詩》『江之羕矣』。」明羕、永二文，《毛詩》作「永」，《韓詩》作「羕」。羕，从羊聲，《文選》引「羕」作「漾」，同聲假借字耳。「羕」與「永」非古今異文也。

下卷「康誥」一條，據蔡傳以駁《書叙》，謂此篇非周公作，而篇首「惟三月哉生魄，周公初基」以下四十八字，經文明白，蔡傳指爲錯簡，欲移其文于《洛誥》「周公拜手稽首」之上。亦説經者所未敢安也。成王作誥命康叔，不特見于《書叙》，及《左傳》、《伏生大傳》亦引《書》「作新邑于東國洛，四方民大和會」二句于《康誥》篇，必非錯簡，乃洪大誥治。鄭注本《釋詁》以洪爲代，言周公代成王誥，可不必疑矣。

又「《左傳》後雖悔之不可食已」一條，皆用《釋詁》「食，僞也」。僞，爲，古字通用。不可食已，猶言疾不可爲已。「不食言」之「食」應訓僞，「不可食已」之「食」應訓爲。爲、僞，義亦通也。杜注訓食爲消，古無此訓。若以食爲飲食之「食」，抑又非矣。

凡兹數義，蓋皆作者未定之論，謹以詁訓略加訂正，餘以隨文稍爲整頓，校讎未畢，輒以歸中翰。

烏呼！讀其書益想見其人。就令頗有疑難，吾又誰與質之？今距過濰阻雪之歲，已十有九年矣。他日儻遇默人，當以欲質郭君者質之也。

曬書堂文集卷四　跋

李飲川《説春秋册》跋 李，濟寧人，孝廉。

飲川明府通經術，以《春秋》世其家。其學出入「三傳」，上下唐宋諸家，其要歸一衷于經，或徑路稀絶，每曲折以通其義。視余斤斤自持者，蓋不侔焉。顧不以自多，嘗與余往復，又取余《春秋説》條録而加以明辯，于此經可謂精且勤矣。余以拘迂，不能全用其説，僅採録數事入于本書，餘仍歸諸明府，用誌一時切劘之益焉。明府以久次選武邑，從此以經術飾吏治，將不徒託之空言矣，余即以其《説春秋》卜之。

嘉慶十三年戊辰秋九月跋

刁氏《墓誌銘石刻》跋

《刻》爲北魏使持節刁遵作。《魏書》刁雍有傳，遵，其次子也。《誌》所叙悉與《傳》符，唯《傳》稱「遵少不拘小節，長更修改。」「年七十，志力不衰。嘗經篤疾，幾死，見神明救免，言是福門之子，當享長年。」及「有子十三人」，皆《誌》所不載。《誌》言「小子整」者，蓋即第十三人也。獨舉小者，以其貴顯。整事具詳于《傳》，例不書也。《誌》文簡質，略具梗概，而獨致其哀死之情。古人過墟墓生哀，又北方風俗古樸，即此亦可見焉。

汪鈍翁言：「誌銘首行及篆蓋宜書某府君，勿加暨元配字，此近來無識者所爲。古之誌銘，上之太史立傳，上之太常立謚，今雖不行，宜存遺意，女子無傳、謚，奚爲行狀哉？」此誌首行書「魏故使持節」云云，次書高祖某官某，空格書夫人某氏，又空格書父某官某，次書曾祖、祖父皆如之。又自高祖及父皆各爲一行，爲夫人不別行，然後叙云：「公諱遵，字奉國，勃海饒安人」云云。銘辭别爲行，銘後乃空格書「夫人同郡高氏」，又空格書「父允，侍中、中書監、司空、咸陽文公」。案：《儒林傳》云：刁沖，雍之曾孫。十三而孤，「其祖母司空高允女，聰明婦人也，哀其早孤，撫養尤篤。沖免喪後便志學他方，高泣涕留之，終不止」云云，可爲夫人高氏行實，而誌路例不載，誌首行又無「曁元配」字，俱與鈍翁之説合。書法得魏晉風，亦有漢隸遺意。

銘辭有「帝僶之」敬避作允句，「僶」字，字書所無；又「依仁挺信，據德㯳明」，「㯳」字音義同「表」，曰「登農㦸」，「㦸」即「職」字；「邉城俟捍」，「邉」即「邊」字；「秉秏肅命」，「秏」即「旄」字。皆字之別體耳。

石刻得自樂陵廢寺址，舊搨本今爲潞城劉桐村錫信員外家藏。其下方迆右缺百五六十字，中間漫漶二十許字，餘皆完好。

嘉慶十八年癸酉夏五月跋

書《白衣觀音神咒》後

乾隆辛亥二月三日，鐙下讀《居易録》，載寶坻諸生王敬祖者，年十七喪明，常虔誦《白衣觀音咒》。唐熙己巳四月二十六日夜，夢一婦人素衣縞糀，手啓敬祖左目，以小鉗鉗出血筋長寸許，復啓右目鉗之，其血筋亦出而中斷，謂之曰：「爾目無恙矣。」質明，視物瞭然，惟右目微有所障，自是合家持此咒益虔。盤山拙庵禪師智樸作《王敬祖傳並咒》，以傳其咒，即今世所常誦者是也。

余素暗劣，未窺釋典，然竊以意推之，當與儒書無二，大約「誠明」二字足以盡之矣。觀其論覺悟有頓、漸兩義，語心法云「不二爲門」，誠明之義，其盡于此乎？金石以誠堅，日月以誠照；水積而潤，火積而炎；油滿百斤，其中自然生火；置磁石樓上，鐵承其下，則衝擊而破其板。物理相感，皆自然耳。熊渠子睹石以爲虎也而射之飲其羽，是非有神物憑也，誠之至者石爲開耳。

夫至誠感神，惟德動天；天且能動，況觀世音乎！彼觀音之所以靈者，不必家至而日見也，惟其誠至，自然明生，此上聖生安之資也。人心之所以靈者，非必魂交而夢接也，由明而入，積誠而通，此吾儒困勉之學也。其理平常，非有奇怪，而昧者造作語言，張大其説，抑亦惑矣。然觀音度世，亦常身現靈異，吾聞佛之教能化千萬億身以濟衆生，是則神靈之説亦未嘗無然，泥其説以求之則過矣。

夫匹夫匹婦一念之誠，此中光明現種種妙相，是即自心之觀世音，取之不盡矣，又奚必南海普陀哉！

昔東萊吕成公少褊急，一日讀《論語》「躬自厚薄責人」之句，遂大悟，易爲和平。東萊之性情非不定也，幡然改圖，謂非孔子之點化不可也，然世不云孔子善化東萊，而謂東萊善學孔子。愚嘗謂聖人之書至神奇，學者率平視之，亦世無有善讀書如東萊者耳。彼觀世音之經亦猶是也，使世之奉觀音咒者盡如王生，即不必神靈啓之而誠無不動，雖謂觀世音救之亦可也。使世之讀孔子書盡如東萊，即不必神靈牖之而隨在受益，雖謂孔子度化之亦何不可也。獨是世之奉觀音者冥頑譎詐，肆行諸惡，顧乃晨昏盥漱，唔唔咿咿，徒欲借一咒以消遣之，而觀世音者亦卒寂然莫應。嗚呼！同此觀音之咒，豈有靈與不靈哉！

瑞玉篤信大士，常與余約遵奉其教，以時方讀儒書未暇也。兹偶書所見如此，用以自省而自監焉。

《録》中又載滄州張漢儒嘗病，彌留，夢三梵僧以手三摩其腹，立愈。後至普陀謁大士，遂蒙現身，自石壁中出，鉗髮卷鬈，高顴隆準，衣緑色，半身在雲氣中，倏入石壁去。又郎瑛《類纂》亦載元張光弼普陀山觀世音善財應現詩。

余按：世之摹大士者形貌率作婦人，或以發大慈悲具婆心故歟？要之，此書所載近得其實。雖然大士一耳，夢中乃有三梵僧，何耶？順治己丑春，余七世祖北上，公車至利津，以寇阻而返壽光，道中夜夢三僧趺坐説法，座前大水浩淼，一片霞光遍滿大千世界。及歸，遂於近城西北建大士閣，中設三像，其中一尊，狀貌鬚眉仿佛書中所載。時余八世祖中丞公爲文記之，且云「大士雖三，其願則一」。愚謂固然，第兩夢所見，皆云三僧，則未知于義云何也。附識於此。

附：《高王觀世音經》靈異記

余在京師久，見士大夫家多諷此經。余不讀内典，莫由知此經之靈異。顧以人多持誦，而版本流傳淆譌失真，偶得海寧查氏家藏袖珍本，遂取琉璃廠坊刻數本聚集參校，凡訂正六、七十字，於嘉慶辛未夏付會文齋，令照依鐫改訖，因摹印二三百本，俾誦者資考鏡焉。

嘗讀《晉書·載記》第十五云：「徐義爲慕容永所獲，械埋其足，將殺之。義誦《觀世音經》，至夜中，土開械脱，于重禁之中若有人導之者，遂奔楊佺期，佺期以爲洛陽令。」《宋書》第三十六《王玄謨傳》云：「玄謨始將見殺，夢人告曰：『誦《觀音經》千遍，則免。』既覺，誦之得千遍，明日將刑，誦之不輟，忽傳呼停刑。遣代守碻磝。」《後魏書》第七十二《儒林·盧景裕傳》云：「好釋氏，通其大義。天竺胡沙門道悕每論諸經論，輒託景裕爲之序。景裕之敗也，繫晉陽獄，至心誦經，枷鎖自脱。是時又有人負罪當死，夢沙門教講經，覺時如所夢，默誦千遍，臨刑刀折，主者以聞，赦之。此經遂行于世，號曰《高王觀世音》。」

據三書所言，此經靈異由來舊矣，獨以「高王」爲號，未知其審，姑述以俟考。

甲戌春三月廿七日讀《晉書》記

《六韜逸文》跋

《六韜》曰：

武王問太公曰：「貧富豈有命乎？」案：《類聚》引此句下有「將理不得其意」六字。又，「武王」作「成王」。其下亦有脱誤，故置之。

太公曰：「爲之不密。密而不富者，盗在其室。」

武王曰：「何謂盗也？」

公曰：「計之不熟，一盗也；收種不時，二盗也；取婦無能，三盗也；養女太多，四盗也；棄事就酒，五盗也；衣服過度，六盗也；封藏不謹，七盗也；井竈不利，八盗也；舉息就禮，九盗也；無事然燈，十盗也。取之安得富哉？」

武王曰：「善。」

按：此條載《藝文類聚》三十五及《太平御覽》四百八十五，爲近人搜集《六韜》者所未收，或疑其文與《六韜》不類。余以其有益于治生，故録而存之。

大抵今時通弊：家計貧而資用奢，物力耗而風俗靡。酒食徵逐，一筵之費至數十千，古人所稱「日食萬錢」，未足多也。前聞景伯安（滿州人）撫河南，每接屬員，恒詢待客幾器，有過四者，輒被呵譴。今小小讌集，盤飣紛羅，日日常珍，曾無下箸，至于嫁婚過禮，稱貸取資，二日會親，三朝餽女，冠蓋盈門，綺羅填巷，酒闌人散，筐篋一空。謂之被盜，良不虛矣。十盜之條，家家各占三四焉。唯「養女太多」爲一盜，此語似非人情，兼違理教。餘風未殄，故今南楚、東粵鄉曲細人，遂有生女不舉者，殘害忍心，將不爲盜而爲賊矣，寧可謂賊愈於盜乎？

往時，嘉慶初年，有戚里巨公參管部務，余從郎吏呈畫文移至其直廬，官曹填委抱牘濡毫者麇集階下，值其上食，案無空餘，小碗疊陳，多至廿卅，度其施箸不過六七，餘者羅列美觀而已。夫敬事後食，不先畫諾而急素餐，又美多品，昭示衆人，非大臣之體。余時不滿所爲，今追記之。又嘗詣內廷，遇徹早膳，矮脚小几，銀碗散羅，不過四五，此外銀疊數枚，共聚一盤，爲盛菹菜。因嘆帝者之尊，四海之奉，常所供饍，如斯而已。儉先天下，豈不休哉！

乃至士大夫家，窮奢極麗，踵事增加，不能仰承德美。至于「棄事就酒」「衣服過度」，盜在其家，恒流不免。又或優伶雜坐，間以詼嘲，肴餌鮮新，更相誇競，比之珍廚玉食，迥不俟矣。風會所趨，羞貧艷富，或乃典衣候客，貸息稱觴，婦女佚遊，競爲華飾，「封藏不謹」，惟盜之招。讀至「舉息就禮」，「無事然燈」，未嘗不意悚神搖，心頹氣喪，人人家内，不知盜藏凡幾？驀然提起，須著自心，各人子細點檢一番。

尤西堂言：「鍾輅《前定録》載：凡人食料，冥中皆有簿籍，三品以上日支，五品以上旬支，六品至九品季支，其不食禄者歲支。然使支而不用，亦復何害？李衛公稱萬羊宰相，高陽王一餐數萬錢，李令公一食十八種，謂二韭也 等一飽耳。」又言：往在長安，見總憲蔚州魏公宴客，止五簋，且豚肩不掩，幾無下箸處。吾鄉葉文敏居家寒素，有措大風味，其歿也，布帷板床，幾無以殮。昔人云：「咬得菜根斷，萬事可做。」吾輩不可不具此氣骨。《艮齋雜説》四 西堂此言，大可針砭，其論葉文敏有云：「人或疑其矯，然矯而廉不愈于真而貪乎？」余謂矯即何妨，不矯亦不能爲廉也。又云：李衛公「少食百羊，可免崖州之行。」蓋西堂晚年奉佛，故有此言耳，然亦可爲多殺生命造孽者戒。

西堂又言：「明末，吾吳有奸相顧秉謙者，魏黨也。家富而吝，嘗送客至門次，見一錢在地，急以足踏之，拱手曰：『恕不送了。』遂拾而回。後坐法，民焚其居。」《艮齋雜説》四 余謂此老家富而吝，乃至一錢不捨。吾意其居家自奉必儉，然儉乃適濟其吝，坡公所云，大意欲慳耳，而文其名曰儉也。吾邑有一富翁，廣置田園，多藏廩庾，夜間不敢高眠，各院邏巡，以至廢寢。其子若孫竊食珍美，而以粗糲奉翁。翁知之，怒。一日入市，市瓜大嚼，忿恨而言：「我也要尋窮！」其後翁死，而孫輩奢華，遂破其家。

燭，古用麻葦松竹，後用樺木，以其皮裹松脂，謂之樺燭，字省作華。所謂華燭者，實非有華彩也。六朝以還，始有蠟燭，乃以白蠟爲之，詩家所謂「高燒銀燭」者也。俗競淫麗，遂有紅燭，又有燭上作爲華者，斯真可謂「華燭」矣。《歸田録》言，鄧州花蠟燭名著天下，雖京師不能造，相傳云是寇萊公燭法，故嘗知鄧州故也。《歸田録》言：寇萊公「少年富貴，不點油燈，尤好夜宴劇飲，雖寢室亦然燭達旦。每罷官去後，人至官舍，見厠溷間燭淚在地，往往成堆。杜祁公爲人清儉，在官未嘗然官燭，油燈一炷，熒然欲滅，與客相對，清談而已。二公皆爲名臣，而奢儉不同如此，然祁公壽考終吉，萊公晚有南遷之禍，遂殁不返，雖其不幸，亦可以爲戒也。」

字彙

俗間《字彙》小書，取供刺檢，便于劄記耳，然亦有本。《老學庵筆記》二載：王荆公《字説》盛行，有劉全美者，作《字説偏旁音釋》一卷，《字説備檢》一卷，又以類相從，爲《字會》

二十卷。此即令之《字彙》所由來也。但《字會》特荆公一家之書，而《字彙》則鈔撮群書耳。雖名鈔撮，動成罣漏，蓋事出徇俗，胸乏鑒裁，要其指歸，亦荆公《字説》之類耳。《字説》今不可見，《筆記》載其一條云：予少時見族伯父彦遠《和霄字韵詩》云「雖貧未肯氣如霄。」人莫能曉。或叩之，答曰：「此出《字説》霄字，云：凡氣升此而消焉。」其奥如此。真可笑也。又一條云：鄉中前輩胡浚明尤酷好《字説》，嘗因浴出，大喜曰：「吾適在浴室中有所悟，《字説》直字云：在隱可使十目視者直。吾力學三十年，今乃能進此地。」讀之尤可笑也。宋儒爲荆公《字説》錮蔽心靈，竟有學至三十年方識一字者，度此人雖壽百年，才識得三四字耳。直字訓十目所見，本徐楚金《繫傳》，已非本義。許君但解云「正見也」，何等簡明！

讀《中州金石考》書後

《中州金石考》者，黄玉圃之所輯也。余既卒讀，録其有裨于世者數則，略加詮次，用資觀省云。

余少時，讀元微之《會真記》而薄之，以爲浮蕩無行，至播中冓之醜，舞弄筆墨，類昔人所譏天資刻薄人也。其後閲宋人雜著，乃知張生之名，微之所自假託，且崔與元皆出鄭氏，記云：「中表相因」，非微之而誰？於是愈益鄙之，謂如所言，何忍心害理若此？浮薄之譏，余似猶爲所欺而未減其罪也。所最恨者，後人文其事爲傳奇，梨園歌曲，何紫氍毹上拍紅牙曼聲而奏之，若傳爲美談者，則微之之罪難逭矣！

偶讀《中州考》，其間古迹多所闡幽，而崔氏墓銘獨爲較著，然後微之矯誣之罪一朝而白也。墓在滎陽縣，題云：滎陽鄭府君夫人博陵崔氏合祔墓銘。其文乃給事郎秦貫撰　據《銷夏記》謂：「鄭伯常令族，與崔夫人淑德，著《會真記》者，何造此犁舌業？」又云：「誌萬歷初祀，出石門土中。」又據《武安志》，誌銘已著于世，多見之者。嗟呼！青塚埋羞，令千秋白骨永玷泉扉，而石銘欻然出土，豈神物嫉其無端污蔑故顯其迹以昭雪之耶？嘗嘆千古文人游戲筆端，或呈一時之快，至其迹既著，後雖孝子賢孫百口解免而無從，曷可勝道？偶因此事而述所感如此，且俾後之君子有以自監焉。

陳州《新鄭縣志》：周太祖陵前舊有石刻，云：「周天子平生好儉約，遺令用紙衣瓦棺，嗣天子不敢違也。」又載南陽鄧州魏征南軍司張詹碑，據《水經注》碑背刊云：「白楸之棺，易朽之裳，銅鐵不入，凡器不藏。嗟矣後人，幸勿我傷！」元嘉六年大水，蠻飢被掘。説者言：「初開，金銀銅錫之器，朱漆雕刻之飾，爛然。有二朱漆棺，棺前垂竹簾，隱以金釘。」余謂周太祖郭威也，以武人有天下，紙瓦衣棺，雖復儉不中禮，然其意與漢文衣皂綈、宋祖設耒耜何異？至于張詹虛設「白楸」之言，空負黃金之寶，一旦假手鑾凶，席卷而空之，雖意錮南山，寧同壽乎？嘗怪前人厚葬之非，之死致生，窮奢極欲，曾未逾時，玉魚金盌，已出人間，向之身都侯王求如死士之壟而不可得。語云：「山木自寇，膏火自煎。」讀魏征南碑，曷勝掩卷浩嘆？

開封祥符縣二體石經《易》、《書》殘碑，宋仁宗至和元年書。本七經，或云九經，其後頗殘毁，惟《易》、《書》僅存，然剥損過半矣。據《宣和書譜》，章友直工玉筯（筯）字學，與楊南仲篆石經於國子監。今二經遺字可見者：《升》五爻《象》「貞吉升階」，「階」，石經作「偕」；《困》五爻「利用祭祀」，石經作「宗祀」；《尚書·武成篇》與今書不同，蓋在朱子定本前也。「惟一月壬辰旁死魄」，「魄」，石經作「霸」；「既生魄」，同。《洪範》「明作哲」，石經作「晰」。《酒誥》「厥心臧」，石經作「藏」。

又載陳留縣《周禮》殘碑，石長與祥符等，寬減三寸，蓋即至和舊物散軼于此也。《春官》「司尊彝」、「大喪存尊彝」、「犬旅」亦如之，今本在「凡酒脩酌」下，石經在「左右玉几」下。余謂《論語》「有婦人焉，九人而已」，漢石經作「殷人」，注：殷人謂膠鬲。朱子未見石經，故止從邢本。又《書·洪範》「無偏無陂」，古文作「頗」，唐明皇以此句韵不協，因《周易》「無平不陂」，《釋文》「陂」字亦有「頗」音，遂下詔，改「無頗」爲「無陂」。然則由斯以推，經字之譌誤宜多矣，豈獨殘碑云云哉！

又載漢聞喜長韓仁碑，據《金石經眼録》，正大五年出土，在滎陽縣，碑不知何時斷裂。篆額「漢循吏故聞喜長韓仁銘」。文内，「聞喜」書「熹」，「𠆰」即「任」字，「𠀋」即「不」字，「𡗗」即「王」字。

又載彰德府元魏孝文帝《弔比干文》，太和十八年隸書，據《金石文字記》，此碑字多别搆，如蔑爲蔑，蔽爲蔽，菊爲菊，寔爲寔，箕子爲其，往爲住，厥爲厥，亶爲亶，顛爲巔，辛爲亲，桴爲枠，翱爲翺，曳爲电，芙蓉爲扶容，葩爲葩，漂摇爲潎飖，慮爲慮，螭爲螭，裔爲裒，帶爲帶，訴爲訢，鉏爲鴾，瀏爲溜，俯爲府，闔爲闔，騶虞爲騶驉，隨爲隨，轡爲轡，吸爲歙，闕爲闕，睇爲睇，不可勝記。

他如洛陽令鄭敞碑，薛稷書，碑在武后久視元年，故碑中字如地作埊，天作而，人作𤯔，臣作恵，國作圀，日作㉄，年作𠡦。及登封縣《杳冥君銘》君即王子晉月作㞷之類，皆武氏所製。當時，臣子用之，非天子不考文，武曌自作聰明，存此亦足見其僭竊也。

衛輝汲縣《周銅盤銘》篆文奇古，其《釋文》云：「左林右泉，後岡前道，萬世之靈，一作藏於焉是寶。」唐開元中爲耕者所得，或云「武王封比干墓銅盤銘」，妄也；又云「先聖孔子書」，亦非。玩其詞，蓋三代後語耳。

《池北偶談》載孫退谷先生説：昔爲祥符令，有人發古冢，乃東漢馬武葬妾處，中有石，即武爲妾自製，誌文甚古，字畫精絶。又有香奩一具，中貯脂粉，皆宛然。奩底一小銅印，鎸「妾莫如」三字。《急就章》注：漢有毛莫如。

又大梁城西水磨閒土人掘地得一石，有「日月逝酒漿」五字，乃古篆也。周櫟園侍郎摹勒以傳，謂非仙者不能道也。

又載《陜州志》，州東硤石北仙姑洞前水底，有「歸去來兮石渠洞泉」八字，筆勢飛動，綽有仙風。

陳州《扶溝縣志》載：明宏治中，邑人于謝處士墓前得唐人銘：「玄石紀齡，芳儀永謝，一奄泉扉，魂返夕夜。」

又南陽宗資宅瓻瓦篆，宋時耕者得瓻瓦，上有「宗氏千秋」四字，古篆，今無存。《金石録》漢「天禄辟邪」字，在南陽宗資墓前石獸上，蓋右刻「天禄」、左刻「辟邪」也。

南陽《新蔡縣志》載：晉畢卓故里在鮦陽城，明萬曆時，居民鑿井得磚屋，方廣如池，有石額題「游息書屋」四字，即畢吏部書屋也。

《考古圖》：秦雙魚洗得于新鄭，形製與四錢大洗同而差小，皆有「宜子孫」三字，旁有雙魚爲飾。

周櫟園《書影》云：郭公磚，滎澤、滎陽尤多。郭公不知何時人，磚上朱書，嘉靖間發古冢得之。

南陽固始縣有孫叔敖碑，《水經注》在期思，即今光山縣也。廟前碑云：「楚相孫君諱饒字叔敖。」馬驌云：「《左傳》宣十一年令尹蔿艾獵城沂。」杜注：「蔿艾獵，孫叔敖也。」不名饒。余謂此碑漢延熹中立，名字或附會，當以杜注爲是。碑載優孟事與《史記》微異，而所載歌絶奇，足傳也。宋元豐中敕以「遺愛之碑」爲額。

明寧時鏌《黎公墓祠記略》：子貢墓在大伾山東南三里許，莊民杜姓，慮官府謁祭之擾，夜焚其碑而匿之，且以子貢石像移于大伾之麓。

又開封通許縣有漢廣武君李左車墓碣，《邑志》云：墓在廟後，墓前有石，方僅二尺，文字漫滅，可辨者，「君李左車」，尾曰「斜臨洧水，北眺夷山」數字。

歸德商邱縣有隋孝烈將軍廟碑，廟祀木蘭，蓋即女郎替爺征者也，謚曰「孝烈」，宜矣。

又陳州《密縣志》載長官伏虎事絶奇，云：「縣南里許有長官墓，碑勒遺像，一官、一執印、一老嫗、一虎。」梁佐索《長官廟記》：「長官未知何代人，昔宰是邑，有惡獸入境，公選瞻勇一人執牒往，追而投之，獸銜牒自至訟庭，踞地而伏，自是境不爲患。」余謂此事與漢童恢頗類，惜碑字雕落，其詳弗可得聞矣。

《周禮·里宰》賈疏云：「漢時在街置室，檢彈一里之民，于此合耦使相佐助。」浚儀王氏曰：「《金石録》有中平二年正月都鄉正街彈碑，在昆陽城中。趙明誠失于考《禮注》。而酈氏注《水經》、洪氏《隸釋》皆以街爲衛，誤矣。《漢·食貨志》言古制云：『春，將出民，里胥平旦坐于右塾，鄰長坐于左塾，畢出然後歸，夕亦如之。入者必持薪樵，輕重相分，斑白不提挈。』里胥之塾，其即里宰所謂鋤者歟？」余謂趙氏、洪氏及酈道元並以「街彈」爲「衛彈」固誤，但王氏引《食貨志》而以里胥所坐之塾即里宰合耦之鋤，亦非也。古者，家必有塾。塾者，門側之室。閭門左右亦各有塾，擇里中之老有道德者爲右師，其次爲左師，以教里中之子弟。新穀已入，餘子皆入學，距冬至四十五日始出學，上老平明坐于右塾，庶老坐于左塾，餘子畢出然後皆歸，夕亦如之。是塾乃設教之地，非合耦之地也。所謂鋤者，自當别有處所，若今郵亭之旁官舍，里宰時處于此，既以合耦，且使彈壓一里之人。若謂即指塾言，又何必易「塾」爲「鋤」？而里胥豈里宰耶？且以康成注觀之，謂「鋤者，里宰治處，若今街彈之室」。夫既曰「里宰治處」，則非「塾」已明矣，況云「街彈之室」，是豈門左右之塾之謂乎？

讀常璩《華陽國志》書後

道將是書意在甄表人物，詮叙英賢，乃其《序志》之篇忽及黄門侍郎鄧通、卓王孫。二人非英賢也，或居《佞幸》，或在《貨殖》，而與魁壘耆碩連翰垂文，不亦忝乎？且于二十人下自标注云：「其侍郎田儀、楊得意無善事在中也。」按：田儀爲人見揚雄《答劉歆書》，得意狗監見《司馬相如傳》。二人行誼雖未足甄，然此既標以「無善」不録，未聞彼復以何善蒙書也。又《序志》云：「高士王廣，皓子。父爲公孫述所聘，自刎。廣逃匿。述破後，郡及州命、察舉，皆不往，曰：『吾不能復讎，敢〔慕〕當世榮科也！』」此人乃應標題孝節，何但目爲高士乎？又云：「先生胥君安。見《春秋傳》首。」其《梓潼士女志讚》曰：「《春秋穀梁傳》首叙曰：成帝時議立三傳博士，巴郡胥君安獨駁《左傳》不祖聖人。」此人駁《左》，度亦不過門户之習，何足獨當先生之目也？按：《韓詩外傳》六云：「先生，猶言先醒也。」審如君安所駁，將從《左》者豈皆眊眊猶醉耶？凡此皆記録之失，略摘數條以存梗概焉。

《劉先主志》云：「先主還（沛）解，公使覘之，見其方披葱，使廝人爲之，不端正，舉杖擊之。公曰：『大耳翁未之覺也。』其夜，先主急東行，公馳使追之，不及。」按：《三國·蜀志注》引胡沖、吳歷以爲「時閉門，將人種蕪菁，曹公使人闚門。」裴松之謂曹公「遣先主統諸將要擊袁術」，「非因種菜遁逃而去。」然則，「披葱」之説亦非事實明矣。又云：「初，羽隨先主從公圍吕布于濮陽，時秦宜禄爲布求救于張揚，羽啓公：『妻無子，下城，乞納宜禄妻。』公許之。及至城門，復白。公疑其有色，自納之。後先主與公獵，羽欲于獵中殺公。先主爲天下惜，不聽。故羽常懷懼。」云云。此事亦非事實，不待辨也。乘亂而納人妻，非義也；因獵而圖報怨，非直也；因此懷懼不安，非勇也。三者皆烈士所不爲，而謂關公爲之乎？案：裴松之《蜀志注》引《蜀記》亦載此事，而云「與《魏氏春秋》所説〔無〕異」。是事屬傳疑，故駁之。

《大同志》云：咸寧三年春，益州刺史王濬誅犍爲民陳瑞。瑞以鬼道惑民，自稱「天師」，徒衆以千數百〔百數〕。濬誅其祭酒袁旌等，焚其傳舍。蜀中山川神祠皆種松柏，濬以爲非禮，皆廢壞燒除，取其松柏爲舟船，惟不毁禹王祠及漢武帝祠。又禁民作巫祀。于是俗無淫祀，教化大行。又被詔罷屯田兵，大作舟船，爲伐吳計。别駕何攀以爲佃兵但五、六百人，無所辦，宜召諸休兵，借諸郡武吏，并萬餘人造作，歲終可成。濬從之。案：《西州後賢志》載此議特詳。攀又建議：裁船入山，動數百里，艱難。蜀民冢墓多種松柏，宜什四市取，入山者少。濬令攀典舟船器杖。五年冬，十有二月，濬因自成都帥水陸軍及梁州三水胡七萬人伐吳。臨發，斬牙門將李延，所愛侍將也，以争騎斬，衆莫不肅。《西州後賢志》云：「攀除滎陽令，進廷尉平。有盗開城門下關者，法據大辟。攀駁之曰：『上關執信之主，下關儲備之物。設有開上關，何以加刑？』遂減死。」「領越騎校尉。武庫災，百官皆赴火，攀獨以兵衛宫」。凡此數條，濬、攀傳不見叙録，應據以補《晉書》之缺略。 案：濬、攀皆才略之士，《晉書》于《濬傳》已疏，而《攀傳》尤略，《後賢志》則詳矣。

《巴志》云：周之季世，巴國有亂，將軍蔓子請師于楚，許以三城。楚王救巴。巴國既寧，楚使請城。蔓子曰：「藉楚之靈，克弭禍難。誠許楚王城，將吾頭往謝之，城不可得也！」乃自刎，以頭授楚使。王嘆曰：「使吾得臣若巴蔓子，用城何爲！」乃以上卿禮葬其頭，巴國葬其身亦以上卿禮。

《南中志》云：泰始七年，交趾破敗之後，「功曹李祚見交趾民殘害，還，遂率吏民保郡爲晉。祚舅黎晃爲吴將，攻伐祚不下，數遣人解喻降之。祚答曰：『舅自吴將，祚自晉臣，惟力是視矣。』祚固守求救南中，南中遥爲之援。」

《序志》云：「後漢長沙太守任循，字伯度。成都人。少失父，後爲長沙守，父流離遠届長沙，爲郡五官，父之母識知。是事在精通也。此與《風俗通》言龐儉得翁其事頗同矣。

《蜀志》云：犍爲郡僰道縣「有孝子隗通，爲母汲江裔水，天爲出平石，生江中。今石在馬湖江。而孝子吴順養母，赤烏巢其門。」此與姜詩鯉躍、顔烏烏傷，亦何異焉？又云：江陽郡符縣，「永建元年十二月，縣長趙祉遣吏先泥和拜檄巴郡守，過成瑞灘，死。案：「瑞」，《水經·江水注》及《後漢書·列女傳》並作「湍」。子賢求喪不得。女絡年二十五，迺分金珠作二錦囊，繫兒頭下。案：《水經注》有「二子五歲以還」，《後漢書》「所生男女二人并數歲」，此志「迺」字上似有缺脱，應據補。至二年二月十五日，女絡乃乘小船至父没所，哀哭自沉。見夢告賢曰：至二十一日與父屍俱出。至日，父子浮出。縣言郡，太守蕭登高之，上尚書，遣户曹掾爲之立碑。人爲語曰：『符有先絡，僰道張帛。』」案：先絡，《後漢書》作叔先雄，《搜神記》亦同。其父之名，唯《水經注》作「尼和」爲異。案：張帛事，《志》中缺載。又《志》有郪之二姚，與先絡並列，而《序志》僅云：「廣柔長姚超二女姚妣、饒，郪人」，亦未詳其事實。惟《水經·江水注》載：「郪縣民姚精者，爲叛夷所殺，掠其二女。二女見夢其兄：當以明日自沉江中，喪後日當至，可伺候之。果如所夢，得二女之尸於水。郡縣表異焉。」此與《蜀志》所載，當即一事而小異也。廣柔長姚超與縣民姚精，不容同時有此二人，二事必是傳聞之異。其妣、饒蓋二姚之名字，惜古書殘缺，其詳靡得而聞矣。《水經注》又引《益部耆舊傳》曰：「張真妻，案：《序志》「真」作「貞」。黄氏女也，名帛。真乘船覆没，求尸不得，帛至没處灘頭，仰天而嘆，遂自沉淵。積十四日，帛持真手于灘下出也。」二事《蜀志》缺略，賴此補亡矣。

《序志》又載「姜詩妻龐行」，《後漢書》止云「龐盛之女」，此補詳其名也。又載「趙盛道妻媛」，《後漢書》則云「盛道妻趙氏之女，字媛姜」。與此不同，疑《志》有脱誤也。《南中志》云：「寧州刺史李毅薨。子釗任洛還赴，到牂牁路塞，停住交州。文武以毅女秀明達有父才，遂奉領州事。秀初適漢嘉太守廣漢王載，載將家避地在南，故共推之。秀獎厲戰討，食糧已盡，人但茹草炙鼠爲命。秀伺夷怠緩，輒出軍掩破。首尾三年，釗乃得達丁喪。文武復逼釗領州府事。」

此等皆孝忠盛節、英媛高行，摭存一二，庶敦薄俗，兼補史之闕文焉。

《南中志》又云：夷人大種曰昆，小種曰叟。案：《蜀志》「劉璋遣從事張肅送叟兵三百人」。皆頭曲木耳，環鐵裹結，案：結與紒同。無大侯王，如汶山、漢嘉夷也。夷中有桀黠能言議屈服種人者，謂之「耆老」，使爲主論議。好譬喻物謂之「夷經」。與夷爲姓曰「遑耶」，諸姓爲「自有耶」。與夷至厚者謂之「百世遑耶」，恩若骨肉，爲其逋逃之藪。故南人輕爲禍變，恃此也。

《巴志》云：「江州縣郡治。塗山有禹王祠及塗后祠。」今按：禹王生紐，娶于塗山，此地爲近。案：《蜀志·秦宓傳》：「禹生石紐，今之汶山郡是。」注引譙周《蜀本紀》曰：「禹本汶山廣柔縣人也。」許叔重以九江當益屬之，地遠，疑非也。又云：「縣下有清水穴，巴人以此水爲粉，則膏暉鮮芳，貢粉京師，因名粉水。故世謂江州墮林粉也。」案：《水經·江水注》引「膏暉」作「皜曜」，又云：「粉水亦謂之爲粒水也。」案：蜀有錦江，巴存粉水，暉映争奇矣。又云：「涪陵郡，巴之南鄙，山有大龜，其甲可卜，其緣可作叉，世號『靈叉』。」案：叉與釵同。

《漢中志》云：南鄭縣「有池水，從旱山來，入沔。」案：旱山，即《詩》云「旱麓」者也。

《蜀志》云：江原縣「出黄潤細布，有羌筒盛。」案：左思《蜀都賦》「黄潤比筒」。李善注引司馬相如《凡將篇》曰：「黄潤纖美，宜制褌。」揚雄《蜀都賦》曰：「筒中黄潤，一端數金。」皆謂是也。又云：臨卭縣「有火井，以家火投之，火焰出，以竹筒盛其光藏之，可終日不滅。井有二水，取井火煮之，一斛水得五斗鹽；家火煮之，得無幾也。」案：《水經·濡水注》：武州川東火山上有火井，「南北六、七十步，廣減尺許，源深不見底，炎勢上升，常若微雷發響，以草爨之，則烟騰火發。」「以火從地中出，故亦名熒臺矣。火井東五、六尺，有湯井，廣輪，與火井相狀，熱勢又同，以草納之則不然，皆沾濡露結，故俗以湯井爲目。」據此，又一火井而有異。又云：井北有風穴也。又云：「有古石山，有石礦，大如蒜子，火燒合之成流支鐵，甚剛。」案：《蜀志》：汶山郡臺登縣，「山有砮石，火燒成鐵，剛利。」與此頗同。《禹貢》梁州「厥貢砮鐵」，謂茲二石矣。

《南中志》云：牂牁郡廣談縣、毋斂縣「有剛火也。」案：剛火，未審作何狀，覽其嘉名，殆與弱水爭勝矣。

凡此等類，綜其名義，摭其新奇，抑亦博雅所取資焉。書雖近刻，文字殘落多不可讀。「貞」字缺筆，當是影宋本，亦爲佳也。

或謂　見《蜀書·後主評》　諸葛孔明用蜀不置史官，此言非也。孔明治蜀，庶事精練，豈于兹事竟致闕如？吾觀《劉後主志》稱「大長秋南陽許慈普記載籍，典掌舊文」，此即史職也。又稱「景耀元年，史官言景星見，大赦改元」，此非孔明所置而何？又《西州後賢志》：王化「少弟崇」，「學業淵博」，「蜀時東觀郎。」陳壽，「東觀祕書郎」，此皆蜀有史官之證。

昔人有言：「君臣相遇，如此其難。」非虚言也，吾于《劉先主志》見之矣。《志》云：建安十九年，先主領益州牧。法正，蜀郡太守。正既臨郡，睚眦之怨，一餐之惠，無不報復。或謂諸葛亮曰：「法正于蜀郡太縱横，將軍宜啓主公。」亮曰：「公之在公安也，北畏曹操之强，東憚孫權之逼，内慮孫夫人興變于肘腋之下。孝直爲輔翼，遂翻飛翱翔，不可復制。如何禁正使不得行其志也？」章武二年，先主與吴人戰敗，委舟舫，由步道還魚復。改魚復曰永安。丞相亮聞而嘆曰：「法孝直若在，則能制主上，使不東行；既復東行，必不傾危矣！」嘻！君臣之際若此之難也！先主與孔明，魚水之契，而猶有所未盡，非隱默不言也，度言之而不見聽，或諫之而以爲非，是爲己博言諫之名，而令君受瑱規之謗，非孔明所忍出也。然則，孝直爲人必有任數之能，兼負伉直之氣，或類鬻權之爲，使其君有所畏憚，而不敢逞。故曰「能制主上，使不東行」，然此又非孔明之所自處也。烏呼！得主如孔明而猶若是，况萬萬不及孔明者哉！

書袁簡齋《六宫辨》後

古書不言天子后妃之數。《曲禮》一書至爲簡古，其下篇云：「天子有后，有夫人，有世婦，有嬪，有妻，有妾」，而不言其數。鄭注乃以妻爲「八十一御妻」，此臆説也。既云妻八十一，則妾之數又應增多而不止于八十一矣。此鄭誤。

據《禮記·昏義》之文，與《曲禮》已不合，《曲禮·内宰》先鄭注亦引之，皆非也。按《蜀志·董允傳》：「後主常欲采擇以充後宫，允以爲古者天子后妃之數不過十二，今嬪嬙已具，不宜增益」云云。荀爽亦曰：「天子娶十二。」據允及爽言，并與事理合，此定論也。

鄭注《檀弓》三妃引《春秋》説，以天子取十二爲夏制，而云：「殷人增以三十九，周人又增以百二十一」，則皆以意差之，書無明文，難爲典要。簡齋駁之是矣，惜未能援據經傳，自暢其説耳。其云「天子無六宫，爲始于秦皇」，亦非確證，恐不足以駁難《周官》。吾以爲天子不妨有六宫，但宫雖有六，人自十二誰云不可？何必定謂六宫之内便應百有二十一人，使列屋而間居、魚貫而叙進哉？簡齋文雖辯而義猶疏，又但雜引《説苑》「天子諸侯正寢三」及《國語》「内官不過九卿」，汲汲欲駁六宫之説，而復自云「其制則難稽」，是終不能自伸其説，恐適爲康成所嗤。胡不援《檀弓》注以送難于康成而必斤斤然爲六宫置辨耶？

書金誠齋《四書正義》後

執鞭之士

鄭注以執鞭之士爲賤職。邢疏云：《周禮·秋官》：「條狼氏掌執鞭以趨辟，王出入，則八人夾道，公則六人，侯伯則四人，子男則二人。」《序官》云：「條狼氏，下士」，是賤職也。

俗解多以執鞭爲御車，誤矣。今所謂馬鞭，古所謂策也。《曲禮》云：「僕執策立于馬前」，又言：「國中以策彗」，此書亦言「策其馬」，惟《左傳》有「雖鞭之長，不及馬腹」之言，左氏生春秋之末，故有此説。則執鞭非御車之事，且御爲六藝之一，爲君御者曰太僕，非賤役也。

今按：誠齋謂執鞭非御車，是也，而據邢疏以條狼爲説則非。條狼之職，雖以下士隸《秋官》，而與求富義不相蒙。考之《地官》，司市、司稽兩言「胥執鞭度」，然則近市三倍，民有争心，胥吏執鞭，將以威衆。《虞書》「鞭作官刑」，《左傳》亦言「鞭之見血」。賤同甿庶，利析錐刀，孔子所言「執鞭之士」，安知不謂此乎！然《周官》晚出，其書當非孔子所見；《左傳》雖言「周禮在魯」，而非今之《周官》。嘗疑《周官》蓋周末之書，必非周公所爲，其言猥瑣，或雜出陰陽術數者流，與《逸周書》、《穆天子傳》、《素問》、《山海經》之屬，文字皆不甚相遠，周人所述，周府所藏，本名《周官》，後儒强名《周禮》，而列于經部，過矣。金誠齋長于「三禮」，其所解經，多引《禮》文爲斷，而不盡是所安，如「執鞭」專據邢疏，亦其失也。鄭注「賤職」，亦不必深泥。孟子言「持戟之士」，未聞士必有官。

書《祭椶精文》後

先八世祖中丞公初涖巴縣之十日，報：「江水覆舟，溺者以數百計。」詢之耆老，僉曰：「禹王所遺椶精，每至四、五月輒鼓浪傷人。」因作文祭之，遂避至黄葛渡，不復爲害。時崇禎己巳年夏四月也。巴屬重慶府，峽深灘險，宜多靈怪，其椶精不審是何物，余疑其名久矣。偶讀《水經·江水注》云：「蜀有迴復水，江神常溺殺人。文翁爲守，祀之，勸酒不盡，拔劍擊之，遂不爲害。」然亦不言江神何狀也。又引《風俗通》言：「秦昭王時，蜀守李冰與江神門，兩俱作牛形，而江神以被刺死。」則似非文翁所擊者也。又「江水東南過僰道縣北」，注云：「縣有蜀王兵蘭，其神作大難案：難，《華陽國志》作灘，當是。江中，崖峻阻險，不可穿鑿，李冰乃積薪燒之。」《後漢·郡國志》注引《華陽國志》曰：「有玉岳蘭，李冰燒之」，即此也。

今按：「兵蘭」，《華陽國志》作「兵欄」。《管子·小筐篇》有「蘭盾」，注云：「蘭，即所謂蘭錡，兵架也。」《史記·信陵君傳》：「平原君負韊矢」，《集解》引吕忱曰：「韊，盛弩矢。」按《説文》云：「籣，所以盛弩矢，人所負也。」然則，欄、韊、蘭，并假借通用，依《説文》當作「籣」。蜀王兵蘭，蓋本蜀王所遺，因以蜀王爲名，而《郡國志注》脱一「蜀」字，其「玉岳蘭」，「玉岳」即「王兵」二字之形譌矣。

推是而言，「禹王棕精」，當亦「蜀王兵蘭」之類，皆物老爲怪耳。而或燒以薪，或祭以文，並能攘除凶災，無俾作慝。何猷之狀，氣之雄也？

黄葛渡，古峽名，其地屬巴。《水經注》：江水東徑陽關巴子梁，「又東，右徑黄葛峽，山高險，全無人居」，即此。

曬書堂文集卷五　書事

記先曾祖遺事

懿行未及侍先大父，而于曾大父猶獲奉音容。邑人稱爲長厚，皆慕悦之。字而不名，呼爲卓人，雖尊者亦然也。

懿行四五歲，每携以示親知云：「是余冢曾孫也。」喜溢于顔面。每侵晨問安床下，跂足纔能捫床板，大聲呼問：「舀爺爺好。」蓋讀「老」爲「舀」也。公則大喜，睆侍者取果子及糖、點心賜之。嬰兒喜果糖，以故寢門闢嘗先至矣。戲杖履前，未嘗見有怒色。僮僕有過，以袖撲其面，或以杖撻其衣，少頃，必呼其人問：「汝適被撻痛否也？」卒時年七十有三，懿行時年六歲，正月六日也。

聞先大夫言，諸孫中惟先大夫事公得歡心，嘗侍卧室，室在所居樓屋後之東偏，其内有一複屋。一夕寤間，聞複屋内有語聲及怒聲，以物撻婢聲，顧未見其人也。明日，視窗間紙疊扇破，裂如縷矣。嘗從容詢公以所聞，初無所諱。蓋一者家黄縣，一者家萊陽，亦不恆來，來則啜茗清談而已，不及亂也。其性皆剛决，言語小忤，立見呵怒。或久不來，公卒之前數年，已不復至矣。意其爲狐歟？又言公出嗣，事本生母以孝聞。晚年喜讀史，知醫藥，嘗手集活人方，今所藏《醫方便覽》是矣。　嘉慶壬申年月日謹識

先曾祖好義樂施，曾代縣令某完虧缺至貽家累。懿行生晚，因事未具詳，故不敢著録云。

五君政績記

牧長親民之官，吏治所急，以余所知，有五焉。記有詳略，蓋竊取史闕文之義云。

燕公增元，河南陝州人，以進士令博山，愛民之心恆如不及，遇上官差務，輒力争，必不得已，始歸謀諸民，願輸者輸，否亦不問。居恆自奉粥一甌、蔬一盂而已。嘗奉檄賑饑，帑金盈几上，夫人見而訝曰：「我從未見此！」攫一鋌去。公追索不獲，則召諸子而諭曰：「好語爾母，

兹物乃朝廷所賜以活數萬生命者，若留之，將不爲子孫福。且爾輩果讀書致通顯，何兹物之戀爲！」一卒出之。

劉公大紳，雲南寧州人，進士，初宰新城，以惠聞，民恐其去也。旋調曹縣，地頗衝，而公性高簡，不樂趨奉，屢乞休，民聞之，復恐其去也。藩司繆公嘉焉，欲遷擢，而公辭益力，竟罷去。今年七月，余晤公濟南旅邸，蓋四十許，一温温儒生而已。

張公玉樹，刺膠州，酷愛民，具良吏才，登、萊、青觀察奇公，按部至州，薦卓異第一，旋升任去。

徐公國才，濰縣令。余于戊申七月間過濰，問邑人：「公何如？」答曰：「是所稱徐大板者，紳士當其前則笞，吏有小過則笞，冠草笠而服白袷亦笞。」余咨嗟而去。迨九月復至濰，問人：「公何如？」其人嘆息言曰：「公調去不來矣！德在于民，姑言其大者：公善詰盗，必窮其情，晉國之逃奔于秦者比比也；尤嚴賭禁，無賴子爲斂迹，城市肅然；邑故衝繁，夙多流娼，官不能禁，公至，悉出諸境；又屠丁宰殺牛驢久成積俗，公一一繩如法，此風頓除。嘗自言：『假我三年，當可令兹邑夜户不閉！』惜乎！于今奪我公去也！」余聞而異曰：「嗟乎！一人之身，兩月之内，嚮之積毁，忽而積譽矣。乃知所謂大板者，特以懲奸宄而不以及平人，然則世之論者，或以流俗之毁譽而定人，不亦誤哉？」

定陶王生，舊家子，就外讀書，詣塾必經寡媪之門，媪輒邀生過其家絮語。媪有一女，美而慧，年及笄尚未字，媪常指女謂生曰：「可兒也，如不鄙賤，請得事君子。」生私相注慕，一聞媪言，喜于承命，第猶未令蹇修爲禮耳。生塾距寺不遠，與一僧素稔，僧窺女艷，陰伺之而未得間。一日，媪有事他出，屬女闔扉以俟，僧瞰無人，潛往扣扉，内問誰，以生對，女初不欲啓而重違生意，扉纔闢，僧即乘勢迫以私，女不從，僧恐人覺，抽刃斷喉，竊頭而去。媪歸，驚惶無措，呼鄰人集診，莫知誰爲，訴諸官。時邑宰鄭公也，問媪孰與爾家往來者，以生對，及拘至，乃一恂恂書生也。公曰：「殺人非生所爲，但非此罪人弗得耳。」命繫于獄，乃陰遣幹役于左近偵訪，迄無踪影。公即微服出遊，偶經寺側，睹僧舉止，心疑之，密詢鄰近，則僧縱酒狎妓靡不爲。迨夜，潛調數役人朱墨塗面，伏所過橋下，僧帶醺踉蹌歸，甫至橋，「群鬼」突起環噪之，僧大窘。「鬼」言：「汝竊女子頭，今不獻出，須至陰司抵命也。」僧信爲真，哀懇曰：「從我去，頭可得。」比至寺，出諸神樹下。于是以鋃鐺繫僧擁至署，一鞫便服。公乃出生于獄而判之曰：「女與生有婚姻約而殺之非人情，吾故云非汝所爲也。今沉冤已雪，汝其釋歸，但以情言，女則汝婦也，又爲汝死，此貞媛，不可負，女尸汝將去，亦不可復議正室矣！」生涕泣從命。申文上憲，撫軍長公嘉其能，薦卓異，旋升任去。此戊申冬間事，孫兄程萬在濟南親見之。

王再門

王再門者，蓬萊人，言始生時或夢邑先達馬金門至其家，因名之曰「再門」。少任氣輕俠，爲鄉人以無賴目之。成童後，以父軍吏，遂入伍，隸水師營。登郡故有水城，城在大城外之北，爲水師總匯，控制海疆，稱爲雄鎮。凡入伍者皆健兒，水師例每歲駕駛出洋會哨，再門既驍勇，屢隨營出哨，以功擢千總。會舟遇風漂泊江南，經數月由王家營口始達岸，以功擢守備。年甫二十許，父以子貴免吏家居。

當乾隆之季年，黑水洋盜乘海防無備，屢出肆擾沿海登、萊、沂諸州，商旅稀絶，居民被其劫掠，海邊多屯戍矣。邏者造賊艘至，再門被檄追躡，以二舟往，駛及黑神島，遂與賊遇，把總喀某覘賊勢盛，因逗遛，獨再門率舟師逆之。賊放火器盡，官兵以弩矢乘之。賊器械少，官兵乘勝轉鬥。賊勢窮蹙，而官兵亦力盡矢窮。喀把總又以師遁，再門無援，遂爲賊敗，殺傷略盡。再門自投入水，賊復鈎出之，釘其手於船板上共磔之，島上居民皆望見，莫敢動，舟爲賊擊沉，無一人返者。喀把總歸，諱其事，乃以舟遇風不知所之爲辭。居有頃，喀病，時時見再門來，知爲鬼譴，遂不起。

方再門死于賊也，城中無知者，有契好沙門見一騎馳至，指語所識曰：「王將軍來矣！」問旁人，皆不見。父聞斯語，審知子已死，又島人來告，遂具狀其事上軍府，冀得奏聞膺恤典，竟爲當事者所沮，其事寢。再門所居曰爐上里，余聞其里人云。

老道人

京師重燕九是長春真人誕辰也，于其日遊者殷闐，俱赴西便門外白雲觀。于是道衆畢集，或言其中有神仙，顧未之見也。

白雲觀者，都中之名勝，長春仙迹之攸存，肉身瘞祠中案下又有道藏經在焉。嘉慶丙寅、丁卯間，余再三遊歷，登藏經之閣，披甲乙之函，曾借校《山海經》、《穆天子傳》諸書，聞觀中有老神仙者，異人也。先是，辛酉之歲，京師大水，有老道人前一二年内自何處來，其人寡言語，少飲食，恒露坐別院浮屠下，風雨暑寒，未嘗少間，人飲食之亦不辭，或經日忘設亦弗索也。比洪濤瀰漫，城外村落苦飢，官舫載餅餌啖之，觀中人二日一食粥，皆有餓色，視老道人晏如也，然已不食數日矣。道人于是方起坐，顧謂道衆曰：「我久混此間，勞衆供養，今滿地横流，苦無覓食處，我當爲衆人謀活計耳！」一飄然竟去，不及數旬，言自塞外回，橐中裝約千餘金，付觀主，亦不言所自來也。是後，道人遂住觀中。

余登閣披經，曾遇道人送客方丈外，逾閾便回，足不及階。鬢髮蒼然，面冷如秋，兩目炯炯，青焰有光，其巨倍常，心異之，顧未及接談而去，心恆養養不忘也。後詣觀還書，因便謁之，時住小庵，觀主遣人更迭候門，道人方危坐。于是殘暑未消，輕紈尚御，道人衣敝緼襜褕，多補納痕，客至則候門人值迎送，道人但俯首爲恭而已。余訊之，答言陝西同州人，姓王氏，本農家子，未嘗從師授讀，不識丁也。聞談道者欣然諦聽，略知大意，遂棄家浪遊，亦未遇異人指授也。心無繫累，隨處皆安，性耽静坐，習近自然，亦不復知飲食寒暖也。不曉文字，絶無思慮，如斯而已。叩以道術，答言不解。睇其貌，還如送客時所見，唯眼孔之大似稍遜于前。叩以此故，復云不知。問以前時所見，亦云未喻。大抵合眼静坐，收視内觀，調氣練精，故其神全耳。余不能測其所至，因追記如此，時距接坐傾談又復十餘年矣，道人今亦不知何往也。

漁洋《筆記》一云：明弘治中，京口人錢寶者，善醫。嘗遊齊魯間，遇一老僧，能卧大雪中，雪爲不積，問其年，數百歲矣。後至金陵，居天界寺，撫摩能療諸疾。後尹蓬頭客于錢氏，錢偶言僧狀，尹曰：「吾師祖也，别來久，尚亡恙耶？」已而尹去，老僧復至京口，錢爲述尹語，僧曰：「是吾孫也。」徐出度牒示錢，則唐大中四年所給，已八百年矣。僧，秦人，不知名字。見《外史》按：《外史》當是《庚申外史》，此老僧乃與彭鏗同壽，又與余所見皆秦人，故附識焉。

《聞見録》一云：梅道士，蘇州人，居滸墅關文昌閣。雍正末年，撫軍某召問長生術，因挾貴不答，怒而幽之。時方盛暑，露處七日不食飲，近山劉中軍見而異之，緩頰得釋。乾隆八年，先大人榷是關，耳名往晤。十九年，余親見之，貌若老柏蒼松，雙眸炯炯有光，室無神像經典，架書充棟，工詩畫，善風鑑，決人禍福如見然，不輕談，自言年七十有六。二十九年，隨先大人赴浙任，便道又見之，貌如故，叩其年，仍以前對，烹茗代酒，煮麵爲餌，出《落花詩》十首。臨别依依，問以未來事，曰：「足下一生清有餘福不足，此去諸凡皆吉，七年後當復相見。吾老矣，恐不及待耳。」三十六年，北歸訪之，尸解已旬日矣，其言皆驗。道士之年齒、家世深自隱諱，相傳爲周順昌之子，未知然否。

田光福

田光福者，文登人，在都傭水爲生，其同業人謂之鉤擔生活，所居與王府近，府中人皆知爲田水傭也。

適供水詣府門，聞乳嫗言王體違和，諸醫奏方皆無驗，勢頗危急，福晉令募能醫者重酬之，而乳嫗以田聞，福晉便令依方處藥，病良已。王召田至，將重酬而田辭，王問所欲，因曰：「吾屬爾御醫院，欲之否？」田唯唯。因下所司，以田爲屬，院中人爲本無學術輕之，田亦自恧，乃從師受學焉。院中故多書，衆醫或不能遍讀，田乃發憤，不數年，院書讀幾遍。初來不甚識字，後遂多所淹貫，自院長以下咸共推敬矣。

嘉慶初年，川楚猶未平，時額大經略以疾聞，戎事方棘，上特簡高醫往視之，而衆以田對。乃詔乘驛達軍所，比至而疾果瘳。時經略奏陳欲留田佐幕府，而田力辭，于是復隨驛使還都。他日，人或叩以堅不肯留意，田曰：「吾在軍中，聞鼓鼙聲而心悸，如陳不占，欲墜車失轡耳。」聞者皆大笑。

田還，既晉秩，橐中裝且數千金矣。因出資于禁城中置藥室，謂所知曰：「以是爲營菟裘，吾將老焉。」未幾，竟以疾終。

余以嘉慶己未、庚申間，嘗見田逡逡如鄙人，乃知不肯留軍所者，非畏鼓鼙聲，正畏富貴福澤娓娓欲逼人耳，吾固疑荀卿《非相》之言非篤論也。

許瑄遺事

許氏者，招遠人，曰珠、曰琳、曰瑄，兄弟三人，俱敦樸。瑄尤長厚，有士行，起田疇，權子母，積財十餘萬，而身未嘗著綈袍，至人有緩急，數十金又不以屑意也。

于都城外東珠市口領估衣局。先是，局規凡主計者，一局之人皆受節制，而瑄當其選，雖兄與弟一無違言焉。方是時，都中百貨充盈，富商大賈不可勝數。估衣舊分兩市，東市爲大，天未明便趨市。勾當貨物謂之出攤，瑄常坐攤爲都守，市既罷，兄問：「攤内蟒袍一身，那不見？」瑄答言：「適爲何人攫去矣。」兄怪曰：「那不言？」答云：「蟒袍所值不過四、五十金，必若聲言，其人將無可容身，以一袍而敗一人行，我又非失此無以營生，何必乃爾！」兄頷之，卒以不言攫袍者爲何人也。

估衣凡五日一廟會，經兩會輒一取貫錢。瑄每會罷，計算所得，大有贏餘，亦不知所自來，久之即不復爲計算矣。匱中金隨意所求，取用不盡，瑄心知有異，終不言，然亦别爲計簿，不以充私橐也。每晨下市後，便入城赴典衣鋪購貨，行至中途輒下車到一處，不知所爲。久之兄疑，尾其後而察之，則之井邊取錢四百。詰所由來，答言「不知」；又詰前此井邊所取錢今皆安在，答言「在匱中」。于是兄曰：「天賜也，爾專之！」如其言發匱，錢故在，然自兄窺後，再詣井

所亦不復有遺錢矣。其後，兄弟析爨，前所取錢悉以歸瑄焉。今其子若姪擁資

邑人孫端祥爲余言：十七、八歲來都時，見琳尚在，其玦與瑄或歸或没矣。今其子若姪擁資各五、六萬，銀局及典衣鋪復十餘處云。

郝子曰：林從繩先生諱準，棲霞人，貢生，是余外祖行，居鄉仁厚，婦人孺子皆稱爲「七善人」。家素豐饒，嘗從外舍入内，徑由過宕，是囷倉所在，居常扃鑰，聞了鳥鈴鈴有聲，心知爲盜糧者，便趨而過。比至中庭，方呼問啓鑰人，衆答言「無有」。家人謂公既聞聲，胡不迫而視之，盜可得。公曰：「奴盜我粟，所損幾何？既在覿見，不容不理。明其爲盜，于法當笞，縱邀寬貸，又起憎嫌。我所以趨過者，欲聞其聲不見其人耳！」時里中有狐媚人，嘗謂所媚曰：「林七善人家所畜鷄，我每啖之，今已知其爲人，且改之矣！」夫善人之名乃出狐口，嗚呼賢矣！又其事頗類瑄，因附著于篇。

《華陽國志·西州後賢》：何隨有家養竹園，人盜其筍。隨遇行見之，恐盜者覺怖，走竹中，傷其手足，挈屐徐步而歸。

《宋書·隱逸傳》：沈道虔，有人竊其園菜者，還見之，乃自逃隱，待竊者取足後乃出。

《晉書·孝友傳》：桑虞字子深，魏郡黎陽人也。有園在宅北數里，瓜果初熟，有人逾垣

盜之。虞以園援多棘刺，恐偷見人驚走而致傷損，乃使奴爲之開道。及偷負瓜將出，見道通利，知虞使除之，乃送所盜瓜，叩頭請罪。虞乃歡然盡以瓜與之。

案：三事與林、許相類，因並述之。

錢兒

北平有女失其姓，錢兒，其小字也，自少爲某家婢。同邑貧子約爲婚，既而喪明且乞食，己自分不敢如前約，顧錢兒矢志堅，雖爲瞽人婦、丐者妻無悔也。某素豪强窺錢兒有色，將納爲側室。錢兒陰知之，乃倩人密招瞽婿至，謂曰：「我則汝婦也，其諧則胥匡以生，不則寧繼以死耳！」居無何，有竊以白某者，某大怒，誣以陰事訟諸官。時官以廉察聞，一見錢兒，心知其事，乃判其狀而數之曰：「汝既自虧名節，兼復破人婚姻，法當笞。其將數百金爲錢兒糚，余則貰汝罪。」于是設花燭張樂，舁己肩輿，導以旗鑼，并金帛綵繒送諸其家，且贈詩云：「耳聞簫鼓喜孜孜，付爾青旗助爾資，好向暗中頻摸索，身邊可有小錢兒。」

此乾隆壬寅年事也。一時流播，稱爲美談。第得諸傳聞，姓氏里居既所靡詳，事之顛末尤多未備，姑述其略如此，以俟觀風者之採擇云。

喜兒

喜兒，張姓，年十三失怙恃，依于叔。叔命之牧，然兒貌美性俠，殊不類農家子。一日于河灘遥見沙際有物，睇之則囊，探之則白金滿中。兒曰：「此重資，必營大事者。吾利其有不仁，吾不利其有而委諸人亦與吾有等。」于是坐以待，從晨至晡，有一偉丈夫乘羸馳至，甚倉黄，若有所伺者。兒察之審，遂手巨囊付客，客驚喜，遽請瓜分。兒曰：「舍其全而取其半，何愚之甚！」客即解裝取錢以贈，兒拒之益堅。于是客且感且泣揖兒而言曰：「子有厚德，我無薄酬，然吾與子夙緣也，即肯義父我乎？」兒許諾，客匆匆但誌其姓名而別之。

鄰子有知其事者洩于叔，叔以爲痴，立麾于門外。兒幼弱，兼乏資斧，乞食三日始達鄰邑某邨。有趙翁者，舊家子，見兒風姿，悦之，延諸家而衣食焉。

先是，翁有子聘高氏女，吉期卜矣，而子遘疾甚厲，翁與婦謀：俗言病得紅鸞衝當起，今若以兒代行，事必諧。于是飾以往，比至甫成禮而雨暴注，水潦深數尺。俄而，雨稍止，遂請行。高百端開慰，請彌堅，高疑未决，兒乃慨然曰：「吾婿歟？吾張氏喜兒也。以還金被斥，計窮歸趙，趙遇我厚，重違其意，故至此。然吾聞婚爲五倫首，代之行而攘其妻罪又甚焉。即申禮防以自持，而嫌疑之際又慮難明今日之事，非去即死耳，吾計已决矣！」高聞大驚，熟視曰：「子真喜兒耶！我則曩之失金人也。自河灘奉别，感不去心，再詢里居，子則他適，今之此舉，天實作合。吾固聞與子夙緣，前時沙際金，即今之陽雍璧矣，又奚辭？」立命家人扶女出，交拜禮成，乃叱趙使去。高乏嗣而饒于産，至是盡以歸兒，遂子之云。

論曰：守遺金以待客，仁且智；仲大義以辭婚，勇且貞。然始而子，繼而婿，婿而還復爲子。喜兒故俶儻，高之酬恩亦厚矣哉！

書造茶事

野人爲茶有二品：曰綫兒茶者，藥草遠志也，遠志爲小草，野人不識名，故曰綫兒也；曰槐藍敦者，苦參也，葉似槐藍，菆生敦聚，故名焉。遠志益心神，苦參解熱，之二者飲之皆益人。

余嘗過田舍，索漿不得，或啜余二茶，雖甘苦不同味而皆可於口，當爾之時謂不減龍井雨前也。余因是悟茶飲之理：方其赭汗交頤，白袷襢胸，草木之滋皆爲靈液。推此而言，炒粟熬麥，瀹以沸湯，滌煩祛熱，穀氣甘香，不殊芳茗，又奚必櫝苦荼哉？物莫不然，凡事當求實用，勿爲浮名誤也。今南方市商徒知擅茶之利，而莫知精擇其品，飲者無益，只足損人。余家居病此久矣。

壬戌夏孟，緑陰滿樹，呼童採掇，因以意造焉。既不遵陸氏《茶經》之旨，但取咀彼真味，潤我枯腸，凡爲三品，具録于左。

《莊子》云：「槐之生也，入季春五日而兔目，十日而鼠耳，更旬而始規，二旬而葉成。」余今所造，汰其規葉，拈彼兔目，兼摘鼠耳，作槐芽第一。

庾信詩云：「齊侯問棗華。」余今取其葉新生如淡金色，明若塗漆，攢蔟枝頭者，其束柔濡不傷手，採之動盈掬，作棗葉第二。

陸璣《詩疏》云：「椒，蜀人作茶，吴人作茗，皆合煮其葉以爲香。」余今所造，特取其茗。郭璞有言：「早採者爲茶，晚取者爲茗。」作椒葉第三。

凡造茶法，合烝取熟，慢拈取細，微炒取香，瓶收取潔，三者所同也。椒辛温而馨，冬飲宜；槐芽苦而寒，夏飲宜；唯棗葉味淡，四時皆宜。他日須持以餉野人，爲報其殷勤之意焉。

書縫衣者言

京師成衣局無慮千百家，有賀方春者，往來某公之門，以伎巧進，私于其師武靈源云：「吾曩爲公製袍襦，以意度之，皆如其體，稱爲雅似。近頗不相中，謂吾尺度長，此何説耶？」師曰：「容吾思之，當徐語汝。」過數日，語賀曰：「吾得之矣。凡仕宦顯達者，其人倨而長，衣不至地；爲官落拓者，其躬卑而短，衣不過脛。汝未了此，當以吾説求之。」居有頃，語師曰：「良不誣，然師何從得之？」師曰：「吾前遊吳越間，所見官人多卑而短；後來都下，所見皆倨而長。近二、三十年來，長者大抵皆短矣，吾疑之，嘗詢諸賣估衣者，而語吾云：近年物貨騰躍，數倍于昔。達官惜財而衣喜短，以便送迎；卑官慕效，其衣尤短而利走趨。今局中所用裁衣尺減于往時數分矣。」

余異其言，爲足以風世，因記之。或曰：古人長于今人，豈非今尺長古尺短耶？余曰：固然。若以前二人之説證之，古人直躬故人與衣俱長，今人足恭故衣與人俱短矣。或曰：非也。彼前二説，愚亦不敢謂然，蓋荀子所謂規摩之説也。

亡書失硯

昔年余有《顏氏家訓》，係坊間俗本，不足愛惜，乃其上方空白紙頭，余每檢閱隨加箋注，積百數十條，後爲誰何携去，至今思之不忘也。

又有仿宋本《説文》，是旗人織造額公勒布捐資摹刊，極爲精緻，舊時以余《山海經箋疏》

易得之者，甚可喜也。近日尋檢不獲，度亦爲他人携去矣。

司空圖詩：「得劍乍如添健僕，亡書久似憶良朋。」豈不信哉！居嘗每恨還書一痴，余所交遊竟絶少痴人，何耶？

又有蕉葉白端石一方，係仿宋式，下爲空洞，多鴝鵒眼，雕爲懸柱，高下相生如鍾乳垂，頗可愛玩。是十年前膠西劉大木椽不遠千餘里携來見贈，作匣盛之，置廳事案間，不知爲誰攫去。後以移居，啓視唯匣存而已。不忘良友之遺，聊復記之。

又余名字圖章二，係青田石，大木所鎸，或鬻于市，爲牟若洲惇儒見告，遂取以還。而葉仲寅志詵曾于小市鬻得「郝氏頓首」銅印，作玉筋文，篆法清勁，色澤古雅。葉精金石，云此蓋元時舊物，持以贈余，供書翰之用，亦可喜也。因念前所失物，意此銅印數十年後亦當有持以贈人，而復爲誰所喜者矣。

曬書堂文集卷六　辯

「聖人亨以享上帝大亨以養聖賢」解

《冶經堂解義》二卷，濰縣郭壇岱封著。其解《易·鼎·彖》文曰：「或以聖賢難尊，豈得加于上帝？何以上帝言亨而聖賢則大亨也？《釋文》以『上帝』字爲衍文，蓋『聖人亨以享』，自享也。自享宜儉，不若聖賢之宜大亨也。」

此説頗勝。余按：以「上帝」爲衍文，亦覺未安。文登畢亨曰：「《説文》『䀠』字注云『食飪也』，引《易》曰『孰飪』。是《易》之『亨飪』，古文本作『孰飪』。聖人孰以亨上帝，大孰以養聖賢，其義顯然矣。今本缺脱作『亨』，故義訓有礙。」畢説是已。

城闕

郭又解《詩·子衿》「城闕」曰：

《詩》「在城闕兮」，《公羊傳》注云：「天子周城，諸侯軒城。軒城者，缺南面以受過也。」《解》云：但不設射垣以備守，故曰「缺南面以受過」，不妨仍有城。案《説文》：「闕，門觀也。」徐云：「中央闕而爲道，故謂之闕。」《詩》云「城闕」當即此南面不設射垣之處，蓋無人備守，自可任其佻達耳。

今按：此解非也。門觀之闕，與城闕之闕其制有異。《禮運》云「孔子遊于兩觀之上」及《周禮》「縣治象之法于象魏」，皆謂門闕也。至于城闕，仍自有城，但其南面不設射垣，因謂之闕，非若門觀之中闕而爲道也。《説文》「𡙇」字解云：「古者城闕其南方謂之𡙇」，正此城闕之謂。《詩》作「闕」者，假借字耳。《公羊》注與《説文》合，郭解誤引之矣。

壇山石刻辯

王楷堂藏案硯之室西壁懸一幀，乃「吉日癸巳」四字。按《金薤琳琅》首載周壇山石刻而云：「相傳四字爲周穆王書，刻贊皇縣壇山石上，筆力遒勁，有劍拔弩張之狀。晉衛夫人謂『李斯見周穆王書，七日興嘆，蓋指此也』云云。余觀四字，全是小篆，不類古文，豈李斯所作而託之穆王，或後人鑿空而俚俗淺人附之周滿，將以車轍馬迹曾所經由，而俗士遂有駐軍兹山書石拔劍之謬談。」見《石刻後跋》

吾以爲皆孟浪之言耳。惟趙明誠《金石録》謂：「穆王時所用皆古文科斗，此字反類小篆，疑其非真。」此説甚是，而都穆顧非之，又引宋景濂《跋》謂：「『吉日』字與周淮父卣、伯碩父鼎、齊侯鎛鍾諸款識合」，又謂：「字形多類石鼓，明誠已信石鼓爲周人書，不當于此而疑之」云云。

余謂石鼓已非周作。近日，吾鄉鄒平成瓘，博古勝士也，嘗謂余言：石鼓是北魏後周時作，考其年月，又皆符合。然則壇山石刻與岐陽獵碣出處略同，吾猶恨明誠所疑僅知其一，未知其二也。《水經注》言廬山上有大禹刻石，誌其丈尺里數，如景濂言，將匡廬石刻復當疑爲姒王手書，

《淳化閣帖》載延陵十字碑，豈亦真吾夫子親筆耶？

都穆又云：「宋吴興施宿謂州廨舊石以政和五年取入内府。」此語甚明，而今之石刻仍題「皇祐五年」，按皇祐仁宗季年，政和則徽宗季年也。歷仁、英、神、哲、徽五世百餘年間，去今又復七百餘年矣。就令舊石猶在壇山，而當時摹拓及今猶復紙墨如新，有是理乎？

録金誠齋《四書正義》

金石鶚，字風薦，一字誠齋，臨海人，優貢生，所著有《求古録》若干卷，詳博精核，未及刊行而卒。

「子于是日哭，則不歌。」

陳新安云：「是日歌，或遇當哭，哀不能已也；是日哭，縱或遇歌，樂不可已也。此分別哀樂最得古人之心，毛西河駁之過矣。程子遇明堂大饗，不弔温公之喪，謂子于是日哭，則不歌。蘇東坡譏之，以爲未聞歌則不哭也。」

汪瑟庵廷鈴云：「君子無故不徹琴瑟，本無不歌之日，歌時不知有哭，出弔何礙？若明堂大饗又自不同，東坡之説不誤，但以之駁程子則非。程子不弔則是，而所引亦斷章取義，不可泥也。」

余謂程子不弔則是，而引《論語》則誤，宜爲東坡所駁，然坡公之譏只爲誤引，而于《禮》文則又疏略。汪氏之説未盡，誠齋亦未能詳，故今補正之云。《郊特牲》言：「祭之日，王皮弁以聽祭報，示民嚴上也。喪者不哭，不敢凶服。」鄭注：「化王嚴上。」孔氏《正義》以爲：「郊祭之日，人之喪者不哭，又不敢凶服而出以干王之吉祭也。」據此可知，吉祭至嚴，凶禮宜停。《秋官·蜡氏》「凡國之大祭祀禁凶服者」，即《郊特牲》之意。然則明堂大饗郊禮同嚴，程子不弔温公之喪，正爲隆禮。由《禮》「喪者不哭」，即知聞喪不弔，弔以凶服則干吉祭，既違《蜡氏》之禁，不合《特牲》之文，安在「示民嚴上」？程子之不弔，其意蓋本于此。而乃誤引《論語》，何耶？夫哭則不歌，哀之情甚于樂，歌則不哭，樂之意重于哀，以樂廢哀，以歌缺弔，仁人君子當不其然。故東坡云：「未聞歌則不哭也」，而于程子之不弔，遂不知其意在守禮，是其疏也。

曬書堂文集卷七　考

劉熙《釋名》考

熙之名，《後漢書》不載，而《文苑·劉珍傳》稱：「撰《釋名》三十篇，以辨萬物之稱號。」珍、熙名字既別，又成國自叙「《釋名》凡二十七篇」，與三十篇之數又異，恐非即一書也。《蜀志·許慈傳》：「師事劉熙。」知熙必漢末人。《吴志·程秉傳》：「逮事鄭玄，後避亂交州，與劉熙考論大義，遂博通五經。」《薛綜傳》亦云：「避地交州，從劉熙學。」是熙有文學，爲時所重，許慈所師，當即其人，而不云有所撰述，未知即作書人不也。唯《吴志·韋曜傳》稱：「劉熙所作《釋名》，信多佳者，然物類衆多，難得詳究，故時有得失，而爵位之事，又有非是」，「官爵，今之所急，不宜乖誤」，「作《官職訓》及《辯釋名》各一卷。」是熙作《釋名》，《曜傳》甚明，非珍作審矣。交州與吴、蜀比近，二邦人士嘗所從遊，陳壽作《志》當得其實，又《曜傳》亦載劉珍，而《釋名》定爲熙作，則《後漢書》以爲珍作者謬矣。但據《曜傳》尚有《官爵篇》，而今書闕如。如此，則《叙》所稱「二十七篇」者亦謬也，或淺人據今缺本妄改矣。又《廣韵》十八《尤》「郵」字下引《釋名》曰：「督郵，主諸縣罰負郵殿糾攝之」，亦即《官爵篇》之逸文矣。

肅慎氏砮考壬申正月七日爲阮雲臺先生作

謹案：鏃，上古以木爲之，《易》稱「剡木爲矢」是已。中古以金或以石，《書》言荆、梁二州貢皆有砮，《魯語》「肅慎氏貢楛矢石砮」，皆其證也。但荆、梁之砮不著石色，肅慎之砮，雖言其長有咫，而亦不詳其爲何等石也。《説文·石部》雖有「砮」字，許慎解云：「石可以爲矢鏃」，至其形質短長亦未能定也。唯郭璞《大荒北經注》言之極詳，云：楛矢以「青石爲鏑」，與《後漢書·東夷傳》同，又引「晉太興三年，平州刺史遣别駕高會來獻肅慎氏之弓矢，箭鏃有似銅骨作者」，然則砮石色青而質似銅，乃郭又言似骨者，或頗疑焉。而近世閻百詩聞寧古塔人言：「混同江邊，榆、松二樹枯枝墜水，化而爲石，石爲箭鏃。」證以夫子今所得石，其色正青，質不甚堅，而刃尚可入，將枯枝所化，其説信而有徵，郭言似骨亦非虚歟？

懿行嘗聞古書有言：松爲石氣所生。乃石既爲松，松又爲石，可知松、石二物，其氣本通而形相變，殆無可疑矣。閻説與郭注正合，今之寧古塔即古肅慎氏之地也。閻又言：「其地去長白山六百里，山顛及陰遍生楛木，可爲矢，質堅而直，不爲燥濕所移。又有鳥曰海東青，即隼也。」然則，《魯語》所言又有徵矣，再證以《禹貢》言「惟箘簵楛」，《史記·夏紀集解》引徐廣曰：「箘簵楛，一作『箭足杆』。杆即楛也，音怙。箭足者，矢鏃也。」如徐廣之説，荆州貢砮，蓋亦楛矢，與肅慎同，古之《尚書》家説亦未見及此爾。

泉考

紀泉制者，唐張台封演有《泉譜》，陶岳有《貨泉録》，宋洪遵有《泉志》，馬端臨有《錢幣考》。彼此異同，辯説紛如。庚申，順天鄉試，余司外分校，閱卷千餘，乃爲考焉。

泉、布、幣，上古之三品。幣者，帛也；布，枲織也。用布、幣爲之，即名布幣。《衛詩》云：「抱布貿絲」，《周官·載師》注鄭司農云：「里布者，布參印書，廣二寸，長二尺，以爲幣，貿易物。」後世交鈔之制，蓋權輿于此。布、幣又通名爲泉，泉者，水源也，象川流之形，故上古「泉」文或作「𣱲」，或作「𣱳」，皆與「泉」義相近。而説者以此二文爲虙羲、少昊之泉，是則泉之來遠矣。其以「布」名者異，布之文載于《路史》，而葛天、尊盧皆傳有幣，蓋泉、幣并行，伊古而然歟？

案：泉，或作錢，《周官·泉府》注古文作洤《玉篇》載　或曰：「其藏曰泉，其行曰布。」《外府》注未必然也。泉布者，通則流，藏則滯，古人制泉，蓋非以藏爲義矣。而泉布之外，又有刀、貨。刀者，取其利；貨者，取其化。《虞書》云：「懋遷有無化居。」化，即貨也，古化、貨二字多通用。《史記·仲尼弟子傳》：「與時轉貨資。」《索隱》曰：「《家語》貨作化。」或曰：「顓頊謂之金，黄帝謂之貨，陶唐謂之泉，商人謂之刀。」未必然也。《商書·盤庚》有「無總貨寶」之戒，「不肩好貨」之箴，是商人亦謂之貨矣。或言：「神農之貨布，黄帝之金刀，虞之策馬貨當金貨。」未必然也。《管子》書云：「禹鑄歷山之金，湯鑄莊山之金」，是夏、商通謂之金矣。或又言：「周人謂之布，齊人、莒人謂之刀。」未必然也。周景王有寶貨之鑄，則周亦名貨也；鄭人争錐刀之末，則鄭亦名刀也；齊高齮曰：「買之，百兩一布」，《左傳》昭二十六年是齊亦名布也；趙宣孟見翳桑之餓人，與錢百，《説苑·復恩篇》是知周之列國亦通名爲錢也，《國語》稱「周景王鑄大錢」是也。

上古之泉，長短廣狹無定式。周之布則廣二寸，長二尺，《載師》注鄭司農所言者是也。至太公立九府圜法，泉圜函方，輕重以銖，後世泉形昉于此。或謂泉之有文起于周景王更鑄大泉，文曰「寶貨」，然「朱」、「氺」之文起于二昊，則知泉有文舊矣。自日中爲市，肇于神農，已云「聚天下之貨，交易得所」，而《周官》主財有九府，其專掌泉幣者惟二官：玉府掌賞賜之出入，外府掌買賣之出入，是也。然考其時，并農女相資，絲粟交貿，雖有泉，不甚用也。春秋時，管子復行太公圜法，而鹽鐵之利斡于山海，不專用泉，蓋自古泉布之興多爲救荒而設。《管子》載禹以九年水，湯以六年旱而鑄金及《周語》單穆公之言。迨至後世，專用泉幣，而輕重之制不得不講，其勢然矣。

古者，黄金方寸而重一斤，至秦時幣分二等：黄金以鎰，名爲上幣；泉曰「半兩」，名爲下幣。漢興，以秦泉重，更鑄榆莢。文帝五年，泉多而輕，更鑄四銖，文亦曰「半兩」，除盜鑄泉令，使民放鑄。武帝先行三銖，患其輕，而又鑄半兩。有司言三銖泉輕，輕泉易作奸詐，乃鑄五銖泉，周郭其質，令不可得磨取鋊。已而，半兩泉重，乃鑄五銖。自孝武元狩五年，三官初鑄五銖泉，至平帝元始中，成泉二百八十億萬餘云。夫古以二十四銖爲一兩，則半兩乃重十二銖。五銖泉十枚，計重二兩二銖，今稱之得一兩弱，蓋今秤比古秤大也。又案古言錙銖，鄭注《禮記》「八兩爲錙」。《漢書》「黄鐘之一籥容千二百黍，重十二銖」，然則百黍重一銖。應劭注曰：「十黍爲一絫，十絫爲一銖。」陶隱居《名醫别録》云：「古秤惟有銖兩而無分名，今則以十黍爲一銖，六銖爲一分，四分爲一兩，十六兩爲一斤。」李杲曰：「六銖爲一分，即今之二錢半也。」此以二錢半爲分。《淮南子》云：「十二蔈而當一粟，十二粟而當一分，十二分而當一銖，十二銖而當半兩，二十四銖爲一兩，十六兩爲一斤。」此以十二分爲一銖，則少于今之爲分者多矣。或者分、銖隨人所命，無定名。文帝之四銖何以名半兩耶？名實不應，用易惑人，非法之善者也。

夫鑄泉之失，非輕則重，矯重者常以輕，矯輕者又失重。漢之三銖、四銖、榆莢，魏之水浮、風飄、鵝眼，宋之綖環、茉子，有無輪郭不磨前鑿者謂之茉子。荇菜，尤輕薄者謂之荇菜。晉之四分、沈郎，沈充泉名。《晉書·食貨志》：「吳興沈充鑄小錢，謂之沈郎錢。」唐之武德四銖，皆失之輕者。秦之半兩，漢之赤仄、一當五。應劭曰：「所謂子紺泉也。」如淳曰：「以赤銅爲其郭。」今泉郭見有赤者，不知作法云何。八銖，蜀之直百，吳之當千，晉之比輪，梁之兩柱，周之五行大布、永通萬國，唐之乾元重寶、重輪乾元，肅宗元年皆失之重者也。

夫泉重則難行，而泉輕則易敝，求其輕重適中，通流無滯，則莫如漢之五銖、唐之開元。開元者，唐武德四年鑄，歐陽詢制字，其泉共有七種，而舊譜統謂之「甲文」者，詢制字後進之中宮，武惠妃印以爪甲之文。然謂七種皆甲文，此則非也。其泉徑八分，重二銖四絫。絫或作參。沈存中曰：「今蜀部亦以十參爲一銖，參乃古之絫字。」案：一泉之重二銖四絫，故今即以二銖四絫爲一錢。顧亭林《日知録》以錢字入文爲可笑，恐未然。積五泉爲半兩，重十二銖積十泉爲一兩，重二十四銖。《通典》云：「計一千重六斤四兩，每兩二十四銖。」則一泉重二銖半以下，古秤比今秤，三之一也，則今泉爲古秤之七銖以上，比古五銖則加重二銖以上。其輕重大小蓋一準五銖而稍加重焉，故後世莫能易也。然今之五銖，實非漢泉，《史記·天官書》云：「大水處，敗軍場，破國之墟，下有積錢。」《漢書·張湯傳》：「盜發孝文園瘞泉。」《文選·謝惠連祭古冢文》：「棺上有五銖泉百餘枚。」蓋昔人以泉殉葬，今之存者，半皆墟墓中物耳，然亦尠矣。大抵隋泉耳。

自漢以來，五銖實繁，武帝既罷半兩，行五銖，天下便之。迨王莽改制，更造泉刀，復以「劉」字有「金刀」，乃罷諸泉刀，作貨布之類。《王莽傳》：「天鳳元年，改作貨布，長二寸五分，廣一寸，首長八分有奇，廣八分，其圓好徑二分半，足枝長八分，間廣二分，其文右曰貨，左曰布，重二十五銖。」頃，富平民掊地得貨布一罌，所謂「長二寸五分」者，今鈔尺之二寸六分有半；「八分」者，今之五分。而「二十五銖」者，今稱得百分兩之四十二，俗云四錢二分。貨泉徑一寸，重五銖，文右曰貨，左曰泉。至光武時，五銖復行，則有「黄牛白腹，五銖更復」之謡。自兹以降，昭烈有直百五銖，晉時亦用五銖，梁時有大吉五銖、大通五銖、大富五銖。《魏書》言：武定之初，私鑄濫惡，「齊文襄王以泉文五銖，名須稱實，宜稱泉一文重五銖者，聽入市用。計百泉重一斤四兩二十銖，《通典》注。案：此則一千泉重十一斤以上，而隋代五銖泉一千重四斤二兩，當時大小秤之差耳。自餘皆準此爲數。」《隋書》：「高祖既受周禪，以天下泉貨輕重不等，乃更鑄新泉。背面肉好，皆有周郭，文曰五銖，而重如其文。每泉一斤，重四斤二兩。」自是泉弊始壹，百姓便之。案：四斤二兩是六十六兩，每一枚當重六分六厘，今五銖泉正符此數，故知必是隋物也。其漢五銖，不復知制度如何，而唐人詩「勢分三足鼎，業復五銖泉」，今遂不可復見。或以今五銖泉皆漢物，非也。至于「開元」，蓋唐二百八十九年獨鑄此泉。其時，洛、并、幽、桂等處皆置監，故開元泉如此之多。惟高宗乾封元年改鑄「乾封泉寶」，二年罷「乾封」，復行「開元」。唐末五代，亦并遵用，宋初鑄泉率準開元。

自太宗後，始用紀年鑄泉，元、明因之，迄今勿改。然泉之紀年實非始于宋也，南北朝有先之者：宋武帝鑄泉四銖，文曰「孝建」；一邊爲「四銖」廢帝鑄泉二銖，文曰「景和」；魏文帝太和九年鑄泉，文曰「太和」；莊帝永安二年鑄泉，文曰「永安」。此泉鎸紀年之始也。而唐之「開元」非其例，特偶符合耳。宋太祖既鑄「太平通寶」，與宋元通寶並行，其淳化泉文又親書「淳化元寶」，作真、行、草三體，與歐陽「開元」後先媲美。蓋自太昊以來，□萬□千年泉法之源流略備于此矣。

至若王莽之大泉、幺泉，大泉徑寸二分，重十二銖，文曰「大泉五十」；小泉徑六分，重一銖，文曰「小泉直一」；次七分三銖曰「幺泉一十」。契刀、錯刀，契刀，其環如大泉，身形如刀，長二寸，文曰「契刀五百」；錯刀，以黃金錯，其文曰「一刀直五千」。又作金銀、龜背、泉布之品，名曰「寶貨」；董卓壞五銖，更鑄小泉，無輪郭文章；吳鑄大泉，又鑄千泉；晉元帝渡江，用孫吳舊泉，輕重雜行；宋文帝鑄四銖泉；廢帝鑄二銖皋，文曰「景和」，形式甚細，民間易于模仿；沈慶之又私鑄千泉，不滿三寸，謂之「鵝眼」，劣于此者，謂之「綖環」，隨手破碎，商賈不行；明帝惟禁「鵝眼」、「綖環」，餘皆通用；案：《宋書·明帝紀》泰始二年，「斷新錢，專用古錢。」梁初，惟京師、三吳、郢、江、襄、梁用泉，其餘則雜穀帛交易；武帝乃鑄泉，肉好周郭，文曰「五銖」，又别鑄除其肉郭，謂之「公式女泉」，其後，又有稚泉、對文泉、男泉之名。普通中，遂盡罷銅泉，更鑄鐵泉；陳初，鐵泉不行，因梁末有兩柱泉、鵝眼泉，時人雜用；至隋文帝更鑄五銖，而泉制始稱畫一。此則歷代泉弊，方之「五銖」、「開元」，輕重俱失者也。

夫絲粟窮而泉幣起，泉幣窮而交鈔興。鈔者，仿古幣而作者也。自漢武帝元狩四年患泉不足，更造幣以裕用，以白鹿皮方尺，緣以藻繪爲皮幣，又造銀錫白金作龍、馬、龜貝之形，號「白金三品」，龍文直三千，馬文直五百，龜文直三百，鈔蓋肇于此乎？然古幣用帛，漢幣用皮，而宋元之鈔則用紙。自唐憲宗作飛泉，即如今之會票也宋太祖因爲便泉。祥符中，張詠鎮蜀，以鐵泉重，不便貿易，于是設質劑之法，一交一緡，以三十年爲一界而换之。天聖間，遂置交子務。天聖一界印一百二十五萬，紹聖一界印一百四十萬，元符則增爲一百八十萬，高宗又增爲三百七十萬，孝宗一界以幾千萬計，寧宗一界以幾萬萬計。然猶是以券取泉之意耳。《元史》劉宣言：「原交鈔所起，漢唐以來，皆未嘗有。宋紹興初，軍餉不繼，造此以誘商旅，爲沿邊糴買之計，比銅泉易於賫擎，民甚便之。稍有滯礙，即用見泉，尚存古人子母相權之意。日增月益，其法浸弊。」趙孟頫亦言：「鈔乃宋時所創，施于邊郡，金人襲而用之，皆出於不得已也。」至紹聖中，蔡京又行會子，直以紙爲泉，天下遂不可一日無楮，而楮幣之名由此興。周必大《二老堂雜志》：「近歲用會子，乃四川交子法，特官券耳。不知何人目爲楮幣，遂入殿試御題。若正言之，猶紙泉也，乃以爲文何邪？」《困學紀聞》十七卷引周益公《雜誌》，辯楮幣猶紙錢也。按：范淳父爲郭子皋誌言交子云：「紙幣之設，本與錢相權，元祐間已有此語矣。」然宋人已嘗論之，謂無泉爲本，亦不能以空文行，而南宋以後，鈔重泉輕，自是楮行而泉益少，自開寶三年鑄八川，十當銅泉之一，故川陝、福建銅鐵泉並行。神宗四年，始鑄當十泉，王安石置銅禁，奸民銷泉爲器，民間泉荒。徽宗因虜以鐵爲兵器，鑄夾錫泉。熙寧以來，楮行而泉益少。然猶未必名鈔也。元仍宋法，始名爲鈔。二句應改。案：宋已名鈔。《老學庵筆記》四云：豪猾「以藥塗鹽鈔而用，既毁抹，賂主者浸洗之。藥盡去而鈔不傷，雖老于其事者，不能辨。」是鈔之名自北宋已然矣。中統元年，始造交鈔，又造中統元寶鈔。中統既有鈔，而至元鈔一貫又準中統鈔五貫，是方寸之楮直泉五千文也。至元既有鈔，而至大鈔一貫又準至元鈔五貫，是方寸之楮直泉二萬五千文也。夫少造之則鈔貴，而過少則不足用；多造之則鈔賤，而過多則不可以行。必如宋之天聖、元之中統，庶楮之貴賤得中矣。明洪武初，欲行鈔法，至禁民間行使金銀以奸惡論，而卒不能行。宣德三年，詔停造新鈔，已造完者悉收庫，不許支放。正統元年，黄福疏言：「洪武間，銀一兩當鈔三五貫，今銀一兩當鈔千餘貫。」自洪武八年造大明寶鈔，凡六等，嗣是二十七年禁用銅泉，三十年禁用金銀，三十五年命俸米折支鈔者，每石增五貫爲十貫。其鈔之制則，于上横列「大明通行寶鈔」六字，左右有「大明通行寶鈔」六字，九疊篆文，鈐印三：曰「大明寶鈔之印」，曰「寶鈔提舉司印」，曰「印造寶鈔局印」，蓋造鈔如此之慎也。然而，不過數年，弗順人情，卒至滯閣。正統十年，山西右政司奏：「庫貯鈔貫朽爛不堪用者五十九萬三千錠有奇」，敕令焚毁。天子不能與萬物爭權，豈不信哉？

蓋交鈔、寶鈔皆印造泉文，無鼓鑄之事，立法非不甚便，顧以千百之資憑一紙之券，迨其後患不可勝言者。夫鈔之興也，其始苦于泉之難運而利其輕；及其弊也，人又利于銀之易携而弗苦其重。蓋以鈔爲幣而泉廢，以銀爲幣而鈔廢，亦自然之勢也，自鈔廢而泉又興矣。洪武初，置寶源局，鑄大中通寶泉，與歷代泉兼行。又鑄洪武通寶，當十，當五，當三，當二，若小泉，凡五等。至嘉靖，所鑄泉最爲精工。隆慶、萬歷加重半銖，而前代之泉通行不廢。隆慶時，泉格不行。議者謂私泉混淆及課税不收泉所致。迨天啓、崇禎，廣置泉局，括古泉以充廢銅，于是市人皆擯古泉不用，而新泉之鑄彌多彌惡，旋鑄旋銷。自古鑄泉皆一面有字，一面無字，明末乃有别鑄字于漫處者，天啓大泉始鑄「一兩」字，崇禎泉有「户工」等字，泉品益雜，而天下亦亂。案：唐會昌中，淮南節度使李紳請天下以州名鑄泉，京師爲京泉。未幾，武宗崩，宣宗立，遂廢之。

是故古來之泉凡三大變：王莽改制仿古，一大變；隋時盡銷古泉，别鑄五銖一大變；天啓、崇禎，括古泉一大變也。自漢五銖以來，爲歷代通行之寶，未有廢古而專用今者。唯王莽一行之耳考之于史，魏熙平初，尚書令王澄上言：「請下諸州方鎮，其太和及新鑄五銖並古泉内外全好者，不限大小，悉聽行之。」梁敬帝太平元年，詔雜用古今泉。《宋史》言：「自五代以來，相承用唐舊泉。」即開元通寶至如宋明帝泰始二年，則斷新泉專用古泉矣。金世宗大定十九年，則以宋「大觀」一當五用矣。昔之貴古泉如此。近年聽鑪頭之説：「古泉銷盡，新泉愈雜，地既愛寶，火常克金，遂有乏銅之患，而官吏工徒無一不衣食其中，寶源、寶泉二局只爲奸蠹之窟。」《鹽鐵論》言：「幣數變而民滋僞」，諒哉斯言矣！

夫鑄泉之弊有二：古之患在上，今之患在下。患在上者，畸輕畸重是也；患在下者，盗鑄盗銷是也。然鑄銷之弊亦生于輕重失中。當漢文帝時，吴、鄧吴王濞、鄧通之泉行天下，而富民卓王孫等亦得即山鑄泉，私鑄在所不禁，自賈生發「七福」之論，而權始操之自上。七福之説，一曰收銅以弭民罪；二曰禁僞以杜民疑；三曰採鑄之人反于耕田；四曰輕重斂散，貨物必平；五曰多少有制，用别貴賤；六曰官不獨富，民不獨貧；七曰制棄財，敵必懷。賈生之計，亦可謂周矣。

唐開元中，劉秩議曰：「夫鑄泉用不贍者，在乎銅貴。銅貴，則採用者衆。夫銅，以爲兵則不如鐵，以爲器則不如漆，禁之無害，陛下何不禁于人？禁于人，則銅無所用，銅益賤，則泉之用給矣。」宋孝武帝孝建三年，禁人車及酒肆器用銅，見《南史》。唐玄宗開元十七年，禁私賣銅、鉛、錫及以銅爲器。代宗大歷七年，禁鑄銅器。德宗貞元九年，禁賣劍銅器。憲宗元和元年，禁用銅器。文宗患物輕泉重，楊嗣復對以「當禁銅器」。見唐各本紀。晉高祖天福三年，禁民作銅器，見《通鑑》。宋高宗紹興二十八年，命取公私銅器悉付鑄泉司，民間不輸者罪之，見《宋史》本記。此前代禁銅之令。

又有一舉、四美、五不可之説。銅不布下，一舉也。而盜鑄無因，公泉不破，人不犯刑，泉又日增，四美具矣。如任人自鑄，則上下失所，不可者一；泉輕傷賈，不可者二；泉雜鉛鐵，不可者三；人去南畝，不可者四；與人利權，不可者五。其説善矣，而猶未盡也。夫鑄泉之法在于銅六鉛四，鑄泉之善在于不惜銅、不愛工，而可以行之歷久無弊則莫要于平價，泉價浮于銅則盜鑄起，案：盜鑄之禁，《漢書》孝景中六年定鑄泉、僞黃金棄市律，造僞黃金與私鑄泉者同棄市。銅價浮于泉則盜銷興。盜銷之禁，《漢書·食貨志》：「奸或盜磨泉質以取鋊。」盜鑄則擅利權，盜銷則病國用，故必使泉價與銅價相當，而使鑄一泉不得一泉之利而徒有其費，民亦何樂于私鑄？毀一泉不得一泉之利而反受其害，民又何樂于私毀？故曰其要在平價也。然而，價之所以平則良有司之事也，語曰：「有治人，無治法。」此言是已。

夫泉之用不可廢也。古者以米絹民生所須，謂之二實，銀泉與二物相權，謂之二虛。趙孟頫言迨至後世，專用銀泉。民飢得食，民寒得衣，非此不行。古諺曰：「泉無耳，可暗使。」見晉魯褒《錢神論》。漢之貢禹乃上言欲全廢之，以穀用爲本，此矯枉過正之論。及魏文帝始不用泉，遂有濕穀薄絹之弊。《晉書·食貨志》：黄初二年，魏文帝「罷五銖錢」，使百姓以穀帛爲市。至明帝世錢廢。穀用既久，人間巧僞漸多，故鍾繇曰：「巧僞之人競濕穀以要利，制薄絹以充資。」轉以天下有用之物棄之無用，斯以制法之過也。

反語考

牟默人曰：反語始于魏孫叔然炎，炎受學于康成之門人者也。而鄭注《士昏禮記》曰：「用昕使者，用昏壻也。壻，悉計反，從士、從胥，俗作婿，女之夫。」《漢書·陳勝傳》應劭注曰：「沈，音長含反。」《地理志》應劭注曰：「沓，音長答反。」《文選·韋孟諫詩注》引應劭曰：「墜，直魏反。」《漢書·項羽傳》注服虔曰：「惴，音章瑞反。」《揚雄傳》注服虔曰：「踢，音石臭反。」《史記·張耳傳索隱》引服虔曰：「孱，鉏閑反。」應、服及鄭同時，年輩大于叔然，而皆作反語，何也？四聲始于齊周顒、梁沈約，而吴薛綜注《二京賦》曰：「裁，去聲，協韵。」薛在周、沈之前三百餘年，而論四聲，何也？此嘉慶辛酉秋，默人以書來問也。余愧無以應，又時方輯《證俗文》，因志其語于此。

余應之曰：聲韵之學，肇自上古，盛于六朝。「高貴鄉公不解反語，以爲怪異。」三句見《顔

氏家訓·音辭篇》自兹厥後，音韻實繁。周捨以「天、子、聖、哲」分四聲，沈約以「雌、霓、連、
蜷」叶音讀。是後，言韻悉本沈氏，顧其書莫有傳者。今之四聲，莫備于《廣韻》，而「霓」之
一字，既見于「平聲十二齊倪紐下」，又見于「入聲十六屑齧紐下」，則猶是沈韻之遺音也。溯而
上之，帝庸作歌以「明、良、喜、起、叢、脞、惰、墮」相韻，則已備三聲；合之康衢兒童之
謡，以「莫、匪、爾、極、順、帝、之、則」相韻，又兼有入聲；至于《常棣》詩「妻子好合」
一句，復兼備四聲。由兹以談，明四聲非始于周、沈矣。吴薛綜注《二京賦》而云：「裁，去
聲，協韻。」亦何足致疑哉？又以反語始于孫炎，而服虔、應劭已先作反語，此更不須致難。蓋
應劭《漢書注》有直音某不加反語者，如《地理志》勃海郡蓨市下「音條」，東海郡郯下「音
談」、襄賁下「賁音肥」、承下「音證」，琅邪郡椑下「音裨」，濟南郡猇下「音篪」，平原郡朸下
「音力」，常山郡上曲陽下「滱音彄」，魏郡即裴下「裴音非」，武始下「拘音矩」，沛郡酇下「音
嵯」，師古曰：「此縣本爲䣜，應音是也。」豫章郡餘汗下「汗音干」，武陵郡鐔成下「鐔音淫」，漢中
郡錫（鍚）下「音陽」，廣漢郡葭萌下「音家盲」，師古曰：「明音萌。」汁方下「汁音十」，牂牁郡
同并下「并音伴」，云「故同并侯邑」，巴郡魚復下「復音腹」，蜀郡江原下「鄠音壽」，是也。有用
音某兼加反語者，亦《地理志》蜀郡緜虒下「虒音斯，湔音子千反」，廣漢郡梓潼下「墊音徒浹

反」，是也。同時，韋昭、譙周亦有斯例，如南陽郡堵陽下引韋昭曰「音逋元反」，《後漢書·趙咨傳》注引譙周《古史考》云：「『禹作土堲以周棺。』堲音即七反」，是也。前此，許慎作《説文》，鄭玄注經，高誘注《吕覽》、《淮南》，并云讀若某字，不加音某，而應劭、韋昭、譙周遂並加反音。劉熙亦東漢末人也，其著《釋名》《釋長幼篇》云：「長，萇也，言體萇也；長，音丁丈反。」劉與服、鄭年輩相若，亦作反音，證知反語不始于孫叔然矣。宋景文《筆記》云：「孫炎作反切，語本出于俚俗常言尚數百種。故謂就爲鯽溜，凡人不惠者即曰不鯽溜，謂團曰突欒，謂精鯽令，謂孔曰窟籠，不可勝舉。」懿行案：今俚人作隱語，如載蛤爲咱、捏几爲你之類，其人不必知書，自解反語，明此是天地自然之聲也。證以經典音讀，此例尤多。惠定宇《九經古義·儀禮·大射儀》奏貍首注下案禮説云：「不來反爲貍，猶并夾爲篋、終葵爲椎、邾婁爲鄒、勃鞮爲披、周伯琦云：「鄒，古邾婁國，《外傳》勃鞮，《内傳》作披。」壽夢爲乘、不可爲叵，羊舌職，《説苑》作羊殖，舌職爲殖也。顓孫師之子爲申祥，顓孫爲申也。後世反切之學出之。」懿行又案：不特此也。《詩》言「韎韐有奭」，毛傳云：「韎韐，茅蒐，染草也。」鄭箋云：「茅蒐，韎韐聲也。」又駁《五經異義》云：「韎，草名，齊魯之間言茅蒐聲如韎韐。」韋昭《晉語》注則云：「急疾呼茅蒐成韎也，是以韎爲茅蒐之合聲。陸氏德明音蒐爲色留反，誤。此字從鬼得聲。又左氏昭二十五年《傳》云：「太子欒」，惠氏《補注》引董逌曰：「《竹書》有宋景公繼，而史爲頭曼，孫炎以繼爲頭曼之合聲。」云：「繼，爲古文欒也。」推是而言，《釋草》云「鼁，鴻薈」者，「鼁」即爲「鴻薈」之合聲，「茨，蒺藜」者，「茨」亦爲「蒺藜」之合聲；《釋蟲》云「蠰，齧桑」者，「齧桑」之合聲爲「蠰」也，「蛂蟥，蛢」者，「蛂蟥」之合聲爲「蛢」也。此例甚多，莫能殫述，是皆反語之所出也。

反語是在叔然前，確乎可信，或自叔然始暢其說，而後世遂謂叔然作之爾，即其實非也。因書此以答默人之問。時嘉慶丁卯冬，距初發問時已閱七年所矣。

堯後祁姓考代祁成德作

謹按：堯姓伊祁，蓋伊本地名，祁其姓也。《史記·五帝紀索隱》引皇甫謐云：「堯初生時，其母在三阿之南，寄于伊長孺之家，故從母所居爲姓。」是知堯本姓祁，因母所居乃復加伊，故《史記正義》引《帝紀》云「帝堯陶唐氏，祁姓」是矣。而《元和姓纂》既稱「堯姓伊祁」，于「伊」下又云「伊尹是其後」，于「祁」下又云「祁奚是其後」，遂分堯姓爲二。原《姓纂》之説，似本于皇甫謐而失之者也。

謹博稽經傳，堯後祁姓有可取證者三；祁世居曹濮，有可取證者五。

按《晉語》黄帝之子十二姓中有祁姓，而堯即黄帝之元孫，得姓受氏，本自黄帝，其證一也。

襄二十四年《傳》云：陶唐，「在周爲唐杜氏，晉主夏盟爲范氏」，明范、杜二氏皆陶唐苗裔也；文六年《傳》有「杜祁」，注云：「杜祁，杜伯之後，祁姓」；《唐宰相世系表》：「杜氏本出祁姓，堯裔」。是杜亦姓祁，其證二也。

襄二十一年《傳》有「欒祁」，注云：「欒祁，范宣子女。范氏，堯後，祁姓。」是范亦姓祁，其證三也。

范乃邑名，杜本國名，而姓俱爲祁。證以《帝紀》之文，堯後祁姓，蓋不誣矣。

知祁世居曹濮者，謹按堯陵凡數處：一在成陽，即今濮州者一在鄆州，《海外南經注》及宋《開寶詔》一在鄄城，《元史·泰定帝紀》一在臨汾《臨汾縣志》一在赭陽。《海外南經注》而史傳相承，俱以在成陽者爲是。

《漢書·地理志》：濟陰郡成陽，「有堯冢靈臺。《禹貢》雷澤在西北。」《呂氏春秋·安死篇》云：「堯葬穀林。」皇甫謐曰：「穀林即成陽。」太史公曰：「堯作游成陽。」《竹書紀年》：「帝堯八十九年作游宫于陶。九十年帝游居于陶。一百年帝陟于陶。」陶即陶邱，今之定陶，與濮比鄰。《會典》内載：「堯陵在濮州城東六十里，古雷澤之東，地爲穀林。」

今按：其地名穀林莊，是其徵也。堯既葬此，子孫隨而家焉。蓋堯子九人，子朱最長，封丹淵，迨舜受命，封於唐。《括地志》云：「定州唐縣，堯後所封。」其八人或依陵墓，或在四方。至夏孔甲時，其後有劉累者，以御龍遷魯縣，事載昭二十九年《傳》，注云：「魯縣，今魯陽。」《地理志》：南陽郡魯陽，「有魯山。古魯縣，御龍氏所遷。」是則劉累之後別居魯陽，後世即爲劉氏。事具文十三年《傳》。其依陵墓爲豕者則襄二十四年《傳》：「在商爲豕韋氏」，注云：「豕韋，國名，東郡白馬縣東南有韋城。」蓋自夏王孔甲以劉累更豕韋之後，累尋遷魯縣，豕韋復國，至商而滅，因就其地求堯後依陵墓爲家者，復封于豕韋之國，其地于漢屬東郡白馬，與曹濮接壤。堯後居此，分明可信，其證一也。

《樂記》稱云：「武王克殷，未及下車，封帝堯之後于祝。」鄭康成注：「祝，或爲鑄。」《後漢·郡國志》：「濟北國有鑄鄉城」，劉昭注：「周武王未及下車，封堯後于鑄。」是必因堯後家于是者就而封焉，其證二也。

鑄既堯後，襄二十三年《傳》：「臧宣叔娶于鑄」，注云：「鑄國，濟北蛇邱縣所治。」是春秋時其國尚存，蛇邱，今肥城縣，地屬泰安。于春秋屬魯，去堯陵墓亦近，其證三也。

《新唐書·宰相世系表》：「范氏出自祁姓，帝堯裔孫，杜伯之子。隰叔奔晉爲士師，曾孫士會，食采于范，其地濮州范縣也。」《元和郡縣志》：「濮州范縣，本漢舊縣，屬東郡。春秋時晉大夫士會之邑。」范縣，今屬曹州，與濮最近。堯後子孫，世家于此，其證四也。

《地理志》濟陰郡有「吕都」，注云：「莽曰祁都。」是必祁姓所居，因聚成都，故名爲都而表以祁。濟陰，今曹州；吕都，即今菏澤。祁世居此，其證五也。

據《傳》，晉有祁奚，奚先有祁舉、祁瞞、祁彌明，其後有祁午、祁盈。杜注《左傳》，不言其姓，《世族譜》亦不載其人，而《元和姓纂》以奚即堯後祁姓，非也。

周秦以來，祁姓世爲望族。《古今姓氏書辨證》引《英賢傳》：「漢有龍驤將軍祁夜豐。」《玉海·姓氏急就篇》：「漢有祁大伯，晉有祁宏、祁濟，宋有祁寬、祁革。」元振《會稽典禄》又有祁庚。前明有祁承㸁，山陰人，官長洲，㸁子彪佳，巡按蘇松，甚著威稜，事載《明史》。

蓋祁世居曹濮，遭時離亂，或流寓于浙，而依陵墓爲家者，今仍居菏澤。有家藏舊譜，世次源流，或多缺略，兼有舛訛，無從是正。謹上稽經傳，旁參子史，擇其確有依據者詳述于篇。譜所未備，用補其缺；舊譜所書，略而弗道。曾曾小子，恐貽數典忘祖之譏。叙不盡言，事具于左。

佘氏譜考

古字有「余」無「佘」，今姓有「佘」有「余」。或據唐余欽改「余」爲「佘」，謂「佘」字非古，其說非也。

古人重譜系，姓氏所出，遠有淵源，歷世相傳，未敢輕議。如必擇古字而姓之，然則，黃帝之子二十五宗，其得姓者十四人，將十四字之外舉不得爲姓乎？疎廣之後爲束，嵇康之先爲奚，嵇、疎二字，即皆非古；蹇叔之別爲騫，厙鈞之別爲厍，騫、厍二文，俱不成字，而相沿不廢。佘之與余，義復同耳。

按：《廣韵》九魚有「余」，云：「又姓」，《風俗通》云：「秦由余之後，何氏。」《姓苑》云：「今新安人。」九麻闍紐下又有「佘」，云：「見《姓苑》，出南昌郡。闍，視遮切。」「視遮」之音即「佘」字之音，但字未作「佘」耳。《廣韵》成于陸法言，知六朝訖隋，「佘」仍作「余」也。

《元和姓纂》始有「佘」字，云：「今洪州有佘氏。」《姓纂》出於唐之中葉，余與佘始分爲二，是則「佘」之得姓蓋始于唐矣。唐之洪州即今南昌，此其佘氏之先乎？

逮宋鄧名世著《古今姓氏書辨證》，王應麟著《姓氏急就篇》，俱本《姓纂》，亦佘、余分見，而《急就篇》「佘」云：「《姓苑》『新安人』」，「余」云：「《姓苑》『出南昌，今新安有之』」，是余、佘同出新安，非有兩郡望也。但地同氏異，居然爲二，厥義彰矣。

楊升庵不知此義，乃以今姓有「佘」爲非，又援《說文》「余」字「从舍省」，謂舍與蛇音近，非通論也。升庵徒知字説，不知譜學，徒知《説文》六書之訓，不知古今姓氏之篇。今請以字説明之。

堇荼之「荼」，本音爲徒，又宅加切。「宅加」之音即「茶」字之音，字書因之加「木」爲「㮤」，去「一」爲「茶」，皆俗作也。今字不能以「荼」代「茶」，今姓顧可以「佘」爲「余」乎？《説文》：「余，从舍省聲。」舍字本有二音，古讀舍如庶，又讀如赦，亦猶「余」字古有二音，不得專以視遮一切爲正音也。既余、佘並存，無妨兩讀。佘欽改姓，于義未通。必若所爲，將令東晳改氏爲「疎」，嵇康更姓爲「奚」乎？然則《廣韵》、《姓纂》、《急就》之書，豈皆不知而作歟？

嘗讀《臧在東集》，武進有佘中云：「當爲佘中，今邑有佘宅，即佘殿撰故居，而或據《文獻通考》應作余中。」此亦一證。又《吳梅村詩集》有佘山，《松江府志》：「佘山在盧山東北，舊傳有佘姓者養道于此，故名。」而《吳興志》亦有佘山，上有東漢佘將軍廟，然將軍之名不見史傳，恐涉傅會。其佘山、佘宅，要爲有據，若必拘以字説，佘山、佘宅亦復當爲余山、余宅矣。

松滋佘次卿，文雅士也，由庶常與余同農曹，將厘族譜，屬余爲考，自惟黯淺，無能爲役，謹述所睹聞，惟高明擇焉。

郝氏族譜考

嘉慶二十有一年六月

謹按：《姓纂》「郝出于太昊氏之佐郝省氏。帝乙時，子期封太原郝鄉，因氏焉。」《廣韵》十九鐸郝姓下亦本其説，獨不言郝省氏。而《姓氏急就篇》既引《廣韵》，又引《唐表》云「出自郝省氏」，則仍用《姓纂》之文。《表》又云：「裔孫期封於太原之郝鄉。」蓋以裔孫蒙郝省氏而言，若依《廣韵》不言郝省，將不知子期者爲何人矣。《表》又云：「裔孫晏，秦上卿。」則以裔孫蒙期而言。「晏孫瑗，太原守。生夔，漢匈奴中郎將。」此皆太原之郝之著名于秦漢間者也。

懿行謹按：「匈奴中郎將」，當依《姓纂》作「上谷太守」，《表》蓋誤耳。

《急就篇》云：「漢郝賢、郝黨、郝絜，魏郝昭，吴郝普，晉郝隆，隋郝瑗，唐郝處俊、郝斑玉玭，宋郝質、郝仲連，晉匈奴郝度，元燕郝晷。」

懿行謹按：晉有兩郝隆，一字佐治，是曬腹中書者；一字弘始，同姓名者。俱見《世説新語》。又，晉亦有郝普，字道匡，太原襄城人，仕至洛陽太守，見《世説·賢媛篇注》引《郝氏譜》，又引《汝南别傳》「襄城郝仲將」云云，豈仲將即道匡或一人而有兩字歟？將同姓名者耶？

《華陽國志·序志篇》有「烈士郝伯都，閬中人」，在後漢時。《唐書·藝文志·雜藝術類》有郝冲《投壺經》一卷，《别集類》有《郝默集》五卷。據《志》所列，按其時代，默蓋晉時人，冲後漢人或晉初人也。《姓纂》又云：後漢郝蘭，後梁太傅郝潔，後燕從事中郎郝略，桓温參軍郝隆，唐太原尉郝昕，並太原人，則知此則太原之郝之支流餘裔也。

晉宋之間，有自太原徙丹楊、又徙安陸者。據《唐表》云：㚇「裔孫晉末因官徙潤州丹楊。」七世孫迴，又徙安陸。自此安陸之郝又爲著姓以下迄于隋唐間矣。據《姓纂》云：「梁江夏太守郝迴，自丹楊居安陸。生破敵，後周沔州刺史按：刺史，《表》作太守，恐誤。新吳伯。敵孫相貴，唐滁州刺史，生處俊、處傑。處俊，中書令，甑山公。子北叟，司議郎；南容，祕書郎。處傑，鄜州刺史。」自迴以下，《唐表》俱依《姓纂》，不具録。《姓纂》又云：「京兆盩厔有此姓」，然則太原之郝其後支分派衍而爲丹楊、爲安陸、爲京兆，要皆繼别之小宗，其大宗固以居太原者爲鼻祖矣。

由唐迄宋，有自太原徙潞又徙澤之陵川者，曰祚、曰昇、曰天挺字晉卿，《金史·隱逸》有傳。按：時又有郝天挺，字繼先，出于朵魯别族，封冀國公，謚文定，《元史》别有傳。曰思温、曰經字伯常，徙順天，當元世祖時，以風節文學顯，封蓟國公，謚文忠，《元史》有傳。明初居青口村，今居霸州，又居定州，居定州者亦以仕宦風節著聞。有居霸州之信安者，曰彬，字景文，仕元世祖、仁宗朝，官至中書參知政事，以功名顯，《元史》有傳。自此順天之郝又皆爲著姓矣。當明永樂年間，有自棗强徙山東之齊河出家營者，曰仲良據霸州及齊河族譜其後由濟而青、而萊、而登，此又順天之郝之支分派衍而皆爲繼别之小宗者也。居霸州者多顯仕，余嘗覽其族譜，首列始祖經，蓋不知以太原者爲大宗，其序乃云：「吾祖本姬姓也，周初，封霍叔于霍，而分封其支庶于郝。」是説也，異乎所聞，余蓋疑而未敢信云。郝氏本非姬姓，與霍亦不同宗，當由土俗音譌，里巷鯫生創爲異説，遂令郝、霍二姓無妨謬語同宗，所謂數典忘祖，于古未聞，古讀郝音如釋也。

吾登州之郝，自明初迄今，四百餘年來未嘗見有舊傳族譜，蓋經兵火亡逸久矣。自頃因讀霜〔霸〕州譜，嘆其闕略未備，因檢姓氏諸書，博綜源流，庶幾先河後海之意，較若列眉，俾後人有以考。其間文字及所引書不避重複繁碎，唯求明晰，雖知筆墨蕪拙，不加芟潤，聊存此稿爲後世修譜系者有所取材，其亦滄海不遺細流之義也夫。

道光四年甲申八月望日時年六十有八

古《左傳》考

孫淵如觀察言：「《左傳》『象有齒以焚其身』，『焚』字未爲近理。《北堂書鈔》作『樊』字，似當近之。」

余按：作「樊」善矣。今作「焚」，蓋形之誤耳。樊者，《説文》以爲「騺不行也」，義本可通。《詩》：「折柳樊圃」，毛傳：「樊，藩也。」此借「樊」爲「棥」字。《説文》：「棥，藩也」，即本毛傳爲説。經典「棥」通作「樊」。《廣韵》：「樊，籠也。」《莊子·養生主》云：「澤雉十步一啄，百步一飲，不期畜乎樊中。」蓋皆從「樊，藩」之義而引伸之耳。藩謂藩籬外插木枝遮迾禁人出入，如《左傳》云：「藩衛侯之舍」，是其義也。然則，「象有齒以樊其身」者，是即《莊子》「畜乎樊中」之意，言以齒故爲人所制耳。若作「焚」字，未聞用火攻象者也。觀察博雅好古，家藏多善本書，嘗得《北堂書鈔》，係古寫本，在陳禹謨改刊之前，其中援引經傳多與今本不同，此其一也。

定九年云：「晳幘而衣貍製。」杜預注：「幘，齒上下相值也。」《説文·齒部》引作「晳齺」，乃其本字，今作「幘」，譌字也。古無「幘」，則述傳時無此字也。「上下相值」，「謂上下齒整齊相對，《詩》所云如瓠犀。」「晳齺者，晳謂人色白，齺謂齒美，二事也。」段氏玉裁説。

《左傳》本古文，其字多假借。如昭七年云：「楚子享公于新臺，使長鬣者相。」杜預注：「鬣，鬚也。」十七年云：「使長鬣者三人潛伏于舟側。」杜注：「長鬣，多髭鬚。」韋昭注《楚語》「長鬣之士相焉」，亦云：「長鬣，美鬚髯。」是皆望文生訓，不知「鬣」爲假借。《説文·人部》「儠」云：「長壯儠儠也」，引《春秋傳》正作「儠」。許氏所引必古文，今文假借作「鬣」耳。傳意蓋謂長壯之人儠儠然大，欲相誇耀，故特簡其人置諸左右，若云長鬣，于義爲短。「儠儠」，作重文者，形容之詞多作疊字。《説文·髟部》「鬣」云：「髮鬣鬣也。」《囟部》「巤」云：「毛巤也，象髮在囟上及毛髮巤巤之形也。」然則，「巤」、「鬣」二字并作重文，亦俱形容之詞，與「儠儠」同。「儠儠」爲人長壯之貌，則知「鬣鬣」亦爲髮長上指之貌。《漢書·元帝紀》「額有壯髮」，壯亦長耳。故段氏注《説文》謂：「辭賦家用獵獵字，蓋當作儠儠。」又注「鬣」字謂：「辭賦家言旌旗獵獵，是其字之假借。」可知此類皆是重疊形容之字，韋昭、杜預不知古字假借，遂以多鬚、美鬚爲訓，遍檢經典，遂無訓鬣爲人鬚髯之文，益信韋、杜二注之誤。再檢《説文》，「鬣」字或从毛作「⿰毛巤」，或从豕作「⿰豕巤」，豈人鬚髯之美亦可書作「⿰毛巤」與「⿰豕巤」耶？經言「馬鬣」，乃是馬毛，「豕曰剛鬣」亦謂豕毛，未聞人鬚竟可稱鬣也。

宣三年云：「民入川澤、山林，不逢不若。螭魅罔兩，莫能逢之。」按：二「逢」字文意重複。張衡《西京賦》作「禁禦不若，以知神奸，螭魅魍魎，莫能逢旃」是矣。郭璞注《爾雅·釋詁》亦引作「禁禦不若」，可知今本乃晉以後轉寫之譌。李善注《文選》引與今本同　詳見惠氏棟《左傳補注》二。

昭二十年云：「澤之萑蒲，舟鮫守之。」「鮫」，當爲「魰」字形之譌。《説文·竹部》「篽」

云：「禁苑也，或作魰。」引《春秋傳》「澤之自篽」，蓋「舟」譌作「自」，「篽」當作「魰」。《左傳》本作「舟鮫」，今本轉寫誤作「鮫」耳。

古人氏族考

氏與族別而實通，姓與氏通而實異。《禮記大傳疏》云：「氏、族對文爲別，散則通也。故《左傳》云『問族于衆仲』下云『公命以字爲展氏』是也。其姓與氏散亦得通，故《春秋》有姜氏、子氏、姜、子皆姓而云氏是也。」案：百世不遷者，姓也；本同末異者，氏也。如《左傳》云：「周之宗盟，異姓爲後。寡人若朝于薛，不敢與諸任齒」，是姓也。「二華，戴族也；司城，莊族也」；其餘「皆桓族也」，是氏也而言族，氏、族通也。古人氏、族雖通，姓、氏有辨。故衆仲曰：「天子建德，因生以賜姓，胙之土而命之氏。」此姓、氏之別也。自周以前族姓分，《詩·周南》「振振公姓」、「振振公族」，族亦氏也，是姓、氏有異。《日知録》二十三卷：「戰國時人大抵猶稱氏族，漢人則通謂之姓。」《戰國策》甘茂曰：「昔者，曾子處費，費人有與曾子同名族者而殺人。」不言姓而言族，可見當時未嘗以氏爲姓也。自漢以後姓氏合。又云：「姓氏之稱自太史公始混而爲一，本紀于秦始皇則曰『姓趙氏』，于漢高祖則曰『姓劉氏』。」案：此皆氏也，謂之爲姓。《帝繫》之篇茫莫紀，《大戴禮記·帝繫篇》《世本》之書亡不傳。又云：「漢劉向撰《世本》二卷，其書不傳。今《左傳》注疏多本之，然亦未必無誤。」請言其略，載著于篇。

黄帝之子得姓十四人，《晉語》。案：十四姓具詳《國語》。魯衛之分殷民十三族。左氏定四年《傳》：「分魯公以殷民六族，分康叔以殷民七族。」若乃顓頊之妃娽其名，埤蒼娽，顓頊妃名。案：《大戴禮·帝繫篇》：「顓頊娶于滕氏，滕氏奔之子謂之女禄氏。」禄與娽，蓋古字通用。一本「滕」下有「隍」字，又「奔」字衍。帝堯夫人中山氏。《水經·瓠子河注》：「堯陵東城西五十餘步中山夫人祠，堯妃也。」又云：「中山夫人祠南，有仲山甫冢。」案：中、仲，古字通用。周仲山甫，蓋堯妃母家之後。又案：《大戴禮》：「帝堯娶于散宜氏之子，謂之女皇氏。」后稷元妃氏吉人，左氏宣三年《傳》：「石癸曰：『吾聞姞，吉人，后稷之元妃也。』」《説文》：「姞，黄帝之後百鰍姓，后稷妃家也。」案：百鰍，《左傳》作「伯儵」。姞，南燕姓也。周公夫人乃姓任。左氏哀二十四年《傳》：「周公及武公娶于薛，孝、惠娶于商。」案：薛，任姓也，與王季妃家同宗。孔子之妃曰并官，魯相韓勑碑：「并官，聖妃，在安樂里。」顏母請禱孕尼山，碑又云：「顏氏，聖舅家，居魯親里。」案：左氏襄十九年《傳》：「齊侯娶于魯，曰顏懿姬，其姪鬷聲姬。」注云：「顏、鬷皆姬母姓。」（當云母氏）是則顏氏姬姓，魯公族也。《姓譜》曰：「顏姓本自魯伯禽支子有食采顏邑者，因以爲族。」孟子母族爲仉氏，《廣韵》、《集韵》並音掌，孟子母仉氏，梁四公一姓仉，名昚。案：揚雄《答劉歆書》：「翁孺往數歲死婦，蜀郡掌氏子。」疑仉、掌古今字。留婦斷縷稱聖賢。孟子母止出妻事，見《韓詩外傳》。

古者，「男女辨姓」，嫁娶别倫；汝不避宗，「宗不避余」，二者皆譏。案：二語出《左傳》。乃至近世，門聯絲蘿，迹涉瓜李，罔知同姓，便許連婚，去犢子韋高識遠矣。案：黄犢子韋者，隋京兆韋衮奴桃符乞姓事，見《朝野僉載》。

至若丘本左丘，顔真卿《石柱記》「烏程縣」下載梁中書侍郎丘遲墓，鄭元慶《箋釋》引《能改齋漫録》云：「沈太虚侍郎虚中言：昔湖州有人發古冢得碑，乃南朝丘遲，其言遲乃左史丘明之後。」然則，丘明竟不姓左耶？又引《急就篇》注：「左丘明本魯之左史，繼守其職，遂爲姓。」《韵會》云：『丘姓出吴興、河南二望。」《風俗通》曰：「魯左丘明之後。」《槁簡贅筆》亦云：「吴興丘墓，一郵之人皆姓丘，有大碑列其墓上，稱左史丘明之後。」《談志》志著姓歷叙丘氏世系，何不主此説？豈以諸書爲不足據耶？馬本馬矢，《漢書·馬宫傳》：「本姓馬矢，改爲馬。」于本淳于，唐宪宗名純，詔姓淳于者改姓于。鍾本鍾離，《唐宰相世系表》：「鍾離昧二子，次曰接，居潁川長社爲鍾氏。」案：《左傳》「楚有鍾建，負昭王妹者」，是古有鍾氏也。又，今黄縣仍有氏淳于者。以至禁止複姓即如遺讖二名，《日知録》二十三卷：洪武元年，詔胡服、胡語、胡姓，一切禁止。如今有呼姓，本呼延；乞姓，本乞伏。皆明初改。而并中國所自有之複姓皆去一字，氏、族之紊，莫甚于此。如公羊、公沙、公乘之類，則去而爲公；毋丘、毋將之類，則去而爲毋；司徒、司空之類，則去而爲司；司馬氏，則去而或爲司、或爲馬，而司馬之僅存于代者，惟温公之後。所以然者，蓋因儒臣無學，不能如魏孝文改代北之姓，一一爲之條理，而聽其人之所自爲也。史去阿那，又云：胡姓之改，不始于是時。

《唐書》：「阿史那忠以擒頡利功拜左屯衛將軍，妻以宗女定襄陽主，賜名爲忠，單稱史氏。」石去烏蘭。又云：韓文公《集賢院校理石君墓誌》云：「其先姓烏石蘭，從拓跋魏氏入夏居河南，遂去烏與蘭，獨姓石氏。」劉静修《古里氏名字序》云：「吳景初本姓古里氏，以女真諸姓今各就其近似者，易從中國姓，故古里氏例稱吳。」案：此兩字俱改，又一法。完顏去顏，又云：金世宗大定十三年五月戊戌，禁女真人毋得混爲漢姓。今完顏氏皆去完而爲顏，惟曲阜不敢冒兗國之姓，特稱完氏。案：吾邑有慕氏者，本慕容之裔，後更去其一字爲慕氏，自元代家于此。余親讀其墓碑得之。此猶去一存一。若乃京房本姓李也，《漢書·京房傳》：「房本姓李，推律自定爲京氏。」簡雍本姓耿也，《蜀志·簡雍傳》注：「或曰：雍本姓耿，幽州人語謂耿爲簡，遂隨音變之。」盛允本姓奭也，《水經·獲水注》云：「虞縣故城東有漢司徒盛允墓碑。允字伯世，梁國虞人也，其先奭氏。至漢中葉，避孝元皇帝諱，改姓曰盛。」莽何羅之本姓馬也，《漢書·武帝紀》：「後元元年，侍中僕射莽何羅與弟重合侯通謀反。」孟康曰：「征和三年言重合侯馬通，今此言莽，明德馬后惡其先人有反，易姓莽。」師古曰：「莽音莫戶反。」李延壽之別姓繁也，《漢書·百官表》：「建昭三年七月戊辰，衛尉李延壽爲御史大夫，一姓繁。」賀之本爲慶也，《晉書·賀循傳》：「會稽山陰人也。其先慶普，漢世傳《禮》，所謂慶氏學。族高祖純，安帝時爲侍中，避安帝父（清河王慶）諱，改爲賀氏。」《宋史》：賀鑄自言出王子慶忌。然慶忌乃名，不得爲氏。《日知録》辯之是矣。案：《史記·刺客傳》：荆卿，衛人謂慶卿也。孟之或爲芒也，《日知録》二十三卷：『古時，孟姓亦或與芒通。《史記·秦本紀》：『擊芒卯華陽。』《索隱》引譙周云：『孟卯也。』

《淮南子》『孟卯』注引《戰國策》曰：『芒卯也。』」刀之通爲貂也，又云：「刀氏（《復古編》云作刁，非。），《姓譜》以爲『齊大夫豎刀之後』。胡三省曰：『豎刀安得有後？』」《漢書·貨殖傳》有『刀閒』。案：古書刀與貂通，齊襄王時有貂勃。」案：晉韓傳嘲刀彝謂短尾者爲刀，刀即貂也。是刀、貂古字通，故豎刀亦或謂豎貂。奚之變爲嵇也。《水經》：「淮水東過鍾離縣北。」注云：「苞水東經稽山北嵇氏故居。嵇本姓奚，會稽人也。先人自會稽遷于譙之銍縣，改爲嵇氏，取稽字之上以爲姓，蓋志本也。《嵇氏譜》曰：『譙有嵇山，家于其側，遂以爲氏。』」至于倉頡之後爲侯氏、又爲士氏也，《水經》：「汾水西過長修縣南。」注云：「故漢上谷長史侯相碑云：『侯氏出自倉頡之後，逾殷歷周，各以氏分，或著楚、魏，或顯齊、秦，晉卿士蔿，斯其胄也。』」周公之後爲公孫氏，又爲姬氏也，《日知録》二十三卷：「《漢書·恩澤侯表》：『褒魯節侯公子寬，以魯頃公玄孫之玄孫奉周祀。元始元年六月丙午，封子相如嗣，更姓公孫氏（《平帝紀》封周公後公孫相如爲褒魯侯，當依《表》作公子寬。），後更爲姬氏。』」案：周公之後又别封爲東野氏。周王之後爲子南氏，又爲姬氏也，《漢書·武帝紀》：「元鼎四年，得孽子嘉。封爲周子南君，以奉周祀。」臣瓚曰：「《汲冢古文》謂衛將軍文子爲子南彌牟。其後有子南固、子南勁。《紀年》：勁朝于魏，後惠成王如衛，命子南爲侯。秦并六國，衛最後亡，疑嘉是衛後，故氏子南而稱君也。初元五年爲周承休侯，元始四年爲鄭公，建武十三年封于觀爲衛公。」《日知録》曰：「據此，嘉本氏子南，武帝即以其氏命之爲爵。而《漢書·恩澤侯表》竟作姬嘉，則没其氏而書其姓矣，與褒魯之封公孫氏、更爲姬氏者正同。」盛姬之後爲痛也，《姓譜》云：「痛本盛國後，實姬姓也。周穆王嬖寵盛姬早卒，穆王哀痛不已，遂改其祖謂之痛氏。」案：《急就篇》有痛無忌，蓋其後。司馬之後爲程也，《史記·太史公自叙》云：「重黎氏世序天地。其在周，程伯休甫其後也。」應劭曰：「封爲程國伯，休甫，字也。」其後爲司馬氏。宋邵伯温《聞見録》：「司馬温公一日過康節先生，謁曰『程秀才』。既見，則温公也。問其故，公笑曰：『司馬出程伯休甫。』」案：考其世次，乃是先爲司馬氏，後爲程氏，其後又爲司馬氏也。《晉書·宣帝紀》云：其先「重黎爲夏官祝融。歷唐、虞、夏、商，世序其職。及周，以夏官爲司馬。其後程伯休甫，周宣王時，以世官克平徐方，錫以官族，因而爲氏。」此説世次頗詳明，又據《左傳》，晉有程滑、程鄭，杜注以鄭爲荀氏宗，未審何據。又有程嬰。楚晨之後爲翠也，《急就篇》「翠鴛鴦」注云：「翠氏，楚晨之後也。避入關，三遷，懷土逃匿，改姓爲翠。」周景王之孫爲陽也，《水經·鮑丘水注》云：「陽氏譜叙言，翁伯是周景王之孫，食采陽樊，春秋之末，爰宅無終，因陽樊而易氏焉。愛人博施，天祚玉田。」朿祇之先爲棘也，祇建置屯田，見《魏志·任峻傳》，裴松之注引《文士傳》曰：「祇本姓棘，先人避難，易爲朿。孫據，字道彦，晉冀州刺史。」唐彦謙之後爲陶也。《宋景文筆記》曰：「陶穀本唐彦謙後，石晉時，避帝諱改曰陶，後納唐氏爲婿，亦可怪。」《澠水燕談》十亦云：「穀避晉祖名改姓陶，後歷事累朝，不復還本姓。士大夫譏之。」若此之類，自非奠世系之書，《周禮》訂氏族之略，鄭樵《通志》何繇而免瀆姓之嫌肉譜之譏哉？

若夫王氏之宗遂分兩派，《日知録》二十三卷：《唐書·表》王氏則云：周靈王太子晉以直諫廢爲庶人，傳記亦無此事。王氏定著三房：一曰瑯邪，二曰太原，皆出靈王太子晉；三曰京兆，出魏信陵君，凡王皆姬姓矣。乃王莽自云舜後（《漢書·元后傳》：田齊三世稱王，至王建爲秦所滅。項羽起，封建孫安爲濟北王。至漢興，安失國，齊人謂之王家，因以爲氏。」又引《野客叢書》曹子建作《王仲宣誄》曰：「流裔畢萬，末胄稱王」云云。）韓文公作《王仲舒神道碑文》云：「王氏皆王者之後，在太原者爲姬姓。春秋時，王子成父敗狄有功，因賜氏。」此語却有斟酌。曹姓之祖妄引三家，又云：魏蔣濟《郊議》稱《曹騰碑文》云：「曹氏族出自邾」（案：本《大戴禮·帝繫篇》）。王沈《魏書》云：「其先出於黄帝」云云。而魏武作《家傳》自云「曹叔振鐸之後」，則又姬姓以國爲氏者矣。及至景初中，明帝從高堂隆議，謂魏爲舜後，則又不知其何所據。夫以一代之君，而三易其祖，豈不可笑？况于士大夫乎？以至唐、杜異水而同源，又云：異姓稱族，自漢以來未有此事。杜子美《寄族弟唐十八使君》詩云：「與君陶唐後，盛族多其人；聖賢冠史籍，枝派羅源津。」則杜與唐爲兄弟矣。《重送劉十弟判官》詩云：「分源豕韋派，別浦雁賓秋；年事推兄忝，人才覺弟優。」則杜與劉爲兄弟矣。韓、何分枝而合幹，又云：韓文公《送何堅叙》云：「何於韓同姓爲近。」《容齋三筆》引孫愐《唐韵》曰：「韓滅，子孫分散江淮間，因以韓爲何，字隨音變，遂爲何氏。」（《史記》：趙氏之先與秦同祖。《淮南子》亦稱秦始皇爲趙政云云。）元吳徵《送何友道游萍鄉叙》云：「袁柳、撫何二族，各以儒官著，而其初實一姬姓。文之昭，由魯之展而爲柳；武之穆，由晉之韓而爲何。氏不同而姓同。」方之狄青通譜於梁公狄仁杰崇韜拜墓于汾陽，郭子儀抑有甚焉，曾參殺人，《戰國策》。《困學紀聞》十四卷：「唐亦有蔡京（咸通三年，嶺南節度使以貪虐誅京始末，見《雲溪友議》。）此奸臣名氏之同者。吳有桓彝，晉亦有桓彝，此忠臣名氏之同者。若兩曾參、兩毛遂，則賢否分矣。」（兩毛遂，見《西京雜記》，員半千詩用之。閻若璩案：「名氏之同之奇者，莫過王莽之前有王莽，朱買臣之後有朱買臣。」）宰我爲亂，《史記·仲尼弟子傳》又謂之何耶？

曬書堂文集卷八　論

羊斟介子推論

人知刑賞貴于忠厚，而不知尤貴于嚴明。一有不當，下之不足示威權，上之貽害于國家，至于事幾決裂，而追咎致禍之由，于是謂忠厚不可用，而刻核可以行。三代所以有道之長，而亡秦所以無道之暴也，豈不悲哉？

華元與鄭戰，羹不與，而羊斟陷于敵；晉侯賞從亡，禄不及，而子推焚其身。二者之于刑賞，奚當乎？

嘗論之曰：宋人蓋失刑而晉君未爲失賞也。華元之相宋，特一庸懦寡斷之夫，彼士卒之不用命，其固然也。一旦殺羊饗士而斟不與，非靳也，其意或謂斟吾御也，親昵非他人比，一羹之與不與無不可，而不虞遂至輿尸也。至若晉文，英斷之才，非華可比，始即位而行賞，將以勵群臣風示諸侯也，其輕後先必非漫然者，觀其語賤臣壺叔曰：「導我以仁義者，受上賞；輔我以行者，受次賞；以力事我者，復受次賞。三賞之後，故且及子。」是故以子推之忠且勤而祿不及，非忘也，儻以俟三賞之後與，而不虞遂至焚綿也。

夫晉侯、華元，身都君相之尊，誅罰非不行、爵祿寧有愛焉。謂一杯羹，遂足挑匹夫之怒而敗國；一後賞，遂足蓄君子之怨而喪身。是豈近理之談哉？

慶鄭挾怨以誤師而晉君按其罪，樂羊食子以下城而魏侯疑其心，二主之于刑賞可謂允當矣。假令華元返國之後，請于其君先誅羊斟以正誤國之罪，然後誅己以服失律之刑；介子推自知割股爲愚忠，不期焚綿以旌善，令其君有善賞之名，而在己無戕生之實；將誅一人而三軍懼，祿一士而天下從，豈不快然稱盛事哉！計不出此，華元入而羊斟出，國無問罪之人；禍其母以懟其君，身蒙譏過之語。卒也宋日弱而晉日昌，豈曰天命，抑亦刑賞所爲歟？

雖然，以國體言則然矣，至若羊、介二子，據其所爲，子推特未免于已甚，而羊斟直王法所不宥也。向令二子易地以處，羹不與，子推必不爲口腹之故陷師以誤國；祿不及，羊斟勢必以忿恨之心倍君而作亂。嗚呼！羊斟誠小人也。若子推者，可不謂之介也哉！

獻地除刑論

史稱文王出羑里獻洛西之地以除刑。余謂不然，此史遷輕信之過，而學者又信史遷之過也。

夫文王豈非所謂古聖人哉？聖人之事君也，止于敬而已。所謂敬者，陳善閉邪是也。若紂之不善，乃爲鹿臺、巨橋、酒池、肉林，甚而斫脛、剖孕，昏亂暴虐至于如此之極，固不第一區區炮烙之刑也。文王聖人，將必有道焉，以格君心之非，既其格之不得，所謂昏亂暴虐者習于性情而不可變，則聖人亦惟束手而末如何，安有以土地餌其君者哉？且是益長君惡也，彼樂于得美地而勉于除重刑，則是殘暴之性未除而貪婪之欲益開，聖人所謂敬君者安在？況爾時之宜除，豈無甚于炮烙者，令獻一地除一刑，所謂江海不能實漏巵者也。且夫洛西果誰之土宇哉？文王時，雖云「三分天下有其二」，然所謂有者，亦不過約略其心，非若後世群雄割據畫疆而王，如漢末三分、晉末五分之類也。然則，文王之尺地一民莫非殷有而又將誰獻耶？豈謂錫之山川爰及苗裔亦如弓矢斧鉞之得以自專也者？然而《詩》不云乎：「莫非王土」，《記》曰：「君適其臣，升自阼階。」文王以大聖人際君臣之變，其委曲盡道應無有不至者。殷雖封之，周不得而有之也。

史遷又謂文王受命稱王，并誣作詩之周公以附會其意，大抵皆漢儒之陋説誤之耳。然後之儒者知受命稱王之誣，而不察獻地除刑之謬。夫地可獻也，即王亦可稱也。苟獻地于三分有二之年，何妨受命于虞、芮質成之日，而豈理也哉？

嗚呼！史遷之誣，如此類者何可勝道？除刑之説，猶事之稍近于理者，已不堪供人指摘若是。

卓識大文，直是朱子宗風，敢不拜讀！

牟默人

淮陰侯論

項王之破也，不破于垓下而破于袁生「備多力分」之一言；淮陰侯之死也，不死于陳豨而死于「假王鎮齊」之一請。天下禍患之幾，其來也有自，而兆也有端，惟明者遠見而爲之備，是以身犯所危而卒以安。淮陰之事，世或議漢夷其三族未免太過，而不知其有以招之也。

楚之于漢也，心腹之憂也，而漢之視齊也，咽喉之疾也。據齊則燕趙可全收，失齊則楚魏不能下。然則，天下之得失係于一齊，此固高帝與子房所日夜籌之而不獲也。一旦以大事付淮陰，淮陰，高帝之所疑者也，而不能不用也，是故更遣廣野君以分其功。而淮陰用蒯通之計，走齊王、烹廣野，是愈益高帝之疑而中其所忌也，況又以假王脇之哉！觀于田肯之論齊，以爲「非親子弟莫使王」。高帝之智，其知之久矣。當此之時，齊、楚方兩立而俱存，高帝欲討淮陰，則恐楚之議其後；欲難項王，又懼齊之扼其前：是腹背受敵也。是故怒之甚而未敢發，特遣子房操印綬以固其心。此時，未央之劍已岌岌乎加淮陰之頸，而淮陰顧未之覺耳，豈待陳豨之事哉！

高帝之封功臣也，諸將或仍故封，而首徙淮陰爲楚王，蓋殺之之漸矣。徙之未幾，有告楚王謀反者，不察其狀遂誘而執之，而其先一破項王即馳入信壁奪其軍，蓋疑之也深，故執之也决。迨其後，即不必舍人告變而殺之也亦决矣，而其幾實自假王一請兆之也。

人情，處患難于人之恩怨尤不忘。趙襄子解晉陽之圍，張孟談有功而驕，賞不及之；高赫不失臣主之禮，獨以無功受上賞。淮陰乘高帝之危而圖自王，可謂驕其主而失臣禮矣。高帝怨之深，故發之疾，即使終守臣節，長備東藩，高帝豈能甘心而與之並立哉？

嗚呼！蒯通亦可謂不智矣。假王之請，雖未必通爲謀主，然不能諫沮其事，而乃欲持鼎立之說以動之，可謂傾險喪心者哉！通之所以忠淮陰，乃其所以死淮陰歟？

縱囚論

曹攄調臨淄令，有死囚。歲夕，攄行獄，愍之，曰：「卿等不幸致此非所，如何？新歲人情所重，豈不欲暫見家耶？」衆囚皆涕泣曰：「若得暫歸，死無恨也。」攄悉開獄出之，尅日令還。掾吏固争，咸謂不可。攄曰：「此雖小人，義不見負，自爲諸君任之。」至日，相率而還，並無違者。

又，喬智明爲隆慮、共二縣令，部人張兑爲父報仇，母老單身，有妻無子，智明愍之，停其獄。歲餘，令兑將妻入獄，兼陰縱之。人有勸兑逃者，兑曰：「有君如此，吾何忍累之？縱吾得免，作何面目視息世間？」于獄産一男。會赦，得免。

又，范廣爲堂邑令，見《范晷傳》丞劉榮坐事當死，郡劾以付縣。榮即縣人，家有老母，至節，廣輒聽暫還，榮亦如期而反。縣堂爲野火所及，榮脱械救火，事畢，還自著械。

已上三事，具載《晉書·良吏傳》。夫忠信之至雖波濤不爲害，精誠所感則金石爲之開。良由積之有素，故神應無方。恩翔馴禽，威伏猛獸，集泮林而鴟鴞革響，乘虚舟則豚魚孚志。經史所書，殆非虚謬。彼數子者，皆于甘心就死之人，曲遂其私情，暫慰以生路，曠恩流于法外，疏網漏以吞舟。孰謂善意迎人凶頑必不可化哉？

或致難以恩信素孚不能使小人革面，而一朝之德能令視死如歸，其事蓋非可信，此大不然。鳳皇生而有仁義之意，虎狼生而有貪戾之心，斯乃智愚之不移，孰是堯、桀之能變？至于匹庶之賤，有慷慨以捐軀；萌隸之微，或激昂而效死。彼其人非素知節義也，睹墟墓而生哀，聞鼓鼙而思奮，動于一時之意氣，發其平旦之天良。蹈白刃者，非皆義男之夫；赴義旗者，豈盡忠良之士哉！

昔唐太宗録囚三百，縱使自歸，而期無後者。歐陽修著論，深明其不然。余讀史至《良吏傳》，因感昔人持論之意有所未盡，故備述其事而復追論之如此。後之君子謂當師其用意而勿慕效其所爲可也。

余既著論，偶因讀史，又得數事，聊記于此。

《後漢書·独行·戴封傳》：遷中山相，時諸縣囚四百餘人，辭狀已定，當行刑。封哀之，皆遣歸家，與剋期日，皆無僞者。詔書策美焉。

常璩《西州後賢志》：王長文，元康初，試守江原令。縣收得盜賊，長文引見誘慰。時適臘晦，皆遣歸家。獄先有繫囚，亦遣之，謂曰：「教化不厚，使汝等如此，長吏之過也。臘節慶賞，宜就汝歸，上下善相歡樂，過節來還，當爲思他理。」群吏惶遽，争請，不許。

尋有赦令，無不感恩，所有人輟不爲惡，曰：「不敢負王君！」

《北齊書·循吏·張華原傳》：遷兗州刺史，州獄先有囚千餘人，華原皆決遣。至年暮，唯有重罪者數十人，華原亦遣歸家申賀，依期至獄。

《宋書·謝方明傳》：爲南郡相，嘗年終，江陵縣獄囚事無輕重，悉散聽歸家，使過正三日還到。罪應入重者有二十餘人，綱紀以下，莫不疑懼。以爲：「昔人雖有其事，或是記籍過言。且當今民情爲薄，不可以古義相許。」方明不納，一時遣之。至期，有重罪二人不還，方明不聽討捕。其一人醉不能歸，逮二日乃反，餘一囚十日不至，五官朱千期請見欲白討之，方明知爲囚事，使左右謝五官不須入，囚自當反。囚逡巡墟里，不能自歸，鄉村責讓之，率領將送，竟無逃亡者。遠近咸嘆服焉。

唐武德八年，右衛率府鎧曹參軍唐臨出爲萬泉丞，縣有繫囚十許人，會春雨，臨縱之使歸耕種，皆如期而返。

唐貞觀六年十二月，帝親録繫囚，見應死者憫之，縱使歸家，期以來秋來就死。仍敕天下死囚皆縱遣，使至期來詣京師。七年九月，去歲所縱天下死囚凡三百九十人，無人督帥，皆如期自詣朝堂，無一人亡匿者，上皆赦之。

究觀數事，彰彰前聞，既登信史，自非過言。謝方明事頗類曹顔遠，而此囚頓乖，非鄉里將送，竟逋亡矣。故知絶行難爲繼。

祠廟興廢論

方今祠廟之盛遍天下，世之求福田利益者必曰「于某廟某神」，其修功德者亦曰「建某廟某神」，民無貴賤、長幼、男女咸奔走而香火之至老不衰，而寒鄉僻壤神祠傾頹，風雨弗蔽，塑像暴露于外，見者又未嘗過而問。

夫鬼神之説微矣，聖人存而勿論。後世民義不明，神道日近，秦漢以來漸有廟而祀之者矣。天地間有司知覺之鬼神，人心是也；有司禍福之鬼神，氣化是也。人之心有知覺而不能操禍福，然禍福之機恒由之。今人舍其自有之心而不求，而惟窈冥之是務，抑惑矣！且夫鬼神非有靈與不靈也，風雨暴露之鬼神即是奔走香火之鬼神，乃當其香火之則靈，當其暴露之則不靈，何也？然則福田利益生於人心，不生于鬼神，而愚者求之于祠廟。既求之祠廟矣，彼無故而興之與無故而廢之皆大不宜：興而廢之是慢也，廢而興之是諂也。諂與慢亦生于人心，不生于鬼神，由斯以談，禍福之機不操于鬼神而操于人心矣。

余謂祠廟非古也，有其廢之莫敢興也，有其興之莫敢廢也，如此將不復有諂與慢矣，無諂與慢則庶幾乎夫子敬而遠之之説也。昔狄粱公撫吳毀淫祠七千餘所，而程明道對神像必敬曰：「但具人形，便不可忽。」二公之見，皆可謂卓矣。世有讀書考道心知其意者，吾將就而問鬼神之説焉。

荀文若論

文若，魏臣，非漢臣也。然其身似臣漢而乃心實爲魏，顧爲魏不足以垂名，則陽爲漢而陰爲魏，既爲魏適足以毀名，則陰抑魏而陽扶漢。究其意，非爲漢也，爲魏也，抑并非爲魏也，爲名耳。

文若，名家之子，而又計數之臣。故其始知輔本初不足以成名而身歸于曹，迨其終又知輔曹不足以市名而託于輔漢。觀其去袁歸曹，而曹以爲吾之子房，使爲司馬，及曹欲取徐州，而教以先定兗州爲根本之計，乃引高祖保關中、光武據河内終濟大事業，是已擬曹于高、光矣。未幾，勸曹奉迎天子都許，于是進彧爲漢侍中、守尚書令，常居中持重。曹雖征伐在外，軍國事皆與彧籌，是又以子房自命矣。迨曹表彧爲萬歲亭侯，又封邑二千户，則曹之報「子房」亦厚矣。一旦董昭等議進曹魏公加九錫以諮彧，而彧意不同，曹大恨之。會征孫權，表彧參丞相軍事，彧亦自知不免，因感疾留壽春以憂薨，而曹遂爲魏公矣。

嗚呼！或一日不死，曹亦一日不公，孰謂文若之智而顧昧此？且曹代漢之勢已成，方且由公而王而帝，文若既陰助之于前而忽陽拒之于後，雖愚人亦知不可，曾是智者而爲之乎？吾故知其欲爲名而已矣。雖然，爲名豈必殺身，何不爲子房從赤松子遊？

曬書堂文集卷九　傳

程畿傳彤傳補《三國·蜀志》

程畿字季然，案：《華陽國志》作「默」。巴西閬中人也。劉璋時爲漢昌長。《華陽志》作「令」。縣有賨人，種類剛猛，昔高祖以定關中。巴西太守龐羲以天下擾亂，郡宜有武備，頗招合部曲。有讒于璋，説羲欲叛者，璋陰疑之。羲聞，甚懼，將謀自守，遣畿子郁宣旨，索兵自助。畿報曰：「郡合部曲，本不爲叛，雖有交構，要在盡誠；若必以懼，遂懷異志，非畿之所聞。」并敕郁曰：「我受州恩，當爲州牧盡節。汝爲郡吏，當爲太守效力，不得以吾故有異志也。」羲使人告畿曰：「爾子在郡，不從太守，家將及禍！」畿曰：「昔樂羊爲將，飲子之羹，非父子無恩，大義然也。今雖復羹子，吾必飲之。」羲知畿必不爲己，厚陳謝于璋以致無咎。璋聞之，遷畿江陽太守。先主領益州牧，辟爲從事祭酒。後隨先主征吳，遇大軍敗績，泝江而還，或告之曰：「後追已至，解船輕去，乃可以免。」畿曰：「吾在軍，未嘗爲敵走，况從天子而見危哉！」《華陽國志》作「吾在軍，未習爲敵之走，況從天子乎！」追人遂及幾船，幾身執戟戰，敵船有覆者。衆大至，共擊之，乃死。

子祁字公弘，與犍爲楊戲、巴郡楊汰、蜀郡張表并知名。戲每推祁以爲冠首，丞相亮深識之。早卒。

傅彤，《華陽志》作「肜」。義陽人。先主退軍，肜斷後拒戰，兵衆死盡，肜氣益烈。據《華陽志》補此句。吴將語肜令降，肜罵曰：「吴狗，何有漢將軍降者！」遂戰死。

子僉拜左中郎，後爲關中都督。景耀六年，又臨危授命。論者嘉其父子奕世忠義。

晉武帝詔曰：「蜀將軍傅僉，前在關城，身拒官軍，致死不顧。僉父肜，復爲劉備戰亡。天下之善一也，豈由彼此以爲異？」

僉息著、募，後没入奚官，免爲庶人。

楊戲贊曰：「江陽剛烈，立節明君，兵合遇寇，不屈其身，單夫隻役，隕命于君〔軍〕。」

「公弘後生，卓爾奇精，夭命二十，悼恨未呈。」

案：《楊戲傳》「戲以延熙四年著《季漢輔臣贊》，其所頌述，今多載于《蜀書》，是以記之于左。自此之後卒者，則不追謚，故或有應見稱紀而不在乎篇者也。其戲之所贊而今不作傳者，余皆注疏本末于其辭下，可以粗知其仿佛云爾。」余謂陳承祚《蜀書》太略，覽戲諸贊，英乂尚多，謂未蒙追謚遂不見于篇，非通論也。內有失其行事不爲作傳者共若干人，至于事行頗具而傳記闕如尚復不少。承祚既非有心相抑，何故本末但存注疏而不爲立傳以傳乎？無乃太簡，敢問所安。今擇其尤者，補綴兹篇，以例其餘，庶令後世珥筆之儒知索米之書美而有憾，勿徒震耀于高名也。

嘉慶戊寅正月日記

陳甫堂傳

陳甫堂者，失其名，日照人，盲者也。精六壬占法，叩以吉凶休咎，應如響，百不失一焉。其法：令叩者隨意持物一枚置其前，己乃手捫之，口談名理，靡靡可聽。生平挾術遨四方，客登、萊間尤久。所與游皆文學士及巨公，貴人之門多羅致焉。雅善談論，喜詼諧，雖言數亦游戲出之，故人莫能測其術。

丙子，客萊陽張氏，語人曰：「今科山東第一人在萊陽。」或叩闈中題，遂應云：「子曰可也。」群嗤之，以爲題纖小不類，陳笑而不答。及期，則題「自子曰可至富而好禮」，第一人果萊陽左君穎發矣。于是益神之。

郵中有患痘而症危者，以叩陳，陳曰：「無傷也，是有黑痘數枚，針挑之即愈矣。」叩者言無之，陳執言其有。叩者曰：「阿母日爲人家挑痘，即有之，豈不知耶？」陳微哂曰：「老子日爲人家作巫婆，苟無之，寧相誑耶？」叩者歸，細審之，果有數枚，遍刺之，痘尋愈。

張有僕人婦一子在繦褓，適染時疾，叩陳，曰：「明日愈，然此兒故不壽也。」已而，悉如其言。

丙子後，屢客膠東西，嘗館于即墨黄氏。黄兄弟新購葬地，俾陳卜吉凶，陳應聲曰：「兄也絶，弟其昌。」時兄方富，而弟貧如洗，人固未之信也。後數年，則弟筮仕爲邑宰，而兄竟絶嗣矣。或請其故，陳曰：「若初來叩時，手持雙火筒一具，余捫之，一虚一實，又審之，蓋小者實而大者虚，此不爲弟昌而兄替乎？夫天下惟理與數耳，吾虚以觀理而實以察數，如覆射然，烏有弗中哉！」

壬午秋，張赴省試，適于即墨遘陳，遽問曰：「闈中題占之乎？」曰：「占矣，題下似有『民』字耳。」再詰之，一笑而罷，謂張曰：「此一别終無見期矣。」問其故，曰：「期在明年。」逮後是科題爲《如有所譽者二句》。張感其言，越明年訪之，而陳死矣。聞其家云：「及期沐浴易衣而逝。」

王景西傳

王景西僧秀，福山人，居邑之西南宅院邨。相傳前身爲瞿曇，故字與名皆有取也。王故之罘望族，景西父第十六艱于嗣，已而生子，適門下客從外歸，途遇一僧而相識者，自言今爲烏衣子弟矣，忽不見，客方悟此僧數日前已歿，急歸，則賀者滿室，問之，曰「男也」。客因述途中所遇，主人亦驚。先是，近邨有梁家莊者，蘭若一所，有僧卓錫其中，戒行數年，至是圓寂，而王家客適途遇之，故確信僧語不謬云。

景西幼聰穎，讀書輒成誦，顧父母鍾愛，不甚令讀，而景西亦雅不喜儒書，後遂納粟焉。家素饒，兼性耽寂静，凡內外綱紀悉付門下客，雖終歲未嘗過而問。及失怙恃，日以益疏嬾，居常塊然兀坐以消永日，偶合眸則似入定僧，蓋前生結習久而未忘，但葷酒弗戒耳。有妻有妾，會前室卒，繼室曰孫夫人者，少而美，景西惑焉。好樓居，以爲去人遠，可以謝煩囂，自晨至暮卒與夫人居樓上。客有白事者，婢傳之，遞更而始上下焉，不數語遂返，客以故稀得見之者。

居閒既久，無所事，因寄情書畫，且善醫，獨不工制舉業，然每值學使案臨，興會所之，亦嘗入場試文藝，又厭拘苦，往往不待終事竟出。其書法疏蕩，頗如其人，蘭筆尤稱最，而案頭積册常满，非相好者强之不作也。體故羸，自孫夫人至益劇焉，纍纍若溝中瘠，于是乃慕導引之術，居久之，力有加。又習弧矢，能騎射，數年前余于宅院張姨丈座上晤之，形鵠立，宛然病瘠老僧也。兩臂如柴，而數人撼之不能動，諸少年戲曰：「武人乃若是。」

初，邑宰某甫涖位，景西以太學生投刺謁見，宰不甚禮，于是大恚，復納資得藩司照磨，然少無宦情，面壁人固非有心跨鶴耳。偶讀佛書，以爲釋氏志在利物，于是乃思以醫術活人，且廣儲藥材施病者，遠近多賴之。歲丙午夏，忽患疫症，誤投藥，竟以疾終。余聞而嘆曰：「臞僧殆復圓寂矣！」遺二子，十餘歲，側室生。前室遺女二。幼女一，孫夫人生。

附：乞兒

乞兒者，亡姓字，嘗丐食于邑之南郵曰南柴者，其郵東故有廟，遂止焉，晝丐食，夜卧廟中宿。積數年，忽一夜遍以夢示鄉人，曰：「我今暫赴東樓矣。」東樓者，牟氏所居也。牟故吾邑世家，于是夜舉一男，適符所夢，比天曉，驗諸廟中，則乞兒死矣。

牟子既長，不喜讀，雅善治產，家故饒裕，至是財雄一方焉。或言乞兒在時，每丐得錢輒入市市楮帛，焚諸廟中，率以爲常。及死之日，將所持木梃植土地廟前，乞兒死木乃復活，至今枝葉扶疏，大可合抱矣。

小史氏曰：輪迴之説信然哉！余聞自昔名人多有夙稟禪慧者，然竊疑蟬貂華族宫室妻妾之屬，享用多奢，得毋與蒲團中滋味不相入否？將嗇于前者豐于後，適天所以報之與？抑别有説耶？至于乞人輩，或前世爲侯王與來生享貴富，均未可知，孰謂卑田院中例居餓殍哉？故并録傳中，令若輩吐氣焉。

五烈傳

濰之西不十里，有石屹然立道左，下馬讀之，蓋王氏五烈碑也。按碑載烈婦：一，武氏，邑庠生王玶妻；一，高氏，玶妾；其三人則玶子邑庠生泚妻高氏及二女。而皆死於崇禎十六年十二月十六日城陷之難。

先是，十月十六日，兵圍濰急，邑宰周公亮工防禦甚力，而玶父子偕衆守陴，義不顧家。至十二月十六日辰時城陷，武氏即召妾及子婦、二女孫而言曰：「城且陷，其勢不得有完卵，我等褎布，何生爲？」遂同時投繯死，而城故未陷也。方兵攻時，穿東南角，將就圮，兵蜂擁而登，邑宰督衆拒之力，兵小却，城完如初。玶、沚聞變馳歸，則五繯投地不起矣。時邑宰亦繼至，禮拜，大集士紳致祭哭臨，聲震一邑。遂申上憲，經禮部覆勘，具題語有云：「嗟彼冠裳，猶蒙面忍須臾之死；壯兹巾幗，并同心棄慷慨之生。」業經允題，未下旌表，迨十七年明祚已亡。

歷我朝又百餘年，其孫志泰碑其墓。又數十年而余始採其事爲傳，且系以歌云：

兵勢張皇晝入關，大同宣府累卵間。飛渡灘水如風雨，炮聲驚落城頭磚。公輸能攻墨能守，一朝破壁教重完。壯哉烈女歸視死，同心矢志成城堅；一時致命精魂合，五星經天芒色寒。奇節貞坊載不得，正氣長留天地間。我讀遺碑感再拜，此人此石永不刊；猶恐年深石剥落，文字漶漫傷凋殘。河嶽英靈定不滅，貞珉終合因人傳；垂之千秋與萬祀，綱常永繫彝倫全。

于時下馬讀碑，且讀且記，記讀才已，大雨且至，遂匆匆上馬而去。戊申九月廿五日雨阻大于河旅次，燈下寫之。

自記

歲八月，偕郝子恂九試畢，言旋道出五烈碑下，逡巡遂過，約以得意者還道讀其碑。已而郝子捷焉，能識前約，親供後，持《五列傳》示廷，讀之有感，賦絶句：「與君聯轡指貞珉，馬上回頭字不真。此夕寒燈悲五烈，猶慚冒雨讀碑人。」

牟默人

義姬郭氏傳

郭氏者，邑名士卓甫李先生之侍兒也。與先生以義相許，先生歿且二十餘年，守志不嫁，屏簪珥爲主母作苦，無怨色，今其年垂老矣，猶女而不婦也。

方先生存日，艱于子息，至晚而屬意于郭。郭氏者，幽閒而婉嫕，雖寒女有名家風。其爲青衣也，先生即不斷役遇之，迨服事久而先生陰器之，謂得妾以其子非斯人莫屬，即郭亦心許之。然卒未賦小星者，何也？先生清羸而善病，又勤苦力學，至老不倦，方其屬意郭也，雖已有成言，然猶遲之久。于時，家君受業先生之門，嘗以義慫恿之，先生笑曰：「此吾家事，豈忘之？顧以余支離軀，將及其壯也，一索而得耳。」然久之竟不果，而先生亦以清羸終。郭氏曰：「吾業以身許先生矣，義當死，然還睇堂上煢煢半白人，其誰依？又無應門五尺童可以死自謝者，自念身又弱質，不堪久操作，猶幸幼習女紅及酢截醬醅，可少自力，亦足以營生，得旦夕奉甘脆爲主母壽。」于是遂相依不去，或勸之，則正色曰：「吾業以身許先生矣。」

謹案：先生諱鍾淑，歲貢生，爲邑名宿。懿行少時，嘗遭先生于道，瓛如孛如，面若冰色，然其與人言又未嘗不温温也。居近市，蕭然蓬室，遠絶塵囂，嘗躬負米，不廢吟諷，市中人皆識之，曰：「北門李先生也。」嗚呼！先生其賢矣！郭氏一女子，乃知之爲之守不去，此其義誠高，抑其智亦有過人者歟？今年，嘉慶丁巳，郭于時年五十四矣，家君與同學諸子義其事而題其門焉。嗚呼！郭之言曰「吾業以身許先生矣」，豈爲是區區之名哉？先生有孫曰鴻訓，是先生之弟樸園先生之長孫，以義嗣爲先生後者也，感郭之義，禮敬不衰。懿行少受業于樸園先生，知其事悉矣。謹次其略著于篇，以俟後之採風者擇焉。

牟默人

題極佳，文亦雅稱。

節孝李孺人傳

孺人，日照人，李氏女也。年二十四，爲同邑拔貢生辛昂再娶妻。昂素羸，恒夜不成寐，孺人篝燈以侍，積三年。一夕，昂忽血涌，倉卒遂卒。孺人號哭，呼家人起，即還入室拔壁間刀，手自刃，以刃鈍得不死，然創深寸許，血淋漓地上。滿家人遽奪其刃，扶入他室環伺之，而孺人尚能言，曰：「汝誠能捐生，獨不念我老人與汝父母乎？」孺人俯而不言，乃不復死。每哭發聲，聞者莫不酸楚。當是時，翁姑俱年六十許，家人以爲言恐重傷老人意，由是不復哭。

孺人婉娩有婦儀，知書循禮法，又習勤劬，米鹽淩雜，無不立辨。夫亡二年，姑又繼殁，迭更大喪，處置晏如。性慈良，撫前室子有恩義，翁嘗極稱之。

孺人幼而能詩，然不欲以詩顯，謂非女子所宜。逮其卒也，翁以詩哭之慟，以爲喪子之慼，曾不是過也。

卒時年三十二，所撫子承裕、承忞以讀書紹父業，由孺人之教云。

贊曰：昔人有言：「慷慨捐軀易，從容就義難。」方孺人引刀自裁，矢志靡移，勇過賁、育矣。既而，俯首就義，奉菽水，撫遺孤，仁亦至焉。語云：「仁者必有勇，勇者不必仁。」孺人可謂兼之矣！

左烈婦傳

烈婦左氏者，萊陽人。父曰寅曙，前明殉節追贈禮部尚書蘿石先生之六世女孫也。幼而不慧，父母以爲憂，欲遲其嫁，遂無問名者，邑庠張泰雲爲次男汝莅聘焉。左以女故令婿贅其家，及成禮後，琴瑟甚諧。居未半載，時值歲臘，偕婿歸省，以誠樸大得翁姑歡。月餘，仍偕婿歸寧，翁姑意不欲其去也，則婉詞訂歸期。

居二旬餘，夫病痟首，繼以疢疾，勢甚倉皇。遣人取急與其家相聞，比翁姑先後至，病漸沉篤，遂不起。方夫之未殁也，侍疾十餘日，晝夜罔懈，備極殷勤，家人竊異之。及病瀕危，跪請翁姑求以身代，翁姑泣止之，則唸夫兄邑庠汝蒞以善事翁姑，兼求兄子爲夫後，語皆哀楚動人。迨夫殁，獨不哭，入室自修整，二婢子對之泣，氏慰之曰：「此事吾自甘之，何悲爲？善事主翁母。」語畢，意殊從容，欲拜辭翁姑，恐不見從，遂自經死。

論曰：夫子之稱寧子也，「其智可及，愚不可及」，有是哉！愚賢乎智耶？古來忠孝節義，非智莫能明，尤非愚莫能守也。烈婦之從容就義，愚乎？智乎？將聞蘿石之風而興起者乎？彼之不慧，又何以稱焉？

宋氏傳

宋氏，萊陽望族也。年十九歸同邑張文烒。張世居灌里村，父諸生，徙居別業，資産頗饒。烒以年十五失怙，爲匪徒誘以飲博，家漸耗。母衣氏慮盡蕩其産也，乃先析爨，而後爲烒娶婦，自與幼子同居。

氏入門食貧無怨色，請同居事姑，姑弗許，然已心賢之矣。逾年，舉一子。又逾年，家益落，烒遂不告家人飄然去。氏有兄曰允文，長厚士也，憐妹無倚，迎歸其家。然其家又貧，于是氏曰：「夫不歸，命也。子幸而成立，即吾事畢，吾亦可見張氏先人于地下矣。」由是勤紡績，不以食指累兄。子四五齡，氏教之讀，扑責不少貸。有非之者，則泣曰：「吾寧非人情？但張氏止此兒，吾固望其成立耳！」

張，萊邑世家，歲時祭祀，陳設甚豐，定議按譜系分年輪供。氏貧甚，族人議不令入供籍，氏聞曰：「貧家獨非先人裔乎？吾有絲枲，可作酒漿，獨奈何累他人？且令小子習見，無以發其孝思，非所以教嬰孩也。」每除夕前携祭品及子以歸，供神後即復返，卒以爲常。

子九齡，叔又蕩甚，盡鬻其産，用其資向百里外置薄田十餘畝。慮氏之索其産也，詭請嫂同居，氏謝曰：「教子，吾事；養母，叔責也。售吾之田，養叔之親，顧亦吾親也，吾又何怨焉？」叔既奉姑遠徙，氏在兄家益不自安，冬夏手製衣履以寄姑，新年祭神後必母子躬詣省問，長途雨雪不辭也。

子年二十，叔又出亡，母煢無所依，復歸故里，依其族人。氏聞之，曰：「今不歸，尚得爲人乎？」有留之者，正色曰：「吾紡績聊可奉旨甘，兒訓蒙亦足資衣食，吾決計歸矣。」歸則僦屋以居，奉養姑得其歡心。有時塵甑無烟，兄饋以柴米則受，歲時助以祭品則却，曰：「宋氏物，奈何以奉張氏先乎？」其識大義類如此。

初，氏辭兄歸而養姑也，已鬱結成疾，復以積勞增劇，然不自知。姑慮其疾革，恆慰止之，亦不改。

歲甲辰，子年二十四，赴郡應童子試，氏疾甚。是年，子入泮，兄往賀，氏已委頓，撫床嘆曰：「小子寸進，雖不足喜，然兄妹于張氏亦可謂畢乃事矣。」因痛哭，蓋自知必不起也。兄素善醫，既知不可救藥，則與甥之伯叔議亟爲畢姻。其婦家亦巨族，明大義，遂不俟吉，俾女于歸焉。廟見後，睹新婦床前曰：「佳婦也。我事姑未了事，惟汝是賴！」俯躬點首作感謝狀，新婦涕泣受教。甫十朝而氏竟溘然逝矣，姑哭之慟，幾不欲生，遠近聞之，皆爲泣下。

氏父諱邦方。先是，氏歸依兄也，父以外王父教外孫讀，十餘歲捐館。兄又教之，繼以家貧謀生于外，不時歸。氏幼曾讀書，于是躬織紝兼課兒讀。父兄皆諸生，以儒世其家。

郝子曰：氏于家君爲族舅之妻也，與氏兄又雅相知，聞以醫術應其邑宰沈公之聘，在署四五年，絶口不言官事。嗚呼！可以知其人矣！抑亦愈知氏之家學所由來歟？

曬書堂文集卷十　記

關中義勇記

嘉慶己未八月某日，閱邸報中丞松公筠奏陝西興安府古長利地平利縣義首張奎等殺賊一摺，上深加憐憫，咸予恩賚。

案奏六月内鄉勇于高河梁禦賊，張奎、杜正貴首先衝入賊隊，奮勇力戰死；徐名揚、劉俊楊、董興爲賊裹去，罵不絶口，或被抉頤斬足，或被縛投火中，不屈死。此五人深明大義，其死尤烈，均以把總例議卹。

其金家山陳亡義首樊雄秀、李興懷、黄九公、彭雲祥，此四人捐軀敵愾死，均以外委例議卹，而被賊禽去脱回之吴大章，亦特加獎賚，示鼓勵。

至同時在高河梁被害鄉勇三百餘名，帶傷五十餘名，及金家山被害吴能仁等一百餘名，帶傷三十餘名，均加恩，照例分别卹賞。

又，咸寧縣典史梁崇押解要犯赴質訊，卒然遇賊，持刀抵拒，身被數創，力竭被戕。而所押囚蔣文方者，坐王文化連殺七命要犯，被賊劫去，乘間逃回投首，尚知畏法。梁以陳亡例議卹，蔣以免死減等論。

又同時，留壩廳安插軍犯李聚華、虞維新，于賊攻掠留壩時，均能奮勇格鬥，殲斃賊人，赴府投首。而金建廸、馬三、王志冲亦俱陸續投回，不陷于賊。此數人亦明順逆，均赦免本罪，釋放回家。

伏讀詔書，仰見皇上加恩死事殉節之人以慰忠魂而勵士氣，可謂重以周哉！而臣民中猶有怯懦逗遛不以死勤事者，真可謂非人矣！謹案川楚教匪蔓延，滋擾將近四載，帶兵將吏既不能臨陳殺賊，所在團練堵剿犯兇鋒蹈死地者，率皆義勇鄉民，身先屠戮，而奏陳亡請卹典者竟絶不及。此輩人乃至冒功膺賞，竊高資，濫花翎，如昨所參奏韓城縣令莊某者，檄以協同防賊，辭云「不能騎馬」，而前時秦公承恩奏青山溝禦賊有功蒙賜翎增秩者，即是人也。嗚呼！劇言討賊之人，猥云「不能乘馬」，將吏若此，其視高河梁、金家山一輩人相去何如哉？且彼皆草澤一夫耳，名不編伍籍之中，身不膺朱紱之榮，戰而勝他人蒙其賞，鬥而敗以己罹其凶，顧能義仇激胸，甘心授首，身膏草野，血濺中原，生爲百夫杰，死爲萬鬼雄，魂魄有靈，固當無憾，況親蒙聖天子特賚之恩，照耀幽泉，垂名青簡，可不謂雖死猶生哉！而冒功受賞之倫，猶復覥顔視息人間，儻清夜偶發天良，其自視抑或生不如死也歟？

附：湖北義勇記

嘉慶 年月日奉上諭，兵部奏行營外委武童生張有道從前在當陽剿賊被害，請加卹廕一摺。張有道隨營殺賊，奮不顧身，爲賊所執，抗節不屈，致遭慘害，與尋常打仗被戕者不同。張有道著照把總例議卹，伊子應得世職，該部即照例辦理。

岠嵎山記

余嘗以秋冬過金山邨，見沿河居地有聚于水者，詢其事，曰：「淘金。」後又以事適他邨，所見亦多此類。蓋金之利不獨玆山有，而玆獨以得名者，其來必有自。及讀郡邑志，其地即古所謂岠嵎。按：岠嵎，書名「嵎夷」，史名「郁夷」，或名「禺鐵」。要之，其地皆不殊，其以金得名則始于隋。開皇中，牟州刺史辛公義于此坑冶得黄銀献之，而土俗訛傳出黄金九屋，俗儒便紀之于石。其後，遂置金户以充貢。歷唐、宋、金、元，民不勝苦。

善乎宋王旦之言曰：「採金多則背本趨末者衆，不宜誘之。」

且余嘗聞夫淘金之説矣，金在沙際，不可見，必汰盡而後金出，其細小可知。王充《論衡·驗符篇》説：廬江于湖際採得金十餘斤獻之，詔畀金直。又説：「永昌郡中亦有金焉，纖靡大如黍粟，在水涯沙中，民採得日重五銖之金，一色正黃。」《華陽國志》亦云：「蘭滄水，有金沙，洗取融爲金。」此皆纖小，不足充貢，聽民自採，從其便焉。秋冬無事，相聚游閒，得少錙銖以供朝夕。本非金穴，那覓金苗，而朝廷歲歲所徵，著有定額，汰之不得，户盡逃亡，而官民交受其累。甚矣，俗儒之爲禍也！筆墨之事可不慎哉？

山崩于宋慶歷中，徹海底有聲。又《金史》：「楊安兒將由海走此山」，則山疑在海濱。今距海尚百餘里，寧有兩岠嵎耶？按：《澠水燕談》五云：「慶歷中，海上岠嵎山地震，逾年不止。」然則，山在海上，因震而崩矣。《金史》所稱，豈前時耶？俟考。《齊乘》云：「嵎夷，海岸名山也。或云山在今寧海州。」其説是矣。今其山不可得，獨有所謂金山寺者，巋然猶存。余過其地，訪其遺迹，僅于荒榛斷梗中得殘碑，摩挲讀之，蓋即辛公所立者。余謂此碑可毁，而今猶在，何山則崩石不泐也？

夫山水固多不遇，至幸一遇焉，又或無利于人而有害，則其遇反爲不幸，而不如埋没之爲愈。嗚呼！豈獨兹山也乎哉！

切指金户之累，歸過筆墨。有識有筆，良史才也。

楊君畫馬記

牟默人

丁未夏，余在都門，詣楊君椿庭舍，見壁懸畫一幀。有迴立其中而骨幹豐碩者，畫馬二也；楷書其旁者，楊君自爲瘞馬歌也；作行草書横亘其上者，周林汲太史所爲序也。區區畫馬，何足異而珍之若此者，楊君殆有感而然也。

楊君名葉，歷城人，舉武孝廉，其先世居長清。齊俗，中元節有拜墓之禮，椿庭于是挈僕提榼而自乘馬以從，數十里外忽黑雲來頭上，潦水大至，人馬俱没洪濤中，浮水面僅如苴，而馬善泅，人尤善騎，卒賴以免。迴顧僕夫，則隔岸遥立而望耳。此乾隆戊戌七月十四日事也。越明年己亥，而馬死矣。楊君曰：「古人敝帷不棄，以馬之屬故有力于人，而此馬出余于險，功尤巨。余即貧無帷，而令暴骨于野，余不忍。」乃取稿代帷以瘞之。

計椿庭生平，出居庸，歷草地，由燕趙諸勝涉河渡關而西，往來數千里，夙有愛馬癖，又善相馬，故所至獲駿騎，中厩常滿，而出没洪濤中脱君于難者，亦其一也。

瘞馬且數年，椿庭以提塘宦京師，偶遊窮市，于肆廠壁間見畫馬類曩時所乘，悵然有感，因重價市歸，重加裝潢，懸卧榻間以示久而弗忘，即余所見壁間者是也。

椿庭今約三十許，僅博微官，其闊達雄偉之氣無所試而盡寄于馬，卒食其報焉。余未面椿庭，而讀其歌想見其人。夫馬以死力報知己，而椿庭以圖畫廣仁恩，是皆不可以弗忘也，爰次其事爲《畫馬記》。

波瀾不懈，筆力驚人。　牟默人

竹記

園有竹，多且雜。庚戌秋，杪斧以斯之，攘剔十一，刪存十九。功既竟，乃得指而數之。

大而名者，崇仞廣寸，皆有半本數節，中六寸有節，末四寸有節；皆有鉤，鉤皆有白；節皆有廉，兩廉之間皆有谷，谷謂之溝；其萌謂之筍，其包謂之籜；色視紫，質視黄，葉如个，謂之升斤，冬不蘀，春葉肆生。凡此之類，得百有二十竿。

小而名者，崇仞廣寸，其本節視大者强半，中當其末，末當其本，其餘白、簾、筍、籜之屬皆如之。凡此之類，得百有十個。

小而不名者，崇廣皆半仞半寸而弱，本節半小者而强，中當其末，末當其本。凡此之類，得三十有九個。

其醜皆謂之簢，簢空其中而筿者也，實其中而堅者粼也。葉徑半寸，修五寸，率莖四爲葉，三爲居，其色黝而幽，風入之肅肅如有恐，翛〔翛〕爾而鳴。其中八寸有節，本末半之，皆有箹，箹有白，節無廉，廉間無溝，崇七尺，廣半寸，其餘筍、籜之屬皆視簢籜，有毛刺，色視紫，此皆大而名者。其小而名與小而不名者，六寸若四寸有節，本末皆半之，崇半仞强，〔廣〕半寸弱，其餘葉、箹、筍、籜之屬皆視前。凡此之類，得三十有一竿、十有二個。

凡粼簢之類，大者竿之，小者箇之。古未有個竹者，自余始。

概者，枝落之，存其幹，望其中而蔚然，如鵠列，如幟樹；疏者，頭髡之，存其腰以下，其枝旁延而企，如飛鳥舒翼欲舉；鹽者，稹理而堅，旁殺之，存其顛，葉密而枝纖且短，童童如車蓋；韌者，疏節而柔，絢絞之，綜其類而編之，風過卹勿如策篲。于類編之中，又各名大小焉，大者二而當一，其次四而當一，小者六與九而當一，其餘若草蔓，不能以數舉，皆韌類也。

凡概者、疏者、鹽者、韌者、粼、簢、大小名、不名之類，皆有之。苞者、灌者、直者、句者、俯者、倨者、喬者、樛者、獨者、屬者、掣而纖者、鴻而柴者、如楚者、如蒴者、如蘆者，孤生三二爲族，叢生十百爲族。祖者豐骨而脆，孫者豐肉而柔；緑沉者孫，黄槁者祖；陽者多黄，陰者多緑。鞭者，八月蔓，故八月春；胎者，五月萌，故五月醉。雪幪者下其手，風戞者折其腰，牆摩者剥其膚。或科上槁，或稚中夭。木立而災，木斃而翳，行生而痾。

凡攘剔之數三十，籲者十竿十箇，粼者半其竿半其箇。繩約之欲其直，櫛比之欲其族，負牆而杙之欲其直且無橈，楅衡而束之欲其族皆有親。

凡删存粼、籲，大小之數合三百一十竿、個有奇。

凡竹之爲德六，其才四：中空，謙也；其體，直也；其節，廉也；勇乎冬，筠乎禮，大小不相害，仁也又讓焉。起乎東北，盛乎西南，六十年根一易，可材、可食、可名、可觀也。夫是謂竹理。

牟默人

談竹理，大、詳、博，而筆力又領得起，推得動，兼得漢唐諸大儒氣味，文至此可云空盡時文氣矣。

爲東野生題畫記

嘉慶己未春，二月，公車北上，東萊道中大雨雪，阻膠河旅邸。膠故有石梁，虹亘波間，石材壯麗，如雁齒者以百數，相傳道士李長明所造也。梁成而李羽化，土人爲建浮屠瘞焉，題貞珉，時康熙癸未秋也。

余宿次，西眺河濱，烟絮迷離；東顧豐碑，慨然弔仙人之遺躅。邸舍東偏，祠宇幾楹，冒雪尋焉，乃世所傳吕仙祠，神貌閑逸，巾佩蕭散，因即拜謁。東壁傾頽，風雨不蔽，爲悵嘆久之。是夕，夢吕仙爲余改定文句「所以撫之者」十餘字，荒忽不甚悉也。是科余獲售留京師，不復得詣祠訪夢所睹，意實未嘗忘。會同舍東野兄字敬修，魯國元聖裔也，雅相過從，携舊圖一幀，余睇之，即吕仙像，劍佩道裝，從以仙侣，殊不類祠及夢所見也。

嘗疑神仙荒渺，自古難言，後世叢祠畫像構影造形，史巫紛若。吾惡知夢者之匪幻而圖者之匪真耶？雖嚮者入祠瞻謁，又惡知非夢？今此所書，恐亦夢耳。

聊述余所感復東野兄，因爲句云：「春風吹雪下河干，水氣清冷石氣寒。三醉岳陽原是夢，誰人解作畫圖看？」

九月十三日識

此記筆墨飄逸，大有仙風，信其爲洞賓把臂人也。但此翁既曰能文，何爲獨入公夢？故知神仙中人原是勢利黠鬼耳！韓退之云：「我能屈曲自世間，安能從汝巢神仙？」諒哉！

牟默人

雙蓮華記

嘉慶四年六月，余家瓦盆内蓮一枝忽作並蒂，遠近多來觀者。其華房岌岌如髻狀，蓋蓮單華則結房圓直，並蒂則萼跗迫迮而形作宛屈，其勢自然也。

是年，余適登第受職，于時觀者咸嘆稱吉祥，或引孫氏《瑞應圖》云：「並頭蓮名華苹，實科名之佳兆。」余在京邸，始聞頗涉疑怪，將恐妖由人興。既而，觀變察理，乃悟妖祥二端都了不相與耳。何者？以爲祥也則無德，以爲妖也則亦無怨，斯乃物類之適然，曾何足深異乎？吾嘗觀古紀瑞之書，率多荒誕。俗儒寡昧，便事張皇，乃至鳥獸草木之儔偶形怪異，率乃任情附會，妄測機祥，斯皆緯侯之陋談，非夫英達之特論也。且如鶼稱比翼，禽類所珍，而逆鶬九頭，鳥乃爲怪；木産連理，人咸稱祥；而桑穀共生，木乃是妖。由斯以談，妖祥之説，迄無定形；禍福之求，罔不由己。聖賢遇災修省，妖即是祥；庸愚侈瑞恣睢，祥乃爲妖矣。故曰：「禍福同門，吉凶並域。」君子修身，不改其度，成敗利鈍，非所逆睹也。

余覽唐人《稽神録》載婺源尉朱慶源罷任，家于豫章之豐城，庭中忽生蓮一枝，其家駭懼，多方禳之，蓮生不已，遂乃築堰鑿池。迨後數年，慶源仕宦終，亦無他。《藝文類聚》八十二卷載晉范寧《表》云：「爲豫章郡守，新淦縣廳〔聽〕事前陸地生一蓮花，入冬花。十六年，更生四枚，今年復生二十六枚，鮮明可愛。」

夫蓮生陸地乃不爲妖，即知華作並頭未便是祥矣，余深怪世人之好語祥而不語妖也。嗟嗟！小人福薄，禄過災生，今茲余忝一官，懼弗稱焉，那復敢妄意扳援比他廣陵勺藥開作金帶圍侈語祥耶？聊述余之所志，爲記其事如此，時十月四日也。

固是通人語也，筆意亦似孔冲遠、顔師古之流。

牟默人

洪花洞記

洪花洞，土俗謌爲鳳皇洞。在邑東北五十里有邨曰解家口，迤東循山麓行三里許有茅庵一所，中有居人。下騎步行，崎嶇而上，僅半里許得一神祠小憩。其北有石甃小祠，旁開一洞，余未及入。其東北有一洞，削石爲門，入其中殊宏闊，于其上鑿石爲小龕，中安石像。過此龕入洞，口高廣可丈許，窺其中，深叵測，有把火灰燼遺地上，疑游山者所爲，抑或乞兒烘燎處也。龕之南石壁上有圓牖如甕口，仰漏天光，其西南復有石竇，立人可手捫，而石稍曲折，卧人可蛇行穿出也。

折而東有一洞，高廣俱減于前，捫石壁以登，立人須頫首可入，石上具有水印苔痕，蒼潤欲滴。邑志所稱「清泉深數尺，疾者飲之輒療」，謂此也。余以嘉慶辛酉十月中旬遊此，適當泉涸之時，惜未睹其涓涓爾，然云可療疾者，恐亦土俗謌傳也。

折而下復三四洞，其口率庳小不容人。其它小如盎、如棬、如卵者，不可殫述。

凡洞十餘所，蓋皆可通。或曰投烟一處，氣騰諸竅，譬如口鼻，自然呼吸；或言此地藏烟，直出山後；又云昔有人由石龕洞口入，不知行幾里聞其上有鷄犬聲，婦人呼鄰家借麵羅，語音皆曉了，其人頗驚疑，後遂爲何人絫石塞洞口，今不復可尋矣。

案《禮運》云：「竅于山川。」《爾雅》云：「山有穴爲岫。」兹山之東南有虎斑洞，人舉火其中，亦烟出山背石罅間，蓋此皆岫之屬，山中所常有爾。雖然，兹山幽深而洞窅窊。聞野人言：荒歉之秋，草竊奸宄，竄匿其中，官不能捕，擾及郉社。此亦司土者之所當預籌也，故謹誌其地，以告後之設防者。

遊方山記

山在城西南三十里，而城東北門外登阜皆望見之，其形削成而四方，平鋪如几。其東北旁一小嶺圜正如盌，又秀挺如承露之盤。

山常有雲氣往來，長老皆言：昔人于城外遥見亭榭矗立其巔，邑志載此山晚市。《史記·天官書》云「廣野氣成宫闕」，于兹山見之矣。

山之北麓有大方山院，其西麓有小方山院。土人讀方如符，曰「大符」、「小符」，蓋齊人語急而然也。

山之陽有聖水庵，碑字作「盛」，邑志作「聖」，蓋土人欲神此泉，故假借其字也。嘉慶壬戌五月望前二日，余以事經其地，因便遊焉。

策騎約二里許，望見茅舍三四間，度一小石橋，遂下騎，崎嶇行約半里許，將至庵，遥見西北巖上石龍口飛出一小瀑布，此蓋聖水所由著名也。攀躋石磴，則山僧棲息之所在焉，庵甚高敞，金碧其中，彼教所謂佛菩薩者也。

出庵之西南，懸厓上有一碑，俯臨絶澗，岌岌欲墜，其文則高孩之先生所爲記也。碑北聲潺潺飛灑而下，自山腹伏溜而瀉出于山足者，是爲聖水之泉。碑有詩句十二，其次聯云：「半腰叢樹裏，盈耳亂泉鳴。」高先生自云「紀實」，今則「亂泉」猶是，而「叢樹」殊渺渺，蓋爲山僧所採樵也。又有迴廊古殿，今悉爲瓦礫場，蓋兹庵之經荒廢久矣。

尋曲徑西北上約二里許，皆亂石礫，步處磕硍有聲，陟其巔，礫漸少，亦不復有聲。大抵兹山之石，大者蔽牛馬，小者如拳，皆純青，無雜色。

又北行二三里，土皆平曠，無石，周圍約四十餘里，一望無涯際，絶不見樹，而草亦不豐茂，蓋高山峻原不生草木，謂此也。

又東北行數里，巑岏數峰，從人面起，山脈中分。從斷絶處下瞰，則郎中圈蘭若懸半嶺間，如在目前。回瞻來時路，平遠中突出一奇境也。

聞其東北峰舊有郎中廟，邑志云：「廟祠神張姓者。」今不知處所。其北有亂石堆，俗名龍墩，余遥望見之。亂石間又有黑井，其東南有飲馬灣，山之西下有夕陽庵，此數處皆余所未見也。

柳夰庵記

邑東四十里，崎嶇有郰曰柳夰，沿溪循麓而南四五里入山口，草樹蒙蘢，不辨厓谷，走蔓飛條，横礙游騎，曲徑幽通，林藔更雜，浮翠染人，披尋忘倦。數武外，方見蘭若翼然，涉級三十而後造乎祠門之下。北臨絶壁，岑巖欲墜，祠乃踞乎巖半。瞰其南，碧嶂千尋，危峰阻日，喬松直上，蒼翠彌山，樹巖交映，目眩精摇，其左右岡巒環抱吐納，又皆以松爲郛郭。祠之檐楹非峻，而庭院軒敞，蓋其所託者高也。

庭南新構精廬，爲游旅棲蹤之所。其東則僧徒所舍，又東則碓磨在焉。短垣外小阜攢松，清風徐度作海濤聲，蓋諸山松最饒而柯葉繁茂他無倫比者也。

至夜，月上東山，余偕僧侣登松阜，山高月小，烟鎖翠微而已。既而，僧延宿于西軒。比曙色照檐，晨曦挂樹，同遊周麟之、山人于發有復邀余登西北嶺，縱觀松石，觸處幽奇，俯瞰祠檐，如接平地，谷裕裕者，雜樹如薺。

嗟乎！兹山之湮没久矣！豈不以地絶通途故歟？非余親涉其地，幾不知吾邑之有兹山之奇也！爰爲文付主僧，以告後之遊兹山者。

土人凡兩山之間有水曰汆，讀若壙，上聲。佛祠曰庵。柳，其氏也。邑之邨落以汆名者尤多云。時嘉慶壬戌歲九月望後二日記。

附句云：「好護松枝助山色，欲疏石澗鑿泉源。」兹山以松林之間雜以他樹爲奇，敢告諸僧，勿尋斧斤，謹防樵採。山勢幽奇，唯泉差少，僅一泓而已。若能疏澗流淙，應號「洞天最勝」。

案硯記

案硯，王楷堂廷紹家物也。硯長六尺有半，横尺半有一寸，厚三寸有奇，平浄如几，因材爲案，髹木爲匣，施足爲閣，渾成爲硯。色類馬肝，文兼鸜眼，面有雲烟蛟龍縈繞之狀。光瑩如玉，滑膩若脂，試以摩墨，如蠟塗釜，似印黏泥，若陰雨之辰，又如以方諸取水，真奇物也。始嘉慶庚午，楷堂遊木肆中，見于牆陰，皮壞版片，塵土蒙面，叩之有聲。詢之肆主人，答言自其祖時，便有此石，從無人過問，亦不知石所自來。時楷堂雖購以歸，委之籬落間，施楷柱爲坐具。後值大雨，泥塗盡滌，光彩煥然矣。

余以己卯十月中旬觀硯旁鎸杜工部《石硯》詩四句云：「其滑乃波濤，其光或雷電；揮灑容數人，十手可對面。」蓋楷堂所爲，並誌得石之年月。一時題咏頗多，楷堂亦賦百韵紀之。因憶《避暑漫鈔》言：南唐李主硯山後歸米元章，米與蘇仲恭學士家易北固甘露寺海嶽庵地，宣和入御府。詳見《漫鈔》漁洋《筆記》七云：「後又四百餘年，不知更易幾姓，而至新安許文穆國家，已而歸嘉禾朱文恪國祚」云云。

余謂楷堂之石完好如新，亦未見前人著録，豈兹石埋藴千秋，湮沉市肆，竟未遇一人知賞，而特楷堂始發幽光？信乎！古來奇物遇合，故當有數存耶？

硯山之奇，漁洋曾見于京邸文恪曾孫竹垞家，而云「後二年復入京師，則又爲崑山徐司寇購去矣。」今去漁洋著記時又復一百五、六十年，不知此物又落誰家？然則，請以此語語楷堂，其慎守之哉！

漁洋《題硯山》絶句云：「南唐寶石劫灰餘，長與幽人伴著書。青峭數峰用南唐元宗語無恙在，不須淚滴玉蟾蜍。」用米元章詩語

余于楷堂硯不能作韵語，聊述梗概，以貽後之得硯人。

曬書堂文集卷十一　碑

重修石泉洞龍神廟碑丁丑

福山之西，棲霞之東，有山曰老阿坡，北麓有洞，所謂石泉者也。洞外有龍神廟，不知建自何年，歲時旱暵，村人禱雨輒有應。

古無祠龍請雨之事，《詩》言方社禮禜山川，或禱澍于桑林，亦祈甘于田祖。降至後世，祠龍以召甘霖。其法：取潔土爲龍，四時各按其日與其方色。詳于《繁露》之書，然猶未嘗神而祀之也。

其奉爲神而禱祠以求者，蓋興于秦漢以來。《春秋》桓五年「大雩」，《傳》云「龍見而雩」，說者以「龍見」爲建巳之月，蒼龍之宿，昏見東方，萬物待雨而盛大，故雩爲百穀祈膏雨。《周禮》司巫「若國大旱，則帥巫而舞雩」，舞師亦「教皇舞，帥而舞旱暵之事」。豈皆祭龍星歟？而《漢書·郊祀志》高祖詔「天下立靈星祠」，說者謂：「龍星左角曰天田，即農祥也。晨見而祭之。」龍神有祠，蓋昉于此。

《益部耆舊傳》：趙瑶爲閬中令，遭旱，請雨于靈星，應時大雨。後人祀龍神以請雨，當即漢世祠靈星之義。故《論衡·祭意篇》以靈星爲祭水旱，《明雩篇》以靈星即爲雩祭，而《月令·仲夏·大雩》亦云「命有司爲民祈祀山川百源」，《祭法》又言山川能出雲爲雨，皆曰神。然則，今之龍神實應祀典，廟而祀之固其宜矣。

又案《福山縣志》載：石泉洞深十許丈，初入石徑紆迴，至底平坦，可容數百人。舊傳鄉人避亂，爇火入焉，中有清潭深莫測。又載：泉石幽邃，和煦如春意者，洞天勝境，龍神所憑，要以有功于人，故食于兹。土廟之左右舊有八蜡、藥王二祠，歲久祠廟俱就傾頹，鄉人葺而新之，鳩工未竟，司事者走京師募衆善用濟厥功，請余爲文志其事。余以神有功德，能逆時雨、寧風旱，宜鄉人樂新其廟。雜書乃言龍神各有主名，崇以王號，其語多荒怪不足道，余因稽諸經史傳記，擇言尤雅者著于篇，俾後來有以考。至于石泉之幽奇，洞天之靈勝，邑乘具詳，固無煩余文以傳也。

取證極確，會意尚巧，俗題得此雅音。

王雪舫

紫綬邵君墓誌銘

君諱世璽，字紫綬，世居招遠之西二十里曰邵家邨。其先四川人，自諱英者，來家于招爲始祖。曾祖諱德澤，祖諱梓，俱庠生，有聲于邑。父諱維熙，從九品，家居不仕。生子二人：長邑廩生諱世基，次即君。

君幼而穎異，讀書輒了了，能得二人歡，而性不甚喜讀。令從伯兄遊，即不敢肆驕怚，其善體親心如此。

年二十一受知于學使者于文敏公，遂以歲試入邑庠。當是時，父年近衰，兄又館于外，家事獨以身任。鴒原抱痛，臼炊再夢，父母又相繼棄養，迭更凶閔，盡誠盡哀。方伯氏之歿也，君有長子曰錦，請于父爲伯兄後，錦旋以夭歿。嗚呼！何遇之艱耶？然君德器未嘗不從憂虞生，而福壽亦由基之。錦有遺孤二：長曰松年，次曰彭年。君以教養爲己任，今並列膠庠。

君有子五人，皆恂恂儒生，家聲日益振。君中年經紀家政，不能專意誦讀，遂援例貢入成均，家亦由此致殷當。嘗勖諸子曰：「我家自祖父以來，耕讀爲本。汝曹勉承先業，專事顯揚，至家人生産不欲令爾輩關心也。」又曰：「讀書貴立志。立志不堅，雖身列士林，無益也。小子勉之，無荒乃事，以補余志之不逮。」

生平最愛馬伏波《誡兄子書》，恒録一通于座右，其教子孫即以是爲法。性嚴厲，御家人以威。自奉儉素，而遇人又未嘗吝施予也。邵邨地當孔道，凡官兹土者多欲與訂交，君顧不喜，惟率鄉里習勤儉、敦孝讓，以無遺長吏憂。形魁杰，雖老猶健，年登大耋，神明弗衰，其必有以異於人矣。

君配于氏，繼配李氏，俱士族，年俱未三十而卒。後配楊氏，邑太學生候選州同諱永惇公次女，孝事翁姑，相夫教子，俱有家法。母家曾分以地若干畝，母殁，召姪纘祖而歸之，人咸稱其知禮。于嘉慶元年十月初五日卒，享年六十四歲。

子五人：景鉉、廩生，娶楊氏太學生諱儐女，繼娶周氏萊陽太學生諱緒家女；景鉞，庠生，娶陳氏太學生例封儒林郎諱奉嫣女；景錞，監生，娶海陽趙氏庠生諱乃葵女；景銘，娶孫氏庠生例封儒林郎諱希曾女，景銘早卒，以景鉉子鶴年爲之後；景釗，庠生，娶王氏太學生諱方矩女。俱楊出。

女三人：長適姜諱某男邑庠生濬堯，與爲兄後錦俱于出；次適楊諱位男太學生陞，李出；次適黄縣刁諱正旦男太學生銑，楊出。

孫男九人：長大年，業儒，娶棲霞郝懿行女；次旃年，幼，聘掖縣滕諱公田女；次有年，幼，業儒，聘武進士貴州副將宋諱延清女；次慶年，幼。俱景鉉出。次新年，幼，業儒，聘廩生傅璲女；次聖年，幼，業儒，聘庠生石鳳鳴女；次引年，幼。俱景鉞出。次元年，幼，業儒，聘廩生傅璲仲女，景錞出；次鶴年，聘廩生王元勳女，亦景鉉出。

孫女三人，俱未字，景釗出。

君以嘉慶七年十二月十四日卒，享年八十歲。將以嘉慶八年十月二十四日葬于祖塋舊阡。景鉉等千里寓書，以狀來丐爲君誌墓，遂爲銘云：「羅峰之秀，鬱乎蒼蒼。先生之靈，于焉徜徉。俾子子孫孫永熾昌。」

版約

余家自先世未有祠廟，其族人有有主無後或有後無家者積年增多，至無供頓處，余竊傷之。嘉慶癸亥春，粗爲經理，俾司事者有所遵循，因書約于版，懸置壁間，示勿忽忘，並以告來者。

古人有主，所以依神也。神且餒而其又焉依？不祀忽諸，行路慨然，况木同本、水同源者乎？謹合族公議醵金如干，凡贖瓦屋三間，計用錢六千文，以爲棲神之所；又買白木案四張，用錢一千一百三十文；磁碗三十個，用錢五百文；供饌一筵，用錢一千文。通共用過大錢八千六百三十文，下剩錢二千三百五十文。外仍需錢如干爲補葺房間之費，俟秋後興工。

今存記于左。除神屋一間，其餘瓦屋二間，計每年收賃價一千八百文，作爲修補房屋及香燭紙錁之費；塋上祭田著落靈山夼每年收籽粒三斗，作爲歲節供獻之費。每神主一尊用湯飯三碗，神主共一案用盔碗、盤子九器。

謹約。

曬書堂文集卷十二　文

悼幼弟文

弟名懿徽，字師文，蓋吾母晚而生子也。始吾有二姊，皆不數歲殤。方次姊殤時，外祖適過吾家，吾父偕宿齋中，夢一叟笑迎吾父而慰曰：「一女耳，毋過悲，當以青金棗相贈也。」其後，遂生我；再三年，我大妹生；未幾，又生次妹；是後，又生一妹，而數月殤；越數年，生一弟，貌岐嶷，至四五歲又殤；而後生我次弟懿林，生之夜，我外叔祖適宿齋中，夢二童子入拜神前，其一回顧而笑。明日，語吾父曰：「承先人後者，其二子乎？」越六年，而懿徽弟生。是時，吾母年四十矣。蓋吾兄弟暨女兄弟故九人，彫零殂謝，其猶在者，獨兩弟、兩女弟與我共五人耳。嗚呼！又多乎哉？

弟生而壯健，容貌魁偉，甫七八歲，人咸驚曰：「十餘歲兒也。」其尤得吾二親之歡者。弟賦性馴謹，不俟教督，雖與群兒戲無競容，或飲食之輒以讓兄姊，獲果餌必遺二女姪焉。女姪者，吾之兩女子也，弟尤愛憐之，與之戲，從未令其啼泣，自數歲已然，吾父母未或教之如此也。弟雖幼，不好弄，聞有市玩物者，即所愛未嘗固獲也。吾與次弟俱不習家人産業，阿堵物常不知愛惜，弟雖少頗知節儉焉。常就外傅，見窗友服奇服者，歸語吾母：「彼童子服胡爲爾耶？」吾以是竊器重之。嗚呼！孰謂其夭耶？

先是，去年瘟疫大作，遠近皆不免，弟亦卧病數月。今年丁未，余歸自都門，見弟壯健如前日，私喜以爲無恙矣。然弟自去歲病後，腹疾屢作，七月間復染時疾，至八月下體盡瘇，雖醫藥罔效，吾猶不甚懼，以爲需時日乃起耳，至九月十八日忽殤。嗚呼！惜哉！

吾弟具馴謹之性而未底于成人，吾親有繞膝之歡而忽見其夭折，垂白者何以爲情耶？方弟病時，家有傭婦馬嫗者舉溺器侍于側，弟意不自安，撫其手曰：「累汝矣！」啖珍餌猶舉其餘曰：「遺吾女姪也！」殁之前一日，向吾父索玩器，語言飲食如常時。比夜，忽輾轉靡寧。達旦，顔色灰敗危篤。時母向吾含淚曰：「汝弟且不起，吾聞城隍神至靈，汝尚往禱焉！」吾急詣廟，連發三籤，其二俱上上，籤語有云：「一朝荆樹再新鮮。」吾爾時私竊喜。嗚呼！豈神言有時不驗歟？

吾兄弟三人俱生于七月，吾以初六生，其次相後各三日，人曰：「兹真手足也！」孰意苗而不秀，夷于左股。其生之日，與前時岐嶷而殤之亡弟正同也。嗚呼！異矣！弟生于乾隆丙申，因爲小名焉。殤時年十二，爲文悼之，曰：「弟名曰徽，弟性實柔。藐藐小子，成人之流。速成必敗，反常爲怪。幼而恂恂，怪耶？敗耶？」

每讀《史記·世家》至「武王同母兄弟十人」一段，必數反復之，至于淚濕紙破而後已。今讀此文，復一憶之。

牟默人

祭亡室林氏文

嗚呼！菱鏡塵對，湘簾畫掩，我與汝緣分盡矣！念太上之忘情，誰能遣恨？希達人之知命，聊復曠懷。忽忽不知已及汝喪之七日，形骸將歸于土，過此以往，汝永爲泉下人矣！今當長別，爰含淚爲文，焚于柩前。汝素不知書，故質言之，冀汝易曉也。其辭曰：

人之生死，誰實爲之？數之短長，命也如斯。百年同盡，抑豈不知？汝今長往，令我心悲。

汝年二十，來歸我家。汝體羸弱，我見嗟呀。私憂竊念，水月鏡花。繼猶自解：此中有命，何事長嗟？

于歸以後，弱者日强。我心竊喜，偕老可望。

既歸三載，誕生一女。我適秋試，歸而晤語。女泣呱呱，索乳于汝。我見亦憐，歡然相處。女名曰桂，佳兆攸繫。詎我命蹇，依然下第。

其後二載，次女又生。汝心不喜，厥名惟英。詎意岳母，忽然棄世。自時厥後，汝遂遘厲，瘦骨難支，湯藥不離。居常嗟嘆，情不自怡。每爲我語：未有佳兒，父母膝前，何以承歡？我時勸慰，勉汝加餐。詎汝瘠甚，肢體欒欒。我復念汝，享壽良難。

歲在甲辰，忽然有身。乃生男子，是名毓麟。舉家喜慶，汝亦氣揚。甫十二日，麟兒忽殤，汝亦病篤，形勢倉黃。觀汝容止，殆將不起，奄奄僅存，待斃而已。命合未終，不藥而喜。然雖復生，如槿朝榮，其何能久？草露易傾。

猶憶今歲，汝則歸寧，適遇星命，詢以年齡。其人布算，花甲餘零。歸爲我言，我未敢信。天之降年，焉知不吝？

汝常勉我，願早成名。今年大比，尤甚關情。名猶未就，汝目先瞑。令我心惻，顧影弔形。

汝又謂我，死者有靈。果若有靈，汝之魂魄，不入我夢，使我終宵，展轉悲痛。曰桂曰英，二女縈縈，終日呼母，雙淚盈盈。汝其知否？能無怦怦？

今年瘟疫，綿延不斷。我家上下，病者强半。汝病最後，八日不汗，氣血枯竭，遂罹此難。計汝歿時，雞鳴將旦。半夜呼水，猶聞聲唤。我起披衣，取火相看：病勢如常，安然不亂。及汝氣絶，我在夢中。天明方覺，汝已長終。臨終無語，我心忡忡。豈不念我，去何匆匆？伊汝在日，秉性頗剛。然能婉娩，降下姑嫜；至與小姑，式好無傷。間有違言，不久而忘。或恐我嗔，喜氣洋洋。奈何無故，中道而亡？况汝之亡，阿母阿妹，呻吟在牀，不能撫汝，一斂衣裳。獨我飲泣，慟迫中腸。恐傷親意，聲不敢揚。七日而葬，不敢停喪。凡諸儀物，寧儉毋奢。我聞古人，喪具稱家；且汝生前，樸而無華。含斂衣衾，我實親臨，雖云從薄，聊慰我心。我心雖盡，我情何忍？已矣哉！撫棺一慟，生死天涯。前緣已絶，後會良賒。香烟冉冉，燭影斜斜。嗚呼！存耶？歿耶？將無夢耶？爲文告汝，汝其知耶？

牟默人

寫情之文，能委至而明净，無復可議。

幼子文虎哀辭嘉慶戊辰夏

余生卅年未有子息而室亦亡，粤明年再娶，又明年兒子壽恩生，形貌秀異，自祖父母暨外祖母尤愛憐之。五歲時，偕七歲姊侍祖父旁，看湅繭已，姊奉銅槃承盥，而水淺不濡手，兒睨姊令攲側其槃，遂成盥，祖父奇之。是年冬，與姊俱痘殤。嗚呼！壽兒竟不壽耶！

又三年，兒子文虎生。生時得吉夢，少即岐嶷。五歲時，患瘛瘲，病勢如角弓反張，醫者李潢診之曰「痰瘀也」，飲以生薑汁而愈。于後胸臆間有留痰，精神或倦怺，聰慧亦少衰矣。天資醇謹，長于弟文翊者七年，友于甚至，兩兒得果餌皆不獨啖也。八九歲恂恂如成人，丁祖父憂，哀哭如禮，對客言不失儀。先是，兒五六歲間，余父執王丈嵩岳遇諸門，問以「令尊君今安在」，對言「阿耶在屋里」。王嗟異之，謂先君有孫也。

始，兒生時，人傳十三世不出天花法：用朱砂、麝香之屬擣蓖麻子爲丸，凡摩莏周身十三處令遍。謂終身不發痘，乃竟以痘殤。時歲在甲子，上距兒生甫十年也。

兒一名彭年，俗言生子恐不育，擇于人家多男子者令子之，名曰「認乾耶」，謂子多連群易育故耳。兒乾耶曰周麟之，名之曰彭年，是兒亦竟不永年也。于其殤也，余尤悼惜之，追爲之辭曰：

楊氏童烏，潘家金鹿。芽茁其蘭，樹生是玉。遭余祜薄，惟德之澆，風霜秋凛，蘭玉早凋。未秀而苗，不實而落。兒解我憐，兒知不起，嘆息對人言：「父憐我，明日殤。」我不兒藥。我客京華，兒葬嬴博。歛以時服，瘞諸負郭。僑葬彰儀門之東登萊新阡，乙亥年春歸葬先塋金鈎。兒遺詩書，我不忍觀，藏之故篋，亦不忍殘。哀而幼慧，奪我彭年。

公祭鄂峰杜太翁文代

嗚呼！古亦有言，人生實難；立德與名，必大焉先；林宗有道，邕也碑傳；賓石高誼，岐以夢宣。賢達英靈，日星河嶽；石不能銷，金不能鑠；楊氏四知，季公一諾；百代高風，千秋煜爚。士先器識，文藝爲輕；然有善者，天假之鳴；雕蟲篆刻，華響徒鏗；渾金璞玉，實采斯呈。伊昔文士，時晦時顯；韓柳名高，郊島譽淺；令彼易地，定知誰善；丈夫生世，亦各自勉。自勉維何，宏此遠謨；讀書折節，崇實黜虚；仕爲柱石，居則鴻儒；有三不朽，兹其近諸。

嗚呼先生，潛輝不曜；玉尺廉棱，瑶林聳峭；心貯冰清，識含淵妙；世人齷齪，都堪一笑。弱齡染翰，早歲揮毫；黌宫跌宕，槐市翔翺；或時文戰，輒冠其曹；千夫辟易，卷甲而逃。年三十外，傲然不屑；上貢成均，中更帶絰；爾後家居，蕭然怡悦；俯仰階庭，芝蘭羅列。

嗚呼先生，介介不阿；嫉邪如莠，崇善若禾；良朋久别，嘉客初過；有非輒指，不怒而和。至若施予，亹亹忘倦；韓聞喜碑，魯靈光殿；撤舊興新，如雪集霰；阿堵弗珍，黄金爲賤。六合彬彬，文獻是崇；將修邑志，謀于衆中；三長誰擅？僉曰惟公；公即自任，傾囊鳩工。昔齊于欽，乃著《齊乘》；公實當仁，不讓何病？行遠貴文，多言惡佞；創之三年，乃克有定。維撫軍閔，實重嘉之；評署稿本，曰書可垂；謹嚴体例，古雅文詞；對山康氏，武功之遺。

嗚呼先生，文章歷録；謂宜校書，石渠天禄；奈何斯人，而困驥足？芳馨似蘭，隱逸如菊。蓋聞抱德，其世必昌；不在其身，厥後發祥。余官京師，言歸未遑；側聞賢令，來宰余鄉。令者爲誰？雨青明府；先生令嗣，兹其繼武。嗣凡七人，諸生居五；自餘二難，皆官有土。女咸賢淑，名族締姻；一適沈氏，一嬪于陳。諸孫男輩，復十餘人；先生顧之，其樂誾誾。

歲在癸丑，時維仲夏；忽接訃音，鶴驂羽化。處士星微，鄰人舂罷；耆宿云亡，老成彫謝。明府美績，民不勝懷；凜如秋水，和若春臺。寇君方借，廉叔暮來；如何訃至，奪我侯哉？

嗚呼先生：文顯非窮，道通奚塞？富貴功名，浮雲頃刻；較其短長，孰失孰得？身没言存，爲邦人則。余未識公，而耳有聞；邑人走告，屬余爲文。爾肴既潔，爾酒載欣；昔人鷄絮，今日曝芹。伏惟尚饗！

曬書堂外集

目録

叙

卷下

解

文

曬書堂外集卷上　賦　書　叙

來牟賦

甲辰、乙巳之歲，兩江、河南北大抵皆飢，而山左尤甚，延及丙午之春。時維三月，因誦《周詩》，感「貽我來牟」之語，乃建斯賦，其辭曰：

覽觀平原：鴟烏翔集，魑魅狂奔。死生至此，修短寧論。

噫嘻悲哉！天乎無辜，人乎何尤？彌年不雨，三歲無秋；菜根難茁，稗實莫收。屋椽撤而星河入，樹膚剝而枌榆愁；吠犬之聲銷境内，哀鴻之影滿江頭。則有繞膝佳兒，牽衣稚子，憔悴朱顔，凋零齔齒。昔爲掌上之珠，今作粟中之粃；朝逐隊于西村，墓疊尸于東里。道殣積而溝壑平，螻蟻聚而邱垤起。

又如弱女質錢，親丁書券，爲富室之青衣，充朱門之紅綫。閨中獅吼，怯小膽之驚魂；架上蒲鞭，殘如花之嬌面。悲莫悲兮生別離，期則期兮重相見。攀桃李兮恨青春，望鄉關兮送暮雲；

無黃金兮贖蛾眉，滴血淚兮濺紅裙；悲阿母兮贈遺言，執巾櫛兮侍他人。

至于蒙袂輯履，聳膊埋肩；形容枯槁，舉止蹣跚。猛犬當路，健僕掩關；退將安適？進不能前。枵腸久弱，飢火中煎；食未三咽，命喪重泉；孝肥禮瘦，割股挖肝。骨未寒而肉已盡，目方瞑而膚不完；雖既餒之魂猶痛，況新亡之鬼何堪？

若乃鹿車罷挽，鸞鏡中分；文君未寡，相如議婚。戀藁砧兮重回首，曳綺羅兮思縞巾；輿已登兮還復下，遲吾車兮秣吾馬；糟糠恩愛兮諒不忘，扊扅炊盡兮何爲者？

又若青樓賣笑，紅粉添嬌；歌歌舞舞，暮暮朝朝。喧門前之鞍馬，雜閣外之笙簫；妒鶯聲之蘇小，憐鸚語之薛濤；紛纏頭之紅錦，悵搗玉之藍橋，莫不蕙心紈質、雪膚花貌，飲恨而聲銷。

嗟乎！誰無父母，各有室家，奈何昊天不弔？仰屋長嗟，死者已化首陽之土，生者猶爲水上之楂；没者既作寒灰之燼，存者尚同藩溷之花。

甚至紈褲風流，金閨貞淑，廷尉張羅，中散下獄；勢如沉淵，形同轉燭。莫哀一飯于王孫，誰貯阿嬌以金屋？錦帳之桃根、桃葉，儘多棨戟名門；梨園之優孟、優旃，半是蟬貂貴族。此其忍垢含羞，尤足傷心慘目。

噫嘻悲哉！是豈九重之未聞兮，何帑金之屢發？抑或《七月》之未誦兮，何國課之胥捐？夫惟彼蒼之悔禍兮，尚其迄用以康年。寧流亡之不恤兮，諒呼籲之堪憐。幸飴我以鼇粦兮，蘄誕降于上天。儻復悠悠而莫我顧兮，將同歸于盡兮夫何言？

憂深思遠，文尤警拔，令人俯首至地。不知鄭俠《流民圖》能如是否？

牟默人

矮槐賦

溝水之南，永平之道，厥有樹焉。支離菌蠢，擁腫輪囷。其枝之蜿蟺而上也，如螣蛇踞地，昂首吸氣；其下垂也，如虬龍振鱗，舒爪拏雲。婆娑偃蹇，古怪蒼遒，又如丈人痀僂，齊女宿瘤。盤盤囷囷，矗不知其幾百餘秋。

父老告余曰：「此矮槐也。相傳宋代所留，而莫詳其所由。」

余觀夫黛色餐雲，霜皮翻雪，密葉篩風，老柯抱鐵。長條鬖鬖，參軍髯也？古幹蹇蹇，主簿短也？抑晏平仲之使狗國而軀不滿五尺耶？或臧孫紇之似侏儒而藐乎小丈夫耶？否則爾形不長而登裴晉公之綠野堂耶？何貌不類于戚施而傴僂促縮宛如雞窠之兒？

或曰：「古有所謂將軍樹者，此殆其奴耳！」

余曰：否！此蓋智士所以斂其材而君子所以居于愚。且夫主簿雖短而有筆如椽，平仲五尺而齊國稱賢，臧孫侏儒而智足多焉，裴公寢陋而勳業爛然。但菁華之内抱，奚經麗之外妍？彼龍門之百尺，賴焦尾而後傳；抑豫章之千尋，經斧斲而不完。維兹樹焉，不矜材于群木，乃終老其天年；異墨家之摩頂，學端木之及肩。樵蘇往來蔭其側，風霜高潔冪其巔。

嗟乎！草木何知？託處偏宜，不憑高以自顯，惟謙牧以自卑。風枝雨葉，蹀躞參差，數百餘年，猶復嫵媚多姿。而世之矜高材者率皆彫落崩摧，不免爲斤斧之所災。後之覽者亦將有感於斯槐。

讀之鏗鏘可聽。

牟默人

枯柳賦

庚戌之夏，歸自都門，感道旁枯柳生意猶存，喟然而嘆。九烈君聞之，延入精廬，授簡于余，爰爲之賦。

自昔移根靈和之殿，别植長楊之館，隋皇帝撫板渚而流連，桓司馬過金城而嘆息。觀其鑽火于春，作絮于夏，取材乎秋，含烟乎冬，類達人之識時，任用舍而靡疑。至于長條踠地，密葉藏鶯，灞橋贈其别恨，章台縮其春情。又復風流自賞，澹沱輕盈，雖復濯濯王恭、翩翩張緒，詎能及其風姿者哉？

豈意物换星移，更幾何代，而憔悴竟已如斯！有菀其條摧爲薪矣，阿儺其枝織爲囷矣，世無匠石尋斧斤矣。痔瘻瘻瘇，尋在泥沙。烟霞暴露，風雨爲家。鴷鳥啄其外，蝨蟲穴其間。令人睨而望之，如捫籥以窺天。更有頑童稚子，躑躅嬉戲，群遊而坐其巔，甚至投火三中，破腹而觀其烟。

然而，木則有甹，肆其復生，側見旁出，鬱鬱青青。蓋許慎所謂再生曰枿，孟子以爲吾如有萌。

且夫君亦知夫《易》乎？夬盡而姤來，剥終而復始。今兹雖巔，未盡其年，自此以往，馴至參天。向之兒童易而侮者，將復愕眙駭矚，屏息吞聲而莫敢言。鑄汝乎金，成汝乎玉。庸詎知非造物者寓栽培于傾覆，將以老其材而大其族乎？彼夫青牛出于文梓，感喜變乎蒼松；械有投而爲欘，筇乃倏兮化龍。此尤事之至異而理實類從者也。

于是君輾然而笑，騁子妍秘，闡子佳妙，僕雖不敏，請從斯教。

賦畢而出，余遂登路。回視向之所遇，乃道旁枯樹而已。

寄託殊深，筆意亦復清秀。

牟默人

馬蘭花賦

本名馬蘭，俗呼馬蘭。

丁未夏，余歸自都門，見馬蘭花叢生道傍，與荆榛爲伍，盡然傷之，乃爲賦曰：

夫何兹物之草草兮，悵寥落而寡歡？彼艾蕭之凡卉兮，猶薈蔚于崗巒？何國香之苗裔兮，乃蕃衍乎道路之間？懷遺馨于空谷兮，尼父尚低徊而延佇。援瑶琴以寫憂兮，聲朗朗而如訴：奈何茫茫之大塊兮，曾一草而無地以託處？

御者指而告余曰：「兹其爲草，厥名馬蘭。品卑形賤，衆弗齒焉爾。其葉如書帶，花似釵頭。婀娜乎若翠莖之菖蒲，仿佛乎若紫萼之牽牛。」

余乃惝乎若疑，進馬蘭而語之：「天俾汝以馨香兮，疑生是之使獨；地産汝于卑污兮，疑汝生之不穀。爾寧德天而怨地兮，抑將甘心而同此碌碌也。猗嗟蘭兮！使爾在天爲蘭星兮，將與白榆、丹桂同其靈；使爾在地爲蘭田兮，將與琪花、瑤草比其榮；使爾在山爲蘭嶺兮，將與木蘭、辛夷齊其馨；使爾在水爲蘭沼兮，將與江蘺、沅芷共其清。不然，在人而爲蘭士兮，人將服媚其香也；在屋而爲蘭省兮，人將喜登此堂也；在衣而爲蘭領兮，人將棄芙蓉、薜荔之裳也。彼芬芳竟體兮，舉世嘉其令譽；苟香祖當門兮，誰忍鋤而去之？胡落落而難容兮，竟埋没於風塵之内，棄擲乎環涂之側？生古道兮雜蓬蒿，無人采兮委荆棘，夏雨集兮沾泥塗，秋風酸兮落顔色。猗嗟蘭兮！匪天命之不猶兮，乃汝自殘之故也；豈地之不汝容兮，繄汝託身之不顧也。既天地無可歸咎兮，乃汝砥行立名之不素也。遂使元規之塵污汝而無扇以自衛，王元之泥封汝而無計以自閉，以至晉文公之土塊兮，擲爾而恨何以能平？魯孔子之車轍兮，踐爾而勢無以爲生。諒有愧于九畹之芳潔兮，又奚羡乎飲露與餐英？令楚屈子見之而憔悴，賈長沙遇之而太息，宋玉遭之而悲哀，江淹睹之而於邑。」

于是馬蘭若悲若喜，如偃如起，葉低頭而下拜，花含情而欲語。御者告余以日暮兮，余于是乃登車而就路。

亂曰：香草兮美人，哀怨兮王孫，諒千古兮同恨，又奚異乎靈均？

瑞雪頌有叙

嘉慶二十三年冬，無雪。上有憂焉，比十二月四日乃命祈雪。越數日，雲陰四合，霙霰飄騷，飛灑庭除，猶未霑足。越明年正月四日，上天同雲，六花雜下，約四寸許。迨廿一日，由晨迄莫，約五、六寸。越明日，又七、八寸，通兩晝夜，蓋三尺餘焉。春陽布氣，温晏無風，既易消融，復無漂散，其空闊積存猶餘二尺有半。洵符三白，宜麥之祥；允獻六出，飛花之瑞。謹操簡濡毫而爲頌曰：

雲輕罨暖，烟薄釀寒。風無吹絮，霙有曳紈。于是歲初，改時履端。呈火樹，瀹湯丸；陳百戲，集三韓。玉霏霏而成屑，綿濕濕而未乾；雨天花之散墮，森銀竹之團欒。檐隙仍棲而凍雀，江頭罷釣而收竿。

林異霜凇，田皆玉種；遍滿庭坳，平鋪瓦縫。室生白以虛明，徑人踪而錯綜。瞻山則巒壑鈎連，眄隰而町畦統共。灝灝乎，盈盈乎，積素充庭，雜之以瓊瑶，而曾莫知其所用。

雖昏不夜，似霽還陰。窮高望遠，量厚測深。心神朗澈，氣體蕭森。鶴銜寒而失影，梅卧凍而難尋。渾九霄之太素，異三日而爲霖。

加以恬絶風飈，霑同靊霂；全隱朱門，乍輝白屋。迎緑燕以表年，傍春旗而錫福；柳飛絮其未荑，楊生花于枯木。

數恰應乎白三，功遞宣乎滕六。時則皓首龐眉之叟，白衣短褐之朋，舉觴稱賀，比屋歡騰。蝗鑽坏而潛遁，魚負薄而難勝。寫川原以粉本，橅帝闕之觚棱；積輕塵而成嶽，掩巨壑之層冰。于是撰畚鍤，集擔簦，揮長帚，引巨絙，忽晶瑩其若失，望陽旭之東升。

小草賦

金風瑟瑟，玉露零零。柳將衰而始白，荷已破而猶青。響閨中之砧杵，亂草際之飛螢。葉乍飄于金井，波始下兮洞庭。

時則蓮蕊初殘，菊英未秀。方丁蕭瑟之辰，未届凋傷之候。葉初砌以無香，疇共苔而爭綉。爰有花花草草，紫紫紅紅。向竹籬茆舍之間，别添幽趣；依瓜架豆棚之側，自媚寒叢。供眺吟于晚圃，憑裁剪于西風。

爾乃鮮逾文錦，彰若朝霞；艷齊頳玉，采絢丹砂。牽籬落之朝烟，蟲聲滿地；挂柴門之夕照，秋色誰家？晚蝶飛來，抱幽香而無語；寒蜂携去，將冷艷以歸衙。加以園内葵黄，灘頭蓼紫；冉冉紅心，茸茸蒼耳。幾番疏雨，烟寒橘柚村中；昨夜輕霜，色老梧桐院里。寫出一奩罨畫，半畝荒園；排來幾樹珊瑚，千層錦里。于是周容未去，陶令來歸。開蓬蒿之徑，被薜荔之衣。小隱而鶴猿與共，掩關則車馬方稀。莫不覽中庭之晚翠，寄逸興于芳菲。儻令移向東籬，須作黄花之婢妾；試領群芳西院，應推白帝之嬪妃。

七夕賦

瓠瓜稔歲，酒果充庭。值人間之巧夕，會天上之仙靈。冶女棚開而筵啓，妖姬綉罷而針停。玉宇秋陽逢作麴，曬衣之日天街凉，夜看牽牛織女之星。

爾乃水隔黄姑，橋通烏鵲；七襄縱横，三跂錯落。浥細雨以湔裙，織寒烟而張幕；亂鳳管之鏗鏘，飛螢燈以熠爚。留滄雲之一片，恰展羅衣；滴濃露于三霄，新垂珠箔。維時魚關沈鑰，鵲漏移籤。綉婢展圖以張案，花鬟當户以卷簾。席分班而肅布，香拂袖以輕拈。膾切同心，擎去而金盤簇簇；針穿雙眼，捻來而銀甲纖纖。至于深宫婉孌，永巷嬋娟，碧桃階下，青鳥殿前，臨百子池旁而作樂，向中天臺畔以開筵。隱樹色于昭陽，合歡葉閉；聽鍾聲于最愛千花綵朵渡河而吉慶偏長，須看萬字蜘蛛結網而纏綿不斷。望曉轉于玉衡，睇清流于銀漢。既而，北斗橫，西庚爛，步障收，諸姬散。長樂，連愛絲牽。

再成英賦

以「若升高必自下」爲韵

覽往籍之遺文，寄逸情于邱壑，列體勢之嶔巖，窮岡巒之岝崿。厥有英焉再就，斯名神工攸託。嶺銜日曜，儼冠珥之重光；峯矗蓮花，疑芙蓉之疊蕚。巧逗烟鬟之狀，擬邢尹以猶非；工添璧藻之形，方縠蒲而差若。

當夫宵嵒鶴宿，曉岫雲騰；夏嵐雨洗，秋壑烟凝。如累棊之遞構，似覆簣以頻仍。因而重之，幾若以多爲貴；維其卒矣，居然踵事以增。比竿影之高懸，還求進步；同岑樓之蔚起，更上一層。固屬神靈之鍾秀，應象坤巽以階升。

至若天晴海嶠，霧斂江皋；峯迴掩映，嶺抱周遭。翠微上而未及，重甗累以猶高。儼擘華于河邊，須多一掌；如浮根于水上，定冠雙鼇。宗炳圖中，加寫鬟頭而著色；郭熙畫裏，更飛墨瀋以添毫。雲卧而衣應倍冷，句吟則首欲頻搔。

若乃峭插天闕，靈探石室。薜蘿將巖穴俱幽，霞靄共林霏交失。殊并峙而爲屾，恰連文而成出。憑兩端爲結構，宛斷蜂腰；本一氣以鉤連，真成鶴膝。丹梯既步以猶疑，碧落將通而未必。觀其并影參差，孤標秀異。五丁欲鑿，則宛轉以無縫；萬笏將攀，羌崎嶇而靡自。木質有而趣靈，旋神交以形媚。人踪斷處登巔，而尚恨難窮；樵徑緣來絶頂，而翻嫌未至。合如岡如陵以結體，一色浮青；分艮上艮下以成形，兼山聳翠。

彼夫曠覽平原，流觀迴野，一成緣積而加多，三襲應分以益寡。望點點于中天，瞻累累于日下。玩瀑布之飛流，惝詞源之倒瀉；感味象于寸心，味忘言而獨寫；儻寓意于樂山，願怡情乎《爾雅》。

自是君身有仙骨，不愧名士風流。

王古郵先生

與舍弟第一書

告懿林：

陶徵士詩：「衆鳥欣有託，吾亦愛吾廬。」子曾子云：「勿寓人我室，毁傷其薪木。」案：此用《孟子》書。《新序》則云：「魯人攻鄪（即費字），曾子辭于鄪君曰：『請出，寇罷而後復來，毋使狗豕入吾舍。』」仁山金氏言曾子書有此事，作「魯人攻費」。《戰國策》甘茂亦言「曾子處費」。然則武城即費邑歟？古人于居處什器，意所便安，深致繫戀如此。吾與爾同氣，雖無分别，但吾廬之愛，豈能忘情？薪木無傷，鳥欣有託，吾意拳拳爲此耳！

莫謂汝嫂臨行去年十月來都封鎖門户便爲小器，此亦流俗之情宜爾也。吾輩非聖賢，豈能忘爾？我之見今人媳婦歸寧，往返數十日，尚且鎖閉門庭，收藏器皿，豈畏公婆偷盗哉？蓋此兒女之私情，雖聖賢不能禁也。

吾與爾老親在堂，幸尚康健，故我得薄宦遊違膝下，然亦五、六年後便當爲歸養之計。我與爾年方强壯，共財分甘，日月正長，而吾親垂垂已老，天倫樂事，得不少圖幾年歡聚耶？

我西家房屋及器用今年六月一日大雨，室西壁圮，頗損器具。汝須留神照看，勿寓人我室令有毁傷，庶吾歸時欣鳥有託，此亦爾守器挈瓶之智也。言至此，不覺大笑，汝莫復笑我小器如嫂否？

所要硃砂和藥，今致二錢，頗可用，惜乎不多耳。

應泰近業如何？常至城否？見時可爲我致意。逢辰及小女兒知想大爺、大娘否？試問之。桂女勿令使性嬾惰，好爲人家作媳婦也。

《醫方便覽》二本，未及批閲，俟八月寄下。《吕氏春秋》、《秘書二十一種》，便中寄至京，俟秋冬間不遲。我新病初起，意緒無聊，因修家書，信筆書寫，遂爾絮絮不休。讀畢大家一笑，更須藏此書留爲後日笑話也。

嘉慶五年庚申七月八日

哥哥書

與李清苑學博書李，安邱人。

世晚偶讀《〔後〕漢書》，緬想貴鄉有「清齋太常」，「瘦羊博士」，今其墳墓猶尚存不？寧可稽尋之乎？若知其處者，斯亦桑梓之餘榮也。又有孫嵩、郎宗，名行亦著，此其人皆有後不？

答學博林臯言先生書

九月十五日，都中妖賊竊發，擾及京輦。于時九門不啓，大索十日，行旅稀絶，走京者俱望國門而返，此實非常之變。乃者九月廿一日手書，于十一月十八日方行收到，今十二月二日甫奉答書，非敢緩也。

委察一事，緣改教本班，出缺甚少，得缺尤難。先生以祿豐令請改教職，需次年餘，消息邈然。十月内既未出缺，至此月曾否有缺，尚未可知。寒氈舊物，望眼欲穿，熱宦何人，熏心如醉，令人輒唤奈何也。懿行宦況窮迫，難支明歲，恐要作京外之遊，亦不得不然耳。

今年春間，忽嬰痁病，至今未差。衰病相侵，諸務都廢，壯年行事，那可復追，恐終作老馮唐矣。

伏惟大小安善，餘無可言。

奉答阮雲臺先生書

頃于九月初八日接奉鈞諭，未及奉答，而遂有十五日邪民闖入禁門之變。又于十月十四日奉讀手書，敬悉以魯宋阻兵，恐梗運道，將船編伍聯行，以防鈔掠；復于朱野雲鶴年齋獲讀手札，以每船選壯士五人密加團練，用資戰鬥而衛行旅。二者實守戰之要圖，時值倉猝，計出萬全。札言十月八日行抵東昌，計今半月有餘，全幫應抵淮安，布帆安穩，行人無恙，曷勝禱切之至。

都中近日諸俱安帖，而追思前日之變，猶爲心悸扼捥，自憤不能控拳禦賊如金日磾、張安世之爲也。賊之屍骸縱横，市口懸其頭首，允快人心。賊既造滔天之惡，天亦顯未有之奇，鈞諭以爲天之愛帝，信不虚矣。

户部員外郎舒寧言：先是，廣東白蓮教之妻子分給八旗爲奴，有葉氏婦者，于十五日夜間聞雷霆聲，啓太夫人曰：「傳（其）此教聞雷聲起便當破滅。」今此得聞，其應至矣。俄而，林清擒，逆黨獲，捷如響應，信知斯語非謬。而八月十三日夜枉矢西流，占爲急變，應亦顯然。又前年夏，彗星見北斗，近紫微垣，天象昭明，帝心簡在；乃今十月初三、初九等日，僉見太白、熒惑二星迫近；于月初十日雨，未睹星光。淺學私憂，恐賊之餘孽投伺間隙，而申嚴警守，枕戈彎弧，内外協心，自當有備無患。

户部主事宋潢言：「六月某夜，雷雨交作，室内欻睹光耀異常。急啓窗看，赤光竟南，大如數間屋，光中黑氣如柱，侈歛靡常，良久弗滅，亦未知是何眚也。」

懿行亦于五、六月中初昏十餘刻後，頻見雲霧四塞，夜幾中而復晴，如此非一。私竊致疑，將恐日入慝作，莽有伏戎，初不虞妖賊包藏禍心，敢竊鬮窬于輦轂之下也。故知天祐我國家，終當妖不勝德，謹就見聞質實可據者詳著于篇，俾後來有所稽考焉。

懿行半載以來，時患偏墜之疾，《爾雅》之業久未料理，筆墨荒蕪，惟夫子董而正之。前賜讀《文言説》數條，兹復蒙示《釋訓》一篇，將俟病除，融會二書要言，登入《爾雅義疏》。又承示《列女傳詩》一册，先生側室静春居劉夫人所著 文詞清雅，大似《傳讚》。懿行之妻王氏奉讀嘆嗟，深所賞慕，但其人先患疾疫，今才平復，須俟從容撰叙，文訖再當呈正。建閘一疏，遂不蒙實行，然昊時恐復當爲碩畫也。

癸酉十月廿一日

案戊寅夏四月九日，宋又爲余言：「丁丑七月十三日夜半後大雨，復見赤光竟東南，大于往年所見。登樓俯瞰，黑氣下屬地，旁若燈籠夾之，放大光明，其黑氣西邊不動，而東翕張靡定，比曉乃滅。」

案《漢書·夏侯勝傳》：勝當乘輿前諫曰：「天久陰而不雨，臣下有謀上者，陛下出欲何之？」《晉書·苻生載記》：太史令康權言于生曰：「自去月上旬沉陰不雨，迄至于今，將有下人謀上之禍。」生怒，以爲妖言，撲而殺之。

奉方葆巖先生書

月之初九，忽接訃音，奉讀未終，銜碑曷極。

敬惟太夫人淑慎温恭，孝慈懿惠，含飴錦里，封鮭江鄉，兩世披一品之衣，雙鬟奉九仙之杖。固已珍分桱葉，先生歸養，奉旨賜人參。榮賁翟華，寧徒閭里之光，實衍杯棬之澤。惟是夫子循陔致養，愛日彌殷，謂當年過期頤，奚僅齒逾耄耋？何圖慟靡依而銜恤，正值逢落葉之驚秋，慈烏助以夜啼，警鶴增夫晨怨，斯固杖桐之絶痛而撫竹之至哀者矣。第思毁瘠不形，禮經攸重，伏望敬誠襄事，容貌稱情，庶令孟母之遺徽于今未沫，勿若國昭之行禮我喪斯沾。敬獻微忱，聊伸菲奠。詞不具宣，幸惟鈞鑒。

嘉慶癸酉十月十七日

從趙序堂先生索書價書

前經奉問興居，未悟爲悵。

啓者：某謀生術拙，官項私逋，無可爲地，以鬻書爲活計。仰荷垂慈，代爲銷售若干，銘感之私，非可言喻。即今歲事將更，公私交迫，質錢有帖，避債無臺，交絶孔方，形踪落落。入臘以來所收書價，如可陸續賜交，俾得償還宿負，不勝巨幸。

再尊處書多，儻有散不盡者，不妨暫行擲還，俟明春公車來時有可散處，再行奉上。餘惟慈照，不宣。

答族外舅王金田太守書戊辰

客歲夏秋，奉讀手諭，敬悉一切。萬里還書，諸承殷注，感何可言？緬惟族外舅大人十載平反，霜凜西曹，一麾出守，風清南詔。涖任以來，積年塵案，雪彼沉冤；牟利滑胥，窮其奸狀；同轅觀罪，分劍追財。古循良吏，何足以云。比聞委典瀘銅，不能剔除叢弊，阜國財，求榮聞，遐暢抃慰如何。

某農曹需次，補缺尚遲，疏拙爲官，清貧日甚，雖著述頗多，而非醫貧之具。又我輩但能著書，不能刻書。刻書者必富家兒，以此艱苦倍深，浮情轉淡，還讀我書，聊以自怡而已。今歲春初，内弟北上，承割清奉，惠賜廿金。莊魚得水，范甑生煙，未足喻兹樂也。久稽裁答，藉抒積忱，感荷之私，不勝慺慺。

内弟夙資異稟，暫蹶春闈，自當老其天材。近客潞城姑爺處，延爲西席。正須摩厲，期在來春。

南望停雲，遥情屢阻，伏惟近履綏和，上下寧吉。内人去冬復有弄瓦之喜，兒子文翊今甫八齡，延師教讀，頗不頑鈍。恐廑慈注，聊復言之，不盡。

答吴山尊學士書

前以同年莊賡唐之太夫人壽文奉丐者，以兄工筆，且負重名，足爲親交光寵也。不意方事之殷，復有倩兄爲葛龔者，來書云：「前因爲人作巡幸淀津賀册五、六件，未暇爲同年作壽文，今已畢矣。望將節略仍付來，三日必繳」云云。俾弟失望。而祝期已迫，書屏者又操之蹙，不令稍寬假，弟萬不獲辭，丙夜剪燭，摩莎眼花，點竄而成，時漏下三十餘刻矣。本意規摹尊作，欲如盧陵之仿史遷，不知乃成壽陵之學步也。深慚蕪拙，不足可觀，欲削投之而無以應命，猥以康瓠而贋周鼎，羊質而冒虎文，甚無謂也。兼復濫記盛名，徒勞虛造，覆閲之下，倍益汗顔。謹録呈拙製，仍竚斧斯。

其文登諸屏端已廿有八日矣，爲兄殷注，聊復及之，一、二日後還擬奉訪。

前呈《校正竹書紀年》本，如已閲訖，即希削政並擲還。

答鮑雙五效選體爲應制詩

佳章中邊皆美，色香俱備，自是魏晉餘波，非同齊梁綺靡。弟久抱偏痾，遂稽良晤，積壐凝席，枯管委床。忽枉瑶箋，兼飛珠唾，持頤瀚露，搔首披雲，宿患頓除，塵衿遂豁。無能奉步，祇供怡神，肅復惠音，容遲趨謝。餘圖面罄，惟照不宣。

再與陳恭甫書

梅修先生同年閣下：

四千里外，五、六年餘，離思轉深，古情逾淡。讀書少暇，搦管沈吟，良友相思，何能已已。

緬帷閣下循陔致養，奉檄辭榮，兼之槐市生徒，板輿周歷，家園真樂，菽水餘歡。弟薄祜食貧，代耕乏禄，賣書度日，索米經年，乃雖師友間羞作寒乞相，自惟疏拙，甘守堅窮而已。然《爾雅》之業，屢經削草，卒未成書，期以二、三年間，粗當了畢，便可消遥無事，去往自如。

比舍親官滇，致何首烏新鮮杰大，將充服食，佐以導引，自今以往，儻復老健不衰，久慁郎曹，亦未可定。大抵如晚花秋蜨，冷韵幽香，隨他飄墮，不足關懷也。年衰計短，無可營生，近住海岱門東齊魯館，地頗閒曠，將謀授徒，自同食力，但恐寒氈無分，畫餅癞飢耳。雖此等事亦當有數，非可强求也。

聞穀士兄言，閣下雖復在遠，常念其飢寒，形于談次，爲可銘感。知勞存注，聊復長言。前書具悉，藉候近祉，不宣。

從友人索書價啟丙子秋

前丐銷書，極承雅意，今從乞價，似涉俗情。衹緣索債登門，更甚催租敗興，望垂厚愛，俾免追呼，速惠版金，稍酬紙費。肅兹布款，希宥不宣。

奉阮雲臺先生書

冬間，伏讀朝報，敬悉以編伍有方，遂令妖賊授首。撲燎方揚，防川未潰，力微功巨，爲民造福，至無量也。江西居荆揚中流，控引襟帶，作鎮東南，雖莽有伏戎，萑餘藏盗，披根引蔓，指顧可平，矧當桴鼓無驚江波清晏之會哉？懿行久患偏疝，尚未就痊，荏苒歲餘，蟲魚輟注，分陰可惜，良以慨然。歲時行盡，節物感人，伏想尊履佳安，不盡。

又書

乃者冬問，夫子以奉覲入都，匆匆靡暇，仰止末由，僅從稠人儕偶中略申瞻謁，未罄鄙私，深以悵然。竊計夫子出都之日，應須新正初吉方抵武昌，即今疆理旬宣，宜取次了畢。江漢上流，自昔方叔、召虎舊嘗從事之地，謳思流韵，行當復睹于今也。猶憶前窺尊范，蒼白改觀，自緣積慮勞形所致。尚冀少加調攝，千萬爲珍。頃承慈注，惠逮卅金，歲盡冬殘，烟生塵突，欣荷無量。懿行比託福蔭，賤患尋差，體氣亦佳，良以欣快。肅兹奉布，稍抒微忱，兼申謝悃，附請鈞安，不盡。

又　書

歲除之前五日，節物催人，梅寒徹骨。忽蒙慈注，遥惠炭金，黍谷生春，葭灰送暖，感何可言？

敬惟夫子鈐閣凝新，鼎祻集慶，下風承聽，欣抃難名。自頃移節漢陽，秉旄嶺海，坐鎮百粤，控引重洋，體大務殷，數倍荆郢。伏望精勤綜要，愛嗇頤神，曷勝切禱。

懿行病疝，首尾三年，去歲至今，漸能平復。本欲覃思《爾雅》，近緣謀食授徒，每共諸生談論時藝，治經一事遂乏專精。兼之男女嫁婚，米鹽凌雜，期于一、二年内擺脱，屏當庶訂蟲魚，畢殫精力。然後心如不繫之舟，可得優游消歲月耳。

川陸綿曠，如隔遥天，詞不宣心，仰希鈞鑒。

與王蓮墅求何首烏啓

河水結凍，瓶水知寒。緬惟足下榮溢洛濱，聲高緱嶺，花封膺篆，棠蔭宣風，直須指顧間耳。

愚年迫衰殘，病貧猶昔，唯夙嬰偏疝，今竟就痊，飲啖亦佳。知愛如兄，應爲我稱快耳。夏間惠寄何首烏，盆栽〔栽〕未茁，如可再覓數枚魁大新鮮，資頤衰老，不減饋貧糧矣。即頌升旗，兼申潭福，不盡。

再與王幼海太守謝惠何首烏啓

十月廿九日燈下作書，于十一月三日由蒙自人主政尹名佩珩處轉致，計明年正月内當可塵覽。旋于十一月廿三日接奉福太守所帶八月十六日書，兼收到何首烏十斤，萬里注存，歡騰肺府。靈根杰大，遠邁恒珍，會應製以米泔，蒸以黑荍，丸以蜂釀，下以沸湯，資養衰年。感深没齒，叩頭南望，未罄謝忱也。

賤恙近痊，頗能飲啖，將來郎署多悤，幾年亦未可定，顧未知向後何如耳。自頃移居齊魯館，地頗閒曠，將謀開館授徒，少資生理，既遂吏隱，又欲變秀才爲學究矣。儻語知交，應同一笑。

與鮑雙五書

地偏心遠，不獲時領快談以爲笑樂，恨何可言？比因賤恙小差，未治經業。偶然興發，或效蟲吟，自顧非詩人之高致，又缺良友之切磨，鷹集泮林，徒增嗤點。近因求石王式莾侍御兼程此册，其人默爾不肯雌黄，仍以見還。竊念詩翁在邇，安可因莛撞不足起音，便爾望門裹足？因遣下走事同獻芹，切望從實糾彈，馮加削正，勿徒季野陽秋，幸甚。容一、二日間遣人走領，久疏良覿，聊代面談。

近日開溝，動多坎陷，容俟少間，奉晤爲歡。

答族外舅王復園學博書

十載氈寒，九秋雁斷，燕齊相望，風雨遥思，諒夙垂雅愛，異地同情耳。

某久滯農曹，一官匏繫，賣書索米，積歲經年，望吃豬蹄如嚼麟脯矣。尺書久闊，一笑爲娱，此不多申。

與佘次卿還騎書

前承惠騎，誼重共裘，遂服安驅，久資代步，車行既駛，毛相復佳。每屬僕夫勤加飼養，誠珍仁人之賜，兼軫念其衰殘也。

乃者入夏以來，屢形僵仆，數人扶掖，移時方起。良由後足舊嬰寒濕，齒衰增劇之故耳。弟自思念，無福騎乘，恐辜良友之贈，又慚貧乏，芻秣未充，嘗感子方老馬之意，竊惟孔聖借乘之仁，謹命右牽，事同反璧。即希收納，兼亮謝忱，惟照不宣。

代婉佺與王及人延慶學博書

數載分張，久睽音問，緬惟賢姪坐擁書城，文探學海，等身著述，欣企如何。

愚姑少涉學津，晚窺書囿，比緣閒暇，不揣愚蒙，遂依劉子政之文，補曹大姑之注。自惟疏淺，貽笑大方，海內通儒，謬加讚賞。兹寄奉二十部，求代籌五十金，非欲贏也，蓋有以也。緣愚姑比年以來爲先慈建坊一事，工用殷繁，多方籌措，譬爲山而覆簣，期集腋以成裘，不量力于愚公，妄希踪于精衛。敬求大雅俯鑒愚誠，廣益嘘枯，俾資綽楔，寸心銘感，没齒弗忘。其書價銀請俟來歲夏秋寄京爲禱。

特兹布懇，藉候文祺。兼道慈幃萬福暨潭祉均綏，不盡。

代婉佺謝《四史疑年録》啓

阮芸臺先生之側室劉文如書之撰

去冬嚮杪，遠承慈注，惠逮薪金，兼蒙頒賜新書。懿行之妻謹以祗領，刻即开緘，披尋未竟，欽挹良深。因念每讀古書，如「伯奇蔓子」、「北宫嬰兒」、「趙母之倫」，世繫無聞，生年莫考，未嘗不流連慨嘆，不能自遣於懷。今讀是書，英賢羅列，即目如存，會心斯在，方覺錢氏《疑年》錢辛楣有《疑年録》終成罣漏。儻復旁涉六朝，下沿五季，益當清絶滔滔囊括百氏矣。并屬寓書略申此意，兼致謝忱。

懿行遠疪福蔭，兒子雲翼幸以成婚，爲比來佳事。餘無可言。

己卯二月十六日

與王伯申學使書

奉別以來，幾將再稔，未通尺素，傾注如何？伏惟大兄高材碩學，海内所欽，著作承明，蘭臺繼躅。乃者懋膺簡命，視學中州，輶軒奏言，實兼茲選。二南故典籍之淵林，三川實人文之舊地。洛陽賈生里居安在？汝南徐孺故宅猶存。偃師輔嗣墓，問守冢尚有幾家？召陵公乘里訪許君，今復有後不耶？至于二室三塗，地形可按。桃林慕休牛之風，孝水嘉濯纓之迹，凡于役所經，可以證經史、攬輿圖，洵足樂也。

前者出都，曾有咳嗽之疾，比加調養，知當平復。但遇秋冬，尚須防其間作，計取温鼏爲佳耳。嵩山何首烏以大而新者爲勝，此物甚能滋益。如得此者，庶望波及其餘以踐宿諾，幸甚。

嘉慶十四年己巳六月十八日

與兩浙轉運使方雪浦

理鹺餘閒，時多佳勝，賓朋詩酒，觴咏湖山，相對歡然。懸知閣下，吟編成帙，企想爲娱。

某久溷緇塵，無情面目，空令山水笑人，兼之養痾數載，益復支離，寥落寡歡。今兹二月中旬，復因技癢，仍訂《蟲魚義疏》，欲償前負，思了宿緣。此書若成，自謂其中必多佳處，恨川路悠長，未獲追隨左右賞奇訂疑，若惠施之遇莊生也。此書期以二年當可了畢，便欲挂冠，身作閒人，將學劉生負書獻沈侯車下耳。

枵腹爲病，曼倩苦飢，前丐銷書，尚冀速濟涸鱗，俾窮愁著書人無憂薪水之艱，幸甚，感甚。久稽音問，藉展闊忱，稍攄情愫，兼頌佳安，不盡。

庚辰六月　日

奉答江西撫軍瑺傅崖

纛牙映日，鈐閣生風。緬惟節下控鎮衡廬，遥分翼軫，由開藩而登開府，八座依天，既允武而兼文，萬家安堵。某落拓一官，歡騰五内，荷蒙垂盼，欣抃難名。謹奉蕪箋，稍申雀賀，藉攄微悃。恭頌鼎祺，不宣

六月十八日

答兖沂曹觀察使盧厚山

灑澮宣勞，敉寧著績。緬惟閣下，恩翔曹雁，德翼魯鳩。待舉火以萬家，隨車膏雨；瞻棲糧于千畝，彌野稼雲。某誼切鄉關，情殷抃舞，入秋以來，想應蕆事。伏惟新祉，清勝爲佳。肅勒蕪函，遥惟荃照，兼頌

潭祺，不盡

與莊杏園同年

莊，莒州人，名咏，字賡唐。

數載暌違，未通音問。緣弟病疝三年，經日藥罏，百爲俱廢。客秋小愈，近甫就痊耳。雖根株尚在，而體氣漸佳，較之卧病呻吟便如釋重負矣。

近與令姪琪園水部周旋，具稔大兄開館授徒，采蘭色養，歡欣無量。迴思一行作吏，拘苦萬端，方知塵網羈人，不若脱然無累，落得此身自在清閒也。

弟投老殘年，宦情久淡。所以未能引退者，非有所戀，徒以無家可歸，又恨力綿無處買山而隱，然思歸之念，固無日而忘也。猶憶吾兄前守饒安，三兄來都，弟附書通問，未蒙賜復，豈爾時因有詿誤之件，意緒匆猝偶爾遺忘耶？弟近欲醫貧，亦思教讀，而生徒寥寥，館金又薄，令人唤奈何也。蘭陵王涑水步曾豪爽可人，遽聞凋謝，同譜益增寥落之嘆矣。王與莊俱同戊申鄉舉即頌近祺，並問潭府嘉綏暨請慈侍福安，不盡。

庚辰十二月三日

又呈阮雲臺先生

半載以來，竟缺問函，實緣考訂《爾雅義疏》，匆匆未遑。歲莫復蒙慈貺，畀以修書之資，感深挾纊。今兹二月半後，所爲《義疏》當可粗畢，尚須子細點檢一番，便付鈔胥爲寫副本。將擬携書爲贄作粤中之遊，比聞夏間夫子便當入覲，幸獲藉親師範，快慰如何。

黄邑王母李太安人八帙壽叙

嵩岳王君客棲者二十餘年，邑中無少長莫不稱道而欽慕之，而與予交最久。其人德器深醇，不爲疾言遽色，恂恂然若未離父兄師長者。予固意其淵源有自，後遇黄邑人閒談及君家世，始能備悉其由來，蓋得之壽母李太安人之庭訓者爲多也。

太安人孝敬、慈惠而節儉，雖處豐厚，無異寒素，然施與未嘗有吝色，于宗族戚好之貧者必延之内庭，詳問所需，而給之多寡以緩急爲率，其能識大體類如此。

太安人居家處娣姒無間言，下及婢僕臧獲輩亦遇之有恩。而教子尤以禮，子侍側未嘗不如對嚴君，蓋數十年如一日云。

嘗聞古之人有稱爲女士者，謂以壼範而備君子之行也。如太安人居家訓子，毫髮無憾，雖賢人君子無以過，儻所稱女士者非與？抑《詩》之言曰：「釐爾女士，從以孫子。」又曰：「介爾景福。」以余觀太安人嗣君，玉樹亭亭，三株并秀，且也年登八旬，壽而康焉，福亦隨之矣。兹復恭遇覃恩，親膺九重褒封之典，以輝煌其家世，則天之所爲報以景福者，又豈有涯哉？夫壽之爲言酬也，故積善必有餘慶，而令德徵于康强。吾以是知太安人之衍慶殆將與日綿綿，而所謂康强者又將日進無疆矣。

余得交嵩岳君久，既備悉賢母之徽音，而嵩岳君以今年四月將爲太安人榮壽之慶，予雖不文，然深慕嵩岳君之孝德而夙仰太安人之懿範，有不能默默無言者，爰書此以爲之祝。

學博魏聖瑞四十初度叙代

平、壽之間，膠、濰二水環其左，尋、灌兩斟據其右，其地平曠而少山，其土沃衍而多稼，得雨澤則倍收其利，魚鹽、蜃蛤、商賈、舟車所湊，而富人之淵藪也。往者，乙巳、丙午之間，東省大祲，登、萊屬多飢人矣。余以事過濰，則城郭喧闐如故，以此知其富倍他邑焉。

聞古之至人嘗以多藏爲戒，而養生家乃至以富爲腊毒，雖堯辭華封之祝亦曰「富則多事，壽則多辱」，有是哉！聖人固不欲富乎？而且以壽爲辭耶？然《洪範》之陳「五福」：一曰壽，二曰富」，何也？豈箕之所謂福而堯之所必辭歟？美舜之大德亦曰：「必得其禄與其壽」，豈舜之所應得堯之所弗居歟？余則以爲此特莊生放達之言爾。人生在世，可富可貧。貧以何病，富以何仇？要在貧不徒貧、富不徒富爾！作平等觀，維富與貧皆若浮雲。塵俗中人不獨貧難，富亦大難，况又有進于貧富者乎？

古之人如陶朱公亦可謂善居富者矣，其取也如錙銖，其散也如泥沙，故曰「積而能散」。不然，守錢虜爾。今世如此人何多也，而聖瑞魏先生亦可謂善學陶者矣。

先生庚申副車以學博莅吾邑，邑之士多貧而先生特以富聞。然士之謁見先生者道其「謙且和、樸而不華」，又言「能施予」。宗族、鄉鄰或待以舉火，貧無資業之士或藉以成名也，濰之人素知焉。今世如先生不亦可謂易其所難歟？

聞先生五歲而孤，少長知讀書，雖克自成立，亦賴有慈訓，處同堂兄弟無怨尤，以未深悉先生家世，故不復多述焉。然即富不驕吝之一節，其亦庶幾超乎流俗矣。

先生年甫逾「不惑」，邑士之願壽先生者咸藉藉乃來請叙于余。余非能以文壽人者也，無以塞衆之請，輒舉《洪範》之辭曰：「一曰壽，二曰富」，又反莊生之言曰：「富不多事，壽不多辱」。衆咸曰善，因書以爲之叙。

含山敏軒王翁七十壽叙

含山，于和州爲西北，面江背山，峰巒秀而水泉清，靈淑之所鍾，必有隱君子出其間，則封翁敏軒先生其人也。

王于含爲詩書舊族，自高祖中翰公以國初名孝廉起家，實王氏發祥之始。曾祖父考授州同，暨祖父俱紹家學，爲名諸生。父太學生，候選巡檢，貤贈奉直大夫，子男二人，長即封翁，次曰鷺洲。

翁生而穎異，天資孝友，甫十齡遭母見背，先後奉嚴、毛兩太宜人，事之如一，終始無間言，人以爲難。弱冠授室，遭父抱痾，偕新婦調湯藥，歷五載，無惰容，寢室爲廢者屢矣。迨父即世，毁瘠之餘，念弱弟甫成童，雖延師教督，猶時時躬訓迪，期早成名，庶酬先志也。家本素封，中年食口繁，漸以支詘，念與弟異爨薪火尚足數，不致以家計廢讀，亦承先志也。

自父在時，雖年少已知篤學，無寒暑輟。應童子試，輒冠曹偶，邑中諸耆宿以遠到期之。後丁内外艱，躬持家政，不獲肆力于學，而以先人期之厚，自以不得取科名爲憾，遂援例入成均，亦猶承先志也。

乾隆辛卯、甲午，兩赴南闈，薦而未售。于後遂罷試家居，以授生徒訓子姪爲任，和、含從遊列膠庠者後先相望。弟鷺洲亦補博士弟子員，人稱難兄之力也。

其學務實，不爲浮華，所著制義，原本經術。生平守正，寡交游，不能隨俗所爲，文如其爲人。讀書安貧，以詩酒自娱，著有《諾諾夫草堂詩集》，藏于家。與人居和而有介，處姻黨間取受必嚴，于公事尤絶干謁，鄉里奉爲楷模焉。

夫福之爲言備也，壽之爲言酬也，翁砥德績學爲閭里宗，足以發聞于時，而潛光未曜，介節徒貞，可謂窮矣。德配李宜人以中年不禄。賢嗣二人：長若閔，業儒；次若閎，甫七齡，翁乃以嚴爲慈，訓養兼至，凡二十餘年，可謂遇之艱也。若閎以嘉慶戊辰成進士，官主政，供職農曹，恂謹自將，固知得于庭訓者深。年未逾立，連捷取科名，翁宿憾頓釋，天所以報之者又何豐耶？

今年己巳，恭逢萬壽覃恩，以子貴誥封奉直大夫。于是，翁年登七衮，身以康强，子孫逢吉，福既備矣，壽且酬焉，可不謂遇之隆哉！農曹諸同人擬遥爲祝椵，屬懿行爲叙，懿行非能以文壽人者，謹述所聞，不敢以世俗之辭進，懼其涉諛且失實，聊質言之，不計文之不足以稱也，爰再拜而爲頌曰：「含山兮蒼蒼，江水兮洋洋，有隱德君子巋然，如見山高而水長。」

歐陽靖園六十雙壽叙代

惟嘉慶十有四年，歲在己巳，皇帝春秋實符大衍之數，聖祚無疆，普天同慶，渥霈洪庥，用敷錫厥庶民及有位。于是，廬陵封翁歐陽靖園以子衡官郎中，晉階中憲大夫，暨配李恭人，俱膺殊典，爲閭里光。衡將以明年秋假歸省覲，因舉椿萱并壽之觴。鄉人以衡與余舊嘗從事司農，知其家世，請一言以爲祝。余非能以文壽人者，顧嘗聞吉人言：靖園有厚德，樂施與，内行又醇，教子有法度，爲鄉黨及四方人士所傳道。年甫耆壽，身被恩綸，有子二人，今復有二孫，足以娛老。性恬静，不樂仕進，偕德配躬執勤勞。崇節儉，守家室田園之業；屏絶豪華，無富貴習氣。允爲人倫楷模、熙朝之人瑞，而豈徒爲閭里光哉！

蓋嘗以爲士大夫居鄉有居鄉之事業，處家有處家之事業，非必蒞官行政，但隨其所在，自盡于己，有利于人，足以教後世，亦可謂施于有政矣。斯二者靖園蓋兼有之，而又不以自功也。嘗客遊衡州，值歲大祲，人鮮食，出私財以濟飢乏，曾無德色，即平生契好者亦不令知也。晚近風俗偷薄，鄰里鄉黨有緩急不相賙救，又多藏以居奇，甚或陰肆侵吞，坐視溝中之瘠而等之秦越。誠得樂施如靖園，以之居鄉，必能化薄俗、長仁恩，俾豪强兼并者薰其德而善良，可爲居鄉樹典型者也。

豐厚之家，驕淫奢麗，紈絝之習，易縱難馴，乃至伏獵蹲鴟，貽譏通識。否則，意氣飛揚，觸文網而罣吏議者，不能以數舉。靖園之教子也，致書數千里，訓之以勤職、敦行，讀書、取友，以故其子年雖少不失爲恂恂謹飭之士，其所勖勵有素也。誠得善教如靖園，以之處家，必能重義方、端習尚，俾桀驁難馴者聞其風而自息，可爲處家樹典法者也。

此二者足以壽靖園矣。至其處家，與伯兄居，内外無間言；其在衡州，施茗粥無虚歲；居家聞京師同鄉公議創建，必遺書誡子勿惜重資。是皆人所習聞，衆之所知，今亦未能縷述也。夫世之以文壽人者，率鋪張揚厲，譁囂盈溢，又或稱述德美，文富詞繁。而余僅以二事壽靖園者，將以黜虚崇實，又竊慕古人贈人以言、勉人以善之義，而願與當世士大夫争自濯磨，化民成俗，蘄世風烝烝日上，以無負聖天子壽考作人之至意，而後世有所觀法而慕效也。因書以告我鄉人並爲叙。

格律謹嚴，議論亦渾厚古質，無非積卷之氣。陳稽亭

張一山太守六十雙壽叙

皇帝五旬萬壽之明年七月某日，我一山寅伯大人暨德配王恭人六袠榮辰，農曹諸賢將同舉康爵之侑，屬製文爲獻。懿行不敢辭，爰拜稽首而爲叙。

蓋時值承平，上有壽考作人之君，下有天壽平格之臣，惟二三執政暨牧守各端己敕，躬登斯

民于仁壽，而亦爰及于乃身，永膺多福，施及子孫，爲後世光，不其懿歟？求之今日，惟公其人也。

公自先世，以《詩》、《書》長厚起家，迨公橋梓俱以科名顯，賢嗣三人又聯翩登仕版，四方人士知與不知咸推公循良之報焉。

公幼而敦敏，沉毅有爲，天性孝恭而能廣恩施于不匱。自爲校官，洊歷郡守，封翁皆就養。又慕范文正之風，置圭田五百畝，贍族人之貧者。嘉慶壬戌，值歲祲，鄉里無糴處，敕家人出藏粟減糶以利農，又以千金爲族人某籌交代而免其罷官；同鄉縣佐某以官虧被劾且就逮，爲輸三千餘金以濟其厄。蓋輕財喜施予如此，至于取受又未嘗不介然也。

方公以刺史守通州，有宋龍圖學士王覿冢在如皋，其兆爲定惠寺僧所占，冢且平。王氏與僧構訟，歷前明迄今幾二百餘年，官不能理。公以王氏詞直判歸王，而僧以誌載龍圖無後爭。于是就僧牒判曰：「但是丘壟，即不宜平。無後且然，况有後乎！」竟判歸龍圖裔孫景沅等，且勒石以絶爭端焉。同時，邑有金節婦爲夫弟誣以不孝而陰圖其産者，邑紳廣文某以八百金故右誣者而傾節婦，官已斷離矣。公覆之，立雪其冤，士民稱快。當時有《龍圖》、《節婦》之謡，謂此二事也。

上海有田主人偕傭耕作，傭與鄰田爭毆而傷人致斃者，傭即遁，官以授意坐其主，已誣服矣，主人之妻聞而自經。公被檄覆訊，研鞫得實，卒坐傭而主以全活。一時歌咏其事稱神明焉。

歷官端謹，請託不行，而于興革諸大政輒以身先。南匯縣治，瀕江帶河，歲久淤淺，商民非潮汐不能渡，人患苦之。定議疏濬，擇邑士勤慎者董其成，不假胥吏手，計河身四十餘里，未終月而畢，即今所謂閘港河者也。

邑故有橋，當上海、奉賢諸邑要衝，年深傾圮，爲蠲廉興修，民以忘勞。邑瀕海廣斥，莠民多嘯聚爲奸藪，官無如何。公陰募壯士刻期俱發，躬率吏民出不意，邑人不誡而從者千數百，環其三面，賊駭逸，獲渠魁及捕虜數十人，海隅以清。

令婁縣時，民艱食，事聞于朝，得貸給口糧。于是按户籍分極次貧，俵散必均，或貧無以償者悉焚其簿，而代輸其租費且以萬計。南婁二縣至今稱之。

公尤嗜學，工書喜讀，所居室書硯羅列，公餘以自娱。滋陽牛階平先生 公之師也，著述富而資業貧，悉爲籌金付梓，所爲詩、古文亦得力于師居多云。座主莊龔堂侍講身後無人，家以零落，公在江南日，迎養其夫人至署，爲之置産立嗣焉而後歸。

自居鄉時，喜拔寒畯，設塾延師，勤爲訓課。及歷各任，一如居鄉，精舍諸生常滿，值鄉試年，就署中建號舍百餘間，令諸生按期校藝，以習場規。士穎秀者以此多所成就。

夫毓養人材，造士也；報答師門，篤恩也；鋤奸宄、釃河渠，安民也；決獄平反、輸粟置田，仁且智也；濟人之急，不有其財，勇且義也。董子有言：「壽者，酬也。」公以厚德延洪嗣賢濟美，天之所酬良亦厚矣。而恭人又以閫德贊助于内，孝慈温惠，傳于六親。龎黎二老，松鶴齊年，酬孰多焉。今思所以壽公，不敢以世俗之詞進，徵事必以其實，撰述惟從其質，凡所言擇其大者而已，不及其細也。謹書以爲叙。

冬日齋中看菊叙

菊以晚秋彌茂，霜降猶蕃，隱逸高流，尤欣賞玩。余久羈塵網，中謝田園，籬落晚馨，沉埋荒徑，不睹芳儀，十有餘年矣。自僑寓都門，僦居蝸舍，既鮮三徑之資，遂乏半間之趣，一花一草，貨致肩頭，三沐三薰，非關手植，都下賣花，多由熏灌，雖榮不久。曾微旬月，便就枯萎，朝菌蕣英，猶未足方其促齡也。

頃，癸酉春，嬰疴偏疝，今兹乙亥冬月方差，如弛重擔，幸作平人開口而笑矣。今歲晚寒，節物較遲，重九佳辰，秋花未獻，比過小雪，花信方闌。供置齋頭，朝花夕秀，鮮潤可餐。就中黄者，厥類尤夥，蓋兹色爲花之壯觀也。有開最後，纖白如玉，風致蕭疏，中含深緑，淡雅絶倫，以意呼之，爲「碧玉鐵」。蟹匡小屋，爐火微熏，茗汁尚温，涉施津潤，夜張方罽，絡幕窗間，資其安鼾。嗚呼！兹非薰沐之故智乎？彼花肆欺人，利其早開；此貧士護花，冀其遲落。非獨愛菊，衛生亦然。憐其衰暮，保彼歲寒。隨緣取足，即遇而安。有酒盈罇，有書可觀，書供下酒，一醉陶然。何必城市之非隱而山林之非官哉！于時，人酣欲睡，花淡無言，凝冰斜月，燈光微烟。醒後觀之，殆不足存。聊復傾寫，以快吾之筆端，恨未遇潛明陶淵耳！

以江郎之迴韵，寫陶令之幽衿。二妙一臺，異音同嘆。　　鮑雙五

花市買菊叙

余家齊魯會館，去花市才數弓，居且經年，而足未嘗入市者。非養重也，蓋無求也。聞長老言：「京師通草花甲天下，花市之花又甲京師。」每天欲曙，赴者熙攘，博致肩頭。日間聆深巷賣花聲，清揚而遠聞，胥是物也。余雖習聞，久以其爲兒女子所用，不足觀。市旬而

集，例以四日。丁丑重九前，余聞市有菊花，遂按其期，身自入市，擇取佳者，率用百錢，宿購瓦甌，實以柔壤，手自布置，積二十餘品，供置齋頭，静對移時，淡而不厭。童子喜花炮。花炮者，爆竹也。余爲兒時，歲終出學，邑市集率以四九日，雖遭風雪，輒入市買爆竹。聞聲而喜，投箸以趨，買之百數十，盈褭袖而歸。又嘗入市看傀儡、觀鸗猪。鸗猪即豪彘，其豪如箭，所稱箭猪者也。今計其時，已五十年所，余忽忽老矣！爆竹聲、傀儡戲，皆非所喜，獨于菊花不能無意。蘱年六十一歲翁，生也如寄，儻自今更二三十年活，未知去花市幾何許？于此花能復好不？

聊追叙今昔所存，以志余之感，後來者或頗同斯好，亦將有以觀焉。時重九後二十有五日書。

硯影叙

伊古有帝鴻氏之硯，其詳靡得而聞已。太公金匱硯之書曰：「石墨相著而黑」，顧亦不知用何等石也。漢魏以降，石無常家；唐宋以來，硯必端歙。

余謂琴不必濫脇、號鍾，期于鳴廉修營；硯不必端溪、龍尾，期于發墨益毫而已。

膠西劉大木椽，清識士也。工摩印書，尤精相硯。今年夏，客都門，館余曬書堂之東軒，摩莎諸石，擇其尤者爲鐫字訖，並摹其影，屬余叙其略云。

嘉慶乙丑又六月十八日

曬書堂外集卷下　解説考議疏傳記文

「楚地無冰」解

昨承欒生舉《左傳》薳子馮「闕地，下冰而床」，以爲楚地無冰，《傳》所云者，未必實也。愚竊未然，爰爲之解曰：

古者藏冰，所以調寒暑、理陰陽、弭災祲、消疫癘，王政之大端，民生之要務也。自飲食膳羞、賓婚喪祭，靡不用冰。冬藏春啓，夏頒秋刷。古之冰政，通于列國也。《周禮》成于周公，蓋在作洛以後，而凌人之職，隸在《天官》：是河南故有冰也。《水經·河水注》云：「魏氏起玄武觀于芒垂」，「朝廷又置冰室于斯，阜室内有冰井。」《穀水注》云：「洛陽南宫有誃臺。」《東京賦注》云：「誃門，冰室門。即宣陽門也，門内有宣陽冰室。」陸機《洛陽記》曰：「冰室在宣陽門内，恒有冰，天子用賜王公衆官。」是則《周禮》所言猶有存者。井室雖湮，基址可尋，皆河南有冰之證。

幽地晚寒，凌陰爰納：是山西故有冰也。

魯昭公之四年，「春正月，大雨雹」，而申豐譏魯藏川池之冰棄而不用：是山東故有冰也。

杜甫詩云：「公子調冰水。」見于隴蜀諸篇：是陝西、四川故有冰也。

《北齊書·趙郡王琛傳》：「定州先有冰室，每歲藏冰。」陳壽《三國志·魏武帝紀》云：「民亡椎冰。」是保定、大名故有冰，不獨今京師爲然也。

戴延之《西征記》曰：「凌雲臺有冰井，延之以六月持去，經日猶堅也。」郭緣生《述征記》曰：「冰井在凌雲臺北，古舊藏冰處。」《水經注》：「鄴有冰井臺。」蓋古之藏冰必于井。井者，陰窟也。案《水經》「河水東北過高唐縣東」，《注》云：「武陽新城，曹操爲東郡所治也。城西門名冰井門，門内曲中冰井猶存。」魯藏冰出川池則不堅，故申豐譏之。《越絶書》云：「閶門外郭中冢者，闔廬冰室也。」「巫門外冢者」，亦「闔廬冰室也」。冰室即冰井也。《南史·宋武帝紀》云：「置凌室于覆舟山，修藏冰之禮。」《宋書·孝武帝紀》：「大明六年，五月丙戌，置凌室，修藏冰之禮。」《禮志》二云：「凌室在樂遊苑内。」是江南故有冰也。

《吴越春秋》：越王念復吴讎，冬常抱冰，夏還握火。陸游詩：「葉底榴花蹙絳繒，街頭初賣苑池冰。」自注曰：「會稽不藏冰，賣者皆自行在來。」是浙江復有冰也。

《莊子·人間世》載葉公子高之言曰：「今吾朝受命而夕飲冰，我其内熱與！」葉公，楚人。是湖北故有冰也。

屈原南遷在沅、湘之間，作《九歌》曰：「斫冰兮積雪。」是湖南又有冰也。然今日《屈原》、《莊子》、《左傳》，俱晚周古籍，據《莊》證《左》，楚地有冰，彰彰明甚。然今日諸處，或皆無冰，何也？有冰而不知藏之之過也，亦猶今日不見井田封建而謂古無井田封建，豈可乎？

指畫清明，詞理澹雅，真不愧經師文字。魯藏川池之冰，謂魯所藏冰不取之于沍陰而取之于川池耳，其藏之也不容不于冰室，安有川池之中可以藏冰之理？篇中道此，當爲少誤。太史公文多牴牾，而不妨爲天下奇書者，筆墨勝也。愛此文者亦云。

牟默人

「夢屍得官糞得財」解 戊寅

嘗讀《世説》：「人有問殷中軍：『何以將得位而夢棺器，將得財而夢矢穢？』殷曰：『官本是臭腐，所以將得而夢棺尸；財本是糞土，所以將得而夢穢污。』時人以爲名通。」余覆按之，知其説謬戾而不通也。審如所言，稷、契、皋、夔當辭爵位而慕巢、由，舜不當富有四海。《大學》何言「有土有財」？無財是無養生之具，無官何有治事之人？晉人清談廢事，正坐此弊。就其所談，亦絶無名理，而苟取悦人。何以明之？官真臭腐，則尸位不爲忝；財果糞土，則食貨不足訂。而豈理也哉！

詳此兩言，當出古占夢之書，必有理據，余今代爲之解曰：

《曲禮》有言：「在床曰尸，在棺曰柩。」尸者，陳也。又言主也，主守常而陳就列，官實有焉。官之爲言管也，守死而不移，臨危而無變，豈非有似于尸乎？凡人于尸，敬而憚之，食而薦之，奉爲神明而莫之敢犯。于官亦然，直而静專，重而勿遷，不苟言笑，動引古昔而法聖賢，抑若尸然。夢而得官，固其宜矣。財，非官之所得言也，乃其理亦有可參。財者，裁也，裁制而不苟，裁成而不過，皆財之義。財即貨也，貨從化聲，兼有化義，書言化居即貨居也。其在《周官》「飭化八材」，「化治絲枲」，皆化之義。物化而爲財，穀化而爲糞，故官溥曰：「糞字似米非米。」米非化而病爲滯，財非通而藴爲孽。糞字從米，讀若辨。辨者，分别之言，積而能散之意也。財實有，然夢而得之，不亦宜乎？

旁參術家之説，剋我者官，剋制之使不動。官與鬼同，鬼即尸之變也。我剋者財，剋兼化制二義，糞從化而制于人亦其義矣。

「大學格物」解

堂邑穆文簡公孔暉，弘治中，鄉舉領解，出王文成公之門，爲理學大儒。然其學多入禪宗，其古文精勁云云。有《大學千慮》論格物曰：《倉頡篇》云：「格，量度之也。」見《文選·運命論》注，此訓詁之最古者。考之内典，隋智顗《法華經文句解》分别功德品云：「格量功德。」又云：「格量多少。」其一篇内，格量字甚多。又《大莊嚴經論》云：「况復如來德，何可格量？」格量之義，古皆用之。而程子未之見，意雖暗合，而解釋弗暢，故使聖經難明。然其爲説，合于聖門無疑，豈前人所及哉？問：格之訓至，可終廢乎？曰：不可。當云格量物理，以求其至，其義始備。此解甚新，然文簡學近于禪，亦可見。見《池北偶談》八。

今按：格物之義甚確，似不必兼格至。蓋格量到處即是至也，何必兼言格至乎？

「宜兄宜弟而後可以教國人」解

掖縣諸生劉德運持是題三藝請正，余謂三藝祇可得一藝，就其中亦無的義。題之的義，在「兄弟」二字。盡人所知，欲詁此題須求精切。

夫家庭之難，莫難于厮養，其次即兄弟。曾子有見于此，故其引《詩·桃夭》之後而即繼以

《蓼蕭》也。惟兄與弟同氣連枝，分形異體，投間抵隙，變爭百端，鬩墻之詩所爲作也。至于撫有一國，處此尤難，而其禍尤劇。地兼親貴，勢相傾危，動致猜嫌，易生覬覦。鄭段以請京啓釁，虞叔以懷璧傾邦，魯隱以鍾巫速禍，秦鍼以懼選出奔。之數君者，或《葛藟》之不恤而罔庇本根，或蔦蘿之妄延而難除蔓草，卒至蕭牆構釁，同室興戎，動干戈以相尋，致參商之異處，周公所以弔二叔之不咸，富辰所以箴懿親之不廢也。

《大學》作傳，本切時勢以立言；今日爲文，須參《春秋》以立論，庶幾義發堅光詞皆切響矣。

「子釣而不綱弋不射宿」解

有道人解《論語》曰：「子釣而不綱，示其貪則取之也；弋不射宿，示其動則取之也。聖人本無心于取物，其意在于戒世之貪得與妄動者耳。」尤西堂稱之，以爲「此亦觸類之教也。不然，釣弋之事，不幾近以嬉戲乎？」見《艮齋續説》七

余謂此説謬也。西堂又稱之，何耶？釣弋二事，聖人少賤多能，不過偶一爲之，原不經意，惟事出無心而仁愛存，不忍盡物之意，亦自流露于其間，方見聖人全體並門人記事之妙，蓋與「廄焚不問馬」語意相同。道人之説，何其沾滯！審如所説，謂釣魚戒貪、弋鳥戒動，何如不釣

不弋而與魚鳥相忘乎？且方欲觸類以教人而先不推恩以及物，曾是聖人而爲之哉？

西堂好奇之過，余故辨之如此。

「老而不死是爲賊」解

孫東𡵉益庭爲余言：「夫子之責原壤，幼不孫弟，長而無述，宜也。」又言：「老而不死。」夫死生，非人所自爲，且又未聞不死何以爲罪。竊嘗求之，原壤母死，登木而歌，蓋學老莊之放蕩，而欲爲長生久視之道者，與居易俟命異。夫子惡其攻異端以惑人，故曰：「老而不死是爲賊」也。

「夫仁亦在乎熟之而已矣」解

弟一嶸將此題文求余點定，因署其文尾云：「題竅在『亦』字。亦者，亦五穀也。不則，泛填仁熟話頭，陳言滿紙矣，那有生趣？仁爲人心，譬如穀種，其熟之也有二：一在人事，學聚問辨，亦猶糞多而力勤也；一在天時，春誦夏弦，亦若秋斂而冬藏也。然不熟亦有二：業荒于嬉，亦如非種之不鋤，則不熟者一矣；欲成于速，亦若揠苗之助長，則不熟者又一矣。力學無殊力穡，情田自可望有秋；養心有類養苗，多賴何難逢樂歲？如此落筆，不過輕描淡寫，殊不費力而生動有神，已覺推陳出新矣。」

「平王之孫齊侯之子」解

《詩》「平王之孫，齊侯之子」。毛傳云：「平，正也。武王女文王孫適齊侯之子。」鄭箋云：「正，王者德能正天下之王，是亦以平王爲文王也。」故《二南譜》云：「《周》、《召》二十五篇，惟《甘棠》與《何彼襛矣》二篇乃武王時作。」既以爲武王時作，則齊侯當爲呂伋，故濰縣郭壇以齊侯當爲丁公伋也。既齊侯爲呂伋，則其子當爲乙公得矣。乙公于邑姜爲侄，是邑姜嫁其女于兄弟之子也。

郭氏此說，與毛、鄭合。其稱齊侯之子者，蓋是時乙公猶爲世子，故《正義》云：「此時齊侯子未爲諸侯也。」若然，齊、周爲婚，至春秋猶然，故或有以《詩》之「平王」即謂平王宜臼者，蓋據《春秋》兩書「王姬」而欲附會其一，然按其時世皆不合，又東周之詩何故編于「二南」？知其說非也。然則，武王嫁女，其詩宜列于「雅」，何故編於「國風」？且《詩譜》既以此篇爲武王時作矣，而《儀禮》疏引鄭君《箴膏肓》曰：「齊侯嫁女，以其母王姬始嫁之，車遠送之。」又以此詩爲齊侯嫁女之詩。若然，「齊侯之子」謂齊侯之女子，則「平王之孫」乃平王之外孫。理固可通，然如是，即詩宜列于「齊風」，何故編於「二南」也？

桐城馬瑞辰篤信此説以駁毛、鄭，且云：「平王，據傳訓爲平正之王，則齊侯亦當爲齊一之侯，泛指諸侯言之，不必以爲國名。」

今按：馬説雖然，亦恐未安。且以文意斷之，平王容可不爲謚，齊侯不容不繫國。「平正之王」，古書有其例；《詩正義》引《大誥注》：「受命曰寧王，承平曰平王」云云。齊一之侯，經典無此文也。《箴膏肓》之説，雖與箋譜同出鄭君，但《詩》主毛傳，附以鄭箋，既理不俱當，自宜以傳箋爲允。

書孔阜村「天命之謂性」一章題文後

《中庸》爲子思子言道之書，發端先言性，爲道字溯源，其云「率性之謂道」，則性以理言，已開《孟子》七篇言性之始，又即孟子受業子思之明證矣。然子思雖言性而意專明道，蓋道無不包而平實易曉，性有所制而隱奥難明，故雖《孟子》善言性而又必借情以顯之，《中庸》以道包性亦以性該情。如云「睹」、「聞」、「見」、「顯」、「喜怒哀樂」皆情也，「不睹」、「不聞」、「隱微」、「未發」即性矣。中者，性之體；和者，情之用。中和合而爲道。推之天下，極之天地萬物，即道之不可離。是《中庸》此句乃全篇扼要語，以後各章俱不出斯義。

中和即中庸，故《廣雅》以庸訓和，説《中庸》者有取義正本此也。然子思、孟子何故性、道分言？蓋子思時道術雜而多歧，故明道以端其趨；至孟子時天下以道爲迂闊，故闡性以救其弊。言各有當，隨世而施。又子思去孔子未遠，《論語》亦是言道之書，其言性不多見，故端木子云：「性與天道不可得而聞也。」

此章乃《中庸》總冒，作文似宜略見大意。尊著如題起止，文格極老，而于此稍欠發明也。是否？商之。

書袁簡齋《論語解》四篇後

四篇中吾獨取其二云：「記者記其言而不記其所以言，致注疏家往往窒礙。其答弟子問者，則詳于師説而略于問辭，記言之體應爾也。問孝、問仁、問政，當時問者各有其人之議論，而夫子爲之折衷，記言者不詳載問詞而統括大義，則曰『問仁』、『問孝』、『問政』云爾。顔淵問爲邦，夫子合三代言之。當時，周德雖衰，天命未改，夫子從周之意惓惓不忘，豈以顔淵爲五百年之王者哉？當時，顔子非問爲邦也。論時、論輅、論冕、論樂，如今之論史者然，記者不欲舉其辭則統括之曰『問爲邦』云爾。夫子如其問而定之時，則夏輅、則殷冕、則周樂、則韶，亦如今之論史者然，其他爲邦之兵、農、刑、政，不問則不答也。豈有南面爲君僅頒一歷、乘一車、戴一冠、奏一部樂而竟謂治國平天下之道已盡于此乎？犂牛之子云云，或與仲弓論人才，或與仲弓論郊祀，俱不可知，而仲弓之言不載，從所略也。不明記言之體而强解焉，于是史遷謂仲弓父賤，何晏謂仲弓父不善，朱子謂司馬牛多言而躁、樊遲粗鄙近利，皆以意爲之，不可謂典要。」

其三云：「『如或知爾，則何以哉？』問酬知也。曾點之對，絶不相蒙。夫子何以與之？非與曾點，與三子也，明與而實不與。以沂水春風即乘桴浮海之意，與點即『從我其由』之心，三子之才與夫子之道終于不行，夫子傷之，適聞曾點曠達之言，遂不覺嘆而與之，非果與聖心契合也。宋儒震于夫子之與點而不得其故，則遂誇因物付物，堯舜氣象，上下與天地同流，過矣。然則，巢、由、沮、溺，後世嵇、阮一流，皆聖人耶？」

論甚通脱，勝于前人。其解「子見南子，子路不説」，而牽合正名，及不爲衛君之旨，則求新好奇之過。大抵古書如「夢帝九齡」、「孔子不知父墓」之類，皆不可强解。吾前三十年間妄爲《檀弓》索解，後已悔之，棄去不存矣。

葉公好龍説

葉公子高好畫龍，一旦真龍聞而下之，葉公大怖，棄而走。世皆謂公非好龍者，好夫似龍而非龍。余曰不然，公殆真知龍之趣而好之深者，顧世人自浮淺耳。

昔有好色者，視壁上美人忘其食寢。他日，行于路，睹麗者珊珊然來，蒙蘢流盼，靦腼微摇。于是，色然駭，嗒然喪。及歸，自墁其壁，而後知天下有真美人者。

夫悦色甘食，人之至情也。孔子食精膾細，不時不嘗，可謂審于味矣。及主人盛饌，變色而興，食于少施，果然而飽，今將謂孔子之飽與變爲未知飲食之味者哉？

人見蠍則毛起，見蛇則色變。蛇與蠍威靈非能怖人者，蓋觸于乍見耳。夫龍噓氣成雲，其睛閃睒，其鬣怒張，攖者爲齏粉，撥爾而怒，天地爲之震摇。人見而有不蒙頭鼠竄恨其步遲者，將必非人。公之棄而走，乃公之深于好也。

生而瞽者不知日，人告之狀如槃而光如燭，而此人終身而槃、燭測日矣。夫日之與槃、燭非倫也，然且一視之者，彼固盲于目耳。若見龍之真者而以爲無以異夫畫，則是睹西施、毛嬙而不知木雕土畫之爲美人弗如也，其爲盲于心者何如也？

醉司命説

嘗讀朱竹垞《曝書亭集》，有《醉司命辭》，其《序》云：「醉司命者，宋汴京故事也。以涂月二十四日貼竈神於竈上，用酒醩涂竈門，謂之醉司命。見幽蘭居士孟元老《夢華録》。蓋自南渡後廢不行矣。家居逼歲除，睹婦子祀竈，乃作《醉司命辭》」云云。

余謂此事蓋本里俗所爲，近于兒戲。竹垞文亦諧嘲，頗似東方生、揚子雲，余讀而竊非之。竈居五祀，次于門行，古人奉而祀之，斯神之矣。于義當嚴，無敢褻也。而《禮器》言「奥者，鄭注奥當爲爨，或作竈。老婦之祭，盛于盆，尊于瓶」，不知是何禮也。秩居祀典，名義攸關，豈容苟然下同斯賤？吾以爲此斷非祀竈之禮，康成注謂「奥」當爲「爨」，恐或然也。古籍不言神有靈蠁諸皋，記摭道書之説，乃有「竈神常以月晦日上天，白人罪狀，大者奪紀，小者奪算」之言，本出《抱朴子》内篇，而流俗信之，深加敬憚。後漢陰子方臘日竈神形見，祀以黄羊，而家富繁昌。《荆楚歲時記》亦言「臘日豚酒祭竈神」。今湖南里俗以臘月二十四日祭之，與《夢華録》合，而河北率以二十三日夜間，蓋方俗微異，要其大致，固無殊也。吾鄉亦用二十三日，然皆婦子走趨，恪恭將事，無敢戲豫，故兒童相慶，有「過小年」之語也。酒醴涂門，今雖不用，其盤飣雜陳餳糕粉荔，南北同風俗，人因之便謂賈餳糊竈口令不能言，此與醉司命之謬談亦復何遠？夫醉糊其口，何若無罪可言？彼誠君子耶！神且無可置喙，誠小人耶！豈有堂堂正神乃甘餔其糟而歠其醨、啖其餳而關其口者哉？

余妻婉佺虔於事神，聊爲此説以相參證，兼祛世俗之蔽惑焉。

嘉慶己卯臘月廿三日

泉法

蓋聞泉布之興肇于上古，朱氼二文傳自羲、昊，至于葛天、尊盧皆傳有幣。或云：「顓頊謂之金，黄帝謂之貨，陶唐謂之泉。」又云：「神農之貨布，黄帝之金刀，虞之策馬貨嘗金貨。」《管子》有言：「禹鑄歷山之金，湯鑄莊山之金。」是則泉之由來遠矣。迨至于周，泉布并行。説者以爲「其藏曰泉，其行曰布。故《周禮》以泉府名官，《衛風》以抱布著咏。」然周之布式，其廣二寸，其長二尺，參用印書，以爲布幣。蓋古之爲泉，長短廣狹，初無定式。至于太公，立九府圜法，泉圜函方，輕重以銖。後世泉作圜形，實昉于此。泉之有文，起于周景王更鑄大泉，文曰「寶貨」。然朱氼亦文也，是則泉有文字不始于周矣。

古者，泉布與絲粟，其利兼資，其道交貿。故泉重則傷農，泉輕則病民，必使子母相權，農民相得，輕重相參，然後泉利興而泉弊除也。自周以前，不專用泉，而民受其利。及秦以後，泉始專用，而厥弊亦開。秦泉半兩，失之太重；漢改五銖，輕重適中。自是厥後，名稱實繁，而泉之流弊，非重則輕。如漢之三銖、四銖、榆莢，魏之水浮、風飄、鵝眼，宋之綖環、耒子、荇葉，晉之四分、沈郎，唐之武德四〔？〕銖，皆失之輕者也。秦之半兩，漢之赤仄、八銖，蜀之直百，吴之當千，晉之比輪，梁之两柱，周之五行大布、永通萬國，唐之乾元重寳、重輪乾元，皆失之重者也。而五銖之制，輕重獨爲盡善，故歷代遵行，流播至今。唐之開元一準五銖，其泉徑八方，重二銖四絫。今稱其泉，一枚適得一錢，十枚正得一两，比漢五銖稍加重焉，而權其輕重，允爲得宜。故後世遵仿，莫之能易也。

初，漢文帝時，除盗鑄泉令，使民放鑄，而泉法始壞。又其時吴王濞暨鄧通輩皆得即山鑄泉，而民間私鑄在所不禁，故泉至惡濫難行。迨至賈誼發「七福」之論，景帝又嚴盗鑄之誅，而權始一歸于上，然而泉之弊亦浸浸興焉。

今夫私鑄有私鑄之害，而官鑄亦有官鑄之蠹。私鑄者，泉取鉛多雜鉛錫，此其失易見也，爲之禁盗鑄則奸無所容矣；官鑄者，胥吏盗銅，鑪頭鬻貨，此其奸難防也，雖爲之厲刑禁而弊猶未除也。且官司必假手于胥吏，胥吏必鉤黨于鑪頭，吏盗鬻銅而官不知，官公驗泉而吏不懼，解官則賄賂公行，局吏之贜私累積。至今官局爲私鑄之場，公廨作藏奸之地，而當事者非昏愚罔覺，即畏罪不言。蟻穴潰堤，腐木生蠹，是則作奸犯科，蓋非一朝夕之故，其所由來者久矣。

夫有治人無治法，自古無不弊之法，有不弊之人。今以勤慎大吏董其成，而簡清白庶司嚴其課，鑄泉者不惜銅、不愛工，必使銅工歸于實用。如此則胥吏當不敢以身試法，鑪頭亦不得表裏爲奸矣。

現今所行泉輪廓促狹，疏脆易破，若以一貫擲地，碎者當不下百文，似非經久不弊之規、國寶流通之意也。宜嚴飭所司，令以康熙、雍正泉爲式，銅六鉛四，悉如舊規，勒爲條章，永遠遵守，則泉法有利無弊，雖萬世通行其可矣。

梓潼神廟考

上御極之六年，川屬尚未平，距軍興餘五年矣。天子念惟兹蠢憂我西土人，西土之臣亦不俾即殄；惟梓潼神生兹土，以忠勤死事，廟食是鄉，鄉之人加敬焉。其令守臣舉殷禮，薦太牢，已而念神祠遍天下，天下之虔神者不以遠近而異，復詔所在祀以春秋禮器牲牢視關帝。仰見皇朝奬忠節，化獷頑，隱寓文恬武熙之至意，其盛典也。

謹案：神張氏，諱亞子。亞古與惡通，即惡子也。晉常璩言：「梓潼有善板祠，一曰惡子，民歲上雷杵十枚，歲盡不復見，云雷取去。」《華陽國志》蓋祠所從來遠矣。相傳神生于晉武帝朝，居劍之七曲山，山在梓潼縣北十五里。或曰：「神，越嶲間人也。」潘之恒《七曲山記》「仕晉，戰没，人爲立廟。」《通考》祭法所謂「以死勤事則祀之」者歟？蜀居天下西南，坤靈之正位，山水深厚，自漢文翁興教化，儒雅之才稱彬彬焉。神生于西晉，去漢未遠，梓潼實鍾靈之地，則神秉忠孝而司文章亦其宜也。

神有封號始于後秦，隆于唐宋。初，姚萇遊梓潼嶺，見一神人謂曰：「蚤還秦，秦無主，將在君。」萇請其姓氏，曰：「張惡子也。」言訖不見。及稱帝，即其地立張相公廟。《後秦録》唐孫樵有《祭梓潼神文》：「爇火反風，甚著靈異。」《孫樵集》自玄宗西狩，追命左丞；僖宗入蜀，封濟順王。宋咸平中，王均爲亂，忽有人登梯衝言：「梓潼神遣我來，九月二十日城陷，爾輩悉當夷滅！」賊射之，倏不見。及期，果克城。詔改封英顯王。《通考》

其崇以帝君之尊、冠以文昌之號，則倡自道家而始于元代。《明史·禮志》：「道家謂帝命梓潼掌文昌府事及人間禄籍，故元加號爲帝君」云云。考《天官書》「斗魁戴匡六曰文昌宫」，《索隱》引《春秋元命包》「貴相理文緒」，道家蓋依此而爲説也。《周禮》大宗伯「祀司中司命」注：「文昌第五、第四星，或曰中能、上能也。」能，古文「台」字。天府祭「司禄」注：「文昌第六星，或曰下能也。」《周官》所祭自是天星，梓潼所祀乃其地之神，空假戴匡之號，虛張司禄之名，又以魁星爲之佐，魁，斗魁也，蓋以相近文昌而展轉傅會之。明周洪謨言：「梓潼顯靈于蜀，廟食其地爲宜。文昌六星，與之無涉。」《明史·禮志》此則搢紳儒者好古之篤論也。且神以忠烈著稱，是乃人倫之楷模，聰明正直，鬱之爲忠孝而發之爲文章，文緒是理，非神其誰？而又奚假文昌六星爲光輝哉？

或言「神名惡子，鄙而不雅，宜讀爲亞次之亞」，亦非也。春秋時，衛侯惡，衛齊惡，《穀梁傳》昭七年。案：衛齊惡見昭元年，又襄二十八年有衛石惡，在衛侯惡之前。漢周亞夫印文爲惡夫。《語林》後唐莊宗名惡子，《通鑑》亦當爲惡子。古人以行惡爲諱，不以名惡爲嫌也。

馬纓花考

馬纓花即合歡，一名合昏，又名夜合，詩所云「夜合花前日又西」是也。又云「合昏尚知時」，而古語「青裳蠲忿」，青裳即合歡，是此花又名青裳也。

余案：《續博物志》「王孫，一名黄孫，一名黄昏」。孫思邈有《黄昏散注》云「黄昏木或曰即合昏也」，思邈乃以合歡爲萱草，誤矣。其樹喬竦而繁枝，有氣條無岐幹；木理堅緻，中材用；葉細碎成片，淺碧色；黄昏即合，日出則開。其花紅白相間，散若垂絲，每一枝自成朵，如馬項紅纓也。花四、五月開，續續不絶，入秋乃止，花謝生莢，類皂角，然中有實，如豆而堅，可種也。

此花人家園亭多植之。晉華林園中合歡四株。唐人畫宫殿，池臺間多點綴生色。而俗名此花曰芙蓉，蓋失考耳。竊意合歡名烏賴，亦名烏穠。「芙蓉」、「烏穠」，聲相近，或因此而譌歟？余聞遜頓國有樹晝開夜合，各自種則無花，蓋亦馬纓花之類也。守宫槐晝聶宵炕，正與馬纓花相反。夫草木無情，而離合卷舒類有情者，況于人乎哉！余謂馬纓之名宜改爲有情樹。

駁漁洋三議

余觀漁洋《筆記》，有不可于意者三事。云：宋世士大夫最講禮法，然有不可解者二：仕宦卒葬，終身不歸其鄉，一也；閥閲名家，不以再嫁爲耻，二也。如范文正幼隨其母改適朱氏，既貴，凡遇推恩，多予朱姓子弟。其長子純佑與王陶爲僚壻，純佑卒，陶妻亦亡，陶遂再婚范氏長姨，忠宣但疏之而已，文正輒聽其改適，不爲之禁，尤不可解。《筆記》十一。

又云：宋予祠之制，予昔與亡友葉訒庵辨之。載《池北偶談》，《談故》之三。然語焉弗詳也。考趙昇《朝野類要》云：「舊制有三京分司之官，乃退閑之禄，神宗置宫觀之職以代之，雖曰提舉主管某宫觀，實不往供職也。故奏請者多以家貧指衆爲詞，降旨則曰依乞差某處宫觀，任便居住，惟京師宫觀不許外居。此雖優士大夫之典，而儕衣冠于道流，亦自非理。《筆記》五。尤西堂《雜説》九亦有一條，大意與此同，今不録。

余謂所議三事，衡以典禮，準以古義，均屬可行。何以明之？古之仕者，優以世禄，去國三年，始收田里，意至渥也。後世冗員猥多，田禄不足資給，于是權夫匪頒之條，優以閒散之禄。雖名句管，其實閒身，既非度士大夫爲道士，而云「儕衣冠于道流」，非所聞也。俗薄風澆，退閒歸里，貪者擁高資，廉吏無半菽。更有黠者，身一到官，不問民人疾苦，先爲妻子營謀。此等伎倆，既非有識所爲，乃至朝官解職，捉影捕風，瞻烏投足。世風之不古，伊誰之咎乎？

婦人從一而終，自是千古常經，但勢會所遭，理難膠柱。聖人酌爲中制，禮經著有明文。事之至難，非常可勉，如其有志，任所自爲。今必格以一途，豈如參夫二義！且嫠孀之婦，寧必甘荼，尹姑之門，何妨婚媾？文士拘于禮法，聖人順夫人情，故難一二爲俗人道也。

鳥過故鄉，孤正丘首。延陵即幽嬴博，儉而適中；子雲還窆成都，貧而違禮。古賢去國，不常厥居；仕宦爲家，亦集爰止。奚必彼之爲是此之爲非？衡以朱邑桐鄉，雖子孫之守墳墓，豈如百姓之效尸祝哉！

墓祭議

古所以不墓祭者，欲一神也。神依于主已既廟而祀之矣，又祭于墓，是二神也。《禮》曰：「魂氣升于天，體魄降于地。」又曰：「骨肉復歸于土，魂氣則無不之。」「無不之」者，非散也，言堂去墓就室，故曰「迎精而反」，言神反室堂也。

古者，未葬不爲主，以重依神，朝夕之奠恒于斯。必爲重者，痛其親無所歸；不爲主者，惡于速死其親也。既練，然後作主，以爲親没已久，不爲立主，神且安依？《傳》曰：「作僖公主」，「緩也」，亦惡死其親也，先乎葬者則有重，後乎葬者則有主。《禮》曰：「重既虞而埋之。」是不二神之義也。

然則，《周禮》冢人「凡祭墓爲尸」，得非墓祭歟？竊謂墓祭爲尸蓋祠土神之類，非祖考也。借曰是祖考，聞同姓爲尸矣，冢人何人也？祭土神何以有尸象神也？《周禮》祭勝國社稷，則士師爲尸也。不獨有尸，且有主。《論語》曰：「夏后氏以松，殷人以柏，周人以栗。」謂社主也。

服　議

禮，王者父天母地。《大司樂》冬日至祀天，圜丘；夏日至祭地，方丘。其樂皆鼓、鼗、管、琴、瑟，無或異明子于父母其禮同也。

日月者，天地子女，王者兄姊也。在禮，日食天子素服，月食后素服，無天子救月食之文。非卑月也，后素服則月食當后救之，别陰陽也。

陰陽之義，仿于天地、日月。尊同，禮宜同也。《禮》曰：「爲父斬衰三年，爲母齊衰三年。」愚讀至此，未嘗不三嘆，曰：「古之道不即于人心。」《詩》曰：「父兮生我，母兮鞠我。」

生、鞠之恩，其道則一，故曰：「欲報之德，昊天罔極。」恩無窮也。服不稱恩，降斬爲齊，是德無極報有窮也。以爲父厭乎？天何以不厭地？日何以不厭月？而服以厭降，情以服殺，甚爲不可也。《禮》曰：「顏色稱其情，戚容稱其服。」若情以尊厭，非情也；情至服不至，尤非所以明稱也。

在禮爲慈母、養母亦皆三年，爲人後者爲所後父母並與父母同。夫爲後者，則有辭矣。若慈養之母與生我之母服同無別，竊恐子心或未安也。

在禮父爲長子斬衰三年，爲妻齊衰期。説者謂長子承統，報服也；妻者亦承宗祧，傳統系，何以獨無報？《傳》曰：「王一歲有三年之喪二焉。」謂后與太子。是妻亦三年也。説者又謂喪妻雖期，必待三年然後娶，達子之志即達子者，夫志何獨不當達？竊疑古禮服妻服子一同也。《傳》又曰：「三年之喪，雖貴遂服，禮也。」在禮天子絶期，若服后不得三年何？當譏王不遂也。夫服妻則不厭，子服母則厭，是有二禮也。

今律夫爲妻雖仍服期而斬衰三年，子爲父母並同，其慈母、養母亦然。加隆慈養似乎少過，然以今非生我之母之猶過于從隆，則知古于生我之母之實過于從殺也。

凡禮書之文，多是漢儒掇拾舊籍依仿爲之，以禮而斷，未必盡合聖經，愚疑此久矣。略舉其凡，唯知者擇焉。

募修延福寺疏

蓋聞恒星夜朗，周天載發其祥；慧日晨開，震旦爰流其曜。佛教之興，厥惟舊哉！嗣是蓮社花宫，人居净土；見經珠樹，代啓禪林。然而蘭若名山，半屬登臨之窟；祇園勝地，徒供游賞之踪，所謂與世重輕無關興廢者矣。惟縣治西延福寺者，建于元代，迄乎我朝。萬歲嵩呼，士民之歌舞存焉；元正首祚，文武之衣冠萃焉。蓋非烟霞棲息之區，實惟朝賀祝釐之地也。前時，金碧輝煌，映松雲之楝牖；栴檀馡馥，繞花雨而繽紛。何圖今昔之間遂成陳迹，拜颺之侶難賦新宫，此擁錫衲子于焉不懌，搢紳先生所爲慨然矣。

今主僧澄榮，不揆綿力，願傾葵忱。雖墜露添流，未易資其霑溉；而輕塵足岳，終期濟彼岧嶢。夫琴瑟之調，非孤絃所獨理；峽崍之積，賴衆石以成高。良由用寡則難爲功，資群則易爲力。勢之所在，豈不然乎？

伏冀天花座上維摩詰同結善緣，勿令金地園中須達多獨爲君子。從此齋鍾粥鼓，不僅聽梵唄于魚山；會看就日瞻雲，恍如覲天顔于螭陛。招提重建，禮拜聿新，禪門幸甚！闔邑幸甚！

新建火神殿疏

羅峰藥慈庵者，興建已久，中有隙地，主僧與衆善議建火神殿，將欲顯淳燿之光懿，于以弭災焰、祈福祥、崇令典也。古之火神，食于心味。夏后之盛，融降崇山。東南火位，神靈攸炳。而羅峰一鎮，地居東表，位屬木行，實爲火之生方。功德在民，廟而祀之固宜。從兹，畢方有辨，謳火無驚，邑中人咸于此祈神庥答福佑焉。唯是輕塵足岳，墜露添流。鳩工非一木所支，鵲橋需衆材而集，不有高舉，曷續香烟？衆善捐資銜名書左。

爲辨明堯後祁姓疏

具呈儒童祁成德爲辨明堯後仰祈覆核事：竊成德係山東曹州府菏澤縣人，縣東北六十里與濮州接，濮故有堯陵，距成德所居祁家樓五十餘里。

自成德幼時便聞祁爲堯後，少長知書，詢諸故老以祁姓居此閱世幾何？歷年幾許？迄無知者。蓋先人陵墓之鄉，子孫依以爲家，歷世相傳，所從來遠矣。

昔太公封于營丘，比及五世皆反葬于周。禮不忘本，君子稱焉。燕雀啁噍，尚知其類；葛藟蔓衍，猶庇其根。矧人生鼻祖，雖遠猶親。松楸在望，有不撫陵樹而生感者，必非人情。

或疑代遠年湮，族姓更移，安知今之祁氏必爲堯後？嫌疑之際，誠未易明，經傳遺文，猶可詳證，祁出陶唐，蓋不誣矣。昔郭崇韜拜汾陽之墓，狄武襄辭梁公之裔，論者莫不是狄而非郭，良以自古英賢傅會者多，後世地望疑信者半也。今謹衷之于經，稽之于傳，參之于史，取其信而有徵者剴切敷陳，以資博物君子採擇焉。

蓋墟墓生哀，仁人之至意；梓桑必敬，孝者之用心。身爲唐裔，曾不得因春秋享祀，祇承洒埽，未免有情，能勿慨然？曾于嘉慶十二年九月赴部具呈，請充奉祀生，仰蒙大部行文轉飭，將原呈内所指帝堯前代子孫詳載子史諸傳并該縣祁姓實係帝堯後裔之處一一詳叙，取具切實，譜系并族鄰印甘各結，聲覆到部，以憑核辦。旋于嘉慶十三年七月内并譜系册結具詳覆到部，蒙示：「遥遥華胄，無從察核，未便準行。」伏思前詳内容有疏略，未能賅備，譜系中亦多斷殘，或虞缺漏，而支派淵源確有端緒。因復不揣愚陋，冒昧瀆陳，不敢望爲奉祀生，祇期證明該縣祁姓實爲堯後，以奠系世，以重本支。

蓋聞柳下季壟，齊王禁其採樵；望諸君墓，漢帝封其裔孫。并流聲于往牒，傳奕葉于來今。成德讀書至此，未嘗不掩卷而嘆。身逢盛朝，雖一介草茅，未敢忘報本追遠之意，謹擬《祁姓考》一篇，粘連投遞，伏候詳察施行，以妥幽靈，以光祀典。庶仰副聖天子加惠前代帝王之盛意，不獨祁氏一門銜恩感激矣。

謹呈

饒母張孺人傳

嘗讀《詩》至于《螽斯》云：「宜爾子孫繩繩兮。」毛傳：「繩繩，戒慎也。」《韓詩》言：「賢母使子賢也。」今于饒母暨饒君昆季見之矣。

君昆季俱恂謹有文，隱于書肆。京師爲士大夫所湊，余交二君久，兹奉其先孺人行狀來丐余文以傳之。余讀其狀，然後知二君恂恂修謹由于母賢之使然也。

饒故江右名儒雙峰先生之裔，君考以上俱業農。考諱及厚，事霜母孝，生養卒葬獨以身肩，不累及兄嫂。人謂以子代婦，蓋時孺人尚未于歸也。

孺人以年十五歸君考，越一載姑没，越十一載君考年四十九又没。當是時，孺人年甫二十有七，田産蕩然，家徒四壁，子三人俱幼弱，長嗣振宇年十六游京師，次亮才年十一，次舜民甫三岁。

孺人獨以撫子成家爲己任，茹荼食蓼，以紡織佐米鹽，而諸子無菜色。或索逋者在門以危語相侵，孺人飲泣吞聲，勉諸子益切。居恒教子，不稍事姑息，每以刻苦勤奮、承先志、振家聲爲勵，慈而能嚴如是。諸子亦皆克自振：長嗣以善經營獨立成家，復偕季弟與同事；次嗣力田孝養，綜理家政。

孺人年五旬外家已漸裕，今且增置田園，類素封焉。孺人守志四十餘年，嘉慶辛酉，蒙恩旌表建坊，戚友咸賀，孺人獨慘然不樂。蓋苦節出于天性，非以要名譽而然也。

孺人氏張，父諱良若，母氏欒，同産昆弟二人，俱中年彫喪。父緣事蕩産，即世後母老無依，迎養同居十餘載以壽終，歲時遣諸子省墳墓，又飭割田數畝爲祭餟修墓費，蓋恩義兼權如是。

孺人卒年七十一，自失所天，衣素食淡，臨没飭飾終勿用吉服，諸子同居勿析爨。次嗣中年蚤逝，長嗣由禮部吏滿候選從九品，季嗣國子生。孫男數人俱讀書，家聲日益起。

余感詩人《螽斯》之義，次其事爲傳，俾後之採風者有所考擇焉。

贈奉直大夫賈公傳丙子

公諱至剛，字平子，姓賈氏。明初，自天津徙樂陵。太高祖自銘，廩膳生。高祖啓元，明天啓歲貢生，江南海州學正。曾祖師震，廩膳生。三世俱以文行顯。祖正用有子五人，父曰恭，端謹樂善，以孫出後從叔祖，配魏太孺人，以孝行稱。生子三人，公其仲也。

幼而敏慧，日誦千言，所諷經書至老不忘。爲文有法度，可致通顯，而以家貧脩脯不給，祇供伯兄讀。兄亦早慧，又念父母春秋高左右奉養不可無人，十餘歲始就外傅。時制：童子得文武兩試。而公入武庠，非所好也，及至授徒，仍以儒業。

公雖食貧，事親不遺餘力，歲時追祭，如將見之。兄早没，與弟居，田宅取其薄者。處鄉黨寬和，與物靡爭，鄰田或侵畔若爲弗見。族人以貧負債，代爲籌還無德色。見乞人至立命施與，聞孺子泣輒爲罷食。其慈慧如是，而性明決，爲鄉里所畏敬。僻村某乙以細故爲蠹役，持符索詐，公察其僞，即斥退之。有匪類挾私貨欲嫁禍族子某者，時公赴府試未歸，衆議爲之排解，謂不可令公知也。教訓子孫以讀書循禮法，小忿必懲，謂忠厚可留餘地。臨終遺令以凡事須忍，動不如静之安也。以乾隆三十九年卒，時年八十。

配李宜人孝慈恭儉，内政克修。子三人：三省、三幹、三奇，俱名列辟廱。孫六人，亦多登釁序，聲槐以進士爲名給諫，公以孫貴。貤贈奉直大夫。

郝子曰：《論語》稱《書》云：「孝于惟孝。」又云：「友于兄弟，施于有政。」孔子申之而云：「是亦爲政。」至哉言乎！内行修即居官理。《論語》數言，公實兼之，何必以不遇爲憾哉？况乎不在其身在其子孫者耶？

蠹魚傳

蠹魚者，名蟫，亦名蛃，字文仙，失其姓氏，曹倉國人也。生于太古，與倉頡同時，從受書契。性嗜文字，日盡數十卷，自六經聖籍、子史百家，下逮農圃醫卜之書，靡不穿穴鑽研之。不爲章句，學有所得，輒以口受，即終身不忘。口甚敏，以故罔不涉獵焉。性高潔，慕服食導引之術，了悟一切，惟癖于書。以爲魚龍能變化飛騰，因號蠹魚子。

周穆王西巡狩，以蠹魚從，至羽陵見辱，遂遁去。游諸侯國，至魯，屬孔子方修明六經，因留居焉。

秦始皇時，惡《詩》、《書》，付丙王治之，而蠹魚復逃之孔壁中，高隱不出，于是更號壁鮮魚。鮮魚既遁迹，益精其術，遍體生光華，美如傅粉，飄飄然有凌雲之思。

後值漢武帝立詔求天下遺書，而蠹魚復出。帝好神仙，聞蠹魚之素精其術也，尤雅重之，爲開東閣以居焉。蠹魚雖貴寵，然耻以方術進，日侍帝前，顧未嘗出一言。會帝崩，蠹魚去，遁迹民間，爾後隱見不常，人亦莫得其處者。

江湘間有女曰靈芸，色美而肌體甚香，吐氣如蘭，或近之，著衣經久不散，以此重于時。聞名者欲邀一顧不可得，而蠹魚獨不喜，望其來輒引避。芸欲與之狎，即終不可得，惡之甚，遂移居以遠之。他日出遇芸，方欲遁逃而芸遽讓之曰：「爾不我穀，胡爲乎蠹？吁嗟乎！人如玉。」蠹魚子傲然而應曰：「彼蠹其國而爾弗賊，或蠹其民而汝弗嗔，余所思兮古之人！」遂去，不與言。世既知蠹魚之憎芸也，又聞周穆王之辱之羽陵也，由是嫉蠹魚者爭延靈芸于其家，芸至則魚去，或延芸不至則效穆王窘辱之，而蠹魚亦厭處人間矣。

方其與漢武帝遊也，西王母來賓，蠹魚偕東方生師事之，與聞妙道。東方既避穀從金母遊，至是蠹魚亦行，遊琅環，登峋嶁，上會稽，探禹穴，過小西山、積書巖、倉頡臺，窺金簡玉字、丹文綠圖諸祕籍，因憶王母教吞仙字者三，遂仙去。

小史氏曰：六經不言神仙，《漢武内傳》託名班固始倡其説，然世固無其人也。豈以儒不言仙即有亦略而弗道耶？余聞父老言有脈望者，因得備聞蠹魚事。腹便于文，口耻言仙，如斯人者，仙乎！仙乎！

毛、穎傳後學者多仿其體，但不能運化，苦多捧心之醜。兹獨流利如意，洵是好事。

牟默人

小竹傳

小竹者，竹孫也。孫其孫，亦孫其祖，使之年老者十許歲，小者仍四之一，高數寸，其十許歲者高裁及尺，圍徑裁皆一寸。主人爲其老而癯，形又短小，不名之，因其竹姓目之小竹，其小者乃佳，故咸曰竹孫云。

性閒静，不慕榮利。今年夏五，來客陶氏。陶，故主人客也，有隙地尺許，即卜築爲竹氏居。竹所居必潔或静室，善清談，風颯然至，有聲如吟嘯，雖寒冬卧雪中不輟。主人以是尤雅重，暇日輒過從清談，率以目代口，即人欲聞聲不得也。

既家于陶，其後族屬繁茂。始來十餘口，既乃不可數，主人命其居爲小竹聚。

安南紀略

吾讀安南人黎元睿等之申狀，而乃知有天道也。

今天子五年庚申夏，安南人安插熱河居住者黎元睿等二十人附狀陳情，略言國亡後徙居内地，蒙恩分配熱河八旂兵丁，食半分錢糧，同之内地居人，廿有餘載，來時皆丁年黑首，今半衰殘，兼無家室，二十人中挈妻子來者獨有三人，餘皆鰥民，族姓將絶，乞聽許與民間婚娶，用存嗣續，無任抃躍。

考安南國始于北宋，封國稱王則起于南渡，篡奪之事始于明之初葉。顧氏《日知録》三十一卷交趾下引《大學衍義補》曰：交趾本秦漢以來中國郡縣之地，秦爲象郡地，漢武帝平南越，置交趾、九真、日南三郡。案：《水經·温水注》云：《交州外域記》曰：「九德縣屬九真郡，在郡之南，與日南接。《林邑記》曰：「九德，九夷所極，故以名郡，郡名所置，周越裳氏之夷國。」《地理志》曰：「九真郡，漢武帝元鼎六年開。」應劭《地理風俗記》曰：「日南，故秦象郡，漢武帝元鼎六年開日南郡，治西捲縣。」《林邑記》曰：「城去林邑，步道四百餘里。」康泰《扶南記》曰：「從林邑至日南盧容浦口，可二百餘里，從口南發，往扶南諸國，常從此口出也。」竺枝《扶南記》曰：「扶南去林邑四千里，水步道通。」酈善長云：「林邑都，治典冲。去海岸四十里，處荒流之徼表，國越裳之疆南，秦漢象郡之象林縣也。東濱滄海，西際徐狼，南接扶南，北連九德。後去象林之號。林邑建國，起自漢末，初平之亂，象林功曹姓區，有子名逵，攻其縣殺令，自號爲王，後乃襲代傳位。自區逵已後，國無文史，世數難詳，宗嗣滅絶，無復種裔。外孫范熊代立，後熊死，子逸立。有范文，日南西捲縣夷帥范椎奴也。」《江東舊事》云：「范文，本揚州人，少被掠爲奴，賣墮交州。年十五、六，遇罪當得杖，畏怖因逃，隨林邑賈人度海遠去，没入于王，大被幸愛。經十餘年，王死，文害王二子，詐殺侯將，自立爲王，威加諸國，漢魏流赭，咸爲其用。建元二年，攻日南、九德、九真，百姓奔迸，千里無烟，乃還林邑。」「晉永和五年，文被創死，子佛代立。」「義熙九年，交趾太守杜慧度造九真水口，與林邑王范胡達戰，擒斬胡達二子，胡達遁。」「宋元嘉二十年，以林邑頑凶，歷代難化，乃命偏將與龍驤將軍交州刺史檀和之陳兵日南。」「二十三年，軍次區粟，斬王范扶龍首，十五以上，坑截無赦，樓閣雨血，填尸成觀。」又云：「元嘉中，檀和之征林邑，其王陽邁，舉國夜奔，竄山藪，即以元嘉二十三年死。陽邁父胡達，其太子初名咄，後陽邁死，咄年十九，代立，慕先君之德，復改名陽邁，昭穆二世，父子共名，知林邑之將亡矣。」「養國十世，豈久存哉！」五代時，爲劉隱所并。至宋初，始封爲郡主，然猶授中國官爵，勳階皆如内地之臣，未始以國稱也。其後，封南平王，奏章文移猶稱安南道。孝宗時，始封以王稱國，而天下因不復知爲中國郡縣矣。李氏傳八世，陳氏傳十二世，至日焜爲黎季犛所篡，上表竄姓名爲胡一元，子蒼易名查，詐稱陳氏絶嗣，查爲甥求權署國事，太宗皇帝從其請。逾年，陳氏孫名添平者，始遁至京訴其實，季犛乃表請迎添平還國，朝廷遣使送歸。抵其境，季犛伏兵殺添平并及使者。太宗于是聲罪致討，副將張輔生禽季犛及其子蒼、澄，獻俘京師。詔求陳氏遺裔立之，國人咸稱季犛殺之盡，無可繼者。于是僉請復古郡縣，遂如今制，立交趾都、布、按三司及各府、州、縣、衛、所諸司，一如内地。其後有黎利者，乃彼中幺麽小醜耳，中官庇之，遂至猖肆，上表請立陳氏後。宣宗皇帝謂此皇祖意也，遂聽之，即棄其地，俾復爲國。案：此黎氏有國之始也。

又考天順八年七月實録，寧遠州本中國地，國初屬雲南布政司。此請太宗時也。宣德初，黎利叛，朝廷予之故地，乃并寧遠州及廣西太平府地之禄州爲所占。此謂宣宗時也。

嗚呼！交趾自漢、唐爲中國郡縣，迨至前明，縱彼鱗介易我冠裳，遂俾遺種延蔓至今。及入我朝，黎氏安如綏裘，晏如覆杅，而禍發蕭牆。有阮惠者，名託肺附之親，實生肘掖之變，扼其吭，拊其背，而奪之國矣。

我高宗純皇帝以耀德不觀兵，且不欲勤彼遠略，爰乃天戈返旆，羈縻勿絶，即命阮氏用鎮撫其民人而長厥子孫，其黎維祁等仍令將其餘衆附居廣之内地，而黎氏始失安南矣。

夫黎氏詐謀取國，盡滅陳宗，而今黎元睿等飄泊無家，宗祀將斬。天道好還，維如影響，而古來之爲亂賊行篡竊者尚爾昏迷不悟，觀安南之事，其亦知所懲也哉！

嘉慶八年，閲廣西邸報，農耐國阮福映舉兵攻破安南，滅之，表請封號。朝廷以其國先有越裳之地，今復并有安南，遂封爲越南王，而安南始無國矣。計阮惠篡竊至今，歲星不及再終云。

按：乾隆五十三年，阮惠逐安南國王黎維祁，時兩廣督臣孫士毅奉詔統兵渡富良江，克復黎城，諭令班師。五十四年正月，阮惠復糾衆奪黎城，計其纂國之年，下逮破滅之日，裁十有六年。

臨水亭記

乙酉四月之望，余與孫兄、王生出都門，忽睹林木葱蒨，如困鳥乍脱藩籠，不禁曠然而喜也。

行十日，去壽光二十餘里，見道旁曲水，流者爲渠，渟者爲湖，窪其中者爲稻陂，障其外者爲蓮渚。余三人按轡徐行，意恐其竟盡也，池邐而東，水愈闊，夾岸楊柳，其中則有香蒲、青蘋、菱、芡、葭、菼、荇、藻之屬。又其東南有插秫藍而爲籬者，新秧也；葉田田者，荷錢也；兩人以繩繫斗斛水而上者，灌田也；路轉林迴，有亭翼然起于南岸者，是爲臨水之亭。比至亭回顧，乃悟前數里中所見波流映帶而青不斷者，皆若爲兹亭設也。

亭之小不半畝，南有隙地，繚以短垣；其北則重門洞開，水面有二窗，圓明如月；其内則髹几、茶竈、坐具之類，精潔可人。余遥見以爲酒肆也，下騎繫對岸柳蔭，方擬尋途，詢邨人，乃言：「此人家園亭耳。」

嗟乎！余輩僕僕風塵間面垢不洗，行烈日中炎歊若炙，而亭中人得大自在，如許清凉，寧非三生夙緣得此清福耶？然天下勝境，待人而彰，余獨怪有此境而不能享者又何哉？于是，步至亭下，徘徊逾刻，未及登岸，策騎而去，亦未詢主人誰何也。

王氏庭前小趵突泉記

環棲皆山也，其大而名者以十數，而艾、靈、方、唐爲勝；山竇皆泉也，其清而甘者以百數，而艾麓之縠紋、方山之瀑布、洪花洞泉及城東湧泉爲奇。往者，邑之始建，形勢家皆以支分艾岫，脈發靈峯，方、唐并峙爲左右翼，蓋山川一都會也。

城外有水東南來，伏流繞出，城西北乃見，土人名曰「白洋」。案《漢志》有「聲洋」，豈是歟？水發于靈山東麓，沿水而上約六里得小郚。又東北里許山澗中，亂泉從石罅出，與白洋異源流經郚口，乍伏而突出庭前石竇間，竇作四五穿，濩涌而出，高數寸，飛灑庭除入園畦。園之大不半畝，雜蒔果蔬，而蒲桃陰翳其間，北構數椽，開窗引列岫嵐翠飛入几席，主人以爲高臥之廬，聽泉聲出榻下，則王氏之小趵突泉也。

往，余登艾峰，渡淺瀨，水潺潺流石上，細文如縠，造其麓，尋温泉浴焉。去年冬，游洪花洞，訪石泉之迹。今年夏，又登方山聖水庵而仰觀瀑布之飛流。蓋此諸水皆兼湧泉之勝，而小趵突泉又兼諸泉之勝，羅而致之庭下，斯尤奇也。

余巧夕前二日，携子若姪游焉。主人雅好客，與兩嗣皆諸生，田園鷄犬，怡然有以自樂。余耳其勝久矣，今幸得觀焉。聊書以懸其壁。

祭張母王恭人文

壼範昭而閨型樹，慈暉著而賢嗣興。古來齋敬表于藻蘋，徽音流于任姒，女箴標于婉嫕，母德倩于賢明。以古證今，兼之爲難。

恭人生長儒門，來嬪鼎族，考諱漢，積學早世，以外孫貴，貤贈承德郎。妣氏孫，以節孝聞，貤贈安人。

恭人年十八歸潞安公，時堂上具存，伯、叔、父、母，暨同堂娣姒皆共居，恭人多方調護，一無間言。奉事翁姑，先意承志，唯恐弗當，旨甘之奉，必敬必親。迨翁姑先後即世，又佐潞安公，盡哀盡禮：是則恭人之克勤子職也。

方恭人于歸，勖潞安公爲制舉業，家事悉以身任。公由拔萃登賢書，洊擢守令，歷膺繁劇，于家政不一關心，米鹽絲粟，惟儉惟勤：是則恭人之克佐中饋也。

慈愛發于至誠，施予從無吝色。嘉慶六年，以迎養來京師，值霖雨，爲災民艱食，命家人煮粥以惠餓者，慮難周，又以三百金助賑。聞東省歉收，令家人出積糈減糶，勿爲販鬻居奇，邑人全活甚衆：是又恭人之慈惠及人也。

初，潞安公令婁縣，值歲饑，奉命借給災民口糧，以次年秋徵還。公旋調南匯，去任後，令以災黎未便徵收爲辭，欲公代民輸租之半，始肯接徵。恭人聞之，謂輸半仍累民，盍盡輸以蘇民困？公深以爲然，出萬數千金爲民買粟還倉代輸官：是又恭人之博施濟衆也。

所生賢嗣三：長，孝廉，户部郎中；次，刑部主政；次，隆昌縣令。潞安公以縣令難爲，涖任甫一年，命告歸侍養。恭人來都日，嘗戒諸子，以爲司農錢糧總匯，恐鈎稽失當；荆曹人命攸關，須敬忌存心：是又恭人之義方教子也。

先是，姑有同母妹適房氏，家中落，恭人亟加周恤，以慰親心。姑有女適李氏，數孕不育，爲買妾李氏，遂有子。其識大義如此。

恭人幼失怙，母孫安人以守節三十餘年蒙恩旌表。嘉慶四年，會覃恩主政，請以應得封典貤贈外祖父母。恭人命長嗣董工建坊，工成，恭人詣祭并焚黄，念孫安人半生苦節，一痛幾絶：是又恭人之篤于所生也。

《詩》有之曰：「無父母詒罹」，其于孫安人有焉；「釐爾女士，從以孫子」，于義方教子有焉；「秉心塞淵」，「終温且惠」，于減糶輸租有焉；惟酒食是議，于佐中饋有焉；「思媚周姜，京室之婦」，于奉翁姑有焉。固宜壽登大耋，齒届期頤，何圖星隕婺光、峯頽天姥？諒德徽其未沫，聊鷄絮以遥陳，冀靈響之遠聞，望霓旌而空漾。

祠財神文戊寅

月日具，官某敬陳牲楮之儀致祭于財神尊像前，曰：

惟神掌天下之財，求而時，其多寡有無，以平其欣怨。某年迫七九，未嘗見財物之有豐，少壯氣盈，弗以介意，今年衰齒豁，所志不遂，家計米鹽交謫之聲盈耳，心有望焉。謹以良月令辰，十月四日己巳危危 禱于有神，非弗念富貴之在天，緊惟神實佑相之。其惠允所求，濟其乏無，用弭其私望。尚饗！

討壁虱檄文

丁未五月，余自都門言歸故里，偶宿逆旅，爲蟲所苦，竟夜未能交睫。于是忿甚，爲文以討之，曰：

爾號臭蟲，兼名壁虱，穢原宜乎土壤，災乃切于肌膚。乘暮夜而爲戎，止堪腥手；緣衾裯而附體，膽敢噬臍。露尾藏頭，不知自慚形穢；弄唇鼓喙，妄意衆口鑠金。偶弄股掌之中，直須掩鼻；纔過帟帷之外，便已聞風。况乃形本幺麽，性偏殘賊。不一薰而一蕕，十年有臭；工爲鬼而爲蜮，五世其昌。偷入芝蘭之室，寧忘臭味差池；喜居糞土之牆，輒爾黨朋嘯聚。一摑而掌皆盈血，三宿而體少完膚。下陳蕃之榻，徐孺子如坐針氈；登子反之牀，宋華元難逃虎口。攪蝴蝶于夢中，誰道無聲無臭？勤爬搔于手甲，遑云乃寢乃興。誰招之而使來？竟麾之而不去。飛而食肉，捷本遜于蠅蚊；飢則隨人，貪乃過于蟣虱。種種惡狀，斷斷難容。此即痒麻姑之爪，癢何能搔；雖令漆豫讓之身，痛定難忍者也。

其令左右指揮使拂塵將軍，埽清室廬，剿絶群醜。秉畀炎火，須同時俱焚于秦坑；殲厥渠魁，庶無俾遺種于孔壁。

遣蝎文有引

蝎之禍人甚矣哉！余未受其毒而頗悉其苦。乙巳秋七月不三旬間，前後擒得大小十餘頭斃之，而獲于余卧室者居八焉，幸未肆毒耳。余既惡其害而復閔其愚，爲文以遣之，其辭曰：

爾不武夫，何體全乎介胄？爾非樂部，胡形肖乎琵琶？偶作響于壁間，甘爲鬼蜮；時藏鈎于尾末，疑曳戈矛。具體而微，學蟹奴之舉足；象形惟肖，依鼠婦以藏身。爾乃質本幺麽，性偏陰黠。矜脇生之異，便云有似鑱鏗；誇腹孳之多，輒謂無忝螽羽。遂使自求辛螫，尤加厲于荓蜂；何堪肇錫嘉名，便相呼以主簿。流毒既非一處，中傷斯不一人。頓令腰瘦沈郎，輾轉而不堪痛楚；最憐眉顰西子，嬌羞而似怯呻吟。挑綉者，遽驚針刺；探囊者，偶訝錐穿。以至腫禪僧之額，居然頂上圓光；藏俠客之衣，宛似腰間利器。

勢不難驅彼蜥蜴啖伊之肉，命彼蝸牛攝汝之魂。顧念上天以并育爲心，至人本好生爲德，是用僅殲渠首，姑示微懲，庶幾伏彼柳圈，勿復逞兹蠆尾。儻猶頑然肆毒，蠢爾怙終，乘昏夜以刺人，仍暗里包藏荆棘，須崇朝而搗穴，向欄中投俾鷄鶩。

牟默人

不枯亦不蔓，的當，文字遠勝《討壁虱檄文》。

曬書堂别集

目録

狀

文

曬書堂別集　狀　文

烈女林氏狀

伏聞：蕙蘭香草，風飄十步之庭；松柏貞柯，雪鬱三冬之澗。分釵頭之彩鳳，人不爲雙；掩鏡裏之孤鸞，夫寧更二。城崩杞婦淚，有血以都紅；竹染湘妃文，無斑而不紫。梁高行以清風自扇，桓貞順與皎月齊輝。懿夫！彤管揚芳，代著香匳之迹；金閨表節，恒傳粉扇之書。然皆烏鵲橋邊，已赴佳期于七夕；鴛鴦庭下，曾經禮見于三朝。矢匪石以心堅，感故人之情重。從未有絲蘿甫結，莫題紅葉之篇；綵綫誰牽，竟赴黄泉之約。

如今所傳，烈女林氏者也。氏生長儒門，夙諳女戒，乃值及笄之歲，猶愆歸妹之期，爰以乾隆五十七年與趙氏子曰光南者，用媒妁之言，結婚姻之好。在林女以閨中秀質，方期冰泮以于歸；而趙子以榻上病軀，未便桃夭而叶吉。詎意去年九月難听雝雁之鳴，旋于今歲新春實下哀猿之淚。

于斯時也，氏以銀瓶落井，未成百歲之緣；顧念玉鏡爲臺，已結三生之契；謝鉛膏而不御，覽巾箑以增悲。登堂辭父母，孤禽誓不投林；斂衽拜姑嫜，完璧居然歸趙。及以良人卒哭之辰，竟爲新婦入門之日。至則代親中饋，方洗盞以延賓；歡慰高堂，願孤身而持户。裙底偷藏白練，直留千古之綱常；房中忽失紅糤，頓作一朝之慷慨。稽其死，蓋四月十四日，距其生纔二十有二年。

于時，家人奔集，驚面色以如生；鄰婦趨觀，訝魂香而不滅。合死生爲一契，終成佳婦佳兒；跨鸞鳳以雙飛，仍是如兄如弟。此雖集蘭閨之諸媛，猶難媲彼芳踪；綉鞶帨之英辭，未易形兹奇節者矣。

獨念禮禁嫁殤，周典曾申于明法；躬爲持喪，衛姜廑念于同庖。今此女也，雖有異地官媒氏之文，實無慚邶國《柏舟》之義。固知瑶編紀事，他年共挹其芳徽；還喜花懸垂仁，此日爭傳爲佳話。烈骨篆成香字，瑶池凝冰雪之精；節門題作義桓，彩筆焕丹青之色。

郝子曰：據《周官》、《曾子問》諸禮家言，此女之死固自未合于經，然亦奇女哉！因表而録之，比于衛宣夫人之義。余聞去年秋，女當于歸，既有日，以夫疾不果，實出趙子義也。女其感於夫義而然歟？嗚呼！烈矣！

烈婦趙氏狀

伏聞：三吋社牟嶇于本年四月十五日申時病没，妻趙氏即日戌時烈殉。蓋氏生甫二十有二年，計于歸纔二十有五日也。

夫空谷幽蘭，恒無人而獨秀；寒崖菌桂，每凌雪以揚芳。良由性秉堅貞，斯殊根于凡木；姿含高潔，詎競艷于鮮葩。由來詩禮之家，多生賢媛；自昔草萊之婦，雅扇芳徽。斯皆標百代之英風，抑獨萃兩間之正氣。

若乃高門翠袖，香閣紅糚，箴嫻女史，禮號儒宗。鏡掩孤鸞，辭菱花于寶匳；釵分雙鳳，抛巾箑于羅幬。魂銷齊女之蟬，淚染韓憑之蜨，莫不吟《柏舟》而誓志，託井水以明心。

至于下里龍憐，寒門荆婦。春風婉娩，筐鈎陌上之桑；秋月嬋娟，練搗閨中之杵。雖擅女宗之四德，未諳姆教于三年。亦復率彼師心，成兹堅志。磚名抱子，英魂與丹血俱飛；石號望夫，孤影共青山并艷。

故知衣冠落色，綱常易玷于鬚眉；日月爭光，氣節偏鍾于巾幗。稽香閨之淑範，自古而然；揚彤管之芳徽，于今爲烈。况氏弱年行嫁，早歲食貧，門非棨戟之榮，室有糟糠之耦。無違夫子，方相敬以如賓；殲我良人，忽有身而莫贖。�札香肩以承背，居然比翼之禽；胝纖手以調湯，莫覓延齡之藥。嗚呼！悕矣！豈不痛哉！

時則崦嵫欲迫，日冉冉其將昏；鸞鶴暫停，人雙雙而并逝。懸來白氎，聽燕語以繞梁；著上紅裙，窺駒光之過隙。願成連理樹，肯乖伉儷于三生；羞作未亡人，寧緩須臾之一死。斯固泣紅樓之嫠婦，所難媲彼激昂；歌黄鵠之貞姬，未足方兹慷慨者矣。

蓋聞表賢崇善，湛方生用以垂名；旌義題門，沛國相因而致譽。流觀往牒，仰挹貞風；緬想前聞，景行芳躅。矧今人逢聖世，率厲節以褆躬；邑有賢侯，咸敦倫而翼教。輶軒問俗，敬陳此日之新謡；閭閈增輝，留作他年之佳話。香字裁成金葉，好辭慚蓄臼之碑；粉書燦作銀花，彩筆寫薤文之帖。

烈婦隋氏狀

具呈：闔邑生監等竊蛇窩社儒童牟人和于本年四月初十日病亡，妻隋氏次日烈殉。計氏于歸甫四月餘，而行年僅二十有五耳。

自昔嵊縣標清風之嶺，巴邱築貞媛之臺，斯皆揚芳徽于彤史，靡弗樹儀表于人倫。氏生長儒門，幼諳女誡，既嫺内職于組紃，尤斷俗情于巾幗。喜爇徐姬之燭，同巷内共被餘光；羞工姹女之錢，藏瓶中曾無長物。迄乎夭桃叶吉，懿鳳占祥，但戒二三厥德，寧云九十其儀。粗粗有布，便爲行嫁之衣；札札無機，奚羡織文之錦？斯真大義之能諳，抑亦細行而無忝者矣！

乃若德性既端，天情尤篤。孟縶之足不良，女曰是真吾耦；桓姬之車對挽，士言賴有令妻。方徵琴瑟之初調，詎意銀瓶之乍破？河魚腹疾，尋鞠窮、麥麴以俱無；夫以飲水腹脹死。晋豎夢驚，覓醫緩、桑巫以何有？于斯時也，夫子無違，侍湯藥則先嘗維謹；婦人有事，伴篝燈而待旦奚辭？

蓋自清明上冢以還，良人抱疾歸，展轉床席凡八十餘晝夜，而氏無倦色，無惰容，以迄致命遂志者也。

嗟乎！國士寧甘心以就死，貞女不負義而獨生。稽彼前聞，鬚眉匪易；徵諸往籍，閨閣尤難。況乎烈風扇于青年，而節行成于稚齒者也？

先是，氏方早歲，聞乡有殉夫者，慨然曰：「女子當如是矣！」故知松筠標節，原從尺幹生成；蘭蕙秉心，本自芳根夙種。聽梁間燕語，一條白練繫綱常；窺鏡裏鸞形，萬古朱顏留宇宙。正氣存而心靡轉，匪石偏堅；芳魂絶而面如生，香風不去。檢匳則粉書尤在，棲冢而鴛鳥和鳴。彼夫梁媛高行，秦婦懷清，并被表揚于往代，用垂彪炳于今名。良以香草當前，則猶根不茂；清波所鼓，斯濁水停流。固未聞移風易俗之術，不隱寓旌賢植節之中者也。矧今花縣垂仁，雉馴泮水，雷封布化，人狎屏山，業盛事之堪傳，寧幽光之靡發。伏望俯賜褒榮，永光祠廟，看此日金字額邊，筆户焕丹青之色；庶他年銀花管下，瑶池鎸冰雪之文。

烈婦范氏狀

竊某社上宋家村庠生李成憲以本年七月二十一日溺水死，妻范氏即于此日烈殉。距氏生于乾隆三十四年九月十四日，死于嘉慶元年七月二十二日，蓋時年二十有七也。

夫蘭生空谷，不以無人掩其芳；蓮出緑波，詎以飛塵污其潔？寒鄉僻壤，婉彼女士，身不生閥閲之家，習詩禮之訓，而能率其性天，成仁尊孔，舍生宗孟，豈不偉哉？

方氏以十七于歸也，李生于時執經應童子試，勤苦績學，氏或陰有贊襄，然其事祕，世故莫得而傳，至于議酒食，和室人，鄉里稱賢。要亦無違夫子之常分耳，然至時窮而節義乃見。

李生者，以憑河死者也。先是，生以舌耕教讀鄰邨，朝出暮歸，積以爲常。及是水潦大至，館食訖，日且薄暮，衆咸戒以勿歸而堅弗留，及汔濟遂溺焉。比家人覺，兩邨之人咸持炬集拯，其尸求之明日乃有獲。公無渡河，箜篌寫怨，此氏所以錐心泣血投繯引决而誓不欲生者也。

且夫烈士酬恩于一劍，壯夫銜感于千金，猶以身蹈鑊湯，下報知己，上争光于日月，况氏痛失所天，傷心無地，有不慷慨捐軀從容致命者乎？

獨是生則濟有深涉，占滅頂之凶，徒因狎于水而致死；氏以殲我良人，貞從終之吉，不作未亡人而偷生。湘波之竹，淚欲成斑；精微之禽，魂思銜石。寧必鼎貴之門，高明之族，賢媛女宗，然後能以靡它矢死匪石明心者哉？

夫微顯闡幽，仁人之行也；式閭旌門，賢者之事也。是用臚彼烈迹，謁諸天台。庶幾纁其鞶帨，新碑題幼婦之辭；還望炳諸丹青，彩筆揚季蘭之譽。

爲蔡任氏入節孝祠狀

竊武童蔡延彪之妻任氏于本年七月十三日夫没，無子爲之立後，即于次日烈殉。詳氏係招遠任士果之女，太學生禎祥、廩膳生道原之女兄弟，計適蔡門十一年，于是二十有六歲也。

蓋聞部婁無松，招摇有桂。桂標奇于芳烈，松著節于堅貞。並鍾河岳之英靈，萃乾坤之正氣。豈偶然哉？

原夫啓母侯人，冀妻饁耨，鹿車挽手，鴻案齊眉，此皆淑媛之芳踪，非屬瑰奇之殊軌。若乃髮對雲緑，臂斷衫紅，淚染湘斑，香書粉扇，武昌有望夫之石，代郡表磨笄之山。斯並孤調之獨彈，非復常音之所緯。然而，金王孫之婦，不聞以死殉夫；曹令女之賢，未見存孤繼絶。固知古今之遺憾，良難節義之兼全。若今蔡任氏可謂兼之者矣。

蓋氏生長儒門，幼嫺女誡，笄年行嫁，閫職克修。良人則怒馬彎弓，誇穿楊之絶技；女士方明詩習禮，慕采藻之遺風。詎意才高射雉方笑而言，遂有命薄孤鸞如泣而訴。時蓋庭前萱草，未佩宜男；掌上澤蘭，徒存孤女。念無夫而有子，爰立愛以擇賢。蔡中郎之絶嗣，居然授以佳兒；任子咸之舊游，何復傷于寡婦？而乃緒延一綫，志慕三良，不教葛生獨處，夏又徂冬。試看蒿里同歸，今纔距昨；此非烈同芳桂，節茂貞松，孰能若兹之輝映後先、義兼存没者哉？

自昔題門旌善，樹石褒忠，並播休譽于來今，標景行于曩代。矧香閨之懿範，流巾幗之英聲，理合臚彼芳徽，揚兹彤管；庶令永光祀典，特慰貞魂。舊畹樹蘭根，香草摭騷人之句；新碑書齏臼，貞氏慚幼婦之詞。

謹此上呈。

爲林明善入忠義祠狀

伏聞：郡縣忠義之祠，所以化頑鈍、美風俗、勉高行、礪廉節者也。自夫人生而有欲，欲不能無貪。細民或競錐刀利、失鄰里和以破千金産者，此人非不自愛其金也，怵于小利、闇于大害，見可欲于前而忘所失于後也。天下之利人者莫如金，而害人者亦莫如金。「金」之爲字，配

「戈」則爲「錢」，是錢乃戈矛也；加「艮」即成「銀」，是銀欲艮止也。知止則不苟得，見戈即思後患。故愚人愛金如命而卒乾没以殞生，智者視金如土而終幅利以垂名，此庸俗之所難而明達之所矜也。

邑氏林復初者，長厚人也。方春，傭田作，以銚發土，乃獲巨金。傭者不敢私也，推以與林，林曰：「金，子之金也。吾何與焉？」傭曰：「田，子之田也，吾何有焉？」林卒辭不受而以遺傭人。昔管寧、華歆耦作于田，管舉鋤得金揮不顧，華拾而視之亦棄去。夫以歆之貪戾凶悖，其垂涎富貴，大抵欲金耳，拾而視之而復棄之，詐也，爲名也，豈其本心哉？獨怪歆以龍頭之譽而卒欲金以敗名，其亦徒見金之利而忘其爲害歟？《世説》曰：「管寧、華歆鋤菜，見金。管揮鋤與瓦石不異，華捉而擲去。」案：歆身爲漢臣，乃心魏室，至爲曹瞞收伏后，德在于凶。《魏志·華歆傳》不載，而裴松之注獨載于《武帝紀》中，明陳壽非直筆也。及文帝受禪，歆登壇相儀，奉璽綬，靦然拜相國封侯矣。乃復以形色忤時，徙爲司空〔徒〕，而不進爵，以此爲心不忘漢。與陳群輩盗名固寵，將以誰欺乎？松之于本傳注載華嶠《譜叙》，有以也。若復初者，可不謂難乎？蓋庶幾有管寧之遺風矣。

復初處鄉里，飲人以和而勉人以善，行事亦類管幼安，邑中無少長皆稱爲「林善人」。辭金之事，特其一端耳。然由此可以想見其人，豈非輕財好義明達有識之士哉？至今子孫蕃盛，皆能守故業以謀生，雖不取金，未嘗不利也。然則，復初之詒謀，亦可謂遠矣。

夫廉頑立懦，敦風教，勵節行，邑侯之職也。謹次其生平，列其軼事似有合于義行者，可否以其人入忠義祠，以扶國化，以厚民風，則闔邑幸甚。爲此合辭恭請，如蒙俞允，謹俟施行。

事雖徇俗，文固清醇有古法，時似歸太僕應酬文字。

牟默人

壽史毅庵文代

瓊田秀草，歲開延壽之花；玉圃繁林，代種長生之樹。抱朴子携笻爲杖，龍化陂中；安期生食棗如瓜，人傳海上。從來餘慶須歸積善之家，自昔遐齡半屬修真之士。華辰祝嘏，聞鶴語以遥傳；錦里張筵，走鴿奴而稱慶。

茲惟毅庵史君，系出三忠，門高兩漢。維狗維鰌，吴延陵之所欣賞；曰趙曰墨，晉君子之所褒嘉。惟君少即清通，長而穎異。勝衣對客，器自别于常兒；毁齒知名，門詎書夫凡鳥。翠竹蒼松之宅，士號無雙；青山緑水之鄉，人稱第一。

若乃家本素封，人嫺居積。財誇鬻魯，無傷端木之賢；智擬遷陶，頗用計然之術。儉勤學賣刀之俗，雅善持籌；慳吝羞鑽李之風，何須析米？此所以人歸葱肆，白屋緣以起家；野有桑田，黄衣因而致富者矣。至于善氣迎人，和風扇物。枌榆社裏，陳孺子之割肉必方；葱韭園中，管幼安之揮金弗顧。掛樹頭之劍，故人良慰其交情；分橐内之金，寒士頗資其潤色。況夫年齒尤高，典型素著，鄉人并飲其和，里俗皆薰爲善。鄰絶盜牛之客，王彦方豈畏知名？路逢荷甑之人，郭有道真能勉學。稱爲長者，亶其然乎？尚有老成，兹其是矣。豈僅圜橋望重，蔚然黄髮之年；泮璧名高，景彼華顛之叟哉？于是眉毫添秀，齒落更生；石髓頻餐，肉芝新煮。兹當十月孟冬，爰届八旬華誕。鶴觴延客，座有仙童；鳩杖當階，人稱耇老。曰耄曰期曰耋，允推盛世之耆英；如岡如阜如陵，用賀熙朝之人瑞。

于母尹挽帳文

嗚呼！諼花長謝，柘館不春。西極則雲璈響絶，南天之婺女光沉。風淅淅以啣悲，霤泠泠而飲泣。北堂愛日，空銜感于春暉；東海慈雲，嘆莫追夫暮景。仰閨門之懿範，堪作女箴；傳井臼之芳型，無慚内則。

恭維于母尹太君，吉甫名家，闕門望族，嫺姆教以十年，學婦功于三月。春風旖旎，遲遲陌上之桑；秋月娟娟，札札機中之杼。

爰結帨以施鞶，際御輪而奠雁。時則駟馬門中，椿萱早謝；鶺鴒原上，伯仲無存。孤露何堪痛？挈瓶之誰守？㽞勸有賴羞，懸罄以空嗟。勤相杵于鄰舂，垣外之曉星耿耿；藉篝燈而紡績，窗間之絡緯蕭蕭。

由是，經管大有，居積恒豐。江陵之橘樹千頭，陶地之魚池百頃。既興家而啓宇，還睦族以恤鄰。誰叩柴門，求黄昏之井竈；每藏斗酒，宴春社之雞豚。分宵燭于鄰姬，餘光普照；散朝煙于里巷，比屋皆炊。

若乃居偏近市，賈而欲嬴，簾間親握，牙籌權盈。虚于子母，兒輩速歸；葱肆賦來，去于田園。此所以販夫爲主，坐收三倍之饒；而君子伐檀，無愧百廛之取者也。

至于繞膝諸孫，冠童五六；侯門稚子，少長追隨。念素稟于義方，知莫先乎家塾。登堂鼓篋，書聲偕琴韵爭流；永夜焚膏，爔淚共燈煤俱滿。

于斯時也，有孫有子，爾壽爾康。方期福履以永綏，詎意蓼莪之罷誦？白華芳潔，難尋菊水以延齡；緑筍鮮新，空對竹林而隕涕。追母儀之令範，威女士之遺徽。

某等居近枌榆，誼連姻黨。羨遐齡之壽考，慕似續于曾孫。鶴駕鸞驂，瞻雲車之縹緲；琅函錦軸，慚銘筆于珠璣。固知朝露埃風，此日傷白駒之影；須知鴻妻孟母，他年著彤史之芳。

叙次表揚，要皆實録；屬詞比事，頗覺稱題。

自記

劉母牟挽帳文

嗚呼！天姥峰頽，夫人城圮；鵑血啼紅，竹斑殞紫。驚馳弔于夸娥，發清哀于嫛姊。羌茹痛其何言，緊纏悲而靡已。緬賢母之徽音，齊淑聞于女士；胡愛日之難追，竟愁雲之四起。將駕輀車，言歸蒿里，託鷄絮以陳辭，標遺徽而作誄。

恭惟劉母牟太君，高門淑範，彤史遺芳。業職嫺于紃組，尤德懋乎珩璜。稽厥秉心，固夙推乎婉娩；緬維居室，更雅善夫劻勷。經營則絲絮米鹽，惟家有政；蠲潔則蘋蘩荇藻，每飯寧忘。此其佐饋之能，固已追踪尹姞；亦越同牢之德，奚慚媲美姬姜？

若乃仁慈有譽，洽比無愆，予求予取，斯粥斯饘。盡室頌鴻妻之德，芳鄰誇孟母之賢。供紡績于徐姬，時常惠燭；遇甑塵之范叔，便令生烟。乞米有人，恒贈麻姑之粒；買山無本，輒分劉寵之錢。濟燃眉者屢矣，待舉火者紛然。斯尤恤貧之高誼，所謂闔德之足傳者矣。

至于丸熊五夜，畫荻中庭，佳兒勉學，賢嗣通經。延陶侃之嘉賓，匕聲粲粲；製孟宗之大被，篝火熒熒。以故門無凡鳥，子是寧馨。翻黌宮之波緑，擷泮水之芹青，既鳳毛以翽翽，更玉樹以亭亭。

夫固積德之門，自彰善報；要惟大賢之母，式著芳型。嗚呼！人非德曜，誰顯梁鴻？慕無忝于坤範，彌有感于太翁。闡當年之芳躅，雖百口而莫窮。里有達尊，客仰太邱門第；鄉名君子，人稱萬石家風。享遐齡于壽考，先舉案以長終。豈知不無内助，賴有閨中。光啓後人，衣戲斑而載舞；無違夫子，車挽鹿以相從。

夫何惻惻之啼鳥兮，倏翩翩而驂鶴。驚寶婺之宵沉兮，怪靈諼之夜落。門白馬以喧闐兮，巷素車而交錯。既繐帳以慘悽兮，還璇庭之寂寞。有蔬載搴，有酤載酌。題以素帷，代夫沐檸。諒四德其堪傳，嗟九京之不作。

贈武略騎尉王公暨配翟安人挽帳文代

蓋聞槐庭種德，慶餘積善之家；葉縣飛鳧，名載登仙之籙。勒芳銘于家牒，人稱不朽有三；披汗簡于國書，史記循良第一。由來文學，恒居齊魯之邦；自昔英人，半得海山之秀。然而，伯鸞雖顯，須德曜以齊眉；驄馬雖賢，待少君以挽手。盛事難兼乎兩美，徽音實萃于一門。揆今準古，絶後超前，要未有如贈公暨安人者也。

公，東萊望族，西蜀名家。承世業于青箱，蜚聲藝圃；題新詞于黄絹，馳譽圜橋。加以丈夫磊磊，絶少俗情；公子翩翩，頗多奇氣。文壇詩社，集閒中風月之賓；棋具酒鐺，携方外烟霞之侣。樹掛延陵之劍，誼感知交；囊傾陸賈之金，情均寒素。管幼安家居郡北，門多長者之車；徐孺子名重汝南，室下高人之榻。至于門庭藹藹，和乃致祥；伯仲融融，恩寧揜義。此雖令德之淵源有自，抑亦深閨之翊贊爲多。

原夫太安人者，掖邑女宗，南陽著姓。翟子威乃西漢名卿，遥通譜牒；王逸少之東床快婿，佐爰結絲蘿。德懋珩璜，習婦工于三月；職優紃組，媚姆教以十年。同牢尹姞，居然宜其家人；佐饋姬姜，允矣無違夫子。此壼範于以流芳，緊德門所由衍慶者矣。

粤昔成都有桑梓之鄉，當利開新豐之里。杜子美自蜀移家，在唐天寶；王仲宣登樓作賦，維漢建安。自時厥後，文山鵲起，印纍綬若者代不乏人；學海蛟騰，璧合珠聯者世稱多士。迨方伯公開藩晉絳，周、召膺分陜之權，洎典簿公通籍辟廱，向、歆被校書之命。薇垣仙客，詞臣即是福星；藜閣儒宗，名父還生令子。時則盧李聯姻，荀陳締好。爰以張文安公之仲女，公諱端，掖縣人，官至大學士。來嬪孝源先生之長男。熊夢未占，蕙叢蚤殞。

懿夫張孺人者，户侍撫憲公之淑媛，而典簿海圜公之繼配也。門稱列戟中朝閥閱之家，里是鳴珂奕葉蟬貂之族。雖翟茀以增輝，仍鳳毛之乏嗣。乃以猶子比兒，援禮爲人後之例；遂將旁支承統，附繼别爲宗之條。蓋即贈公號聲如者也。

公天資孝友，德器深醇。周旋兩慈幃之側，所養寧異所生；揖遜諸昆弟之間，同堂依然同器。維是翟太安人躬奉珍羞，怡桑榆之暮景；恩聯娣姒，扇筐筥以和風。此所以七十古來稀，杖鄉杖國，人瑞既推矍鑠之翁；九五福曰壽，有子有孫，含飴復羡耄年之母者哉！

若乃竇家子弟，威實能文；班氏諸郎，超還好武。貫虱穿楊，登越騎材官之選；通經射策，舉賢良方正之科。獻徽競秀，豈徒少者爲佳？勔勃齊名，誰曰譽兒有癖？

猗歟盛哉！嗚呼希矣！某才非繡虎，學陋雕蟲。扢揚芳躅，感吉人之獲福偏多；誄列坤型，知女士之發祥倍遠。深慚鴻製，妙辭勒薺臼之碑；聊獻蟻忱，銘筆書蘭絺之字。

附：曬書堂閨中文存

《葩經小記》叙

余自少小之年，母氏督入女學，先授《毛詩》。荏苒三五，飭業女紅。洎季隗待翟之年，爰至結縭，命以有家。不及五稔，慈幃見背。

自爾以來，意思懶散，誦讀頗疏。屬蘭皋君子考訂篇籍，日月浸尋，著述等身。余既親承風旨，意有欣慕。又以少時講業，半就荒蕪，念負前人遺教，益復刻責。靡所自容，因發篋得廿餘年前《葩經小記》草，强半脱落，兼之遺忘，聊欲補葺成書，亦以追惟慈氏之訓，寄明發之懷。

維時嘉慶，歲在著雍執徐六月九日。宿雨初晴，新疴乍起，温經伊始，輒立課程。日率一篇，多至二三，或適有他事，來日補足成之。偶獲新義，隨筆札記，凡取供採擇。庶幾積日累月，續成前作，無忘所學云爾。

福山王照圓

《列女傳補注》叙

《列女傳補注》者，補曹大家注也。古之注此書者，《隋志》有趙母、高氏，《文選注》有虞貞節。惟大家之注，至北宋猶存。見于《史記正義》、《選注》所引凡有數處。今不敢自名爲注，故題曰《補》也。

照圓六歲而孤，母林夫人恩勤鞠育，教以讀書。嘗從燕閒顧照圓而命之曰：「昔班氏注《列女傳》十五卷，今其書亡，如能補爲之注，是余所望于汝也。」照圓僅志之不敢忘。分陰遄邁，奄忽四七，寸草盟心，遂成銜恤，追省前言，恒隕越以滋懼。不揣愚蒙，略依先師之詁，用達作者之意。凡所詮釋，將以通其隱滯，取供吟諷。至于義所常行，或傳記成文，舊人已注，則皆闕而弗論。誠知疏陋，無能纂續前修，庶幾念昔先人，少酬明發之懷。《補注》成，請夫子辨析疑義，時加訂正。無隱乎爾，竊所欣慕焉。

嘉慶十年八月四日

福山王照圓撰

《列仙傳校正》叙

列仙，山澤之臞，劉子政氏爲之傳。其文不與《列女傳》同，又《漢·藝文志》所不載，故英儒碩彦多疑惑焉。

余以從事《列女傳》，頗涉觀覽，又恨俗本多失其真，因旁搜唐以來類部及注家所援以校今本，大有徑庭，復從道藏本得其梗概，略加訂正，粗具本來。

嘗嘆子政忠藎有餘而清識不足，其得《淮南枕中鴻寶》之書，奇之，真以爲金可作、世可度矣，卒以試方不驗，幾不保身。更生易名，竟同尸解，良足悕矣。此傳雖非子政所爲，而世舉以歸之者，蓋因其喜神仙事有以致之耳，士豈不貴通識哉？

明藏本中，每傳有讚，蓋放《列女傳》而爲之者，益復是淺人所爲，不足可存。今雖録出，别更爲篇，不與本傳連綴，亦所以存古。世有通儒，其必知此意矣。

時嘉慶九年甲子二月初吉

之罘王照圓叙

《列仙傳讚》叙

《列仙傳》有讚，今本無之，唯道藏本有，原附各傳之後，今録出别爲一卷。又讚文一首，道藏及今本俱有，原附下卷之末，今移置讚後。以其發端首題「讚曰」，因知此文即諸讚之总序也。

其序讚嚮俱不題何人作。《隋書·經籍志》載《列仙讚序》一卷，郭元祖撰，是此序元祖作。又載《列仙傳讚》二卷，劉向撰，晋郭元祖讚，因知讚、序俱元祖所爲也，但元祖之名，《晉書》無傳。今按其文，詞旨疏散，誠爲晉人無疑。序文散而無章，讚語疏而未密，不及郭景純輩遠甚，宜其名不著典午間也。《隋志》又載《列仙傳讚》三卷，孫綽讚。今其書不傳，而《文選·西京賦注》引云：「秦繆公受金策祚世之業。」《游天台山賦注》引云：「吞水須茹芝莖，斷食休糧，以除穀氣。」二注俱引作《列仙傳讚》，其文字蓋有衍誤，「秦繆公」似衍「繆公」二字，「吞水須茹芝莖」，似衍「須」、「莖」二字也。所引俱非今讚所有，或即孫綽讚，亦未可知。今未敢定者，傳疑也。

又傳本上下二卷，《隋志》三卷者，讚别爲卷故也。元祖所撰讚序一卷，傳二卷，合之亦三卷，故今校本一如晉人之舊。讚序從道藏録出，更爲一卷，不與藏經同，存古也。

王照圓敘

《晉宋書故》跋

癸酉之春迄乙亥之秋，夫子養疴廢業，遂罷《爾雅》之役。維時藥罏常滿，席几凝塵，披卷停吟，含毫欲卧。余時時料檢，每以卻書静攝爲箴，顧終不見從，乃因病間瀏覽晉、宋等《書》，又苦善忘，爰付札記。

余雅不讀史，閒亦命余鈔録，用省記功也。歲月侵尋，屏當薈萃，删落繁蕪，斐然成帙。輒因暇日，稍復疏通旁證，訂厥舛譌。粤以亥冬，宿恙良已，意有欣然，覆檢前編，不欲委之塵簏。余因慫恿付諸鐫鋟，亦以志數年來因病廢書，猶復緣閒訂史，庶不至虚廢時日，亦有資乎考鏡，愛古嗜學家其必有所取焉。

福山王照圓識

《夢書》題辭

浮生若夢也。世人勞攘，沉于功名，溺于貨利，至老不休，自謂覺矣，其實夢也。至于日之夕矣，載寢之床，弛然而卧，無營無慾，自謂夢也，焉知非覺？西極之南，有古莽之國，其民不食不衣而多眠，五旬一覺，以夢中所爲者實，覺之所見者妄。由是言之，夢亦非夢，覺亦未覺；覺亦是夢，夢亦是覺；覺亦無覺，夢亦無夢。

余家在之罘，一夢人也。生平喜談夢，夢亦逼真。凡窮通得失，無不形于夢，夢又輒驗。閨中多暇，偶爾翻書，遇有所得，興言記之，録爲一卷，庋置案頭。儻後來人見之，或頗笑余真夢者矣，余又惡知夢者之非覺也，而笑者之非夢也。

讀《孝節録》

婉佺王照圓

余生六歲而孤，母林恩勤鞠育以至成人。十年教讀《孝經》、《内則》，十二授《毛詩》，略通大義。幼不喜讀，母令背誦，常至夜分。十五甫知勵志，女紅既飭，兼肄經史，風木不停。廿九之年，慈親見背，終鮮兄弟，孤孑一身，自恨爲女，纓繫于人，義又不得以身殉親也。當此之時，痛切于心，每至昏絶，如是三年，乃復更生。

夫衆生孰無父母，而受恩莫如余深；男兒尚有寸報，而負罪莫如余甚。茫茫百感，不可爲懷。今讀孝節先生書暨難兄西成先生所記，其語動人心，鴒原之痛，雖復木石，未免下淚者也。

久廢吟咏，兹得句云：「經年高閣蓼莪詩，齏臼傷心地下慈。聞説三甥真孝女，寧知女不及男兒。」

嘉慶庚午冬十有一月望後四日
之罘夢人王照圓書

《松岑詩草》序

余幼讀《毛詩》，每嘆風雅之作，感人深矣。夫其一往纏綿，温柔敦厚，閨閣之摛詞也。含毫渺然，婉而多風雅，人之深致也。至于緣情綺靡，藻采繽紛，騷人之香草，方斯蔑焉。今讀《松岑遺稿》，而乃如見其人矣。蓋宜人生長華門，締姻鼎族，自其幼齡，苕穎秀發，已裁香茗之篇，不乏吟絮之句。及結縭以還，風晨月夕，含沮清英，不有佳作，曷伸雅懷？而乃萱庭椿樹，俯仰興思，伯姊諸姑，流連寄意，又况堂上慈親，動關問視，家中絲粟，輒費經營。當其搦管裁箋，挑燈拈韵，不過出閨中之緒餘耳，而已清麗芊眠，扇芬風雅之林，騰響謝、鮑之上。加以針神獨擅，粉本如生，其他藝事，精妙無雙，可謂蕙質蘭心珠暉玉潤者也。胡爲鞶帨詞人，竟作優曇花影？徒令頌椒吟雪之才，長抱瘞玉埋香之恨。青天欲問，良足悕已！然其秀句佳篇，已編入《熙朝雅頌集》，照耀藝林，流傳來葉。作者有知，其可以無憾也乎？

獨念余耽思著述廿有餘年，《毛詩》一經，尚未卒業，而宜人彩筆，已載之瑶編，垂諸彤管。余滋愧矣，能不慨然？宜人姊娣三英，幼稟家學，夙嫻吟咏，曾未中年而伯季競秀，俱蘭玉早彫。余緣譜誼，心儀其人，今讀遺稿，尤掩卷三嘆云。

嘉慶十六年夏四月

之罘夢人王照圓序

劉静春《古列女傳詩》叙

《古列女傳詩》者，静春劉夫人之所作也。古傳百二十有四人，今詩百二十有五篇，補曹大家一篇也。

其詩澹雅，穆如清風，而不加雕琢，異乎妃豨，蓋有古澹之遺味焉。嘗嘆風雅道喪，質醨而流于綺，波靡而漸于浮。欲黜浮華，仍歸醇質，然徒流連風月之吟，無謂也。

依託《列女》，檃括傳文，傳既傳，知詩亦必傳矣。劉向氏既爲傳而篇繫以頌，其子歆復爲頌而各繫于篇。選注引材女修身，廣觀善惡，即歆所爲頌，惜其餘篇不傳。今詩百有餘篇，首尾燦然，取材于傳而不溢一言，繼絶響于向、歆，扇餘芬于鞶帨。劉氏之門，信自古多英賢與！劉有子曰祜，甫十齡，須其長成當復能頌《列女傳》。劉所居曰「静春」，因爲其號焉。昔曹大家撰《女誡》一卷，垂爲閨範，今詩人之作，何必相遠也。

嘉慶癸酉十二月

福山王照圓叙

記從表妹林氏遺事

余讀牟默人先生《祭冢婦林氏文》，不禁喟然而嘆也。氏爲余外祖父從孫女，于余爲從表妹。自其羈年，慧悟絶人，與之語未嘗不令人解顔。余往來外家久，悉其生平有年矣，不具記，記其大且難者。

自古家庭骨肉處之難，而百無一全者，莫如嫡孽閒，若遭離疑釁而能宛轉彌縫令父母兄弟無違言，蓋千無一人焉，尤古今之至難者也。初，氏父母和好無閒，既生子女六人，又納張及鄭。鄭即氏所生，生甫六、七年，即知父母之不能同居相安，恒戚戚容無歡。氏于諸姊中居第五，衆皆輕其年，不知其情之悽悽、誼之款款也。

父有别業曰井子窪，距所居荆子埠僅三里，田廬井竈悉在焉。父以課農，便遂携鄭、張并二子以居，爲讀書兼力田也。氏雖隨而往，然十餘日閒輒啓父一歸省母，母尤愛憐之，樂往悲來，率以爲常，往往去還猶帶泣涕狀。見果蔬及菽麥薦新，則曰：「尚以奉母食。」舍殽膳之精者，亦曰：「尚未遺母。」睹家人市雞、魚，又曰：「尚以餉母；母貧儉，恐不能常給鮮也。」或又曰：「二兄讀書苦，美食尚以啖之，吾女輩，毋與分甘也。」其識大義類然。是以父殁後，張既從死，鄭亦欲殉，而母及兄姊特矜全之，不有怨疾之言者，由氏天資孝悌，左右維持之力而然也。嗚呼！其賢哉！

氏行嫁後，余隨夫子在京師，其順于舅姑，和于室人，余不及見之，姑述其在父母家大且難者著于篇。

嘉慶十九年八月廿六日

福山王照圓記

《聽松樓遺稿》跋

陳恭人《聽松樓遺稿》，讀之終卷，喟然而嘆，蓋自赧也。

照圓少不嗜學，先慈林太安人恒督課之，讀至夜分，不中程不得息，蓋廿餘年如一日。比少長，留心故訓，又不能覃思窮其要眇，中更慈幃棄養，學遂荒落，以迄于今。伏念恭人乃自髫齊未嘗离卷軸，心竊恧焉，自謂弗如一矣。

恭人生長華胄，日嬪鼎貴，而無驕倨習，學焉日有孳孳，不異寒門，余所弗如二矣。

夫顯揚先祖所以崇孝，故曰無美而稱是，誣也；有善弗知，不明也；知而弗傳，不仁也。恭人《述訓》、《述略》諸篇，揚先德之餘烈，媲徽音于周詩，蓋自班惠姬以來乃今復睹雅裁焉。余以幼孤，追感先慈苦節勤劬，亦嘗有所撰述，每恨詞不稱意，則弗如者三也。

《女訓》、《婦職》諸篇，實閑有家之盛節，考亭嘗論大家《女誡》未盡作者之意。恭人本風人之敦厚，擷禮經之華腴，宏通淹雅，皆可以垂閨範、樹典刑，余愧弗如四也。

顏黄門云：「父母威嚴而有慈，則子女畏慎而生孝。」余于子女有慈無威，不能勤加誘導，俾以有成。今讀《授經》、《偶筆》及《尺素》各篇，意思勤綿，時時以課讀温經，形于楮墨，雖古伏生女之授《書》，宋文宣之傳《禮》，不是過焉，余所弗如五矣。

謝媛吟絮，劉媜銘椒，代有新詞，流芳繡帨。余遇春秋佳日，未嘗不流連風景，舒寫性情，靡堪甄録，旋亦零落無存。伏讀古今諸體及詩餘各首，清英令淑，篇咏之外，令人如見其人，余所弗如六矣。

至于表成詩落，椒殿蘭闈，駢羅篇帙，古今大文，當與曹仁叔妻後先媲美，余尤無能爲役，非直自慚弗如而已。自惟黔淺，未能問字紗幮，執經書幌，僅獲剩粉零香，徘徊吟玩，深可盡傷。竇犨有言：「君子哀名之不立，不哀年之不登。」恭人文富才嫻，蘭蕙夙彫，此才此筆，自當壽以登年，短祚非不幸也。余抱恙廢書，積塵凝席，獲睹稀珍，意有慕焉。雖自知此事無如，猶復綴詞簡末，欲附青繩云爾。

之罘王照圓跋

曬書堂筆記

目録

卷上

卷下

曬書堂筆記卷上

上諭

嘉慶四年己未八月間，余寓山左會館，月下同人閒坐共話，仰見空中飛而過者，白羽爲衣，共月輝映。先是，人傳京畿多蝗，以今所見，證知人言非謬也。

九月内，伏讀諭旨，有云：「本年曾有飛蝗，前詢，據胡季堂奏稱：蝗蟲黄色者則能害稼，黑色者並不爲害。」上于是月有恭詣山陵之行，特令侍衛扈從諸臣向道旁捉取，親加閱看，蓋黄色少而黑色者多也。上因悟前奏爲地方官粉飾之詞，仍令該督察明被蝗地方，受傷輕重，分別加恩。仰見皇上至明至仁，軫恤閭閻之至意。夫人臣奏對，苟利民生，便當入告，幸承清問，寧得不宣，而守臣所奏黑蝗不害，殊失大臣對君之體也。

謹案：《春秋》記災，桓、莊以前書「螟」，僖、文以後書「螽」，而宣公十有五年特記「蝝生」。螽，蝗也；蝝，蝗子也。夫螽子猶書，况于成螽？又文公三年書「雨螽于宋」，《傳》曰：

「墜而死也。」夫死螽猶書，況于生螽？推此而言，蝗即不害，準以經義，尚應登諸簡牘，矧蝗本無不害者哉？

嘗驗蝗有三種：曰黄、曰黑、曰緑。黑者，翅斑，腹幹微𪓟，疑蝗之雄者也；緑者，翅亦斑，色唯首以下淺緑，又一種豆緑色而光澤，其甲下有翼，淺紅，童兒喜燒啖之。野諺云：「蝗蟲過，連累油蚂蚔。」其實，此各一種，非蝗之類也。然蝗類有三，其爲食稼則一。黑、緑二種，雖無蝗之年，亦所時有，故人不爲異。若黄色一種，苟不成災，雖有蝗之年，固應無害也。蓋蝗爲災與否，以多寡爲驗，不以黑、黄爲憑也。因憶本年四月朔司天奏日月合璧、五星聯珠，以爲上瑞。上以爲天度有常，合璧聯珠，布算家可推驗而知，不足爲瑞，其不必宣付史館，並言前歲十一月某日夜中衆星交流如織，上所親見，而司天曾不奏聞。

謹案：唐咸亨中，太史奏含譽星見，遂令編入史書。夫含譽狀如彗星而小耳，當時所見即惡知非彗而輒編諸瑞牒耶？準斯以談，將蝗之黑色者多抑亦可以不報災而報瑞也歟？

嘉慶九年甲子夏日，京畿飛蝗集御案，有詔封寄督臣顔檢閲看。先時，顔奏飛蝗惟食青草，不食禾苗。嘻！蝗不食苗與蝗不害稼並形奏牘，其事前後同類，因附記之。

《晉書·懷帝紀》：永嘉四年，「幽、并、司、冀、秦、雍等六州大蝗，食草木、牛馬毛，皆盡。」

《愍帝記》：建興五年，「司、冀、青、雍等四州螽蝗。石勒亦競取百姓禾，時人謂之『胡蝗』。」

《五行志下》：「元帝太興元年六月，蘭陵合鄉蝗，害禾稼。乙未，東莞蝗蟲縱廣三百里，害苗稼。七月，東海、彭城、下邳、臨淮四郡蝗蟲害禾豆。八月，冀、青、徐三州蝗，食生草盡，至于二年。」又，「二年五月，淮陵、臨淮、淮南、安豐、廬江等五郡蝗蟲食秋麥。是月癸丑，徐州及揚州、江西諸郡蝗，吳郡百姓多餓死。」「孝武帝太元十五年八月，兖州蝗。」「十六年五月，飛蝗從南來，集堂邑縣界，害苗稼。」

《北齊書·文宣紀》：天保八年，「自夏至九月，河北六州、河南十二州、畿内八郡大蝗。是月，飛至京師，蔽日，聲如風雨。甲辰，詔今年遭蝗之處免租。」九年，「山東大蝗，差夫役捕而坑之。」

《隋書·五行志》載：天保八年蝗，畿人皆祭之。

《劉聰載紀》：「河東大蝗，唯不食黍豆。靳準率部人收而埋之，哭聲聞于十餘里，後乃鑽土飛出，復食黍豆。」

《石勒載紀上》：「河朔大蝗，初穿地而生，二旬則化狀若蠶，七八日而卧，四日蜕而飛，彌亘百里，唯不食三豆及麻，并、冀尤甚。」

《苻健載紀》：「蝗蟲大起，自華澤至隴山，食百草無遺。」

《苻堅載紀下》：「幽州蝗，廣袤千里，堅遣其散騎常侍劉蘭持節爲使者，發青、冀、幽、并百姓討之。」又云：「所司奏劉蘭討蝗幽州，經秋冬不滅，請徵下廷尉詔獄」云云。

《宋書·范泰傳》：元嘉三年秋，旱蝗，上表略云：「災變雖小，要有以致之。守宰之失，臣所不能究；上天之譴，臣所不敢誣。有蝗之處，縣官多課民捕之，無益于枯苗，有傷于殺害。臣聞桑穀時亡，無假斤斧，楚昭仁愛，不禜自瘳，卓茂去無知之蟲，宋均囚有翼之虎，蝗生有由，非所宜殺」云云。

今案：討蝗，前史所記殺蝗，未聞有傷大田，秉畀炎火。范泰戒殺示仁，千古奇談，令人怪嘆。

嘉慶五年四月十七日奉旨：「户部議覆喀什噶爾參贊大臣富俊等奏請將各城官員兵丁鹽菜銀兩折給普爾錢文，按照時價每銀一兩折普爾錢二百五十文一摺。新疆地方行使普爾錢文，日積日多，錢價過賤，自應酌爲調劑，但該處大臣官員所支養廉，于乾隆五十二年增折錢文時，並未將此項議增，今遽請按照新定錢數一律加增折給，殊屬非是。」

七月九日奉上諭：「浙江百姓每以上等之米留爲自食，中等糶賣，下等完糧，此係向來積習，朕所稔知。向來各州縣多有折色浮收情弊，而不肖丁弁又樂于從中沾潤，以致米色參差。」

嘉慶五年九月十一日奉上諭：「朕恭閲乾隆六年《實録》，内載左都御史劉統勳條奏二疏：一、以大學士張廷玉歷事三朝，晚節當慎，乃外間輿論動云『桐城張、姚兩姓占却半部搢紳』，此即盈滿之候，爲傾覆之機所伏。請令張廷玉會同吏部將張、姚兩姓部册有名者詳悉察明，若係親房近支、累世密戚，開列奏聞，三年之内停其升轉。一、以尚書公訥親承辦事務太多，任事過鋭，請量行省減各等因。詞義極爲嚴正。」

嘉慶　年十一月十八日奉特諭：「近年以來，六部堂官所拔擢之司員，大率以迎合己意者爲曉事之人，以執稿剖辨爲不曉事之輩，以每日傴謁、卑詞巧捷者爲勤慎，以在司坐辦、口齒木訥者爲迂拙。遂至趨承卑鄙，乞憐昏夜，白晝驕人，仕路頽風，幾不可問，氣節消磨殆盡，成何事體！摺稿未達于宫庭，新聞早傳于街市，廣爲談説，信口批評。」

嘉慶二十二年十一月三十日奉上諭：「朕恭閲雍正九年八月《實録》，内載『諭大學士等：肅州金塔寺原種進貢之哈密瓜，朕思與其種瓜，何如種粟以資民食？著行文該督撫等，嗣後不必進獻，并著曉諭彼處民人知之。欽此』。仰見我皇祖重農貴粟，不使地有遺力，惠愛黎民之至意。從來食爲民天，樹藝五穀，是爲本務。瓜猶蓏蔬之屬，尚恐栽種者多，致分地力。近日烟草之植，無處蔑有，更復有水烟一種，産自甘肅，近聞栽種益廣。此皆無益民生，有妨稼穡。甘肅地土狹瘠，尤當使民知種穀，庶免艱食之虞，著該督飭知地方官遍行曉諭，凡種水烟地畝，概令改種黍禾，隨時察禁，無許仍前趨利逐末，致妨地利。再聞近日都城中并有以水烟入市售賣者甚多，至每歲隨往熱河逐隊營趁，不可不嚴行禁止。著出示曉諭，各令改業營生，如有不遵，察拏懲辦。其熱河地方并著該管文武官一體察禁，隨時驅逐，以儆游惰。欽此。」

嘉慶　年　月日奉上諭：「昨據鐵保奏，審擬高密縣民李詒遷具控仲二等捏稱伊父尸係旱魃糾衆刨墳將尸燒毁一案，已批交刑部核擬具奏矣。旱魃之名，見于《大雅》，後世稗乘相傳，遂以爲僵尸歲久即成旱魃。其説本屬不經，而鄉曲小民惑于傳播之言，每有刨墳毁尸之事。即如此案，仲二等與李詒遷並無仇隙，祇因時届亢旱，見伊父李憲德墳土潮潤，疑爲尸成旱魃，迨至糾衆刨墳，鉤出尸身，以其皮肉未腐，輒稱實係旱魃，相率擊打燒毁，情節殊爲殘酷。夫暵乃係天行，豈朽胔殘骸所能爲虐？而蚩氓無識，妄謂除魃遂可弭災。若不嚴設例禁，任聽鄉愚刨墳擊打，甚至不肖匪徒挾仇殘忍，于風俗人心大有關係。著該部悉心酌核，纂輯例條，嗣後遇有此等因指稱旱魃刨墳毁尸之案，即應照開棺見尸律分别首從科罪。如訊係實無嫌隙者，其應絞首犯尚可予以緩决；若訊出挾仇洩忿情事，即應入于情實辦理。如此嚴定罪名，通行各直省轉飭地方官遍行曉諭，庶小民等心知畏法，不再狃于鄙俗致啓仇害之漸。所有高密縣一案，即著照此辦理。」

嘉慶二十五年十二月硃諭：「昨已明降諭旨，停止清察各直省陋規矣。因是思及爲君之難，倍增乾惕。世有剛愎自用拒諫矜己者，固爲不善矣，若不能辨别是非概行聽納，必至政出多門，紀綱紊亂，甚則朝令夕改，莫知適從。如是日漸月積，相習成風，雖有忠臣志士，亦必緘口結舌，國政尚可問乎？故清察陋規一事，雖係英和建白，實朕不慎不明之過。彼時何難三思博訪而後宣也？然諸臣亦當諒朕之心也。英和受皇考特達深恩，任事有年，朕亦知其才力可取，辦事認真，不避嫌怨。擢英和于軍機者，此也。不料，英和聽信邪言，爲清察陋規有益于國計民生，率爾陳奏，在伊實係因公起見，並無别故，總由朕審度不明，幾至誤事。朕斷不肯委過臣下，亦不肯文過遂非，幸朝有諍臣，連章入告，使朕胸中黑白分明，而又無傷于政體，朕不勝歡悦之至。汪廷珍、湯金釗、方受疇、蔣攸銛、陳官俊俱著交部議叙；孫玉廷具奏陳辨，尤爲剴切通達，直言無隱，可謂公忠體國之大臣矣，著交部從優議叙，以爲竭忠盡職敢言者勸。將此通諭中外知之。欽此。」

嘉慶二十五年七月二十一日上諭：「本日據方受疇奏稱：深州地方秋禾多有雙穗，至二十一穗者，摘取二十莖進呈。朕敬憶皇考高宗純皇帝《實録》内載乾隆年間河南省曾經奏進雙穗、四穗嘉禾，聖諭以爲凡土壤肥腴之處，又值雨膏霑足，其發生芃勃，則一本數穗，亦事所恆有，不必侈言嘉祥，惟以未經成熟之禾遽行摘取，轉使數莖嘉禾置之無用，殊爲可惜。仰見我皇考貴粟重農，不尚符瑞之至意，本年雨暘時若，直省年穀順成，多登上稔，朕心深爲忭慰。國家以豐年爲瑞，何必以雙岐合穎詡爲美談？且此所進二十莖亦未免虚耗物力。嗣後如直省遇有瑞麥、嘉禾，尚當據實奏聞，不可稍加粉飾，概毋庸摘取進呈，用副朕崇本務實仰紹前徽至意。」

道光元年二月初二日上諭：「欽天監奏：本年四月初一日，日月合璧，五星聯珠。朕惟懸象著明，肇先七政，史册所載，高陽氏時五星聚于營室，漢代聚于東井，宋世聚于奎，皆紀爲難逢之瑞。第日月五星麗天而行，本有常度，即同明共貫，亦祇會逢其適，可以推測而知。我朝列聖相承，雍正、乾隆、嘉慶年間，天章屢耀，仰承昊佑，景運隆長。兹朕初元復遘嘉會，敬惟奉天之道，遇儆則當修省，被祥惟益勵寅恭。朕嗣統以來，兢兢業業，猶恐弗及，何敢矜言符瑞致啓侈心？古云：『國家以賢才爲寶，豐年爲瑞。』惟當夙夜孜孜，與内外臣工共圖上理，期于政通人和，薄海群生咸登康阜，以丕揚我列祖無疆之休，仰副我皇考付託之重。斯願克遂，其爲休應孰有大于是者乎？此事不必宣付史館，用示朕崇實黜浮至意。欽此。」

道光四年七月初七日上諭：「御史李逢辰奏請嚴禁淫祠邪説一摺，蘇州府城西十里楞伽山土人立五通祠，前于康熙年間毁祠踣像，日久禁弛，賽饗如故，及女巫假託神語，按簿還願。陋習相沿，不獨蘇州一府爲然，不可不嚴行飭禁。著孫玉廷、韓文綺即飭所屬州縣將境内五通等祠概行撤毁，毋任愚民賽饗結會；其女巫等並著地方官出示曉諭，責令該家長嚴加管束；其一切創立邪説、哄誘愚民燒香斂錢等事隨時訪拿，嚴行重加懲治，以維風俗而正人心。」

鄉先達

吾鄉文獻，代不乏人，恨未有能裒集一書用垂竹素者。昔漁洋山人嘗欲輯海右六郡前輩作者遺集五十家，斷自洪、永已來，如許襄敏彬、黄忠宣福、秦襄毅紘、馬文簡愉、劉文和珝、毛文簡紀、王叔武宗文、靳兩城學顔、藍田玉夫、殷近夫雲霄、穆文簡孔暉、邊尚書貢、劉希尹天民、許尚書成名、王文定道、殷文莊士儋、馮閭山裕、子汝强惟健、汝行惟敏、汝言惟訥、李滄溟攀龍、李伯承先芳、蘇侍郎祐、楊太宰巍、劉範東隅、吴太宰嶽、戚少保繼光、子子冲澹、龔方洲秉德、于文定慎行、兄厖眉生慎言、郭魯川本、傅金沙光宅、于念東若瀛、李愚谷舜臣、李中麓開先、邢子愿侗、公文介鼐、弟舉人浮來鼒、馮文敏琦、鍾尚書羽正、謝茂秦榛、許殿卿邦才、從叔祖伯石象艮、季木象春、高孩之出、鄒養浩頤賢、先伯父侍御府君與允〔胤〕、盧德水世㴶、王湘客若之、劉節之孔和、張元明光啓、徐東癡夜、董樵谷樵輩，擷其菁華，都爲一集。而又以守官京師四十餘載，匆匆未暇，及其歸田而耄及之，又以斯志未遂，聊俟他日爲辭。《香祖筆記》十

夫以漁洋當時名位之隆，足以號召天下，欲輯一書，當如登高而呼，群山響應，而蓄志數十

年終未獲就，豈非日月逝迺漿、風雲牽兒女耶？且其欲輯五十家者，徒以其文耳，抑猶未徵諸獻也。若能旁搜志傳，人各爲篇，斯兩無憾耳。當今此事知復誰屬？嘉慶己卯八月一日齊魯館書。

《龍城録》載：王宏，濟南人，與唐文皇少爲同學，從受八體書。既登極，訪宏，隱去不見。此吾鄉之嚴子陵，而志乘佚不載，故著之。《筆記》十一

按：鄒長倩遺公孫宏書，著素絲撲滿之箴見《西京雜記》，尤吾鄉獻民之卓卓者，亟宜著録。

吾郡李文叔格非，元祐黨人，文士也。其著作自《洛陽名園記》外，不多見。頃從《墨莊漫録》得其所著《墨癖説》及《雜書》二篇，録之以備文獻云云。《筆記》十二

按：《墨癖》清辯滔滔，《雜書》論左、馬、班、韓之文，痛快絶人。又論孟子之言道，如項羽之用兵云云。又「墨客揮犀」一條云「李格非善論文章」云云，議論亦透到，並宜著録。《墨莊漫録》又云：「李文叔作《歷下水記》，叙述甚詳，文體有法，惜不與《洛陽名園記》並傳。」《筆記》十一

元張文忠公養浩，歷城人，故居在今布政司街，有七聘堂，今改爲祠。《筆記》九

按：文忠有《歸田類稿》，其文多性靈語。

《後漢書·嚴光傳》：齊國上言：「有一男子，披羊裘釣澤中。」今臨淄縣南十里淄水上有釣

臺，傳是子陵故迹，而與七里瀨釣臺隱顯迥別。此水一號龍女水，又名裙帶水。《筆記》十

按：嚴，會稽人，偶爾釣遊，同乎流寓，然亦吾鄉嘉話，聊附末篇。

《澠水燕談録》八〔七〕云：「青州布衣張在，少能文，尤精詩，奇蹇不遇，老死場屋。嘗題興龍寺老柏院詩云：『南鄰北舍牡丹開，年少尋芳日幾回；唯有君家老柏樹，春風來似不曾來。』大爲人傳誦。文潞公皇祐中鎮青，詣老柏樹訪在所題，字已漫滅。公惜其不傳，爲大字書于東廊之壁。後三十餘年，當元豐癸亥，東平畢仲甫將叔見公于洛下，公誦其詩，屬畢往觀。畢至青訪其故處，壁已圮毁，不可得，爲刻于天宫石柱，又刻于故所題之處。」余謂畢刻今復不存。張能咏柏而不能咏牡丹，其不遇故宜也。潞公雅意憐才，終不能令名壽青社，乃知文士數奇，并身後之名亦不能保，令人嘆息。古今此類甚多，因是吾鄉先達，故特録而存之。

第五泰，字伯通，青州益都人，咸通鄂州文學，有《左傳事類》二十卷，見《唐書·藝文志》。《藝文志·雜藝術類》有吴恬《畫山水録》。卷亡。恬一名玢，字建康，青州人。

金日磾後爲叢氏附：鞠氏

《池北偶談》十云：「文登叢大司空蘭，本漢秺侯金日磾之後。相傳日磾四十五代孫永，遷

縣之叢家峴，家焉，遂以爲姓，至今科名甚盛。」江西多淦氏，舊傳亦日磾後。有金賦者，宋南渡爲兩川制置使，以姓同北國，高宗爲加三點，遂有淦姓，詳載予〔于〕《皇華紀聞》。後一條即參《紀聞》

按：秺侯忠孝名家，宜其澤厚流長。叢氏今爲吾鄉望族，讀書恂謹，自其家傳也。江西淦氏有淦君鼎，字和之，建昌人，本漢金日磾後，以歲貢授贛州府學訓導，假通判銜辦事軍前，爲楊、萬二公所重。贛城破，遣長子宏斌脱身歸，遂肅衣冠自經死云云。見《皇華紀聞》。今吾郡海陽有鞠姓，亦詩書名家。《史記·荆軻傳》有鞠武。《索隱》曰：「鞠音麴，又如字。」然今海陽人只讀如字，或言與曲姓同宗。

王恭靖公

《池北偶談》八云：公諱璟，字廷采，一字東皋。沂州人。成化進士，以清節著聞。嘉靖中，謚恭靖公。諸生時，夜讀書，有嫌家持槍隔窗刺之，公走避得免，月下窺知爲某，閲三十餘年，未嘗告人。公後顯貴，其人以俵馬差累，求救于公，公略無難色。但笑曰：「某日夜，若刺我死，誰當救汝？此後慎勿害人！」一感泣謝罪。其厚德如此。

秦襄毅公

《池北偶談》八云：公諱紘，單縣人，自撰《年譜》一卷，乃公八十歲以户部尚書家居時自述，時嘉慶〔靖〕十七年云云。

巡撫項公忠奏予才堪治繁，調秦州。道經西安，項公謂予曰：「秦民難治，皆以刁民作梗，爾到彼，有此等，即打死申來。」予曰：「刁民，人皆惡之，所惡不同：上司于刁民，則惡其害人；州縣官于刁民，則惡其害己。但患御之無道耳。苟御之有道，刁民將化爲良民。若專事誅鋤，反使貪官得計耳。」項公笑而不言。到秦一年，三年拖欠糧草皆完，健訟與盜賊斂迹。項聞之喜曰：「秦州得人矣。」

秦州有囉哩户，乃回回别種，漢人不與通婚姻，自相嫁娶，有以兄弟娶姊妹者，有以姑姨配甥姪者。予訪得清水、秦安等縣，亦有囉哩，乃移文各縣，令其共爲婚姻。秦俗尚鬼，每歲清明日，各辦花山喪儀，費至三四千金。臨期于城壕拾取死囚骨殖，棺斂葬之，云不如此，則厲鬼降禍。予嚴禁之，曰：「爾民遇節，棄祖墓不拜掃，却妄費財物，諂事厲鬼，何耶？使厲果能爲禍，予願以身當之。」此風遂息。

王文僖公

王文僖公懿修，字勖嘉，號春敷，風度端凝，持身謹約，雖處顯榮，無異儒素。初館選時，深爲諸城劉文正公所器。後韓城王文端公嘗語人曰：「吾見其一生行事，總似作秀才時。」

嘉慶癸酉，鐵冶亭保遷大宗伯，爲文僖壬辰會試所得士，于是爲同官，而左右侍郎英煦齋和、胡西庚長齡、秀〔季〕楚翹寧、汪瑟庵廷珍又皆出冶亭之門，同堂六人，衣鉢相承，時有「水部三堂三鼎甲，春官六座六師生」之句。三鼎甲者，茹古香先生、王勿庵以銜、胡西庚也。

高念東侍郎

《池北偶談》十一云：淄川高侍郎念東珩，少時與兄解元繩東瑋同舉省試，公車北上，謁鄒平尚書華東張公延登。公言：「君輩少年登第，不啻登仙。老夫少年，意氣亦爾，今老矣，迴憶五十年中，功名官職，都如嚼蠟。更數十年，君閱歷當自知之。」公辛巳以南總憲考滿過家，薨于里第。司寇及兄，癸未、丙戌先後成進士。司寇入翰林，十年至佐銓，已，乃以事左遷。又十餘年，再貳司寇，憶尚書之語，慨然賦詩云：「翹車北指五雲邊，緒論追陪豈偶然？晚節功名如嚼蠟，少年科第似登仙。曠懷久矣推先輩，微語還堪悟後賢。畢竟山中煨芋好，十年宰相亦堪憐！」

王人岳大司農

吾鄉《王大司農年譜》云：康熙三十一年四月，上遣公及司空沙木哈馳赴陝之西安、鳳翔施賑，差旋復命，侍衛敦往傳諭云：「皇上諭大人們辛苦了，吃了茶去。」沙公暨諸部郎俱大喜曰：「差回之人從未蒙此温語異數，皆昂裏昂邦之波及也。」

公嘗手書訓長男淞云：「富貴浮雲，功名石火，幻也，非實也；富貴非力可强，功名須時乃就，實也，非幻也。知其幻則不貪著，知其實則不妄作，知其非幻亦非實、即實亦即幻則不至驕矜而墮落。此處明白斯盡人合天，丈夫之事立矣。我平生見富貴家不知起一羡心，見富貴人不知起一媚心。即我今日亦在富貴之列，然我自視却與作秀才時無異。若功名或尚未絶念，然未嘗有立意作功名之心。遇事之有功于世者，雖大害亦所必爲；若敗名之事惡其喪心，雖大利亦斷不爲。《列子》云：『善吾生乃所以善吾死。』深信爲聖教之祕訣爾。能悟此語，則知我心我行矣。」

又病中手書寄喻成龍正庵方伯曰：「劉君承臺命極力調蘗，賤恙似可漸愈，不料忽變苦趣，或命數已定，非人力可爲乎？恐倉卒畢命失訣，勉寫數語以全我兩人始終之義。誠以居心，忠以事主，廉以立節，哲以保身，吾道盡矣。一生皆由天定，半點不屬人謀。守本分以俟命，留餘地于子孫已耳。寧甘清貧，毋羡貪富，士君子多于財字未能看破，故丈夫本領在此。禍福倚伏，更宜静觀世道人情，認理過真，失諸固必也。上官同堂，人各有心，處各有道。寫至此，再難搦管。不盡。」

又書壁一則云：「性静情逸，心動神疲，守真志滿，逐物意移。此周興嗣《千字文》中之十六字也。養身者宜行之，涉世者宜知之。」

徐雨峰撫軍

造物豈是無情物，民社原依至性人。不有一腔真熱血，吾儕未許説經綸。

鄭重昂藏七尺身，空諸倚傍自精神。脚根實地全由我，眼底冰山最怕人。

但是無顔皆可富，若非有骨豈能貧？雙睛不染金銀氣，才是英雄一輩人。

口頭經濟非實學，面上浮華是淺人。鱗甲依稀雲霧裏，真龍原不露全身。

此吾鄉徐大中丞士林諸生時爲邑宰某題扇四絶句也，平生志業，足見一斑。及貴，清剛公正，聲績炳如。後薨于位，僚屬賻贈，難弟某一無所受，事聞于朝，可謂有古循良之風矣。相傳公爲撫軍，初到公廨，仰睇微笑，官屬疑訝。丐公親知密偵其故，公曰：「初，余完婣，氈彩緋衫，咸貸戚友，合巹之夕，而貸者趣索前物。今入公廨，氈毯藉地，心謂適分。偶感前事，故失笑爾。」

《熙朝新語》八載：公巡撫江蘇，讞獄，先摘定案大略，牌示于外，而後發繕文册，所以杜胥吏之撞騙也。世宗嘗謂曰：「爾風格凝重，當爲名臣。」

民言風俗

嘉慶二十三年二月初四日邸鈔，都察院奏：據浙江山陰縣民人王思恩供稱：「竊身向作生理，歷由各省，目睹情形有不平者，彙鈔一本。」内如「廣東省之廣州則熬烟泥、吃鴉片烟，指當銀礦；案：原鈔無礦字。潮州則買丁充縱械鬥，猜花會；福建省則諱檢報竊；江西省則指鹽價昂；浙江省則税及零星；嶺南多有曠土；安徽省則米多和水，船行向有定規。又湖北、兩江、浙江等省則用小錢累賣買；閩、浙、兩江、湖、廣等省則貴買飯病行人。其餘南方城池當拔除草附；鳳陽沿河一帶民虞水多，當在寧遠縣界居；盧州江五壩漲沙，宜用混江龍，築塘宜用木石，選各省候補人員效力；徐州黄河過渡訛索；王家營至德州道途窪下；甘肅高台當衝，駟馬太少。又五省回回店又準吃猪肉；漕倉老米無漿脂；字紙敬惜者少，踐踏者多。以上諸款，係因目睹不平，是以具呈，懇求代奏」等語。

夫鄉曲愚民，上章言事，狂謬庸回，誠不足道，然《周官》「訓方氏」掌道四方之政事，誦四方之傳道；而「小行人」因適四方，于萬民之利害，政俗之順逆，各爲條録，國別爲書，以反命于王，以周知天下之故。蓋觀風問俗，詢謀周諮，固朝廷所不廢，今以細民而侵官守，悖矣。然其事與言有可存察者，未可因詞語鄙俚而概不省觀也，并録存之。其文蕪雜，字多近訛，可無深論。

正史外記

古事新艷可喜，有正史所不載而見于外紀者，余綴輯二者著于篇。

一則，《漢書》：高帝七年，擊韓王信，「遂至平城，爲匈奴所圍，七日，用陳平祕計得出。」應劭注云：「平使畫工圖美女，間遣人遺閼氏，云漢有美女如此，今皇帝困厄，欲獻之。閼氏畏其奪己寵，因謂單于曰：『漢天子亦有神靈，得其土地，非能有也。』于是匈奴開其一角，得突出。」師古以爲：「應氏之說出桓譚《新論》，蓋譚以意測之，事當然耳，非記傳所說。」然《高帝紀》既言「祕計」，《陳平傳》又言「用奇計，使單于閼氏解，圍乃得開」。《匈奴傳》亦言「高帝使使厚遺閼氏。」則其說必非虛造。又《水經·㶟水注》引孫暢之述畫曰：「陳平使能畫作美女，送與冒頓閼氏，恐冒頓勝漢，其寵必衰，說冒頓解圍。」亦與應說同。其不見于正史者，蓋漢朝以其事鄙俗諱之，因削其籍，故紀傳未載耳。

一則，《漢書·匈奴傳》：竟寧元年，呼韓邪單于入朝，「自言願婿漢氏以自親。元帝以後宮良家子王嬙字昭君賜單于。單于懽喜。」《本紀》又云：「賜單于待詔掖庭王嬙爲閼氏。」《前書》所記不過如是，《後漢》則詳矣。《南匈奴傳》云：「昭君字嬙，南郡人也。本南郡秭歸人，秭歸即夔州。初，元帝時，以良家子選入掖庭。時呼韓邪來朝，帝敕以宫女五人賜之。昭君入宫數歲，不得見御，積悲怨，乃請掖庭令求行。呼韓邪臨辭大會，帝召五女以示之。昭君豐容靚飾，光明漢宫，顧景裴回，竦動左右。帝見大驚，意欲留之，而難于失信，遂與匈奴。」此説雖詳，然猶未及畫圖之事也。《西京雜記》始云：「元帝後宫既多，不得常見，乃使畫工圖其形，案圖召幸。諸宫人皆賂畫工，獨王嫱自恃容貌不肯與，工人乃醜圖之，遂不得見。後匈奴入朝，求美人爲閼氏，于是上案圖，以昭君行。及去召見，貌爲後宫第一，善應對，舉止閑雅。帝悔之，而名籍已定，方重信于外國，故不復更人。乃窮案其事，畫工皆棄市，籍其家資皆巨萬。畫工有杜陵毛延壽、安陵陳敞、新豐劉白、龔寛、下杜陽望、樊育，同日棄市，京師畫工，于是殆稀。《世説·賢媛》篇本此爲説，劉孝標注引《琴操》又復不同，云：「昭君，齊國王穰女也。年十七，儀形絶麗，以節聞國中，長者求之者，王皆不許，乃獻漢元帝。帝造次不能别房帷，昭君恚怒之。會單于遣使，帝使宫人糚出，使者請一女，帝乃謂宫中曰：『欲至單于者起。』昭君喟然越席而起，《文選注》引「喟然」下有「而嘆」二字。帝視之，大驚悔。是時，使者并見，不得止，乃賜單于。」而《文選·恨賦注》及《太平御覽·人事部》、《樂部》并引《琴操》，復與《世説》注引多不同。又今世所傳《琴操》本云：「穰見昭君端正閑麗，未嘗窺看門户，以其有異于人，求之皆不與，進于孝元帝。以地遠，既不幸納備後宫，積五六年，昭君心有怨曠，僞不飾其形容。元帝每歷後宮，疏略不過其處。後單于遣使者朝賀，元帝陳設倡樂，乃令後宮粧出。昭君怨恚日久，不得侍列，乃更修飾，善粧盛服，光暉而出，俱列坐」云云。今本《琴操》大略如是。又言：「胡中多白草，而此冢獨青。」

古書茫昧，千載傳疑，自正史猶難盡信，况諸家乎？余姑裒而録之。以見雖止二事而參差百出莫可究詰如此。甚矣，考古之難也！

李陵與蘇武書

子卿，名聲冠于圖籍，分義光于二國，形影表于丹青，爵禄傳于王室。家獲無窮之寵，永明白于千載。夫行志志立，求仁得仁，雖遭困厄，死而後已，將何恨哉？

陵前提步卒五千，深入匈奴右地三千餘里，雖身降名辱，下計其功，豈不足以免老母之命耶？嗟乎！子卿，世事謬矣！功者福主，今爲禍先；忠者義本，今爲重患。是以彭蠡赴流，屈原沉身。子欲居九夷，此不由感怨之志耶！

行矣！子卿，恩若一體，分爲二朝，悠悠永絶，何可爲思？人殊俗異，死生斷絶，何由復達？《藝文類聚》三十卷。鍾伯敬評曰：「簡勁，是西漢本色，再報書贋也。」牟默人評曰：「全仿本傳置酒賀武一段。而稍敷衍使之長，氣味盡矣，罅漏百端。此才固大在齊，梁小兒下矣。何義門所見李陵僞書有五本，此本必不在其數者也。評語亦恐是僞造，鍾伯敬似有知識者，何至爲此人所欺耶？」

案：《藝文類聚》三十卷載《李陵重報蘇武書》，以校昭明所選，多有删節者。

陵自有識以來，士之立操未有如子卿者也。《文選·張華答何劭詩注》引《李陵與蘇武書》。

信命世之才。《文選》蔡邕《陳太丘碑文》及潘岳《西征賦注》引《李陵書》。

策名于天衢。《文選》蔡邕《郭有道碑文注》引《李陵書》。

言爲瑕穢，動增混滓。《文選》潘岳《西征賦注》引《李陵與蘇武書》。

陵當爲單于畜兵養士，循先將軍之令，將飲馬河洛，收珠南海。《文選》孫楚爲《石仲容與孫皓書注》引《李陵與蘇武書》。

蘇武報李陵書

曩以人之〔乏〕，奉使方外，至使遐夷作逆，封豕造悖，豺狼出爪，摧辱王命。身幽于無人之處，迹戢于胡塞之地；歃朝露以爲飲，茹田鼠以爲糧；窮目極望，不見所識；側耳遠聽，不聞人聲。當此之時，生不足甘，死不足惡。所以忍困强存，徒念忠義。雖誘僕以隆爵厚寵，萬金之利，不以滑其慮也；迫以白刃在頸，鈇鑕在喉，不以動其心也。何則？志定于不回，期誓于没命。幸賴聖明，遠垂拯贖，得使入湯之禽，復假羽毛，刖斷之足，復蒙連續。每念足下，才爲世英，器爲時出。語曰：「夜行被繡，不足爲榮。」况于家室孤滅，棄在絶域，衣則異制，食味不均，棄捐功名，雖尚視息，與亡無異。何使君服節死難，書功竹帛，傳名千代，茅土之封，永在不朽，不亦休哉！

嗟乎！李卿，事已去矣。失之毫釐，差之千里，將復何言？所貺重遺，義當順承，本爲一體，今爲異俗，余歸漢室，子留彼國，臣無境外之交，故不當受。乖離邈矣，相見未期，國别俗珠，死生隔絶，代馬越鳥，能不依依。謹奉答報，並還所贈。《藝文類聚》三十卷

乘雲附景，不足以譬速；晨鳧失群，不足以喻疾。豈可因歸雁以運糧、託景風以餉軍哉？

《太平御覽》九百十九卷引《蘇武與李陵書》。

案：此及前書，疑皆齊、梁間人好事者爲之。此段上下文俱脱，不知其意云何。

劉稚川詩

丁丑初秋，讀《屺思堂詩集》，隨録數篇，以資吟賞。

其五言古《偶書》云：「有書不會讀，讀者苦無書。不肯一假觀，甘心飽蠹魚。書汝何不幸，乃落斯人手？辟之積嘉穀，忍飢聽紅朽。天直欲不均，此輩不一人。以此推物變，賢者傷心神。」

《報國寺》自注：「有廟市，每朔望諸賈輻凑，朝士争往市古玩。」云：「所見無一慕，豈必中心安？理勢不得爾，何用勉其難？情知未能免，每過一迴看。無妨謂我有，當非几席觀；抱璧學塗乙，居然傲飢寒。讀書破萬卷，千載名爲酸。山雲轉秋夏，高鳥天地寬；大意能自得，是即庭與軒。」

其五言律《燒舊文》云：「文字真成累，名山多厚顔。在前殊足戀，于世懼無關。梨棗千秋憾，筐箱一夕間。祖龍真有意，難與後人删。」

《墜馬》云：「門祇勞金鑄，人猶愧步安。一差身似葉，萬事險惟官。日給真疑牧，新驚怯據鞍。澄清復此志，攬轡倩誰看？」

《即事》云：「有官常似客，得友即成家。貧不遭人厭，談常到日斜。去來無禮法，飲食有杯茶。學《易》應時進，庭前遍落花。」

録金誠齋《四書正義》

子見南子

孫奕《示兒編》謂南子是南蒯，然南蒯何得稱子？蒯未嘗召夫子，夫子何爲見之？且南蒯叛時，夫子年二十三，子路方十四歲，豈已受業乎？何燕泉《餘冬序録》、陳繹《金罍子》、顧太初《説略》皆從季昭之説，誤矣。

今按：《釋文》「南子」作「男子」，蓋「男」、「南」古通用，然竟不知此爲何人。

觚不觚章

王肅注云：「當時沉湎于酒，故曰『觚不觚』。言不知禮也，蓋言用觚者之失。」《韓詩説》云：「二升曰觚。觚，寡也。飲當寡少，此則觚取寡少之義。而當時貪飲，或大如三升之觶、四升之角，而其名仍謂之觚，名存實亡。天下事類皆如斯，是可嘆也。」毛西河主貪飲説，得其意矣。觚爲禮器，《鄉飲酒獻以爵不以觚，《説文》云云，非也。唯燕禮及大射獻酬皆用觚。夫子所言，蓋指當時人君燕禮。云云

今按：觚爲禮器，自馬融、何晏、蔡謨輩皆主此説，其義自較今注爲長。學僮用觚書字，觚

當作柧，非此。

讀《呂氏官箴》

當官之法，唯有三事：曰清，曰慎，曰勤。知此三者，可以保位禄，可以遠耻辱，可以得上之知，可以得下之援。

有如監司郡守嚴刻過者，須平心定氣，與之委曲詳盡，使之相從而後已。如未肯從，再當如此詳盡，其不聽者少矣。

黄兑剛中嘗爲予言：「頃爲縣尉，每遇檢尸，雖盛暑亦先飲少酒，捉鼻親視。人命至重，不可避少臭穢，使人横死無所申訴也。」

范侍郎育作庫務官，隨人箱籠，只置廳上，以防疑謗。凡若此類，皆守臣所宜詳知也。

徐丞相擇之嘗言：「前輩盡心職事，仁廟朝有爲京西轉運使者，一日見監窑官問：『日所燒柴凡幾竈？』曰：『十八、九竈。』曰：『吾所見者十一竈，何也？』窑官愕然。」蓋轉運使者，晨起望窑中所出烟幾道知之，其盡心如此。

前輩嘗言：「吏人不怕嚴，只怕讀。」蓋當官者詳讀公案，則情僞自見，不待嚴明也。

當官者凡異色人皆不宜與之相接，巫祝、尼媼之類尤宜疏絕，要以清心省事爲本。

當官者先以暴怒爲戒，事有不可，當詳處之，必無不中。若先暴怒，只能自害，豈能害人？前輩嘗言：「凡事只怕待。待者，詳處之謂也。」蓋詳處之則思慮自出，人不能中傷也。

嘗見前輩作州縣或獄官，每一公事難決者必沉思靜慮累日，忽然若有得者，則是非判矣。是道也，惟不苟者能之。

孫思邈嘗言：「憂于身者，不拘于人；畏于己者，不制于彼；慎于小者，不懼于大；戒于近者，不侈于遠。如此，則人事畢矣。」實當官之要也。

叔曾祖尚書當官至爲廉潔。蓋嘗市縑帛欲製造衣服，召當行者取縑帛，使縫匠就坐裁取之，并還所直，錢與所剩帛就坐中還之。滎陽公爲單州，凡每月所用雜物悉書之庫門，買民間未嘗過此數，民皆悅服。

關沼止叔獲盜，法當改官，曰：「不以人命易官。」終不就賞，可謂清矣。然恐非通道，或當時所獲盜有情輕法重者，止叔不忍以此被賞也。

當官處事，務合人情忠恕，違道不遠，觀于己而得之。嘗有人作郡守，延一術士同處書室，後術士以公事干之，大怒叱下，竟致之理，杖背編置。招延此人，已是犯義，既與之稔熟而干以公事，亦人常情也。不從之足矣，而治之如此之峻，殆似絕滅人理。

忍之一事，衆妙之門。當官處事，尤是先務。若能清、慎、勤之外，更行一忍，何事不辦？《書》曰：「必有忍，其乃有濟。」諺曰：「忍事敵災星。」少陵詩云：「忍過事堪喜。」此皆切于事理，非空言也。王沂公常說：「吃得三斗釅醋，方做得宰相。」蓋言忍受得事。故人龔節亭彦承嘗爲予言：「後生當官，其使令人無乞丐錢物處，即此職事可爲，有乞丐錢物處，則此職事不可爲。」蓋言有乞丐錢物處，人多陷主人以利，或致嫌疑也。前輩嘗言：「公罪不可無，私罪不可有。」此亦要言。私罪固不可有，若無公罪，則自保太過，無任事之意。

此篇是南宋吕居仁本中所著，皆當官切要之言，本三十有四條。今録其尤者，置諸左右，備觀省云。

雜問

《韓詩外傳》第一卷云：「處子佩瑱而浣。」處子何人？據《漢書》、《文選注》引《韓詩》并云：「漢有游女，謂漢神也。」又云：「鄭交甫遇二女漢皋臺下，解佩明珠與之。」許氏《説文》「魃」字下云：「鄭交甫遇二女魃服。」蓋用《韓詩》説也。然則處子即神女乎？將佩瑱即明珠歟？《外傳》又云：「抽觴以女。」「抽觴」是何語？《通考》洪氏引此有「孔子使子貢問焉」一句，爲今本所無，亦不可曉。

第十卷云：「天下有道，安如綏衺，晏和覆杅。」敢問「綏衺」何語？

閔子騫蘆華事，經傳無説，漢儒亦不言，而見于唐人雜記，蓋因第二卷有「閔子曰吾出蒹葭之中」一語，好事遂爲斯言。此不當入經解，而王漢階《四書本義》獨見徵引，謂出《韓詩外傳》，豈未讀此書歟？將郢書燕説邪？書中有引《易》二條。案：《藝文志》「《韓氏易傳》二卷」，此蓋其遺説歟？未審他書復有足資考證者不？嘗校此書，多有舛誤，惜無宋本正之。

《檀弓》云：「孔子少孤，不知其墓。」蓋古者墓而不墳，未的知墓穴所在耳。「殯于五父之衢」。于，往也，猶「之子于苗」、「之子于狩」之「于」，言出殯今登萊人謂葬爲出殯往過衢路，而人見之者知孔子必周問詳咨，故曰「葬也」。「其慎也」，蓋其殯時已先問鄹嫗郰曼父之母，告以墓穴所在矣。杞梁妻尚云「有先人之敝廬在」，而謂孔子大聖乃舍其室而殯于衢，鄭説似恐未然。蓋此注本之《史記》而誤，又讀「其慎」爲「其引」，亦似未安。

「曾子弔于負夏，主人既祖填池。」康成讀「填池」爲「奠徹」，盧植、王肅並讀如字。案：《小爾雅》「埋柩謂之肂肂，坎謂之池」，是則「填池」即填埋柩之坎。盧、王讀是。

「子卯不樂」。翼奉説：「子爲貪狼，卯爲陰賊，故王者忌之。」其論甚確。旁參經傳之説，

《詩》曰：「吉日庚午。」以納甲而言，于五音爲宫，是車駕出行之吉也。前二日爲戊辰，于五音爲角，是春田獲獸之吉也。然則，《詩》吉庚午，《禮》忌子卯，故知術數陰陽古人不廢矣。又考《左氏傳》，梓慎占丙子之風，裨竈測壬午之火。以六情而言，子爲貪狼，是謂火衝；子與丑合，故曰融風；午爲廉貞，是謂火房；午與未合，故四國火。由斯以談，翼奉之説，正合經傳，以證《檀弓》，蓋未爲失。先儒非之，恐未爲得也。翼奉傳，晉灼誤注，亦宜是正。

《關雎》，教成之祭也。古者先嫁三月，教于公宫，教以婦德、婦言、婦容、婦功，既成祭之，以成婦順。一章言其教也，二章言其學也，三章言其成而祭也。四德備曰淑女。古者有女宫，公羊莊八年《傳》云：「于群公子之舍則已卑矣。」是有女宫。傅姆教之，女則退習别宫，覺寐思服，學之三月，故曰「悠哉悠哉」，言其久也。或曰：「《關雎》，風始，王化攸基。今言教成，未喻斯旨。」答曰：「歸妹，天地之大義、人之終始也。《歸藏易》首坤，《關雎》詩言教成，義實一耳。其詩優柔平中，其聲初哉首基，孔子讀而嘆之，《關雎》樂而不淫，哀而不傷，言義與聲皆在始初也，過是則淫而傷矣。樂者，樂也，絲聲哀也，詩奏以琴瑟，故言哀樂云。」

「嘒彼小星，三五在東。」星不皆小，言小者，月明星微也。三五，月盈之候。《傳》云：「三心五噣。」案：心，三月在東；噣，五月在東。既不同時，未便兼言所在。參、昴，列星之大者，亦因月明而微。此及下一條俱本《葩經小記》，今採録其語。

「月出皎兮，佼人僚兮。」僚，女侶月下影也。《左傳》昭十一年云：「其僚從之。」

「九月築場圃。」築，拾也，謂拾掇菜茹。《爾雅·釋言》：「築，拾也。」馬融《金縢》注云：「築，拾也。」

「俔天之妹。」傳云：「俔，磬也。」《韓詩》作「磬」，《説文》：「俔，譬諭也。一日閒見。」本或作「聞見」者，譌。案：《釋言》云：「俔，閒也。」閒見，猶罕見。《學記》云：「罕，譬而諭是也。」

「乃慰乃止。」案：《方言》第三卷云：「慰，尻也。」注引《周官》云：「夫一廛，宅也。」正得詩意。

「以弗無子。」傳云：「弗，去也。」箋云：「弗之言祓也。」案：《釋詁》云：「弗，治也。」《詩》、《書》中「弗」字獨此當訓治，而毛、鄭未引。

「實始翦商。」《釋詁》云：「翦，勤也。」勤勞王家，于義爲長。毛傳訓滅，失其義也。《説文》引《詩》作「戩」，而亦訓滅。案《釋詁》云：「戩，福也。」福，商之義，即同勤商。是則「戩」、「翦」二文，古蓋通用，毛公、許君兩失之矣。

《春秋》三傳以下，説者好談褒貶，不知經文直書其事，不言褒貶而義自見。詳《春秋説》又云：「貶魯公，貶天王。」此大謬也。魯公者，孔子之主；天王，天下之共主也。當時，諸侯僭，大夫擅，《春秋》道名分、正王法。若如所貶，是身自爲僭，何以責人之僭？故愚嘗謂：欲明臣子之義，廣忠孝之經，當自不敢褒貶天王始。

「日食既之。」「既」疑當作「暨」，文省作「既」。如「公既位」作「公既立」。《説文》云：「暨，日頗見也。」蓋日將西夕，其光難可盡見，但稍稍見之。故《釋訓》云：「暨，不及也。」是言不及見也，郭注誤解。今案：及與之《字説》作「臮」，經典通借作「暨」，如《釋訓》之「暨」，而郭亦誤以「臮」爲釋也。據《釋詁》云：「暨，與也。」與即及矣，何云「不及」？前後矛盾，文義難通。蓋《釋詁》之「暨」當爲「臮」，《釋訓》之「暨」乃當爲「暨」耳。《春秋》脱誤尤多，難以數舉。

「僖三十三年冬十有二月，隕霜不殺草」；「定元年冬十月，隕霜殺菽」。或舉草，或舉菽，何也？殺菽，秋寒也；不殺草，冬燠也。冬當無草，故不殺爲異；秋當有菽，故殺爲異。《穀梁傳》以爲舉重舉輕，非也。

「襄二年，城虎牢」；「十年，戍鄭虎牢」。城不繫鄭，戍繫鄭，何也？互見也。城若繫鄭，無以見爲難鄭也；戍若不繫鄭，無以見爲鄭邑也。城虎牢何以爲難鄭？虎牢者，巖邑，鄭之吭也，可以扼鄭，可以制楚。諸侯討鄭而不服，于是乎城之，而楚不争，鄭不畔，天下息兵者數年。

昭二十年《左傳》云：「澤之萑蒲，舟鮫守之。」案：「鮫」當爲「魰」。《説文》「篽」字下引《春秋傳》曰：「澤之自篽」，重文作「魰」，蓋「自」即「舟」字，「鮫」即「魰」字。《左傳》、《説文》刊本并以形近而譌。

《説文》「禓」字下引《春秋傳》曰：「有宀亡禓」，是《傳》何句？《論語》「有婦人焉」，石經作「有殷人焉」，是不？未見石經，無從考正。

謂《論語》成于六國時者何人？注《論語》之盍氏爲何晏所未録，盍氏者何名？

「㚖盪舟。」《困學紀聞》以㚖爲丹朱，蓋據《説文》引《虞書》「若丹朱《説文》作絑㚖」之文，恐未然。「顧氏《日知録》據《竹書》「澆覆舟滅斟鄩」，辯之是矣。然經文作「㚖」不作「澆」，奈何！

《書》言丹朱好嫚游，網魚行舟于水，晝夜額額然，榜人挽舟聲也，《孟子》所謂「從流上下而忘反」。

《爾雅·釋詁》云：「台，我也。」「陽，予也。」案：台，通作儀。《詩釋文》引《韓詩》云：「如食儀饇。」儀，我也。陽者，鄭《易·説卦》傳云：「爲妾爲陽。」注云：「陽謂無家女行賃炊爨，賤于妾也。」然則，注引《魯詩》「陽」如之何者，即《毛詩》「傷」如之何也；云巴濮之人自呼「阿陽」者，即如今女子自呼「爲妾」也。阿者，《魏志·東夷傳》云：「東方人名我爲阿。」如此，則卬、姎、陽，一聲之字，皆古人自稱之詞。此二條，邵氏《正義》失于徵引，應補入。

「元良，首也。」疑「良」當爲「首」，蓋釋《虞書》「元首明哉」之文也。案：首，篆文作「𦣻」；良，古文作「𦥑」。似因形近而譌。又案：《文王世子》有「元良」。鄭注：「元，大也；良，善也。」漢儒康成尤宗雅訓，若《爾雅》古本有「元良」之文，鄭君必不失引、舍舊詁而爲新注也。「元良」之譌，可無疑歟？

「貉縮，綸也。」鄭注《檀弓》云：「斬板謂斷，莫縮也。」案：「莫縮」即「貉縮」聲轉耳，即引《詩》云「縮板以載」。此一條邵氏亦失引。

《釋天》云：「營室謂之定。」案：定，鉏屬也，《釋器》云：「斪斸謂之定。」營宫室者資之，故因取名焉。離宫六星，兩兩而居，營室有鉏欘之形，離宫象鉏頭之狀。自古星占起于農事，多取形象爲名，如箕、畢、斗、牛之類。則星之名定疑或取此也。

既云「星紀斗牽牛」，又云「何〔河〕鼓謂之牽牛」，蓋星形難知，恐人不識，故復明之，非有二牽牛也。邵氏《正義》乃以星紀之牽牛指爲牛宿，誤矣。今以星形而言，牛六星，頭戴兩角，其狀似牛，故曰牛。而牽牛直牛頭上，則牽牛人也，牛不得名牽牛，彰彰明矣。然此誤不始于邵氏也，《史記·天官書》「牽牛爲犧牲，其北何〔河〕鼓」，自爾沿誤，千載莫辯。竊謂二十八宿之牛當指牽牛而言，可據「星紀斗牽牛」之一言正之，蓋牛星微小，而牽牛則極明大，故詩人歌其睆彼，《月令》記其旦中，是知經傳之文無以牛爲宿星者，二十八舍得不屬牽牛邪？

《釋鳥》云：「巂周燕燕乙。」疑當從《説文》讀「巂周燕」爲句，「燕乙」爲句。至于「燕燕」之讀，竊所未安。即如是，亦當呼「睢鳩」爲「關關」邪。

《釋畜》云：「騋牝驪牡玄駒褭驂。」疑當從康成讀《檀弓》注「騋牝驪牡玄」爲句，「駒褭驂」爲句，二讀似較郭注爲長。

《説文》「屑，佾聲」，當讀若「公羊叔肸」之「肸」，今俗云「不屑」，正得其音。而《唐韻》「私列切」，又經典沿譌，皆書作「屑」，可謂痛恨。

凡許君「讀若某字」，皆古音也，自徐氏以唐韻附《説文》，而後世無古音矣。恒欲集録《説文》「讀若」之字以想見古人之音。

方言皆古語，今世俗多有存者，東齊人尤然，嘗一一驗之，亦可喜也。

因，古文作「㐫」，讀若「三年導服」之「導」，木部「棪」字下亦有斯讀。初不解爲何語，後讀《喪大記》注云：「禫，或皆作道」，乃知「禫」與「道」古字通也，「道」又與「導」通。

「專，六尺簿也。」是何語？「褌，脛衣。」是何狀？似今衩褌，《左傳》曰褰。「布母縛」，作何形？《説文》「蔆貉中女子無褌，以帛爲脛空，用絮補核，名曰縳衣。」豈即褌歟？然又曰「狀如襜褕」，何邪？如今何服？將蔽膝非其類歟？「犢鼻褌」，又何名？「韎韋之跗注」，即如今何服之形？宣十六年《左傳》注云：「跗注，戎服，若褌而屬于跗，與褌連。」案：如杜言，似今小兒連貫褌之製，未審是不？「點心」，何以稱？

「偶，桐人也。」蓋是偶人，然《中庸》注「讀若相人偶」，及《儀禮》注多有斯語。桐人偶，相人偶，似相涉，可疑。

許君《自叙》云：「分别部居，不相雜厠」，是用《急就章》中語。《説文》引經多異，其《自叙》云：「凡引七經，皆古文也。」案：《虞書》「在治忽」，今文作「采政忽」；《史記》作「來始滑」，《漢書》爲「七始詠」；《周書》「割申勸」，《緇衣》作「周田觀」，此今文 博士作「厥亂勸」。三者皆異。鄭云「古文似近」之説，文中蓋多此類。

曬書堂筆記卷下

温泉考

《水經》：渭水「東過武功縣北。」《注》云：渭水又東，温泉水注之，水出太一山，其水沸涌如湯，杜彦達曰：「可治百病，世清則疾愈，世濁則無驗。」其水北入渭。

「渭水東過霸陵縣北。」《注》云：「渭水右徑新豐縣故城北，東與魚池水會，水出麗山。」「徑始皇冢北。」「西南有温泉，世以療疾。《三秦記》曰：麗山西北有温水，祭則得入，不祭則爛人肉。俗云：始皇與神女遊而忤其旨，神女唾之生瘡，始皇謝之，神女爲出温水，後人因以澆洗瘡。」

《初學記》七引《漢武帝故事》云：「驪山湯，初始皇砌石起宇，至漢武又加修飾焉。」

後漢張衡《温泉賦》云：「余適驪山，觀温泉，浴神井，美洪澤之普施，乃爲賦云：覽中域之珍怪兮，無斯水之神靈；控湯谷于瀛洲兮，濯日月乎中營。蔭高山之北延，處幽屏以閑清。于是殊方跋涉，駿奔來臻，士女曄其鱗萃，紛雜遝其如烟。亂曰：天地之德，莫若生兮；帝育蒸人〔民〕，懿厥成兮。六氣淫錯，有疾癘兮；温泉汩焉，以流穢兮。蠲除苛慝，服中正兮；熙哉帝載，保性命兮。」

魏曹植《述行賦》云：「尋曲路之南隅，觀秦政之驪墳。哀黔首之罹毒，酷始皇之爲君。濯余身于神井，偉温濤之若焚。」

周庾信《温湯碑序》云：「咸池浴日，先應〔膺〕緑甲之圖；砥柱浮天，始受玄夷之命。仁則滌蕩埃氛，義則激揚清濁，勇則負山餘力，弱則鴻毛不勝。仲春則榆莢同流，三月則桃花共下。其色變者流爲五雲之漿，其味美者結爲三危之露。烟青于銅浦，色白于鉛溪。非神鼎而長沸，異龍池而獨涌。灑胃湔腸，與羸起瘠。秦皇餘石，仍爲雁齒之階；漢武舊陶，即用魚鱗之瓦。豈獨禮泉消疾，聞乎建武之廟；神水蠲疴，在乎咸康之世。」

周王褒《温湯銘》云：「挺此温谷，驪丘之陰。白礬上徹，丹沙下沉。華清駐老，飛流瑩心。谷神不死，川德愈深。」

《文選·西征賦》云：「南有玄灞素滻，湯井温谷。」李善《注》云：「湯井即湯泉也，温谷即温泉也。」《雍州圖》曰：「温湯在新豐縣界，温泉在藍田縣界。」

《初學記》七引宋劉義恭《温泉》詩曰：「秦都壯温谷，漢京麗湯泉。炎德潛遠液，暄波起茲源。」

《藝文類聚》九引北齊劉逖《浴湯泉》詩曰：「驪岫猶懷土〔玉〕，新豐尚有家。神井堪消癘，温泉足蕩邪。紫苔生石岸，黄沫擁金沙。振文殊未已，翻然停使車。」案：逖所浴之湯泉，《初學記》引作温湯，蓋即《雍州圖》所云「温湯在新豐縣界」者也，似非指驪山之温泉。

《水經》：「滱水出代郡靈丘縣高氏山。」《注》云：「其水南徑侯塘，又東合温泉東，水出西北暄谷，其水温熱若湯，能瘉百疾，故世謂之温泉焉。」

《北齊書·楊愔傳》曰：愔「因哀感發疾，後取急，就雁門温湯療疾。」

《水經》：「㶟水東北過代郡桑乾縣南。」《注》云：《魏土地記》曰：「代城北九十里，有桑乾城，城西渡桑乾水，去城十里有温湯，療疾有驗。」又曰：「下洛城東南四十里，有橋山，山下有温泉。」「石池吐泉，湯湯其下，炎凉代序，是水灼焉無改，能治百疾，是使赴者若流。」

「㶟水又東，過涿鹿縣北。」《注》：《魏土地記》曰：「沮陽城東北六十里，有大翮、小翮山，山上出温湯，療治萬病。泉所發之麓，俗謂之土亭山。此水炎熱，倍甚諸湯，下足便爛，人體療疾者要須别引消息用之爾，不得言。」案：「不得言」者，蓋謂不得聲言其熱也，言之則更灼爛人。

「沽河從塞外來。」《注》云：「沽水又東南合陽樂水，陽樂水又東南徑温泉東，泉在山曲之中。」

《山海經》：神囷之山，「滏水出焉，而東流注于歐水。」《注》云：「滏水，今出臨水縣西釜口山，經鄴西北，至列人縣入于漳，其水熱。」

《水經》：「濁漳水又東出山，過鄴縣西。」《注》云：「滏水出鄴縣西北石鼓山南，巖下泉源奮涌，若釜之揚湯矣，其水冬温夏冷。」

《文選·魏都賦》云：「温泉毖涌而自浪。」張載注云：「温泉在廣平郡易陽縣，俗以治疾洗百病。」

《藝文類聚》九引《廣志》曰：「温泉，西者在新豐，北者在廣平。」

《水經》：「鮑丘水又南至雍奴縣。」《注》云：灅水「又東南流，與温泉水合，水出北山。案：《初學記》七引作「漁陽郡北山」，蓋妄以意增之。温溪即温源也，養疾者不能澡其炎漂，以其過灼故也。《魏土地記》曰『徐無城東有温湯』，即此也。其水南流百步，便伏流入于地下，水盛則通注灅水。」

《初學記》七郭緣生《續述征記》曰：「東萊郡有温泉，恒沸，鳥墜輒爛。」案：今登州温泉有四：蓬萊、棲霞、招遠、寧海州也。其招遠寒、温二泉，俗名鴛鴦河，棲霞者在艾山之麓，清瀏沸涌。余浴之，正作硫黄氣。

《事類賦》七引《易乾鑿度》曰：「盛德之應，洛水先温，九日乃寒，五日變爲五色玄黄。」

《初學記》七引王廙《洛都賦》曰：「鷄頭温水，魯陽神泉。不爨自沸，熱若焦然。爛毛瀹卵，煮涓〔絹〕濯鮮。痿瘵痱痾，浸之則痊。功邁藥石，勳著不言。」案：又引《安城記》：「宜陽南鄉出温泉」，即《賦》云「魯陽神泉」也。

《水經》「滍水出南陽魯陽縣西之堯山。」《注》云：「滍水又歷大和川，東徑小和川，又東，温泉水注之，水出北山阜，七源奇發，炎熱特甚。闞駰曰：縣有湯水，可以療疾。湯側又有寒泉焉，地勢不殊，而炎凉異致，雖隆火盛日，肅若冰谷矣。」

「滍水又東，徑胡木山，東流，又會温泉口，水出北山阜，炎勢奇毒，痾疾之徒，無能澡其衝漂，救癢者咸去湯十許步别池，然後可入。湯側有石銘云『皇女湯』，可以療萬疾者也。故杜彦達云：然如沸湯，可以熟米，飲之愈百病。道士清身沐浴，一日三飲，多少自在，四十日後，身中萬病愈，三蟲死，學道遭難逢危，終無悔心，可以牢神存志，即《南都賦》所謂『湯谷涌其後』者也。案：《文選·南都賦注》引盛弘之《荆州記》曰：「南陽郡城北有紫山，紫山東有一水，無所會通，冬夏常温，因名湯谷。」然宛縣有紫山，山東有一水，東西十五里，南北二百步，湛然冲滿，無所通會，冬夏常温，世亦謂之湯谷也。非魯陽及南陽之縣故也，張平子廣言土地（土地）所苞，明非此矣。」案：《南都賦注》引摯虞曰：南陽郡治宛，酈《注》所云「紫山湯谷」，本《荆州記》，《賦》言湯谷指此明矣。

「涓水又南，過江夏安陸縣西。」《注》云：「涓水又會温水，温水出竟陵之新陽縣天澤中，口徑二丈五尺，垠岸重沙，端净可愛。靖以察之，則淵泉如鏡，聞人聲則揚湯奮發，無所復見矣。其熱可以燖鷄，洪瀏百餘步，冷若寒泉。」《藝文類聚》九引盛弘之《荆州記》曰：「新陽縣惠澤中，有温泉，冬月，未至數里，遥望白氣浮蒸如烟，上下采映，狀若綺疏。又有車輪雙轅形，世傳昔有玉女乘車，自投此泉，今人時見女子，姿儀光麗，往來倏忽。」《初學記》七引周景式《廬山記》曰：「主簿山在胡郎廟南數里，山下有温泉，穴口周圍一丈許，涌出如湯沸，冬夏恒熱。」《初學記》八「江南道」下引宋永初《山川記》曰：「皮縣有熱泉，如湯，以生物投之，須臾爛熟。」

《初學記》七引《臨川記》云：「臨川縣出温泉。」

張僧鑒《潯陽記》曰：「鷄籠山下澗中有數十處累石，若有人功，水常深尺餘，朝夕輒有涌泉溢出如潮水，時刻不差，朔望尤大，號爲潮泉，常如沸湯。」

張勃《吴録》曰：「丹陽江乘縣有湯山，出温泉三所。」

江乘《地記》曰：「縣東南四十里半湯泉，半温半冷，共同一壑，謂之半湯泉。」張勃云：

「冷水夏濯，可以清暑；温水冬浴，可以攘寒。」《藝文類聚》九引《異苑》曰：「句容縣有延陵季子廟，廟前井及瀆恆自涌沸，故曰沸井，于今猶然。」

《水經》：「夷水東南過很〔佷〕山縣南。」《注》云：「夷水又東，與温泉三水合，大溪南北夾岸，有温泉對注，夏暖冬熱，上常有霧氣，瘍痍百病，浴者多瘉。案：《初學記》七引袁山松《宜都山川記》文有詳略，大要相同，唯「很山」作「銀」，誤。父老傳此泉先出鹽，于今水有鹽氣，夷水有鹽水之名，此亦其一也。」

「夷水又東，過夷道縣北。」《注》云：「丹水又徑亭下，有石穴甚深，未嘗測其遠近，穴中蝙蝠，大者悉多倒懸。《玄中記》曰：『蝙蝠百歲者倒懸，得而服之，使人神仙。』穴中有泉，冬温夏冷。」

「沔水出武都沮縣東狼谷中。」《注》云：「漢水又東，右會温泉水口，水發山北平地，方數十步，泉源沸涌，冬夏湯湯，望之則白氣浩然，言能瘥百病云。洗浴者皆有硫黄氣，赴集者常有百數。」案：《藝文類聚》九引《漢水記》與此略同。

「若水南過越嶲邛都縣西。」《注》云：「越嶲水，即繩若矣。又有温水，冬夏常熱，其源可燖鷄豚，下湯沐洗，能治宿疾。昔李驤敗李流于温水是也。」

常璩《華陽國志》曰：「邛都縣南山出銅，有温泉穴，冬夏熱，其温可湯鷄豚，下流治疾病。」案：《初學記》七引文有譌誤。又曰：「滇池縣亦有温泉，如越巂温水。」

《水經》：「澧水又東過零陽縣之北。」《注》云「澧水東與温泉水會，水發北山石穴中，長三十丈，冬夏沸涌，常若湯焉。」

「耒水出桂陽郴縣南山。又北，過其縣之西。」《注》云：「黄水又東北徑其縣東，右合除泉水，水出縣南湘陂邨，邨有圓水，廣圓可二百步，一邊暖，一邊冷。冷處極清緑，淺則見石，深則見底，暖處水白且濁，玄素既殊，凉暖亦異，厥名除泉，其猶江乘之半湯泉也。」案：魯陽之湯水、寒泉，雖并出争流，然異派殊源，故未及兹泉之尤異。

「耒水又北過便縣之西。」《注》云：「縣界有温泉，水在郴縣之西北，左右有田數千畝，資之以溉，常以十二月下種，明年三月穀熟，度此水冷，不能生苗，温水所溉，年可三登，其餘波散流，入于耒水也。」案：《初學記》八「江南道」下引《荆州記》，是酈《注》所本，「彬」作「郴」也。

《初學記》七引《臨陵縣記》云：「縣有温泉，泉中有伏石分流，其陰清水常寒，其陽温泉涌沸，飛霧如烟，雪霜無以敗其熱。」案：「臨」，蓋「零」之誤。

《始興記》曰：「靈水源有温泉，涌溜如沸，時有細赤魚出遊，莫有獲。」

《華陽國志》曰：「興古郡鐔封縣有温水。」

《水經》：「溱水東至曲江縣安聶邑東，屈西南流。」《注》云：「瀧水又與雲水合，水出縣北湯泉，泉源沸涌，浩氣雲浮，以腥物投之，俄頃即熱。其中時有細赤魚游之，不爲灼也。」案：湯泉有魚，亦如火山有鼠，不足爲異。《初學記》七引《始興記》，是此注所本，其靈水即雲水之誤耳。

《初學記》七引劉義慶《幽明録》曰：「艾縣輔山有温、冷二泉，發源相去數尺，熱泉可煮鷄豚，冷泉常若冰，雙流數丈而合，俱會于一溪。」案：今招遠寒、温二泉亦然。又《水經》「沔水過毗陵縣北，爲北江」，《注》云：「山陰西四十里，有二溪，東溪廣一丈九尺，冬暖夏冷，西溪廣三丈五尺，冬冷夏暖。二溪北出行三里至徐邨，合成一溪，廣五丈餘，而温、凉又雜。蓋《山海經》所謂苕水也。」亦此之類，存之。

《太平御覽》九引《山海經》云：「大極山東有温水湯，不可過也。」四十五引《山海經》云：「湯山，湯水出焉，此湯能瘉疾，爲天下最。」案：二條爲今本《經》所無。

《初學記》七引《博物志》云：「不周雲川之水温如湯。」又云：「凡水源有石硫黄，其泉則温。」

楊慎《丹鉛總録》云：「温泉所在必有白礬、丹砂、硫黄三物爲之根，乃蒸爲暖流。」案：亦有白鹽爲根者，《水經·夷水注》可見。又「礬」，恐「礜」字之譌，王褒《温湯銘》作「白礜」可見。

《苕溪漁隱》云：「湯泉惟黄山是朱砂泉，春時則微紅。」

王士禎《香祖筆記》四云：「黄山湯泉皆朱砂，天啓中，或浴于泉，見一鼠躍出，純赤色，長尺餘，曰朱砂鼠。」

導引書

余讀書習坐，體常苦疲，留意搜討，潛求兹術，習作有年，頗寶祕之，昔爲余友默人丐一作之，劇見嗟賞。近同人談次，或致詢求，爰書此篇，以代口授，兼貽同好云。

嘉慶庚申仲春良日識

凡導引之法，先從首起，運轉數周，由左達右，引吭而上，如鳥行食，是謂鳥伸。若此者，令息從鼻出，稍稍徐徐，兹謂無暴其氣也。次闔目轉睛，計三十六度，復開瞼以氣攝睛䀮視，《説文》云：「䀮，短深目貌。」左右顧必周于尻，令首動而身如槀木，亦三十六度，合小周天之數也。以氣攝睛䀮視，是謂鴟視。鴟視者，以氣攝睛者也。左右顧必周于尻，是爲狼顧。狼者，疾走善顧，以氣運其頭者也。若是者，皆息從鼻出，稍稍然，及至全身，莫不皆然。鼻者，人有生之始也，故調息以鼻爲侯，是謂上元之導引。

手者，上之下也，以氣攝將指、食指，令屈如鉤，作拏鬼眼狀，凡十度。次引轉臂節，矧而長之，《方言》云：「矧，長也。」左右亦十度，令筋血和則止。又收視内觀，洞見心腎，必肖其形，徐動其腰膂，令氣引而下之。氣者，以意使者也，使上則上，使下則下，使左則左，使右則右。茲謂志者，氣之帥也，道家謂之通督脈。督者，吕也。吕，脊骨也。《參同契》注云：「鹿運尾閭能通督脈，龜納鼻息能通任脈，故二物皆長壽。」自上而下，是爲氣之淵海。海者，委輸也，謂之中元之導引。

下元之導引爲足，足者，下之下也。先交兩手捫氣海，在丹田下一寸令足踵植地，如椓木橛。後舉全身，令左右壓，欲其植之堅也，凡十度。手足皆末也，末爲下，又其數偶，故作氣之度皆成于十也。凡作，手足皆先左。左，陽也。次偏企一足摇曳之。亦手捫氣海，欲其氣無洩也，偏企之數亦凡十度，皆收視内觀，洞見心腎，欲其志不紛也。猿之所以壽者，常引其四末，故其氣四越；鶴之所以壽者，無菀氣于中。見《春秋繁露》是謂猿鶴之導引。

熊經者，熊羆之屬，冬則穴。穴者，蟄也。熊將蟄，登百尺木，手抱其蔓。《方言》云：「木細枝謂之蔓。」懸而墜之，令氣四周乃入蟄。養氣者效之，反交兩手，引氣而上，用足末爲踵植于地，如椓木橛，欻開其手，體如懸墜而下，若此者凡五度或十度，是謂熊經。經者，磬也。磬于甸人，見《文王世子》。若是者，皆息從鼻出。《莊子》曰：「熊經、鳥伸、鴟視、狼顧，養形之人也。」華佗師其意，爲《五禽之戲》，《困學紀聞》二十卷《唐六典》注崔寔《正論》云：「熊經、鳥伸，延年之術，故華佗有『六禽之戲』，魏文有『五槌之鍛』，《後漢·華佗傳》云『五禽』。」以授吴普、李當之，俗人不得其傳，變爲「五丁開山」、「鐵牛耕地」諸戲，孟子所謂「暴氣」、宋人所謂「揠苗」者也。

與張阮林孝廉論導引書

古來導引一事，後世或不傳，僕以意求，似頗得之，大要不越「户樞不朽、流水不腐」二語。居常竊念，以爲與樂之舞蹈相關，正謂此耳。然《内經》導引唯屬冬春，而僕四時通作，五體俱適，行已十有餘年，未有纖介之苦。足下爲精此道者，乞從燕閒量加調劑，俾其術可常行無弊，當不須别覓扶劣膏也。

書《養生要論》後

《太平御覽》七百二十引《養生要論》曰：「旦起東向坐，以兩手相摩令熱，以手摩額上至項〔頂〕上，滿二九止，名曰存泥丸。又清旦便起，以兩手兩耳極上下之二七止，令人不聾；次縮鼻間〔閉〕氣，右手從頭上引左耳二七止，次引兩髮鬢舉之，令人血氣流通，髮不白。又摩手令熱，以摩身體，從上至下，名乾浴，令人勝風寒、時氣、寒熱、頭痛，百病皆除。」

余案：道家養生之書，無慮數十百種，然多大言以欺人，或虛誕而失實，蓋皆方士所爲，以要取世資，殊不足信。此論頗質要，行之可久，又養生家所當習，而莫知由來。故録存之，附《導引書》後。

織具式

織具曰機子。四脚著地曰機身，又曰機榜。人坐處曰坐機板，板前兩旁立木名貌兒頭。立木近上孔貫横木名捲布軸，軸孔内斜曳小木名撥榜棍。機身中央上施高架名機樓，樓上横安小木，形如工字，名喜雀。喜雀上繫繩六條，四小二大。大繩下拴名成廣，形似梳背，中空，内藏一杼，形似竹篦，兩頭小板二片，名吓杼板。成廣兩頭各安曲木一弓，名胳膊肘。肘下凹木二枚，名卧牛。四小繩下縋兩披繒，音曾，去聲，亦音淨。其繒係綫作，兩披内分四披，下縋長板兩條，坐者跐之，名脚登。讀若達動而出聲，上下皆應，凡布隨機捲之。布下有細竹筐一片，兩端末施鐵爪挑起布邊名幅掌。繒後有六楞木棍二枚，名交杖棍，乃經緯之所交綜也。最後近上綰綫之具，名曰滕子，狀如行馬，娶婦之家，同幅掌用之，取其夫掌福勝之意。滕旁有木鷄以觜咬横木，名比。讀若別滕棍棍端末拴長繩，名走綫繩。木鷄尾縋以鐵具，令下重。

吾鄉敦樸，耕織繁多，當余年少時，時見之，不知訪求其名物。及來都下，但聞車馬喧闐之聲，至于離羅、耕田歌機杼之音絶不入耳。方憶少年聽睹，如遊華胥矣，恒思追記，杳不可尋。南宫縣人王景春者，傭作余家，人頗便了，又稍知書，因命疏出，略加是正，仍其鄙俗，用存古意，且附《耒耜經》之後。

嘉慶庚辰人日書

印文反戾

《東觀記》載馬援上書：「臣所假伏波將軍印，書『伏』字，『犬』外嚮」。又言成皋令、丞印文不同，請正郡國印章。

《老學庵筆記》五載：元豐建尚書省，鑄三省印。「米芾謂印文背戾，不利輔臣。故自用印以來，凡爲相者，悉投竄，善終者亦追加貶削，其免者蘇丞相頌一人而已。」

余以《筆記》此言證以《馬援傳》，伏波「伏」字，「犬」文外嚮，其後援亦被謗，功名不終。米芾謂「印文背戾，不利輔臣」，斯言信有徵矣。余嘉慶初簽分户部福建司，「福」字「示」文處右，深致疑惑，間與同事言，謂當白堂更正，聞者未以爲然也。然綜計廿餘年來罣吏議、遭凶折者後先相望，而十一年至十四年工部冒領案起，主者發遣，次亦褫革，滿、漢十餘人殆無一獲免者。豈福反爲災，印文不正之故歟？

余感二書之讖，追憶曩時所見。暇日當復與同事者言，白請更正，庶俾後來者受文字之福焉。

時嘉慶二十三年冬十月記

讀《代州志》

華嚴謂東北方有清凉山，文殊師利常在其中而演説法。文殊亦常語舍利佛：「吾能持一切，草木無心之物，變相説法，皆令如佛。」

代地氣寒而早霜，收穫未嘗過寒露。立秋後十八日，百穀齊秀，乃望有秋，否則不能成熟矣。

代地無宿麥，種春麥者不過十分之二、三。稻惟滹沱南北諸村種之。民食以粟爲主，佐以蕎麥、燕麥。貧者黍菽即爲珍膳，有終歲不識膏粱之味者。并、代人喜嗜麵，切以吴刀，淘以洛酒，漆斗貯之，擊鼓集老幼，自以多寡取之，至飽。

《河東備録》

舊《志》云：俗尚戎馬，少事文學，而仕宦馳馬不入閭里，婚姻耻于論財，風尤近古云。

舊《志》載：「成化十九年，火篩自馬峪口入。」《通志》載「成化八年」。今考《明史》，成化年間並無火篩入侵事，唯宏治十三年夏四月、五月兩書「火篩入侵大同」，火篩始見于書。自後十四年、十七年火篩諸部疊爲邊患，然亦無侵代州事。舊《志》、《通志》所載云然，不知其何所據也。然舊《志》修成于明，去化、治間未遠，傳聞當不失實，蓋《明史》有闕漏故也。

唐開元中，有僧游雁門山，入一石洞，見數女子鬢髮飄雲，草裳葉袂。

功過格

孝順格

一日間事父母，公姑、服勞承歡，親常喜説，爲一功。

贊成親喜、解怒舒憂，各一事，爲一功。

勞而怨、驕而惰，致親怒，爲一過。

孝順十五日，精進不倦，爲十功。

勸親改過遷善一大事，十功。

爲利欺親，忤逆争競，教善不從，俱十過。

化親行仁成德，百功。

親倫理有睽，勸化之至和樂，則一事爲百功。

阻親善，唆親惡，百過。

久淹親柩，百過。

右第一格以化親于道爲第一，非生母能孝，功德尤倍。

和睦格

一日間兄弟、夫婦、妯娌、姑妗相愛，任勞推逸，一功。

贊成善事，一事一功。

不和説，爲一過。

十功，同孝順之例。
争競讒謗，順妻子，廢孝悌，一事爲十過。
百功，亦同孝順例。
阻善贊惡，終身不睦，丈夫私寵棄妻，妻陵制夫，俱百過。
右第二格，以化婦女友愛行善爲第一，婦女自和好行善，功德尤倍。

慈教格

每日訓子孫甥侄，仁慈一體，不怒不縱，一功。
有大事教道見從，則一事爲一功。
縱惡各占己子，俱一過。
慈教十五日不倦，見子孫長進，十功。
求得賢師友化以善，十功。
酷虐教，打駡人，占便宜，或贊成其惡，爲十過。
化至成德各一人，爲百功。
酷虐非己生，縱子孫成惡習慣，百過。

右第三格，須自幼教，使交游善人爲第一，非所生者功尤倍。

寬下格

一日間寬婢僕，和侍妾，體悉艱苦，一功。

可怒不怒，又善教之，一功。

咒駡冤打，飢寒不恤，爲一過。

寬教十五日不倦，十功。

同室養僕一體訓化見從，則一事十功。

酷刑虐使，縱不禮于尊上，占奴婢，怨尊長，俱十過。

化至忠信仁慈，可仗以救濟各一人，百功。

妒虐侍妾，錮奴婢不嫁娶，殘其肢體，奸淫女婢，俱百過。

右第四格，須正身立教爲第一，婦能容愛媵妾生育，功尤倍。

勸化格

一日間隱惡揚善，常説果報，求勸化，一功。

勸人善見從，每事一功。

揚過惡，訐陰私，好談淫，賭佳趣，俱一過。

十五日不倦，機權愈妙，十功。

得一善人，交修共化，十功。

善書易化人者，薦之十家共習，十功。

贊惡唆訟，誣善人，演淫戲，變是非，俱十過。

化一人至仁孝，化人倫理，親戚間和好，俱百功。

得十善人，同心廣化，刊施極妙善書，俱百功。

唆人親戚争訟，刻淫書，誘蕩子，俱百過。

右第五格，須不言之化及求賢爲第一，化豪杰權貴，功尤倍。

救濟格

一日間遇物輒救，求借不吝，醫藥急赴，一功。

濟飢、寒、乏、絶，則一事一功。

能濟貧苦不濟，殺蟲虐畜，婦人私施僧道，俱一過。

十五日汲汲救放約大命一、走獸及大禽、魚，如無可放，多放中小命折之。中命百、小魚、鳥。小命千，蟲、蝦、螺屬。全此爲十功。

施賑當戹，扶持危病，俱十功。

教漁獵，倡殺生，疑病妄藥，俱十過。

救飢死，拯溺、縊、服毒，勸養小兒，設法收救棄兒，倡修緊要橋梁險道，俱百功。

溺殺子女，百過。

私烹牛、犬，偷殺畜物，俱百過。

右第六格，以救未然，仁術救衆爲第一，善醫、善泅、富商遠遊，皆可救人。

交財格

一日間交關買賣，俱從寬厚，一功。

放債、出當、佃田，濟人危急，不論利息，一事一功。

刻薄利己，乘急多取，俱一過。

十五日利物不倦，十功。

捐貧債，十功。

率鄉里平量衡斗斛，十功。

急迫貧債，虧心負財，兩様稱斗，俱各十過。

放債免人典妻賣子及關性命者，拾重寶還人，俱百功。

僥滅重債，誘人破財賭蕩，迫人流離失所，俱百過。

右第七格，以絶私利便宜根爲第一，貧者不貪尤爲功。

奢儉格

一日間飲食、衣服甘淡，惜福以行，施濟貧者，安心作業，不怨不貪，一功。

暴殄天物，享用過豐，覬圖非分，俱一過。

如是十五日絶烹殺，忍嗜慾，男業女工，不虛度衣食，十功。

越理犯分，烹殺多儀，樂酒無厭，婚嫁過侈，各十過。

感化十家，儉樸好施，化十人勿賭蕩奢淫，俱百功。

破産蕩業，恃財淫人妻女，戲妓傻僕在家致啓邪淫，俱百過。

右第八格，以儉己能施爲第一，富貴不淫及婦女不争華飾功尤倍。

性行格

一日間敬老慈幼，親愛同輩，忍辱受勞，貴賤平等，報恩解冤，一功。

傲慢笑侮，一過。

婦女好遊佚，多言穢罵，一過。

十五日不倦，十功。

變化一件氣質大事，難忍而忍，十功。

侵弱欺愚，用機陰圖婦人，行咒詛魘魅，俱十過。

火氣不生，在在歡喜，在在感化，百功。

常習鬥訟侵侮，百過。

婦人魘制丈夫，魘人夫妻不和，或病或死，俱百過。

右第九格，以受污辱、變氣質爲第一，當時時進步改過。

敬神格

一日間敬事神明、祖先，或祈福親、求善緣，齋戒至誠，一功。

怠慢祖先、神靈、經典，涕唾便溺不忌三光，祈福、禳災等不修善事，而許牲牢惡願及婦人好入廟院，俱一過。

齋戒半月，無雜誘，無怠志，十功。

時存想賢聖、仙佛貌相，莊嚴在心，或存日月輪相光明，至十五日，俱十功。

戲侮誹評神聖，十過。

夢寐靈通，時見光輪、寶相流轉肺腑，若遊天宫，聞神語，爲百功。

訕罵神明，作穢廟宇，無識毁經，倡説叛聖，百過。

右第十格，以常對越效法爲第一。

存心格

一日言行俱善，存心施濟天下，化導衆庶，一功。

淫念、惡念、貪念、妒嫉念、媚世念，展轉不除，一過。

十五日不倦，道心純熟，十功。

善與人同，改過日新，半月十功。

惡念、邪念，展轉數日，形之動作，十過。

能無私念，寡思息夢，生意愈盛，悃誠弗怠，一月爲百功。常常如此，惻怛自然，存虛應圓，爲無量功。

右第十一格，以忘善、無我爲第一。

頌曰：不出門，救萬命；不費財，行萬功；不假法，度萬人。

此靈聖真君偈也，格其所傳者也。蟲蟻隨在扶持，教成子孫濟世，是謂「不出門，救萬命」；孝友方便，立地可做，忍辱存心，功德無量，是謂「不費財，行萬功」；我自至愚至賤，人皆極神極聖，贊揚善人，歡喜善事，刻揚善書，興起善念，即樵夫、牧豎亦自能之，是謂「不假法，度萬人」。

右格相傳爲紫府太微仙君授西山又元真子者，前輩范文正公、韓魏公、蘇文忠公皆受持之。周濂溪先生見此格，語二程子曰：「正初學入德之門。」晦翁朱子曰：「四書爲理，此格爲條，初學不可一日不置此案頭。」邵堯夫先生曰：「可以扶經翼傳。」歷觀先輩，原未嘗視此格爲異端也。近人不肯爲善，反目此格爲二氏之學，謂聖人之道不如此。噫！不狂而以爲狂，良可慨也。予故急梓以行世，願受持者勿始勤終怠，或亦下學上達之一助云爾。

、

雲谷禪師授袁了凡《功過格》參雲棲大師《自知録》

準百功　救免一人死，完一婦女節，阻人不溺一子女，爲人延一嗣。

準百過　致一人死，失一婦女節，讚人溺一子女，絶一人嗣。

準五十功　免墮一胎，當欲染竟守正不染，收養一無倚，葬一無主骸骨，救免一人流離，救免一人軍徒重罪，白一人冤，發一言利及百姓。

準五十過　墮一胎，破一人婚，抛一人骸，謀人妻女，致一人流離，致一人軍徒重罪，教人不忠、不孝、大惡等事，發一言害及百姓。

準三十功　施一葬地與無土之家，化一爲非者改行，度一受戒弟子，完聚一人夫婦，收養一無主遺棄嬰孩，成就一人德業。

準三十過　造謗污陷一人，摘發一人陰私與行止事，唆一人訟，毀一人戒行，反背師長，抵觸父兄，離間人骨肉，荒年積囤五穀不糶坐索。

準十功　薦引一有德人，除一人害，編纂一切衆經法，以方術治一人重病，發至德之言，有財勢可使而不使，善遣妾婢，救一有力報人之畜命。

准十過　排擯一有德人，薦用一匪人，平人一冢，凌孤逼寡，受畜一失節婦，畜一殺衆生具，惡語向尊親、師長、良儒，修合害人毒藥，非法用刑，毀壞一切正法經典，誦經時心中雜想惡事，以外道邪法授人，發損德之言，殺一有力報人之畜命。

准五功　勸息一人訟，傳人一保益性命事，編纂一保益性命經法，以方術救一人輕疾，勸止傳播人惡，供養一賢善人，祈福禳災等，但許善願，不殺生，救一無力報人之畜命。

准五過　訕謗一切正法經典，見一冤可白不白，遇一病求救不救，阻絶一道路橋梁，編纂一傷化詞傳，造一諢名歌謠，惡口犯平交，殺一無力報人之畜命，非法烹炮生物使受極苦。

准三功　受一横不嗔，任一謗不辨，受一逆耳言，免一應責人，勸養蠶，漁人、獵人、屠人等改業，葬一自死畜類。

准三過　嗔一逆耳言，乖一尊卑次，責一不應責人，播一人惡，兩舌離間一人，欺誑一無識，毀人成功，見人有憂心生暢快，見人失利、失名心生歡喜，見人富貴願他貧賤，失意輒怨天尤人，分外營求。

准一功　讚一人善，掩一人惡，勸息一人争，阻人爲非一事，濟一人飢，留無歸人一宿，救一人寒，施藥一服，施行勸濟人書文，誦經一卷，禮懺百拜，誦佛號千聲，講演善法諭及十人，興事利及十人，拾得遺字一千，飯一僧，護持僧衆一人，不拒乞人，接濟人畜一時疲頓，見人有憂善爲解慰，肉食人持齋一日，見殺不食，聞殺不食，爲己殺不食，葬一自死禽類，放一生，救一細微濕化之屬命。作功果，薦沉魂，散錢、粟、衣帛濟人，饒人債負，還人遺物，不义之財不取，代人完納債負，讓地讓産，勸人出財作種種功德，不負寄託財物，建倉平糶，修造路橋，疏河掘井，修置三寶寺院，造三寶尊像及施香燭、燈油等物，施茶水、捨棺木，一切方便等事。（自「作功果」以下，俱以百錢爲一功。）

凖一過　没一人善，唆一人鬥，心中暗舉惡意害人，助人爲非一事，見人盗細物不阻，見人憂驚不慰，役人畜不憐疲頓，不告人取人一針一草，遺棄字紙，暴棄五穀天物，負一約，醉犯一人，見一人飢寒不救濟，誦經差漏一字句，僧人乞食不與，拒一乞人，食酒肉五辛誦經，登三寶地服一非法服，食一報人之畜等肉，殺一細微濕化屬命以及覆巢破卵等事。背衆受利，傷用他錢，負貸負遺，負寄託財物，因公恃勢乞索，巧索取人一切財物，廢壞三寶尊像以及殿宇器用等物，斗、稱等小出大入，販賣屠刀、漁網等物。（自「背衆受利」以下俱以百錢爲一過。）

袁了凡先生曰：余遇雲谷禪師言：「命由我造，自求多福」，因授《功過格》一册，使懺罪行善，忍辱治心。且云：「依此修者成真幾百人，富貴幾千萬家矣。天堂地獄，照此稱量，毫釐不爽。」余信受奉教，應若桴鼓，蓋心誠而願堅也。此格主張造化，轉禍爲福。若神觀者，宜共寶之，因刊行並註一、二云。

一日中有十餘功可修，積至半月，純心不倦，則于本等功外另加記十功，貴純善也，須見精進爲妙。中間有一、二日，一、二事不合格，則半月不得另記功。

一日十功，半月又得增記，則一月可三百二十功，又有一事而爲十功者，是一年可五、六千功也，積之甚易，然須嚴自刻責，雖微過必録，不得詳功而恕過也。

勸親善以一大事爲十功，勸外人只當一功者，重親善也。且化外人易，化至親難。

凡大悖惡逆、偷盜敗倫及婦人淫悍不孝、虐殺婢妾、妒忌絶嗣，俱罪重惡極，不在此限。

大藏治病藥 唐釋靈澈録

《大藏經》曰：救災解難，不如防之爲易；療疾治病，不如避之爲吉。今人見左，不務防之而務救之，不務避之而務藥之。譬之有君者不思勵治以求安，有身者不能保養以全壽。是以聖人求福于未兆，絶禍于未萌。蓋災生于稍稍，病起于微微，人以小善爲無益而不爲，以小惡爲無損而不改。孰知小善不積，大德不成；小惡不止，大禍立至。故太上特指心病要目百行以爲病者之鑑。人能靜坐持照，察病有無，心病心醫，治以心藥，奚伺盧、扁以瘳厥疾？無使病積于中，傾潰莫遏，蕭牆禍起，恐非金石草木可攻，所爲長年，因無病故，智者勉焉。

喜怒偏執是一病。亡義取財是一病。好色壞德是一病。專心係愛是一病。憎慾無理是一病。縱貪蔽過是一病。毁人自譽是一病。擅變自可是一病。輕口喜言是一病。快意逐非是一病。案：「逐」疑當爲「遂」。以智輕人是一病。乘權縱横是一病。非人自是是一病。侮易孤寡是一病。以力勝人是一病。威勢自懀是一病。案：「懀」疑「挾」字之譌。語欲勝人是一病。貨不念償是一病。案：「貨」疑「貸」字之譌。曲人自直是一病。以直傷人是一病。與惡人交是一病。喜怒自伐是一病。愚人自賢是一病。以功自矜是一病。誹議名賢是一病。以勞自怨是一病。以虚爲實是一病。喜説人過是一病。以富驕人是一病。以賤訕貴是一病。讒人求媚是一病。以德自顯是一病。以貴輕人是一病。以貧妒富是一病。敗人成功是一病。以私亂公是一病。好自掩飾是一病。危人自安是一病。陰陽嫉妒是一病。激厲旁悖是一病。多憎少愛是一病。堅執争鬥是一病。推負著人是一病，文拒鉤錫是一病。案：「錫」字疑誤。持人長短是一病。假人自信是一病。施人望報是一病。無施責人是一病。與人追悔是一病。好自怨憎是一病。好殺蟲畜是一病。蠱道厭人是一病。毁訾高才是一病。憎人勝己是一病。毒藥酖飲是一病。心不平等是一病。以賢嗔嗃是一病。追念舊惡是一病。不受諫諭是一病。内疏外親是一病。投書敗人是一病。笑愚癡人是一病。煩苛輕躁是一病。擿捶無理是一病。好自作正是一病。多疑少信是一病。笑顛狂人是一病。蹲踞無禮是一病。醜言惡語是一病。輕慢老少是一病。惡態醜對是一病。了戾自用是一病。好喜嗜笑是一病。當權任性是一病。詭譎諛諂是一病。嗜得懷詐是一病。兩舌無信是一病。乘酒凶横是一病。罵詈風雨是一病。惡言好殺是一病。教人墮胎是一病。干預人事是一病。鑽穴窺人是一病。不借懷怨是一病。負債逃走是一病。背向異詞是一病。喜抵捍戾是一病。案：「捍」疑當爲「悍」。調戲必固是一病。故迷誤人是一病。探巢破卵是一病。驚胎損形是一病。水火敗傷是一病。笑盲聾啞是一病。亂人嫁娶是一病。教人捶擿是一病。教人作惡是一病。含禍離愛是一病。唱禍道非是一病。見貨欲得是一病。强奪人物是一病。此爲百病也，人能一念除此百病，日逐點檢，使一病不作，决無災害、痛苦、煩惱、凶危，不惟自己保命延年，子孫百世永受其福矣。《大藏經》曰：古之聖人，其爲善也無小而不崇，其于惡也無微而不改。改惡崇善，是藥餌也，録所謂百藥以治之。

恩無邪僻是一藥。行寬心和是一藥。動静有禮是一藥。起居有度是一藥。近德遠色是一藥。清心寡欲是一藥。推分引義是一藥。不取非分是一藥。雖憎猶愛是一藥。心無嫉妒是一藥。教化愚頑是一藥。諫正邪亂是一藥。戒敕惡僕是一藥。開導迷誤是一藥。扶接老幼是一藥。心無狡詐是一藥。拔禍濟難是一藥。常行方便是一藥。憐孤恤寡是一藥。矜貧救戹是一藥。位高下士是一藥。語言謙遜是一藥。不負宿債是一藥。敃慰篤信是一藥。案：敃訓勉强，見《爾雅·釋詁》。敬愛卑微是一藥。語言端慤是一藥。推直引曲是一藥。不争是非是一藥。逢侵不鄙是一藥。受辱能忍是一藥。揚善隱惡是一藥。推好取醜是一藥。與多取少是一藥。稱嘆賢良是一藥。見賢内省是一藥。不自誇彰是一藥。推巧引善是一藥。不自伐善是一藥。不掩人功是一藥。勞苦不恨是一藥。懷誠抱信是一藥。覆蔽陰惡是一藥。崇尚勝己是一藥。安貧自樂是一藥。不自尊大是一藥。好成人功是一藥。不好陰謀是一藥。得失不形是一藥。積德樹恩是一藥。生不駡詈是一藥。不評論人是一藥。甜言美語是一藥。災病自咎是一藥。惡不歸人是一藥。施不望報是一藥。不殺生命是一藥。心平氣和是一藥。不忌人美是一藥。心静意定是一藥。不念舊惡是一藥。匡邪弼惡是一藥。聽教伏善是一藥。忿怒能制是一藥。不干求人是一藥。無思無慮是一藥。尊奉高年是一藥。對人恭肅是一藥。内修孝悌是一藥。恬静守分是一藥。和悦妻孥是一藥。以食飲人是一藥。助修善事是一藥。樂天知命是一藥。遠嫌避疑是一藥。寬舒大度是一藥。敬信經典是一藥。息心抱道是一藥。爲善不倦是一藥。濟度貧窮是一藥。捨藥救疾是一藥。信禮神佛是一藥。知機知足是一藥。清閑無慾是一藥。仁慈謙愛是一藥。案：「謙愛」疑「兼愛」之譌。好生惡殺是一藥。不寶厚藏是一藥。不犯禁忌是一藥。節儉守中是一藥。謙己下人是一藥。隨事不慢是一藥。喜談人德是一藥。不造妄語是一藥。貴能援人是一藥。富能救人是一藥。不尚争鬥是一藥。不淫妓青是一藥。不生奸盗是一藥。不懷咒厭是一藥。不樂詞訟是一藥。扶老挈幼是一藥。

此爲百藥也。人有疾病，皆因過惡陰掩不見，故應以疾病，因緣飲食風寒惡氣而起，由人犯違聖教，以致魂迷魄喪，不在形中，肌體空虚，精氣不守，故風寒惡氣得以中之。是以有德者雖處幽暗，不敢爲非；雖居榮禄，不敢爲惡；量體而衣，隨分而食；雖富且貴，不敢恣慾；雖貧且賤，不敢爲非。是以外無殘暴，内無疾病也。吾人可不以百病自究，以百藥自治，養吾天和，一吾心志，作者年壽之地也哉！

後漢崔瑗座右銘

無道人之短，無説己之長。施人愼勿念，受施愼勿忘。俗譽不足慕，唯仁爲紀綱。隱身而後動，謗議庸何傷？無使名過實，守愚聖所臧。柔弱生之徒，老氏戒剛强。在涅貴不緇，曖曖内含光。硜硜鄙夫介，悠悠故難量。愼言節飲食，知足勝不祥。行之苟有恆，久久自芬芳。

魏卞蘭座右銘

重階連棟，必濁汝真。金寶滿室，將亂汝神。厚味來殃，艷色危身。求高反墜，務厚更貧。閉情塞欲，老氏所珍。周廟之銘，仲尼是遵。審愼汝口，戒無失人。從容順時，和光同塵。無謂冥漠，人不汝聞。無謂幽冥，處獨若群。不爲福先，不與福鄰。守玄執素，無亂大倫。常若臨深，終始惟純。

後漢司馬徽誡子書

聞汝充役，室如懸磬。何以自辨？論德則吾薄，説居則吾貧。勿以薄而志不壯，貧而行不高也。

晉陶潛與子書

爲彭澤令，不以家累自隨，送一力給其子，書曰：「汝旦夕之費，自給爲難，令遣此力助汝薪水之勞。此亦人子也，可善遇之。」

漢東方朔誡子詩

案：《藝文類聚》作「誡」不作「詩」，故「不逢」下有「是故」二字，又「才盡」六句中有六「者」字。

明者處世，莫尚于中。優哉游哉，于道相從。首陽爲拙，柳惠爲工。飽食安步，以仕代農。依隱玩世，詭時不逢。才盡身危，好名得華。有群累生，孤貴失和。遺餘不匱，自盡無多。聖人之道，一龍一蛇。形見神藏，與物變化。隨時之宜，無有常家。

東方朔與友人書

不可使塵網名韁拘鎖，怡然長笑脱去，十洲三島相期拾瑶草，吞日月之光華，共輕舉耳。

東方朔據地歌

殿中郎謂朔爲狂，朔曰：「如朔等，所謂避世于朝廷間者也。」酒酣，據地歌云：「陸沉于俗，避世金馬門。宫殿中可以避世全身，何必深山之中，蒿廬之下。」

侏儒對，云：「臣朔生亦言，死亦言。侏儒長三尺，奉一囊粟，錢二百四十。臣朔長九尺餘，亦奉一囊粟，錢二百四十。侏儒飽欲死，臣朔飢欲死。臣言可用幸異其禮，不可用罷之，無令但索長安米！」與公孫宏借車馬書云：「木槿夕死朝榮，士亦不長貧也。」

此二首並見本集，附著于此，亦見當時狂態云。

《晏子春秋》七條

叔向問晏子曰：「嗇吝愛之于行何如？」晏子對曰：「嗇者，君子之道；吝愛者，小人之行也。」叔向問：「何謂也？」晏子曰：「稱財多寡而節用之，富無金藏，貧不假貸，謂之嗇；積多不能分人而厚自養，謂之吝；不能分人，又不能自養，謂之愛。故夫嗇者，君子之道；吝愛者，小人之行也。」《内篇·問》下

衣莫若新，人莫若故。《内篇·雜》上

夫愚者多悔，不肖者自賢，溺者不問墜，迷者不問路。溺而後問墜，迷而後問路，譬之猶臨難而遽鑄兵，噎而遽掘井，雖速亦無及已。同上

曾子將行，晏子送之曰：「君子贈人以軒，不若以言。」「君子居必擇鄰，游必就士。」「嬰聞汩常移質，習俗移性，不可不慎也。」同上。案：「鄰」，《荀子·勸學》篇作「鄉」。「汩」，《説苑·談叢》篇作「反」。

田桓子見晏子獨立于牆陰，曰：「子何爲獨立而不憂？何不求四鄉之學士可者而與坐？」晏子曰：「共立似君子，出言而非也。嬰惡得學士之可者而與之坐？且君子之難得也，若美山然，

名山既多矣，松柏既茂矣，望之相相然，盡目力不知厭。而世有所美焉。固欲登彼相相之上，仡仡然不知厭。小人者與此異。若部婁之未登，善。登之無蹊，維有楚棘而已。遠望無見也，俯就則傷〔要〕，嬰惡能無獨立焉？且人何憂，靜處遠慮，見歲若月，學問不厭，不知老之將至，安用從酒！」田桓子曰：「何謂從酒？」晏子曰：「無客而飲，謂之從酒。今若子者，晝夜守尊，謂之從酒也。」《內篇·雜》下

晏子方食，景公使使者至。分食食之，使者不飽，晏子亦不飽。使者反，言之公。公曰：「嘻！晏子之家，若是之貧也。寡人不知，是寡人之過也。」使吏致千金與市租，請以奉賓客。晏子辭，三致之，終再拜而辭，曰：「嬰之家不貧。以君之賜，澤覆三族，延及交游，以振百姓，君之賜也厚矣！嬰之家不貧也。嬰聞之：夫厚取之君，而施之民，是臣代君君民也，忠臣不爲也；厚取之君，而不施于民，是爲筐篋之藏也，仁人不爲也；進取于君，退得罪于士，身死而財遷于他人，是爲宰藏也，智者不爲也。夫十總之布，案：「總」即「稯」，假音字也。《說文》云：「布之八十縷爲稯。」《玉篇》：「稯，子公切。」一豆之食，足于中免矣。」景公謂晏子曰：「昔吾先君桓公，以書社五百封管仲，不辭而受，子辭之何也？」晏子曰：「嬰聞之：『聖人千慮，必有一失；愚人千慮，必有一得。』意者管仲之失，而嬰之得者耶？故再拜而不敢受命。」同上

梁丘據謂晏子曰：「吾至死不及夫子矣！」晏子曰：「嬰聞之：『爲者常成，行者常至。』

嬰非有異于人也，常爲而不置，常行而不休者，故難及也。」同上

戚武莊《紀效新書·射法》篇

一、《列女傳》云：「怒氣開弓，息氣放箭。」蓋怒氣開弓則力雄而引滿，息氣放箭則心定而慮周。

一、量力調弓，量弓制矢。此爲至要也。故《荀子》曰：「弓矢不調，羿不能以必中。」《孟子》謂：「羿之教人射，必至于彀，學者亦必至于彀。」此射家要法。

一、持弓矢審固。審者，詳審；固者，把持堅固也。

一、凡打袖皆因把持不定。

一、凡矢摇而弱皆因鏃不上指也。

一、法曰：「鏃不上指，必無中理；指不知鏃，同于無目。」此「指」字乃是左手食指末。「知鏃」者，指末自知鏃到，不假于目也。必指未知鏃，然後爲滿；必箭箭皆知鏃，方可言射。

一、審者，審于弓滿矢發之際。今人多于大半矢之時審之，亦何益乎？

一、審者，今人皆以爲審的而已，不知審的特審中之一事耳。蓋弓滿之際，精神已竭，手足

已虛，若卒然而發，則矢之直不直、中不中，皆非由我心使之也。必加審之，使精神和易，手足安固，然後發矢，其不直不中爲何？

一、射法中「審」字與《大學》「慮而後能得」「慮」字同。君子于至善既知所止，而定、而静、而安矣，又必能慮而後能得所止，君子于射既引滿之餘發矢之際，又必加審而後中的可決也。欲知「審」字工夫，合于「慮」字工夫玩味之乃得。

一、大指壓中指把弓，此至妙之古法也，決不可不從之。

一、馬弓決要開至九分滿，記之，記之，若七、八分亦難中也。

一、馬上射，把箭須以箭二枝連弓弝把定，又以一枝中弦挂爲便。或有以箭插衣領内，或插腰間，俱不便，決要從吾言。

一、凡箭去寧使高而過的，慎勿低而不及。此人人之病，記之，記之。

一、場中射要業業恐不中，不可有一毫自放之意。都如無監射各官在上，都如平日自射一般，慢慢一枝知鏃過一枝，一枝審過一枝，如何不中？

一、凡中的之先能必其中的者，皆自從容閒暇中必之，若忙忽而中的者，幸然耳。

一、凡射至五箭未中，更要從容審決，不可因不中而自忙。一忙，則六、七、八、九箭更無中理也。

一、教《騎射箭法》曰：「勢如追風，目如流電；滿開弓，急放箭；目勿瞬視，身勿倨坐；出弓如懷中吐月，平箭如弦上懸衡。」

一、《步射箭法》曰：「箭者，殺人于百步之外者也。射者必量其弓，弓量其力，勿動容作色，和其肢體，調其氣息，一其心志。」故曰：「莫患弓軟，服當自遠；莫患力羸，引之自伾。」但力勝其弓必先持滿射之，先近而遠，此不易之法也。大端還要學扯滿射遠，及到，然後自近求準，非如一人自未開弓便止射三、二十步起也。如此一爲所局，豈能遠耶？

一、凡射，或對賊、對把站定，看把子、看賊，不許看扣，目稍瞬則不及避而制于人矣。此眼法也。

一、凡射，前腿似橛，後腿似瘸，隨箭改移，只在後脚，左肩尖直對右脚尖。丁字不成，八字不就，射右改左，射左改右。二句是中的之妙，此足法也。

一、凡射，前手如推太山，後手如握虎尾，一拳主定，前後直正，慢開弓，緊放箭，射大存于小，射小加于大。存者，壓其前手也；加者，舉其前手也。務取水平，前手撇，後手搴，一撇一搴，相應之妙，一齊著力，使兩臂膊伸合，則箭出疾而加于尋常數等矣，此手法也。

一、凡射，頤惡旁引，頭惡却垂，胸惡前凸，背惡後偃，皆身之病也，此身法也。

一、凡射箭摇頭，是右手大食指扣弦太緊之故，其扣弦太緊是無名指、小指松開之故。學射者有此病，則射時用小草梢一寸，以無名指、小指捻于手心，箭去而草不墜，即箭不搖頭矣。

一、凡對敵射箭，只是個膽大力定，勢險節短則無不中，而人人無能避，此狀形容不出大端。將弓扯起，且勿盡滿，且勿輕發，只是四平架子立定，則勢自險矣；必待相近數十步，約我一發必能中敵，必能殺人至死，或患將切身，或爲賊先鋒一中而收利十倍，則節自短矣。馬上之賊，只看大的射不可射，人諺云：「射人先射馬，擒賊必擒頭。」

一、凡馬要平日適飼養時調度踪蹲，聽令進止，觸物不驚，馳道不削。前兩脚從耳下齊出，後兩脚向前倍之，則疾且穩，而人可用器矣。故馬者，人之命。胡馬慣戰，數倍中國，居常調度之功也。

相經

奇毛生身及面，皆豪貴。自豪、黑毛生共孔，帶印綬。《太平御覽》三百六十五卷引《相訣》。

乳間闊尺，富貴足壽。乳黑如墨。公侯之相。《御覽》三百七十一卷引《相書》「許負曰」。

角犀豐盈，賢明之相。《濳確類書》八十二卷引《相書》。

雙眉插鬢，上壽相也。《御覽》三百七十三卷引《神相書》。

眉中頤毫，百二十歲。《御覽》三百六十五卷引《樊氏相法》。

耳門小，富而吝。《藝文類聚》十七卷引《相書》。

耳門不容麥，百歲。《藝文類聚》十七卷引《樊氏相法》。案：《御覽》三百六十六卷引作「耳門不容麥，歲至百兼富。」

人耳困長寸三分，壽百二十歲；一寸，壽百歲；如豆，生即死。耳門前有仙人杖四理，一百歲；三理，八十；二理，六十。《類聚》十七卷引《樊氏相法》。

口大容手，赤如朱丹，貴且壽。《類聚》十七卷引《相書雜要》。

舌如絳赤者，賢人也。《類聚》十七卷及《御覽》三百六十七卷引《相書》。

吐舌及鼻，三公也。《類聚》十七卷及《御覽》三百六十七卷引《相書雜要》。

人三指用箸，自如；四指用箸，貴；五指用箸，大富貴也。《御覽》七百六十卷引《相書》。

鼻之所在爲天中。《世説·排調》篇注引《相書》，又引《管輅别傳》曰：「鼻者，天中之山。」

足心有黑子者二千石。《後漢書·黄昌傳》：「昌左足心有黑子，常自言『當爲二千石』。」

足履龜文者二千石。《後漢書·李固傳》注引《相書》。

《仇池筆記》歐公嘗曰：「少時，有僧相我：『耳白于面，名滿天下；唇不著齒，無事得謗。』其言頗驗。」

《晉書》朱建平《相書》：「額有龍犀八髮，左角日、右角月者，王天下。」以上並見《潛確類書》。案：曹植、王朗俱有《相論》。劉孝標《相經序》。

相馬經

馬頭爲王欲得方，目爲丞相欲得明，脊爲將軍欲得强，腹爲城郭欲得張，《太平御覽》八百九十六引注有「一曰脇爲城郭」六字。四下爲令欲得長，《御覽》引注「一曰膝下爲令」六字。眼欲得高匡，《御覽》引注有「一曰欲其端正」六字，此下又有「眼睛欲如懸鈴，紫艷光，眼下卧蠶懸鑿，欲得成」一十八字。鼻孔欲得大，鼻頭有王火字，《御覽》引注有「一曰鼻欲得攢筋，鼻上王如火欲得明」一十五字。口中欲得赤，膝骨圓而張，耳欲得相近而前竪，《御覽》引「相近」上無「得」字，「前竪」二字作「竪」字。小而厚。《御覽》引「小而厚」下有云：「雍一寸三百里，三寸千里。伏龍骨欲得成，頸欲得長，雙扶欲得大而哭〔突〕，蹄欲得厚，腹下欲得平有八字，馬頭欲得高而成，尾骨高而垂也。」五十二字在「凡相馬」之上。

凡相馬之法，先除三羸五駑，乃相其餘。大頭小頸，一羸；弱脊大腹，二羸；小頸大蹄，三羸。其五駑者：大頭緩耳，一駑；長頸不折，二駑；短上長下，三駑；大胳短脇，四駑；淺髖薄髀，五駑。《初學記》引《相馬經》。案：《隋志》有伯樂《相馬經》，今佚。

馬眼欲紫艷光，口中欲赤色也。《藝文類聚》引《相馬經》。膺門欲開，汗溝欲深。又曰：「良馬可以筋骨相也。」《文選·赭白馬賦注》引《相馬經》。耳中有毛長一尺者日行千里。《杜陽雜編》稱代宗西幸有二馬：一號「神智驄」，一號「如意騮」。皆耳中有毛，引之可長一尺，而進退緩急皆如上意。目成人者行千里。成人者，視童子中人頭、足皆見。頰欲圓如懸壁，因謂之「雙璧」，馬有睨影而視者，舊本引《相馬經》。一筋從玄中出謂之蘭筋，玄中者目上陷如井字，蘭筋竪者千里。李善注《陳琳爲曹洪與魏文帝書》引《相馬經》。

馬援好騎，善别名馬，于交趾得駱越銅鼓，乃鑄爲馬式。《表》曰：臣「常師事子阿，受相馬骨法。」「善相馬者東門京，鑄作銅馬法獻之，有詔立馬于魯班門外，則更名魯班門曰金馬門。臣謹依儀氏鞛，帛氏口齒，謝氏脣鬐，丁氏身中，備此數家骨相以爲法。」馬高三尺五寸。有詔置于宣德殿下，以爲名馬式。

馬援《銅馬相法》曰：「水火欲分明。水火在鼻兩孔間也。上脣欲急而方，口中欲火而有光，此馬千里。頷下欲深，下脣欲緩。牙欲向前。牙（欲）去齒一寸，則四百里，牙劍鋒，則千里。目欲滿而澤，腹欲充，膁欲小，季肋欲長而膝欲起，肘腋欲開，膝欲方，蹄欲厚三寸，堅如石。」《劇話録》「肋欲長」下，《太平御覽》八百九十六引有「懸簿欲厚而緩，懸簿，服股也。

脇堂欲平滿，汗溝欲深長」一十六字，在「膝欲起」句之上。又「膝」下有「本」字爲長。又「堅如石」下，有「鬃欲戴，中骨高三寸，鬃，中骨也頰欲開而膺下欲廣一尺以上能久走，鞅欲方，頸前胸欲直而出，髀骨前面梟間欲開，望視之如雙梟」七句。

相馬法：輪鼠欲方。案：馬直肉下曰輪鼠。見《齊民要術》。

伯樂《相馬經》曰：「馬生下墮地無毛行千里，尿一脚行五百里，蘭筋竪者千里。馬色〔膝〕如團麴千里，三軍莫逐，但知所發不知所宿也。」《太平御覽》八百九十六卷。

又曰：「馬相歲：上下齒，二十四歲；〔齒〕黄，三十三歲；齒白口中欲紅色如日月光者，行千里。汗溝欲深，脊欲如伏鼀，兩邊如〔有〕迴毛曰滕蛇，殺主。口邊有迴毛曰銜禍，妨主。口中有黑者烏銜，馬短壽。」

又曰：「素下去飛虻四寸行千里。驟而不起骨勞，起而不振皮勞，振而不噴氣勞，耳欲小而促也，食有三芻、飲有三時也。白額入口名曰榆寫，一名的盧，奴乘客死，主乘棄市。迴毛在目下名曰承淚，不利人也。」案：《世説·德行》篇劉峻注引《相馬經》「白額」作「白頟」，「入口」下有「至齒者」三字，「榆寫」作「榆雁」。

相牛經

案：《太平御覽》八百九十九卷引《相牛經》曰《牛經》，自寗戚傳百里奚，漢世河西薛公得其旨，以相牛千百不失，至魏世高堂生傳晉高祖宣皇帝，其後王愷祕其書。

牛岐胡壽，岐牽兩腋服下分爲三。眼去角近，行駛。眼欲得大，眼中有白脈貫童子，最快。二軌，從鼻至髀爲前軌，從髀至額爲後軌。頸骨長且大，快駛也。壁堂欲得闊，壁堂，脚股間也。倚欲得如絆馬，聚而正也。膺庭欲得廣，膺庭，胸前也。天關欲得成，天關，脊接骨。儁骨欲得垂，脊中央欲得下。插頭欲得高，百體欲得緊，蘭株欲得大，尾株豐岳欲得大，膝株骨垂星欲得有怒肉，垂星，蹄上也，肉覆蹄間名怒肉。力柱欲得大而成，當車骨也。懸蹄欲得如八字，陰虹屬頸，千里。陰虹者，有雙筋，自尾骨屬頸，寗公所飯。案：「千」下本脱「里」字，據《世說·汰侈》篇注引補。陽鹽欲得廣，陽鹽者，夾尾株前兩膁上。角欲得細，身欲得促，形欲得如卷，大臙、疏肋、難齝、龍頭、突目、好跳，常有聲似鳴者，有黄也。按：《初學記》所引至此。案：「臙」當作「膁」，字形之誤。《世說》注「齝」上有「齡」字，衍。

洞胡無壽，株案：一本作「珠」。淵無壽。旋毛當目下也。上池有亂毛，妨主，凶。上池，角中央也。角欲得細，身欲得促，形欲得如卷，大膁、疏肋、難齝、龍頭、突目、好跳，豪筋欲得成就，脚後横筋也。毛欲得短密，若長疏不耐寒氣。尾不用至地，尾毛少骨多者有力。膝上肉欲得堅，案：一本作「豎」。鼻如鏡則難牽，口方易齝漦，府方易齝水，牛肚大尾青最有力。以上見《御覽》。

曬書堂筆録

目録

卷三　博聞上

卷四　博聞下

卷五　繹古

卷六　砭俗

曬書堂筆録卷一　記異

記災

乾隆己酉歲六月八日，甚雨，遂大水，漂田畝、禾稼無算，瀕河居民廬舍一空，地稍高者登丘避之，呼噪之聲聞遠近。或言萊陽大姑、五龍諸水悉合流，夜見雙燈出没波間；樓霞陳家邨有關帝廟，水將及，忽門闢，有燈出其中，水旋退，此邨田廬獨無恙。是災也，登、萊、青三郡悉同，而濟寧之嘉祥、魚臺及與山東毗連之天津、河間諸州尤甚。

是年冬，朝廷命發粟賑之。明年庚戌春，天子又命守土大吏察地方被災輕重量予寬貸。是歲也，有霜、雹爲災。霜之災，三月十二日也。或云十三日自萊州以西至濟南，北至蒲臺，數百里之地。其尤甚者，禾麥皆死，樹葉翻墜如秋。迨四月十三日，又繼以雹，其地廣狹與霜等。

余感《春秋》書災之義，謹記之云。

牟氏庭相曰：是歲霜既殺麥，農民採而芻之。某太守揭示嚴禁，以待麥秋。半月後，生意怒發，或有四五岐者，少者乃雙岐，而穗復大無朋，其收視無霜地遂倍差焉。撫軍長公舞抃上其狀，天子方惕惕憂勤，恐開欺飾之習，乃抑而不宣。長公亦焦念民生，意不在侈符瑞以爲媚，兹遂不申奏請勘。以此故，遠方多不聞，聞者亦不能信也，我等山東人親知之無虚妄。伏念此一事也，可以見天地以殺爲生之仁焉，可以見守土者博物遠覽之識焉，可以見大臣孜孜爲民、不亟亟于媚君，可以見聖天子遇災而懼、有美不侈，爲太平之盛軌焉。然天子既不受賀，國史將不書，私記者又不詳其究竟，後世其何能知之？

記風

嘉慶丁丑七月廿三日，福山西南之黑山忽見有黑氣一縷如烟飛墮。少頃，大風自西而東，五六十里間大木皆拔，飄去居廬、人畜無算。

又，戊寅四月八日申酉之間，都城有風從東南來，雨土而黄，彌漫四塞。頃之，欻然晦冥，急取火燭，危坐室中。約食頃，漸覺開朗，望庭院始略見人而黄赤彌滿，人盡改容，但聞空中隱隱雷聲，良久，微雨灑塵而已。

明日，有王禄者，余姻戚也，爲余言：昨適自海淀回，未至平則門，忽晝晦，略不見人，用手捫地而行，或觸人及車子都不覺也，聞聲乃相辟易。如是數刻，迨昏，疾趨，劣得入門矣。

謹按：《爾雅》風而雨土曰霾。《晉書·天文志中》：凡天地四方昏蒙若下塵，雨不沾衣而有土，名曰霾。故曰，天地霾，君臣乖。《晉志》此條，司天諸臣已據以奏聞，然《志》又言「期有大風雨，則災不成。」此日雷雨交作，于《易》爲解解之，《象》曰：「遇雨之吉，群疑亡也。」術家凡諸占筮得雨而解，其説皆原于《易》耳。

是月廿四日，奉上諭：「都城風霾示警，朕心震惕，降旨于近畿一帶，遍行察訪，總未得悉風所自起。本日據陳預奏『山東海豐濱海地方，于四月初八日申刻，東北風大作，晝夜無息。初九日，海潮驟至，浸淹灘地鹽場，沿海居民人口、房屋損傷』等語。」

謹按：如此，則風變之來乃沿海之災。《魯語》爰居止于魯東門外，柳下季以爲今兹海有災。又云是歲海多大風。然則，海以風爲災，而海溢尤災之甚者。傳聞此災自海豐、利津、沾化之間，居民多罹其害。天子命大吏察而賑之，可謂遇災而懼、應天以實者矣。

又按：四月八日乙亥，以納音推之，是徵日也。徵爲火，風從亥卯來，亥卯陰賊，故有所傷害。時加酉，酉行寬大，主恩澤也，因災施賑，是其應已。

《池北偶談》二十五記《風異》云：「康熙丙辰五月初一日，京師大風，晝晦，有人騎驢過正陽門，御風行空中，至崇文門始墜地，人驢俱無恙。又有人在西山皇姑寺前，比風息，身已在京城内。」按：丙辰，康熙十五年也。

《香祖筆記》十云：「康熙乙酉五月十八日，大風從西北來，先以黄氣，繼以赤氣，氣過而風，晝晦，大樹皆拔。蒲臺縣之陳化鎮，有三人同行，風至，伏田間。及風息，則三人伏處皆成墳，如新築者，三人皆死其下。又人家造屋三間初就，忽移至五里外，梁柱瓦甓如故。此與丁巳五月朔京師之風同。」今按：乙酉，康熙四十四年也。《筆記》又載：是年，二〔山〕東多疾。又，青州數郡多狼。今年風災略同，而無他變則異，因附記之。

記雨

佛果禪師云：閻浮提雨净水具諸天相。方時大旱，雨忽降，莫知其價，此兜率天上雨摩尼也；方欲收禾，霖雨不止，此阿修羅中雨兵仗也；甘雨及時，人皆飽足，此護世城中雨美饍也。

乙酉春無雨雪，四月、閏四月麥秋將届，猶不雨，至五月乃沛然沾足。其後連雨，幸旋晴霽，而田家時有恆雨之懼。《香祖筆記》十一按：此乙酉，康熙四十四年也。距今嘉慶二十四年己卯，蓋一百一十四年矣，乃今年又適閏四月，而亦春夏不雨，直至閏四月芒種後方極優沾，中間又停十餘日乃復霈然，其後遂接連陰雨，然亦旋見晴霽，故無恆雨之憂，禾黍懷新，桔槔聲斷，老農荷杖觀稼，預指篝車慶穰秋矣。惟七月中白露前後再浹辰間，竟日陰霖，如遊重霧，終宵淒霎，快睹稀星。今年以雨故，爲罷秋獮，本以七月四日啓蹕，以橋梁壞，延至八日，又改于二十日前赴熱河，不出哨。《蠶尾集》八有一條云：「今歲六七月，無日不雨，都下通衢皆如江湖，宣武門外溺者三人，人衣重錦，不知絺葛爲何物。亦向來所未有也。」

記　星

朱氏《曝書亭集》碑三云：「康熙歲在甲辰冬，有星孛于翼、軫，抵降婁。或言此名含譽星，爲今天子受命之祥，非彗也。給事中楊雍建上言：宋咸平初，彗見營室；明成化中，彗埽三台，出天田，入太微垣。考其時或下詔求言，或允群臣言修省，故不爲災。敢請皇上清宮齋戒，力圖修省，發德音下詔旨，則無難轉禍爲福。天子以公從直建言可嘉，優旨答之云云。」

余按：雜書皆言含譽似彗而小，後世因此導諛者率稱符瑞，殊不知彗有大小均名彗耳，不謂大者是彗小者非彗也。嘉慶壬申夏，彗見北斗，近紫微垣，初昏而出，歷時乃滅。又，己卯夏，彗見西北，亦昏定後出，未久而滅。此二彗星形皆小，己卯者尤小而光色愈微，十餘日遂不見。是年秋大雨，黄河泛决爲災。壬申者凡閲數十日，其光稍大。越明年癸酉，八月十三夜枉矢西流，九月十五日遂有逆賊林清之變。星家占驗，荒遠難稽，含譽之名，天官缺載，今所未詳。要之以彗星爲含譽，易爲導諛者藉口，故謹記之，以待後之知星者。

記雪

嘉慶十三年正月九日丁未，立春，京師微寒，陰。薄暮，温，密雪下。逮晚，花霙布地，稷霰盈庭。先是，涉冬以來，烘晴有日，霏雪無期，聖廑二𩅸，農殷三白，上于十二月廿六日命祈雪。歲改星移，仍稽雪信，乃于是日縈盈墀廡，飛灑聯翩，自西迨丑，幾深四寸。及至翌辰，積素未虧，晴曦朝朗，于是億兆騰歡，咸加讚嘆。

謹案：《宋書·符瑞志》云：孝武帝大明五年正月戊午元日，花雪降殿庭。時右衛將軍謝莊下殿，雪集衣。還白，上以爲瑞。于是公卿并作花雪詩。史臣按：《詩》云：「先集維霰。」《韓詩》曰：「霰，英也。」花葉謂之英。《離騷》云：「秋菊之落英。」左思云：「落英飄颻」是也。

然則霰爲花雪矣。草木花多五出，花雪獨六出。

今案：宋以元日花雪爲瑞，今以立春雨雪爲豐年之符，事例正同，奚不可也？惟沈約本《韓詩》「霰英」之訓，援《離騷》「落英」以證霰爲花雪，質之詩義，乃謂將雨雪而先集霰，明霰與雪微異。以今驗之，雪花誠多六出，則雪固可稱花雪矣，其霰則如米粟散下，故《説文》云：「霰，稷雪是矣。」《釋名》云：「霰，星也，水雪相摶如星而散。」義與《説文》合。謝莊《雪賦》云：「霰淅瀝而先集，雪紛糅而遂多。」「淅瀝」之文本之夏侯湛《寒雪賦》，云：「集洪霰之淅瀝。」今驗雪下無聲，霰則淅淅如雨聲，又如釋米聲，是「淅瀝」二字狀霰極精，知霰非花雪明矣。證以《大戴禮·曾子天圓》篇云：「陰之專氣爲霰」，盧辯注云：「陰氣在，雨凝滯爲雪，陽氣薄之，不相入，散而爲霰。」故《詩》鄭箋云：「將大雨雪，始必微温，雪自上下，遇温氣而摶，謂之霰，久而寒勝則大雪。」鄭之此説亦本《大戴》，其謂「遇温氣而摶」，即所謂「陽氣薄之不相入」，是「專氣」之「專」應讀爲「摶」矣。毛訓霰爲「暴雪」，義頗難通，故鄭申明其旨也。推是而言，毛言「暴雪」，「暴」疑當從《説文》訓「晞」。晞者，雪微集而日消之，故《爾雅》云：「雨霓爲霄雪。」「霄」字或作「消」，見郭璞注及陸德明《釋文》，而《説文》以「霓」爲「霰」之或體字也。又，李善《雪賦》注引《韓詩》薛君曰：「霰，霙也，音英。」是《宋書》所引《韓詩》即薛君章句，其字本作「霙」，文省作「英」。《玉篇》云：「霙，雨雪雜下。」《廣韵》亦同，而沈約欲傅會花雪之義，遂訓英爲英華，不合毛、鄭之詁，亦其失也。

嘉慶己卯冬十一月，甚寒。十二月，大雪，平地可二尺許，河南、山東有深三四尺至没馬耳者。都中人言二十餘年來所未見也。浹旬清晏，温暖無風，積素廣庭，飛溜檐瀑。除夕之前二日，凍塗皆滌，洪潦被衢，涉者苦之，崇文門外遂有車夫陷淖竟斃。二旬之内，康莊爲畏途矣。庚辰正月廿五日記。

道光改元之前一年冬，大雪，登州之福山、棲霞自十一月廿五日起，彌漫浹旬，飛灑不斷，行旅稀絶，坑谷皆滿，乃至有誤墮致斃者。招遠、掖縣道中因風起爲巉巖，步騎穿穴而過，再帀月而塗始滌。上溯嘉慶元年正月人日、穀日，平地雪六七尺，有晨起不能啓扉者，今再見于此也。道光元年二月望後一日，雪，自是同雲兼旬，既而雨雪紛紛，繼以霢霂，至廿五日雪甚，委地隨融，深猶盈尺，昌平一帶深二尺餘。蓋距清明節僅八日，天氣漸温，故易消釋，而土膏潛潤，土脈其滋，此蓋豐年之先兆而宜麥之嘉祥也。聞前年粤東亦大雪，人被重裘尚有寒色，以爲從來未有，而都下十一月中密室爐火無温者旬餘日，亦近年來所未有也。道光辛巳二月廿七日記。

記疫

道光元年七月望後，京師大疫，延至九月乃止。病初起如霍亂，吐洩，小腹痛，須臾即不救。始于崇文門外，自東而西，未再浹旬，延入内城。古書言有疫鬼，如行疫然，殆不虚矣。當是時，死人如麻，幾無棺殮。天子憫之，詔所司賜藥櫬。又二旬餘而有間。方病之殷也，或説爆竹驚鬼，于是競放鞭炮，自初更起，直達前三門，爆聲不絶。時方過密禁止火藥，于是邏者沿户捕人。翌晨，詣步軍門，鋃鐺皆滿。或以奏聞，即敕勿禁。自後，爆聲或徹夜相聞矣。

先是，五、六月中，有自山東來者，言濟南以東疫盛行，赴鄉試者，或既至而還，或中途遂返。不三旬間，已達都門。是歲順天鄉試改于九月初八，避時疫也。

嘉慶乙丑，蜀中大疫。有簡州刺史徐鼎于役，夜夢五人從東來，自稱行疫使者，將赴成都，問何時返，答言過年看燈方回。後徐還蜀，以所夢告制府，諭民間五月朔大張燈光，如元宵故事，花炮徹夜不斷。于是，五日時疫遂平。事見《熙朝新語》。豈鬼物可以術紿耶？抑畏火爆聲震驚而去耶？近聞德、臨、青、萊諸州率以八、九等月爲歲首，與移燈節事同，而都下爆聲不禁，亦其意也。《荆楚歲時記》言爆竹驚鬼，良有驗矣。或言：去年，此病自粤至閩，而吴越，而楚，而豫，蓋由東南以逮西北，數千里如一云。

林清之變

嘉慶十八年癸酉九月十五日午刻，賊衆數十人竟闖入紫禁城，東華等門皆閉，禁兵及火器等營殲擒之，六、七日乃盡。渠首林清旋亦就擒，及其党與數百人皆伏誅。

而先是，直隸之開州、長垣，河南之滑縣、濬縣，山東之曹縣、定陶，其賊于九月初八等日先後俱起，越九十餘日，乃以次討平之。林清潛匿畿輔，招集徒衆，自十一年始，滑縣李文成再詣林清家結謀，將以五百人于十五日與清等合，而滑令强克捷先期收捕考掠，其徒率衆篡取之，遂以十二、三等日先反于滑，而清等顧未之知也。于十四日清又潛入都城覘虛實，而蘆溝巡檢聞于府尹，明日府尹方赴變，賊已入禁城。又蘆溝地保前時上變聞于步軍統領衙門，主者顧未察，反收繫之。方賊入禁城，有太監數人爲先導，而衆目共睹，乃見關帝神像。又，其夜中大雨震電，群賊咸懾伏。苟非天與神佑，惡能俾鴟張之徒亡不旋踵者哉？

謹案：《晉書·五行志上》：簡文帝咸安二年，妖賊盧悚率其屬數百人入殿，略取武庫三庫甲仗，遊擊將軍毛安之討滅之。《孝武帝紀》載此事言：十一月甲午，盧悚晨入殿廷。蓋其時孝武初即位，賊乘釁而起也。《毛安之傳》言：「孝武即位，妖賊盧悚突入殿廷。安之聞難，率衆直入雲龍門，手自奮擊。既而左衛將軍殷康、領軍將軍桓祕等至，與安之并力，悚因剿滅。」而《帝紀》内又一條載：「海西公被廢時，以四月徙居吳縣。十一月，妖賊盧悚遣弟子殿中監許龍晨到其門，稱太后密詔奉迎興復，帝初欲從之，納保母諫而止。」覽前代史書，唯悚事與今林清相類，乃悚誘誑海西，沮于保母之一言，清煽惑愚民，不聞閹豎之先見。小人無良，其智顧出女子下哉！然如都司曹倫輩之負國恩，從逆黨，喪心昧良，當復狗彘之不若耶！而彼既伺釁闖入殿廷，此亦乘虛突入紫禁。方其時，上蓋木蘭秋獮未歸也。惟是晉室諸臣，集武夫之力，僅能撲賊，孰如今日獲天神之靈佑殲逆隼于高墉，其迹爲更奇哉？因詳述于篇，並參稽于古，以著安不忘危之戒焉。

曬書堂筆録卷二　志怪

水　影

《宋書·五行志》：「文帝元嘉二十五年，青州城南地，遠望見地中如水有影，人馬百物皆見影中，積年乃滅。」考于欽《齊乘》載東平陵城西北有陰地數畝，天色澄霽亦若雲陰，迫視則無。《記》謂青州有地境水影，蓋亦此類，其言《記》即《宋志》云云耳。

又唐陸勳《志怪録》云：「大歷末，深澤、束鹿縣中有水影，長七、八尺，遥望見人馬往來如在水中，及至前，不見水。」

按：《莊子·逍遥遊》篇言塵埃野馬「生物之以息相吹」，是皆謂地之游氣，佛經所謂游塵耳。地既有氣，無妨有影，但氣尚渾淪，不甚分明，至于見爲影形，繪爲人物，則詑爲幻怪，要亦只是地氣之所爲耳。如《易·繫辭》言「游魂爲變」，釋家説「羅刹女尸」，《史記·天官書》言「廣野氣成宫闕」，皆此之類也。

宫亭廟神

《水經·廬水注》云：昔吴郡太守張公直，自守徵還，道由廬山，子女觀祠，婢指女戲妃象人，其妻夜夢致聘，怖而遽發，明引中流，而船不行。合船驚懼曰：「愛一女而合門受禍也。」公直不忍，遂令妻下女于江，其妻布席水上，以其亡兄女代之而船得進。公直方知兄女，怒妻曰：「吾何面目于當世也？」復下己女于水中。將渡，遥見二女于岸側，旁有一吏立曰：「吾廬君主簿，敬君之義，悉還二女。」故干寶書之于《感應》焉。

今案：酈注援《搜神記》以著感應是也。余謂公直不忍兄女而徇以己女，義則義矣，而殊未達也。夫廬君强婚，何異河伯求婦？然兄女代行而輕舟溯浪，此神何憒憒耶？惜乎！公直惶怯，不能仗義執詞迴狂瀾而障川波，故令千秋留此疑竇耳。酈《注》又載：神能分風擘流，行旅過必敬祀，而後得去，故曹毗咏云：「分風爲貳，擘流爲兩。」余案：此亦狡獪伎倆，不足深稱，正使神果能爾事，即徇俗，焉得人人？東坡《咏僧伽塔》云：「耕田欲雨刈欲晴，去得順風來者怨。若使人人禱輒遂，造物應須日千變。」吁！斯言真可謂達矣！

修祠廟

近日，琳宫梵刹，金碧焜煌，貴官富賈，檀施山積，至于聖賢遺址，廟貌闕然。或士紳涉訟，利益歸官，判輸罰鍰，俾文繡土木粉飾宫牆，勒石紀功，仍歸官力。諸如此者，比比也。

偶讀漁洋《筆記》八引陶岳《五代史補》，載馮道鎮同州，有酒務吏乞以家財修夫子廟，道以付判官。判官素滑稽，書一絶句于判後云：「荆棘森森遶杏壇，儒官高貴盡偷安。若教酒務修夫子，覺我慚惶也大難。」道有愧色，因出俸修之。又，李縠爲陳州防禦使，三日，謁夫子廟，惟破屋三間，中存聖像。有伶人李花開進口號曰：「破落三間屋，蕭條一旅人。不知負何事，生死厄于陳？」縠驚嘆，遽出俸以修之。

所載二事，皆夫子廟也。五代兵戈，學宫殘毁，故爲滑稽藉口，今則聖域賢關，動費大農金錢，無此歌謡矣。而其它叢祠蘭若時復未免，乃至官衙修理，亦藉紳商追比樂輸，遂成嘔噱。嗚呼！可復道耶！

東野生

東野生隆吉言：「嘗患疫，未汗，季頓中夢神人曰偉佗者授余方，云：『記！記！柴胡、陳皮、半夏、枳實、厚朴、大黄、山查，各如數，服一劑愈矣！』余時卧病江南旅寓，覺則急唤僕起，入市取藥，一飲而汗。其方即世間所傳《小承氣湯》加《柴胡湯》方也。余異之，斯時江南大疫，傳此方服之活者甚多。」

郝子曰：《稽神録》載趙瑜遇泰山判官授以《巴豆丸方》，後瑜賣藥夷門市，餌其藥者病無不愈，獲利甚多，然其方亦與人間之方正同。余案：此類不足深異，當由神道慈悲，偶爾假手于人傳以濟世耳。

風怪

福山王大司農《養素堂文集》卷八《記》云：「康熙癸酉　月廿八日，濟南府五鼓時，天赤紅如火，暗室照耀如晝。移時至寅卯間，大風暴發，將平陰縣十餘歲小兒被兩鬼一赤一黑携去，飄二十五里，落一山上，相謂曰：『我們刮風，帶此孩子何用？』遂留一人家屋上泣哭，其家婦人望見取下，癡迷如夢，然猶能言鬼物之面色、言語並其村莊、姓名，送還。」所記如此。

余按：《玉篇》、《廣韵》並言「颹颬，上，古獲切；下，呼獲切。赤氣熱風之怪」，而未詳其形。今讀此記則知赤氣即赤鬼，其黑鬼未聞，又知鬼名颹颬矣。《十六國春秋》載南燕主超祀南郊，有獸如鼠而赤，大如馬，來至壇側。須臾，大風，晝晦。此亦風怪而赤者，自當别爲一物，其名則不可曉耳。

人　怪

《記》又云：「湯陰縣有知縣姓秦者，乃檜後裔也，作官清正，然歷年絶不敢到岳廟禮拜。後行取將入京，自念曰：秦、岳有舊恨，故我懷慚怯耳。今在其地，並無失德，且遠祖非我身作，武穆正神自不波及，不可不一展拜而去。入廟剛拜下而氣絶矣。」　案：此與宋羅汝楫之子願端良事略同。見《池北偶談·談異》。

余按：《記》雖如此，其事可疑，或好事者傳聞之過。假如所言，此是人自爲怪，非神能爲怪也。何以明之？神與人皆稟命于天，天所不殺，神焉能殺？或人當命盡，天偶假手于神，神即代天行殺。而亦不盡然，如雷霆所擊適與邪人相值，而非邪人遍遭雷擊也。如使雷能遍擊，世當無邪人矣。徐鉉（稽神録）載雷擊殺人二條，而俱云誤，乃復下藥救之。雖未可盡信，然足見邪人偶遭雷擊，非雷必擊邪人也。邪人不必雷擊，故秦檜無妨考終。武穆之神不能殺檜而反殺檜之裔孫，此必無之事。公羊家言齊襄公滅紀復九世之仇，此曲説耳。或説以爲秦氏子時當命盡，天偶假手于神，亦未可知，安見事之必無？余謂不然，秦氏子即命當盡，不必盡于入廟拜神之頃，而謂天假手于神，斯婦人孺子之爲，曾是武穆而爲之乎？然則，秦氏子何以死？曰：是其人之自怪而死，非神作怪而死之也。《檀弓》言死而不弔者三，畏居其一。如陳不占聞金鼓之聲墜車而死，是死于畏者也。按：《新序》二載陳不占云「聞戰鬥之聲恐駭而死」。孔子畏于匡而彈琴自如，是畏而不死者也。兒童不畏虎，見而玩弄，虎亦不傷，其神全也。石普不殺奴，見奴爲祟，自謂必死者，其氣奪也。秦氏子蓋内懷慚怯，仰矚威靈，形神沮喪，如角弓蛇影之爲，因恇懼而致死，傳之者失真，便云入廟下拜而氣絶耳。《宋書·孔季恭傳》：先是，吳興頻喪太守，云項羽神爲卞山大王，居郡聽事。然季恭居聽事，而竟無害。推此而言，非項羽之神能殺太守，實其人恐懼而自及。明于季恭之不死，則知秦氏子之死乃其自爲之矣。世傳岳王、關帝二神顯應尤多，見之而生畏敬者衆，其實皆人心之爲耳，非神之所知也。此事頗易惑人，故辨之如此。

室怪

《秋燈叢話》四載一條云：「宣武門外粉坊琉璃街，有室多怪。僦屋者率不信宿而去。部郎某愛其舍宇精潔，欲居之。其戚某素負膽力，請先往覘焉。挑燈兀坐，將三鼓，承塵上忽滴瀝有聲，視之殷紅，瞬息間劃然墮地，乃一半體尸也，身頂及腹截然斬齊，彳亍能行。頃之，有聲如前，又墮半體，左右跁踱。某方注視，尸忽逼近其身，急以手推撇，勢如膠粘，旋挾之起，繞室趯躍，某神魂飛越，不覺厲聲大叫，童僕趨視，已昏仆于地，衆視室内寂如也。」所記如此。數十年來，都人見其塵扃，無復過而問者。近年間，有远郡孝廉以知縣謁選携家來都者，不知屋先有怪，利其價廉，因僦居之。有孺子頻見老叟出，畀以錢，不敢受，語其母，母令受之，而叟即退入土坑中而没，發視其坑，悉是白金，其人旋得官而去，是後屋亦不凶矣。今居者爲黄縣范顯宸，亦俟選縣令，門左書標「愛日堂」者也。夫妖不自興，利蕴生孽，金精形爲白虎，寶氣見爲有蜮，將物各有主，居而有者，必值其人耶。聞長老言，有武生某獨步城頭，遥見地上有一紙裹，啓視，其中一小蛇，便擲去之，遥睇則依然紙裹也。其日適市期，赴者雲集，某登城以伺，俄有檢得者，追問之，答言銀四、五錢，某嘆息而去。然則，半體尸豈蛇妖之類歟？

董公

董公者，萊陽人。世居義疃鄉之郭家圈，自言前世爲青州府歲進士，有妻妾，生二子矣。偶以細故反目，忿詣齋中皷坐榻上，忽悶絶。但覺魂氣飛騰，蹲踞梁上，俯視皷榻上者，自忖曰：「我尸也。」俄見次子入呼父，驚號而出。既而妻妾皆噭啕入，長子亦至，有人持衣冠入，自忖曰：「將斂也。」俄數人舁棺入，自忖曰：「將殯也。」有數人向棺哭者，又自忖曰：「入臨也。」凡出入往來人，歴歴可指數，但聞人語哭泣聲僅如蠅蚋。俄而，數人持楮帛入，火之，復自忖曰：「賻我也。」少時，烈焰衝空，烟騰騰，眯雙睛，散爲飛灰，乃知世俗所贈冥物者妄耳。蹲久之，覺梁間跼蹐，甚思出外遊遨，遂覺身輕如葉。出門有馬繫焉，解其拘縛，騰身而上，鞭馬疾馳，去甚遠。途中凡經城郭，自馬上觀，悉作皷形。至萊陽界，見邨中一大門，門前有樹，因下馬繫樹上。登其堂則無人焉，入其室又無人焉，睨其旁有複室，入之，有婦人露半體坐床頭，則與并肩坐。憩少時，忽覺室中黑如漆，熱如蒸，又如百千條繩縛其身，不能動，于是悶欲絶。頃之，如蛇蜕而出，自顧手足縮小，纔如嬰兒，則又自忖曰：「此殆我後身也。」

父爲董翁，故世家子。兒生而能言，但囁嚅不甚可了，前世事一一能記憶。初生時，甫開目，見窗户破處以故字紙補其缺倒粘之，兒遽呼曰：「獨何爲倒貼文字乎？」爾後，每有所言，家人雖聞之而莫能解也。偶憶妻妾二子，則呱呱以啼，家人又莫知所爲也。至五、六歲，與群兒戲邨外，邨故南北通衢，有負檄而過道上者，兒睆之，遽呼曰：「汝非青州公役皮二乎？」皮不應，又呼如前，皮迴顧曰：「嘻！童子也。何知我名？」兒乃自陳家世及所由來，皮大驚異，因問皮：「吾妻無恙乎？」曰：「物故矣！」兒悲啼。又問：「妾無恙乎？」曰：「如前日。」「二子俱無恙且有後乎？」曰：「如君言，但范叔寒，無人憐耳。」兒又悲啼，問皮曰：「吾家資産頗饒，今無有存者乎？」曰：「鬻過半矣。」兒聞之，啼不能聲。皮以奉公事來，恐久延逾期限，欲辭去，兒牽挽不釋手，放聲大啼。先是，兒與皮言，邨人多聚觀之，或走告其父。父至，悉聞其語，始悟曰：「怪道吾兒啼不止也，曩者固已疑之矣。」于是謂皮曰：「請暫過吾家，爲兒止啼也。」皮不獲已，宿于其家。兒與共榻，絮絮語，終夜有聲。天將曙，皮辭去，兒屬之曰：「君公務畢，當復過，我爲作致書郵也。」皮許諾，自是，兒不食，日夜啼。過數日，皮至，兒曰：「吾有密書一函，寄吾兒，知君長者，切勿啓視吾緘也。」皮去，兒送之數里，俯仰哀啼，殆不勝情。皮歸，具語其家，二子愕然，不能答。因出書，其略曰：「昔則父子，今已路人。我不可去，汝又不可來。比審汝母物故，妾母無恙，心邇人遐，痛何可忍？至家計蕭條，乃汝輩不善治生之故。我臨去倉卒，諸事未及屬汝，某室西南隅掘二尺許有手瘞先世古玉杯二枚，白金如干錠，汝輩掘得，可少佐饔飧耳。人居隔世，迹涉驚疑，楮短心長，餘不多述。」二子奉書而泣，相與發掘遺物，悉如書言。

兒自皮去，不食亦不語，惟終日啼。或慮家人酸楚，則走向園圃中啼號。久之，父母以爲憂，而無可如何。或教以飲黑狗血可療，因殺犬取血强飲之，爾後陽陽如迷，不復憶前生事，而啼聲乃止。此時兒年已漸長矣，前時，教以讀書輒不忘，至是，資性稍鈍，雖習文藝應童子試卒不售，而是後亦不復讀矣。時徜徉山水以自放，喜捕魚，出則釣竿漁網常以自隨，終日忘返。年九十餘，無疾而終。

此乾隆丁未夏歸自都門，與表祖趙晴虹先生同車時爲余述之者，趙與董同里而世爲戚好。洎晴虹少時，董公已八十餘，叩其事，茫如夢寐，而其家人猶能道之，第余爾時未及詢其名字耳。《某進士》事亦車中爲余言之者。

某進士

某公者，山東人，談者失其姓字。登第後爲順天某邑宰，邑故僻壤，無與談者，獨同年某居城中，相得甚歡。公簿書餘暇輒相過從，某亦時留公署中，公與某俱善飲，每浮白談心，酒酣耳熱，或縱談達曙。

公一日語某曰：「我兩人情款無間矣，然吾與兄俱中年，吾有二子而兄尚闕如，吾所日夜爲兄慮者無已，其爲兄置側室，幸賴先靈獲延一綫，即我與兄世好無絶矣。」某頷之。居有頃，公遂將重價購買遣歸某，某大驚，以爲過望矣。逾二歲，舉一男。其兒生之日，則公没之辰也。公爲官清介，宦橐蕭然，至旅櫬不能歸，而某自念非公爲置妾，無以有今日，于是首出資爲闔邑倡，其邑人亦德公而義公也，由是共醵金如干數。公既歸葬，二子因以餘金置產焉。

某子既長，穎慧絶人，弱冠遂取進士第，出宰山左，其邑則某公桑梓也。甫下車，即以通家往見公二子，又請登堂拜母焉。自公没後，二子以貧廢學，家又益落，至是延二子署中，兼致名師訓讀。二子心德之而莫能解，以爲通家世好故然也。後二子以公力皆入泮，而公適擢刺史。將去任，乃大延賓客，舉酒觴二子而言曰：「我與君前生父子，君之先人，我之前身也。如或不信，其歸證諸母，視脇邊有黑子而微紅者，當知斯言不謬矣。我初生即記前世事，顧頗能頓斷俗情，祕不告人。今之遇合，特偶然耳。我自料初不及此也，其奉千金爲君母子壽，亦少助膏火，爲進取之資耳。」公去後，二子出所贈置產，稱小康焉。

委曲詳贍，微少剪裁耳。《某進士》篇，筆意獨勝。

牟默人

余撰次二事，距今二十餘寒暑矣。點檢舊文，《董公》篇計芟二百字，《某進士》篇亦芟四十字，二篇凡更定十餘處，仍復榛楛勿剪。年與時馳，學不加進，姑存舊作，以識良友箴勖如此。時嘉慶丁卯仲冬跋。

雷公

萊蕪有兄弟異居，而兄死有遺腹子將産，弟謀墮之，重賂隱婆：「若女也則舉，男即搤殺之。」及臨盆，嫗纔舉手，震霆一聲，霍然驚斃。庭中間立一物，仰視，見其首類世所肖雷公者，屹不動，即祝之亦不起，或曰爲産婦所衝故也。聞于官，官至，禮拜，仍復如前。方嫗之驚斃也，有頃復蘇，官鞫之，得其情，問孤兒則無恙，而庭中物屹如故。官命甃石其旁，高廣如其身，日置酒鷄卵食之，凡月餘，忽風霆晝晦，比雨霽遂失所在。于是官以爲神，乃繫治嫗暨謀殺孤兒者。

嘗讀《稽神録》一條云：江西村中霆震，一老婦爲電火所燒，一臂盡傷。既而，空中有呼曰：「誤矣！」即墜一瓶，瓶中有藥如膏，曰：「以此傅之即瘥。」如其言，隨傅而愈，家人共議此神藥也，將取藏之，數人共舉，其瓶不能動。頃之，復有雲雨，收之而去。又有村人震死，既而，空中呼曰：「誤矣！可取蚯蚓爛搗，覆臍中當瘥。」如言傅之，遂蘇。

余案：雷震死者，天也，乃復有方可醫，亦大奇也。雖然，世間固有誤震斃者，以方活之則可耳，至乃作凶事，爲凶人，如萊蕪嫗之輩，誠不可以斯藥療之矣。或曰：「異哉！天上亦有誤耶？」余曰：「固也，然天上即有誤，有此妙藥不妨。未審人間有誤，頗復能醫否？吁，可懼哉！」

不畏雷

雷聲殷赫，令人震驚，頓失故常，雖曰天威，亦因人氣餒故耳。然人固有不畏雷者：虞帝温恭，行山弗迷于麓；劉伶放達，静聽不聞其音。良由神閒氣定，故物莫能攖也。乃至武夫横矟躍馬，劈歷爲之霽威；與霹靂鬥，見《北齊書·薛孤延傳》。文士倚柱作書，震霆未或失度。《世説·雅量》篇「夏侯泰初」。然則，精一之至，鬼神且猶遠避，而况于人乎？况于猛獸乎？《詩》云：「風雨如晦，鷄鳴不已。」《序》謂亂世則君子不改其度焉。《易》曰：「震驚百里，不喪匕鬯。」言不爲威惕也。若使鷄鳴已于風雨，匕鬯喪于震驚，豈所稱幹固之貞哉！

狐卜

有狐與某生眷情好甚篤，生故寒素，嘗因歡笑問：「仙者能以術令人富，鄙人豈無福消受耶？」一狐答曰：「然大富即非所冀，小小經營如嚴君平賣卜自給故可耳。」因僦居一室，狐在樓上坐，生于其下供趨走之役，貺金不過百錢。有問卜者，書一紙片並宣紙一幅，畀生傳樓中，須臾自窗間縋而下，草書大字，淋漓皆滿，言多奇中。門外車蓋成陰。時乾隆庚寅、辛卯間也。

禁中嘗有失物者，迹之急，訖無踪影。或以問狐，答言：此去西南數里外，向某典鋪尋。如其言獲之，蓋内監所爲也。

福山蕭連州容山，自蜀令落職回，時值太皇太后慶節，偕衆廢員辦經壇，欲有問于狐。時輸紙者坌集肩摩，不得前，蕭故在後，自念：「狐即靈蠁，豈便知未來事？殆妖言耳？」頃之，樓上傳語，責公問卜不誠，非可告也。蕭悚然改容，回心易慮，復拜問如前，得答語云：「恩錫在經壇，母年登九九，厚、安、恩兒俱列仕。」後辦經壇，四十餘人予開復者十一人，而蕭名故在焉，喜之甚。謂母年可登大耋，時已七十三矣，明年春正月遂物故，正值九九消寒時也。厚、安、恩者，其子若姪若孫之小字也。蕭君藜庭以廪貢生爲校官，前卒，是其子；植園，孝廉，今宰山右，是其長孫；露庭以拔萃列上庠，藉甚辟廱間，充正黄旗教習。皆安、恩中人也。露庭工畫，善談笑，嘗因語次爲余道其事，因退而記之。時嘉慶戊寅秋八月也。

疑盗

王松者，福山人也。以諸生授徒于邑北村曰蘆洋者，海濱之小聚落也。館中生徒恒亡失衣物，未久旋復獲之，莫知盗者誰。

館之比鄰有夫婦力田者，衆疑此人所爲。相與踪迹之，訖無驗。然以其貧也，衆共恐喝之，于是夫婦偕弱小登門大訴語并侵王。王怒甚，率徒欲送官，爲村人勸沮。王即辭歸，村人共詣門挽留之。

復館之夜，風月朗清，門户嚴扃，襆被全失。方猜疑間，唯見窗紙一處微破而已。王素戇，即大言曰：「襆被庋閣而亡，此不足異；若衣被在吾身而亡之，則誠可異也。」至夜，果如言而亡去。晨起，視案上黄紙一幅，書寫皆滿，大略言：王君館此已七、八年，固當辭去，如不爾者，必爲張生所害。張生者，徒中最高弟，人尤恂謹者也。衆共嗤鄙不信，即其夜，館中被焚，書籍灰燼無遺，而王始喪氣辭歸矣。

余聞之姻丈王和南説。

鬼産

福山張希南進士言，江南有老諸生，家貧而事母極孝。娶妻無子，又荏弱不任操井臼，生謀于近處設帳奉旨甘，而迄無所就，不得已遠遊于外。歲終旋里，入門母、妻俱物故，生悲哀悽愴，幾無生理，顧影依依而已。

既除服，一日出遊晚歸，去家尚數里，行愈遠，竟迷所往。遥望邨落，夙所未經，急詣其處，見門内一老人出，訝曰：「子非失路人邪？」揖生而入。至廳上，道姓名畢，略詢家室。老人云：「愚有息女，不棄寒陋，請奉箕帚，可乎？」生未及對。老人云：「今夕便佳。」命扶女出，若舊相識者，生疑爲夢，遂申款曲。天將曙，老人已候門外，謂生曰：「極欲挽留，但恐不爲君福。」因導生出門，數武外迴顧，邨舍全無，惟白楊墳墓，風起蕭蕭耳。生大駭，馳歸。他日，方悟所經乃岳父母葬處，其女即妻矣，但妻亡何故仍在岳家，疑惑莫解。

後二年，復歸，迂道重經其處，見婦人抱兒立樹下，以手招生曰：「將兒去！」生急接兒，婦忽不見。生歸，至夜夢婦謂曰：「上帝憐君孝，不絶君嗣，故令吾得一會。今兒已付君，可善視之，異日能大君門也。」

張云是兒後登第，與余爲同年友，官邑宰，有治聲。又云能白晝視鬼，嚮在都門，詣同人邸舍，輒曰：「是多鬼，不可居，獨吾寓差少耳。」歷言所在，人莫能見也。豈生于鬼而習于鬼耶？嗚呼！異矣！案：此條與《世説注》引孔氏《志怪》言盧志與鬼妻生子事頗相類，惜失其姓名耳。

同年孫兒程萬雲鵬爲余言：其族孫某遊海北，家焉。娶妻數年，以疾卒，卒時有孕，瘞邨左近處。邨中故有賣餅者王姓，每傍晚輒見一婦人市餅去。王疑之，陰志其錢，捫之，灰燼而已，因潛尾其後覘之，至邨外冢邊而没。于是告諸其家，集邨人發冢，棺甫啓，則嬰兒坐其中弄餅嬉笑矣。視婦人，面如生。遂抱兒歸養之。竟成人，今其年約二十許云。是兒亦能服賈世其家，每負販遠鄉，識者目之，曰鬼生兒也。

返魂

寧海磎山後邨孫氏女，幼孤，露依叔母鞠養，年及笄未字也。鄰子王小幼共游戲，比長，兩情益洽，實無伉儷之約。

一日，鼠銜女履置王生所，女未知也。叔母疑有私，詬厲百端，女慚憤，即自經死。魂赴城隍，司神以陽數未終，判令送還。無何，女哭而白神：「尸已臭腐，不可爲矣。」神意躊躕未決。女言：「適來見李氏婦新死，未葬也。」于是神頷之，召李氏祖曰師紀者至而諭之曰：「是汝孫婦也，其攜歸。」及出門，李私心不欲而紿女曰：「神既許爾生，而奚必借他人尸以活？儻復入白，神必爾許。」女入以李言白神，神怒呼李入，笞之三，仍促攜歸。李不敢聲，遂與俱歸，並告以翁姑及夫之狀，踵甫及門而尸已蘇。李氏婦者，常氏女也，父名世英，體素羸，于歸未幾，遂以疾没。至是，甫小斂，故女以爲新死也。頃之，聞棺内呼悶聲，啓而視之，亡者復生矣，而所識夫與翁姑外更無人，衆異之。常聞女死趨弔，孫氏聞亦來，女見常來則避，而向孫道家事甚悉，衆又異之。于是，謂李生曰：「是汝婦也已。」孫固寒家女，善操作，頗得翁姑歡。翁曰蓬祚，夫曰核，俱庠生，世居寧海解家莊，大司空之裔孫也。

同時，又有江南二生。

鄉先達某公遊江南歸，言：李生者，入太學，居市之東；黄生，補弟子員，居市之西。李自先世爲鹾商，而黄貧如洗，二人皆以能詩善某公，每尊酒論文，意氣相得也。適黄婦新産，廚無烟，促黄易米而炊，歸途徑一石橋，忽昏暈，遂墜橋下死，而黄不知也。

先是，李生遘疾，黄欲視之而未果，至是魂無所之，往詣李。甫至中途，見李家人曳帚而過衢頭者，乃附帚以行，入門睹李僵卧床上，稍近之，泯然而合，蹶然躍起，曰：「吾婦新産，須米爲粥，胡在此酣瞑耶？」下床竟出，家人大駭，群尾之以覘其異，趨至家而黄已先在室中矣。二人相顧愕眙，叩其故，黄曰：「我李生也，適過橋下，見兄尸偃卧，隱痛于心，思一執手而别，不知竟合爲一。時鄰人迹余者至，强曳以歸，余亦不審何故也。」于是，衆以爲怪，將聞諸官而先白于某公。公邀二生詣寓，至夜，令同榻卧，冀精魂儻得復故，卒亦寂然。公乃召二生戚友咸至，而謂之曰：「此非吉祥善事也，聞于官恐駭聽聞。夫二人者，雅相知，今兹之舉，乃所謂忘形之交也，然形體再生，交情兩世，李富而黄貧，不均，請析李産而中分之，令二人取一焉。」衆咸曰：「善。」遂如其言。

案：唐杜青荑《奇鬼傳》云：「貞元初，河南少尹李則卒，未殮。有一朱衣人來投刺申弔，自稱蘇郎中，既入，哀慟尤甚。俄頃，尸起，與之相搏，家人子驚走出堂。二人閉門毆擊，及暮方息，孝子乃敢入，見二尸共卧在床，長短、形狀、姿貌、鬚髯、衣服，一無差異，于是聚族不能識，遂同棺葬之。」

郝子曰：此尸變爲怪，其二人實一人耳。乃二生易尸俱活，又何耶？二生後不知所終。余聞女返魂之前數月，李生後園柿一株枯死逾年，一旦，華實繁茂。其時，瀕海有大石忽徙故處四十許步，無何而女復蘇。僉曰：「李氏之祥也。」然女歸李後，家日零落，翁遊曹、鄆間不歸，而夫客海北，迄無音耗，將返常爲妖。彼之所謂祥，乃所以爲妖歟？此丁未舊稿，今年丁卯復加整頓存之，蕪拙勿計也。長至月望後六日書。

冥讞

萊陽之西南曰窩樂邨者，有劉君昆季三人，皆諸生，余之外表叔也。自言嘗患傷寒，委頓間，仿佛被二役攝去，行數里至一都會，人烟輻湊，宮闕巍峨。入之，則冥王坐殿上，方鞫一人命案，攀劉作證。劉灑然頓悟，前生頗知其事，但事關重大，自念若供出真情，我且不免。于是，堅不承。冥王怒，以三木恐喝之，復不承，乃命加刑。脛初受木，頗極鑿枘，連敲之則昏暈不省矣。群舁出門外，明日更鞫，仍復如前。至第三日，冥王怒甚，將復置刑。旁有持簿人類判官者，前啓冥王曰：「三木重刑，三試而卒不承，斯可以已矣。」于是乃罷讞。出門惘惘，方慮無歸，欻一叟見而訝曰：「汝何得至是？」具道其由。叟喜曰：「幸未吐露，吐即必無生理矣。識余否？」答言：「不識。」叟笑曰：「余，爾祖也。此去余家不遠，可便同歸。」數武外睹一院落，頗修整，入門四顧無人，因導入內，則室中坐一老嫗，面頤間若有疣贅。叟曰：「爾祖母其中。見一都會，前有宮殿，入之，其中有樹，大而高無極，役又曰：「菩提樹也。」立有頃，命之坐，旋引起曰：「此間爾眷屬在焉，何可不一面？」因導入複室，則二三婦女同住其中，而亡妻亦在焉。見劉入，都無言。叟曰：「一家人，顧不識耶？」劉睨之，其中一最少者年約十八九以來。叟曳之出曰：「此間不可久留，余其送汝歸。」出門數里，叟忽從後推之，驀然驚寤。家人譁曰：「蘇矣！」

先是，劉已亡三日，家人撫其體溫，因共邏守之。至是復生，開目欠伸，將欲下床而脛骨刺痛如折。呻吟數月，杖而能起。細詢家人以祖父母生前形貌，悉如所見。其後，脛創雖瘥，每值陰雨輒不良于行。或言及三木之毒，猶談虎色變也。劉既余外表，又同入邑庠，故知其事悉。今計其年，纔四十許，每語人曰：「複室中人尚未至，恐此案未了結也。」此乾隆丙午年記，今嘉慶丁卯冬重訂舊稿，聊存之。

廖安國者，奉新人，長厚而善醫，遠近有求靡不應，又不計酬直，豁如也。一日自外歸，距城五里許有章水者，水中有石，黑而類豕，俗呼之母猪石，謂此常能作怪惑人。廖雖知之，亦無恐畏。既渡彼岸，天已漸昏，見道左有婦人鬻炒栗者，廖便就買，剥殼啖之。啖已，婦人去，廖疑夢境，捫其懷中，殼故在焉。歸至家，倦卧榻上，恍忽間有役人來，便導之去。行約數里，天近黄昏，行愈遠，望前途轉分明，纔如天氣沉陰耳。復行數里，見平田方數十頃，役人曰：「心田也。」至一都會，前有宮殿，入之，其中有樹，大而高無極，役又曰：「菩提樹也。」立有頃，內有朱衣吏出，宣諭云：「廖某壽合未終，可令送還，此去好爲之，可復得十餘年活耳。」前役導出。廖既旋返，仍卧榻上，家人集診之，蓋亡已經宿矣。

歲丁卯，余偕秋官主政嚴君拱同順天鄉試外分校，在闈中爲余言之者。嚴與廖同邑，既相稔知，又嘗患喉痺，延廖醫之立癒，言其人真長者也。今尚存，計其年已七十餘，壽而康焉。

蕭露庭炷《紀事》云：余邑奇泉寺僧某，忘其姓字，行次第四，咸呼「四和尚」。一日，偕衆僧往醮某村，中途忽仆，食頃方甦。自言適有青衣人拍其肩曰「行乎」，遂覺身輕。行駛至一衙署，見堂上類王者而顏色和霽，問：「爾四和尚耶？」旁一老吏跪對，似言誤拘，語喃喃不甚可辨。神又問：「爾葛莊蕭四和尚耶？」答云：「故是四和尚，但非蕭姓，亦非葛莊。」神詰鬼差曰：「爾持符往，乃不詳姓氏里居，一何鶻突！」因薄懲，命送還。途問鬼差吏言何事，乃知葛莊蕭某患病已月餘，云「和尚」者，其綽號也。翼日，葛莊蕭四和尚死。

露庭《紀事》又言：寧海楊某有心腹之疾，期而不瘳。一日向晚，屬其子備後事，子方十餘齡，念母弱家貧孤苦，潸然雨泣，父亦悲悽，明日氣絶。族人以其子幼，約二三少壯伴宿，夜分，尸忽自動，又手作爬搔狀，衆皆屏息不敢聲。中有壯士，亡者之從弟也，獨起語曰：「兄豈念家事，目不瞑耶？不然，何忍爲此態？」榻上呻吟作聲曰：「我活耳！」衆驚愕莫知所措，壯士即前啓其衾，衆共掖之，蹶然起，求漿飲，果活矣。自言亡後忽若夢境，見家人號咷，方知物故。遂有鬼卒引至土地祠曰：「姑少俟。」俄又牽數人至，偕詣城隍廟前，規模高壯，不類平生所睹。及見城隍神訴家狀，神若憫憐，諭曰：「增汝壽十五年，俟子成立，再唤汝至。」命送還。比至里門，頓覺神爽，心疾若失。

然其後至半月竟没，十五年才得十五日，神語亦幻矣。此乾隆五十四年十一月事。

鬼訟

王召南者，壽光人。官侍衛。以嘉慶丙寅夏携眷赴都，行抵蒲臺，天方薄暮，向小車店覓宿。人定後，猶未成瞑，聞外間屋二人竊竊語，云：「官長在内間卧。」語次便已入内，其一衣青布短衣，戴方山冠，以白紙爲之；其一不衣冠，並向榻前跪稱冤。其二云姓秦氏，于此屋中爲人所害。王懼，致詰云：「爾有冤者，宜赴文官求理，而語我何爲？」答云：「幽魂寄此，終不獲出；此間湫溢，又無官長來者。沉冤未雪，故急求伸訴爾。」王素畏鬼，于是窘甚，因急覓刀，唤家人起。二人渺然，遂絶。

又，蒙古人額騰伊主政言：有某官某，移居之夕，獨秉燭當户而坐，覺背後有人立。某方被酒，便問：「爾爲孰誰？何不面我？」答曰：「面已被殘，恐見驚懼。」答云：「無妨。」因出，其面血淋漓滿。自言：「前者，屋主人。我，其女僕也，爲主婦笞殺，埋此屋下，銜怨九幽，未圖寸報，睹公長者，故前自陳。」某即詰云：「汝主新居，聞在某衖，距兹非遠，汝既含冤，盍往迹焉？」答曰：「既此遇害，幽靈長瘞，户庭且不能出。公如見援，請附公之衣而往，其可乎？」某乘酒興，遂如鬼言，亟呼下關啓鑰。門者見其醉，亦不敢問所之，于是徑去。先出門時，預爲稟刺納懷中，既詣鬼主人之門，便款關，僞爲官府投知會者，門啓而入，投刺訖，急捉衣衿，覺微重，心知鬼言驗，復更捉之，空空如無物。遂走出，亦自歸其家。明日遣人往偵，則鬼所銜人忽于昨夜中物故矣。

夫鬼不能之，憑人而造；人不自達，携鬼而行。將《春秋傳》所云「匹夫匹婦强死，其魂魄皆能憑依于人，以爲淫厲」者歟？

昔後漢建武中，西河鮮于冀爲清河太守，作公廨未就而亡。後守趙高計功用二百萬，五官黄秉、功曹劉適言四百萬錢。于是冀乃鬼見，白日道從入府，與高及秉等對，共計挍〔校〕定，爲適、秉所割匿，冀乃書表自理，付高上之，便西北去三十里，車馬皆滅，不復見，秉等皆伏地物故。高以狀聞，詔下，還冀西河田宅妻子焉，兼爲差代以弭〔旌〕幽中之訟。事見《水經·淇水注》。此鬼精魄既强，又能書表陳情，故無俟依託生人以爲禍祟。至于匹夫匹婦冤忿莫伸，作爲怪災，固非其人莫能爲理。

《晉書·載紀》：呂光以孝武太元十四年僭即三河王位。「是歲，張掖督郵傅曜考核屬縣，而丘池令尹興殺之，投諸空井。曜見夢于光曰：『臣張掖郡小吏，案校諸縣，而丘池令尹興贓狀狼藉，懼臣言之，殺臣投于南亭空井中。臣衣服形狀如是。』光寤而猶見，久之乃滅。遣使覆之，如夢。光怒，殺興。」

又，《水經·渭水注》言：王少林之爲郿縣也，路徑樣亭，亭長言亭凶殺人，少林遂宿。夜中聞女子稱冤之聲，少林曰：「可前來理。」女子曰：「無衣，不敢進。」少林投衣與之，女子前訴曰：「妾夫爲涪令，之官，過宿此亭，爲亭長所殺。」少林曰：「當爲理寢冤，勿復害良善也。」因解衣于地，忽然不見。明告亭長，遂服其事，亭遂清安。案：事見《後漢書·獨行·王忳（音純）傳》，少林即忳之字也，《傳》叙此事尤詳。

又謝承《後漢書》及干寶《搜神記》并云：九江何敞爲交州刺史，行部到蒼梧高要，宿鵠奔亭。夜半，有一女子自稱蘇娥，字始珠，廣信人，嫁施氏。夫死，有雜繒帛百二十匹及婢一人名致富，欲之旁縣賣繒，賃牛車一乘，到此亭爲亭長龔壽所殺，刺致富亦死，掘樓下合埋之，取財物去。無所告訴，故來自歸于明使君。」敞乃遣吏掘尸捕壽，具服，并其父母兄弟皆斬之。初發尸時，有雙鵠奔其亭，故名。謝承《書》作鵠巢亭，爲異。

假鬼附五通神

《禮·王制》言：假于鬼神，以疑衆，殺。蓋謂假託鬼神，疑誤衆人，令相誆駭，王法所誅也。

《香祖筆記》十二云：「太倉孝廉吴樞，字大年，言其叔廩膳生某，授徒學宫之側，諸童子苦之。時有乞兒曰張鬼子者，形貌怪醜，每夜宿城隍廟下，乃群往商于鬼子，欲其暮夜假鬼物以駭之。鬼子曰：『諾，然必得朱書符票，如官司勾攝狀乃可。』衆如其言。一日，日未晡，吴方危坐，鬼子忽從窗入，持符示吴曰：『奉命勾汝！』吴素識之，曰：『汝乞兒張某，何事相嬲？』鬼子曰：『冥司符在，豈誑耶？』挾吴自窗徑出，衆驚視，吴已卒，鬼子亦不復見。」《筆記》此條似以鬼子爲真攝鬼，非人也者，不然，吴生何遽絶于其手耶？然亦有弄假成真者。《筆記》三「論五通神」一條引《武林聞見録》云：「宋嘉泰中，大理寺決一囚，數日後見形獄吏云：『泰和樓五通神虛位，某欲充之，求一差檄，言差充某神位，得此爲據可矣。』如其言。經數月，東庫人聞樓上五通神日夜喧哄，如争競狀，吏乃洩前事，爲增塑一神像，遂寂然。」

嗚呼！奸胥舞弊，賣法營私，世間多有，乃至鑽營僞牒，補充神位，而鬼物亦甘售其欺，冥司真冥冥矣！

聞長老言，余邑城隍神左右鬼判或作怪妖，愚人惑焉。有學僮黠而膽者，衆約夜三鼓後城隍神旁鬼有能以飴歷其口，明當美膳相酬。一人應募，如言而往。黠者先入，隱身鬼旁，飴才歷口，即舐以舌，作唶咋聲，其人駭極，而奔至寓抵床氣絶死矣。又有武生，母殯在堂，晨夕奠餟。一日傍晚入門，見母坐柩上，宛肖形容。生即私念，此必妖妄，舉拳揮之，應手而遁，蓋乃狐耳。

城隍廟假鬼，惜未遭此武生，遂令彼童驚斃，太倉吳生嘗亦因驚失氣猝然而斃，談者不悟，將疑鬼子真鬼矣。豈其然乎？豈其然乎？

漁洋山人嘗見一書，言今江浙所祀五通邪神，乃明太祖伐陳友諒陣亡士卒，詔令五人一隊，得受香火。而《武林聞見録》所載云云，則宋時已有五通，不自明初始矣。余謂五通邪淫，自係山精木魅憑依爲祟，南人信鬼，故扇鼓成風。尤西堂《艮齋雜説》五云：「吾吳上方山祀五聖，以淫邪惑人，香火甚盛，號肉山酒海。中丞湯公斌禁之不止。一旦，遣健卒往縛泥神投之水，木神投之火，自爾靈響遂絶。」

毛穉黄《小匡》中載：蔡可宗隨父仲敷司理衡州，過鄱陽湖，可宗題小姑廟詩，有狎語。其夜，岸上無柝聲，詰朝官，召巡役詢之，曰：「昨夜見有冠帔者立船頭，我輩謂是夫人玩月，故不敢出耳。」一官疑其惰而誑，亦置不問，開船風陡發，闔家俱沉。豈〔非〕小姑作祟與？小姑本無名氏，既有廟貌，則物或憑之矣。《艮齋雜説》五

余謂小姑爲祟無異五通作慝，皆物或憑之耳。法當毀其祠，踣其像，投畀水火，如湯文正公之爲，惜世無其人爾！吾邑明府杜公雨，父嵩。自言其縣六合城隍神是九江王英布，舊傳明太祖與陳友諒戰，忽有巨航來援，遥見雙燈署「九江王」，其後策勳遂爲縣神矣。按：史言英布六人，非六合也。俗人喜傳會，小姑神抑其類耶？

《風俗通》言：天地初開，未有人。女媧摶黄土爲人，力不暇，乃引絙于泥中以爲人，富貴黄土人也，貧濺庸絙人也。《御覽·人事部》一。「庸」字疑誤，今《風俗通》無此條。

按：晉常璩《漢中志》云有作道九君摶土作人處。今《漢中記》亦無之。此等要皆里俗謬談，不當筆之于書，若以奇怪而言，有假鬼亦何必無假人？今觀大地，衆生壤壤而往，壤壤而來者，不過行尸餘氣，大抵皆假人也。且夫摶土爲人與塑泥爲神亦復何異？用泥爲神而神有靈，然則摶土爲人而人有覺，亦何足深怪耶？

速報

漁洋《筆記》七云：「邯鄲人侯二，素不孝，其母以米施乞者，二見而怒，痛捶而逐之。妻子泣諫不聽。未幾，二遍體生毒瘡，潰爛而死，夢告其子曰：『我以忤逆不孝，罰往京師宣武門西車子營張二家作猪，汝可速往贖歸，遲無及矣。』子如其言，至京師宣武門，訪張氏，果有牝豕，適生數子，其一豕身人面有髭，貌如其父。子痛哭述其故，願以十金購歸。張不聽，而殺之。此康熙三十九年事。」

又一條云：「四川達州民某，兄弟二人，甚友愛。弟未授室而他出，其兄自鬻，得十二金，爲弟聘婦。弟歸娶，知兄賣身事，乃相持而泣，遣其婦往母家取原聘金爲兄贖身。湖南流民二人某某知其事，尾之中途，擊婦死而攫其金。忽迅雷大震，擊二人立斃，其尸羅跪于婦家之門，手中持十二金。頃之，婦復蘇，歸至其家，則二人者已先跪門外矣。婦語其故，兄弟鄰里及州人來觀者如堵，莫不嘆異，以爲孝友、强暴之報施不爽如此。」

余謂二事固大快人心，雷擊者尤恰如人意。然世事渺茫，如遊塵霧，彼含冤漏網者胡可勝言？安得盡遭雷公而一一昭雪之耶？至于侯二作猪，其事頗祕，又安得人人而傳之？

《筆記》五又一條云：「康熙十五年，餘姚有客山行，夜宿山神祠。夜半，有虎跪拜祠下，作人言乞食，神以鄧樵夫許之。明晨，伺于祠外，果見一樵過之，逆謂曰：『子鄧姓乎？』曰：『然。』因告以夜所聞見，戒勿往。鄧曰：『吾有母，仰食于樵，一日不樵，母且飢死。生，命也，吾何畏哉？』遂去不顧。客隨而覘之，樵甫采薪，虎突出叢箐間，樵手搏數合，持虎尾盤辟久之，虎不勝憤，乃震哮一躍，拔尾負痛遁去，樵逐而殺之。客逆勞之，樵曰：『感君高義，盍導我至廟下？』既至，大詬，以死虎示神，曰：『今竟何如？』遂碎其土偶，樵一笑躍上神座，瞑目而逝。鄉人重爲建祠，額曰『鄧公廟』。」

余按：此事頗奇而可疑，然山神無狀，以生人畀虎，慘甚投豺。天道有知，僵桃代李，亦一快也。抑又惡知非冥限已定鄧公作神，假手採樵以彰速報？鬼神狡獪，往往如此。因述前事，附記此條，以博異聞，因資談柄焉。

蕭露庭烇言伊祖宰安肅，有邑人某翁出外負販，積數十金，歸。未及家，憩道左瓜棚下，因談次遂吐實情，倦而假寐。守瓜者搤殺之，弃其金。方翁之歸也，同里採薪者遇之，未及寒温，匆遽别去。比暮歸，遂往探翁，翁子茫然，即偕問守瓜人，答言無之，遂鳴于官。拘其人至，堅不承。一日早堂，正研訊間，有風回旋堂下，其人遽仆地。頃之，起，自批其頰作翁語曰：「爾圖財斃命，尚敢支吾其詞，尸埋隴北，金藏矮几下，何不速取來？」如言而獲，遂置于法。

墓燈

工部郎中閻紫巖學涑言：其先大人由兖州學博解任歸，道經莒州界，秋雨初歇，天意慘昏，前阻闊河，山水暴下，而太夫人與一弱弟妹共車及衣物車并在後，望之久不至。先君憂家屬不時至，前途或不得宿處，敕余留河干以俟。余時年二十一也。有頃，天遂昏冥，但聞水聲汹涌，顕步無所見，又竚立久之，心念後車不來矣，又不敢輒詣前途宿。時届深秋，儻得一平坦處露宿亦可，于是下馬，立鞭測水，幸不甚深，即騎而過。循山口行約數里，不知且是路否也。行次驟聞風雨聲，肌骨寒慄，傾耳乃白楊蕭蕭耳。念此即荒野墟墓，或當有短垣周繚可暫棲泊，遂縱馬入，荒榛宿莽，殆欲没人，用鞭披拂乃得過。下馬捫搎，是一大冢，荆刺其上，因解繮繞棘而握其繮首，懼馬逸也。身蹲冢上倦且卧，則草聲僁僁拉雜呼風，自念：莫是鬼狐或狼蟲否？遂抽腰間佩刀作向拒之勢。少時風過聲寂，余亦倦寢。比睡覺，約四更許，遥聞墓門外鈴鐸聲，振衣而起，見有驅驢過者，紅圓燈籠導前，一人尾其後徐而走。余私喜，念此必早行人，可隨以出，因抽繮上馬，急躡以從。三、四里外，竟難追及，但山徑回轉，燈影鈴聲故在前路。轉過山口，燈忽不見。策馬直前，遥見大水茫茫，心念：此如何得渡？徘徊良久，且下馬舉鞭探之，乃一條闊路光明耳。復騎而行，隱見兩邊皆列樹，心喜已是得路矣，且當兩岔路邊，正可酣瞑以待後至者而起余焉，遂乃倒地大睡。既而，日色滿樹林，昨在後宿者皆來至，始呼余而起焉。郝子曰：燈耶？鈴耶？狐耶？鬼耶？惜公未重造墓而謝也。然非公長厚有隱德，何以有此遇？公丁酉孝廉，昌樂人。工部尚書，公從侄也，爲人恂謹款誠，非鑿空造語者。爲余話其事，因記之。

又言：戊子鄉試，三場畢，出，是中秋夜三更後也。街上悄無人迹，余獨負籃而走，將及鵲華橋，有二童子，約八、九歲許，各手携一藒秫藍曳而行于前。余初不爲意，過橋西轉，將及余邸舍，轉闤之次，二童忽失所在。

鬼火

放翁《筆記》四云：「予年十餘歲時，見郊野間鬼火至多，麥苗、稻穗之杪往往出火，色正青，俄復不見。蓋是時去兵亂未久，所謂人血爲磷者，信不妄也。今則絕不復見，見者輒以爲怪矣。」

余按：此説今目驗之，蓋未必然。余年十許歲時，亦于郊野間數見鬼火，其色正青而聚散不常，或取石投擲則點點如螢。然余生乾隆二十餘年間，去兵亂已久，此何理也？棲霞鋸齒者，國初于逆叛據之地，其下陰雨每聞鬼哭。余年童幼，聞長老言：其村人有驅牛下山而暮飲于河者，牛忽驚噴，其人審知有異，以梃擊之浮水上，携歸火之，鱗甲森然而體鴻短不類蟒蛇，識者謂是兵亂横死冤魂所爲，理或然也。邑東門内奉新令李氏所居，乃河間道衣公故宅也。長老皆言，其廳事門上陰雨之時，見有人影，階石亦然。云昔年于逆搆亂，此宅被害人多故也。然當其時死于兵者蓋非一人一姓，而他家即不聞有此，殊不可曉。姑述所聞，以俟通人云。

柹　妖

寧海初氏子，幼讀書，姿容娟秀，年弱冠猶未卜秦樓之約也。一日，赴鄰邨叢祠觀演劇，有伶妍美，生注目間神魂蕩漾，幾不自持。演畢，衆人俱散，生徘徊移時，情不能舍，纔一舉步心養養，猶在劇場中也。行數武，忽見五色蛺蝶大于手掌，飛繞不去，欲撲之即不可得及。而歸，神思恍忽，煩渴殊甚，汲井水而飲之。俯視則美人影落筒中，秋波微注，流眄有情，但脈脈不語耳。生喜，携筒入室，影故在焉。比黄昏，乃不復見。

生思慕綦切，展轉榻上，竟不成瞑。夜將半，聞剥啄聲，啓視，則美人姗姗來矣。遂同寢處，兩情歡洽。爾後，曉去暮來，殆無虚日。叩所自，則云：「妾乃仙人，與君夙緣，是以邂逅耳。」因指壁間小龕，謂生曰：「君即有求，可立應。」生試之，良然，乃大喜。

女出一卷授生，視其文字，都不類世間所有。女稍稍指授，如其言，靡不驗。由是，人咸知生有異術，遠近傳播之。適去邨數里有廟會，邨人約生同往，生後之，比衆至，生已先在。其幻術類如此。

生父聞而駭之，詢其故，語生曰：「渠與爾稔，宜無諱飾。候其來，徐叩之，必得情。」生如父言，迨夜女來，窮致研詰，女微哂曰：「與君交久，言固無妨。妾非他，乃君家後園老柿樹耳。曩者，尊君見伐，甫及一枝，悔而中止，君診妾乳間有痕如綫縷而紅者，乃昔年斤斧所傷也。」明日，生以白父，父急覓利刃向樹一揮，樹纔斷而生已自縊室中死。父還，頓足號慟，悔恨而已。

論曰：方生之慕伶人不去也，蓋妖已乘之矣。乃妖乘人而人又乘妖而刃之，莽父一揮，癡兒殞命，則是人亦妖也。語曰：「妖由人興，人無釁焉，妖不自作。」信矣哉！

室妖

蕭露庭焓《紀事》言：江寧武舉某詣巨室家，偶遊别墅，見院中草木陰翳，一徑如綫，至廳事，燕泥蛛網中，惟古床横設，塵封儼然。怪問主人，知屋有妖，人無敢居。某笑曰：「只須長戟一枝，妖可擒耳。」

敕僮僕掃除。日向暮，持戟危坐以覘其異。時近三鼓，月色盈窗，忽陰風自南而北旋轉至牖前，乃絶代姝麗也，緩步階上，若不知室中有人者。某叱曰：「何物鬼魅，不早迴避耶？」女子嫣然微笑，推窗而入，某拔戟刺之。女子怒曰：「我好見之，不知其有異志也。」轉瞬間，披髮咋舌，面色青紫，擷衣襟而鬥，膚堅如金石。其擊刺良久，竟不能勝，投戟于地，聳身躍牆上。正駭鄰壁係賣餅家，遂踣廡下。鷄三唱，主人秉燭來視，見院中薪木蹂踐，戟在而客不知所往。正駭疑間，聞鄰家呼聲甚急，詣之，見某已昏絶，飲以薑汁，乃蘇。

數日病痊，細思此物非兵可格，乃購鐵銃一，納鉛子其中，挾之以往，主人力止不聽。置銃窗櫺，三鼓時，物來如前。比身近銃口，急引火機，轟然一震，忽現赤光數縷，嗥鳴而遁。天明，見簷楹間鮮血淋漓，腥穢異常，妖乃絶。

樹妖

《水經·丹水注》云：南鄉縣，漢建安中爲南鄉郡，「城南門外，舊有郡社，柏樹大三十圍。蕭欣爲郡伐之，言有大蛇從樹腹中墜下，大數圍，長三丈，群小蛇數十隨入南山，聲如風雨。伐樹之前，見夢于欣，欣不以厝意，及伐之，更少日果死。」

余謂大蛇非蛇也，或乃樹物精老爲怪耳。太史公記南山大梓中有青牛，《抱朴子》稱千歲之松或如青犬，殆此類矣。棲霞縣城隍神祠有銀杏樹，大十圍，蔭垂三畝許，蓋數百年物也。耆舊皆言，嘗有伐者，樹被創處悉皆流血，伐者慑懼而止。近日，福山王瑞封先生所居舍後有大槐樹，亦舊時物，欲伐取爲材，斤斧方施，先生忽爾迷惑，語言無次，如客忤狀。于是家人驚怪，爲之設祭禳祈，輟不復伐，而病亦旋瘳。今其樹尚生意婆娑矣。

夫人有妖祥之類，樹非血氣之倫，而孕精含靈，變怪作慝，將所謂「妖由人興」，或其氣燄取之，抑有物憑之而然歟？乃燕昭墓上華表能言，元緒船中老桑解語，彼枯木朽株猶能肸蠁精靈，又况樹木方含生意者哉？

時嘉慶丙寅端陽前一日，讀《水經注》，聊述所聞著于篇。

産妖

覸者北門劉嫗言：嘗爲人家作隱婆，其人胞衣既下，乃是一石，崟巖嶔崎，長餘尺許，秀削天成，宛然太湖靈璧也。其姒婦欲取植盆中供玩賞，或曰妖也，因舉而棄于水濱。鄰婦聞其異，趨往覘焉，竟失所在。

先是，此婦澣衣水次，適有所避，踞坐石上，遂如有感而孕也。

夫石無情之物，豈能感人？將或憑焉，抑有水怪潛其下歟？若懸兹石于烈日中，妖物寧復能遁厥形也哉？

又言：方氏婦産，既下，乃是白氣，滃滃然，如烝出于甑者。氣盡，下水數升，竟亦無他意。或龍蛇之精乘水氣而遁去耶？

《列女傳·母儀》篇云：「娠子之時，必慎所感。感于善則善，感于惡則惡。」又云：「人生而肖萬物者，皆其母感于物，故形音肖之。」信矣哉！

人妖

有女子化爲男。棲霞縣邱家村王克信之嫂某氏，爲人狂易，夙善巫祝，年四十許有子男二人，忽易形爲丈夫。時嘉慶六年五月也。

《水經·葉榆河》「過交趾」注引劉欣期《交州記》曰：「龍編縣功曹左飛，曾化爲虎，數月還作吏，既言其化，亦化無不在。牛哀易虎，不識厥兄，當其革狀，安知其譎變哉！」

余謂異史載漢宣城郡守封邵化爲虎，食郡民，民呼曰「封使君」，即去不食。此則人雖革狀，亦復有知者也。然虎而冠爲吏，吏而倮爲虎，有生同類，無取變形。夫女爲男者，牝晨之象；吏爲虎者，苛政之徵。妖由人興，故曰「人妖」。《傳》曰：「地反物爲妖。」又曰：「人棄常則妖興。」斯言信矣！

服妖

《老學庵筆記》云：「靖康初，京師織帛及婦人首飾衣服皆備四時如節。物則春旛、燈球、競渡、艾虎、雲月之類，花則桃、杏、荷花、菊花、梅花，皆并爲一景，謂之一年景。而靖康紀元果止一年，蓋服妖也。」

《筆記》三云：「宣和末，婦人鞋底尖以二色合成，名『錯到底』；竹骨扇以木爲柄，舊矣，忽變爲短柄，止插至扇半，名『不徹底』，皆服妖也。」

余按：《晉書·五行志》上男子顔帢變爲無顔，婦人假髻或名假頭，皆此類爾。反物爲妖，亦豈獨服飾間哉！

曬書堂筆録卷三　博聞上

太常仙蝶

《熙朝新語》：太常寺署中有胡蝶，黄色，大如茶盌。吏人欲見之，呼曰「老道」則飛至掌中，有欲害之心則飛去。相傳自明嘉靖至今，三百年物也。乾隆戊申冬，高宗齋宿郊壇，詢太常寺卿，乃以盒盛進，有御製《太常仙蝶》詩，命仍送歸寺内。

米萬鍾石

米萬鍾得異石于大房，束牲載書以告。甬東薛岡見之，復代石報米書。二書當時傳誦，以爲韵事。

此石棄置良鄉縣多年。乾隆間，命運至昆明湖之樂壽堂，賜名「青芝岫」。有御製詩：「當日委請棒莽，一旦託足蓬瀛。」士之願致青雲者，觀此可以興矣。《熙朝新語》十二

余按：定州學宫有東坡卧雪石，亦乾隆年間方經睿賞拔出泥塗中，置之黌舍。二石之遇合，其真有數存耶！

寫榜吏

錢文端公典庚午江西鄉試，寫榜吏陳巨儒鬚鬢如雪，求公手書以爲榮，自稱年七十，手寫文武三十二榜矣。公贈詩云：「桂籍憑伊腕力傳，白頭從事地行仙。自言作吏中書省，曾侍朱衣四十年。」

十月，復寫武榜，解首則其孫騰蛟也。名初唱，掀髯一笑，筆墮于地。中丞喜極，索彭方伯家屏贈詩。時蔣茗生士荃在幕府，代作一絶，云：「榜頭題處笑開眉，七十年來鬢若絲。官燭兩行人第一，夜闌回憶抱孫時。」《熙朝新語》十

喜用熱藥

《老學庵筆記》三云："石藏用名用之，高醫也。嘗言今人稟氣怯薄，故按古方用藥多不能愈病。非獨人也，金石草木之藥亦皆比古方弱，非倍用之不能取效。故藏用以喜用熱藥得謗，群醫至爲謡言曰：「藏用擔頭三斗火。」人或畏之。惟晁以道大喜其説，每見親友蓄丹，無多寡盡取食之。然亦不爲害。此蓋稟氣之偏，他人不可效也。"

今按：斯語誠然，但其義猶有未盡，今請更爲之説，曰：晁固稟氣之偏，石亦持論之過也。何以明之？天地者，古今一大器也，以千年爲旦暮，以億載爲春秋，自黄炎迄今，尚不及一寒暑，安得人、物氣遂薄弱？假如其説是，覆載生成亦有衰息，更復數千年，豈天地遂至消磨，人、物便應澌滅耶？此真井蛙之量海，夏蟲之語冰。《抱朴子》云："俗之有言："今日不及古日之熱，今月不及古月之朗。"」其識解正復相同，安足與之料天地之大哉？彼聞古人多壽考，又見今人多夭札，遂疑氣稟有醇漓，不知隆古盛時教澤深而嗜欲淺，後世相反，故其效相懸，而實非陰陽造化所爲也。椿菌不同算，彭殤非常期。何可執一偏之説衡量古今哉？古方不能愈今病者，古之醫術精而後人不能故耳。然今所用大方，如大小《承氣》、《四君》、《四物》之類，何嘗非古人所修合耶？至于金石之藥，今不敢輕用，畏其氣强而力猛耳。桂、附之味厚，參、苓之益多，安有古今之宜？且就人參而論，古之黨參與今遼參，其力量相去何啻數十倍蓰！寧得謂古强而今弱？如依其説，非倍用不能取效，斯言豈不大誤後人也？喜用熱藥，近世景岳書實祖其説，而近人復有喜用大黄自命能醫者，蓋皆一偏之論，所謂「他人不可效」者也。晁喜食丹，即魏晉人服《五石散》之義，終必發熱而死。《筆記》謂其晚年「以盛冬伏石山書丹，爲石冷所逼，得陰毒傷寒而死」，亦非通論也。

金龍四公子

金龍四公子者，一號金龍四大王，鄆城人劉氏甥也。劉自先世爲鄆士族，鄆人禱雨，必以劉往，云非是即不應。龍有行像，凡禱祠者必舁以行，途次，草間、樹上見有小金蛇盤旋左右，村人輒喜，以爲雨讖。或不見蛇，雖禱不應也。

宋小嵐潢爲余言：「嘉慶己未春，有田叟二人于神祠外偶語：『去冬無雪，今春又不雨，麥必無秋矣。』一老父自祠中出，爲言正月某日雪，三月廿一日大雨，子何憂無麥。言訖忽不見，衆咸以爲神也。」宋時爲邑校官，以是年成進士，五月間復還鄆食新麥，邑人爲言雨雪皆如其期云。

秃尾老李

秃尾老李者，文登人李母所生也。相傳纔生便失所在，顧以時歸省母，因就乳哺。其來光照室中，尾出梁間或窗牖。父恐怖，以利斧斫之，斷其尾，後不復來。「秃李」之名，由是起焉。文登人言「秃李」，蓋龍也，後人見于貴溪龍虎山者，冠帶如人，狀類長官，威猛異常。道士皆言其所行過必以雨雹。或曰即冰雹神李左車也，其鄉人往往稱道之。又言李母墓在回龍山，其上多奇花異草，云以娱母。龍有孝行，老李之名，蓋與老萊同矣。

張若瀛

桐城張墨莊總憲之弟曰若瀛者，官保定巡檢。一日，騎過衢路，從者傳呼避人，適有太監和尚者，踞坐鋪俗作舖欄櫃，夷然不避，且聲言：「在都王公貴官等閒見慣，何物巡檢，敢爾坐大！」張意甚不平，命從者拽下之，和尚更大言：「我告知總督方某，當用脚尖糜汝骨爛！」張怒甚，命露臀笞之。

當是時，太監有祝髮寺居者，聲勢赫奕，守土官屏息莫敢言，張亦自分褫職。翌日，制府方恪敏公果以擅笞劾奏，時太上壯其所爲，特予召見，目爲「大膽巡檢」，即敕以縣丞補用。後擢同知，蹕路經過，張于役道左，適地方有質訊之案未決，太上特命會勘，顧謂侍臣曰：「張若瀛，有膽漢也。」

賣藥道士附賣賭方

露庭《紀事》一條云：乾隆癸卯夏，寧海之西偏有道士設步障鬻藥市間，高自矜衒，傾動一時，自巳至午，局間阿堵物已數千緡。余邑農家子某，素狡黠，如市貿易，隨衆觀焉，故作病態，傴僂求藥。道士言：「爾病已深，殆不可療，幸遇我，合不死。」即探囊取一彈丸，索直百錢。某子答言：「百錢故所不靳，但恐不了吾病耳！」道士鼓掌大言：「雲遊以來，不知活幾千萬人，汝何憒憒？」即以丸接其吻，令吞之。少頃，忽捧腹作惡逆狀，面色慘紫，氣結不伸，以頭觸地，弛然而卧。觀者愕眙，將執道士送官。道士大窘，伏地自陳曰：「實不相誑，囊中物乃緑豆粉，丹黄其外以飾觀耳，非能致人于死也。」衆猶洶洶不釋。某子忽躍然起，向道士拱手作禮而言：「謝君緑豆粉，吾病良已！」嘻笑而去。衆皆哄然，道士大慚，携囊遁去，不知所往。

郝子曰：余觀勢利場中，噓氣成雲，覆手爲雨，空中樓閣，紙上雲烟，被人識破，大抵皆「緑豆粉」耳。道士善于裝點世情，彼童子何知焉？余感劉青田《賣柑者言》，他日靚露庭，請爲更進一解。

記得東坡説，都下一道士賣《賭錢不輸方》。少年喜賭者以千金得之，及發視其方，乃是四字：「但止乞頭。」噫嘻！賭局抽頭，雖輸不輸，道士真鬻術矣！雖酬千萬何多焉？放翁《筆記》載：市人有每博必大勝者，號「松子量」。然「松子量」不知何等語，不如道士賣方尤妙也。

衛太子 柔福公主附滕勺藥

《鶴林玉露》十一：漢昭帝時，夏陽男子成方遂居湖，有故太子舍人謂之曰：「子貌甚似衛太子。」方遂利其言，乃乘黄犢車詣北闕，自稱衛太子。公卿以下，莫敢發言，雋不疑後至，叱吏收縛，竟得其姦。

靖康之亂，柔福帝姬隨北狩。建炎四年，有女子詣闕，稱爲柔福，自虜中潛歸，詔遣老宫人視之，其貌良是，問以宫禁舊事，略能言仿佛，但以足長大疑之。女子顰蹙曰：「金人驅迫如牛羊，跣足行萬里，寧復故態哉？」上惻然不疑其詐，即詔入宫，授福國長公主，下降高世榮。汪龍溪行制詞云：「彭城方急，魯元嘗困于面馳，江左既興，益壽宜充于禁臠。」資糚一萬八千緡。紹興十二年，顯仁太后回鑾，言柔福死于虜中久矣，始知有詐。執付詔獄，乃一女巫也。嘗遇一宫婢，謂之曰：「子貌甚類柔福。」因告以宫禁事，教之爲詐。遂伏誅。前後請給賜賚計四十七萬緡。

古今事未嘗無對，成方遂遇雋不疑，故其詐不行，此女巫若非顯仁之歸，富貴終身矣。《玉露》所載如此。余讀《晉書·簡文三子傳》，又得一條云：義熙中，有稱元顯子秀熙避難蠻中而至者，太妃請以爲嗣。劉裕意其詐而案驗之，果散騎郎滕羡奴勺藥也，竟坐棄市。太妃不悟，哭之甚慟。此與前二事絶相類，因附記之。

原　道

有道士不知姓名，逢人輒誦韓昌黎《原道》文，因以爲其號焉。陽狂垢污，口出穢語，有異術，爲人起死疾，及談吉凶皆奇驗。

有民人婦，病瘖已數年，其家求之，原道曰：「令其與我共榻，當活之。」家人知其有異，如其言而愈。有從窗隙窺者，見婦人仰卧榻上，原道跣足加婦腹，默運。少頃，腹鳴訇然，覺暖氣從丹田起，原道便下榻開門，大笑曰：「吾去矣！」婦病遂愈。

嘗游登州，語人曰：「此將有變。」已而，有遼人之難。

嘗讀《晉書·幸靈傳》云：呂猗母皇氏得痿痺病十有餘年，靈療之，去皇氏數尺而坐，冥目寂然。有頃，顧謂猗曰：「扶夫人令起。」又蘇東坡記都下道士李若之爲子迨治羸疾，對坐布氣，迨聞腹中如初日所照，温温也。以爲學道養氣者至足之餘，能以氣與人。以原道觀之，此語不虚也。

原道後不知所終。余昔年聞之邑人隋仁圃春和云。

郝子曰：幸靈運息爲針，李若布氣爲艾，是皆空所倚傍，術亦奇矣，乃若陸放翁記老道人爲人療病，取艾灸磚，或灸屋柱，而病者皆愈，《老學庵筆記》五其術尤奇。神仙幻異，洵無所不有哉！

馬笑

族弟鑑堂裕衡爲余言：或傳中堂松公嘗獻馬，上善之，答云：「馬甚調良。」因語馬當獻之，馬笑，故敢獻云。松退，軍機托、盧二公均致揶揄：「馬笑若何？」答言：「托不必論，盧君科第出身，一物不知，士之耻也。獨不聞人笑面、狗笑尾、馬笑唇、鳥笑翅乎？」盧默然。嘉慶庚辰八月日記。

輕舉

廣文李丈碩爲余言：福山進士張希南需訥，年十六時偕兄外舍宿，中秋夜半，因起小解，脚便離地冉冉起。初時，屋角、樹頭仿佛可辨，起愈高，山河影如墮烟霧，但覺遍體寒生，凛栗肌骨。心中忖念：「即如是，胡以得歸？」念纔一動，身便墜落，比至户，突撞而入，磕額有聲。兄即驚起，燭之，方緣壁而下，蛛絲埃墨，縈拂滿身，血流于額。詢其故，對以情。明日語人，或解之曰：蝙蝠習飛耳。蓋張形貌微寢，體短小，故以是戲耳。云同時相距三十里有趙某，本農家子，其人狀貌大都與張等，亦年十六，時中秋夜，守場園，露宿，夜半歸，忽躍起如飛鳥。初及檐，又倍之，懼而墜，立門側石上，亦無苦。入門，父怪其晏，具以對。父唾之，批其頰。他日告人，唾如父。後語廣文，廣文則大笑曰：「子行問張公耳。」語其故，其人亦笑曰：「此吾三十年未白之冤，乃今始雪耳，然其故何耶？」廣文曰：「即不知，後讀道書始得之，其説云：

凡學道者于幼宜。又云：得道者金氣足。人十六歲金大成，八月十五金氣大盛，其人情竇未開，于是夜間可能飛舉，然騰雲遊霧，終謝真仙，仙者須修養乃得之。」其説如此，然其人亦未經見也。今同時同地而得兩人焉，是其説信矣。

趙某今尚存，計年已七十餘。廣文去，余因記以資博聞。

刑天

《山海經》言神奇怪物，人多不信，蔽于所不見耳。《東華録》言康熙六十年三月上諭大學士等云云：書有不可盡信者，亦有似乎荒渺而竟實有其事者。從前有書吏三人，編傳《西域異獸形圖》，部議重罪具奏，朕從寬免死，令其往覓是獸。後將軍祁里德等自軍前奏云果有是獸，目在乳旁，口在臍旁，巡哨侍衛等曾親見之。蒙古名其獸爲鄂布，又有飛者名爲積布，所謂「刑天無首，以乳爲目，以臍爲口」者也。故將所遣書吏放還云云。案：刑天，見《海外西經》。

都盧尋橦

《西京賦》云「都盧尋橦」，李善引《漢書音義》曰「體輕善緣」，而未析言其狀。余聞四川松茂河水湍急，力如勁弩，不宜舟楫，乃施石柱于兩岸，緪亘其中，上繫木筒，其名曰橦。欲渡者以繩自縛于橦，兩手緣索而進，即至彼岸，復自解之。此出《熙朝新語》十六，余疑《賦》句「尋橦」或即指此。張衡《賦》述方俗之語，李善未喻，故缺注耳。又案：《賦》云「衝狹燕濯」，此即《列子·説符》所稱「燕戲」，薛綜注詳矣，云：「燕濯，以盤水置前，坐其後，踊身張手跳前，以足偶節，逾水復却坐，如燕之浴也。」注寫形狀，極爲分明。

翻車渴烏

《後漢書·張讓傳》：「于平門外橋東，轉水入宮。作翻車渴烏。」章懷注云：「翻車，設機車以引水。渴烏，爲曲筒，以氣引水上也。」

今按：翻車以木版爲之，捷業如鋸齒，兩頭如盧鹿形，翻水上下，旋轉如飛，今人用以轉水灌田也。渴烏似今激筒之制。激筒者，以木爲槽貯水，置筒其中，以氣引水，激而上之，用以救火，亦如渴烏用以灑道，其意同耳。

人狷

人狷者，獸，似人，高四、五尺，宛如童丱，妙能語言，遍體竊毛而黄。肅州、甘州山中、原野皆多有之。彼人喜其馴良，捕畜之，不數日輒死。惟食山果，人啖之即不食也。此亦異物，張介侯同年嘗見，爲余説之。張，武威人也。

卭卭岠虚

介侯又言：卭卭岠虚，狀類兔，大小亦如之。其前足長，行走甚駛，雖奔馬豪犬不能及也。亦出甘肅，彼土人言從未見有生得之者。

余案：古説卭卭岠虚蓋馬屬，辭賦家或言一物，或二物，所未能詳。然如所説，大抵不殊，豈物異類同名者固多歟？今彼方俗皆呼之「卬卬岠虚」云。

牧羊者説

古語有云「使羊將狼」，蓋言弱不可御强也，然狼驅羊，初不以强而示以弱。余聞牧羊者説：羊善驚，狼入羊群，羊輒辟易。狼尤狡獪，俯首帖耳，示以可親，俟羊離群，乃徐徐用尾卹勿之。卹勿，猶搔摩也。以此驅羊而羊不覺，然後墜其術中而爲所搏噬焉。

余案：《説文》：「狛，如狼，善驅羊。」此則善驅羊者乃狛而非狼也。證以牧羊者説，可謂善于驅矣。余以此悟狡吏倚官爲官，朘民爲巧，官受其欺，民被其噬，先于示弱，後乃示威。民不畏官而畏吏，究竟惡名終歸于官，可見官之愚而吏之狡。吁，可懼哉！余因書之，以備觀省。狛不知今何獸，其字亦作㹒，音傍各切。《玉篇》、《廣韵》音白駕切，而云獸名，似狼。皆不言善驅羊，蓋未審知，故略而不言焉。非余嘗聞其説，幾令其術終古不傳。

異米

乾隆丙午己巳之歲，民艱食，安徽潁州之太和縣民挖蕨，得米千餘石。其地非邨墟窖藏之所，而米皆完好可啖。當時撫軍表上其事，並致其米，于是天子命煮熟親嘗之，不言瑞，而特御製詩以紀之。

謹案：《周官》「倉人掌粟入之藏」，鄭康成注：「九穀盡藏，以粟爲主。」明有稃之粟可久藏也，兹之藏米，何以稱焉？且其地又非廒倉囷窖之處，兹其異也。嘗讀《山海經》載崑山之禾，晉文公得玄山之粟，《穆天子傳》「黑水之阿，爰有野麥，西膜之木禾，重䆅之所食。」《海内經》又言：黑水之間，都廣之野，爰有膏菽、膏稻、膏黍、稾稷，百穀自生，冬夏播琴。以今考之，黑水、昆侖，悉隸秦境，秦本禾名，其土宜禾，洋川之名，載于傳記，洋川米見《水經·沔水注》亦其徵也。王圻《續通考》云：明始興令楊意隆言其遠祖掘地得石甕，發之有物數百枚，長三寸餘，上下膚如穀形，去膚熟之，直是大米，後食者皆百二三十歲。《圖經》稱「昆侖木禾，食者得上壽」，疑楊所食即木禾之類。吴志伊《山海經廣注》又言：「飛廉草，亦名木禾，食之身輕延壽。」與此同名異實。余案野麥、野穀，自然旅生，不由種蒔，今所在有之。猶憶三十年以往四月某日，疾風雨粟，類蕎麥而小，蓬蓬從西北來，俄頃之間，布滿于地，爾後其種遂蕃蔓生葉，類薯蕷而大，其色不光澤，開花作穗似蘼蕪，子似蕎麥而不可食。意其來也，因風飄墮，蔓地自生，又惡知非絕國名山不脛無翼而飛來者哉？故《論衡·感應篇》云：「夫穀之雨，猶夫雲之布，亦從地起，因與疾風俱飄，人見其從天落也，則謂之『天雨穀』。建武三十一年中，陳留雨穀，穀下蔽地。案視穀形，若茨而黑，有似于稗實。」按此即與余所見同耳。茨，蒺藜，類蕎麥。

花異

先大夫喜盆花，于梅尤好，庭院常羅數十盆。嘗指其一以示余曰：「此樹生意婆娑，計其年與爾相若。」蓋時余生近三十年矣。因憶幼時夏午炎曦，庭間遊矚，忽見所指盆間有一小紅蓮花，其大如錢，鮮麗異常，審視莖茄挺然，木植纖如釵股，高六寸許。雖所見如此，時方嬉恬，亦未暇指示他人共見之。于後詢諸長老，竟無知者，即余亦不復更見，將佛經所言「優鉢曇華」，即此類耶？

又嘗晨起入塾，見舍後有如鼠而僵者，尾細而短，有文如豹，長二寸許。後讀《爾雅》「豹文鼨鼠」，因復思存，未審即余所見不也？花、鼠二物，微瑣不足記，以其皆幼年所見，逮壯老而猶未之能知也，聊述之以資博訪云。

嘉慶丁丑余年六十一冬十一月八日記。

種銀

《五侯鯖》載：薛瓊至孝，家貧採薪，遇老父以一物遺之，曰：「此銀實也，用四壁土種之銅盆中，當得銀。」如言種之，旬日生苗，再旬開花，花有銀色，如鈿鏍。及結實，皆銀也。《香祖筆記》三

嘻！銀亦可種耶？雍伯種玉，薛瓊種銀，并是異聞，然二人皆以孝得之。此種難，此人尤難也。世間少此人，世間所以多貧人與？

《易經》辟邪

《北齊書·儒林·權會傳》云：「會本貧生，無僕隸，初任助教之日，恒乘驢上下。」「曾夜出

城東門，鐘漏已盡，會獨乘驢。忽有二人，一人牽頭，一人隨後，有似相助，其回動輕漂，有異生人。漸漸失路，不由本道。會心甚怪之，遂誦《易經》上篇。一卷不盡，前後二人忽然離散，會亦不覺隨驢，因爾迷悶，至明始覺。方知墮驢之處，乃是郭外，才去家數里。」

余謂諷誦《易經》何便遣魔？良由心境清精，邪緣頓斷，故魔氣自消耳，非獨《易經》能辟邪也。嘗聞人讀《論語》、《大學》皆可弭患禳災，彼佛家持咒誦經，亦同此意。余嘗著《白衣觀音咒解》，頗極發明斯旨，語多不録。

人出身中

《北齊書·文苑·李廣傳》：博涉群書，有才思文議之美。廣曾欲早朝，未明假寐，忽驚覺，謂其妻云：「吾向似睡，忽見一人出吾身中，語云：『君用心過苦，非精神所堪，今辭君去。』」因而惚恍不樂，數日便遇疾，積年不起，竟以疾終。

《池北偶談》二十六説：安邱明經張某，常晝寢，忽一小人自心頭出，身才半尺許，儒衣儒冠，如伶人結束，唱昆曲，音節殊可聽。説白自道名貫，一與己合，所唱節末，皆其平生所經歷。四折既畢，誦詩而没。張能憶其梗概，爲人述之。

《香祖筆記》九説：歷城穆吏部深字桂陽，爲閹寺所中，罷歸，鬱鬱成疾。額中有一小人騎驢時時往來，醫不知其何疾，竟以是卒。余謂此等皆所謂心疾者也。佛經「夢幻泡影」，幻即此矣。

魚病

劉正夫誼，鍾祥人也。嘗言其鄉之異，凡剖魚腹中有白如麵葉者，聞人咳聲，蠕蠕而動，或言栩栩如生。人傳爲異，多不敢食，然有食者，卒亦無害。後檢《本草》，言此是魚之病，如人毒魚，即人食此魚，自無妨耳。

陰火

《木華海賦》：「陽冰不冶，陰火潛然。」李善《選注》不得其解，乃云：「言其陽則有不冶之冰，其陰則有潛然之火。」此皆非也。余聞航海者言：「溟渤深處，夜中嘗見熒熒有如燈燭之光，明滅不常。」余謂此正陰火之説。劉正夫言江漢水中亦多有之。又言漢口涯岸之旁，瀕水之鄉，火光炯然，恒然不斷。其言如此，證以海中所見，皆是物耳。坎水本爲陰中之陽，豈其積陰蘊蓄者厚，溢爲陽之光燿而如火之然歟？

異韭

郯城之西，相傳是古東莞地也，其間邨落尚皆沿襲舊名。有民人婦爲姑擇菜者，其中有韭魁岸異常，婦駭異，欲持問人，適聞姑唤，恐以私留此韭爲嫌，遂并吞之。自爾以後，便不復飢。諸城倪在中爲余言：此婦吞韭計今已三年矣。諸城距郯城數百里而遥，鄉人某某傳道之，不知此婦近若何也。

余案：《南山經》之首曰鵲山。「有草焉，其狀如韭而青華，其名曰祝餘，注云：「或作柱荼。」食之不飢。」然則，婦人所吞豈是歟？余屬倪歸詢其鄉之人，庶幾所傳不爲虚誣。因思古來方士道流，辟穀休糧，其事非妄，然亦何必皆服仙藥？世間靈草異根，自復不少。患人不遇，遇亦未必識耳，兹韭抑其類也。又案王楨《農書》：「服食大豆，得數百日不飢。」豆特重滯之物，猶尚能爾，其况更有靈異于是者哉！

蚩鼠

《耳夢録》十六云：吾邑西鄙之民樵于深山，見一飛鳥，狀異常禽。捕得之，大如麻雀，形如鷄而鼠毛。余見時已死，微有香氣，與《山海經》所載蚩鼠適同，且謂見則其邑大旱。時爲康熙戊午中夏，數月不雨，禾稼全枯，始知其爲真蚩鼠也。郭《圖贊》曰：「蚩鼠如鷄，見則旱涸。」

余案：《東山經》栒狀之山，「有鳥，其狀如鷄而鼠毛，其名曰蚩鼠。」考《説文·鼠部》，蚩作䶣，云：「䶣鼠，似鷄，鼠尾。」今據《耳夢》所言，乃作「鼠毛」，與本經合，不言「鼠尾」也。然他書引經亦作「鼠尾」，而張君，安邱人，吾鄉先達，稱博雅，又云「親見此禽」，作「鼠毛」當不誤，且云「大如麻雀」，正是鳥屬，唯「鼠毛」爲異耳。《東山經》亦云是鳥「鼠毛」，可知本非鼠屬。許叔重入「鼠部」而云「鼠尾」，恐是轉寫之譌。《玉篇》亦作「鼠毛」，不作「鼠尾」，宜據以訂正焉。

白鼠

《耳夢録》又言：「李君實謂鼠壽三百歲，滿百歲則色白，憑人而卜，名曰仲，能知一年吉凶及千里外事。予西園中有一白鼠，每出以前，二足抱其頭，人立而行，四鼠前導，群鼠後從，儀衛甚肅。園丁凡三見之，是或能知吉凶者，但尚未憑人耳。」又引後魏散騎侍郎兼尚書盧昶，時洛陽縣獲白鼠，昶檢瑞典「外刺史二千石令長不祇上命，刻暴百姓，人民怨嗟，則白鼠至」，因表諫，詔答嘉之。

余案：瑞應之篇，于古無聞，漢世以來，流傳史牒，因而魏伯起之《魏書》有《靈徵志》，沈休文之《宋書》有《符瑞志》，至于白雉、白兔、白鳩、白鴿之類，皆登瑞典，實則越裳白雉，昔人謂由種類而生，原非希有，若乃白兔、白鴿，畜于人家，孳孕實繁。白鼠亦然，余家閒屋多有，見者不稱珍也。後居京邸，街市兒童貨以爲畜，銅絲爲籠，臺榭其中，登降邐迆，郊伎獻能，回旋如意，謂滿百歲則色白及憑人知吉凶千里外者，殆虚言耳。然則，瑞耶？妖耶？兩無所據，史牒所書，果足信乎哉？

稟氣不足

傳之翼者去其角，戴其角者亡其齒。《大戴禮·易本命篇》：「四足者無羽翼，戴角者無上齒。」海外有形語之國，以手爲口也；地中有知響之蟲，以目爲耳也。蠻蟲彷彿有目而無耳處，見《爾雅·釋蟲》。至于牛聽以鼻，《周禮》戎右「贊牛耳」注：「牛耳無竅，盟于神，故以不聽爲戒也。」龍聽以角，《困學紀聞》十卷：孝皇問王季海曰：「聾字何以從龍從耳？」對曰：「《山海經》龍聽以角不以耳。」原注云：「《山海經》檢此語未見。」蛇聽以目，鼈無耳，亦聽以目，故與蛇爲牝牡。又曰：《文子》「聾蟲雖愚，不害其所愛。」注云：「鼈聾無耳。」《淮南子》曰：「狂馬不觸木，猘狗不自投于河，雖聾蟲而不自陷，又況人乎？」馬有耳，亦不能聽，《淮南子》曰：「馬，聾蟲也。」注：「喻無知。」故與龍屬房、心。《天文志》：「房爲天駟。」《周禮》馬質注：「辰星爲馬，蠶與馬同氣。」猿之無脾也，以四末而運食；《春秋繁露》獺之有肝也，隨一月而改葉。李時珍《本草綱目》蘇頌云：「諸畜肝葉皆有定數，獨獺肝一月一葉，十二月十二葉，其間又有退葉，用之須見形而可驗，不爾，多僞也。」若乃麞無膽，兔無脾，猪無筋，魚無氣，鷄無髓，蟹無腸，是皆物之稟氣不足者也。《頤生論》：「麞無膽以下，皆物之稟氣不足者，不可多食。」案《禮·内則》：「狼去腸，兔去尻，狗去腎，豚去腦，魚去乙，鼈去醜。」注云：「爲不利人。」與《頤生論》異。

惟人稟氣最全。《大戴禮·易本命篇》：「食穀者智慧而巧，食氣者神明而壽。」而口跲于言，目盲于色，耳聵于音，脾戕于滋味，膽落于憂懼，反不若稟氣之偏者，猶得乞靈于他族，代匱于旁支，則多慾與寡慾之異也。

女鳥

《水經》「江水東過下雉縣北」，注云：「陽新縣故豫章之屬縣，地多女鳥。《玄中記》曰：陽新男子于水次得之，遂與共居，生二女，悉衣羽而去。豫章間養兒，不露其衣，言是鳥落塵于兒衣中，則令兒病，故亦謂之夜飛游女矣。」

余案：北方無此鳥，今養兒家皆不令兒衣露見星月，將別有所忌也。傳記皆言猩猩有牝無牡，當其侶遊，人謂野女群行。是不獨有女鳥，兼有女獸矣。獨陰不生，獨陽不生，此類皆稟陰陽之偏氣，故異于群物。《後漢書·東夷傳》云：「海中有女國，無男人。或傳其國有神井，闚之輒生子。」此亦人得氣之偏者也。

海市

登州海市，率以春夏之交，天宇晴明，東南風作，少女微翻，海中島嶼，空外雲烟，一轉瞬間，樓臺宫闕，城郭市廛，車騎人物，往來紛錯，閧如五都矣。漁洋《筆記》八載：廣州之虎門合蘭海，每歲正月初三、四、五日現海市云云。《筆談》云：海市唯登州及南海有之。黄太冲宗羲亦言寧波有海市，不言定期。今按：登州亦無定期，要不出四、五月間，市過三日，却往往有雨，海人測之頗驗。蘇東坡以十月見之，然非常有也。《天官書》言：「海旁蜃氣象樓臺，廣野氣成宫闕。」《宋書·五行志》云：「文帝元嘉二十五年，青州城南地，遠望見地中如水有影，人馬百物皆見影中，積年乃滅。」舊記謂青州有地鏡水影，蓋謂此也。《齊乘》載：東平陵城西北有陰地數畝，天色澄霽亦若雲陰，迫視則無。此亦其類。《皇華紀聞》云：「白馬營在恩縣西十五里，夏秋之際，清晨輒現城郭人物，林木鬱葱，日出乃不見。茌平馬令邨亦有此異。東平陵城者，古譚子國，唐之全節縣，今其城基址尚存。」城東門有漢夏侯勝墓，在歷城縣之東，恩縣、茌平，今屬東昌也。青州之地鏡水影，疑亦即此矣。

余聞父老言：吾邑城南大方山，嘗有人在北門外遥見山上起一亭子，于後亦不復見，山距城二十餘里。嘗讀《耳夢録》言：「山市或見于淄川西焕山，或見于濰縣孤山，此皆山市之類也。」又言：「恩縣白馬營、茌平馬令莊皆平原，時于雨後見此異，土人謂之地市。吾縣安邱白墳邨亦有之。」余按：此皆所謂「廣野氣成宫闕」之類，蓋皆地市，非山市也，然山市古亦罕聞。以海市推之，疑皆大地之氣蒸騰飛揚，虚空構像，即如塵埃、野馬，並游氣所爲耳。《史記》以爲海旁蜃氣所爲，豈野與山皆精怪之氣所爲歟？殆不然矣。

千佛山洞阿羅漢

《香祖筆記》九云：「明太宗攻濟南，鐵鉉出戰，倏見有群僧助戰甚力。迹之，入千佛山琵琶洞中，洞石壁上刻『阿羅漢』，皆汗流浹體，命以鐵撾碎其首，像乃唐貞觀時製。」

今按：鐵公忠誠動天地，義勇冠三軍，雖金石可感，而况于人乎？獨怪明成祖天資殘忍，屠毒忠良，然鐵尚書尸猶倔强，不爲降伏，彼石羅漢體本堅剛，寧當摧折也。

帝舜祠附娥英祠

《筆記》九又云：「濟南有帝舜祠，在南門之外。癸未春，案：康熙四十二年也。方作醮事，火忽自殿上出，頃刻焚爇殆盡。逾數日，諸當事有事于祠，方就殿址禮拜，階下舜井水忽溢，高數尺，須臾泛濫。急覓輿馬而出，竟不終禮而罷，亦異災也。井水出祠北，流入明湖，至今尚然，不知是何祥也。」

余案：虞帝完廩遭焚而祠復爇，龍工入井而水仍爲災，何遇之奇事之巧也？然即實論之，濟南舜祠，法不當有；井源通濟，溢不爲災。趵突泉亦爾，非妖祥之所生也。

《筆記》九云：「娥皇女英祠，在趵突泉，今廢。」曾子固詩：「層城齊魯衣冠會，况有娥英詫世人。」《水經注》：「濼源，亦謂娥英水，以泉上有舜妃娥英廟故也，俗人但知呂仙祠矣。」

余謂娥英祠廢，舜祠尚存，回禄施災，恐非無意。今年己卯閏四月，山水暴漲，濼源東西廬舍圮傾，漂没甚多，呂仙祠亦歸巨浸矣。

宜男

余在京師日，或傳《宜男歌》云：「五更風結桃花實，二月春深燕子飛。」用紅帖子一枚，勿令婦人、鷄犬見，擇其有年德多子孫之人，每一氣書一字，向夫婦房中所嘗坐卧處最上頭黏著，黏時亦勿令婦人知也。士大夫好事者試之，多有驗，不必草帶胸前，方得宜男耳。

談因果

余以嘉慶丙子冬移居齊魯館，至則見館中舊藏二巨軸：其一畫關帝像，面有數點，貌甚莊嚴，殊不類世間像。知非俗作，惜無款識，竟不知誰筆也。其一爲指頭畫梓潼神，清奇生動，末題「千乘後學趙元揞作。」千乘，今樂安，亦未審趙何等人也。

今年己卯正月間，客有爲余言者，略記其語云：先是有禪師，不記名，清修絕俗，每會講時，寺中先有一白豕輒來參聽，衆咸異之。如是數年，豕忽物故。適師以事出門，因屬僧衆將豕刳屠，俵分其肉。僧衆聞師此語，咸共疑訝，以爲師之亂命也，違而不從，乃殮而瘞之。師歸，則問豕狀，衆對如前。師聞慘然，頓足失聲曰：「是命也夫！敗矣！始吾以彼習聆經義，種智慧根，謂得善因，惜其見身孽緣未净，所以諄屬汝曹屠割共啖者，將令消除夙孽耳。福田雖種，惡道又淪，雖復人身，又添一重罪案矣！」趙以乾隆辛卯成進士，爲人清謹，内行亦修，後爲舅氏某構陷，誣以詬母，竟被極刑。客説如此，未知其審，當求欒安人更詢之。

諸城人倪浯陽在中，瞽而能詩，以耳爲目，多所記綜，遨遊公卿間，雅善談笑。嘗述其鄉里言云：青州太守某將出門，一術士來謁，自言能相人，知前生事。太守延入，叩其由來，術士則曰：「公前世，賣油人也。居近小溪，憫人徒涉，多儲禾藍，用代津梁，每歲爲常，卒膺斯報。」太守笑曰：「造小津梁遽膺美償，若津逮萬人，功無量矣！」術士曰：「然。」太守默念：郭外通途，舊號嶔巖，難于行旅。于是募石鳩工，剋期蕆事，名曰「百巖橋」。乃召術士曰：「今報當若何？」術士謂公試屏人橋旁伺之，所見即公後身也。則如其言，自辰至亥，有逸驢子來奔橋上，歸讓術士曰：「卿何相戲？有説則已，無説答！」術士恚曰：「公報應爾，奈何答人？夫肩擔貿易之夫，作苦食力而能濟人，故膺美報。公斂民膏血，自以爲功，攘善盜名，所謂罪高浮圖，何功之有？」于是太守惶恐而謝曰：「然則奈何？」術士曰：「召其人償其直，其可乎！」則如其言。復問：「今報若何？」術士又謂公試屏人伺之，乃見一瞽者行而過，歸復讓術士如前。術士笑曰：「公償民錢，民不得半，孽緣所種，微公誰當？且盲不猶愈于驢耶？」

倪又言：安邱舊有虎林，父老言嘗有虎猛捷異常，獵户莊丁，皆不能制。縣令怒其不力，前後榜掠凡數十人，終不能擒。乃集壯丁，選獵户，自乘肩輿，登丘而望之，箭銃俱施，槍梃交下。其虎一無所避，突圍奔出，直走上丘，嚙縣令而去。

倪又言：安邱有施狗河，相傳前明施氏畜狗，以是得名。施嘗赴飲鄰村，其狗隨行，薄暮醉歸，顛仆于地。野火四起，酣眠未醒，狗沾河水濡灑其旁，往返百遭，其主獲全，狗竟勞斃。由是，舊河被以今名矣。

郝子曰：因果之説，倡自釋宗。謂豕爲人而人還受豕之苦毒，茫茫六道，孰測其歸？冤直數奇，豈解禳之能免？其趙君之謂也。劉孝標云：「文王期盡，聖子不能駐其年；釋種誅夷，神力無以延其命。故業有定限，報不可移。」《世説·尤悔》篇注　諒哉斯語！三死非命，見《韓詩外傳》一可無疑于聖言矣。至于某太守事，蓋莊叟之寓言，術士豈真仙者耶？聊識之以廣異聞。

談壽命

人生壽命自有定限。聖賢居易以俟，達人修短齊觀，聽其自然，何等灑脱！庸人貪生畏死，服食練形，方術醫巫，導諛獻媚，延年造命，修短任情，昧者信惑，徒爲世嗤耳。

《魏志·方伎傳》：朱建平，善相術，中領軍王肅年六十二，疾篤，衆醫并以爲不愈。肅夫人問以遺言，肅云：「建平相我年逾七十，位至三公，今皆未也，將何慮乎？」而肅竟卒。又魏文帝問己年壽，時爲五官將，建平曰：「將軍當壽八十，至四十時當有小厄，願謹護之。」而文帝以黄初七年，年四十，病困，謂左右曰：「建平所言八十，謂晝夜也。」頃之，果崩。觀此二事，可知術士顛倒天年，增減命數，皆爲迎合貴人意耳。

漁洋《筆記》八有一條云：周宰相王溥父祚以觀察使致仕，一卜者諛其壽可百四十，惟百二十歲時，春夏間微苦臟腑。祚大喜，顧子孫曰：「孩兒輩切記，是年莫教我吃冷湯水。」《筆記》又一條云：「廣州府佛山，有諸生黄章者，年一百二歲，康熙己卯尚入省闈，自言吾今科且未中，來科百五歲亦未中，至百八歲始當獲雋，尚有許多事業，出爲國家效力耳。聞近歲已死，其言無驗。」所記二事並癡絶可笑，然此生豈亦信術家者流耶？杜牧之詩「百年便作萬年計」，富貴中人抵死不悟，可嗤也。

余年方逾立，以優貢生赴朝考，適乾隆丁未會試榜發，寧海姜維藩价、福山鹿簣谷維基均被黜落。鹿有慍色，姜慰之曰：「諸公少壯，此事未免介懷，吾行年七十有二，赴秋闈者十四次矣，甫舉第二，今初會試不中，固當，儻天假年，令我會試十四次，雖復不中，亦欣然矣。」其時，簣谷及聞者皆大笑。姜後壽登大耋，以賜學正檢討，終耄而猶健，精力不衰也。

人固有禀氣殊絶超邁等倫者。《筆記》一記：「門人李少京兆子來先復言，曩過漢中，聞南鄭縣之東，有民家老嫗，年百二十歲矣，尚强健無恙。李自往訪之，云晨出往田間栽種，未及見也。」噫嘻！令此嫗生富貴家，獻諛媚者當不僅稱二三百歲矣。

開元東封有太原人于伯隴者，年一百二十八歲，兩孫隨之，各年七八十矣。詣闕引見，自言「臣神堯皇帝之臣也」，上賜紫袍牙笏，優禮有加。按《庚申外史》載一老僧出度牒示人，則唐大中四年所給，已八百年矣。異哉此僧！彭鏗而後，乃復僅見斯人。

乾隆庚寅，恩科鄉試，京闈有年老諸生獲雋者，衆疑其年，使之年，乃曰百二十歲矣。或贈詩云：「初擢庚寅歲，兩經甲子年。」時吾師先蕙叢叔，以選拔充國子肄業生，在都下親見之。

談命格

福山貢生王瑾堂玉純善推命理，爲余言：王興五者，亦頗解此，嘗舉陽刃命格致詢，王推其人前已伏法。答言誠是，而云：「余亦卯陽刃，與渠同，當奈何？」王即告以禳避之術，戒：「秋令至，切勿出門，酉月尤忌，冀可獲免耳。」興五者，蓬萊南旺村人，富商也。里俗以中秋節宴集諸傭作人，斗酒相勞，期以盡歡，興五乃以是日張筵大會。日暮酒酣，有羸兵某乙乘醉踉蹡登門肆詬。坐客相顧，欲拳揮之，興五不可，任其號呶而去。未至十餘日，乙忽無疾而斃。興五聞之則大喜，謂今而後庶知免夫。向使曩者縱令群毆，乙必立斃，吾之陽刃將不復異彼耶。余謂司空圖詩「忍事敵災星」，興五能忍，故免于難，若大用之，奚止陽刃堪避者哉？

瑾堂又言：有不識姓名人，求推命格。詳其八字，乃官貴格，當至一品，而落拓不偶。王再三推詳，乃語其人曰：「子貴格，雖顯，人地非宜，未許即真，特假貴耳。」言未卒，其人愀然色變，而言：「吾自負命達，更歷多人，莫明其故，君言當是。」詢其人，乃優孟也，假叔敖衣冠，寧當入命格耶？余謂以苗晉卿事參看，固當可信。

《墨莊漫録》云：「崔鶠德符、陳恬叔易皆戊戌生，田晝承君、李廌方叔皆己亥生，并居潁昌陽翟，爲許黨之魁。蜀洛之黨，亦曰許洛。時號戊己四先生。」《香祖筆記》十一放翁《筆記》云：「紹興末，巨公丁丑年生者數人。或戲以衰健放榜，陳福公作魁，凌尚書景夏末名，張魏公黜落。」按：余以乾隆丁丑生，與前數公甲子雖同，而爲官拓落，偕子雲同嘲，至嘉慶廿二年，已逢周甲，宦况仍前，戲爲一聯書之左右云：「耆榜叨同丁丑薦，農曹愧守甲辰雌。」用裴晉公與庾威事也。昔人有「小戊子」可對「雌甲辰」，余以「甲辰」對「丁丑」，可供一笑也。

蔡絛《叢談》載：蔡京八字丁亥、壬寅、壬辰、辛亥。京生慶歷中，至大觀改元復丁亥，東都順天門内有鄭氏者，貨粉于市，偶以正月五日亥時生一子，八字與京合，其家大喜，人亦賀之。及長，恣其所欲，鬥鷄走馬，一切不禁也。年十八，春末携妓游金明池，大醉，馬駭入波水中溺死。五行之不足信如此。《艮齋雜説》四　余謂此子不死，終必破家。京雖享年，不如速死。二人所行恣睢，又復相似，豈命格亦非全虚耶？

《却埽編》記僧化成以命術聞于京師，蔡京、蔡卞往問之。倉卒間，僧語京曰：「此武官大使臣命也，他時衣食不闕而已，餘不可望也。」語卞曰：「此命甚佳，今歲便當登第，十餘年可爲侍從，又十年爲執政，然不爲真相，晚年以使相終。」既退，京大病其言，旬日復往，僧已不復記識，再以年月語之，率爾而對，悉如前説。兄弟相顧大驚，然是年遂同登科。自是相繼貴顯，于京則大謬，于卞則終身無一語之差。豈命果不足信耶？京之命不但與鄭氏子相反，即自己不合如此，或者八字有誤，未可知也。《艮齋雜説》四　余謂八字非誤，命格原不盡可憑耳。

尤西堂言：孟珙開閫荆襄，嘗出巡，見漢江一漁者，狀貌奇偉，提巨魚避道左。問其姓名與年庚，則年月日時皆與己同，異之，邀與俱歸，欲命以官。漁者不願，曰：「富貴貧賤，各有定分。某雖與公相年庚同，然公相生于陸，故貴；某生于舟，水上輕浮，故賤。某以漁爲活自足，若一日富貴，實不能勝，必致暴亡。」再三强之，不可而去。孟悵然久之，曰：「吾不如也。」嗟乎！漁者之言可謂達矣。《艮齋雜説》四　余謂此人似有道者，其言水陸異稟，抑何其精之至耶！

術家論人，南北異相，其説亦然。

西堂又言：明嘉靖中，祥符高叔嗣生與僞漢陳友諒同干支，年三十七而卒，亦友諒禁江之年也。然友諒大盜草竊，身死疆埸，爲天下笑；叔嗣以名進士歷官臬司，政績甚著，以能詩稱，又豈可同年而語、同日而論哉？《艮齋雜説》四

余按：生卒相同，蓋亦偶然，不足甚異。蔡京及其祖、父「皆以七月二十一日卒，三世同忌日」。放翁《筆記》四　其生日固不必同也。沈石田周干支八字與明英宗同，漁洋《筆記》八　其卒年亦不必同也。趙韓王普有一軍校，與之同年月日時生。若韓王有一大遷除，軍校則有一大責罰；韓王小小升轉，軍校則微有譴訶。不知以何而取也。《唾玉集》　按此軍校恐亦江漢漁人之比，或别有説，不可知也。故余嘗論命格，所言大略亦得，其間時有參差，不可同處，竟難强解。讀書通人，無妨兼涉，不必刻意求精也。

唐貞觀十五年，命太常博士吕才刊定陰陽雜書，其序禄命曰：「禄命之書，多言或中，人乃信之。然長平坑卒，未聞共犯三刑；南陽貴士，何必俱當六合？今有同年同禄而貴賤殊，共命共胎而夭壽異，此皆禄命不驗之著明者也。」此言得其要矣。

蔡絛《鐵圍山叢談》云：「陰陽家流，窮五行之數術，不可謂無，或一切聽之，反棄人事，斯惑矣。」此言亦能得其旨趣。所記鄭粉家兒事，已見前。

談相術

余族外舅王奎東善壁，人甚長厚，屢躓春官。嘉慶丁丑，試事將畢，于入闈之前一日，遇不知姓名者相之，曰：「君今年與挑，可望二等，然一第不可得，須俟來科。」又言：「面有善氣，福澤未艾。」叩其姓字，不答，則曰：「明當相告。」兼訂出闈相訪，仍有言語奉聞。比明晨尋其人，方酣寢，未便呼之。王短于視，適有相熟人要其同出，遂匆匆納卷，不及與其人相聞。是科與挑，果居二等，而試又報罷矣。今年己卯榜發，獲雋，闈中初以第一人擬之，因房考言忽焉在後。相則得矣，其人竟不知孰誰也。王爲余言：「惜其語未傳。」余謂傳亦未必盡驗，因憶袁子才有《除夕告存戲作》絶句，其自叙云：「三十年前，相士胡文炳道余六十三而生子，七十六而考終。後生子之期絲毫不爽，則今年七六之數似亦難逃，不料天假光陰，已屆除夕矣，桑田之巫不召，貍賑之夢可占云云。推此而言，唐舉、許負言不盡酬，子産之箴禆竈云豈不或信？」斯真達言，可以舉隅。王喜談命，曾自推測今科年命不利，然則此等技術，理難盡憑，固皆在可信不可信之間矣。

談夢

瑞玉嘗夢詣外祖家複室中，見少年緑錦花袍，金兜牟，翳身西北隅，似欲言狀。問之，乃曰：「夫人異日窆吴下，于城東壖見樹小而頭曲者，即余瘞身處也，幸善爲地。」叩其姓名，答曰：「余古墳耳。」語畢，獻紅棗數枚而去。此夢今四、五年所，恐久而忘也，屬余書其事，時嘉慶三年十二月十二日記。

寧海李公士瑄領甲子鄉薦，入闈時亡其硯。悵然假寐，一人携至，促之起曰：「硯在此矣。」詢其人，答曰：「汝不識，歸語乃翁，古之人即我耳。」先是，翁行田，見古冢幾與地平，耕者侵其傍略盡，閔之。詢知爲無後者冢也，遂營其兆，且飭耕者毋犂，春秋上冢爲賫楮酒奠焉，鐫其碑曰「古之人」，即翁子所見者也。嗚呼！寒烟縈骨！衰草斂魂，乃復有射聲廣漢流渥垂仁耶！因感惠連祭古冢之文，附識于此。

王生鎮麒言彭大司空雲楣試南宫時，偶文思不屬，燈下一人緋袍，來續成前句。公叩姓名，曰：「于後自知耳。」比登第後，歸語封公，竟不知誰何。他日遂見夢寐，即南昌太守王公諱某者也。公，廣東人，初以京職出守南昌，卒于官，路遠家貧，停柩蕭寺，即封公所建也。偶封公來寺中，見柩縫坼裂，愴然獨弔，更爲棺斂，卜兆佳城，墓道豐碑，銘志焕然，又春秋率家人以時奠焉。鎮麒與司空同鄉里，爲余述其事云。

《世説·文學》篇：人有問殷中軍：「何以將得位而夢棺器？」殷曰：「官本是臭腐，所以將得而夢棺尸。」蘇東坡詩題秦少游夢發殯而葬之者，云是劉發之柩，是歲發首焉，秦以詩賀之，與殷言合矣。余邑牟松巖侍御以乾隆甲辰會試被落，忽夢榜發，見萊陽趙容堂員外列名榜上，而旁注細字云：「已故，以戊戌緣故。」深致疑猜。比歸家，見報泥金者，趙已捷南宫官主政矣。順治戊戌，蓋其先人登第之年也。因讀蘇詩，聊復記之，時嘉慶戊寅冬十月。

吾鄉杜石樵侍郎爲學政之歲，先是，春夏間抱痾沉篤，同年宋小嵐郎中將往候之，夜夢詣杜許，見伊扶床杖而能行，蘇樸園臬臺亦同年，先在焉。于時，宋、杜命坐共話，蘇據几拾赫蹏作字，遥見所書，乃樂天詩「絲綸閣下文章静」四句也，其旁有四川學政字。翌晨，往候，入門則杜方扶杖倚床，宛如昨夢，比至秋間，再往候之，路遇蘇，因偕往，寒温甫畢，蘇即稱賀，而宋疑焉。蓋蘇在軍機，知杜新有直隸學使之命也。宋私忖夢見詩句，當即學使衡文之讖，而猶以非四川爲疑，時嘉慶廿一年秋也。比杜任滿還都，旋拜内閣學士，詩中首句乃得了然。迨明年春而杜竟夢炊臼矣，方悟「獨坐黄昏誰是伴」讖語，亦奇矣哉！宋因談次爲余道及並屬記之。又云：蘇于其年與杜同拜學使之命，而蘇得陝甘，亦非四川，至今不解。

測字

嘉慶己卯四年下旬，差放坐糧廳之前一日，有刑部郎中惠某間步街頭問卜，時手中持扇，因書「扇」字令測之，術士即言「得差者必户部人而戴花翎者也」。惠以京察保列一等，班次又居首，衆皆擬爲必得，比引見，牌子將授矣，忽見玉瑛，即回以畀之。玉瑛者，户部員外郎，年方逾立，儀表亭亭，以宗室而得花翎者也。「扇」字，「户」頭有「羽」，術士之言，驗亦奇矣。

休沐

漢以後，京朝官休沐之期率以五日，蓋因于古也。《小雅·采緑》首章言：「予髮曲局，薄言歸沐。」次章言：「五日爲期，六日不詹。」所以必五日者，天道五日一變。《逸周書·時訓》篇凡言節候皆云「又五日」，是其徵也。人事恒象之，故《内則》云：「五日則燂湯請浴，三日具沐。」或三或五，特舉大數，然則不言休沐，明有所包，不待言也。漁洋《筆記》六云：「唐宋京朝官，遇令節即放假休沐，又有旬休之制。」引《文昌雜録》言：休假歲凡七十六日：元日、寒食、冬至，各七日云云；夏至、中元、下元、臘日等，各三日云云；立春、人日、中和節、立夏、端午、立秋、七夕、立冬等，各二日；上、中、下旬，又各一日。包拯奏言：「每節假七日，廢事頗多，請令後只給假五日。」當時，京朝官優游如此。此風至明不復有矣，然宋人猶謂每春花時，只于擔上見桃李，何也？余謂此語妙有意味，漁洋蓋未思耳。今京朝官紅塵撲面，素衣化緇，春滿皇都，未見青草，遥望緑陰，懸知是樹，街頭菜擔上插桃李花，不知漁洋爾日儻未之見耶？

《筆記》六又言：「唐宫殿皆植花柳，宋植楸槐，明代皆無之，本朝沿明之舊。」

七夕

漁洋《筆記》十一云：七夕之説，相沿舊矣。宋太平興國中，詔以七日爲七夕，著之甲令。而其後多以六日爲七夕，名七夕而用六，不知起于何時。右見《異聞録》。又《東京夢華録》：初六、初七晚，貴家多結綵樓于庭，謂之乞巧樓。則當時初六、初七兩日，皆可乞巧，遂相沿而不廢耳。然今並無初六爲七夕之説。

今按：漁洋此説，自據濟南而言，于今登、萊間，乞巧未有以初六爲七夕，濟、登相去千里，風俗固殊矣。循名究義，蓋以七月之夕爲七夕，不限以初六、初七也。猶之古以上巳爲三日，亦不限以三月初三也；以重陽爲九日，亦非限以九月初九也；以歲終爲除日，亦不限以臘月三十也。案：《隴蜀餘聞》載：唐文宗開成元年云云，上巳曲宴，賜宴請改日。上曰：「去年重陽取九月十九日，不失重陽之意，今以十三日作上巳」云云。《香祖筆記》十引唐《盧頊傳》云：「是日冬至，除夜。」乃知唐人冬至前一日亦謂之除夜。古人事事通方，不似後人拘牽文俗。乃至寒食禁火，云爲介推，今斷以三日，而古時禁火多至一月，三月；又如端午水嬉，云爲屈原，今定于五日，而古稱端午，亦不必五月初五也。《異聞録》言：唐明皇以八月五日生。《册府元龜》載：開元十七年，丞相源乾曜、張説等上表，有曰：「月惟中秋，日在端午，請以八月五日爲千秋節。」張匡學《水經注釋地補遺》云：「浙江寧波府慈溪縣以八月十六日爲中秋。一云昔錢武肅王之子分封寧郡，十六乃其誕辰，今移中秋節于來朝；一云宋高宗南渡被逼，時民不忍宴賞，改期次日，遂相沿成俗。」又《續世説》云：「齊映爲江西觀察使，因德宗誕日端五獻銀瓶，高八尺。」德宗以四月十九日生，則不必月之五日亦可稱端午也。胡三省《通鑑注》云：「德宗生于天寶元年四月十九日。」惟七夕有稱七月七日者，自應是初七日，亦如三月三日、五月五日、九月九日，似必指初三、初五、初九矣，而古亦有不盡拘者，然則以初六爲七夕，又何足致疑乎？

帖子

今人相謁用帖子，古謂之刺，郭林宗裁刺盈車是也。其先書官銜，後署姓名，謂之官銜帖子。宋人謂之門狀，又稱榜子。

放翁《筆記》二云：「隆興中，議者多謂文武一等，而輒爲分别，力欲平之，有劉御帶者，輒建言謂門狀、榜子，初無定制，且僧道職醫皆用門狀，而武臣非横行乃用榜子，幾與胥吏卒伍輩同。」此則榜子稍從簡，不及門狀之該詳也。

《筆記》三云：「士大夫交謁，祖宗時用門狀，後結牒『右件如前，謹牒』，若今公文，後以爲煩而去之。元豐後，又盛行手刺，前不具銜，止云『某謹上。謁某官。某日月』。結銜姓名，刺或云狀。亦或不結銜，止書郡名，然皆手書，蘇、黄、晁、張諸公皆然。今猶有藏之者。後又止行門狀，或不能一一作門狀，則但留語閽人，云『某官來見』。而苦于閽人匿而不告。紹興初乃用榜子，直書銜及姓名，至今不廢。」此則榜子取于簡便，若今之職名條子是矣。然今亦不手書，率以胥吏代之耳。漸趨省略，用小片子，印以木戳，望門投遞。尤輕薄者不須身到，代通名紙謂之飛帖，風會所趨，遂成浮薄，然此風自宋末已然矣。《癸辛雜識》載：沈子公遣僕送刺至吳四文家，取視之，類皆親故，因醉僕以酒，陰以己帖易之，其僕不知也。至各家遍投之，而主人之帖竟不達，真可一笑也。

不宣

今書翰尾句多云「不宣」，亦云「不具」，或云「不備」，隨意所施，都無分別。晉宋諸帖，皆用「不具」；唐宋以來，始用「不宣」。不宣猶言不盡，亦有「即書不盡」者，均無不可也。《東軒筆録》言：宋人書問，自尊與卑曰「不具」，以卑上尊曰「不備」，朋友交馳曰「不宣」。是三者施用，各有所宜，然亦强生分別耳。今人不辨，亦不解也。

談諧

萊陽宋荔裳琬按察言：幼時讀書家塾，其邑一前輩老甲科過之，問孺子：「所讀何書？」對曰：「《史記》。」又問：「何人所作？」曰：「司馬遷。」又問：「渠是某科進士？」曰：「漢太史令，非進士也。」遽取而觀之，讀未一二行，輒抵于案，曰：「亦不見佳？何用讀爲？」荔裳

時方髫鬌，知匿笑之，而此老夷然不屑。漁洋《筆記》八

又濟寧州學武生歐陽洤叩閽，自稱大禹之後，下其詞巡撫議：大禹姒姓，歐陽洤狂率，冒稱後裔，革去武生，依律充軍云。《筆記》九

余謂二事頗新，得未曾有。司馬遷以太史應科名，歐陽洤與姒王叙譜系。近事作對，令人解頤。

唐時有走馬應不求聞達科者，傳以爲笑。宋亦置高蹈丘園科，許于本貫投狀乞應，與唐正同。名實相悖，真可一噱也。《筆記》六

按：此二科名亦正好作對。聞前明時官吏貪横，科派民間，名曰「樂施」，有不如期，輒行箠楚。有一村氓倉皇入城，或問何事，云「比樂輸」。與前事參觀，古今一揆也。

吕正獻公喜釋氏之學，及爲相，務簡静，士大夫罕接見，惟談禪者稍得從容。好進之徒，往往幅巾道袍，日遊僧寺，隨僧齋粥，覬以自售，時人謂之「禪鑽」。《筆記》六

予昔使廣州，游光孝寺，觀僞南漢所造鐵塔，四角有諸僧題名列銜，皆金紫大夫、檢校工部尚書。又當時崇尚宧寺，士人多自宫以圖進用，亂朝之舉措，可笑如此。《筆記》六

按：二事亦相匹，請以「士宧」對「禪鑽」。

五代楊少師凝式且將出游，僕請所之，楊曰：「宜東游廣愛寺。」僕曰：「不若西游石壁

寺。」凝式舉鞭曰：「姑游廣愛。」僕又請游石壁，凝式曰：「姑游石壁。」此與明陳太常音「也罷」相似，雖似可笑，實有雲行水流之意。《筆記》九

按：「也罷」正好對「姑游」。

《庚申外史》：丞相伯顔奏順帝曰：「陛下有太子，休教讀漢兒人書，其間好生欺負人。往時我行，有把馬者久不見，問之，云『往應科舉未回』，我不想科舉都是這等人得了。」遂罷今年二月禮部科舉。

漁洋《筆記》十云：一郎官饋歲單有「燒鴉」，見之愕然，徐問，乃「鴨」之訛耳。《筆記》此條因「鰒魚」訛作「鮑魚」而類及耳。今京師市肆及苞苴問遺，通作「鮑魚」，文字假借，古人弗禁也。至于房州杜若，伏獵侍郎，自昔而然，何足深異？余謂「燒鴉」亦自佳觀，可共「弄麞」作對，不勝于「蹲鴟」惡貌，損惠駭人耶？彼金銀之車，有杖之杜，何代無賢？奚獨省郎憂二十八宿笑人也？

放翁《筆記》三云：「秦檜之有十客，曹冠以教其孫爲門客，王會以婦弟爲親客，郭知運以離婚爲逐客，吳益以愛婿爲嬌客，施全以剸刃爲刺客，李季以設醮奏章爲羽客，某人以治産爲莊客，丁祀以出入其家爲狎客，曹咏以獻計取林一飛還作子爲説客。初止有此九客耳，秦既死，葬于建康，有蜀人史叔夜者，懷鷄絮〔黍〕號慟墓前，其家大喜，因厚遺之，送爲弔客，足十客之

數。」

今按：檜墓在金陵城南牧羊亭，至今呼爲「狗葬」，然則，弔客亦可爲狗客耶？又檜客有陸士規者，工詩，嘗忤檜，請見，不出，然猶令子小相者見之。問其近作，陸誦《黄陵廟》一絶云：「東風吹草緑離離，路入黄陵古廟西。帝子不知春又去，亂山無主鷓鴣啼。」小相入誦之，檜吟賞再四，待之如初。尤西堂嘗謂「陸詩不減唐人」，「此事大可採入詩話。」見《艮齋續説》

九 余謂十客内弔客最可笑，擬黜彼登此，而爲「吟客」頗佳。

《歸田録》云：梅聖俞以詩知名，三十年終不得一館職。晚年與修《唐書》，書成未奏而卒，士大夫莫不嘆惜。其初受敕修《唐書》，語其妻刁氏曰：「吾之修書，可謂胡猻入布袋矣！」刁氏對曰：「君于仕宦，亦何異鮎魚上竹竿耶？」聞者皆以爲善對。余謂對語甚佳，吾尤喜之。《冷齋夜話》學謝無逸詩「冷官魚上竹」，正爲此句添毫。其出句云「貪夫蟻旋磨」，雖有理趣，然梅語尤勝。

《冷齋夜話》九云：淵材迂闊好怪，嘗畜兩鶴，客至，指以誇曰：「此仙禽也，凡禽卵生，而此胎生。」語未卒，園丁報曰：「此鶴夜産一卵，大如梨。」淵材面發赤，訶曰：「敢謗鶴也！」一此鶴伏地，又産一卵，淵材嗟咨曰：「鶴亦敗道，吾乃爲劉禹錫嘉話所誤！自今除佛、老子、孔子之語，予皆勘驗。」予曰：淵材讀《相鶴經》未熟耳。又嘗曰：「吾平生所恨者五事：

一恨鰣魚多骨，二恨金橘太酸，三恨蓴菜性冷，四恨海棠無香，五恨曾子固不能作詩。」聞者大笑。

東坡在惠州，尋又遷儋耳。久之，天下盛傳子瞻已仙去矣。後七年北歸，時章丞相方貶雷州，東坡至南昌，太守云：「世傳端明已歸道山，今尚爾遊戲人間耶？」東坡曰：「途中見章子厚，乃迴反耳。」見《冷齋夜話》七。近日吳山尊鼒以學生歸養，主講揚州，前五六年，人傳其已化，後竟無恙。今年己卯，以祝嘏來京師，余見之，詢以歸道山之言，相與一笑。

臨川謝逸，字無逸，勝士也。閑居多從衲子遊，不喜對書生。一日，有一貢士來謁，坐定，曰：「每欲問無逸一事，輒忘之。嘗聞人言歐陽修，果何如人？」無逸熟視久之，曰：「舊亦一書生，後甚顯達，嘗參大政。」又問：「能文章否？」無逸曰：「也得。」無逸之子宗野，方七歲，立于旁，聞之，匿笑而去。《冷齋夜話》十

杜牧之作范陽盧秀才墓誌，曰：「生年二十，未知古有人曰周公、孔夫子者」，蓋謂世雖農夫、卒伍，下至臧獲，皆能言孔夫子，而盧生猶不知，所以甚言其不學也。《老學庵筆記》二

余謂此秀才、貢士二事頗新，故并録之。

人言京師士大夫案頭有三本書：一紅面，一黄面，一黑面。紅面者，搢紳；黄面者，歷；黑面者，報也。予笑謂到晚來尚有白面一本繳進，乃買辦簿也。《艮齋雜説》五

余以乾隆、嘉慶間入都，見人家案頭必有一本《紅樓夢》，今二十餘年來，此本亦無矣。《列仙傳》云：馬明生從安期先生受《金液神丹方》，乃入華陰山合金液，不樂升天，但服半劑爲地仙。《初學記·地部》

此語真堪絶倒，嘗讀《北齊書·方伎傳》，有張遠游者，顯祖時令與諸術士合九轉金丹。及成，顯祖置之玉匣，云：「我貪世間作樂，不能即飛上天，待臨死時取服。」此語益復可笑。彼九轉金丹想即金液神丹耶？方士欺人，妄謂丹成，如何可信？文宣粗莽，爲其所誑，藏以玉匣，待臨死取服，真是癡絶！以彼猖狂殘暴，古所未有，天上寧容如此神仙？享年三十一而遽暴崩，玉匣安在？何不且效馬明生，先服半劑猶不失爲地仙耶？其云「我貪世間樂，不能即上天」，馬意亦當云爾，要之皆兒戲語耳。道家者言多荒怪，不足辨，今《列仙傳》亦無此言。

杭州養濟院土地祠嚴嵩，以嵩籍没寄食養濟院以終。然于杭州何事？殊無謂也。嵩被籍時，語人曰：「還我窮秀才去也！」嗚呼！古今大老官若能不忘窮秀才，便決不到養濟院。嵩既到彼，方乃思還，晚矣！然窮秀才是本身物，何須用還？亦何處討還？只緣被弄權宰相攫了去，却從養濟院裏要討還！

嵩以青詞取媚，而奸狀敗露啓于方士藍道行述箕仙之一言，亦可謂天道好還矣。于時宫中有怪，十手十目，人訝之。王世貞曰：「此出《大學》。」余謂亦從窮秀才本頭來。

關帝廟籤

秦磵泉大士，乾隆壬申狀元。散館前，求籤于正陽門關帝廟，有「静來常把此心捫」之句，疑已有隱慝而神儆之云，然時自訟，終不解也。及試，賦題：《松柏有心》，以題爲韵。第四段忘却「心」字本韵，閱卷大臣，俱未檢及。上指出，笑曰：「狀元有無心之賦，主司無有眼之人。」始悟神已先示之矣。《熙朝新語》十一

桐城張吉甫曾謙言其伯父司空公應順天試，于帝廟乞籤，有「到頭萬事總成空」之語，心甚不怡。比領卷，得「空」字號，竟是科獲俊。迨明年會試，坐號復得「空」字，遂聯捷。後歷冬官，至大司空。神言亦奇驗矣。又吉甫同堂兄某應會試，亦求得是籤，咸舉前事稱賀，竟以疾卒闈中。亦不可測度如此。

藏魂安頭

費雲軒元龍，乾隆丙辰進士，知四川綿州。時有惡棍爲地方害，費廉得其罪狀，杖斃之，閱

三日復活。後歐其母，母持一罏來控，曰：「此逆子藏魂罏也，先將生魂煉藏此罏内，官用刑，乃血肉之軀，以久煉魂治新傷體，三日即平復如故。求先毁其罏，散其魂，庶逆子可除。」一如其言，果斃杖下。傳言晉殺秦諜，七日而蘇，此種事自古有之矣。《熙朝新語》十一

余聞之先大夫言：舅氏張公文焻以乾隆丁巳進士知廣西容縣，聞湖廣人言，其地有被殺者，但尸未寒，傅藥急安其頭，半日而蘇。傳此術者，世獲其利。有妓色美，以事見法，素狎惡少輩購工合藥以伺，因時稍久，雖得復活，其創周圍帶紅暈一綫，竟不知其何術也。又聞人或被創，能吸血還故處。此皆妖術，王法所不宥也。

石燕

族弟鑑堂裕衡言：嘗見其鄉人治産病，購一物，質似石，狀如橡斅，以冷水沃之，少頃，糝以麥麪，持與産者，即生兒立下。莫知所以，名曰石燕兒。燕，讀如緣。相傳爲兵部職方李公唐裔家物，本雌雄二枚，爲誰借用，誤投以熱水而斃之，今存其一耳。

余案《唐本草》：石燕出永州祁陽縣，治婦人難産，兩手各把一枚，立驗。而云「其狀如蜆

蛤」，又云「形似蚶而小，堅重如石」。今驗蚶乃蛤屬，狀如瓦壟子，因以爲名，與橡殼不甚相似，蓋所見異辭也。本名石燕，而傳者讀燕如緣，謂之「石緣兒」，流俗音譌，傳者失其真也。嘉慶己卯，余姻戚王繩孫宜慶，自長沙來，携一枚，余索得之，其形狀如《唐本草》所説，是其真矣。《山海經》言：「耳鼠，食之不脎。」説者謂可以治產婦，而《蜀本草》稱「郎君子，其質如石，產婦以兩手各握一枚，可治生產」，亦其類也。

守宮

邑東北有邨曰北阜，余族祖居之。昆季三人，二俱庠生，其一太學生。有母，年八十餘，子若侄十餘人，諸孫數人，長者十許歲。自其先人門庭雍睦，孝友可風，蓋同居已五世矣。其大門内閣版上有守宮，長尺許，斑色錦文，背有朱點，家人皆見之。其小者約百餘頭，大抵其子若孫若曾孫輩也。大者歲一二見，見人輒入去，小者乃日日見，出入無時。每朝暾射窗櫺，緣檐窺壁，見人馴，擾不去。家人憎其穢，議除之。余謂之曰：「兹物非祥，今居祖之家者，乃祥也。計家人四十餘口，而兹物亦不下百餘頭，斯真和氣所致也。方今朝廷重人瑞，儻採風者聞而上之，方將表厥門閭，而守宫者亦與有榮施矣。」

𧊜

棲霞河北郵農人荷鋤于田，遥見一物，長尺許，狀類守宫，背生鱗甲，初日映照，光彩瑩然，行水上，往來捷疾。農人大駭，狙伏草間，伺其傍岸，舉鋤揮之，應手而斃。時邑令王公楠命舁至縣，觀者甚衆，莫能識。余曰：「𧊜也，蛇與雉交，遺卵于地所生。其物獰，能嚙人，幸爲田夫所斃耳。」案《廣韵》云：「𧊜，水蟲，似蛇，四足，能害人也。」即此。

又水道灌郵沙地忽陷丈餘，水溢出，深數尺，説者曰蛟騰也。余謂此物南方常有之，彼人以時掘取其子若卵食之，懼其騰爲人害。今北方初不見蛟也，何自遺卵生子于此？且兹地多沙，易于淪陷，此疑當如《春秋》「沙鹿崩」，《公羊》以爲「襲邑」之類。

主夜神

《仙經》言夢神趾離，臨卧時呼其名，夢清而吉。《夷堅志》云：余爲禮部郎，日齋宿祠宫，與宋才成、裴侍郎夜話及神異事。宋云：「吾舊苦畏，夢人授一偈，纔數字，覺而憶之，每獨處臨卧，輒誦百遍，覺心志自然，不復恐。」余曰：「非所謂『婆珊婆演底』乎？」宋驚曰：「吾未嘗言，君何以知之？」余言：「不惟知其名，且能究其所出。」宋請余道本末，余曰：「始余讀段成式《酉陽雜俎》，載《主夜神咒》曰『婆珊婆演底』，持之夜行及寐，可却恐怖惡夢，而莫曉其故。後讀《華嚴經》，乃得其説。」宋即假經于近寺，檢視，經之言曰：「善才童子答善知識，至閻浮提摩竭提國迦毗羅城，見主夜神名曰婆珊婆演底，神言我得菩薩救一切衆生癡暗法，光明解脱云云，時以種種方便而救濟之，令其得脱恐怖之厄。」其神力如此，蓋不止夜眠一事也。余每見人多疑懼怯魔，必勸使持誦，絶有驗。

驗尸不臭

福山太學生張心源式容言：官驗尸時，先默誦咒一遍，心中存想傳此咒人形狀，尸雖已腐，而不聞其臭矣。同村牟公爲中城指揮，嘗試之。咒曰：扇化大木近二千里，遠二千里，七十二候，二十四節氣，太上老君急急如律令敕。

仙人岡

棲霞東北鄉有丘焉，邨人常聞其上忽忽若風聲，或如海濤，仰視樹杪，寂如也。聞者晝夜不常，久之乃止。其地名仙人岡，俗作墋　又北數里有仙人阜。

曬書堂筆録卷四　博聞下

符籙招魂

老子見推于仲尼，蓋亦聖人也。其道本以清淨無爲爲宗，衣冠喪祭與齊民同。老子之子曰宗，蓋有妻妾矣，而又嘗仕周，其在四民之中亦士耳，特所尚者不同，非于儒之外别有教也。秦漢之言神仙者，其繁如蝟毛，未嘗稱老子，况于三清十極之説哉！祭醮符籙始于張陵，成于寇謙之，惡其無所本，始乃自託于老子以神其書，實于老子不相干。

老子書言：「有道之國，其鬼不神。」豈其設爲三官九府仙官將吏以罔民耶？薦亡一門，不在洞玄、洞神、洞真之科，最爲後出，模寫釋氏而不克肖，以佛本不言薦亡，後人設爲之，已自違本教。道士見其利入之厚，因而仿焉，蓋又張、寇二師所不道也。

余姻家魯提刑捐館，其子德清知縣繼亡，子含光作黄籙醮，招蜀人苟生爲高功。苟非黄冠，特以法自名，一凡民也。招魂之夕，旛重垂至地，奏章時，鶴二十餘盤旋壇上，衆駭焉。已醮，提刑冢嗣餘杭宰夢其父來，如平生而面愠色。拱立叩所以，良久曰：「我死，家乃遽無長幼序耶？子先而父後，禮歟？」一驚而寤，省所夢，泣曰：「必爲黄籙故也。」亟營之，復以命荀，鶴來猶多。余嘗觀丁謂、陳彭年輩爲天書事，每一行禮必以鶴奏，或至數千鶴，東封時無日無之，故人呼爲鶴相。謂必能妖術，不然其徒中亦當有善此者。至王老〔志〕、林靈素輩真挾左道，不足怪也。

余家藏道家法書甚多，有所謂墜旛咒訣，蓋亦幻術。魯君之夢，特其心不自安爲之耳。《鬼董狐》三

太陰煉形

紀文達公言道家有太陰煉形法，葬數百年，朞滿則復生。但有此説，未睹斯事。《如是我聞》四。余謂故書雅記多載異聞，若乃劉景升夫婦遺骸猶香，吴郡君祖孫貌形適肖，核以煉形之説，信疑參半。至于秦冢殉人開棺猶活，魏宫倩女絶息還生，斯並籍徵之英談，道經之佳證矣。

息壤

漁洋《筆記》三：「荆州南門有息壤，其來舊矣。上有石記云：『犯之頗致雷雨。』康熙元年，荆州大旱，州人請掘息壤。出南門外堤上，掘不數尺，有狀若屋而露其脊者，再下尺許，啟屋而入，見一物正方，上鋭下廣，非土非木，亦非金石，有文如古篆，土人云即息壤也。急掩之。其夜大雨，歷四十餘日，江水泛溢，决萬城堤，幾壞城。」《筆記》此事，自非虛言，而息壤之名卒不可曉。《史記·甘茂傳索隱》引《山海經》、《啓筮》云：「鯀竊帝之息壤以堙洪水」，則息壤當以生息爲義。據《路史》云：「息生之土，長而不窮。」恐或然也。柳子厚有《永州龍興寺息壤記》。

京邸多鼠 蝟附

京師邸舍鼠子最夥，俗呼秏子，以其秏斁什器也。市肆有賣秏子藥者，一劑直錢二十五文，將藥撒放室内，三日内秏子大搬家矣。

嘗讀《南宋市肆記》，其「小經紀」一條有老鼠藥。蓋京邸多鼠，自古而然矣。其藥乃用砒霜末、蕎麥麵和冷水調成，修和時不令婦人鷄犬見，蓋秘方也。云撒放不可用龍虎日，恐傷害生命。余年少時，有人傳此方，用之有效，後悟其非，已削去其方矣。

京邸多蝟，或説以爲吉祥之物，殊令人不解也。此物本在山野之中，今以入人家爲吉。余亦屢見之。

鷄愁

嘉慶丙寅，余在都門，四月十八日夜，漏下三十刻，群鷄出庭，行且步，如相對語，不可了已。復作吟嘯聲，有頃寂然。余竊疑怪，有老嫗云：「斯所謂鷄愁者也。」又稱里語曰：「公鷄愁，淋破頭；母鷄愁，曬破頭。」是其雨徵乎？是夜初昏，余仰眺天際，四宇晴明，而北斗星間黑雲浮蔽，依占候家言亦爲雨兆。于是炎陽有亢，陰霖無期，不復敢謂嫗言當有驗也。

逮次日，濛濛細雨，蟬聯不絶。至夜，遂霢霂優霑浸潤桑田矣。抑此雨也，應節順時，雖群鷄之愁而萬人之喜也，既信占家及嫗言有徵，且告世之課晴問雨者。聊復記之，時二十日新晴後書。自二十日後，密雲細雨，從晨迨暮，聯聯不斷者幾再浹辰。其間，雲開天霽不過數日，人睹陽曦則灑然而喜，街頭泥滑，車轍坷深，馬蹄欲蹶，路陂陀處流潦如淵潭相接，農人〔有〕憂也。于是塒上群鷄仍復吟嘯不止，余懼其愁而陰雨弗已也，乃爲之歌《伯兮》曰：「其雨其雨，杲杲出日。」是日，遂晴霽，微雲不雨。時端陽後四日，又書。

鴿辟疳

《宙載》云：張合撰張鐸僉事言，鴿能辟小兒疳氣，當多置房養之，清晨令兒開房放鴿，其氣著面，則無疳疾。見《香祖筆記》八。

豭血治邪

陳瑩中言：神宗一日遊後苑，見牧豭豚者，問何所用，牧者對曰：「自神宗一〔以〕來，長令畜之，自稚養以至大則殺之，又養稚者。前朝不敢易，亦不知果安用。」神宗沉思久之，詔付所司：「禁中自今不得復畜。」數月，衛士忽獲妖人，急欲血澆之，禁中卒不能致，神宗方悟太祖遠略亦及此。見《冷齋夜話》一。

余讀而疑之，自古開創之君信多遠略，然何至嵬瑣及此？塋中所言，似涉迂僻。吾意，開國之初多崇儉素，豳俗獻豜，公劉牢豕，垂諸典禮，作爲雅歌。宋祖本從田畝起家，未忘素業，亦猶田舍翁貽耒耜之意。《詩》言「出此三物以詛」，謂豕、犬、鷄也。《左傳》「使卒出豭、行出犬鷄，以詛射潁考叔者」，與《詩》言合矣，是則察于鷄豚民間細故，何至思及血灌妖人傳畜以待不時之需耶？或言禁中不獨畜豚，亦畜牛羊，疑未能審也。或又言豭豚辟邪，恐亦謬説耳。

諺語

《筆記》二：淮南諺曰：「鷄寒上樹，鴨寒下水。」驗之皆不然。有一嫗曰：「鷄寒上距，鴨寒下嘴」耳。上距謂縮一足，下嘴謂藏其喙于翼間。

今按：《筆記》之説亦恐未然，且「距」、「嘴」理新而换字，「樹」、「水」義當而愜心。何以明之？北方鄉語呼鷄棧爲柴，日初昏後，鷄則上柴，婦人兒童皆能道之，上樹即上柴也。「鴨寒下水」，以冬間水暖故耳。古詩雖有「鷄鳴高〔桑〕樹巔」，東坡亦言「春江水暖鴨先知」，而非諺語所指。放翁蓋不知方俗有「鷄上柴」之語，猶北方人不曉「鼀上山」之言，故横生疑難耳。鼀以登枝作蘮爲上山，見方文輈《集虚齋集》。

炒栗

栗生啖之益人，而新者微覺寡味，乾取食之則味佳矣。蘇子由服栗法亦是取其極乾者耳，然市肆皆傳炒栗法。余幼時，自塾晚歸，聞街頭喚炒栗聲，舌本流津，買之盈袖，恣意咀嚼，其栗殊小而殼薄，中實充滿，炒用糖膏，俗名糖稀則殼極柔脆，手微剥之，殼肉易離而皮膜不黏，意甚快也。及來京師，見市肆門外置柴鬲，俗作鍋一人嚮火，一人坐高兀子，操長柄鐵勺頻攪之令勻遍。其栗稍大，而炒製之法和以濡糖，藉以粗沙，亦如余幼時所見，而甜美過之。都市衒鬻，相染成風，盤飣間稱佳味矣。

偶讀《老學庵筆記》二言：「故都李和炒栗，名聞四方。他人百計效之，終不可及。紹興中，陳福公及錢上閣出使虜庭，至燕山，忽有兩人持炒栗各十裹來獻，三節人亦人得一裹，自贊曰：『李和兒也』，揮涕而去。」惜其法竟不傳。放翁雖著記，而不能究言其詳也。

梅漿

京師夏月，街頭賣冰。又有手兩銅碗，還令自擊，泠泠作聲，清圓而瀏亮，鬻酸梅湯也。以鐵椎鑿碎冰攙入其中，謂之冰振梅湯，兒童尤喜呷之。《内則》説飲有「醷」，鄭康成注：「梅漿」，即是物也。又有「濫」，鄭注云：「以諸和水也，紀、莒之間名諸爲濫。」《釋文》云：「乾桃、乾梅皆曰諸。」孔疏謂「以諸雜糗飯之屬和水也。」今按：諸謂乾脯也。《籩人》「饋食之籩，實有乾藤」，注云：「乾梅也。」《初學記》二十八引《山海經》曰：「雲山之上，其實乾腊。」郭璞注：「腊，乾梅也。」《釋名·釋飲食篇》既有「桃濫」，又有「桃諸」，似分爲二，蓋濫是水漬者，今漬以蜜，若糖諸則乾腊者。《釋名》又有「柰脯」，即今之頻果乾，以頻婆果爲之者也。今又有杏乾、梨乾、蒲桃乾，盤飣間皆設之。江南人蜜漬青梅、金橘之屬，可以餉遠，風味尤佳，皆濫諸類也。

芑

《詩》「薄言采芑」，毛傳云：「芑，菜也。」陸機疏云：「芑菜，似苦菜也，莖青白色，摘其葉白汁出，肥可生食，亦可蒸爲茹，青州人謂之芑。西河、雁門芑尤美，胡人戀之不出塞是也。」

按：此即今萵苣菜，有數種，葉皆相似，白者即名白苣，苦者名苦苣。苣，芑，語聲相轉，芑即苣也。尤宜生食，亦名生菜，今京師呼此名，登萊人呼萵苣如角角，亦苣聲之轉耳。其莖葉皆青白色，故禾之白苗者曰芑，與芑菜同名，舍人注《爾雅》便以芑爲菜名，則誤矣。苣乃假借字耳，《説文》作「蒙」，云「菜也」，而云「似蘇」則非。《廣雅》作「藚」，《廣韵》以爲「苦蒙，江東呼爲苦蕒」，然苦蕒非苦蒙也。惟《齊民要術》説：「芹蒙並收根，畦種，常令足水，性易繁茂，而甜脆勝野生者。白蒙尤宜糞，歲常可收。」按白蒙即白苣也，今之白萵苣，莖葉甜脆，極中啖也。《要術》又引《詩義疏》曰：「蒙，苦葵也，青州謂之苞。」以校《詩正義》所引苦葵，蓋苦菜之譌，青州謂之苞。苞，芑，亦字形之譌耳。

諸葛菜

此有三種。《嘉話録》云：「諸葛所止，令兵士獨種蔓菁。取其纔出甲者生啗，一也；葉舒可煮食，二也；久居隨以滋長，三也；棄去不惜，四也；回則易尋而採之，五也；冬有根可斸食，六也。此諸蔬屬，其利不亦博乎？三屬〔蜀〕之人今呼蔓菁爲諸葛菜，江陵亦然。」是諸葛菜者，乃蔓菁。今別有一種菜，初生葉如椎頭而肥潤，可汋爲茹及炒食之，秋後作叢，有菜無花，霜後枯萎，春初又茁，全非舊，葉橢長而不圓，其色青黄非幽黑，見者殆不知爲宿根生也。莖隨葉出，葉又抱莖，旋作紫華，結一小莢，其子落地自生，葉形仍如去年葉矣。余鄉未見有此，及來京師，人家庭院或饒此菜，詢之，乃云諸葛菜也。而余堂弟儒行從宦海曲，海曲今屬沂州，即古瑯邪，是武侯鄉井，此邦之人亦呼諸葛菜云。將此二蔬俱當日軍中所嘗種歟？余在京師時常移蒔階庭繁衍，易生啗之，不及蕪菁味美，且蕪菁根燒食蒸啗俱甜肥，若乾收之，儉年亦可代穀，不止爲蔬中佳品矣。紫花之菜，偶冒榮名，絶非其比，然而燕沂之人至今流傳，異口同聲，得名似非偶然，恐余黔淺非所聞耳。因兩存之，並述其形狀如此，以俟通人。

炒麵附茶湯麵茶

京師五月後有賣炒麵者，兒童加糖、涼水，調成胍肫，仍乾食之，云可解暑，此吾登萊鄉味所謂焦麵者也。因穬子即大麥磨麵，以焦爲美，因以爲名。古之乾餱，蓋此一法。凡五穀之屬，俱可炒食。《周禮》：麷、蕡以充籩實。説者云：「熬麥、熬臬是也。」今時炒豆、炒米、炒麻子，皆可嘸啖以充小食，所以《方言》七有「以火而乾五穀，齊楚謂之熬，關西謂之僬，秦晉謂之聚」即炒字之語，而炒麥尤古所珍，今之炒麵亦是也。故《方言》一云：「相謁而食麥饘謂之餥。」《説文》云：「餥，餱也。陳楚之間相謁食麥曰餥。」又云：「鮎，相謁食麥也。」「楚人相謁食麥曰飵」，「秦人謂相謁食麥曰饐饐。」《繫傳》以爲相見後設麥飯以爲常禮，如今人之相見飲茶也。可知古人重麥，故客至特設。今關東人相見設炒穀，江南人炒稻爲粻，余以此等皆古乾餱之遺意也。可以餉遠，可以從軍，裹之，橐之，飲之，啖之，既便久藏，又供急需。古人親族睦鄰，蓋皆相餉以通殷勤，故云：「民之失德，乾餱以愆。」今之炒麥，亦可沃水加糖以代漿飲，消除煩渴。《方言》「麥饘」，饘，稀粥也，恐即此制，而今農家煮穬爲粥，夏月啖之，京師加糖謂之大麥粥，亦古法矣。

又小米爲屑，炒乾加糖，沃以熱水，名爲茶湯。

又米麵加麻子醬，入鹽少許，謂之麵茶。皆小食也，因附記之。

長生果

京師人張筵必旅陳肴核，名品甚繁，而長生果居其一。果不必珍而特不去者，將俗人珍其嘉名而然歟？余以乾隆丁未始游京師，友朋燕集，杯盤交錯，恆擘殼剖肉，炒食殊甘。而自四五月後，此果即不復設，訪市肆中，或言此果有所畏惡，人知而不復鬻也，而畏惡者卒不知其名，余疑此久矣。

甲子夏秋，與鹿簣谷談次，稱其女弟曾啖此果而委頓幾殆，急煮緑豆湯灌之，始漸平復，詢家人亦不解致病所由也。偶夏月延客，胡瓜初薦盤，而此果亦在肴列，有老廚人者命徹之。詢其故，對言：「公不知耶，此果與胡瓜相惡，犯之者病。」然後知嚮之女弟所由委頓，豈不以此歟？夫藕皮散血，莧菜爲鼈，古人食經，所以貴精。今來京師鬻此果者，不復知與胡瓜相反，同時并鬻，蓋食經之不講久矣。

此果本名露下生，説者言露滴苗根下，果隨滴輒生，因以爲名，俗人謂之落花生，蓋即「露下生」之聲轉而譌也。簣谷名善醫而不知果性所反，非遇老廚人，幾令此解不傳。余故表而録之，俾衛生者有考焉。嘉慶乙丑六月十日，同年友李蓮塘、張夢泉會飲余舍，客未至時興言記之。

杏酪

杏酪，古人以寒食節作之，其名見于《玉燭寶典》、《荆楚歲時記》諸書，及唐人吟咏屢矣，而其作法亦至今尚傳。余嘗詢之鹿篔谷刺史，具示云：「取甜杏仁，水浸去皮，小礱俗作磨礱細，加水攪稀入鬲俗作鍋内，用糯米屑同煎，如打高糧餬法，至糖之多少，隨意摻入。」又言：「紀曉嵐先生作詩三十二首，俱駡京廚烹調之壞，只一首贊其能，能作杏酪也。」

芽韭

冬天芽韭，乃從糞料蒸鬱而成，食之損人，京廚肴膳雜以麥苗，不盡用韭也。偶憶《世説》載石崇冬天宴客，得韭萍齏，是擣韭根雜以麥苗爾，因而失笑，乃知京廚之壞却從石家得來也。又作豆粥，咄嗟便辦，乃以豆難煮，豫作熟末，客至作白粥投之，尤可笑。今京廚作緑豆粥，工而速辨，故知今人狡獪又遠勝古人也。

譏酒

酒喜清而味薄，惡濁而味厚，人皆知之，然有清而似濁帶紅赤色者，味尤厚也。前人著論有未盡者，陸放翁譏唐人喜赤酒，引李長吉詩「琉璃鍾，琥珀濃，小槽酒滴真珠紅」云云。余謂此太官酒也。今太常、光禄作酒重釀，烝糜下瓮，如是數過，然後上醡，所謂九醖芳醴者也。其色黄赤，濃如琥珀，醇若膏餳，氣作氛氲，馨成蘭蕙，其味甘醲，而飲少輒醉，自由醖釀彌厚，取材尤精也。放翁又譏唐人喜甜酒、灰酒，皆不可解，引杜子美詩「不放香醪如蜜甜」，陸魯望詩「酒滴灰香似去年」。見《老學庵筆記》五余謂此無怪也，凡酒重醖，自然甘甜，瓶罌近底少入炭灰，爲避溽濕，防其味敗，但不可多耳。范石湖云：「旗亭官酒更多灰。」蓋宋朝南渡，人在水鄉，市酤灰多，利在久貯，故范、陸皆以灰酒爲言，今之紹興亦復不免耳。

㷶嘉慶辛未三月十六日答趙明府噉問

昨詣書館，承示：四川人謂熟爲□，不審應作何字。今考其字當作㷶，篆文作㶿，籀文作𤎩，《玉篇》同㷶，音皮逼切，則讀如愊。《説文》云：「㶿，以火乾肉也。」是㶿爲爛熟之意。再證以皮逼之音轉爲爬，登州人謂㷶猪頭，讀㷶如爬，不獨其音合，亦與以火乾肉之義合矣。再證以《方言》七云：「以火乾五穀之類，關西、隴、冀以往謂之㷶。」夫隴、冀以往，即今四川之地，謂熟爲㷶音爬，與《方言》又合。《顔氏家訓》謂北方多古語，殆不虚矣。今之登萊，古語尤多，故默人牟氏得據作《方雅》一書。

持此以答尊問，即乞正之，兼候興居，不具。

不灰木俗名石龍骨

《茶餘客話》八云：火浣布出四川越巂廳番地，五巒山石縫内生草，其根俗名不朽木，性純陰，番民取以撚縣織成布。楊升庵云：「火浣布出蜀建昌，白如雪，出于石隙，《元史》所謂石絨也。」

今案：石絨，升庵謂白如雪，出于石隙，皆即今之石龍骨也。案《水經·鮑丘水注》引《開山圖》曰：徐無山「出不灰之木、生火之石，按注云：其木色黑，似炭而無葉，有石赤色如丹，以二石相磨，則火發以然無灰之木，可以終身，今則無之。」所引蓋別一物也。古名不灰木謂之石絨，以其形之似耳。棲霞縣荆家郕山中石縫内有之，白色，如湯燖鷄膺間肉，而堅韌難斷，以其生石，俗人名之石龍骨。注油燃燈，了無灰燼，用之可終年不盡。擣碎著泥爲熾炭爐，輕而有骨，跌之終不破。余有圓爐二十餘年矣，今尚完好如舊云。

頗黎車窗

今士大夫車，冬安頗黎窗，夏安蝦鬚簾，取其嘉名耳，實則蝦鬚、頗黎皆藥物與石煎煉而成，非其真也。《晉書·魏舒傳》：舒告老無子，武帝哀其窮獨，思所以散愁養氣，更增滋味品物。仍給賜陽燧四望繐窗户皂輪車牛一乘，庶出入觀望，或足散憂也。今之蝦鬚、頗黎，即陽燧四望之遺。亦有安紗窗者，即繐窗之類矣。魏晉公卿俱乘牛車，今率用羸車，其馬車謂之羊車，士大夫不用也。案：陽燧四望繐窗皂輪小形車駕牛，見《晉·輿服志》。

冠纓

帽上垂紅纓爲飾，不知起于何時。讀《晉書·載記》六石季龍上云：季龍子義陽公鑒時鎮關中，役煩賦重，失關右之和。其友李松勸鑒，文武有長髮者，拔爲冠纓，餘以給宫人。長史取髮白之，季龍大怒，徵鑒還鄴，收松下廷尉。

今案：石氏，羯也，其冠纓之制，雖未能詳其形狀，然大略當與今之帽纓相類，但以用髮爲疑。蓋石勒自以水德繼晉金行，其色尚黑，髮爲冠纓，當亦取其色黑故與？

正陽門

《詩·子衿》云：「在城闕兮。」闕，依文當作觖，《説文》云：「觖，缺也，古者城闕其南方謂之觖，從韋，缺省。」然則，觖，正體；闕，借聲也。《公羊》定公十二年傳注云：「天子周城，諸侯軒城。軒城者，缺南面以受過也。」《解》云：「但不設射垣以備守，故曰缺其南面以受過，不妨仍有城。」

今案：城不可缺，故但缺垣，其實南面雖有城而門却偏在一邊。《寰宇記》言：「古魯城有十二門。」又引《魯國記》云：「古城凡有七門，其南面有一門，未詳其名，蓋魯制多僭天子，故缺其門名耳。」後漢李尤有《京師城門銘》，第一曰正陽門。蓋自漢以來天子正南一門名曰正陽，其諸侯王以下莫敢同焉，故《晉書·石勒載記》上云：「命參軍鼂讚成正陽門。俄而門崩，勒大怒，斬讚。」此事在勒僭稱尊號之日，知門名正陽，取天子當陽之義，故非臣下所敢干爾。

赭白馬

《晉書·慕容儁載記》：「初，廆有駿馬曰赭白，有奇相逸力。石季龍之伐棘城也，皝將出避難，欲乘之，馬悲鳴蹀蹹，人莫能近。皝曰：『此馬見異先朝，孤常仗之濟難，今不欲者，蓋先君之意乎！』乃止。季龍尋退，皝益奇之。至是，四十九歲矣，而駿逸不虧，儁比之于鮑氏驄，命鑄銅以圖其象，親爲銘讚，鐫勒其旁，置之薊城東掖門。是歲，象成而馬死。」

今案：顏延年所賦乃是宋高祖乘輿所服又一赭白馬也，案《宋書·夷蠻傳》：高句驪王高璉，晉安帝義熙九年遣長史高翼奉表獻赭白馬，疑此即延年所賦。而此二馬神駿既同，又俱開國之君所實，爲嗣君之所貴異，而儁之銘贊，惜不能與延年並傳矣。余嘗見黄庭堅題李公麟《八駿圖》云：「此馬駔駿，頗似吾友張文潛筆力，瞿曇所謂識鞭影者也。」曾紆題其後云：「余元祐庚午歲以方聞科應詔來京師，見魯直九丈于酺池寺，魯直方爲張仲謨箋題李伯時畫《天馬圖》，魯直謂余曰：『異哉伯時貎，天厩滿川花。放筆而馬殂矣。』蓋神駿精魄皆爲伯時筆端取之而去。實此古今異事，當作數語記之。」

今案：慕容鑄銅亦象成而馬死，二事相類，因附著焉。

魚石

《水經·漣水注》云：湘鄉縣石魚山，下多玄石，「石色黑而理若雲母，開發一重，輒有魚形，鱗鬐首尾宛若刻畫，長數寸，魚形備足，燒之作魚膏腥，因以名之。」王漁洋《池北偶談》廿二云：「前即墨令周屺公説：汧陽縣有魚石，如饅頭狀，破之即成兩石，各有一魚形，鱗鬣宛然，以手摩揩之，作魚腥云。此山一溪中所産石子盡然。溪有魚石娘子廟，求石者必禱之，不禱則石皆無魚也。」

余按：今萊陽縣有魚石，石亦黑色而淺，其魚形獨黝然如墨，鱗鬐刻露，形容宛肖，首尾約長數寸，神采飛動，如游泳之形，瘦硬入骨，雖工畫者不能及其妙。其尤佳者亦有群魚依藻，映媚生姿，然不多得也。余舊藏一方，長可尺許，中有一魚，後爲誰何携去，因讀《水經注》而記之。又萊蕪縣原山有燕子石，王砎庵姻丈廣文兹邑，嘗以數片見寄，其石燕色亦與萊陽魚石頗類，而形質殊微，刻露處亦遠不逮之，方知彼石精妙絶儔耳。

耕織圖

《香祖筆記》十二云：「康熙中，嘗命畫苑寫《耕織圖》，御製詩冠其上方，刻印頒行。按此圖始于宋於潛令四明樓璹作《耕織圖》以獻思陵，各繫五言八句詩，逐段有憲聖皇后題字。宋樓鑰《耕織圖後序》述其父璹當高宗時爲於潛令，念農夫蠶婦之作苦，究訪始末，爲耕、織二圖：耕自浸種以至入倉，凡二十一事；織自浴蠶以至剪帛，凡二十四事。事爲之圖，繫以五言詩。賜對之日，遂以進呈，玉音嘉獎，宣示後宫。獻圖在思陵時，逐段有憲聖皇后題字，趙孟頫有《題耕織圖》詩二十四首，奉懿旨撰。

按：宋仁宗寶元初，圖農家耕織于延春閣，此《耕織圖》之始，非昉于樓璹也。溯而上之，豳風繪圖，前乎此矣。乃宋當元符間已將山水代耕織，哲宗之志荒矣，正如唐之内殿無逸作圖，旋以山水代之，論者以爲開元、天寶治亂所由分焉。我朝康熙中，聖祖仁皇帝命畫苑寫《耕織圖》各二十三幅，每幅聖製詩一章，嘗見内府撫本，纖毫畢具，天章宸翰，炳燿日星矣。

常平倉

《鶴林玉露》十三云：惠民之法，莫善于常平。司馬温公曰：「此三代聖人之法，非李悝、耿壽昌所能爲也。」陳止齋曰：「《周禮》以年之上下出斂法，蓋年下則出，恐穀貴傷民也；年上則斂，恐穀賤傷農也。即常平之法矣。」孟子曰：「狗彘食人食而不知檢，塗有餓殍而不知發。」檢字一本作斂，蓋「狗彘食人食」，粒米狼戾之歲也，法當斂之；「塗有餓殍」，凶歲也，法當發之。由此而言，三代之時，無常平之名，而有常平之政，特廢于衰周耳，真非耿、李所能也。

余謂常平之法自本《周禮》，司稼所言是穀入之數，故云「以年之上下出斂法」；廩人所言是穀出之數，故云「以歲之上下數邦用」「以治年之凶豐」。又云「若食不能人二鬴，則令邦移民就穀」，是即出之之法。然則，常平果出《周禮》，李悝、耿壽昌不過申明舊法，以時古法久湮，故世傳以爲耿、李所爲耳。

觀象臺

京城觀象臺上，舊有元郭守敬所製渾天儀、簡儀、銅球、量天尺諸器。本朝康熙二年，以舊儀年久，多不可用，御製新儀凡六：曰天體儀、曰赤道儀、曰黄道儀、曰地平經儀、曰地平緯儀、曰紀限儀，陳于臺上，至今遵用，其舊儀移藏臺下。《熙朝新語》七

石異

余鄉張潞州一山《桂林文集》一條云：嘉慶十二年正月，謁蘇州方伯遇公。公言乾隆四十年間爲户部司官時奉命察點陳設及庫藏，嘗隨入内，至東一便殿，中設寶座，旁一方几，几上安黄木匣，啓視，内有册頁，畫枯樹一株。另一小匣，鑲嵌珠寶極工，其中金色琥珀一方，長四寸許，寬約三寸，琥珀内有樹，如册上畫樹形，而枝葉繁茂。畫樹後有記，記琥珀内樹隨四季變化，春花、夏茂、秋落、冬枯。册上枯樹乃肖其冬之形，其時爲夏初，故花已謝而枝葉繁也。按漁洋《筆記》十二云：「張景山一石，中有月形，石色紫而月白，月中有桂樹，其文黑，

枝葉老勁，雖工畫者不能爲。」又云：「吕東萊蓄一犀帶，中有月影，過望則見。范文正家一古鏡，背具十二時，如博棋子，每至某時，則棋中明如月。」余按：范、吕二公爲世偉人，乃其物亦絶奇，至于石中月形，未足爲異，豈若琥珀中樹爲希世之珍哉？

遇公又言：是日察至一庫，有御盔，甫啓函，閃爍射目，不可逼視。奉之門内几上，光外耀二三尺，徐視頂上，嵌珠一顆，如橄欖形，大如之，色亦如之。詢之掌管内監，云是名竹珠，何時進自何國，不知也。時天氣晴明，日色正麗，其光竟不爲日光所奪，若在夜，當可照耀滿室矣。

《筆記》六又云：「湖廣土司彭九霄之母，有玉跳脱一隻，中有一蟻，歷歷分明，自能蠕動。又武林金編修家，有貓眼寶石一枚，其睛正午則如一綫，過午即圓。陸延枝説聽云。」

不落夾

明大内英華殿供西番佛像。《光禄寺志》云：「英華殿四月八日供大不落夾二百對，小不落夾三百對。」漁洋《筆記》三引之，然「不落夾」今亦不知何物也。又述其叔祖季木考功詩有云：「四月虔供不落夾，内官催辦小油紅。」似謂供佛紅素蠟燭，而其名義仍不可曉，或是番語，應詢之掌故者。

冰床

江鄰幾《雜志》云：「雄、霸間塘泊，冬月載蒲葦皆用凌床，雖官員亦乘之。」《香祖筆記》十引此而云：「今京師之俗猶然，謂之冰車。」按：今京師不謂冰車，謂之冰床，亦曰拖床，言以一人牽之拖曳而行也。

牴　𤜵

牴、𤜵，二獸名，秉心忠直，今承天門内華表頂上者是。又衛輝府前石亦是。見《香祖筆記》。按：獸名未詳，𤜵字亦不經見。

薊如車蓋

沈存中云：「薊州大薊茇如車蓋。」此殆孟浪之言。又云：「揚州宜楊，荆州宜荆。」漁洋以爲：「揚州字從手，子雲姓正此揚字。又古侯國名，今山西洪銅縣是也。如沈説則州名當從木，非是。」見《筆記》十一。

當歸解毒

兩廣、雲、貴多有蠱毒，飲食後，咀嚼當歸即解。又，椰杯見毒則裂，嶺南人多製爲食器以辟蠱。見《香祖筆記》三。

濰縣無蟬

濟南明湖蛙不鳴，濰縣無蟬，或閲數年，間聞其聲，則置酒競往賞之，以爲異事。見漁洋《筆記》十。

閏年少蟬。見周櫟園《書影》二。

關西無蟹。見沈括《筆談》。

京邸多蝎。見尤西堂《雜説》八。

濰河多鯉，汶水無魚。見張杞園《耳夢録》。

竈馬附賀郎

《酉陽雜俎》云：「竈馬狀如促織而稍大，好穴竈側。竈有馬，足食之兆。」按：此蟲形如促織，而色微黄，鳴聲又異，漁洋疑爲促織，誤矣。見《筆記》十。

又，人家有蟲，好依暖屋，廚竈尤多，長僅半寸，色若黄金，輭翅能飛，亦解螫人，呼爲賀郎，亦名金豆子，登萊鄉邨多有。此物種類偏蕃，入順天境即不見。

薜荔

梵言薜荔，猶此言餓鬼，出《大藏》服字函。《筆記》一及十引之。又，《酉陽雜俎》云：「人犯五千惡爲五獄鬼，萬惡乃墮薜荔也。」

衣船

漁洋《筆記》九引陸冰修嘉淑有絶句《紀事》云：「科跣到門衣不船。」船，襟紉，蓋方言也，若杜子美「天子呼來不上船」，自紀實事。《冷齋夜話》以爲用方言，則鑿矣。

無憂樹附三寶薑

華山玉泉院山蓀亭大石旁，有無憂樹四。《酉陽貝編》云：「無憂樹，女人觸之花方開，亦蘭稱待女花之類。」《筆記》十。

鳳山縣有薑，名三寶薑，相傳明初三寶太監所植，可療百病。《筆記》二。

噫

明趙統《驪山集》云：「韵書五噫，噫本平聲，楊眉庵莫解梁鴻《五噫歌》，趙大洲『梁君五噫今安否』，皆作去聲，誤。」《筆記》四云：「字書噫音依，恨聲，又音隘，飽食氣滿而有聲也，則依音爲是。」

今按《集韵》：「噫，於記切，音意，痛聲。」是噫有去聲一讀，但讀平聲者多耳，經典之「噫」及「噫嘻」，皆讀平聲也。

笭箵

《香祖筆記》五云：「笭箵之箵，有平、上二讀。元次山『能帶笭箵全獨而保生』，蘇子美《松江觀漁》詩『擬來隨爾帶笭箵』，謝幼槃嚴陵詩『身前〔萬〕事一笭（笭）箵』，皆在青韵。今小本詩韵，止收笭字，誤。」

按：笭箵，小籠，《廣韵》、《集韵》皆讀上聲，二書不得目爲小本詩韵也。其讀平聲者，《大唐新語》云：「漁具總曰笭箵。」于是詩人作漁具用者，如黄庭堅、秦觀、陸游、陶宗儀，皆作平聲，而非其字本應作平聲也。

哥

《筆記》八引顧鄰初云：沈約《宋書》凡「歌」字皆作「哥」字。予昔官廣陵，于一士大夫家，見趙松雪家書，凡「哥」字皆作「歌」字，蓋古通用也。

余按：「哥」，古文以爲「謌」字，「謌」與「歌」同，並見《説文》，故《宋書》以「哥」爲「歌」。至于呼兄爲哥，于古無考，蓋方俗流傳，本無正文，故松雪「哥」字皆作「歌」。若通于訓詁，「哥」字亦可作「謌」，無足異者，文人多不識字耳。

唐附聻

《筆記》十二引《内典》云：福不唐捐。今謂亭館無壁曰唐肆，唐訓空。

又，《筆記》十云：人死爲鬼，鬼死爲聻，《續博物志》以聻爲滄耳虎，音積。聻有你音，指物貌，禪家有此語。

今按：「你」音爲正，「積」音者本《集韵》，云：「鬼怕聻，若篆書此字貼于門上，一切鬼祟遠離千里也。」唐訓空者，《莊子·天下篇》「荒唐之言」，荒、唐皆訓大，大者，空闊之義。

皇祖

《筆記》十言：古人作墓誌行狀，多云「皇祖皇考」。余嘗疑之，未達其義。顔注《漢書》云「美也」，《急就章》注云「正也，大也」，《泰誓》孔傳訓爲「前也」。

今按：漁洋所引諸説并非也。祭法自天子以至諸侯、大夫皆有皇考廟，《曲禮》下云：「祭王父曰皇祖考，父曰皇考，夫曰皇辟。」鄭注並云：「皇，君也。」本《釋詁》文，古人尊則曰君，家有嚴君及君舅、君姑，皆此義也。至秦漢以後，始專以皇爲天子尊號，臣下莫敢用矣。唐宋名家作誌狀猶沿古義，今不敢用。

文字加點

今人寫書，滅除其字，中心加點，以爲標識，亦有本也。洪筠軒頤煊《讀書叢録》云：《爾雅》滅謂之點，郭注以筆滅字爲點。案《曲禮》上「毋不敬」，《釋文》云：毋字與父母字不同，俗本多亂，讀者皆朱點母字，以作「無」音。《史記·梁孝王世家》：「李太后亦私與食宮〔官〕長及郎中尹霸等士通亂」，《正義》：「張先生舊本有『士』字，先生疑是衍文，又不敢除，故以朱大點其字中心。」

古詩

删《詩》之説，出于《史記》，余不謂然。孔子但云「三百」，不云「三千」，安得古人篇咏如彼其多？夫子明言「信而好古」，乃以己意删削古經，必不然矣。古文《尚書》未出時，服、鄭諸儒于凡經傳引用并云「逸書」，其實皆百篇中所有，《詩》猶是也。左氏援摭尤多，即如「辔之柔矣」，襄二十六年《傳》引。見《逸周書·王子晉》篇，「職競作羅」，《魏都賦注》引作「職競弗羅。」推是而言，必當孔子以前篇章散落，司馬遷不得其説，妄疑夫子删之爾。

古書

馬永卿述陳子直云：王嘉奏對事曰：「臣聞咎繇戒帝舜曰：『亡敖佚欲有國，兢兢業業，一日二日萬幾。』」敖音傲，今《尚書》乃作「無教逸欲有邦」，恐「敖」字轉寫作「教」字耳，若謂天子教諸侯逸欲，恐非是也。《懶真子》一。

劉昌詩《蘆蒲筆記》一云：凡七卜五占用二衍忒。讀者皆以「占用二」作一句，《史記·宋世家》載箕子之對謂「卜五占之用，二衍貣。」鄭注曰：「卜五占之用，謂雨、霽、圛、霧、克也。二衍貣，謂貞、晦也。兆卜之名七，龜用五，《易》用二。」然則，卜五占者用之衍貣，則非占也。《尚書》省去「之」字，合以「占用」爲一句，「二衍貣」爲一句，則義理明矣。

陸放翁述傅子駿云：《洪範》「無偏無黨，王道蕩蕩；無黨無偏，王道平平；無反無側，王道正直。會其有極，歸其有極」八句，蓋古帝王相傳以爲大訓，非箕子語也。至「曰皇極之敷言」以「曰」發之，則箕子語。」《老學庵筆記》三。按：《論語·堯曰》「咨！爾舜！」以下四句皆爲韵語，蓋古《虞書》文也，今書增以「人心」、「道心」二語，《荀子·解蔽》引作《道經》，非《虞書》矣。「予小子履」三句，《墨子·兼愛》引作《湯誓》。今按：自此至「雖有周親，不如仁人」以上，皆古商、周《書》也。《孟子》所引古書尤多，如「放勳曰」以下及「舜往于田」、「完廩」、「浚井」、「不及貢，以政接于有庳」之類，皆古書也。趙岐注云：「孟子時，《尚書》百二十篇，《逸書》有《舜典》之叙，亡失其文。」孟子諸所言舜事皆《堯典》及《逸書》所載。邠卿此語當有所據，其云「《尚書》百二十篇」，蓋漢儒舊説，故張霸僞書因有百兩篇之目矣。

舜有兄附舜友

《香祖筆記》九引《越絶》言舜父頑、母嚚、兄狂、弟傲，《尸子》言舜事親養兄爲天下法，是舜又有兄也。

余謂舜不獨有兄，兼有妹，曰顆首，亦曰顆手，見許氏《説文》。又有女曰宵明、燭光，見《海内北經》。

《尸子》又云其游得六人，曰雄陶、方回、續牙、伯陽、東不識、秦不空，皆賢者也，或益以靈甫爲七人。《群輔録》本《國策》顏歜云舜有七友是也，其名則「識」作「訾」，「空」作「虚」。乃《筆記》既引此而又以「舜徵庸後，七人皆不見舉」爲疑。余按：經典之書尚難盡信，諸子之言豈無踳駁？彼七人者，安知非書缺有間耶？若以舜不見舉爲疑，則《左傳》言「八元」、「八愷」「堯不能舉」，舜于七人又何怪焉？

語助

經典内語末助句多是方言，沈括謂《楚辭》之「些」蓋楚人舊俗，即梵語「薩縛訶」三字之合也。此説得之，因念詩中「兮」字、「思」字、「只」字、「忌」字、「而」字，凡爲助句皆方言也。音俱相近，語有輕重，音轉字移，無義例也。《漢廣》「思」字，毛《傳》「辭也」，其「休息」一本作「休思」，則亦語辭也。推之只、忌、而、兮，亦莫不然。《秦誓》「斷斷猗」，《大學》作「兮」，古讀兮、猗，音相近也。猗與而，音又近。思、息音轉，亦近。然則，只、忌、亦音讀有輕重耳。《楚辭》之「些」，其字從「此」得聲，當蘇里切，轉爲蘇箇，又轉爲桑何，又轉爲冩耶，音瀉，平聲，其義少也，此今音今義，非古矣。

讀《志林》

道光四年六月五日，愛女幼蘭不幸凋喪，余時養痾，端憂多暇，長日如年，偶讀《志林》，因嘆坡公筆妙，記其一二，以資清賞。

蓬萊閣望海，云：「登州蓬萊閣上，望海如鏡面，與天相際。忽有如黑豆數點者，郡人云海舶至矣，不一炊久，已至閣下。」凡三十八字中，寫景已到，造語復工。余登州人，故知其妙。其《海市》詩，今《志林》所不載，近年刻石坡公祠下者，非其舊也。

峨嵋雪水，云：「臨皋亭下，八十數步，便是大江，其半是峨嵋雪水，吾飲食沐浴皆取焉，何必歸鄉哉？」此語讀之悽然，余背鄉井廿餘年矣，回憶家園，泉甘而清，山高而秀，五穀果蔬肥美而甘，不似此間水苦惡，穀蔬少甘味也。

蜀公卜鄰云云。「若人久放浪，不覺有病，忽然持養，百病皆作。如州縣久不治，因循苟簡，亦曰無事，忽遇能吏，百弊紛然，非數月不能清凈也。」讀玆數語，令人毛骨悚然，精微切至，謂非坡公不能道也。

白鶴觀聞棋聲云云。詩曰：「五老峯前，白鶴遺址。長松蔭庭，風日清美。我時獨游，不逢一士。誰爲棋者？户外屨二。不聞人聲，時聞落子。敲枰坐對，誰究此味？空鈎意釣，豈在魴鯉？小兒近道，剝啄信指。勝固欣然，敗亦可喜。優哉游哉！聊以卒歲。」詩意頗近司空《詩品》，讀之真有味外味矣。

其記「王翊家桃剖核，得雄黄一塊，如桃仁，乃嚼而吞之，甚甘美。自是斷葷肉，齋居一食，不復殺生。」此誠異事，與余所載「婦人吞異韭數年不飢事」相類也。

羅浮半夜見日云云。「唐永樂道士侯道華以食鄧天師棗仙去。永樂有無核棗，人不可得，道華得之，予在岐下亦得食一枚云。」余謂無核棗，今樂陵有之；半夜見日，登州蓬萊閣上亦然，不以爲異也。

又羅浮五色雀，云：「俗言有貴人入山則出，此鳥亦大世情，能解逢迎。」坡公云嘗三四見，乃知此老胸中亦大喜人作逢迎耶！然又稱余安道詩云：「多謝珍禽不隨俗，謫官猶作貴人看。」則知此鳥尚少凡情，故當足貴。又云：「久旱而見則雨，潦則反是，知其靈異，當不虛云。」

羽紗羽緞

漁洋《筆記》一云：「羽紗羽緞，出海外荷蘭、暹羅諸國，康熙初入貢止一二疋，今閩廣多有之，蓋緝百鳥毹織成。予按《異物彙苑》，唐安樂公主使尚方合百鳥毛織爲裙，正視旁視，各爲一色，日中影中，各爲一色，而百鳥之形狀皆見。然則，古亦有之矣。又《南史》齊文惠太子織孔雀毛爲裘，華貴無比。武后有集翠裘，以賜倖臣，皆其類也。按：今優伶有著孔雀及雉頭、鴨頭裘者。又滿剌加哈烈出鎖袱，一名梭服，鳥毳爲之，紋如紈綺。今閩中最多，價不甚高，非羽紗羽緞比。」

《皇華紀聞》三云：「西洋羽緞羽紗，每一疋價至六七十金。」

唐花

堂花之名，見《齊東野語》，亦可謂之唐花。唐者，空也，亭館無壁曰唐肆，蓄花作暖堂，旁既無壁，又歇其前以受日光，故以唐爲名。《莊子·田子方篇》云：「是求馬於唐肆也。」唐花之名，蓋本此矣。注：唐本無壁之屋。肆者，市馬之地。求馬於肆，見肆而不見馬。

《香祖筆記》三有一條云：「宋時，武林馬塍藏花之法，紙糊密室，鑿地作坎，覆竹置花其上，糞土以牛溲硫黄，然後置沸湯于坎中，候湯氣薰蒸，則扇之，經宿則花放，今京師園丁亦然。」

按：今京師花肆爭先獻早，秋天開梅花，冬天開牡丹，春天開梔子，鬱氣熏蒸，早榮早悴，利其速售，不顧根傷，名爲花之催𥻗，實乃花之受厄也。且使花可常存，彼將利歸烏有矣，豈獨花肆爲然耶？

古人三文爲字

馬永卿言司馬温公一私印曰「程伯休甫之後」，蓋本《司馬遷傳》，而云「伯休甫」者，其字也。古字一字多有，如爰、絲、房、喬、顔、籀之類，三字無之，獨本朝劉伯貢父、劉中原父。又引歐公作《原父墓誌》云「公諱敞，字中原父」云云。《懶真子》四

以是爲證，吾以爲非也。原父蓋字仲，又字原父，故誌并舉其字而省略其文，非真以三文爲字也。程伯休父，韋昭云：「程國伯爵，休父，名。」孔穎達疏以爲「父」宜是字。吾謂亦不必然，古人名父者多矣，如蔡侯考父，齊侯禄父、宋公兹父，見于《春秋》。孔父、家父、歸父皆是名也，馬永卿以「伯休父」爲字及引二劉：伯貢父、中原父，胥失之矣。然古人實有三文爲字者，永卿第未深考耳。張天錫字公純嘏，後歸晉過江始減一字。桓宣武之子小字靈寶，本是神靈寶，後嫌其三文，減「神」一字，名曰靈寶。二事並見《世説》。《言語》及《任誕》篇注此則三文爲字，古人所嗤，宋之二劉，博雅通人，豈竟未讀《世説》而復令張、桓笑人耶？

銅炮

嘉慶五年正月初五日，據大興縣詳報，海青廟邨民邱士方鋤地，刨出小銅炮三位：驗得一個長一尺七寸，上口圍圓一尺有餘，鎸刻「永樂七年九月製造」；一個長一尺五寸零，上口圍圓八寸有餘，鎸刻「永樂十三年九月製造」；一個長一尺五寸零，上口圍圓七寸九分，鎸刻「永樂十三年九月製造」。其因何埋藏該邨地内，無從稽考，但係銅質軍器，未便在外存留，應就近解送工部軍需庫收貯。

銅鼓

余在京師見人家所搨銅鼓形式如彭排，其間多文鏤，未及詳也。偶讀放翁《筆記》：「見梁《歐陽頠傳》，稱頠在嶺南，多致銅鼓。」「及予在宣撫司，見西南夷所謂銅鼓者，皆精銅，極薄而堅，文鏤亦頗精，叩之鼕鼕如鼓，不作銅聲」云云。乃漁洋《筆記》所記粤中銅鼓云：「波羅廟殿東隅有銅鼓一，唐鄭絪出鎮時，高州守林靄所得駱越鼓也，闊五尺上下，四旁作水波連錢錦文之形，臍隱起，形製甚古，週遭有蟾蜍八。舊傳鼓自鳴，與潮汐相應，今蟾蜍爲盜毁去，遂不復鳴」云云。見《皇華紀聞》，而不云叩之「作銅聲」，又云「今不復鳴」，則此必非放翁所見也。但漁洋詳其形而略其聲，放翁雖舉其聲又遺其形，而余所見摩榻之本復未能詳明其制。甚矣，記述之難也！漁洋又云：「其下有款識，惜未及觀之。」

三不管

外黄縣有地，屬北直隸、山東、河南三省界，名爲「三不管」。巨盜張標潛踞其地十有餘年，嘉慶四年冬，始見殲斃。五年春，以其地屬河南，後改歸北直隸。

無射律琯

宋愈德鄰《佩韋齋輯聞》一云：《韓非子》載師曠鼓琴事，雖幾于誕，然或者有之。余里人郭楚望，以善琴名淳、景間。一日，郡守資政趙公招飲雁滬閣，月夜，鼓一再行，有物似魚非魚，跳躍于池中者數四，守怪之，莫測也。他日，復鼓前操，跳躍如故。明日，涸池水索之，得無射律琯。蓋沉埋歲久，適鼓無射調，聲應氣求如此，然亦奇矣。

婚禮用馬鞍

今俗婚禮設馬鞍，而用各不同。京師新娘出轎，設于轎前，逾之而行；吾鄉則設于門限，逾亦如之。其意大略相似，而不知所自起。

偶讀《歸田録》云：「劉岳《書儀》，婚禮有『女坐壻之馬鞍，父母爲之合髻』之禮。」據岳自叙止是當時流俗所爲，固不足爲後世法矣。乃《録》又言：「當婚之夕，以兩椅相背，置一馬鞍，反令婿坐其上」，謂之「上高坐」。此則俗禮，亦展轉流失，亡其本來矣。今京師于馬鞍外，兼設弧矢，壻先三發，而後將女出轎，此尤俗禮可笑者也。唯用雁鵝一事，尚存古禮。鵝背青者爲雁鵝，今直用白鵝矣。

婚禮鬧房最爲俗惡，而云非此即不足炫美也。因憶袁子才有《温州坐筵》詞，其序云：「温俗，新婚三日，其家張飲設樂，遍延郡中粲者東西列坐，新婦南向，主人夌户，任客闌入平視，不以爲嫌，悦其美，輒往揖酧酒，某嚼畢，隨俠拜答之，報爵則小往大來，故非洪于量者亦無敢先焉。相傳不如是則其家氏系不繁，故非姝麗不延，延亦不肯來也。」云云。此則坐筵之風尤甚于鬧房矣。

入厠讀書

舊傳有婦人篤奉佛經，雖入厠時亦諷誦不輟。後得善果，而竟卒于厠，傳以爲戒。雖出釋氏教人之言，未必可信，然亦足見污穢之區非諷誦所宜也。《歸田録》載錢思公言：「平生好讀書，坐則讀經史，卧則讀小説，上厠則閲小詞。」謝希深亦言：宋公垂「每走厠必挾書以往，諷誦之聲琅然，聞于遠近。」余讀而笑之，入厠脱褲，手又携卷，非惟太褻，亦苦甚忙，人即篤學，何至乃爾耶？至歐公謂希深言：「平生所作文章，多在三上，乃馬上、枕上、厠上也，蓋惟此尤可以屬思爾。」此語却妙，妙在親切不浮也。

《歸田録》又一條言：「燕王好坐木馬子，坐則不下，或飢則便就其上飲食，往往乘興奏樂于前，酣飲終日。」尤可笑也。坐馬子上飲食作樂，幾如阮仲容輩與群猪共飲，無人道矣。又謂燕王性好晝睡，一宫之人皆晝睡夕興，真可怪異。

編鐘

審音知樂，古猶難之，况今人乎？晉平公鑄鐘，師曠以爲不調。衆工皆不謂然，而師曠云「後世必有知吾鐘之不調者」，既而其言果驗。昔魏武令杜夔造樂而乖于尺度，後世非之。荀勖名爲善解音聲，而阮咸謂之不調，勖意忌之，出阮爲始平太守。而病卒後得地中銅尺，《世説·術解》篇云：「田父耕于野，得周時玉尺。」校度勖今尺短四分，方明咸果解音，然無能正者。周之王朴精于音律，及至宋初，遞下其聲而遂不可用。《歸田録》言：國朝雅樂，即用王朴所製周樂。太祖時，和峴以爲聲高，遂下其一律，言者猶以爲高。景祐中，李照作新樂，又下其聲。太常歌工以其太濁，歌不成聲，當鑄鐘時，乃私賂鑄匠，使減其銅齊，而聲稍清，歌乃叶而成聲，而照竟不知。以此知審音之難也。又言：「太常所用王朴樂，編鐘皆不圓而側垂。自李照、胡瑗之徒，皆以爲非。及照作新樂，將鑄編鐘，給銅鑄瀉務得古編鐘一枚，工人不敢銷毁，遂藏于太常。鐘不知何代所作。其銘詞具載，今未録。叩其聲，與王朴夷則清聲合，而其形不圓而側垂，正與朴鐘同，然後知朴博古好學，不爲無據也。」

余因歐公此言，參以今時所見編鐘有柄，懸之正作側垂形。吾師阮芸臺先生精于鑒賞，嘉慶庚午、辛未間，于京師市肆見編鐘二，用錢十六千買之。懸其柄作側垂之形，其鍾亦不圓，觀其色澤，真古器無疑也。《歸田録》言：「胡瑗改鑄編鍾，遂圓其形而下垂，叩之弇鬱而不揚。」證以此言，亦可見先王鑒古之精矣。

米襄陽不喜柳書

米元章論唐人書，最不喜柳，云柳出歐陽而爲怪醜惡劄之祖，自此世人始有俗書，其弟公綽乃不俗。《筆記》十一云：「予昔兩至成都，謁武侯廟，廟有裴度撰碑，公綽書也。」

坡公和梅宛陵詩

陳晉州士業弘緒云：「陸務觀《梅宛陵别集序》，蘇翰林多不可古人，惟次韵和淵明及先生二家詩而已。是坡公又有和梅之作，今集中無可考見，亦未有知其事者矣。」《筆記》五

按：梅詩清微，坡公俊發，和梅之作，殆未必然。且坡公多不可古人，梅詩即佳，何無片文隻字見于蘇集中耶？至于「飽吃惠州飯，細和淵明詩」，此如李青蓮傲睨千古，而平生低首謝宣

城，故當别論。

偷竊詩句

唐詩人楊憑，有中表竊其詩卷登第，憑知之，怒甚，且詰之曰：「『一一鶴聲飛上天』，在否中表？」答曰：「知兄最愛惜此句，不敢奉偷。」憑意稍解曰：「猶可恕也。」

宋初朝士競尚西昆體，伶人有爲李義山者，衣衫襤褸，旁有人問：「君何爲爾？」答曰：「近日爲諸館職撏撦，故至此。」

此二事古今笑柄，漁洋《筆記》引之。又載《唐國史補》謂：「漠漠水田飛白鷺，陰陰夏木囀黄鸝」，乃右丞竊取李嘉祐語。論者或爲王諱，以爲增「漠漠」四字，便是點鐵成金手段。此亦囈語，然此事往往有之。予門人太倉崔舉人華，字不雕，貧而工詩，嘗有句云：「溪水碧于前渡日，桃花紅似去年時。」予在廣陵作論詩絶句四十首，舉此二句云云。後汪鈍翁在京師，亦有句云：「溪水碧于前渡日，桃花紅似去年人。」謂非取崔前語乎？汪于崔亦前輩也。

余按：尤西堂《艮齋雜説》五載：「鈍翁贈顧云美詩：『家臨緑水長洲苑，人在青山短簿祠。』人稱佳句。予閱沐景顒《滄海遺珠集》，有日本使臣天祥《題虎丘寺》詩云：『樓臺半落長洲苑，蕭鼓時來短簿祠。』居然先得之矣。汪㟱偷句于倭或所謂與古人暗合者耶？」此則同時又有此疑，可謂泉源競發矣。然《艮齋》措詞婉而不迫，漁洋祖護門生發露真情，不留餘地，獨不畏鈍翁嗔乎？竊謂詩文小道，筆墨偶工，被人傳誦，被人撏撦，皆爲韵事，不足是非。若存達觀，竊鈎何誅？盜道奚罪？服虔注《左》，乃取康成；郭象注《莊》，亦剽向秀。古今多有，第勿深究。

唐人偷竊詩句尤其甚者，《大唐新語》載李義府嘗賦詩曰：「鏤月成歌扇，裁雲作舞衣。自憐迴雪影，好取洛川歸。」有棗强尉張懷慶好偷名士文章，乃爲詩曰：「生情鏤月爲歌扇，出意裁雲作舞衣。照鏡自憐迴雪影，來時好取洛川歸。」時人爲之語曰：「活剝王昌齡，生吞郭正一。」此猶猪奴作竊，宛轉避人，乃至曠世逸才，公然不諱。《艮齋雜説》有一條云：「柳色黄金嫩，梨花白雪香」，本陰鏗詩，殊無佳處，何太白襲之？子美云：「李侯有佳句，往往似陰鏗」，豈謂是耶？然則，此類誠多，漁洋何事斤斤剖辨？

《北齊書·魏收傳》邢邵云：「江南任昉，文體本疏，魏收非直摸擬，亦大偷竊。」收聞乃曰：「伊常于沈約集中作賊，何意道我偷任昉？」

文章蹈襲，從古弗非。淮南著書，全鈔文子；孟堅作史，乃竊叔皮。再以大者言之，古書載嫦娥竊藥奔月事，見《歸藏》、《淮南》，《列仙傳》載服閭坐取廟中物而被髡赭，則是神仙亦可盜也。《諾皋記》言天翁本姓劉，有漁陽人張堅，字刺渴，乃竊乘天翁車，騎白龍振策登天，追之不及云云，怪誕不經，令人失笑。審如其言，則是天翁亦可盜耶！

詩犯古人

《鶴林玉露》九載：「近世趙紫芝有詩云：『野水多于地，春山半是雲。』世尤以爲佳，然余讀《文苑英華》所載唐詩，兩句皆有之，但不作一處耳。唐僧詩云：『河分岡勢斷，春入野燒青。』有僧嘲其蹈襲，云：『河分岡勢司空曙，春入燒痕劉長卿。不是師兄偷古句，古人詩句犯師兄。』此雖戲言，理實如此。」「景意所觸，自有偶然而同者。」

羚羊

漁洋《筆記》一引釋氏言：「羚羊挂角，無迹可求。」古言云：「羚羊無些子氣味，虎豹再尋他不著。九淵潛龍，千仞翔鳳乎？」此是前言注脚，不獨喻詩，亦可爲士君子居身涉世之法。余按：「無氣味」三字固妙，然以之涉世則可，以之論詩恐不可，詩正須有些氣味也。然此羊既無氣味，又能挂角，可謂智包周身矣。絶迹巉巖之上，懸棲高樹之巔，性復靈警，微聞人聲，飄然遠引。然而，以角爲珍，終以殞身。聞夷人張之者，伺其矢所落處，先修藥弩密藏其下，矢墜觸機，壹發而斃。羊雖无迹可尋，兔以有蹄斯在，若以詩喻，彼人亦可謂工于偷矣。

秀句

張道濟手題王灣「海日生殘夜，江春入舊年」一聯于政事堂。王元長賞柳文暢「亭皋木葉下，隴首秋雲飛」，書之齋壁。皇甫子安、子循兄弟論五言，推馬戴「猿啼洞庭樹，人在木蘭舟」，以爲極則。又若王籍「蟬噪林逾静，鳥鳴山更幽」，當時稱爲文外獨絶。孟浩然「微雲淡河漢，疏雨滴梧桐」，群公咸閣筆不復爲繼。司空表聖自標舉其詩曰：「回塘春盡雨，方響夜深船。」玩此數條，可悟五言三昧。漁洋《筆記》四

余按：所舉妙矣，尤愛顔黄門稱蕭慤「芙蓉露下落，楊柳月中疏」。《筆記》三云：「范德機嘗得十字云：『雨止修竹間，流螢夜深至。』既復曰：『語太幽，殆類鬼作。』」吴正傳師道《禮部集》一條云：聞之危太僕，昔與先生秋夜不寐，微步山中，得此二句，喜甚，且曰云云，當以他語映帶之，因足成此章云。右二語果佳，余少時有句云：「螢火

出深碧，池荷聞暗香。」故友葉文敏訒庵方藹極喜之，取入《獨賞集》。《梅村詩話》云：嘗與陳卧子共宿，問其七言律詩，何句最爲得意，卧子自舉「禁苑起山名萬歲，複宮新戲號千秋」一聯。然予觀其七言，殊不止此，如「九龍移帳春無草，萬馬窺邊夜有霜」；「左徒舊宅猶蘭圃，中散荒園尚竹林」；「禹陵風雨思王會，越國山川出霸才」；「石顯上賓居柳市，竇嬰别業在藍田」；「七月星河人出塞，一城砧杵客登樓」；「四塞山河歸漢闕，二陵風雨送秦師」諸聯，沉雄瑰麗，近代作者，未見其比，殆冠古之才，一時瑜、亮，獨有梅村耳。

七言律聯句，神韻天然，古人亦不多見，如高季迪「白下有山皆遶郭，清明無客不思家」，楊用修「江山平遠難爲畫，雲物高寒易得秋」，曹能始「春光白下無多日，夜月黄河第幾灣」，近人「節過白露猶餘熱，秋到黄州始解凉」，「瓜步江空微有樹，秣陵天遠不宜秋」，釋讀徹「一夜花開湖上路，半春家在雪山中」，皆神到，不可凑泊。《筆記》二

《筆記》十云：太倉崔華字不雕，予門人也，工詩畫，常有句云：「丹楓江冷人初去，黄葉聲多酒不辭。」予極愛之，呼爲「崔黄葉」。歷城族子苹字秋史，壬午舉人，有句云：「亂泉聲裏才通屐，黄葉林間自著書。」予亦呼爲「王黄葉」。初，予少年和李清照《漱玉詞》云：「郎似桐花，妾似桐花鳳。」劉公䶮體仁戲呼「王桐花」，鄒程村祇謨云：「崔黄葉自合作王桐花門生

耳！」

放翁《筆記》四載：「李後主《落花》詩云：『鶯狂應有限，蝶舞已無多。』未幾亡國。宋子京亦有《落花》詩，云：『香隨蜂蜜盡，紅入燕泥乾』。亦不久下世。詩讖蓋有之矣。」余謂「白首同所歸」，潘岳詩也；「曙後一星孤」，崔曙句也。後竟果如其言。

漁洋《筆記》八云：表聖論詩，有二十四品，予最喜「不著一字，盡得風流」八字。又云「采采流水，蓬蓬遠春」二語，形容詩境亦絶妙，正與戴容州「藍田日暖，良玉生烟」八字同旨。越處女與勾踐論劍術曰：「妾非受于人也，而忽自有之。」司馬相如答盛覽論賦曰：「賦家之心，得之于内，不可得而傳。」詩家妙諦，無過此數語。《香祖筆記》七。

詩諺

放翁《筆記》四云：「今世所道俗語，多唐以來人詩。『何人更向死前休』，韓退之詩也；『林下何曾見一人』，靈徹詩也；『長安有貧者，爲瑞不宜多』，羅隱詩也；『世亂奴欺主，時衰鬼弄人』；『海枯終見底，人死不知心』，杜荀鶴詩也；『事向無心得』，章碣詩也；『但有路可上，更高人也行』，龔霖詩也；『忍事敵災星』，司空圖詩也；『一朝權入手，看取令行時』，朱灣詩也；『自己情雖切，他人未肯忙』，裴説詩也；『但知行好事，莫要問前程』，馮道詩也；『在家貧亦好』，戎昱詩也。」

漁洋《筆記》九云：「惡詩相傳，流爲里諺，此真風雅之厄也。」「今朝有酒今朝醉，明日愁來明日當」，羅隱詩也。「閉門不管庭前月，分付梅花自主張」，南宋陳隨隱自述其先人藏一警句，爲真西山劉漫塘所賞擊者也。

《艮齋雜説》三云：「唐人場屋中詩，無一篇佳者，惟《湘靈鼓瑟》有神助耳。其自作詩，如『猫衝官道過，狗觸店門開』；『水牛浮鼻渡，沙鳥點頭行』；『我有心中事，不向韋三説』；『昨夜洛陽城，明月照張八』；『莫將閒話當閒話，往往事從閒話生』，如此類，與張打油、胡打鉸何異？」余謂西堂所標皆句俗，亦有句不俗而神味俗者，如羅可《雪》詩「斜侵潘岳鬢，横上馬良眉」，石曼卿《紅梅》詩「認桃無緑葉，辨杏有青枝」，皆俗調也。

不能作詩

唐人韋蟾《嘲李口（瑒）》詩：「渭水秦川照眼明，希仁何事寡詩情？料應學得虞姬婿，書字才能記姓名。」

宋人《釣臺》詩：「諸老凋零極可哀，尚留名字壓崔嵬。劉郎可是疏文墨，幾默燕支涴緑苔。」政使希仁題詩，光世能書，亦復尋常，未必如此令人解頤也。《香祖筆記》七。按：劉不能書，令侍兒意真代書，故有「燕支涴苔」之句，此姜堯章詞，見《鶴林玉露》十二。

詩要有爲而作

東坡到處作詩，名流勝士，美泉佳辰，殆無空過，一丘一壑，吟賞無虚。乃其自記：「初入廬山，山谷奇秀，平日所未見，殆應接不暇，遂發意不欲作詩。」此何説哉？詩者，情興之所會也，如人緣想成夢，緣夢造形，緣形生事，初無二理。人醉而昏卧，則不能成夢，其神奪也。孩童孺子無夢，其神全也。坡公平生未見廬山，初接奇勝，目不給矚，蓋其神全而意已奪矣，遂發意不作詩。已而，見山中人皆云「蘇子瞻來矣」，不覺技癢，作一絶句。既而，哂其前言，復作兩絶，有云：「要識青山面，他年是故人。」又云：「如今不是夢，真個是廬山。」此雖作詩，亦與不作詩同。及見《廬山記》中，以徐凝與李白並稱，不覺失笑，又作一絶，其意非爲廬山作也。惟《漱玉亭》、《三峽橋》二詩爲廬山作，最後與總老遊西林，又作一絶，即「横看成嶺側成峰」是也，結云：「不識廬山真面目，只緣身在此山中。」説明所以不欲作詩之意。又言：「僕廬山詩盡于此矣。」可知此老平生雖好作詩，及見廬山，遂爾擱筆，知詩不能盡其妙也。廬山詩止六首，雖作詩與不作詩同。蓋睹兹山奇秀，神爲所奪，如醉而卧，心壹而專，其神乃全，可知初然發意不欲作詩，此是真心，發見被人牽扯作詩，違其初心，所謂故態復萌也。余因而悟杜老居蜀，海棠無詩，黄鶴留題，青蓮罷咏，此皆不作廬山詩之意也。近代觸手成篇，若賦廬山，當不僅百篇矣，正恐被坡老笑人也。

曬書堂筆録卷五　繹古

貌　似

《水經·湘水注》引郭頒《世語》云：魏黄初末，吴人發芮冢，取木于縣，立孫堅廟，見芮尸容貌、衣服并如故。吴平後與發冢人于壽春見南蠻校尉吴綱，曰：「君容貌何類長沙王吴芮乎？但君微短爾。」綱瞿然曰：「是先祖也。」自芮卒至冢發四百年，至見綱，又四十餘年矣。

今案：與蕭穎士事頗同而久近異，此尤奇也。以是悟相人之術，容貌不甚可憑，孫卿子《非相》篇不爲過矣。

文字暗合

《水經·漸江水》「北過餘杭東入于海」，注云：「江有琵琶圻，有古冢墮水，甓有隱起字，云

『筮吉龜凶，八百年落江中』。謝靈運取甓詣京，咸傳觀焉。乃如龜繇，故知冢已八百年矣。」

余案：此注先有一條云：「穀水東徑獨松故冢下，冢爲水毁，其磚文『筮言吉，龜言凶，百年墮水中』，今則同龜繇矣。」二文前後正同，不知磚未出土，何故文字暗合如此。

天帝醉

《西京賦》云：昔者大帝説秦繆公而覲之，饗以鈞天廣樂，帝有醉焉，乃爲金策，錫用此土，而翦諸鶉首。李善注引虞喜《志林》曰：諺曰「天帝醉秦暴金誤隕石墜」，謂秦繆公夢天帝奏鈞天樂已有此諺。案：此句之上應有脱文。《列仙傳讚》曰：「秦繆公受金策此句應衍「繆公」二字祚世之業。」

今按：此注錯譌難讀，《賦》意蓋謂秦人殘暴，諸夏天帝醉而誤錫金策，俾居鶉首，地據上游，畢六王而一四海，令人怪異，故曰「豈不詭哉」，平子之意當爾。善注殊未明晰，故知今本《選注》殘缺失誤當不少矣。

秀才

古之秀才本爲才行出衆之稱，漢世以茂才異等爲制科，魏晉以還，秀才猶居孝廉之上，非如今之以秀才應科舉也。古之秀才能言天下之事，今之秀才作一篇應試文，凑一首八韵詩，便可列高等，爲名諸生。取者既原不論才學，應者亦可不談詩書，無怪秀才之名日下而士子之習日卑矣。自唐詩賦取士，競爲浮華，至宋易以論策，轉資枵腹，徒便空談，所以王荆公言本欲變學究爲秀才，反變秀才爲學究矣。可知宋時秀才猶重學術，非如今之空虚無事實也。羅大經言朱文公曰：「今時秀才，教他説廉，直是會説廉；教他説義，直是會説義。及到做來，只是不廉不義，此即能言鸚鵡也。」《鶴林玉露》六羅又言：虞雍公初除樞密，偶見楊誠齋《千慮策》，讀一篇嘆曰：「東南乃有此人物，某初除，合薦兩人，當以此人爲首。」誠齋謁公曰：「相公且子細，秀才子口頭言語，豈可便信？」雍公大笑，卒拔之登朝。《玉露》十　舉此二端，可見宋時秀才猶講學術重經義而薄文辭。今之秀才，教他説廉説義，未必真能會説，若令作策一篇，未必便能令人賞嘆。然則，秀才變爲學究，此猶宋之秀才而非今之秀才也。

文字音義

李林甫讀《左傳》不識叔孫婼，楊誠齋讀《晉書》不識干寶，幸遇識字吏以韵書得之，故誠齋曰：「無事好看韵書。」晁景迂晚年日課識十五字，良有見也。至于考官校士，須拔通材，乃若紹興省試，《高祖能用三傑賦》，至以韵押「運籌帷帳」，坐是被黜，彼祇見《漢書》作「帷幄」，不知《史記》正作「帷帳」，緣此一字，遂遺佳卷，豈不可惜又可嘆也！若乃宋壽皇問王季海：「聾字何故從龍耳」，對以「《山海經》云龍聽以角不以耳」，檢本經無此語，未審何見而云。正如王安石解「蔗」字不得其義，聞畦丁語「節節皆生」，解以「庶生」，此與「龍以角聽」當復何異？殊不知「聾」與「蔗」皆取諧聲，本不關會意耳。世傳東坡問荆公「何以謂之波」，答曰「水之皮」，坡曰「然則滑者水之骨也」。此語善嘲，可以砭《字説》之謬妄矣。《鶴林玉露》十三至如沈約賦之「雌蜺連蜷」，「蜺」音爲「齧」；白樂天詩之「十」讀爲「諶」，「相」音爲「廝」，此皆取諧聲調字之雙聲無關本義者也。

不受錢

昔有饋魚于鄭相者，鄭相不受。或謂之曰：「子嗜魚，何故不受？」對曰：「吾以嗜魚，故不受魚。受魚失禄，無以食魚；不受得禄，終身食魚。」《新序》七　余謂此言甚達，乃爲中下等人說法，然可以消貪鄙，砭俗情。今以俗情言之，要做官便不受錢，受錢失官更不得錢，不失官何必無錢？

列子居鄭圃，貌有飢色。客有言于鄭子陽者，子陽令官遺之粟數十乘。列子辭焉，謂其妻曰：「君非自知我也，以人之言而知我，遺我粟。其罪我也，又將以人之言。」劉向述其事而論之，以爲「列子内有飢寒之色猶不苟取，見得思義，見利思害，况其在富貴乎？」《新序》七　余謂此論似猶未盡，士惟能守貧窮有飢寒之色者，方能不苟取不苟得。若乃富貴中人，利欲熏心，慳貪如骨；目迷芳餌，意屬懸魚；禍重如山，不思其反；福輕如羽，且快當前。俄而，巢覆卵破，冷銅去手，熱患纏身，求如清白吏妻子受飢寒，何可得哉？羅大經述謝上蔡云：「透得名利關，方是小歇處。今之士大夫何足道？真能言之鸚鵡也。」《玉露》六

王隱《晉書》曰：「山濤未仕時，謂妻韩氏曰：『忍飢寒，我當作三公，不知卿堪爲夫人不

耳？』」《世説·賢媛》篇注。然則，不能忍飢寒，不可作三公矣。比見有爲財求細故官人請受不廉，未幾釀成巨案，自官曹郎吏多被株連，降革發遣至數十人，皆不能忍飢寒者也，可爲三嘆。《鶴林玉露》十四云：士大夫若爱一文，不直一文。陳簡齋詩云：「從來有名士，不用無名錢。」楊伯子嘗爲予言：「士大夫清廉，便是七分人了。」蓋公忠仁明，皆自此生。」伯子，誠齋冢嗣，號東山先生，清節高文，濟美克肖。其帥番禺，將受代，有俸錢七千緡，盡以代下户輸租，有詩云云。《别石門》云：「石門得得泊歸舟，江水依依别故侯。擬把片香投贈汝，者回欲帶忘來休。」蓋用吴隐之事也。其帥三山，不請供給錢，以忤豪貴劾去，作詩云云。陳膚仲作《玉壺冰》、《朱絲絃》二詩送之，又有幕官送詩云：「從渠腰下有金帶，何處山中無菜羹？」真西山入對。上問當今廉吏，西山既以趙政夫爲對。翌日，又奏：臣昨所舉廉吏未盡，如崔與之之出蜀，唯載歸艎之圖籍；楊長孺之守閩，靡侵公帑之毫釐，皆當今廉吏也。

觀世態

翟公罷廷尉，門可羅雀。李適之罷相詩：「爲問門前客，今朝幾個來？」蓋炎而趨，寒而棄，從古然矣。灌夫不負竇嬰于擯棄之時，任安不負衛青于衰落之日，徐晦越鄉而别臨賀，后山出境而見東坡，宜其足以響〔馨〕千載之齒頰也。劉元城之事司馬公，當其在朝，書問削迹，及其閒居，亟問無虚月，此又高矣。《鶴林玉露》六。

李泰發忤秦檜，貶海上。雷州守王彦恭存問周饋甚至，檜聞之，貶彦恭。辰陽陸升之，泰發侄婿也，告訐泰發家事，得删定官。檜死，彦恭復官，升之貶雷州。胡澹庵謫嶺南，士大夫多凌蔑之，否則畏避之。方滋字務德，本亦檜黨，待之獨有加禮，澹庵深德之。檜死，其黨皆逐，務德入京，謀一差遣不可得，棲棲旅館。澹庵偶與王梅溪語及其事，梅溪曰：「此君子也。」率館中諸公訪之，且揄揚其美，務德由此遂晉用。由此觀之，君子贏得做君子，小人枉了做小人。《玉露》八

以上二條，可以覘世態之醇澆，厲庸夫之頑懦，因并録而存之，以自警焉。

不知山水

《香祖筆記》十云：「古來如謝康樂、宗少文輩，癖好山水者多矣」云云。「余同年吴君，順治末進士，嘗游武林，宿留數月始歸。予詢以西湖、西溪諸名勝，曰皆不知也。詢其未往游之故，則大笑曰：『吾跋涉水陸二千餘里，豈爲山水往耶？』予爲先兄西樵言之，以爲人嗜好徑庭

乃如此。」

余謂昔人嘗言生平有三願：一願識盡世間好人，二願讀盡世間好書，三願看盡世間好山水。有人答曰：「盡則安能？但身到處莫放過耳！」余嘗嘆此達言，以爲美談。彼吴君者，雖不知何人，觀其此語，亦是美談。

僮僕生敬

孟東野《贈韩退之爲行軍司馬》詩云：「壯士感恩起，變服不變姓。朋友改舊觀，僮僕生新敬。」馬永卿辯此詩題爲誤，見《懶真子》二。余每諷此，嘆世情之薄，嘗見銓部選除，冠蓋殷闐，親交瞻矚，色動神摇。堂吏唱名，好官乏缺，衆皆面覷，神色不怡。二三僕從無語低頭，强顔歸寓，明日告辭矣。又若爲官落拓，終歲不遷，車馬敝羸，衣裘黯淡，知交密友，舊雨不來，蒼頭廬兒，空囊求退，更吟「改觀」、「新敬」之句，輒欲擊缺唾壺。

古人仕宦以退老爲榮，晚近浮澆以田園爲愧，每見達官解職，弔客在門，罷老還家，妻兒反面，蓋不獨朋友改觀、僮僕失敬矣。虞山詩云：「薄俗休官同物故，畏途削職當遷除。」官本儻來，及至罷黜，遂同物故，世情如斯，良可怪嘆。樂天詩云：「多少朱門鎖空宅，主人到老不曾歸。」今以休官爲死，無怪到老不歸！比及笴將旋里，空宅停棺，或朱門己更他姓，吁可嘅矣！至乃一行作吏，九死奚辭？任蹈危機，應甘濡足，巧圖避禍，罔顧包羞，靦面視人，何至乃爾？猶憶嘉慶初年，漳、泉二郡俗多械門，朝官出守，僉戒畏途，至有以規避削職者，謂當遷除，真戲言耳！怪乃貪作熱官，如蛾赴火，又謂之何耶？

盗名

《北齊書·崔暹傳》：暹好大言，「密令沙門明藏著《佛性論》而署己名，傳諸江表。子達拏年十三，暹命儒者權會教其説《周易》兩字，乃集朝貴名流，令達拏昇高座開講。趙郡睦仲讓陽屈之，暹喜躍，奏爲司徒中郎。鄴下爲之語曰：『講義兩行得中郎。』」余按：顏黄門引江南諺云：「上車不落則著作，體中何如則秘書。」亦此比也。又言：「明經求第，則顧人答策；三九公讌，則假手賦詩。」見《顏氏家訓·勉學》篇可見當時南北聲華浮競，借倩沽名，時多不免。二事頗同，聊並記之爾。按：《暹傳》云：「魏、梁通和，要貴皆遣人隨聘使交易，暹寄求佛經。梁武帝聞之，爲繕寫以幡花贊唄送至館。」此亦暹要名之一事也。顏黄門説梁武帝時事。

潤筆

古無潤筆之説，蓋起于六朝以來，唐、宋此風尤盛。皇甫持正爲裴度福先寺碑，酬約千緡，仍每字索三匹絹。李北海長于碑版，受納金帛鉅萬，杜少陵謂其義取無虚歲。白樂天與元微之至交，白爲作誌銘，潤筆亦至五、六十萬。彼昌黎諛墓金恐方之蔑如耳。

宋時猶然。王禹玉作龐穎公神道碑，其家潤筆參以古書、名畫三十種，中有唐杜荀鶴及第試卷。書畫爲酬，方之金帛，似較清雅，然費更不貲矣。宋時爲人作文，至有督潤筆者，不以爲非，亦殊可怪。又潤筆不必碑銘之文，《澠水燕談》二載：「王元之嘗草《李繼遷制》，繼遷送馬五十匹潤筆，公却之」云云。《歸田録》二言：蔡君謨爲余書《集古録目序》刻石，「余以鼠鬚栗尾筆、銅緑筆格、大小龍茶、惠山泉等物潤筆，君謨大笑，以爲清而不俗。後月餘，有人遺余清泉香餅一篋者，自注：清泉，地名。香餅，石炭也，用以焚香，一餅之火，可終日不滅。君謨聞之嘆曰：『香餅來遲，使我潤筆獨無此一種佳物！』此又可笑也。」

近代以來，兹風遂歇。漁洋有言：生平爲人作碑版文字多矣，惟安德李氏以楊孟載手書《眉庵集》一部相餉。諛墓之金，殆絶響矣。《香祖筆記》十一然則，筆其枯槁乎？

草書

今人草書多無法。古人論書，莫難于楷，故云「匆匆不暇草書。」嘗讀《北齊書·趙彦深傳》：仲將「學涉群書，善草隸。雖與弟書，字字楷正，云草不可不解，若施之于人，即似相輕易，若與當家中卑幼，又恐其疑，所在宜爾，是以必須隸筆。」余謂此論似迂而有至理，因憶一條可以參證。唐李玄道爲幽州長史，都督王君廓不法，每以義裁糾之。君廓入朝，李寓書房玄齡，君廓私發之，不識草書，疑其謀己，遂反，坐是流嶲州。《唐書》及《通鑑》證以仲將恐疑之言，可謂信而有徵矣。然李是房玄齡甥，書作草字，不有似相輕乎？李坐流貶，殊甚嘔噱。世有喜草書者，請以是箴之。

真本領

《樂府雜録》載：唐德宗令段善本授康昆侖琵琶，段奏曰：「且請昆侖彈一調。」及彈，段曰：「本領何雜？兼帶邪聲。」又曰：「且遣昆侖不近樂器十年，使忘其本領，然後可教，後乃

盡段之藝。」漁洋山人論之，謂知此者可與言詩。見《香祖筆記》七

余謂豈獨作詩而已，文章神韻妍媸美惡，本自性靈，抑由學力，本領一雜，神韻全非。令不近樂器十年，即此便是真學力；忘其本領，乃是真本領。凡人學識，與年俱進，逐日生新，十日不讀書，讀書窺奧竅；十年不作文，作文即超妙。人自中年以後，精神氣力每不如前，而堅鋭精能或反過之，自古壽世鴻文多出晚年制造，非浮華英少所爲也。至于苦海波瀾，艾丸熏焰，二語亦見《筆記》。劣詞惡札，累牘連篇，此人雖不近翰墨，十年恐難忘其本領也。苦海者，鄭光業每柄文，有一巨皮箱，凡同人投獻詞句，有可媸者即投其中，號曰「苦海」，用資諧噱。艾丸者，韓熙載性好謔浪，有投贄大荒惡者，使妓炷艾熏之，俟其人來，出乃嗅之曰：「子之卷軸何多艾氣？」一聞者大笑。今欲令苦海沉波，艾丸息焰，須盡焚君苗筆硯，絶口不言詩文，逃遯空山，讀書三十年，然後真本領出矣。

治國譬如養生

放翁《筆記》一載青城山上官道人語養生曰：「爲國家致太平，與長生不死，皆非常人所能。然且當守國使不亂，以待奇才之出；衛生使不夭，以須異人之至。不亂不夭，皆不待異術，

惟謹而已。」嗚呼！謹豈易言哉！孔子在朝廷云：「便便唯謹。」昔人論諸葛孔明一生只是小心謹慎，然則，謹亦何可輕言？常人説：謹止作口頭話耳，聖賢無時不謹，德業悉由此基，非别有奇能異術也。歷觀古來英君良相，勳業爛然，莫不由玆至，如商鞅之悍，王荆公之拗，正作粗疏不謹慎耳。程伯子道君實語：自謂如人參、甘草，病未甚時可用，病甚則非所能及。二語，《香祖筆記》二引。然則，譬之治病，温公欲于病未劇時投以人參、甘草，則調養益人，荆公亦于未劇時投以附子、大黄，則吐瀉委頓。然使病已沉篤，氣息僅存，而投以人參，亦無及矣，所謂雖有善者亦無如何也。商鞅自是絶世奇才，然治病專用冷劑，欲收速效，及致戕生，秦人短祚，死于其手久矣，不待子嬰也。孔明治蜀，全用四物六味補益之劑，故能爲殘漢延數十年之算。姜伯約心膽俱粗，不用當歸而用遠志，速之亡矣。遠志益人神智，惟謝安石一用之而效。

勤三事

《大唐新語》載李襲譽性儉約，好讀書，寫書數萬卷，謂子弟曰：「吾不好貨財，以至貧乏。京城有賜田十頃，可以充食；河南有桑千株，可以充衣；寫得書萬卷，可以求官。汝曹第勤此三事，何求于人？」漁洋山人嘗謂録此數語可作家訓。見《香祖筆記》十。

余謂固然，民生在勤，勤則不匱，昔賢有言：「力能勝貧。」然則，勤于一事，即可勝貧，三事俱勤，何人不富？顔子有負郭之田十畝，而不免于簞瓢，意其樂道，不能力勤也。諸葛公成都有桑八百株，而子孫衣食自有餘饒，必其勤于治生也。古人身通一經，便取青紫，讀書千卷，當得公卿，何須萬卷方可求官也？若面擁百城，束之高閣，或未通六藝，身博高官，此由命達，非必讀書，亦如生而富厚，不必力勤始免清貧也。斯則富貴在天，既難律以常科，幸免懶人藉口。

趙松雪家用簿

漁洋《筆記》二云：「姚士麟叔祥，言曾見趙松雪自書家用簿，運筆精妙，凡養蠶、種桑等事，與今不殊。惟用麵作食及烏豆之類，動至百斤百石耳。」

今按：居家日用，兔園猥瑣，凌雜米鹽，乃不憚煩辱，自書簿領。古人每事留心，精勤不苟如此。

嚴東樓金鳳

「姚叔祥又言海鹽有優兒金鳳，以色幸于嚴東樓，非金則寢食弗甘。金既衰老，而所謂《鳴鳳記》盛傳于時，于是金復塗粉墨，扮東樓焉。此一事較侯方域《馬伶傳》更奇。」

余謂馬伶匿作東樓家，供洒埽之役，雖略會其聲音笑貌，而所得猶淺，孰與寢食與共之尤深切著名哉？當夫華落色衰，風流雲散，香澤弗御，粉墨微施，登場作伎，猶是分桃斷袖餘情，吾知不獨貌似，更當神似矣。優孟爲叔敖衣冠，阿鳳作東樓面目，千秋絶調，百代無雙。

黄山谷書《范滂傳》

漁洋《筆記》十云：東坡十歲讀《范滂傳》，慨然太息，願效之。山谷晚謫宜州，爲宜倅余某之子滋湝點書《范滂傳》，才忘三字。孟博一傳，檃栝蘇、黄始終。山谷書《范滂傳》，後藏趙忠定家，事見《桯史》。

《筆記》十又云：「李贄極稱武曌、馮道，亦猶丁謂以曹操、司馬懿爲聖人，夏竦美李林甫相業。君子小人，各從其類如此。」

余按：此二條正當以類相從，今并録之。嘗覽蔡京書元祐黨籍碑，因嘆碑中人亦不盡君子之黨，乃千載而下附驥尾而名彰，何可勝道？由今論之，此碑殊不惡，京之書黨人碑與山谷之書《范滂傳》何異哉？

吕文穆公石龕富文忠公附

「《避暑録》言吕文穆蒙正，爲父龜圖所逐，衣食不給，龍門寺僧識其貴人，延致寺中，鑿山巖爲龕以居之，凡九年。後諸子即石龕爲祠堂，名曰肄業，富文忠爲之記。今人以傳奇有破窰之説，志書亦沿俗論，但言窰而不知有龕，并龍門僧亦湮没不傳，可惜也。」漁洋《筆記》十

今按：古人事實，記載傳疑，盡信無書，時復不免。夫禹生石紐，本古地名，而啓母剖石遂爾傳家；𣪘誕殷商，原因禖禱，而簡狄吞卵輒同履武。至于閔子出蒹葭之中，《韓詩外傳》二 而世遂傳蘆花作絮；公冶長在縲絏之中，而世遂傳清溪鳥語。皇侃《論語疏》古事傳譌，恆多此類，聊記一二，以博異聞。

晏元獻爲相，求擇婿于范文正。文正曰：「公女若嫁官人，則仲淹不敢知；必求國士，無如富高者。」高即文忠公弼舊名也。孫公談圃乃謂元獻門下常賣人王青善相人，一日夫人召相其女，遽曰：「國夫人也。」又曰：「恰有一秀才姓富，須做宰相，明年狀元及第。」夫人以告元獻，遂使人通好云云，不知何據。《筆記》十一

今按：小説家喜造新奇，往往如此，不必有據也。

陸放翁《南園記》

放翁晚節，以韓侂胄《南園記》爲世口實。葉紹翁《三朝聞見録》云：「有鄭棫者，嘗第進士，自作《南園記》，礱石以獻，韓以陸記爲重，仆鄭石瘞之地。韓敗，棫竟得免。」漁洋嘗論之，以爲人固有幸不幸。《筆記》五

余謂陸雖畏韓，乃其作《記》猶寓箴規，論者當略其迹而原其心可也。至于棫者，乃真小人矣。然石雖見瘞，後世寧無知者，則亦未可謂真幸矣。放翁《筆記》有一條云：「建炎苗、劉之變，内侍遇害至多。有秦同老者，自揚州被命至荆楚，前一日還行在，尚未得對，亦死焉。又有蕭中道者，日侍左右，忽得罪，絀爲外郡監，當前一日出城，遂免。」此人真可謂幸矣。《歸田

録》亦有一條云：「孫何、孫僅，俱以能文馳名一時。僅爲陝西轉運使，作《驪山》詩二篇，其後篇有云：『秦帝墓成陳勝起，明皇宮就禄山來。』時方建玉清昭應宮，有惡僅者，欲中傷之，因録其詩以進。真宗讀前篇云：『朱衣吏引上驪山』，曰：『僅，小器也，此何足誇！』遂棄不讀，而陳勝、禄山之語，卒得不聞，人以爲幸也。」

韓文公柳柳州子孫

「唐蕭倣，咸通四年知禮部貢舉，責授蘄州刺史。有與浙東鄭大夫書云：『韓綰即文公子孫，柳告是柳州之子，鳳毛殊有，而名字陸沉，皆倣是年所舉士也。』」《筆記》二

按：唐人重科第而採聲望，錯認魯公作顏標，傳以爲笑。蕭倣寧當以此被責，乃至宗族子姓，舉不避親。「如沈絢尚書主春闈，其母曰：『近日崔、李侍郎，皆與宗盟及第，汝于諸葉中擬放誰耶？』絢曰：『莫如沈先、沈擢。』母曰：『二子早有聲價，科名不必在汝，沈儋孤寒，鮮有知者。』絢不敢違母命，遂放儋及第。」《筆記》十一然則，朝廷名器而爲宗族私恩，亦可怪矣。至于榜帖，亦可倩人爲之，「如《摭言》所載鄭顥託崔雍爲榜，延至榜除日，待榜不至，但遣小僮壽兒者傳云：『來早陳賀。』日暮，壽兒寄宿院中，夜已艾，壽兒以蠟丸進顥，即榜也。

尤其甚者，鄭損舍人爲主司，以陸扆爲狀元，帖即請扆自定。」又，「杜黄門第一榜第三場，庭參之際，謂諸生曰：『未有榜帖。』尹樞年七十餘，獨趨進，公欣然延之，從容授以紙筆，樞每札一人，則抗聲斥其姓名，列庭聞之，皆咨嘆嗟其公道，唯空其元，公覽讀致謝訖，乃以狀元爲請，樞曰：『狀元非老夫不可！』公大奇之，即命筆親自札之。」《筆記》三異哉！掄才鉅典，至同兒戲，當時亦並無人舉劾，何耶？

歐蘇不好杜詩《史記》

「陳後山謂歐陽永叔不好杜詩，蘇子瞻不好《史記》，每與黄魯直怪嘆，以爲異事。然歐公述陳舍人語以『身輕一鳥過』，雖一字不可及，其自誇明妃曲，李太白不能爲，惟杜子美能之。」又云：「唐之晚年，無復李、杜豪放之格，其推之至矣，子瞻作表忠觀碑，荆公嘆賞，良久曰：『此《三王世家》體也。』世有不好其文而學其體者乎？」《艮齋續説》八

余謂不好之者不學之也，人于詩文好而學之，必其資之近而力能勉者也。二公之不好，當亦若是。西堂必隸事以證之，亦殊多事。又引坡公言「江瑶柱似荔枝，杜詩似《史記》」二語，誠妙矣，然不能爲歐、蘇索解。

王荆公喜注疏

放翁《筆記》一云：「先左丞相言，荆公有《詩正義》一部，朝夕不離手，字大半不可辨。世謂荆公忽先儒之説，蓋不然也。」

余謂北宋人猶重注疏如此，世謂荆公拗相，要是讀破萬卷書人，唯不曾熟讀《春秋》耳。《艮齋雜説》三云：「王介甫本不解書，而山谷亟稱之，直是怕他人言，荆公作字只是忙，切中其病，嘗作花押，性急，將『石』字一勾竟成『歹』字，可見心不在焉也。」《石林燕語》：「王安石作押，先横一畫，左引脚，中爲一圈，圈多不圓。時謂押『歹』字。」見《香祖筆記》十一。

余謂荆公一生做事都是忙，不但做字爲然耳。柳誠懸謂心正則筆正，書「石」成「歹」，豈非心不正乎？程子云：非要字好，只此是學。然則，荆公之學，當亦如其作字耶？一部《詩正義》不離手，得非忙中健忘之故歟？

朱文公書學曹操

朱文公書，人皆謂出于曹操，今所傳《賀捷表》是也。劉恭父學顏魯公《鹿脯帖》，文公以時代久近誚之，劉云：「我所學者唐之忠臣，公所學者漢之篡賊耳。」文公默然。《艮齋雜説》三

余謂此語非篤論也，君子不以人廢言，言與書等耳，惡其人寧必廢其書？

坡公不及章惇

宋人小説載坡公與章惇題名石壁事，頃見檇李項氏鈔白本《耆舊續聞》，又一事極相類云云。子厚、子瞻同飲山寺，聞報有虎，二人酒狂，同勒馬往觀。去虎數十步，馬驚不前。子瞻乃轉去，子厚獨鞭馬向前，取銅鑼于石上戛響，虎遂驚竄。謂子瞻曰：「子定不如我。」《池北偶談》八

乃知自古奸險小人，其權術膽略必有過人者。子瞻不如，真不如也。

《通鑑綱目》非朱子作

《通鑑綱目》，世傳爲朱子手筆，無復致疑。嘗讀《朱子文集》，見其與門人趙師淵數書，則《綱目》成于趙氏，惟《凡例》乃朱子筆耳。李方子親受業朱門，其言《綱目》云：「朱子欲稍加更定而未暇。」魯齋王氏去朱子未遠，其《序凡例》謂「嘗見趙文集綱下之目，蓋屬筆于趙也」。此段出都穆《跋》，存之以備參考。《艮齋續説》九

温公非不能四六

司馬温公拜翰林學士，以不能四六辭。神宗曰：「如漢制誥體可也。」一日，過洛會飲，官妓偶碎玉杯，潞公令公判之，公書曰：「玉爵難揮，典禮雖聞于往記；彩雲易散，過差可恕于斯人。」大笑釋之。然則，温公未嘗不能四六也。《艮齋雜説》三。

東坡非不喜道學

洛蜀之黨，蘇子瞻與程正叔因口語相争，睚眦細故，遂成莫解之讎。論者每病蘇而袒程，朱子聞人訾蘇，至云：「吾寧取王介甫！」非篤論也。然坡公實非與道學爲敵者，觀其《咏濂溪》詩云：「先生本全德，廉退乃一隅。」又云：「先生豈吾輩，造物乃其徒。」可謂尊之至矣，豈有與道學樹幟之見？所不能平者，唯程正叔耳。《艮齋雜説》三

東坡潁濱優劣

兩蘇優劣，不必論其大者，舉嵬瑣一二端，居然可見矣。吕周輔言：東坡先生與黄門公南遷，相遇于梧、藤間，道旁有鬻湯餅者，共買食之，觕惡不可食。黄門置箸而嘆，東坡已盡之矣，徐謂黄門曰：「九三郎，爾尚欲咀嚼耶？」大笑而起。秦少游聞之，曰：「此先生飲酒，但飲濕法也。」《老學庵筆記》二

按：先生胸次真神仙中人，嘗知吾登州，冬日禱海市而見之，石刻及遺像猶存。知登州日，

問徐神翁學道之要，答曰：「勿作官即好。」及南遷過海，潁濱曰：「吾兄知信其言而不能用也。」《香祖筆記》七潁濱此言爲不達矣，先生即作官，非不用其言，作官正如不作官耳。觀其自言云：「謫居黄州五年，今日北行，岸上聞騾馱鐸聲，意亦欣然，蓋不聞此聲久矣。」《艮齋續説》八此是何等胸次！如其言騾馱鐸聲，何必非和鸞鏘佩？牖惡湯餅，何必非美味珍羞耶？潁濱胸中不解此味，耳中亦不解此聲。

徐僑不貧

徐僑爲侍從，家貧，朝服亦浣濯紉補。穆陵見之，蹙然曰：「卿一貧如此！」僑對曰：「僑不貧，陛下貧。」穆陵問之故，對曰：「陛下内無良相，外無良將，安得不貧？」上愕然。《佩韋齋輯聞》二

兩文公能識大體

仁宗朝，司天奏：「月朔，日當食，而陰雲不見，事同不食，故事當賀。」司馬光曰：「日

食，四方皆見而京師獨不見，天意若曰人君爲陰邪所蔽，天下皆知而朝廷獨不知，其爲災尤甚，不當賀。」詔嘉其言，後以爲例。

祥符中，天下大蝗，近臣得死蝗于野以獻，宰臣率百官稱賀，王魏公旦獨執不可。數日，方罷朝，飛蝗蔽天，真宗嘆曰：「使百官將賀而蝗遽至，豈不爲天下笑耶！」《澠水燕談録》一、二

按：二事極相類，兩文正公可謂持重識大體矣。昔魏文著《典論》，辯火浣布世無其物，未幾，西域來獻火浣布，遂刊落其文，而天下笑之。然則，微兩文正，當時朝臣皆賀死蝗、日食矣，幾何不爲魏文之緒哉？

王荆公不近人情

人謂安石眼白似王敦，蓋其很戾之性，二人正同也。然敦啖公主盆中澡豆及石崇厠上塞鼻棗，此不過田舍貴人平生少見耳，至于安石侍仁宗賞花釣魚宴，見几上金碟盛釣餌，遂食之盡，此則非人情矣。故仁宗明日謂宰輔曰：「王安石，詐人也。使誤食釣餌一粒，止矣。食之盡，不情也。」可謂洞見心腹矣，所以安石之學不行于仁宗之世，可不謂明于知人乎？王弇州謂李于鱗食品近前即不食，既移遠復飛箸食之。安石則每食輒盡近前一味，人謂其所嗜。他日，易他味近

前，復盡食如故。尤西堂謂其「心不在焉，食而不知其味」。見《艮齋續説》。余謂不然，食遠食近，此自性有所偏，不足怪也。又謂安石作文輒嚼石蓮子，取其堅而難化，可以運思。坡公亦教人食芡實，以其細嚼則津液從口而下，又得養生之法也。余謂此等所爲都不足爲安石舉似，即如囚首垢面，取急入厠，雖不近情，猶其小小者耳。辯奸之論，初不因此。

王介甫勸人修《三國志》

《冷齋夜話》載介甫論歐公：今代詩人未有出其右者，但恨其不修《三國志》而修《五代史》耳。《癸辛雜識》亦載坡公答劉羲仲以王介甫嘗謂某當修《三國志》，某不敢當。余每讀此言，未嘗不深致疑惑，尋繹再三，終不能解。昔人論《三國志》高簡有法，訖無異詞。介甫將恨其未簡，則義無可删；如謂其太簡，則必非知文；或病其帝魏，尤非知言者也。彼身入魏，安得不爲魏？且其意非帝魏也，帝晉耳。書無晉，何以爲之帝晉？帝魏乃所以帝晉，晉受魏禪也。且其意不在魏，魏與蜀、吴，實列三分，魏、蜀、吴書名爲《三國》，又安在其帝魏？近儒唯錢辛楣大昕深明此義，其《序》略云：「自承祚書出，始正《三國》之名。且先蜀後吴，又于《楊戲傳》末載《季漢輔臣贊》，亹亹數百言，所以尊蜀殊于魏、吴也。存季漢之名，明乎蜀之實漢也。」又

《跋》略云：「其書雖帝魏而未嘗不尊蜀，于蜀二君書先主、後主而不名，于吳諸君則曰權、曰亮、曰休、曰皓，皆直斥其名。蜀之甘皇后、穆皇后、敬哀皇后、張皇后皆稱后，而吳之后妃但稱夫人。其書法區别如此。又以蜀兩朝不立史官，故于蜀事特詳」云云。《潛研堂文集》廿四及廿八。此則承祚之書，大義既明，文筆又簡，不知何故更要人修？嘗觀介甫學術，直是鹵莽、堅僻、自用；每喜人以周、孔譽己，乃至不知《春秋》，詆爲「斷爛朝報」，妄扳《周禮》，竟以新法殺人，而謂其能修《三國志》，吾不信也。介甫平日好作大言欺人，歐、蘇二公皆其意所深忌者，明知此書必不可修，故聊設是語將以送難耳。

東坡詩文不論事實

坡公著論有云：「殺之三，宥之三。」問其所出，曰：「想當然耳。」讀《冷齋夜話》又得一條，引東坡詩「客來茶罷空無有，盧橘微黄尚帶酸」，以盧橘爲枇杷，謂見相如賦。張嘉甫曰：盧橘夏熟，黄甘橙榛〔榛〕，枇杷橪柹，亭柰厚朴。若是一果，則賦不應四句重用。應劭注稱伊尹書云云，不據依之何也？東坡笑曰：「意不欲耳！」所述如此。可見坡公才情豪上，或如其意，則曰「想當然耳」；不合于心，則曰「意不欲耳」。在公才大，固無所不可，然任情豪快，終是一病。又如「牢九」直作「牢丸」，供人嗤點。

隸事綴詞，幸勿效之耳。

文章以簡爲貴

《文賦》云：「要辭達而理舉，故無取乎冗長。」「黄山谷見《醉翁亭稿》首記山名甚詳，一筆勾去，改曰『環滁皆山也』，省却幾行閒字。」「曾南豐嘗令陳後山代作一文，成數百言，曾云：『大略也好，只冗字多。』因取筆抹數處，凡削去一二百字。後山讀之，則其意更全，因嘆服。元明善嘗以文示虞集，集爲删百二十字，而文益精當。」《艮齋雜記〔説〕》三故知「榛楛勿剪，庸音足曲」，陸士衡猶取譏于彦和，又况下此者乎？劉譏陸二語，見《文心雕龍·鎔裁》篇。

王介甫雖很戾，文實簡嚴，乃漁洋論其作《平甫墓誌》，通首無兄弟字，亦無一天性之語，叙述漏略，僅四百餘字，以此爲病，見《香祖筆記》。吾竊不以爲然，古人論墓誌不書作者姓名，此古法也。既不書姓名，故無兄弟字及天性語，亦無怪矣。叔述漏略，必無大節可傳耳。介甫蓋以古法行之，漁洋未深考耶。

舊説歐公與同院出遊，有卧犬爲奔馬所斃，歐顧曰：「君試記其事。」同院曰：「有犬卧于通衢，逸馬蹄而殺之。」歐曰：「使子修史，萬卷未已也。」問内翰何如，歐曰：「逸馬殺犬于道。」此可爲作文之法。

《澠水燕談録》載：胡旦以文辭敏麗見推一時。晚年病目，閉門閑居。一日，史館共議作一貴侯傳，其人少賤，嘗屠豕猪。史官以爲：諱之即非實録，書之即難爲辭。相與見旦，旦曰：「何不曰某少嘗操刀以割，示有宰天下之志。」莫不嘆服。

兩蔡京兩李綱

有兩蔡京，皆小人也。唐蔡京假節邕州，道經湘口，泊浯溪中興頌所，僶俯不前，題詩曰：「停橈積水中，舉目孤烟外。借問浯溪人，誰家有山賣？」《香祖筆記》十一引《雲溪友議》，今檢無之。

又，唐、宋兩李綱，皆正人，在宋者尤卓犖。

兩郝天挺

《池北偶談》六云：「金、元間，有兩郝天挺，一爲元遺山之師，一爲遺山弟子。予考《元史·郝經傳》云：其先潞州人，徙澤州之陵川。祖天挺，字晉卿，元裕之嘗從之學。裕之謂經曰『汝貌類祖，才器非常』者是也。其一字繼先，出于朵魯别族，父和上拔都魯，元太宗世，多著武功。天挺英爽，剛直，有志略，受業于遺山元好問，累拜河南行省平章政事，追封冀國公，謚文定，爲皇慶名臣。嘗修《雲南實録》五卷，又注唐人《鼓吹集》十卷。元時漢人賜號拔都，惟史天澤、張弘範，見《輟耕録》，漢言勇也。近常熟刻《鼓吹集》，乃以爲《隱逸傳》之晉卿而致疑于趙文敏之序稱尚書左丞，又于尚書左丞上妄加金字，誤甚。

又，《偶談》十三云：「元郝經伯常撰《續後漢書》，竊取習鑿齒《漢晉春秋》之義」云云。「謝陛少連《季漢書》所本也。經《文集》三十卷，黄俞邰家有之，惜此書不傳。」

蔡邕有子

昔人謂蔡邕無子，邕傳亦不言有子無子。案《羊祜傳》，祜，蔡邕外孫，景獻皇后同母弟。祜討逆有功，將進爵土，乞以賜舅子蔡襲，詔封襲關内侯。然則，邕實有子，其女亦不止文姬一人可知，此可補傳缺。《天禄識餘》

今按：史傳缺漏甚多，乃邕傳既不言有子，而文姬《悲憤詩》方言「骨肉來迎己」，復言「既至家人盡，又復無中外」，則知骨肉非謂兄弟。且《文姬傳》中言曹操素與邕善，痛其無嗣，則疑邕真無子，或有子而亡，均未可知。此事别無證據，要之，中郎賢而冤死，世重其人，謂其有子，固當，正不必區區置辨也。《困學紀聞》載王弼無兒。羊祜無子見本傳。

班史失名

《西京雜記》云：「楊王孫字貴。」張崇文《歷代小誌》云：「文翁，姓，名黨，字仲翁。」荀悦《漢記》云：「壺關三老令孤茂。」此三人名足以補班史之闕。《天禄識餘》

人日

魏帝宴百僚，問何故名人日，皆莫能知。魏收對曰：「晉議郎董勛《答問禮俗》云：『正月一日爲鷄，二日爲狗，三日爲猪，四日爲羊，五日爲牛，六日爲馬，七日爲人。』」見《北齊書·魏收傳》按：八日爲穀，九日爲果，十日爲菜。今田夫、牧豎皆能道之，且以其日陰晴占歲之登秏，蓋皆本之董勛《答問》。其言出于里俗，農家占候亦不能究知其故也，然自古傳之，惟人日之名尤著耳。

七日百日

今北土喪儀有七日、百日祭餟哭臨之禮，并于其日集會親友，賻贈紛紜。余疑此久矣，因讀史而得之。按《北齊書·儒林·孫靈暉傳》，爲南陽王綽師。「從綽死後，每至七日及百日終，靈暉恒爲綽請僧設齋，傳經行道。」然則，今時俗禮蓋沿北朝遺風也。其請僧設齋，傳經行道，今俗亦爾，又以請僧翻經爲行道，方俗之語，今亦有然。

婦人著靴

《北齊書·高祖十一王傳》：任城王湝少明慧。拜并州刺史，時有婦人臨汾水浣衣，有乘馬人換其新靴馳而去者，婦人持故靴詣州言之。湝召城外諸嫗，以靴示之，紿曰：「有乘馬人在路被人劫害，遺此靴焉，得無親屬乎？」一嫗撫膺哭曰：「兒昨著此靴向妻家。」如其語，捕獲之。時稱明察。

余讀而異焉，古來男女爲履無大懸殊，將舊換新，理容可信，但靴是戎裝，自趙武靈王以來，史不多見，雖在六朝，男無貴賤，亦只著履屐耳，未聞婦人有著靴者。又《樂陵王百年傳》，後主時，掘得一小尸，緋袍金帶，一髻一解，一足有靴，諸内參竊言百年太子也。又，《琅邪王儼傳》，儼被殺，年十四，不脱靴，裹以席埋室内，此則北朝風俗無貴賤皆著靴矣，然婦人亦所未聞。達梅岑言古靴蓋如今鞦子鞋，審爾，則婦人亦可著矣。今婦人著靴，蓋染北俗，俟詢之知者。

足心黑子

《畫墁録》云：郭忠武使渾忠武瑊洗足，見汾陽足下有黑子，捧玩久之。汾陽問其故，渾答云：「瑊也，足亦有之。」汾陽令跣而視之，笑曰：「不及我。」《明皇雜録》：安禄山初事張韓公仁愿，韓公嘗令洗足，足下有黑子，禄山竊窺視。韓公問之，禄山曰：「某，賤人也，不幸兩足皆有黑子，比公色黑而加大。」韓公觀而異焉，因加寵薦。又，《北夢瑣言》載西門軍容與吳行魯事亦同，豈一事而傳聞異詞耶？《池北偶談》十

余讀《後漢·黄昌傳》：昌驚，呼前謂曰：「何以識黄昌邪？」對曰：「昌左足心有黑子，嘗自言當爲二千石。」昌乃出足示之。因相泣悲泣，還爲夫婦。章懷注引《相書》曰：「足心有黑子者二千石。」讀至此語，輒爲失笑。嘗聞吾友君宰言：「有一部郎，不記名姓，舉《黄昌傳》與妻戲談，妻言己兩足俱有，其一大而黑，其一較小。驗之，信然。」夫命相之書，多言或中，索解無從，第勿深考。因覽《偶談》，但引三書未及《後漢》，聊爲疏通證明如此。

忠義史傳缺載

《艮齋雜説》：《五代史》不爲韓通立傳，《宋史》不爲文天祥、張世杰立傳，皆史家之缺謬。然《宋史》成于脱脱，不足深責。若歐公著史，自言有善善惡惡之志，其于韓通，既非朝廷避忌，又非若唐人修《隋書》因長孫無忌惡王劭而遂不爲其祖父中子作傳也，殊不可解。

《香祖筆記》九引宋太祖自陳橋兵變回長入〔安〕，祇候班喬、陸二卒長率衆拒于南門，乃入自北，解衣折箭誓不殺，咸義不臣宋自縊。太祖親至直舍，嘆曰：「忠義孩兒！」賜廟曰「忠義」，易班曰「孩兒」。終宋之世，孩兒班帽後垂粉青頭髾，爲周世宗持服，直舍正門以黄羅護之，旁穿小門出入，用以旌忠。南渡景、定間，又命譔二候加封碑文，惜二候之名無考，碑文見《隨隱漫録》。

古事相類

荆卿引匕首擿秦王而中銅柱，施全持斬馬刀斫秦檜而斷轎子一柱。二事頗同，其不中者，天也。全赴市曹處斬，觀者甚衆，有一人朗言曰：「此不了事漢，不斬何爲？」《老學庵筆記》一。語意正如《刺客傳》載魯勾踐議荆軻不講于刺劍之術，皆深致恨惜之詞，非貶之也。秦王與秦檜皆是命未當盡，故令二子所爲不成。不然，博浪沙椎誤中副車，豈非又一不了事漢耶？

幷官氏仉氏

余少時讀書家塾，便聞師言孔子妃曰亓官。比長，稍見書，又知亓當爲开。及讀漢禮器碑，乃知亓、开并字之譌，依碑當作「幷」也。古有幷姓，出《姓苑》，見《廣韵》所引，其「开」字下不云「又姓」，而「亓」字作「綦」，注云「又姓」。然今濰縣即有亓姓，而吾邑亦有學博姓綦，則知二字同音未必同姓也。至于聖妃幷官既出漢碑，便爲确證，無可疑矣。及覽宋人雜著，馬永卿言仍作开官，且引孔氏之族延祐所對乃云「出《孔子家語》」，時東封禮成，丁謂等諸臣扈從，皆以不知此事爲耻云云。見《懶真子》四。

然《家語》出王肅僞撰，延祐既孔氏子孫，何不知引漢碑而妄引此書耶？

孟母之氏據字書作仉，音掌 然于古無聞。《廣韵》「仉姓，梁公子仉啓後也」，不云是孟母之假姓，則孟母必非姓此明矣，且梁四公子之字何足爲據耶？考揚子雲《答劉歆書》有蜀郡掌氏，假令孟母之姓與此同音，則其字必應作「掌」無疑。

古人文詞不類其人

昔人論宋廣平《梅花賦》不類其爲人，余謂自古文人緣情綺靡，麗藻紛披，不必不出于鐵面冰心也。楚靈均之美人，陶靖節之閒情，亦何莫不然哉？尤西堂之序龔芝麓三十二《芙蓉詞》，蓋深明此意矣。其云：以寇平仲之剛，而曰「柔情不斷如春水」；范希文之正，而曰「眉間心上無計相迴避」；歐陽永叔之忠，而曰「無人與説相思，近日帶圍寬盡」。三公名垂宇宙，不以類其白璧云云。

然余又有一説：剛腸人能作柔膩語，文生于情也；柔面人不能作剛腸語，情見乎詞也。虞仲翔骨體不媚，亦不能爲綺語；包孝肅關節不到，亦不能爲艷詞。此則譬之酒有別腸，苟非其人不能强之使飲，如無別情，亦不能捉鼻令吟也。

古人三反

卞望之云：「郗公體中有三反：方于事上，好下佞己，一反；治身清貞，大修計較，二反；自好讀書，憎人學問，三反。」《世說·品藻》篇。劉實論王肅其一反正與郗同；「性嗜榮貴，不求苟合」，二反非郗所有；「治身不穢，尤惜財物」，三反即郗二反。觀此可知肅之爲人不及郗遠矣，以其「性嗜榮貴」，故臨死猶望作三公也。惟「自好讀書，憎人學問」，此語似不近情，然余尤亟賞之，蓋其所憎原非真有學問人，如其真有學問，方且愛之，敬之，何暇憎之乎？豈有好讀書人而憎真有學問之人？

古人不言最妙

多言者以少言折之，好言者以不言勝之，此第一省事法。與樂令談，覺我言爲煩。《世說·賞譽》篇。此以少言爲貴也。「世尊默然，則爲許可。」《世說·言語》篇此以不言爲言也。

宋太祖下江南，後主遣徐鉉來，將以口舌勝，趙普屢請擇館伴鉉，太祖乃批三班院下名使臣以往。鉉反復問之，其人聲喏言不識字而已，鉉無如之何，此則太祖之智過普遠矣。《池北偶談》。真可謂以不言勝者也。嘵嘵鬥辯，如違山十里，蟪蛄之聲猶在耳，故不如自同喑蟬。

古迹

秦中自古帝王都，至今瓦礫場，半是昔年宫闕地。陸放翁言：「長安民契券，至有云『某處至花萼樓，某處至含元殿』者，蓋盡爲禾黍矣。而興慶池偶存十三，至今爲弔古之地。」《老學庵筆記》。

王漁洋言南昌開元寺，唐馬祖道場，展轉興廢，今南昌縣治是其地也。東閣、平津廢爲車庫，李衛公故第爲楊氏馬厩，虢國夫人宅後乃爲奉慈寺。浮雲變滅，何常之有？《皇華紀聞》

古事不見所出

王氏《談録》言古事有相承傳用而不見出者甚多，如「顔回讀書，鐵鏑三摧，」是其一也。余謂「孔子讀《易》，韋編三絶」，語意頗類，疑本同出也。又如「文公種米」、「曾子駕羊」，見

《説苑·雜言》。次句亦未見所出。

宦情

貴官膴仕，世所欣榮，覈實循名，難圖報稱，大抵宦情減得一分，平生志業添得一分。王夷甫言少無宦情，乃以清談了却一生，可怪也。昔蓋寬饒仰視屋而嘆曰：「富貴無常，忽則易人，比如傳舍，所閲多矣，唯謹慎爲得久，可不戒哉？」然則官舍如傳舍，官人如旅人矣。羅大經説：《鶴林玉露》七「楊誠齋立朝時，計料自京還家之費，貯以一篋，鑰而置之卧所，戒家人不准市一物，恐累歸擔，日月若促裝者。又聞昔有京尹，忘其名，不携家，唯弊篋一擔，每晨起，則撤帳卷席，食畢則洗鉢收箸，以拄棒撑弊篋于廳事之前，常若逆旅人將行者。故擊搏豪强，拒絶宦寺，悉無所畏。」又言：「曩在太學，嘗館于一貴人之門，一日，命市薪六百券，有卒微哂，謂其徒曰：『朝士今日不知明日事，乃買柴六百貫耶！』」云云。

余謂此一貴人將以官爲常住，彼前兩人蓋以官爲行脚，故其見解迥不同耳。然買柴六百貫何如胡椒八百石耶？董卓築郿塢，金帛充積其中，而曰：「事成雄據天下，事不成守此塢足矣！」語真令人絶倒。孟嘗君客謂「狡兔有三窟，僅得免死」，此語亦復可笑。孟嘗既死，諸子争立，而齊魏共滅薛，孟嘗絶嗣無後。薛公之窟，竟屬誰家？董氏之塢，忽爾易人。古今之愚，何必相遠？豈彼二人之智顧反出某官買柴厮養卒之下乎？

别俗字

《歸田録》言：宋丞相庠，尤精字學。其在中書，堂吏書牒尾，以俗體書「宋」爲「宋」，公見之不肯下筆，責堂吏曰：「吾雖不才，尚能見姓書名，此不是我姓！」堂吏惶懼改之，乃肯書名。

余讀而笑之，項籍有言：「書足記姓名而已。」吏胥作字避繁趨簡，名爲隸書，豈能從古？「宋」字作「宋」，何足深非？顏黄門云：「文章著述，猶擇微相影響者行之，至于官曹文書，世間尺牘，幸不違俗。」《家訓·書證》篇。此真通人之論也。

《歸田録》又言：京師食店賣酸餡者，俚俗誤書，轉酸從食、餡從舀。有滑稽子謂人曰：「彼家所賣餕餡，音俊滔　不知爲何物也？」余謂近鄙别字，古來多有，市肆書牌，高揭通衢，亥豕焉烏，觸目皆是，孰從而正之？

又言：「湯餅，唐人謂之『不托』，今俗謂之餺飥。」以爲傳失其本。余謂此不爲失，方俗流傳，音轉字變，未之或非也。

又言：打字自音「滴耿反」，世俗語譌，不知因何轉爲「丁雅反」也？余謂此亦音轉，不足爲非。今京師海岱門俗謂哈達門，山海關呼爲沙海關，亦其類也。若乃坊肆招牌裝潢册葉而書爲頁。頁，頭也，音下結切，寧可代「葉」乎？官府文移事須行察而書作查，查，果也，與柤樝同音側加切，寧可代「察」乎？凡此諸文，不能悉舉，姑述一二，用袪疑惑焉。

判劣書

《宋書·劉穆之傳》：高祖書素拙，穆之教以縱筆爲大字，且云：「大既足有所包，且其名亦美。」高祖從之，一紙不過六七字便滿。按：此必草書。何由知之？以其言「足有所包」，包藏醜拙，非草書不可龍蛇滿紙，故云「名亦美」也。

偶讀《冷齋夜話》，不禁失笑，益信前言之不謬也。云：張丞相好草書，而不工，當時流輩皆譏笑之，丞相自若也。一日得句，索筆疾書，滿紙龍蛇飛動。使侄録之，當波險處，侄惘然而止，執所書問曰：「此何字也？」丞相熟視久之，亦自不識，詬其侄曰：「胡不早問，致予忘之？」余又大噱，彼訴人不早問，正恐早問亦復不識也。亡友臧文學，經生，名儒，其所作字多不可辨，每向致詢，幸自猶能識耳。又有姻親，身爲縣令，其尺牘忙迫，如王荆公執筆作書之狀，每奉手問，惘然不解，恨不能與晤談接膝持紙一一就而問之。

準敕惡詩

唐人有準敕惡詩，傳爲笑柄。《冷齋夜話》九引沈東陽《野史》曰：晉桓温少與殷浩友善，殷嘗作詩示温，温玩侮之曰：「汝慎勿犯我，當出汝詩示人！」

余按：此語頗佳，爲《世説》所未載，故録而存之。乃章惇駡林自云：「荆公亦不曾奉敕許亂道，况林自乎？」《老學庵筆記》一　此語殊獰惡。詩文小道，何足奉敕，况林自又非亂道耶！林上章子厚啓用「有猷有爲，無相無作」，子厚大駡云：「者漢敢亂道！」蔡元度曰：「無相無作，雖出佛書，然荆公《字説》嘗引之，恐亦可用？」子厚復大駡云云。

守庚申

道家有「守庚申」之説，云三尸蟲能記人過失，至庚申日，乘人睡去，讒之上帝。故學道者至日輒不睡，謂之守庚申，或服藥以殺之。葉少藴云：「學道者將積累功行，以求升舉也，不求無過，而反惡物之記其過，豈其閉覆藏匿欺妄上帝，而可謂神仙者乎？上帝照臨四方，納三尸陰告而謂之讒，其悖尤甚。」然彼家未有不信其説。柳州亦作《罵三尸》文，可笑也。程紫霄詩云：「不守三尸亦不疑，此心常與道相依。玉皇已自知行止，任爾三彭説是非。」可以悟矣。《艮齋續説》十

余按：桂海《虞衡志》云：「蝳蝐背甲十三片，海人養以鹽水，飼以小鱗，俗傳甲子、庚申日輒不食，謂之蝳蝐齋日。」然則，此蟲豈亦奉道家之説耶？嘗見道書符籙禁祝詞語，鄙俚俗人尤易信惑，無怪蝳蝐亦解持齋矣！《諾皐記》言，竈神常以月晦日上天白人罪狀，而流俗信之，遂有賣餳餬竈口者。其説令人嗤鄙，然亦守庚申之意，又皆道家者言，故附識之以辨惑焉。

癡絶

《冷齋夜話》載李舟受昌州，以去家遠，改受鄂倅。淵材聞之，吐飯，大步往謁李，曰：「昌，佳郡也，柰何棄之？」李驚曰：「供給豐乎？民訟簡乎？」并云「非也」。「然則，何知其佳？」淵材曰：「天下海棠無香，昌州海棠獨香，非佳郡乎？」聞者傳以爲笑。《歸田録》云：國朝自下湖南，始置諸州通判，既非副貳，又非屬官。故嘗與知州争權，每云「我是監郡，朝廷使我監汝」，舉動爲其所制。後稍稍戢，然至今州郡往往與通判不和。往時有錢昆少卿者，家世餘杭人也，杭人嗜蟹，昆嘗求補外郡，人問其所欲何州，昆曰：「但得有螃蟹無通判處則可矣。」至今士人以爲口實。

按：二事頗類，足資談諧，故録之。

尤西堂言：有一士人貧甚，每夜焚香祈天，忽空中神語曰：「帝憫汝誠，問汝何欲？」士曰：「某所欲甚微，但願此生衣食粗足，逍遥山水，以終其身，足矣！」神大笑曰：「此上界神仙之樂，何從得之？若求富貴，則可矣。」《雜説》四。

余謂此神直戲言耳，實則富貴神仙何可求得？昔有三人言志，一欲富貴，一欲神仙，一欲兼之，乃云：「我欲腰纏十萬貫，騎鶴上揚州也。」又舊傳一士清修，後見冥王，憐其寒苦，令言所欲，將畢酬之。士歷舉田園、仕宦、妻妾、子孫，以明所願。言未畢，冥王笑曰：「若有如此善地，我亦許久不作閻羅王矣！」大抵富貴、神仙，人所稱願，然以鑽營而求富貴，與以修鍊而望神仙，其爲貪癡意正等耳。唐道士侯道華言：「天上無凡俗仙人。」二語見《老學庵筆記》。此言絶妙。

《冷齋夜話》又引《孔叢子》言：「昔有人聞遠方能不死之術者，裹糧往從之，及至而其人已死矣，然猶嘆恨不得聞其道。予愛其事，有中禪者之病，佛法浸遠，真僞相半，唯死生禍福之際不容僞耳。今目識其僞猶惑之，可笑也。」《冷齋》此語真是唤醒憒憒，嘗怪顔黄門博雅通儒，而歸心佛法，乃詆「堯舜周孔虚失愉樂」，又云：汝曹「不棄妻子，未能出家，但當兼修戒行，留心誦讀，以爲來世津梁」云云。見《家訓·歸心》篇。殊非通人之言，其智大出釋覺範下矣。余深喜《冷齋》語，聊附記之。

士大夫家多藏書籍，亦是一癡。蔡中郎倒屣王仲宣，遂以家書持贈，斯真達矣。李公擇讀書廬山僧舍，書幾萬卷，思遺後之學者，乃藏于僧舍，人目其居爲「李氏藏書山房」，而蘇子瞻爲記。《澠水燕談》十。此又解脱凡情都無塵障者也。頗笑世間愚人，長欲私爲己有，吾不知坊肆舊書插架盈箱，各鈐其家印記，都從何處得來也。昔人仰屋興嘆，比之傳舍，況于故紙塵編耶？唐杜進家書，跋尾皆自題書，以「鬻及借人」爲不孝，而其後蘇維嶽家杜氏書尤多，所題皆完。《燕談》七 陳亞少卿，蓄書數千卷，異花數十本，亦有詩云：「他年若不和花賣，便是吾家好子孫。」亞死未幾，皆散落民間矣。《燕談》十。

《春秋後語》云：初，廉頗之免于將而歸也，失勢，故人賓客盡去。乃復用，客乃復至，頗謝遣之，客曰：「君何見之晚也？天下市道交，君不知之耶？君有勢，我即進；君無勢，我即去。此固其理，君何怒焉？」《御覽》八百二十七。嘗笑翟公爲廷尉，賓客填門，及廢，門外可設雀羅。後復，貴客欲往，而翟公大署其門曰：「一死一生，乃知交情；一貧一富，乃知交態；一貴一賤，交情乃見。」嗚呼！何其不達耶？翟公既癡絶，其客又昏鈍，故不及廉頗客。

《吴書》：鄭泉字文淵，臨卒，謂同類曰：「必葬我于陶家之側，庶百歲之後化而成土，幸見收爲酒壺，獲我心矣。」余讀之而笑，酒徒有此癡想固妙，但恐不爲酒壺却爲溺壺，如何？故不及劉伶曠達，死便埋我。

狼殺人

《後漢書·順帝紀》：陽嘉元年，「望都、蒲陰狼殺女子九十七人。注引《東觀記》云：「爲不祠北岳所致。詔曰『政失厥中，狼災爲應，至乃殘食孤幼。博訪其故，山岳尊靈，固〔國〕所望秩，而比不奉祠，淫刑放濫，害加孕婦』也。」

案《晉書·苻健載紀》：健末年，「猛獸及狼食人，行路斷絶。」《苻生載紀》又云：「時猛獸及狼大暴，晝則斷道，夜則發屋，惟害人而不食六畜。自生立一年，獸殺七百餘人，百姓苦之，皆聚而邑居。爲害滋甚，遂廢農桑，内外凶懼。君臣奏請禳災，生曰：『野獸飢則食人，飽當自止，終不能累年爲患也。天豈不子愛群生，而年年降罰，正以百姓犯罪不已，將助朕專殺而施刑教故耳。但勿犯罪，何爲怨天而尤人哉！』」苻生此言，人皆笑其狂悖，然不祠北岳，漢順之詔亦失則誣。迹順帝之世，乳母宋娥、黄門孫程等作奸亂政，很如狼矣，而苻生凶殘，豺狼不啻，故災沴之氣感生異類，虐害蒸黎。最可異者，苻氏之狼唯害人而不食畜，漢氏之狼唯食孕婦及孤幼。近十年以往，登州界棲霞、福山亦有狼災，唯噬小兒，不及丁壯。嗚呼！母虎傅翼，將飛入邑，擇人而食。豺狼當道，曾何足言？東觀之詔，政失厥中，淫刑放濫，古今同契，職此之由。俚人乃言：「狼虎下界，失在山神。」謬哉！

曬書堂筆録卷六 砭俗

談命數

宣和末，黄安時曰：「亂作不過一二年矣，天使蔡京八十不死，病亟復蘇，是將使之身受禍也，天下其能久無事乎？」放翁《筆記》四。

靖康兵亂，宣和舊臣悉已遠竄，黄安時居壽春，嘆曰：「造禍者全家盡去嶺外避地，却令我輩横尸路隅耶！」安時卒死于兵，可哀也。《筆記》五。

余按：自古大奸巨慝亂人國家，作壞世界，及一旦禍臨，或其人先死，或貶竄遠方，脱身局外，反得安然無事。蓋此輩人福命本厚，自然與禍相違，其觸禍機、臨難死者，大抵皆君子及平人耳。每讀斯語，令人嘆息不能已已。

邵康節不談命

張橫渠喜論命，問康節曰：「先生知命否？當推之。」康節曰：「若天命則知之，世俗所謂命，則不知也。」尤西堂云：「康節所謂天命，即夫子所謂五十而知天命也，豈八字五星之類乎？即君平賣卜亦據《易》理，今人擲三文錢，分單赤重交以斷吉凶，豈不可笑？」《艮齋續説》八。

按：錢卜之法，即古之火珠林也。精其術者，百不失一。近光州胡文良公煦《周易涵書》，于術數家博綜無遺，以爲無過于此，不可以小道忽之，西堂殆未曉耳。至康節所言，自是正論，俗間星命小書，假託名字，誑人取錢，有《蠢子數》者，傳是康節家書，何可信哉？

富貴人喜談命

近有達官某公已登台輔，因事左遷。公故豪飲，日偕門生輩酩酊爲歡，每詢坐中人有善相及談命者。余聞而非之，然亦料其必將復用也，既而，再登八座。徐師川論東坡視死生如旦夜，而欲學長生不死；陳瑩中視爵禄如糞土，然猶時對日者説命。《冷齋夜話》十。

黄魯直南遷，年已六十，親故憂之，魯直笑曰：「宜州者，所以宜人也，且石塘鬼『侍郎』之言，豈欺我哉？」竟没于宜州。石塘鬼者，熙寧初，魯直宿石塘寺，寺有鬼，靈異，以侍郎目之，豈魯直癡絶，故欺之耶？《冷齋夜説》一。

余謂富貴中人熱腸不斷，夢想多誣，故鬼物得而欺之。徐師川言山谷赴官姑孰，既至，未視事，聞當罷，不去，竟俯就之，七日符至，乃去。以是笑之，可知蘇、黄諸公亦復是熱中人耳，竟被師川一齊抹倒。

掖人張冕善推命格，有鈔本書，持算盤檢書推命，于過去事萬不失一，而未來事不必盡酬。余嘗見其算，叩其術，秘不告人，但云嘗遊口北，遇人口授之者。然張挾此術，橐中嘗致數千金。余觀其推官禄壽命，每投人所喜，抑亦石塘鬼「侍郎」之類耶。《冷齋夜話》有一條云：靈源禪師住龍舒太平精舍，有日者能課，使之課，莫不奇中。蘇朝奉者至寺使課，無驗。非特爲蘇課無驗，凡爲達官要人言，皆無驗。至爲市井凡庸山林之士課，則如目見而言。靈源問其故，答曰：「我無德量，凡見尋常人則據術而言，無所緣飾，見貴人則畏怖，往往置術之實，而務爲諛詞，其不驗要不足怪。」然則，術家之説，何可信哉？

貧賤非富貴能拔

王充有言：「命貧以力勤致富，富至而死；命賤以才能取貴，貴至而免。」《論衡·命禄》篇諒哉斯言！請以二事明之。

范文正公鎮鄱陽，有書生獻詩，甚工。自言：天下之至寒餓者，無在某右。時盛行歐陽率更書《薦福寺碑墨本》，直千錢，文正爲具紙墨打千本，使售于京師。紙墨已具，一夕雷擊碎其碑，故時人爲之語曰：「有客打碑來薦福，無人騎鶴上揚州。」東坡作《窮措大》詩曰：「一夕雷轟薦福碑。」《冷齋夜話》二。

韓魏公客郭注者，才而美，然求室則病，行年五十，未有室家。魏公憐之，百計賙恤，爲求婚，將遂，其人必死。公以侍兒賜之，未及門而注死。郭注殆可與范公客同科也。《冷齋夜話》九

按：富貴如韓、范而不能濟二客，抑無怪也。乳子有殃，非后來所能吉；媚臣縱理，雖帝力以無〔無以〕施。富貴在天，居然信矣！君相造命，殆空言耳！

天命非智力能移

《通鑑》：貞觀三年，上録繫囚。有劉恭者，頸有「勝」文，自云「當勝天下」，坐是繫獄。上曰：「若天將興之，非朕所能除；若無天命，『勝』文何爲？」乃釋之。太宗此言，極爲通脱，何故枉殺李君羨？豈非不知天命乎？時太白屢晝見，太史占云：「女主昌民間。」又傳《祕記》云：「唐三世之後，女主武王代有天下。」上惡之，及聞君羨小名五娘，又以其官稱、左武衛將軍封邑武連縣公皆有「武」字，君羨武安人 深惡之，出爲華州刺史。尋以事誅，籍没其家。上密問太史令李淳風：「《祕記》所云信有之乎？」對以「其人已在宫爲親屬，自今不過三十年，當王天下，殺唐子孫殆盡。」上謂「疑似者盡殺之何如？」對曰：「天之所命，人不能違也，王者不死，徒多殺無辜」云云。上乃止。嗚呼！令太宗早聞此言，即君羨可以不死矣。吾意淳風雖精緯候，未必真有斯言。就令有之，不虞洩漏乎？疑或史臣增飾之詞耳。

《雲溪友議》載：安禄山生于南陽，時李筌爲鄧州刺史，夜識東南有異氣，于邨落物色得之，慘然曰：「此假王也。」座客勸殺之，筌不聽。即注《陰符》者。後有罪當刑，節度使張守珪奏于朝，亦不殺。然則，真王不死，假王亦不死也。《香祖筆記》十一。宋太祖云：「有天命者，任自爲之。」此真通達之言，若唐太宗，可謂明于劉恭而暗于君羡矣，故真知天命爲難。

不自見

郕人如市市餅餌，而命其鄰人曰：「持餉我兒。」鄰人答曰：「我不識若兒。」則命之曰：「視衆中有美于群兒者，乃是也。」其人歸，而自餉其兒。他日詰之，而曰：「爾言視美于群兒者，我視我兒乃美于群兒，即知爾所餉必是也。」他日，此鄰人復如市市餅餌，而命其鄰人曰：「餉我兒，視美于群兒者，乃是也。」其人歸而自餉其兒。

他日，此兩鄰人各携兩家兒懷餅餌而質于里之父師，于是父師者呼其兩兒出應客，而曰：「視我兒復孰與若兒美？」因奪餅餌授兩兒，兩兒啖餅餌，嘻嘻然而去。

跛跛挈挈

今人言勤苦用力曰「跛跛挈挈」，讀若巴結 此無正文，然其語乃今時學世路遊仕途要緊秘訣，而試令人執筆作字，凝眸搔首，存想移時，終寫不出。余性疏慵，豈解道此？因讀尤西堂

《艮齋雜説》四，于無意中偶得之，喜不自勝，謂不啻遊琅嬛獲睹赤文緑字也。亦將奉爲寶籙，不輕示人。既而，又思西堂詞人落魄，幸邀宸眷，旋其退閒，似非熱宦中人，雖其書中偶存此字，恐其胸中本無此想，且其字素未經見，安必確乎可信耶？昔揚子雲多識奇字，有好事者載酒問之，「容買邨醪，携樸鏄，向長安市上望塵候騎，拜問識字通人也。」

余居京師久，每見巨公之門車馬停待，闃若無人，至尋常門外，車馬一過而已。因讀尤西堂説：「陳眉公以通隱名，陶石蕢兩造門不得見，後在太倉相公所見之，陶笑曰：『某以陳先生高士，當在深山窮谷中，不意于相府相會。』陳大慚。」《艮齋續説》九。

又説：「昔有山人吴擴，元旦作《懷分宜相公》詩，一友戲之曰：『君以新歲第一日懷朝中第一人，既至臘月三十日懷不到吾輩。』此可發一笑也。」《艮齋雜説》三。余曰：異哉！此人胸中乃有車馬，無怪相府門前車騎紛紛不斷也。

又憶漁洋山人言：「近吴湖州園次綺遊廣州，有僧大汕者，日伺候督撫將軍諸監司之門。一日向吴自述酬應雜遝，不堪其苦。吴笑應之曰：『汝既苦之，何不出了家？』座上皆大噱。」《香祖筆記》九。

或問：「僧既出家，跛挈何爲？」余應之曰：「君不出家，跛挈何爲？」世間偏是僧道貪不知足，又肯跛挈。嘗見寺觀勝地，動有兩廚：一素自奉，一葷供客。或延貴客設齋，窮極品味，名爲菇素，費更不貲。此之跛挈，比未出家人又多一番酬應矣。楊誠齋詩：「袈裟未著言多事，著了袈裟事更多。」真有慨乎其言之哉！

借貸

今人稱貸取錢過期無償，每致索負登門，追呼無已。偶讀道書：「牽牛娶織女，借天帝二萬錢下禮，久而不還，被驅在營室之間。」不覺失笑，始知天上亦有此風，何怪人間乃爾？尤可笑者，翁婿論財，遂遭白眼，世情薄惡，良不足非矣！《香祖筆記》七引。

因憶《世説》載：「王戎女適裴頠，貸錢數萬。女歸，戎色不説，女遽還錢，乃釋然。」此事與前相類，幸遇裴郎家道頗充，所以得免翁驅逐耳。不然，恐亦當如黄姑織女阻絶天河兩岸邊矣。

本色

「『馬騎上等馬，牛使中等牛，人用下等人。』此至言也。馬取其行遠，牛取其負重，人取其安分。若黠奴悍僕，智過其主，未有不爲其愚弄者。昔司馬温公畜一老僕，幾三十年止稱『君實秀才』。蘇子瞻見而教之，遂改稱『大參相公』，公驚問故，嘆曰：『可惜老僕被蘇東坡教壞了！』然被人教壞猶可，今之奴才，其教壞主人者多矣！可爲三嘆。」《艮齋續説》八　按：漁洋嘗過汪苕文，其小僕走報：「王貽上來。」漁洋笑曰：「此子不減蕭茂挺家僕。」《香祖筆記》八。余謂汪僕猶带斯文氣，故不及司馬家僕。或言：坡公一教便壞，知非不雕不琢。余曰：不然，使無懷、葛天之民生周、秦、楚、漢之代，亦决被人教壞了也。

洪覺範嘗遊褒禪山，見一僧以紙軸枕首，跣足而卧。既覺，問之曰：「師寄此山幾年矣？道具何在？伴侣爲誰？」僧笑曰：「出家欲無累，公所言衮衮多事人也。」曰：「豈不置鉢耶？」曰：「食時寺有碗。」「豈不畜经卷耶？」曰：「藏中自足。」「豈不備笠耶？」曰：「雨即吾不行。」「鞋履亦不用耶？」曰：「昔有之，今弊，棄之。跣足，殊快人。」「然則，手中紙軸復何用？」曰：「此度牒也，亦欲作枕。」洪異之，不告姓名而去。既還海岱，逢佛印禪師出山，重荷者百夫，擁輿者十數夫，巷陌聚觀，鷄犬喧吠。使褒禪僧遇之，不哂其多事也？見《冷齋夜話》，尤西堂述之，謂「此僧真古佛化身，惜覺老當面磋過。由其言，雖祖師杖、拂，都爲長物，何况後車數十、從者數百乎？天下本無事，入世、出世，同作是觀。」《艮齋續説》　余謂此僧固灑脱，然猶夢見歐陽公，亦非真能忘情者，故不及孫登。

「西京一僧院後，有竹園甚盛，士大夫多遊集其間。文潞公亦訪焉，大愛之。僧因具牓乞命名，公欣然許之，數月無耗。僧屢往請，則曰：『吾爲爾思一佳名，未得，姑少待。』逾半載，方送牓還，題曰『竹軒』。妙哉題名！只合如此。使他人爲之，則『緑筠』、『瀟碧』，爲此君上尊號者多矣。」《艮齋續説》八。

余謂當公思佳名未得，度其胸中亦不過「緑筠」、「瀟碧」等字，思量半載，方得真詮。千古文章事業，同作是觀。

先大夫壬子歲貢，故事：得牓，門但書「明經」二字。牟默人賞之，以爲簡要不煩。答言：明经，吾何敢？二字猶嫌多事。「顧涇陽嘗訪李三才，初見，設麥飯菜羹。明日，食前方丈，顧訝之，李曰：『昨日偶無，今日偶有耳。』顧深然之。在李固爲英雄欺人，而其言未嘗不是。裴晉公云：『鷄魚葱薤，逢着便吃；生老病死，時至則行。』即此意也。」《艮齋續説》四。余謂裴晉公是真本色。

真率

晉人喜放達，阮嗣宗子亦欲作達，乃戒之曰：「卿不得復爾。」樂令亦言：「名教中自有樂地，何爲乃爾？」是則放不可爲，達不可作，聖門狂簡，亦復需裁，况其下乎？至于燕居無容，樂易流愷，或良朋叙舊，快友談心，率爾自佳，寧必終日相對，儼然形同木偶耶？晉簡文言真率，少許勝人多許。宋文潞公、司馬温公相約爲真率會，脱粟一飯，酒數行，過從不間一日，名士風流，令人傾慕。尤西堂效之，有真率會約，談詩講藝，無所不可，獨不許賭牌，云賭牌有三費：費時、費心、費財也。西堂此舉既佳，不許賭牌尤雅尤韵，如此方是真真率也。僕性本簡略，又迫衰殘，攝衣對客，拘縛如囚，散步庭除，流連花鳥，或獨對塵編，披吟自適，意復欣然，謂此中之樂，不減商山矣。

僕平生畏見禮法人，偶爾同坐，形神俱疲，真如背負芒耳。《世説》言高坐道人于丞相坐恒偃卧，見卞令肅然改容，云彼是禮法人。然則畏斯人者不獨僕矣。昔南泉坐次一僧叉手立曰太俗生，僧合掌曰太僧生，然則不僧不俗其真率乎？《晉·儒林·范宣傳》庾爰之問宣曰：「君博學通綜，何以太儒？」宣曰「云云，僕誠太儒，然立不與易。」此則太儒，乃是真率本色，不可改也，改即俗矣，故又當别論。謝鎮西自墓還，宴酣半坐，方覺未脱衰；阮嗣宗當葬而飲酒，食蒸豚。此皆無禮法之尤，乃放誕，非真率也。真率者，猶守禮法而特不爲拘苦。王子猷徑造竹下，不識主人；桓子野下車吹笛，客主不交一言。居然坦率，亦復可佳。若乃劉伶客至，謾語幝衣；謝萬兄前，欲索便器。雖復真率，未免古狂者也。

作文須避忌

應制之詞，切須忌諱。鄧潤甫撰《龍興節祝壽詞》，用「負黼扆，憑玉几」，下句《顧命》中語，不宜用。吴挺之《德壽宫賀表》，有「揚命」二字，蘇熙之亦以「導揚末命」爲《顧命》中語，然《説命》不云「對揚王之休命」乎？劉嗣明作《皇子剃胎髮文》，用「克長克君」語，吏持以請曰：「内中讀文書最以語忌爲嫌，既尅長，又尅君，殆不可用也。」劉亟易之。陳去非草《朱勝非起復制》，用「方宅大憂」，言者以爲事涉人君。陳晦草《史彌遠制》，用「昆命元龜」，倪思謂與漢册董賢「允執其中」何異乎？楊文公嘗戒門人爲文宜避俗語，既而公作表云「德邁九皇」，門人鄭戩曰：「未知何時得賣生菜？」公笑而改之。神宗閲柳永詞「漸亭皋木下」，首見「漸」字不樂，至「太液波翻」，怒曰：「何不云波澄耶？」抵于地而罷。僧來復應制詩有「殊域」一字，明太祖以「歹朱」觸怒，賜死。語言文字不可不慎也。《艮齋雜説》三。

歐陽公言：楊大年爲學士時，草《答契丹書》云：「鄰壤交歡」。進草既入，真宗自注其側云：「朽壤、鼠壤、糞壤。」大年遽改爲「鄰境」。明旦，引唐故事，求解職。《歸田録》一。

余謂不但應制之詞切須避忌，雖泛作詩文均須留意。如《顔氏家訓》所舉梁世費旭詩云「不知是耶非」，殷澐詩云「颻颺雲母舟」，簡文曰：「旭既不識父，澐又颻颺其母。」又云：「北面事親別舅，摛渭陽之咏；堂上養老送兄，賦桓山之悲。」皆大失也。舉此一隅，觸塗宜慎。

語言須避忌

富鄭公晚居西都，嘗會客食羊肉，顧語邵康節云：「煮羊惟堂中爲勝，堯夫所未知也。」邵云：「野人豈識堂食之味，但林下蔬筍則常吃耳。」鄭公赧然曰：「弼失言！」《艮齋雜説》四。余謂此等語言，若暱交密友，或談笑風生，故當不足爲嫌。設非此例，避之爲宜。

酬對長官尤須點檢，至于自事答言，名諱觸犯，雖出無心，却難爲面。西堂《雜説》：「元絳知杭州，有吏白事云：『合依原降指揮。』元遽云：『元絳未嘗指揮。』楊萬里爲監司，一郡守宴之，官妓唱『萬里雲帆何日到』，楊遽云：『萬里今日到也。』一官名如周，爲如州守，人以如州呼之，官大怒，其人云：『但知如周官作如州，不知如州官名如周，若解如州官名如周，不喚如周官作如州矣。』官大笑，置之。近常州武進縣令名武俊，吾不知人稱之何如也。」

「田登作郡，自諱其名，觸者必怒，吏卒多被榜笞。于是舉州皆謂燈爲火。上元放燈，許人入州治遊觀。吏人遂書榜揭于市曰：『本州依例放火三日。』」《老學庵筆記》五。「吴王畏翟虔之逼，諱其父名，呼雨爲水。」《艮齋雜説》四。余謂呼雨爲水、謂燈爲火，恰好作對，録供一噱。若乃人諱馮道名，讀《道德經》曰：「不敢説，可不敢説，非常不敢説。」尤令人捧腹也。

「凡人命名宜擇其易諱者。韓公父名益，歐公父名觀，故集中無此二字，是廢《易》二卦也，不猶之獻武具敖乎？坡公祖名序，故爲人作序改爲叙，又改爲引。王介甫父名蓋，故《字説》無『蓋』字。張芸叟父亦名蓋，表文改云『兹』。乃伏遇皇帝陛下，然使今人爲之，不早貼出乎？」《艮齋雜説》四。

模餬

余少小時，族中各房奴僕猥多，後以主貧漸放出户，俾各營生，其游手之徒多充役隸。余年壯以還，放散略盡，顧主奴形迹，幾至不甚分明，然亦聽之而已。

余與牟默人居趾接近，每訪之須過縣署門，奴輩共人雜坐，值余過其前，初不欲起，乃作勉强之色。余每迂道避之，或望見縣門低頭趨過，率以爲常。每向先大夫述之，以爲歡笑。

吾邑濱都宫者，丘長春先生故里也。正月十九是其誕辰，遊者雲集。余偕同人步往，未至宫半里許，見有策驢子來者，是奴李某之子，曰喜兒，父子充典史書役，邑人所指名也。相去數武外，鞭驢甚駛，仰面徑過。時同遊李、趙諸子問余：「適過去者不識耶？」曰：「識之。」「騎不下何耶？」曰：「吾雖識彼，但伊齒卑，少更歷，容有不知也。」後族中尊者聞之，呼來詢詰，支吾而已。

又有王某者，亦奴子也，嘗被酒登門喧呼，置不問。由是家人被以模餬俗作模糊之名，余笑而頷之。

因憶《老學庵筆記》一條云：吕正獻平章軍國，時門下客因語次，或曰：「嘉問敗壞家法，可惜。」公不答，客愧而退。一客少留曰：「司空尚能容吕惠卿，何况族黨？此人妄意迎合，可惡也。」公又不答。既歸，子弟請問二客之言何如，公亦不答。

吕公有三不答，余有三不校。嘗謂世間有三等人不可與校：一，上等人不敢與校，校恐有禍；一，中等人不敢與校，校恐結怨；一，下等人不敢與校，校恐含冤。

風俗奢靡

余以乾隆末遊京師，聞長老言，三十年前官長止乘馬車，今皆用驘，雖優兒亦坐大鞍車矣。

尤西堂言：「在京師，入朝時見同官皆羊裘耳，今聞班行中無不衣狐鉛〔膁〕、天馬、舍利孫者。」尤在康熙初。今百餘年間，狐鉛〔膁〕、天馬已成私居常服，又有骨重羊、草上霜矣。西堂又言：「往聞先輩吴因之太僕不許家僮服寸綢尺絹，古道不可復矣，吾目中所見富貴之家監奴百輩，無不戴貂冠、被狐裘、裝鸞帶、著麂靴，甚至有輿馬出入者，豈止白縠之表、薄紈之裏乎？」《雜説》四尤在當時已言奢靡足戒，今見今日風氣，當復云何也？

陸放翁記張婕妤曰：禁中用胭脂、皂莢多，相公已有。語時趙鼎、張浚作相也。《筆記》一。今女奴奶母，脂粉塗面矣。放翁又記「徐敦立言：往時士大夫家婦女坐椅子、兀子，則人皆譏笑其無法度。」《筆記》四。今則婦女燕賓，公然高坐，不以爲非，甚或有就戲園設几筵者矣。昔人以招提爲清浄境，今爲遊閒之地、飲博之場矣。夫土地所以養人也，生齒以實土地也。今養人之具未有日增，生齒之繁曾無日減，人滿之患甚于土滿之憂，風俗之奢易致秏竭之虞。主持世道者，宜如何而可以謝責哉？

尤西堂云：「喪禮，或弔生，或弔死，非親則友，未有旋之路人者。今吴俗有喪，發帖遍請，多不識一面者。不弔則已慢，弔之則已濫，然與其濫也，寧慢。吾惡夫拜之無名也。蜀中一前輩見之詑曰：『爾蘇人叵耐，拏人來磕頭。』聞者無以答。」《雜説》四。余謂拏人磕頭白事尚可，至爲本身作壽，亦復拏人磕頭，斷不可也。

又云：「喪家請客光陪，白衣冠滿座，遂成哺歠之場，更覺可笑。惟京師治喪，猶爲近古。」

按：近亦漸染風氣，當日必不如是。

又云：「吳俗拜年，無論識與不識，望門投帖，賓主不相見，登薄而已。答拜者亦如之，一月中奔走如織。是何禮也？甚或有帖到而身不到者，可一笑也。蘇城之路，六門迢遞，今日往東，明日往西，而東路之帖又至矣。記一前輩答拜回，見門上帖又滿案，怒而擲之，曰：『聽他連名告我可也！』聞者絶倒。」《雜説》四。按：今此風京師亦盛，大抵慶弔二事俱染吳俗耳。

近士大夫爲人稱壽，爲人誌墓，已成故套。錦屏畫幛，留作書囊；素練青縑，權爲挂料。事出本家，既多增飾，文工潤色，寧少兼金。昔尤西堂譏人稱壽：「每見人徵詩，輒攢眉竟日，不得已而應之，比之諛墓有餘愧焉。」吾嘗服膺此語，以爲英談。至于昌黎諛墓，劉叉攫金，而柳子厚銘不爲曲筆，此又何説？固疑前言戲之，非事實也。「南唐嚴續以金玉錦繡并飾美姝，求韓熙載誌其父墓，韓許之。文成，但叙家事、封爵、生卒年月而已。續意怏怏，重緘祈爲潤色，韓即削稿，却將原物送回。」持國此事似有風操，而施之今日，必不可行。西堂亟賞之，以爲「賢于昌黎」，恐未然也。至謂誌銘，必如夫子于季札曰：「烏乎！有吳延陵季子之墓。」然後可。《雜説》四。無論此十字碑未必夫子真筆，就令有之，亦墓碑耳，寧可施于墓誌乎？

談來生事

三生惡孽，六道輪回，雖不盡然，或有其事。應存此説，以警世人。《清波雜志》載章惇化貓，《泊宅編》載馮拯化驢，彰彰前聞。《艮齋雜説》五云：「惠州一娼震死于市，脇下朱書『李林甫毒虐弄權，帝命震死此女。』又雷震一牛，背書『李林甫九世後身』。永樂中，雲南雷擊一酋，火烙字曰『李林甫』。」「《夷堅志》載秦檜暴疾，見一人瞋目厲聲曰：『汝誤國害民，我已訴于天，當受鐵杖于太祖殿下。』檜遂死，子熺亦亡。方士伏章見熺荷鐵枷，問：『太師何在？』曰：『在酆都。』方士往，見檜與万俟卨俱荷鐵枷囚鐵籠中，泣謂曰：『煩傳語夫人，東窗事發矣。』《江湖雜記》載押衙何立見地藏王事，亦同。」「吾鄉有顯宦極作惡，其死也，爲百千寃鬼呵拽而去，舉家見之，後有神降乩云：『此人已七世爲猪矣。』」

「金文通公爲通薊道時，有一旗牌官自言三世爲猪，最苦宰殺，之後每經庖人臠割輒痛楚如生時。後乞冥官變身爲騾，嘗馱一客，負囊數百金，遇響馬盜追之，自念客若被劫，吾罪更重，因奮力渡河，客得脱，而騾竟溺死。既見冥官，云：『由汝一念，不但得人身，且有小前程也。』

金公歸里，爲人道之。」《艮齋雜説》五。

按：乾隆初，吾邑學博牛公自言記前生事，三世猶未得人身。嘗爲蛇，意甚惡之，恆苦飢。一旦飽食，在車轍中眠，車轢殺之。見冥官，曰：「汝自投死，孽未盡也。」復爲犬，自念與其食穢寧餓死，既又懼冥判，不敢復然，且圖苟活。才萌此念，食穢已甘矣。又嘗爲騾，荷重陟嶺，俱所能爲，最苦下坡，心肝欲墜。後得人身，不忘前生之苦，特爲騾加筒屜夾脊，牛所製也。聞之先大夫云。

役人不盡其力

東野之御馬也，而顔淵策其必敗，以其殫馬力而知之也。西伯之爲臺也，而鄄人成以崇朝，以其愛民力而得之也。孟子有言：「佚道使人，雖勞不怨。」又言：「四肢安佚，人性自然。」此皆順事恕施曲體人情物理之至論也。

今富室豪家，課奴呼婢，自身好惰，繩物偏苛，便己偷安，律人精敏，乃至譙遊繼燭，摴蒱張燈，僕從滿前，連宵達旦。至于讀書深夜，篝火焚膏，孤影對檠，掩關却迹，童僕罔有窺焉。

余書舍之役，唯埽地烹茶呼童料理，其餘委瑣多自經營。非惟素習勤勞，不欲每事需人，就令人皆便了，使指動頤，亦不能盡如吾意也。即如拂塵滌硯，甏炭然爐，手揮目營，逡巡立辦，必須呼喚，反有稽遲，或失時機矣。

司马温公居宿小閣，侍者唯一老僕。一更二點，即令此僕先睡，看書至夜分，乃自罨火滅燭而睡。至五更初，公即自起發燭，點燈著述，夜夜如此。見《懶真子》五。

余憶二十年以往，赴考來都，有親舊招飲，主人館職，客皆同鄉戚好，款語移時，左右顧無在者。主人對客深致譙訶，衆爲開説始解。既散，牟默人爲余道阮芸臺先生督學山左，日嘗觴客鐵公祠下，談讌方酣，行酒無人，公乃自起繞欄聲唤，傔從乃來，公絶無忤色，唯令换酒而已。

好譏彈

端木謗人，取箴于孔；賀若刺舌，卒殞其軀。經史明言，當爲永誡。

王隱《晉書》載司馬文王言阮嗣宗至慎，每與之言，言及玄遠，而未曾評論時事、臧否人物。凡人行事，少年立身，不可不慎。勿輕論人，勿輕説事，禍患無從而至，悔吝何由而生？

評論文字

題跋品評文家，不免亦須謹慎，莫便輕言。徐陵爲一代文宗，未嘗詆訶作者。曹子建云：「世人著述，不能無病。僕嘗好人譏彈其文，有不善者，應時改定。昔丁敬禮常作小文，使僕潤飾之，僕自以才不過若人，辭不爲也。」又云：「劉季緒才不逮于作者，而好詆訶文章，掎摭利病。」《顏氏家訓》云：「江南文制，欲人彈射，知有病累，隨即改之。陳王得之于丁廙也。山東風俗不通擊難，吾初入鄴，遂嘗以此忤人，至今爲悔，汝曹必無輕議也。」又云：「文章之體，標舉興會，發引性靈，使人矜伐，故忽于持操，果于進取。今世文士，此患彌切，一事愜當，一句清巧，神厲九霄，志凌千載，自吟自賞，不覺更有傍人。加以沙礫所傷，慘于矛戟，諷刺之禍，速乎風塵，深宜防慮，以保元吉。」余讀顏氏此條，毛骨悚然，心膽俱驚。作文論文，一齊頫首。

《北齊書·魏收傳》：「崔㥄從齊神武入朝，熏灼于世，收初不詣門。㥄爲帝登阼赦云『朕託體孝文』，收嗤其率直。正員郎李愼以告之，㥄深憤忌」云云。按：收以此言幾爲㥄所中傷，顏黄門語可爲寒心。

王勉夫《紀聞》載東坡一日與歐陽公論《五代史》，公曰：「修于此竊有善善惡惡之志。」坡曰：「韓通無傳，烏得爲善善惡惡。」公默然。千秋公論，當時坡公固已發之。《香祖筆記》六。《癸辛雜識》言：劉羲仲摘歐陽《五代史》之譌誤，爲《糾謬》一書，以示坡公。坡公答以王介甫嘗謂某當修《三國志》，某不敢當，正畏如公之徒摭拾其後耳。《筆記》九。

余按：坡公此語故是戲言，果能著爲一書，獨有千古，雖若輩紛紛摭拾其後，庸何傷乎？又坡公喜快談，好持論，故畏人議其後耳。若人自忖才名不逮，坡公文章未若此老，任他摭拾，還自著書。

著書作文須具眼

輕道人短，好説己長，彼我易觀，更相嗤笑。陳思王曰：「以孔璋之才，不閑於辭賦，而多自謂能與司馬長卿同風，前有書嘲之，反作論盛道僕讚其文。夫鍾期不失聽，于今稱之，吾亦不能妄嘆者，畏後世之嗤余也。」今世文士當面稱佳，背人取笑，何可勝言？顔黄門云：「近在并州，有一士族好爲可笑詩賦，誂擎邢、魏諸公，衆共嘲弄，虚相讚説，便擊牛釃酒，招延聲譽。

其妻，明鑒婦人也，泣而諫之。此人嘆曰：『才華不爲妻子所容，何况行路？』至死不覺。」然則滔滔皆是，異地同風。詅癡符何必偏在江南。《顔氏家訓·文章》篇。

玉川子詩：「《春秋》三傳束高閣。」按：馬永卿《懶真子》四引韓退之云：「《春秋》五傳束高閣。」謂傳有鄒氏、夾氏也，今獨有三家云云。後人故實亦有暗合者。常秩治《春秋》學，著書數十卷。後以王安石薦起，安石不喜《春秋》，秩遂諱之。時兩河告饑，詔青苗钱權行倚閣，或戲秩曰：「君之《春秋》亦權倚閣乎？」漁洋山人嘗引爲笑。見《香祖筆記》十。

余謂《常氏春秋》今遂不見，想與秩俱入隱逸傳耶？然余亦有《春秋説略》及《春秋比》，各若干卷，舊束高閣，近有成凝齋全湖南庫使心悦此書，傭工鈔寫，謀付梓人。余懲前事，將欲寄書止之曰：「《春秋》亦權倚閣耳。」

後生輕侮前輩

新進後生，腸肥腦滿，氣凌百代，勢壓萬夫。《宋書·何承天傳》：除著作佐郎，撰國史，時年已老，而諸佐并名家年少，潁川荀伯子嘲之，常呼爲奶母。承天曰：「卿當云鳳皇將九子，奶母何言耶？」漁洋《筆記》六云：朱昂、梁周翰與楊億同爲翰林學士，時梁、朱二公年老，而楊而楊以後進，乃敢輕侮。杜詩：「晚將末契託年少，當面輸心背面笑。」則子美亦嘗受惡少年之侮矣。韓翃，中唐詩人眉目，兩邀人主特達之知，晚在藩鎮幕，後生至目爲惡詩。詎文章耆宿，例宜取侮後進小生耶？顧楊大年正人亦爾，則不可也。又云：後大年竟夭死，石介至詆爲文妖，或亦少時輕薄之報耶？《筆記》此語，頗足針砭，因並録之，以誡後生。

吾鄉王文簡公持論平正，不好牴牾，至其論詩，獨深詆劉公幹，云：「古人同調齊名，大抵不甚相遠，獨劉楨與思王並稱，予所不解。」又云：「如陳琳之《飲馬長城窟行》，阮瑀之《定情》詩，徐幹之《室思》，皆有漢人風矩，惟楨詩無一語可采。」又云：「鍾嶸謂其仗氣愛奇，動多振絶，思王而下，楨爲獨步，殊似囈語，豈佳處今不傳耶？乃秦少游亦云：『五字一何工，妙絶冠儔匹。』殆亦耳食之言。」見《香祖筆記》八。其著論如此。余謂曹、劉並稱，千古定評，雖以陳思之逸才，魏文之雋賞，而兄弟推之無異詞，如云：「公幹有逸氣，但未遒耳。」又云：「其五言詩之善者，妙絶時人。」其推服可謂至矣，不知文簡有何嫌惡，大肆詆諆，亦吾所不解也。

永叔毁《繫辭》，君實詆《孟子》，安石非《春秋》，二程子改古《大學》，晦庵不用子夏《詩序》，皆不可解，見鄭端簡《古言》。柳子厚作《非國語》，宋江端禮作《非非國語》，嗣是劉章、虞槃皆有《非非國語》，見張合《宙載》。可知文士輕詆，自古而然。

舉家食粥

顔魯公爲刑部尚書，有舉家食粥帖。蓋自元載制禄，厚外官而薄京官，京官不能自給，常從外官乞貸。楊綰既相，奏加京官俸，魯公以綰薦自湖州，召還，意者俸雖加而猶薄歟？《困學紀聞》十四卷。

今案：京官俸固薄，而職任亦輕，此出入均勞之義。然唐中葉以後，内外凋耗，至于刑部尚書舉家食粥，而今之尚書俸百八十兩，米百八十斛，可舉家食粳米飯，俸亦優矣。唐京官不能自給，常從外官乞貸，至于前明，京官黨翼外官，而外官衣食京官，所以卒于蒙蔽之患也。今之外官，俸入優厚十倍京銜，而廉謹之士有寧甘十年不調而不願專任方面者，蓋所謂量能而受而不恤食貧者歟？唐張嘉貞在定州，所親有勸立田業者，嘉貞曰：「吾忝歷官榮，曾任國相，未死之際，豈憂飢餒？若負譴責，雖富田莊，何用？比見朝士廣占良田，及身没後，皆爲無賴子弟作酒色之資，甚無謂也。」聞者嘆服。《舊唐書》近日有一朝貴才明敏練，獨秉鈞衡幾二十年，坐擁豐資，猶復熏心危厲，罔飭簠簋，卒以誅絶，資没入官。「求高反墜，務厚更貧。」二語出卞蘭《座右銘》。張河東言可謂明鑑，爰録其詞，以著于篇，爲象齒焚身者戒焉。

仇泰然守四明，與一幕官極相得。一日，問及公家日用多少，對以「十口之家，日用一千」。泰然曰：「何用許多錢？」曰：「早具少肉，晚菜羹。」泰然驚曰：「某爲太守，居常不敢食肉，只是吃菜。公爲小官，乃敢食肉，定非廉士！」自爾見疏。《鶴林玉露》十一。

李若谷爲長社令，日懸百錢于壁，用盡即止。東坡謫齊安，日用不過百五十，每月朔，取錢四千五百，斷爲三十塊，挂屋梁上，平旦用畫叉挑取一塊，即藏去叉，以竹筒貯用不盡者，以待賓客，云：「此賈耘老法也。」又與李公擇書云：「口腹之欲，何窮之有？每加節儉，亦是惜福延壽之道。」《鶴林玉露》十一

鬻先祖

余幼時聞長老言：有大姓某，身爲縣令，鑄銀肖己像，以藏于家。傳及其子，竟以争産斫父像而分之。嗚呼！此與轘磔之禍奚異？又一舊家子無賴，乃鬻父之圖像供飲博。邑有暴富者，方覓畫師爲先人寫照，因重價購之。二人各得所求，皆大喜。而知其事者執以鳴諸官，官兩責之，富者曰：「我不知是乃翁像，以爲畫也而貨諸，慕彼服飾盛麗，因易其頭而用其身也。」鬻者曰：「我細思此事，亦不吃虧，當其祭醊時，雖珍羞先歷彼翁之口，而醉飽終歸阿爺之腹，明府

且謂得計者誰乎？」官叱爲禽畜而去之。

偶讀《日知録》二十三引史言：唐、梁之際，至有私鬻告敕亂易昭穆者。《豆盧革傳》《册府元龜》載：長興初，鴻臚卿柳膺將齋郎文書兩件賣與同姓人柳居則，大理寺斷罪當大辟，以遇恩赦減死，奪見任官，罰銅，終身不齒。敕曰：「一人告身，三代名諱，傳于同姓，利以私財，上則欺罔人君，下則貨鬻先祖，罪莫大焉。自今以後，如有此弊，傳者、受者，並當極法。」又案：沈約奏彈王源云：「販鬻祖曾，以爲賈道。」覽此一語，印前二事，與余所聞若合符契，古與今真一丘之貉哉！

鬻祠廟

《鶴林玉露》十二云：荆公行新法，鬻坊場、河渡，司農又請并祠廟鬻之。官既得錢，聽民爲賈區，廟中穢雜喧踐，無所不至。張安道知南京，上疏言：「宋王業所基也，而以火王，閼伯封于商丘，以主大火，微子爲宋始封。此二祠者，獨不可免于鬻乎？」神考覽之震怒，批曰：「慢神辱國，無甚于斯。」于是天下祠廟皆得免鬻云云。

余按：荆公新法，至于鬻祠廟爲賈區，官得其錢，此與桑、孔賈販求利亦有何異？獨怪神宗赫斯忽發，而烹羊天雨之未聞，何哉？

蠶上山

楚太子建不知疇之爲麻，麻之爲衣，而人知其不立。《説苑·辨物》篇。晉簡文見稻不識而愧之，凡三月不出，曰：「寧有賴其末不識其本者？」因憶六十年以往，某公莅浙，人有言「蠶上山」者，某公不知何等語，顧反怒曰：「蠶安得上山？」其人力辨數乃置，聞者皆猶然笑之。方朴山《集虚齋集》。宣和間，宗室圍罏索炭，既至，呵斥左右：「炭質紅，今黑，非是！」蓋常供熟火，此日偶以生炭進，未之識也。高澹人《天禄識餘》。又云，南渡後，有司降樣下外郡，置御罏炭胡桃紋鵓鴣色者若十斤，知婺州王居止論奏，高宗曰：「朕平居衣服，飲食且不擇美惡，隆冬附火，止取温暖，豈問炭之紋色也？」詔罷之。

嗚呼！少而侍中，貴不省士，重車餘粱肉，而士有飢色，古來紈褲中人，若斯比者可勝道哉！余鄉達官某夫人不識麥，左右對以麵所出也，夫人深所不信，此與周子之兄不辨菽麥奚異？殷高宗久勞于外，周文公諷誦《豳風》，聖人爲後世慮深且遠哉！

紫河車　天靈蓋

醫家用藥有紫河車，乃小兒胎衣也。舊説胎衣入藥，被人服用，其兒恆病，或致夭殤。夫損人自益，仁者弗爲，庸醫嗜利，竊取胎胞，妄施鍛煉，苟圖見長，罔恤貽患。此等醫方，切宜禁斷，達理君子，豈可反爲此輩所欺耶？

昔有人患骨疽，醫者療取其骨，數年之後，此骨猶痛。古人掩骼埋胔，良有深意，況因療疾殘及枯骨，豈不慮遺魂抱痛泉扉哉！

天靈和藥，《本草拾遺》載入醫方，始作俑者，可謂不仁，李時珍《本草》已斥其非矣。因讀《澠水燕談》三，有一條云：「國初，御史中丞劉温叟，博學純厚，動必由禮。父諱岳，温叟終身不聽絲竹。嘗令子和藥，有天靈蓋，温叟見之，亟令致奠埋于郊。」然則，請語醫家應榜通衢，禁斷二物，如有犯者，合依殘人肢體律送官科罪可也。

殺牛説

左氏成十七年《傳》云：「殺老牛莫之敢尸。」《淮南·説山訓》云：「殺罷牛可以贖良馬之死，莫之爲也。殺牛，必亡之數，以必亡贖不必死，未能行之者矣。」高誘注云：「牛者，所以植穀者，民之命，是以王法禁殺牛。民犯禁殺之者，誅，故曰必亡之數。」後漢第五倫爲會稽太守，俗多淫祀，民常以牛祭神。倫到官，移書屬縣，曉告百姓，巫祝有妄屠牛者，吏輒行罰。是殺牛有禁，漢法極嚴。《説文》曰：「牛，大牲也。牛，件也。件，事理也。」是則事理條件取像于牛，牛爲大牲，君無故不殺。至于任牛以耕，始于后稷，牽車服賈，用養父母，有功萬民，莫斯爲巨。《宋書·孝武帝紀》：大明二年三月，「以田農要月，太官停殺牛。」《明帝紀》：泰始三年春正月，「以農役將興，太官停宰牛。」是則萬乘之君猶斷烹庖。而時丁衰晚，屠宰無禁，朝解十牛，暮猶鼓刀，老羸觳觫，齊宣輟爨，柳子賦文，東坡申戒，通都大邑，喋血炙肝，目不忍見，願各書一通，爲永鑒焉。

牛禁

牛，大物也，禮祭天地、社稷以爲牲牢，士庶之家不得用，而回鶻以爲菜，今法所不禁。嘉慶　年御史花尚阿奏言：「律禁宰耕牛，今牛自口外來，皆菜牛，應請勿禁。」時吾邑先達牟松巖侍御巡視南城，余舉花言以問，侍御答言：「不禁，非法也。禁又不能，且不便，脂膏、皮革，一出于牛，衆人皆欲殺，吾誰與禁之？」余又答言：「回鶻即無禁，餘獨不可禁乎？」侍御又言：「其如盜殺何？」余無以應，而意甚不平也。

歲壬申夏，余與杜太學允鋭言，偶述前事，杜言：「去年冬，吴玉松雲御史宅有牛奔入，時屠者驅牛急，牛遂竄入門。吴以屠者違禁，欲劾之。杜浼趙序堂給諫與吴言：請以牛寄養法源寺。許之，牛竟得生矣。」噫！京師都會，一朝屠割且千百頭，彼宛轉刀几間者，安得盡入御史宅赴訴其冤而皆貸其死與？

屠牛

里有屠牛者，以賤得牛，喜甚，醉歸，卧，使婦飼牛。牛仰視曰：「欲殺我，當亟殺，何以食爲？」婦驚而屠至，以牛言告屠，屠即牛而默然，怒婦紿而批其頰。婦復往，駡牛曰：「坐汝故而被笞，汝適言而今默，何也？」牛曰：「吾，汝翁也，坐屠牛故，爲牛以受屠。吾兒業于是，婦與孫食焉。聞吾言或能廢屠，是我奪吾兒及婦、孫食矣，故雖死不言。」婦曰：「若然，何爲爲吾言？」曰：「使汝知，必報耳。」婦畏屠悍，終不敢復爲屠道牛語，夜遂殺牛。婦不肯食牛肉，其夫問其故，具以告，屠猶不爲改。

屠之頑，無足道也。牛易世矣，猶爲子孫計耶？嗚呼！虐取之，掊斂之，深藏之，今之牛，比屋也，操是一念以往，豈特一爲牛而已哉？《鬼狐董》三

不食牛肉

《宣室志》載：武陵郡賈人朱峴女爲夜叉攝去，居浮屠上。女見夜叉下取食，遇白衣人，退

避不視。詰之，則曰：「白衣自小不食太牢，故我不得近也。」女默念：「某願不以太牢爲食。」凡三祝，其夜叉言：「從此别去。」竟不知所往。女由浮屠中得以歸。其略如此。

河間紀文達公述其里中古氏屠牛業報，引《志》此條爲牛戒，且云：「今不食牛，人遇疫實不傳染。小説固非盡無據也。」《如是我聞》四。

曬書堂時文

目録

物有本末 一節

物與事皆道之所該，惟知先後者爲能近焉。蓋分之爲物與事，合之即道也，知先後者其庶幾近之乎？且吾言《大學》之道誠以道也者，所適于内聖外王之路，而惟近之者爲能知其取道所由焉，顧必循之有序，叩之有端，而後操之能得其要。苟非明揭其途，將恐迷于祈嚮，雖智者亦莫能明于用力之所由已。今夫統言之則爲道，别言之則爲物與事，而胥要于知此者之所知彼。物非一端所可盡，明德、新民皆道中物也，苟明之量未底其全，即新之能僅居其半，物有本末，是可于明新决之焉。抑事非一説所可該，知止、能得皆道中事也，苟非真知以引其端，何能必得以竟其緒？事有終始，是可于止善推之焉。夫本始即所先而先之名，原因後而始見爲先也；末終即所後而後之名，亦因先而始見爲後也。後與先實有條不紊，而要非究心于事物者不知也。本始固所先而先之之中，或更有先則先又爲後矣；末終固所後而後之之中，或更有後則後又爲先矣。先與後實層累相生，而要非深體于事物者不知也。末之知焉，而於道安望其能近耶？如或知焉，而于道安得而不近耶？蓋將自其渾全者觀之，操本御末而動變于無爲，即始見終而推移于時措，舉物與事悉運以無心，而同條共貫，後先一任其天，此自然合道而初無近之可言也。抑將自其漸積者觀之，由本及末而馴致以爲功，原始要終而遞呈于有象，舉物與事悉順其條理，而核實循名，後先不乖其度，此由知入道而非近無以自通也。審其幾于縷析條分，不陵節而施之謂遜；操其要于因端竟委，惟各得其所之謂宜。吾由知者之近道而穆然于古大人之學矣。

於緝熙敬止

美聖學者知敬止有由己。夫緝以熙、敬而止，文王之所以爲文也。《大學》釋止至善，而引之以爲明新。止至善，非聖人在上位者不能也，而要非運以不息之神，宣以重光之耀，亦無以濟。嚴翼之，小心而成；安敦之，絶詣如徒。以倫常所在表其至當不易之規，抑猶非體要之所存已。《詩》咏「穆穆文王」，豈第虚爲嘆美哉？其必本之以貞恒，照之以重離，惕之以純乾，成之以敦艮。於乎！美哉！非文孰克當此者乎？晝夜一迭更之運業，有以引其端而無以綿其緒，非緝也。協于穆不已之撰，而隱合于周天，文所爲至德之純也；體徽柔懿恭之全，而弗遑于日昃，文所爲宥密基命也。其止之先以繼續有，然日月著代明之象業，有以彌其闕而無以顯其光，非熙也。本艱貞蒙難之心而遵養于時晦，文所爲暗而日章也。即卑服康田之事而夙駕于星言，文所爲昧旦丕顯也。其止之繼以光明有，然而于是乎無不敬。敬有一毫之或閒，而怠荒遂積于燕私；敬有片念之偶昏，而齋肅不形于動静。文以篤實輝光綿日新之境，本天行健則因時而惕，法帝曰欽則莫敢或遑敬，所爲貫乎始終也，而于是乎安所止。止非有形象之可居，而惟敬乃以作所止，又妙推移于時措，而居敬始克咸宜。文以純熙昭事爲耿光之覲，安其故常則義歸虚受，適于權變亦屢動不遷，止所爲通乎上下也，受之以恒則可久，照之以離則繼明，惕之以乾則同天，敦之以艮則貞幹。於乎！美哉！明新止至善，文王以一身備其全矣，試進言所止。

所謂誠其意者二句

傳明誠意之謂，惟禁其害意者焉。夫不知而欺，非得已也；知而欺焉，自爲之也。誠意者其毋諸？今夫《大學》自離經辨志以迄知類通達，凡理接于前析之已精，殆如權衡之不可欺以輕重矣。雖然，非吾知蔽于物之患，而吾意負乎知之患。蔽于物者，吾起而除之。負乎知者，即奈何姑聽之耶？吾由致知之後而思經所謂誠其意者。蓋一言誠則非虚僞可託矣，而忘念之參非必有心行詐，第揆之于意稍未盡乎其分，斯留爲有餘已不啻甘居于遯。且一言誠則非旁觀所代矣，而因循之弊寧必事屬虚誣，第意之所在稍未得乎其安，將不堪默證果誰是受之以蒙。斯欺也，乃自欺也。誠其意者宜何如？物以相遁而欺生焉，自欺者事關當局，遁于何有？念析理以來，取舍之分業已昭晰，其靡疑乃知之量方罄，其施意之能旋艱于報，即不謂其弗報也，而塞責之心未盡，研幾之分將以意酬知，而此中未免相負，于是詭辭自託以陰逃咎之所歸，殆亦如相遁者因以相誑，而豈知卒自受夫誑也。何爲其然也？情以相匿而欺出焉，自欺者事非在人，匿復何庸？念察物以還，理欲之幾業已曉然，其不蔽乃知之數既括，其全意之端猶居於半，即不必其果半也，而嘗試之淺未及，探索之深將以意實知，而撫衷不免抱歉，以爲功雖未就尚冀夫過有所歸，殆亦如相匿者因以相冒，而其實乃甘于自冒也，孰使之然也？夫機事機心之相尋未已也。爾詐我虞，有挾術欺人者矣，顧欺行于世衆共憎之，欺伏于心獨忍售之，將何以爲情耶？譸張爲幻之態，同群猶惡相施，乃竟甘心自試焉，即兹苟且爲懷，何由釋心腹賢腸之患，抑不逆不億之未能先覺也。過存長厚，有爲人所欺者矣，顧欺自外來以理絶之，欺由内出以情寬之，是尚爲知類乎？機械變詐之數，一切不得相加，乃竟甘于自愚焉。即此私心未淨，當亦惕剥膚切近之災，誠其意者尚毋然哉？惟不自欺而自謙乃有可言矣。

詩云桃之夭夭三句

引《詩》託興之端，非徒咏物也。夫《詩》僅爲桃咏乎？即其「夭夭」、「蓁蓁」，而意餘于言矣，傳者特引以發端耳。且夫齊治之道，君子修諸門内，而推其效遂成物類咸若之風，學者流連篇什，往往于因物託興之詞津津述之，豈以體物爲工歟？抑窺其意之所存而不徒興懷于物歟？治國在齊家，今之所云豈必異于古所云耶？而古之所云何有合于今所云耶？請賦《周南》之詩，先得其兩言曰：「桃之夭夭，其葉蓁蓁。」蓋自文王化起刑于也。荇菜參差卷耳，致求賢之雅；楚蔞言秣翹薪，興道廣之思。當其時，芣苢咏而里巷樂其清閒，條枚吟而閭閻孚于静好。民風茂美，品物争姸，至舉草謂榮、木謂華之屬而皆賁若其閒，《桃夭》之詩其作于此乎？夫流覽六義則興寄于言，而賦詩斷章亦言不盡意。歲云秋而材取，陰木陽木皆以堅老爲良，而兹獨以夭夭著，豈徒誇其艷冶乎？詩若謂少而美者，有如此桃矣。當陽春烟景之辰，聖主對時育物，而風人遊目騁懷，覺輝映樹閒表異于籬落藩園之下者，不獨一桃也，而桃之含英吐秀早爛然著于盈門耳。華與實而相宣，盈升盈掬每以蕃衍見珍，而兹獨以蓁蓁顯，豈將藉其庇蔭乎？詩若謂多而偕者，舉視此葉矣。值嘉會仲春之日，域中俗美化行，而學士掞華摛藻，覺嘉木繁陰足增夫門閭里開之光者，不獨此葉也，而葉之同氣連枝早蔚然動人欣賞耳。梅之摽也，華落是憂，疑與咏桃之意全别。夭夭則迨其時矣，值倉庚以于飛熠熠者，與英華比美，亦猶夫桃李並榮起興先彼穠之句。木之喬也，休息無從，似乎其葉之陰難庇，蓁蓁則昭其盛矣。依楊柳以興懷葱蘢者，與菀彼相開，寧等諸葛葉維莫歸寧起言告之詞。夫王化之盛也，二南諸篇類多依草附木之作，而推本閨闈宫壺之閒，豈非咏物即以咏人乎？吾蓋觀于「之子」、「宜家」而知《桃夭》之咏于國，有以也夫！

民之所好好之二句

好惡一準乎民，惟如其意以還諸民焉。夫所好所惡，民情則然，而豈知好之惡之有如君子者乎？傳者引《詩》言而繹之，以爲平天下者亦平民之好惡而已，顧吾特舉所惡以爲例，非謂好之有異于惡也。蓋知所惡勿施即知所欲與聚，而能與民同好即能與民同惡，好與惡無異情，上與民有同心已，《詩》言君子而父母之，果何以得此于民哉？今夫民爲矩不外于所好所惡，而上爲絜即在于好之惡之。閭閻之欣戚悲愉，何由入深宫之聽睹？惟心誠求者設身處地而皆真。朝廷之利弊興除，豈盡協輿情之痌瘝？惟視如傷者推而放之而皆準。故民之所好所惡原非徒空存此心也，彼所爲念念不忘者，非室家之生聚即暑寒之怨咨耳。民雖有心而不能自達，果孰是如願以相還？乃上之好之惡之亦非僅託諸空言也，凡所爲刻刻縈念者，非頌聲之未作即怨氣之未除耳。君雖勤民而莫能自通，又孰是取懷以相予？而民之所好斯好之矣，民之所惡斯惡之矣。非有好惡與共之心，即民之好惡無由著，惟憂樂相關性情無閒，然後能切而指之曰何者爲民之所好，何者爲民之所惡也。非有好惡同民之事，即上之好惡莫能宣，惟導其歡欣詢其疾苦，然後得指而目之曰何者是好之協于民，何者是惡之協于民也。我有田疇，孰作治之？我有子弟，孰教誨之？即所好而所惡可例推焉。除莠安良，并不必存爲民之見。人有顛連，或拊畜之；人有疾痛，或噢咻之。去所惡而所好自兼舉焉，推心置腹，并不必居愛民之名。此之謂能絜矩而平民好惡者也。彼君子而父母之，不亦宜乎？

道千乘之國一節

道大國者，貴挈其要焉。夫千乘，大國也。敬信、節愛、時使，所以道之者，不誠挈其要哉？嘗思封建行而百度之貞、萬姓之命悉寄于國焉，此固不難于設施而難于精神之運量也。夫治不以空文爲尚，政不能徒法自行，挈其全而總其要，吾願爲道國者籌之。古者農以寓兵，而田以出乘，登其馬牛車輦若徒。供戰守之資，覽夫土宇眅章，實深籌治安之術也。古者三軍藏丘甸，而千乘頌公車。問國君之富數其地，固增式廓而有餘；懸月吉之書求其治，或恃科條而不足也。此果何以道之哉？國大則事繁，不獨班朝、治軍、涖官、行法勿之可忽，即一笑一嚬，君心之操舍繫焉，其懋敬之哉？持衷以慎，勵志惟勤，而又恐弗信而示民疑也。誠愨已漓，文告適啓夫詛盟，無二無欺，可以與萬物相見矣。國足則用奢，不獨祭祀、賓客、芻秣、匪頒易于繁費，即一飲一食，君心之侈約基焉，其受之以節乎？寡欲自安，持盈爲戒，而又恐弗愛而流于刻也。慈祥未著，朝野詎底于休和？克寬克仁，可以與斯人維繫矣。國强則民衆，不獨蒐苗、獮狩、城郭、溝池著爲期限，即一臺一沼，君心之體恤周焉，尚授之以時哉？未妨穡事，誰嘆污萊？蓋深恐民病而流于怨也。農功未畢，徒役詎免夫謳歌？小康小愒，可以使衆庶子來矣。凡此皆所以道之也。富强之主，志慕功名，往往假廉耻禮義以與衆相維。而治國之術不勝窮，究之綜核太過，事實亦等空名。法紀雖張，王道貽譏雜霸，誠本五者以行之，宥密所基，舉廟堂之籌畫，靡不隱括其精詳，即未嘗侈談經濟而上下相安，知國勢之不可動摇焉。清虚之治，善本無爲，往往于制度文章概視爲陳迹，而治國之具無所施。究之開物成務，因主術爲興衰；百官萬民，視君心爲邪正。誠本五者以體之，精微所寓，凡政教敷陳，自可徐觀其條理，即不必遽見施爲而洪纖悉舉，知立國之遠于苟且焉。由是敬信立，節愛行，時便備，保有千乘，厭于萬年。道之隆也，國之福也，豈不休哉！

弟子

聖人詔天下之爲父兄者，使之顧名思義焉。夫父在斯爲子，兄在斯爲弟，義至重也，何忽思乎？且夫古者之于成人也視之猶弟子，而後世之于弟子也待之若成人。是非今之弟子異于古之弟子也，患在不知其弟子而忽之，又或知其爲弟子而恃之。忽之者曰：「彼童蒙耳，不識不知，此正其嬉戲時與？有父兄在如之何遂突而弁耶？」恃之者曰：「彼幼弱也，有德有造，此自其他年事耳，有父兄在盍姑聽其挑與達耶？」嗚呼！世之人不幸而不知其爲父兄則已，幸而知其爲父兄則奈何？忽其弟子之長爲婉孌者乎？世之人不幸而無父兄則已，幸而猶有父兄則奈何？恃其弟子之遂爲聖賢者乎？天地之生人，當其孩提而質純乎天，迨于既壯而氣雜于人。弟子者，蓋介乎純雜之閒也，彼性真未漓，去絪緼之化猶未遠，而識知漸開，與嗜欲之端亦日近，故可因質而用之，亦易騁能而化之。此固天之所生、地之所養，全而託之父兄者也，而猥曰童子之何知也哉？國家之造士，入乎庠塾則師統之，登乎成均則君受之。弟子者，蓋猶遠于君師之分也，彼賢能之賓興尚隱其事于後，而髫髦之簡拔已兆其端于前。故物生而必蒙，泉出而必清，此又君公之作養、師儒之裁成，暫而寄之父兄者也，而漫云哲命之自貽也哉？有弟子之性情，有弟子之才能，亦有弟子之氣習，成與敗均未可知，而何以古來英異之器，識者恆占之丱角之年？有弟子之賢知，有弟子之中才，亦有弟子之愚不肖，聖與狂亦似有天焉，而何以學校廢亡之餘，老成猶託之青衿之刺？夫古之弟子非有異乎今之弟子也，即今之父兄其望其弟子之成立度亦猶夫古之父兄也。然而，三代以下之人才遠不逮三代以上之成就，此無他故矣，父兄之教不先而子弟之率不謹也，是父兄之過也。

一簞食三句

叙大賢之處貧，備言之而極矣。夫簞瓢陋巷，至顏子而貧，斯極賢乎？何不幸而若此？嘗謂：貧者，士之常也，占家食之吉，便鑿飲之風，而安衡茅之素貧，其固然無足怪耳。顧有以非常之士，處非常之貧，若顏氏子而後，嘆凡士之貧不足復言已，回也何賢乎？《詩》、《書》之味日深，雖衡門棲息而泌水療飢，豈借此明心于淡泊？室家之好難窺，即餔啜屢空而敝廬斯在，又何妨抱膝以歌吟？乃觀于回而貧窮之境有備嘗者焉。言有食也，不必問饌具若何，第問其器焉已耳。食貧終歲，萬難望雉膏之奉、列鼎之隆，顧疏食亦期果腹，何至僅有一簞耶？彼盛珠聊可問人，此摶飯何能適口？倘爲賦《良耜》之詩，而筥筐宛在，饟黍奚存？誰寄壺飧而市一飯之德乎？其餬口也如是。言有飲也，不必問水漿奚若，亦問其器焉已耳。污尊世遠，豈遂忘汲井之風、挈瓶之智，顧行潦亦資濯罍，何僅餘此一瓢耶？彼薦賁適足縈門，兹測蠡寧矜量海？請爲溯居豳之俗，而執豕奚聞，酌匏未遠？誰其承榼而結寒士之歡乎？其飲歠也如是。至于居惡在也，不必闚其户造其廬，第觀其巷焉已耳。隱居自適，亦時有一畝之宫、環堵之室，顧容膝雖曰易安，抑何若斯之陋耶？式其閭者方占巷遇，過其里者幾無居人。試爲訪負郭之田，而車轍難尋，蓬蒿欲滿，豈結廬人境，心之遠無慮地之偏乎？其棲遲也又如是。嗟呼！窮茅詎足娱遊？而四壁蕭然，空悵夫載飢載渴。供具别無長物，而一寒至此，更憐夫爰處爰居。人孰無情，其何以堪？而後嘆回也遠矣！

菲飲食二句

觀古聖于衣食之閒，奉己與事神異焉。夫菲與惡，禹之盛德也，而致孝致美何其與自奉者異哉？嘗思中古以還，服食之用未盡開，即明禋之制猶未備，雖在神聖亦惟是從俗從宜耳。乃自明德載興，御于己者仍古樸之風，而奉乎神者啓文明之漸。以古樸追二帝，以文明冠三王。吾蓋觀無閒之禹，神往于飲食衣服閒焉。方黎民阻飢之日，艱鮮未奏，禹之甘淡泊固宜，迨至民人既育，萬姓已樂耕鑿之天，九重猶安藿藜之陋，過自裁損而頤養有虧，無論道未適中，斯亦鬼神所隱痛矣，兹何以菲耶？且夫捭豚未遠，膳羞之品既未若《周禮》所陳備列，夫八珍百味即不從其薄，已視後王爲未厚，而禹止自率其飲食之常，初不以爲菲也，然特未徵諸事鬼神耳。夫東鄰之牛不如西鄰之禴，準以菽水承歡，豈菲薄不足致享？而禹猶愀然思焉，念九載勤勞未獲隆玉食之養。今日者，菁茅與橘柚同珍，嶡俎偕四璉并獻，是聖天子所未忍親嘗者，乃畢致馨香以薦之，敢曰神嗜飲食，亦聊以展孝思也。蓋觀于奉牲奉盛而始嘆向之式飲式食者，應若是其菲也。倘非入清廟而承大糦，亦孰知致孝鬼神即屬寡欲之主也哉？方下民昏墊之年，蠶桑未啓，禹之服澣濯亦宜，迨至平成既奠，萬國方慕冠裳之化，一人獨厭火藻之文，儉于曳婁而瞻視不尊，無論道所不貴，斯亦黻冕所未稱矣，兹何以惡耶？且夫垂裳以來，文明之敷業親承，虞廷制作備陳，夫五采九章即踵事弗增，豈視聖帝而反損？而禹亦自循其衣服之舊，初非以示惡也，然特未徵之于黻冕耳。夫文繡之美而必疏布之尚，準以禮貴反本，寧盛服始足告虔？而禹獨懍然敬焉，思乃祖軒轅已肇定衣裳之制。今日者，織文與纖縞交陳，山韍偕夏收并重，是聖天子所未敢躬被者，乃獨致物采以章之，詎曰我有衣服，亦聊以昭美備也。蓋觀于元黄朱緑而始嘆向也服之無斁者，真若彼其惡也。倘非啓在笥而表齊明，又孰知致美黻冕即在崇儉之君也哉？合之卑而盡力，禹之無閒，亶其然乎！

緇衣羔裘三句

詳禮服之制，衣皆如其裘焉。蓋衣以裼裘，其色視之緇、素、黄與羔、麑、狐宜也。君子之謹于禮服者如此。嘗觀《詩》之美大夫者曰：「其儀一兮，心如結兮。」服之稱由于德之純也。吾夫子從大夫後，自宗廟、朝廷以迄歲時伏臘，事必與焉。詳舉其制，内外同符，古君子儀一之風猶可于被服閒遇之。是故官有司裘之職而辨于公事尤詳，禮嚴衣裼之文而取于章身必慎。有所謂羔裘者，是君臣視朝服以示質者也。然羔裘豹袖，羔裘豹祛，君貴純，臣不敢用純，而衣則無嫌矣。誠念南鄉答陽，百爾臣工惟對揚北面，以致元默之思裘羔也緇宜，儻以敝予改爲、敝予改作、昭吾君好賢之意與？不然，奚爲緇衣之蓆也哉？至于視朔之服，君臣皆衣素，君皮弁，麑爲之，而卿大夫亦以爲裘，與聘享之制同。蓋占白賁之吉誠，至無文表素縞之風，儉爲中禮，以素爲尚，豈必絞衣裼之乎？觀于麑裘而韠著于魯鷖之歌，化行三月，其我服既成，時與而聘與視朔事未具詳，要之素衣無疑焉。夫羔麑爲裘，貴誠也，至于狐，無所取諸，取諸色而已。《豳風》

之四章：「取彼狐狸，爲公子裘」，儻以供蜡祭之服乎？然素服，榛杖、狐裘，非所尚也。洎乎勞農息老，既蜡則有臘集，田夫野父之儔，功歸后土，追卉服草衣之制。色貴中央，其在禮，錦衣狐裘，諸侯之服。夫子歸田以來，闕里優游，閒與父兄子弟觀禮于鄉，亦猶與于蜡賓之意。與裘則狐衣，不敢錦也，色視黄，蓋猶緇與素之惟其稱焉爾。于是知聖心之專一、純而無閒也，裘雖見美中得主以有常衣，本衷旗服于尨而必遠禮服之致謹如此，豈敢同于所安褻之甚也哉？

舉直錯諸枉二句

爲賢者言舉錯而遂及于能使者焉。夫舉錯固知者事也，而能使枉者直，則不止爲知者事矣。此夫子欲曉樊遲，故窺其意有未達而遂申之，以爲吾儒匡居坐論，而朝廷取舍之大權寓焉，非謂權之能操也。晰其類以酌其宜，俾犂然其各當，遂渾然其合同，而并化其迹以咸與維新，吾因以知太平之有日而上理之可登也。今遲亦知人之中有全其生理而所謂直者乎？抑亦知有與直相反而所謂枉者乎？斯誠倫類之不齊，雖造物亦不能平其憾。今遲亦知人之直可以正色立朝而有待于舉乎？抑亦知直者少而枉者多胥有待于錯乎？斯則風聲之各樹，雖聖王亦不免異其施。舉焉，錯焉，若此者稱量而予權度隨宜，別淑慝之難誣，成彰癉之異用，亦惟因物以付，俾各得其當而已。而吾遂謂能使枉者直，是遵何道哉？蓋枉者亦非必生而即枉也，往往比匪或傷，舊染成習，日與群邪相親暱，以致入其中而久而相忘者有之，豈其所性使然哉？亦苦于不自知耳。誠樹一直者以爲的，既可相觀而善，益令無地自容，有不幡然改圖而思化枉爲直以免于不齒者，非人情也，安得謂薰蕕必難以默轉？抑枉者亦非必自甘于枉也，往往天良未泯，改悔無從，久與衆惡爲依歸，以致溺其中而不能自拔者有之，豈其本心所願哉？亦思有待而興耳。誠表一直者爲楷模，既榮賁以弓旌，更懼投于豺虎，有不憬然思奮而欲去枉爲直以免于廢棄者，非人情也，安得謂良莠不可以潛移？變化在須臾，天地原有需于補救；轉移非氣數，帝王實隱寓其權衡。遲也，亦知「舉直錯諸枉，能使枉者直」乎？吾願與子觀太平之象，偕天下人相與以有成也。

行己有耻四句

志與材兼備，士品之最優者矣。夫有耻則志有所不爲，不辱則材可以有爲也，豈非兼全之士哉？且三代以後，士少全材，故儒生勵狷介之操，國器重皇華之選，而觀其備者，要惟束身圭璧而守有餘，功在國家而猷無不足，然後令人盱衡其間而爲之暢然意滿也。賜問：「何如斯可謂士？」今夫士之名不易居而士之實可備舉。人必自輕其廉耻而後謂廉耻不必有，惟持之于己而措之于行，取與必嚴一介，生平不愧獨知，近文章砥礪廉隅，其庶乎有耻者歟？人必内不辱乎己而後外不辱吾君，特所難在使而使惟將命，淑問揚于出境，每懷免于貽羞，尺小事不專大名，其庶乎不辱者歟？夫士先立志，似非一「有耻」所能該，然由「行己」以爲推，則凡不屑不潔，輕千駟而却萬鍾，胥于有耻，信之矣。士貴有爲，似非一「不辱」所能盡，然舉「出使」以爲例，則凡有猷有爲，備九能而宣三德，胥于不辱，徵之矣。若此者，豈非本末具備而體用兼全者哉？士固有寡廉鮮耻，行能百無可稱，及至銜命出疆而才堪肆應，樽俎仰其折衝。此于士雖有偏長，而衆論初不以士許之者，謂其操行不足觀也。士亦有履潔懷清，行誼深堪雅尚，及當受任邦交而才謝淹通，壇坫未能生色，此于士素矜名節，而清議亦不以士推之者，謂其勳猷不足紀也。甚矣，可謂士者之難其人也！反是以觀，才德相宣，華實並茂，爾室不抱影衾之愧，輶軒允爲邦國之光，雖大道之行、三代之英，吾所爲有志而未逮者，度其人亦不是過耳。謂之爲士，不其宜乎？賜也，勉諸！

勿欺也而犯之

欺非爲臣所宜有，而犯亦出于心之誠焉。蓋非積誠以感之則欺，固爲欺而犯亦爲欺矣，豈事君者所敢出哉？且天威不違顔咫尺，凡在臣工靡不敬而生畏，顧畏之至而疑以起，疑之積而僞亦生。至于飾貌矜情，日規趨避，無論其不敢面折廷争也，即蹇諤微聞，識者知其居心，未可信矣。由問事君，堂廉之地甚嚴也，無敢隕越，亦何敢差池，第恐誼隔情疏而志意未孚，則欺也易矣。天澤之分甚遠也，將順其美，亦匡救其違，第恐脂韋絜楹而骨鯁未樹，則犯也難矣。欺每起于人之所不見，微獨中有回邪爲欺之尤甚。即一念稍近苟安已不得爲，精白存心而抱慚衾影，由惟以真知燭之，凡在官者務殫乃心，畢竭其力，庶幾勿之或欺矣。而予違汝弼又以面從爲戒，則犯顔以争者此也。欺又起于心之有所敢，微獨敢作威福爲欺之難安。即一事稍涉專擅己不得爲，小心謹慎而抱愧忠貞，由惟以好勇斷之，凡在公者過則歸己，善必歸君，庶幾免于爲欺矣。而謀猷入告又非緘默自居，則有犯無隱者此也。犯不本于純誠，即諫書數上，而只爲欲沽直名，是犯乃所以爲欺也。以犯爲欺而欺之，罪更無可逭。犯實出于忠愛，即奏牘稀聞，而非爲隱情惜己，是不犯亦共諒其無欺也，以無欺爲犯而犯之，時益見其誠。直臣不必盡純臣，故戒欺必當内省；

信臣又必爲諍臣，故觸犯不敢避誅。由問事君，亦察于斯二者而已。

躬自厚而薄責于人

觀所責于厚薄之閒，而己與人兩得其分焉。蓋躬不自厚則于分有虧，而責人從厚則于分有溢也。惟君子兩得之哉！且寬恕之名不施于律己，而刻核之論每見于繩人，此固恆情之通弊，君子于此當自有權衡焉，而躬與人非漫無區別于其閒也。蓋萬物皆備之原均稟于天，本非在己有所加而于人有所減，而接物持身之際偏私或起，遂至責己輕以約而責人重以周，抑何其薄于躬而待人偏厚耶？夫適情快意之途，人往往厚自封殖而欲求多于己；至綱常名教之地，又往往謙讓未遑而甘遜謝于人。厚薄之閒，是當以躬與人相權而反其道以用之。彼躬自厚者，非必于責人之外別有所事也，只此日用行習之端而撫躬自問，有在人猶可恕而于己獨難寬者，則較之所薄而加厚焉。內常自訟，雖不言責，即所責可知也。而施于人者非必于躬修之中純任姑息也，亦此倫類共由之事而量人所能，有在己必從嚴而于人無求備者，則較之自厚而見薄焉。寬以相諒，雖責人未厚，而待人良厚矣。以人所易能而反躬刻勵，覺事事未堪，自信我躬之不閱，即何暇于彼而苛求？且人有躬而皆知自厚，而我何必代爲之厚焉？以人所未能而當躬自忖，覺念念不忘，內省躬行之惟艱，正可引在己以反證，况人自責而皆不自薄，而我何敢妄自菲薄焉？若此者，律己無寬恕之名而躬益修，繩人無刻核之論而人易從。雖非必求以遠怨也，而怨安有不遠者哉？

博學而篤志二句

學問皆實功，以篤與近，絜其要焉。夫學以勵志而非篤，則博猶爲虛也；問以備思而非近，則切猶爲泛也。子夏故連類而及之，以爲中庸言擇執之功，詳于學問思辨，而終以篤行括其全。蓋非以博習爲求益之資，即志與思均無所麗，而非以篤實爲行修之本，即學與問究屬虛懸。惟揭其要以遞推，斯擇善兼夫固執，不言行而行即寓焉已。吾蓋有念于學問之功，而深求夫志思之要，天下豈有不先立志而肯從事于學之人哉？顧學非以爲名也，蓋將以致用，而未免譾陋以貽譏。此非不學之過，學而不能博焉之過也。其必旁搜遠覽而無一得以自矜，亦必殫見洽聞而合千秋以爲業。學而不厭，其庶幾博物君子乎？而猶恐志之虛而未麗于實也。黜彼浮華，惟抗心以希古；敦夫樸素，非炫富以多文；篤實輝光，惟有志者自勉焉。學既博而志復篤，始不至自同于記醜焉耳。天下豈有不務深思而徒從事訪問之人哉！顧問非以爲謙也，蓋將以質疑，而或至泛然其寡當，此非不問之故，問而不能切焉之故也。其必周爰咨度而事係于身心，亦且利弊推求而情殷于民瘼。好問則裕，其庶幾切而不浮乎？而又恐思之遠而或失于迂也，澄心渺慮，非矜馳騖以爲能；約旨卑思，惟取遵循以有要；思無越畔，惟近取者自知焉。問既切而思又近，始不至勞心于無益焉耳。舉平時博採兼收而悉以敦篤定一心之祈嚮，不虚其志，庶能不負其學。舉平日好學下問而皆以切實爲詢事之依歸，原非泛問，故亦非等浮思。由所學以逮所問取諸師友者，既資之于人而姱修密于外；因所志以衡所思要諸本身者，復約之于己而劼毖存于中。此謂以擇善兼夫固執，仁在其中，豈不可于四者信之乎？

君子無衆寡三句

于人所忽者而悉無之，慢無由生已。蓋衆寡、小大，惟有所慢者始有此見也。君子無之，而慢于何有哉？且敬勝、怠勝之幾，本起于心而非由于外。怠心勝者原不從細微而始有也，敬心勝者亦不因纖悉而始無也。惟即外以驗心，亦由心以及外，而人與事非兩境、外與心無殊途已。今夫君子亦焉往而不敬哉？敬則中得主而有常，外隨宜而各當，是不必以衆言也，而又何論于寡？亦不必以大言也，而又何論于小？自衆寡、小大之形立，而人心之處此紛然矣。以爲衆也而不敢忽，則于寡也而或忽之矣。且因寡亦無不及衆也，不畏于人而遂絶無可畏之人。以爲大也而不敢輕，則于小也而或輕之矣。且由小亦終必成大也，見無難事而遂不見難爲之事。若是者，蓋生于心有所敢而起于中有所慢，夫人而至于心有所慢則無之而非慢也，即無之而非敢也，尚何有于衆寡小大哉？君子敬天勤民無往不嚴，雖鰥寡猶存無侮，而矧當衆志成城？于接人之頃，無敢稍存意見，亦無敢稍有差池，惟懔懔于一能勝予之思焉。君子開物成務無在不周，雖小德猶嚴出入，而矧當遺大投艱？于應事之時，無敢稍存區別，即無敢稍有低昂，惟兢兢于細行不矜之恐焉。亦惟無敢慢而已。類聚群分之際，于彼泯其迹而實，于己融其形操是心，于出王游衍，只此無敢戲豫，無敢馳驅。嚴恭寅畏之中，于己渾其同而直，于彼忘其異化其境，于倫類紛紜，只此無敢怠遑，無敢隕越。然則，人有衆寡，君子心無衆寡也，雖視寡亦猶夫衆也；事有小大，君子心無小大也，雖視小亦猶夫大也。其無不敬如此，斯不亦泰而不驕乎？

所求乎子二句

道莫切于子臣，己抱歉于未能矣。夫以所求子臣者事君父，宜非夫子所難也，而己欲然于未能哉！謂夫天下最難愜心之處，不必高談忠孝，第就子臣所當然而返躬已難自信。然則，道之大端孰有過于事父事君哉？而所事即所求于子臣何嘗遠于人哉？乃以吾自視于此道竟何如也。計子事父之年，大抵父衰老之年也。髮短心長，萬不忍以所難加于所生，而生我之恩已苦于不知所報。計臣事君之日，大抵君委任之日也，寬洪大度，亦未必以苛細加于有司，而所司何事已惕然于無曠庶官。臣子非甚無良，亦何至孤恩于君父？第以所事證諸所求而未能如量相還，則此際之懷慚不少。君父雖甚刻責，亦何至寡恩于臣子？第以所求衡諸所事而未能幾微無憾，即此中之缺陷良多。其或事父兼以事君，往往情牽于靡盬而子職有虧，吾所謂未能不必爾也。即使庭幃依戀，而無方之服勤何在稍堪自慰？抑或事君旁及事父，往往分念于循陔而臣職有闕，吾所謂未能不但爾也。即令夙夜在公，而有方之宣力何嘗極盡無加？且子當成立，其事父已不及孩提爲尤真，雖有氣之人不能助也。即臣能致身，其事君已揆諸所生而有忝，雖有同僚之誼不能分也，況乎所未能者又不僅此耶？

言顧行 二句

功密于交顧，言行兩無負矣。蓋言即行也，行即言也，兩相顧而寧有形迹之見存乎？且儒者動云交修不逮，然非從分致之途各尋其緒，亦難就相通之理。互勘其根故言行之載乎道也，始于有所求而道之散見于言行也，終于有所顧有如庸德庸言之是行是謹也。各引端以竟委，非兩涉而并營，固言自言、行自行也，及乎不足有餘之不敢不勉不敢盡也。雖并力于一時，猶分形于兩境，亦言非行、行非言也，而自責之心抑又不但爾也。一心恆疲于兩用，而精神所注，若以旁涉而彌專；兩念究歸于一途，而目擊道存，直從憑虛而造象。人以言爲言而彼以行爲言，非言即其行而行恐負其言也，則瞿然顧矣。不徒惟口之啓羞，直懔我躬之不閱，當夫余舌莫捫，已覺有伺其後，而欲汝瑕疵者語之津津，不禁視之瞿矍已。抑人以行爲行而彼以言爲行，非行即其言而言恐不逮行也，則睠然顧矣。明知修身之必踐，只慮尚口之致窮，當夫兼程而進，仍覺有導乎前，而追隨不及者赴之汲汲，不禁視之眈眈已。若然，事以兼攝而苦于難周，不知兩端之策勵，胥根一念之悚惶。且亦不必有言行之見存也，只覺動而多連并忘，孰爲不足之勉，孰爲有餘之不盡，而旁通觸類統歸用志之不紛。若然，功以專營而苦于難遍，不知一意之渾成，仍屬兩情之昭晰，且亦不妨有言行之見存也。既非明而未融何妨，庸德自爲其行，庸言自爲其謹，而竭慮殫精寧至鏡疲于屢照。顧在此即言行在此，初非于行謹之外有所加，言行無窮而顧亦無窮，庶幾于勉不盡之中無所歉。允矣，慥慥之君子哉！

或困而知之二句

知有由困而入者，要亦同歸于知焉。夫以困而較之生知、學知者似不一也，要其知之而安有不同哉？想子之對哀公以爲臣言知天、知人，已推極乎知之量而特未溯夫知之難，亦既要乎知之終而猶未原夫知之始。夫知所從入之途之不能出于一，豈獨或生而知之或學而知之哉？論良知同具之初，靈明無蔽，原非由困而自無不通。迨知識既開以後，氣禀或偏，遂不因困而莫能自致。彼生質之不美，或困于天焉。天之牖民，獨此不誘其衷，而如奪其鑒，一若智慧所由生，至斯人而偏有所靳，則困心衡慮者此矣。抑椎魯之難化，或困于人焉，人生而静，獨此師友不能助，詩書不效靈，一若智術所由開，至斯人偏有所限，則受之以困者此矣。蓋至艱苦備嘗，非惟生而知者所不敢望，即學而知者亦所難期甚矣，知之途之不能一概相量也。雖然，特未要于知至至之、知終終之耳。困非冥然罔覺，彼其所知本偕上智有生而同具，不安于困而刻意求知，即此一隙之明已不讓生知以獨至，彼得其甘而此嘗其苦，及其豁然貫通，然後知與生知者之所知無二理也。困非下愚不移，彼其所知原隨學者分年而俱進，不限于困而益求其知，即此邁往之神已不因學知而自阻，彼爲其易而此任其難，及其涣然冰釋，然後知與學知者之所知無二途也。及其知之，則與生知合其德，人見其知而不見其困矣，亦與學知同其歸，人忘其困而止見其知矣。彼始則困于天，至此因困以知天，而造物不受生成之憾；始猶困于人，至此由困以知人，而顓蒙亦操變化之權。君其以困知自勉，而無以生知、學知爲不可企及，則庶乎其近之矣！

有牽牛而過堂下者至以羊易之

詳述齊王之易牛，爲不忍述也。夫牽牛者何足述？惟王自明其不忍而易此羊也，故述之。孟子謂夫以臣始至齊，王之休風善政猶未及詳，而在廷藉藉傳聞，謂吾王有釁鍾之牛，至今無恙也。蓋聞之胡齕，以爲王坐于堂上云。今夫人主之堂，國有大事則聚萬民而詢焉，于以達疾苦，紓困窮，王之坐其以是歟？乃忽有訴訴焉而過者，在廷之人咸屬目，既非日之夕而群下來，又非牧之蕃而共寢訛也，牛何來自堂下哉？王于是視朝未罷，忽不覺其過于前，猝未料其牽而至，存于中者非先有哀憐之志，接于外者宛搆以悚懼之形，倘微牽牛者過焉，雖復惻然爲懷，亦無由動矣，不虞王適見之也。且夫見之者見其觳觫，若無罪而就死地耳。牛于此不能自言，牽牛者亦未代爲訴，過者自過，見者自見，牛殆有數存歟？何幸而邀王之顧盼哉，然而，牽牛者不喻王問牛何之之將以全牛也，而以釁鍾對。夫釁鍾，國之大事，牛何可舍？然釁鍾雖不可廢，牛實不能不舍，何也？王誠不忍也。獨是釁鍾之必以牛久矣，前乎堂下之過未聞以不忍詔充人，後乎堂下之過亦未聞以不忍咨爾牧，而此一時獨悽愴動念所以計全，夫不忍者則有在焉。不釁不可以爲鍾，豈不牛不足以當牛？欲舍疑不能無廢，豈不廢竟無以處舍？彼補牢之餘，爾羊猶在也，則封血之下免牛，奚嫌也？其易之便。今日者，釁鍾往矣，所舍之牛依然無恙也。臣所聞于胡齕者如此。夫牛固釁也，羊亦釁也，而牽牛者未幾牽羊矣，第不知改易之後或有牽于堂下而過者，王復見之否？

芻蕘者往焉二句

觀于所往，而知不以囿視囿已。夫芻蕘雉兔皆囿中物，往者何出入無忌耶？殆忘其爲囿歟？今夫王者民之所歸往也，古來都會之區以民所往而建，而游觀之地亦以民所往而傳。是故文有靈囿，子來歌其歡欣，咸若寫其物類，良以未成之時則子來，已成之後則遄往焉耳。何則？七十里之囿，文王所以蕃庶物、備游畋、農隙講事、順少長、習威儀也。今其地雖無可考，意必規磽确遠田疇，榛莽之所薈蕨，飛走之所棲遊，如所謂畺地閒田，公私皆不有而用以阜物生。若是則囿之芻蕘雉兔亦固其所，而所異者，當時之熙熙焉壤壤焉相與偕往者耳。且夫囿固君之囿也，其或剪草萊、除荆棘、網游禽、逐狡獸，君以歲時往來其中。否則，率其地之人以薪、以蒸、以雌、以雄，民皆從君而往，亦無不可，若之何芻蕘者、雉兔者往則竟往，曾不忌爲君之囿也哉？于是有自他国來者，見若樵夫、牧豎躑躅其閒，或瞿然驚曰：「君囿也，其勿往！」見若罝網、畢弋獵者交錯，或走相告曰：「君囿也，勿時往！」而往者乃竟行不顧也，而往者且攘臂直前也。蓋嘗讀《召南》而神往矣，葭蓬茁而草木茂，豝豵發而鳥獸多，以爲詩人歌君田事，而抑知騶虞吁嗟誰爲嘆羡耶？是即往焉者，適值君臨，而賦所見以明夫耦俱無猜。抑嘗誦《周南》而情往矣，翘翘錯而楚蔞刈，丁丁椓而赳武施，以为風人偶吟土俗，而抑知野人游女孰爲謳歌耶？是即往焉者，適相邂逅，而各言其情因著夫邑人不誡。槎蘖勿剪，卵胎勿傷，百姓亦體君育物之仁而德施春夏。黄落入林，罻羅爰設，群黎亦感君隨時之義而刑用秋冬。于是向之見而驚者乃始欣然喜，亦與芻蕘者、雉兔者相與往來其中。嗚呼囿也！而民往耶！惟民往乃所以爲囿歟？以其同也。若王之囿，民乃不敢以爲囿耳。

國家閒暇二句

因閒暇而謀國，有恐不及時者焉。蓋國有閒暇之時，君無聞暇之心，及時而明政刑，可爲惡辱居不仁者勖之。且自古無長治之國，非必時無可爲亦爲之者，易失時也。夫國家即多事之秋，豈無一二友邦閒于憂虞相爲休息？第恐國有可爲之機，人無恤國之意，不思君臣交警以勵猷爲，迨時已過而不留，人方急而圖事，而後相與追悔，亦已晚爾。賢能在職位，豈不可趨事赴功明作有爲乎？所慮者，國家當擾攘之會，今日争城，明日割地，游士競以粃政相虚誇，有與圖武功而無與揆文教。國家逞戰鬥之風，誰與勝殘？誰能去殺？有司復以繁刑相操切，即倖逃乎兵燹而難免乎桁楊。當是時，國家安得有閒暇，而政刑寧復可問哉？雖然，莫謂時不可得也，亦患人不能明耳。有如干戈稍暇，不以一矢相加而以玉帛相見，此真國家不容多得之時也。正恐忨時愒日，謂世閒從此定太平莫之省憂，即此一念之懈弛，早卜朝廷之綱紀漸以傾頹。入國而觀政，政已日非，轉因閒暇無外虞而忘憂，益以生疾。有如疆事少閒，不務殘民以逞，而思俾民相安，此尤國家不能多有之時也。正恐視陰日偷，謂斯人業已登衽席而免于阽危，即兹一刻之寬舒，已傷帝德之好生，輕殘民命。入境而問刑，刑何能省？反因閒暇無外患而氓庶愈不聊生。安可不及是時明其政刑乎？政必數年而後成，要非可一日而不立。大而百官萬民，細而鷄犬桑麻，無以明焉。其始弊生于官府，其終貽害于國家。惟賢能競勸日相與討論而申警，謂夫政之不平，時將不待，睹象魏而惕月吉之懸，庶無負報政于有邦也已。刑期百年而不用，要未可一日而不修。書有五服五流，禮有三刺三宥，無以明焉，戾氣將上干于天地，福祚即難綿于國家。惟賢能交勉日相與平反

由是，朝野尚無慚祥刑于有位也已。定爰書而興出涕之思，時後難追，而鈎稽，謂夫刑之不中，

望而生畏矣。雖有大國，廟堂寓折衝之形。國家享無事之福，官民娛樂，和平，

井上有李二句

匡章亦曰深幸其有耳。何足爲仲子述？螬食過半，夫井上之李，有亦僅矣。爲廉士述所有，稱述所有亦因人傳而樂爲雖地與物之無足稱述者，非獨其居處然也。以爲廉士之風人所爭慕，遑問桃夭之斯時也鶺鴒安在？誰傳常棣之歌？琴瑟空留，業已無聞無見矣，焉。仲子三日不食，逍遥耕鑿之棲息衡茅之下，吾想灌園以來，此身尚復何有哉？蠨蛸滿户，耦。至于釜甑無烟，其實可食者李也；人迹罕至，雜居其間者螬也。在嘉木繁陰，修綆可汲者井也；天。洌彼寒泉，適在窮餓時所可幸者，吾知其皆不顧也。食實惟螬，雖井上有李，平時，地與人習，人與物忘，恍循懷核之寧解報瓊之雅，螬乃安享其利耶？况其猶存夫碩果，井養不窮，耳。玩地水之占，豈懍整冠之戒，李非吾有，亦殊訝不廉實甚矣。此一食也，不遑恤斯飢于季女，文，蠢動何知？居然遺餉乎幽人，留餘不盡，似有分甘之意。詎存素飽之慚，螬若所欲易厭也。容姑妄爲取携，

此一食也，亦殊覺廉潔可風矣。井上非首陽之地，而果實猶留，奚遜清風于薇蕨？李雖異甘旨之珍，而食餘宛在，漫誇華屋之鼎烹。嗟乎！仲子尚何有哉？李爲螬食已過其半，所有寧復幾何耶？雖然，使天而不哀仲子，李未必有；使天而果哀仲子，螬何以食？顧李不遇螬，食不過半，即廉士之名亦不彰。則是食也，固天所以玉成乎仲子而使之得遂其廉也。觀于往食三咽，耳聞目見，於陵之螬，其亦附驥尾而益顯也哉！

嫂溺不援六句

知不援之非人，即知援者之無害于禮矣。夫苟以不援嫂爲禮，是猶以豺狼爲人也。援者，權也，究亦何悖于禮哉？今夫禮，决嫌疑，定親疏。無羞惡之心非人，無惻隱之心亦非人也。禮别同異，明是非。無品節之文非禮，無變通之術亦非禮也。子以嫂溺援手爲難，將以禮爲必窮而無由通其變乎？是殆未深觀于禮耳。苟未深觀于禮，則嫂固男女中人也，援亦授受之例也。將欲援焉，而有以處嫂，無以處禮；將不援焉，而有以處禮，無以處嫂。于是，有爲嫂之説者，以爲苟濟于嫂，何禮之爲？援之便。則又有爲禮之説者，以爲不儹于禮，何嫂之恤？不援便。嗚呼！夫，夫也，是人而豺狼者耶？何其安忍無親耶？援之之説固有斷然無疑者，有以處嫂，豈遂無以處禮哉？夫男女授受不親之爲禮也，固已。乃嘗深觀于禮，以爲女子許嫁纓，非有大故，不入其門，則是苟有大故，即得入其門也；以爲男不言內，女不言外，非祭非喪，不相授器，則是有祭與喪，即得以授器也。由前之說，所以養廉耻之源而使人以有禮也；由後之說，所以廣恩義之路而不以禮禍人也。是權之說也。且夫權疑有妨于禮而禮要必濟以權，其在《易·履》以辨禮，又曰《巽》以行權。古聖人大爲淫泆之防，而又恐人之泥于禮而傷其生也，于是特著其文于《易》，以爲此禮之權也，非是無以爲禮也。古聖人深爲名教之慮，而又恐人之託于權而反其經也，于是深没其文于禮，以爲此權之禮也，言禮可不言權也。則甚矣，子言之不足窮禮也。夫禮固遠于苟且之行，亦何至遂爲豺狼之事哉？是不必作嫂溺觀也。其姬待姆而被災，君子謂之女而不婦，則猶未可與權也。尾生抱梁而遇水，君子以爲諒而不貞，則原未達于禮也，抑並不必作男女觀也。介推守禮以焚綿，乃戕生而並禍其母，是自溺而又以溺嫂也。祭仲行權以立突，乃愛身而不顧其君，是舍嫂而反以援人也。噫！禮之不明于天下久矣！子之言殆未免爲溺人所笑也夫！

其取友

即取友之人可逆料其所取之友矣。夫尹公之他，即孺子所取之友也，乃既深知其友，而其友之所取豈不可逆料而知乎？今夫人各有心，難以意測，而天下難測之人惟其心術不可知，斯其取舍不可料。虛懸一素不相識之人而揣其平生交接，則荒渺而難憑；若實指一素相深信之人而揣其平日交游，則即心而可想。夫尹公之他之爲端人，豈非吾之所取友而較然可信者哉？彼爲吾良友而相取以心，不獨一射爲然也。即推之射以觀德而志正體平，已確然信所取之不誤。彼爲吾所取而友誼夙敦，又因教射愈篤也，亦唯以教學相長而志同道合，尤欣然信取友之得人若是乎？其爲吾友也吾知之，其非吾友則吾不知矣。其爲吾所取友也吾信之，其所取友恐吾不及信矣。而吾以其人知之亦以其人信之，其所取或德行可欽，道藝可名，吾所不及知也。而既爲其友，即其取者良非虛。風雨晦明之際，情懷正可思耳，譬如射者之有的，吾知之以其的而已。即其友或趨向不同，行能各異，吾又不敢信也，而就其所取要其所友無可疑。蒹葭秋水之餘，伊人信可想耳，又如射者之反身，吾信之以其身而已。吾友今何在乎？其人固已河山綿渺，可望不可親，其友亦何論也？然吾之友不可見而友之友適然來，則即以其友爲吾友可也。萍踪相遇，殊令人撫故舊而低徊。吾友嘆離群矣，其人雖復寤寐懷思，相望不相見，其取友又何論焉？然友之于吾不可即，友之取友正可念，則即以吾友例其友可也。班馬有聲，更使人懷知交而想像。吾既信吾友之爲端人矣，其取友之心端亦奚不可信哉？

孔子聖之時者也

聖之至者，惟當其可之謂時焉。夫時以當其可爲斷，于清、任、和之外，而獨以時推孔子，豈三聖所能同哉？昔者，孔子贊《易》于《彖傳》諸文，往往特舉卦之名而繫以時之義，蓋變通隨時非卦德無以當之也。乃論聖人全德，亦若不能别贊一詞，而還如其贊《易》者贊之而已。吾于清、任、和之外而竊有以論孔子。夫孔子之爲聖，豈顧問哉？蓋推至詣于尼山，似聖與聖已當别論，而溯淵源于泗水，即聖與聖無妨並言。雖然，亦思其聖爲何如者耶？彼仕止久速皆本當可以爲衡，與世推移而不爲凝滯，將欲主一以定其名而名未得矣。抑仕止久速無非因心以作則，化裁存乎變即推行乎通，將欲兼舉以擬其名而名可思矣。吾見其仕而止久而速也，有似乎清而不得專其名曰清，清適乎時則清也，即時也。又見其止而仕速而久也，有似乎任而不得專其名曰任，任協于時則任也，即時也。抑見其止而又仕速而又久也，有似乎和而不得專其名曰和，和當其時則和也，亦時也。然後知是邦必聞，政亦舉世莫能容，介乎行藏用舍之間，無成心亦無繫念，其殆時止則止時行則行者乎？而遲速又何論焉？然後知中夭偶著于燕居，亦環轍不停于周道，絶乎意必固我之思，能憂世亦能樂天，其殆與時偕行與時偕極者乎？而久暫又何知焉？標其名于清、任、和之外，非聖之至而此外别有所加，融其迹于清、任、和之中，舉聖之偏而就中胥歸于化。時哉！時哉！至聖如孔子，可不謂集大成者哉？

今夫麰麥四句

即麰麥以觀，而先舉其所同焉。夫麰麥其小焉者耳，欲驗降才之無殊，盍先觀地與時之同乎？且吾觀富歲、凶歲之子弟，而得夫同之説焉。夫歲收有豐歉，此誠不能無殊，子弟有莠良，此又殊之明驗，而吾正以此得夫同之端，而吾更以此廣夫同之例。然則，富歲、凶歲獨觀人之子弟于是哉！今夫麰麥，其爲富歲歟？凶歲歟？則不可知。而要其因地利，乘天時，足以穀我子弟者則無殊。名之曰麰麥，昭其同也。降種與降才無異，而嘉禾天産，實爲帝命之率育所貽。降才與降播同歸，而覛土順時，早驗農夫之服田克敏。觀其播種也，遍布于我疆我理之内，概種固繼于深耕，而其耰之也，壅土或耘或耔之先，蓋藏無憂乎暴露，此其取必于同也，寧待問哉？且夫播種有其地，又有其時。讀《周官》之文，澤草所生，種之芒種，説者謂麥之地固宜乎下也，邱中而既有矣，田家子弟寧未諳土宜之利歟？如何新畬，于皇來牟，試問其有殊焉者乎？無殊也，其地同也。覽《夏正》之書，時維九月，榮鞠樹麥，論者謂樹之時當在于秋也，金王而可乘矣，農人子弟誰弗念戒寒之令歟？乃勸種麥，毋或失時，爲問其有殊焉者乎？無殊也，時又同也。幸而爲富歲之豐穰，麻麥著美，岐嶷嶷后稷之年；菽麥興歌，穜穋繪豳風之譜。天降嘉種，美才似獨産于一方，而原夫播種之初，所謂將毋同者，地與時本分任其功，而寧疑造物之栽培獨厚。不幸而爲凶歲之荒歉，無麥于魯，臧孫之請羅方殷；取麥于温，祭仲之帥師且至。天降禍災，不才似偏鐘于一域，而溯夫播種之始，所謂從同同者，地與時原不居其過，而寧咎彼蒼之傾覆獨私。蓋觀夫有伙之候，大田皆熟，而始信天之于物降才無殊也。夫麰麥其小焉者也。

無遏糴

申遏糴之禁，重睦鄰也。夫遏糴之害，甚于防川，此五命所以必禁歟？且先王因凶荒之備而制爲蓄聚之經，其非以自封之謂，其謂天災流行，國家代有，將以儲緩急、備不時也。故曲防而外，又有禁焉。以歲時之不易，凶荒之見告，彼四鄰中獨不有糴焉者乎？而擁在己之素封，幸他人之大祲，此四國内保無有遏焉者乎？嗟乎！人急求之，我故靳之，幸災，業已不仁。況乎我雖閉之，人或輸之，怒鄰，又復不義。彼王禁之謂何而背之耶？誰非伯叔甥舅之邦，當夫饑饉荐臻，不獨其君之慮，抑亦與國之憂也。我有倉庾，方將命一介使臣供其困乏，豈其請而不應乎？天子曰：庚癸呼矣，民其何堪？尚無爲閉關而謝客！誰無水旱螟螽之患，當夫囷鹿空虚，彼之有恃無恐，正以此之予取予求也。我無峙粻，猶當遣上卿銜命代請他邦，豈其有而自私乎？天子曰：稻蟹盡矣，國將奚賴？尚無忘救患而分災！非必謂輸粟泛舟行道，將其有福，第以無窮之紅腐，徒專己而坐視陳因，其何利之有焉？亦非謂觥飯壺飧濟困，因而市德，但以有用之倉儲，徒虚擁而助天爲虐，何不祥如是乎？水、火、金、木、土、穀，原有相爲流通之勢，積而不散，彼蒼亦惡其獨豐；城、郭、甲、兵、米、粟，亦有互爲消長之時，壅而不流，藴利且因以生孽。其戒之哉！彌縫其闕，匡救其災，睦鄰之道也；以其所有，通其所無，恤患之謀也。赫赫王命，尚其敬而聽之乎！

善政不如善教之得民也

因仁聲而及政教，當知所以不如焉。夫政、善教同一得民，而善教入人深矣，宜孟子斷以不如哉！

聞之德惟善政，政在養民，四海訖聲教焉。而論者衡量其閒，不能無軒輊之見，則以其分數有淺深而及于人者判然矣，豈惟仁言不如仁聲哉？夫仁聲、仁聞尤善之及于民，而善政、善教皆仁之所從生。雖然，二者之閒亦有辨焉。上世民氣敦龐，其時有教而無政。教以飲食，教以衣服，教以葦籥，儷皮而禮樂肇興，民皆皞皞熙熙，習其教而忘乎其善。初無得民之可言，而安有如與不如之異見？後世民風澆競，于是有政而無教。政在簿書，政在科條，政在戰耕，富强而戎兵滋起，民皆泯泯棼棼，本無得民之可道，而安有如與不如之相懸？若是者，亦未即善政、善教之所存相提並論耳。政不能離教而自行，彼象魏所布，原不出孝友睦婣之中，非教外別有政也。第政之名無過于徵發期會，在上本爲整齊其民，而民遵守其政若比于服從其教而尤捷，而未若教之不令而自行也。即民亦見爲〔僉謂〕弗如矣。政原因弼教而始立，彼威刑所驅，實以濟道德仁義之窮，是有教不能無政也。第教之意不越乎勞來匡直，欲民優游而自得，而民樂從其教若比于遵循其政而尤真，而反覺政之不能去教而獨立也，即民亦僉謂弗如矣。而猶曰善政、善教之同一得民也，得民雖同而民得之則異。試進言其效，而不如之分數益明矣。

無爲其所不爲二句

爲、欲皆非本心，以無之者，還其有焉。夫不爲、不欲固有之心，而爲與欲者失之也，無之所以還其固有哉！今使人而皆如聖人之心，渾然在中，無所爲而無不爲，無所欲而無不欲，亦安用以無爲無欲者强而制之、力而持之哉？若常人之心則安能是？故有所不爲。此即道心所發見而僅存此片念于不爲也；有所不欲，亦即道心所呈露而偶留此端倪于不欲也。夫不爲不欲之事，即可羞可惡之心，是蓋從陷溺之餘而猶存幾希之緒。乃未幾而不爲者幡然爲之矣，爲之雖中有所愧怍而終不能復其本來。亦未幾而不欲者忽然欲之矣，欲之雖未免于慚惶而終不能循其初念。若是者，其惟無爲之乎？無爲似强以所難，抑思前此誰强以不爲？而止此一身何轉念遽分兩境？亦惟無欲之乎？無欲似投以所苦，抑思前此誰投以不欲？而止此一刻何須臾竟判兩途？特未即不爲不欲而反求諸本心所由起耳。清夜平旦之時，原無所爲所欲，而早有不爲不欲者立乎其先。是無爲無欲之心已先爲、欲而定其根，此乃本然之良所稟受于天，無爲、欲者正以全天之所當爲、所當欲也。旦書牿亡之頃，必先爲之欲之，而乃以不爲不欲者矯乎其後。是無爲無欲之心本後爲、欲而操其勝，此乃同然之善所力争于人，無爲、欲者正以絶人之所妄爲、所妄欲也。明以燭其幾、察之于微，必不以人心混道心之界。健以致其决、去之務盡，必不以道心雜人心之危。由是，因所不爲達之于其所爲，而爲者亦各協其宜，因所不欲推之于其所欲，而欲者亦各充其類。苟如此，斯可已矣。

曬書堂詩鈔

目録

卷上

卷下

曬書堂詩鈔卷上

五言古

讀秦皇本紀

壯哉秦皇帝，吞滅杖鞭箠。殺人如草菅，坑焚禁毁詆；因作阿房宫，膏血塗階陀；積骨爲長城，邊聲不敢起。豈曰無仁恩？二羊六石米。

嘆劉項

漢王破彭城，將五諸侯兵。置酒日高會，美人楚歌聲。豈知重瞳來，勢若驟雨傾。漢軍二十萬，穀水流縱横。假令破城後，戰勝如持盈。項氏頭可斷，誰與分杯羹？驕泰以失之，功怠于垂成。嗚呼運籌者，千載稱良、平。

鷹相食

爾本爪距利，天資復貪酷。罔恤同類情，偏縱搏擊欲。草枯木葉稀，眼疾幽隱矚。雪中抖精神，狡兔起山麓。脱韝羽箭馳，呼聲震林木。蕭蕭北風鳴，天意助殺戮。兔奔喘未定，爪已破其腹。鮮血濺石根，哀鳴動山谷。鳳皇去兹遠，痛楚向誰告？雉是文明禽，亦復遭荼毒。燕雀畏影逃，怒目還追逐。種種凶惡狀，擢髮難更僕。豈意見殘傷，殘傷乃同族。昔日分汝甘，今日啖汝肉。嗚號聲亦哀，殘喘僅絲屬。迴憶厲吻時，情形頓反覆。物理良可畏，循環何太速？岸上信天翁，知足永不辱。

林翁却金

西門有林翁，翁居近負郭。迹寄城市間，心存田園樂。其家傭工人，墾土光閃爍。不以充私囊，與翁翁乃却。堪嘆古誼衰，嗟哉世情薄。偶争錐刀利，骨肉相銷鑠。林翁不知書，胸衿自揮霍。有田故豐饒，無金不貧約。管寧與華歆，高風差相若。前邑令楊公匾其門曰：「義高管華。」遥望城頭霞，朝暉永灼灼。

翁名復初，字明善，邑中無少長呼之「林善人」。家又素豐，却金事固優爲之，乃其傭人臨財不苟，有古廉士之風，深可嘉嘆，惜其姓名不傳耳。

嘉慶十二年十一月十一日奉上諭：「據步軍統領衙門奏稱，有『陝西商販回民馬貴呈報，在廣寧汛小井地方遺失銀四百兩，旋據民人呂有年帶領伊甥張自得將拾獲原銀赴營稟報，驗明無缺』等語。張自得以鄉曲小民拾獲道遺多金，不敢隱匿，告知伊舅，呂有年慮及失金之人生計攸關，亦即赴官呈報。該民人拾金不昧，重義輕利，風俗醇良，深堪嘉予。著將原銀内賞給呂有年、張自得一百兩，再加賞官布各二疋；並著地方官製給匾額，以旌其廬；餘銀給失物之人領回。欽此。」

謹案：二事正同，並可見俗美風淳，人心之樂于爲善也，因并記焉。

題梅莽

朝來花下遊，暮去花間宿。夢里聞清香，香雪藉茵褥。不敢開湘簾，恐被惡風撲。借問温柔鄉，何似梅花屋？

雲山

山静時出雲，雲倦復歸山。山缺牽雲補，雲斷借山連。欲雨雲冠山，既晴山帶雲。雲山本相合，欻被惡風分。山深仍漠漠，雲散各紛紛。山雲終相戀，此意無人見。

曉行四首

殘月在高樹，征鐸驚棲禽。芳塵馬蹄軟，不覺過前邨。豈不畏夙夜，而甘多露侵？

長路何漫漫，良苗正油油。凌晨葉露滴，新色翠欲流。歸去正食新，農言麥已秋。

行行過西疇，邐迤東皋下。前有戴星人，乃是荷鋤者。婦曰子夙興，觀我田多稼。

烟林行不遠，林盡至前邨。乃見一老叟，掃地啓柴門。鷄犬繞街散，牆頭上朝暾。

夏日

長日儘倦人，散步閒庭裹。樹影滿空階，重重埽不起。因念紅塵中，驊騮騁未已。高卧北窗人，于今在栗里。

霖雨十二章

乾隆丁未六月雨至七月，爲農人見憂而作。特取韓詩「雨無其極，傷我禾稼」二語冠于篇首。

雨無其極，傷我黍稷。神不其餒，民于何食？

雨無其極，傷我稷黍。歲時伏臘，何酤何醑？

雨無極兮，傷我豆兮。草盛苗稀，如何耨兮？

清曉荷鋤，易我園蔬。老妻進言：子姑徐徐，青苔路滑，勿蹶勿趨。

有童閑閑，有女娟娟，摳衣褰裳，推波助瀾。瞻彼中庭，如臨于淵。

老翁扶杖，倚門而望。童孫數人，在河之漘。懼河之圮，驚我孫子。

天公實難：時而不雨，民曰旱乾；雨既勤止，民復咨怨。誰云造化，而得人歡？

鼃蛙趯趯，釜金鯈鯈。彼水蟲兮，胡居我屋？壞我牆垣，漂我薪木。瞻彼棲苴，罥兹蓬户。

蓬户悠悠，載沉載浮。憎兹蚯蚓，出户而謳。匪惟謳止，逝且遊止。汝實樂止，誰當憂止？

夫須笠兮，萆爲蓑兮。驅彼黄犢，青草坡兮。河將决兮，犢不可掣兮。吁嗟犢兮，傷如之何？嗟復嗟兮，公無渡河！

稻則有芒，蟹亦有匡。稻生黍死，蟹喜蠶傷。黍喜高寒，蠶惡下濕。吁嗟無黍兮，曷嘗？吁嗟無蠶兮，曷裳？

雲起西郊，逡巡而雨。嗟汝雲兮，寧莫之禦？大風起兮，逝將驅汝！杲杲出日，勿潤我礎！

萊州道中

連天山不斷，近海風多寒。獨行已爲苦，况復值秋殘。孤蓬轉路側，落葉辭林端。豈止傷摇落？兼憂行路難。

月夜

當天懸明月，物象咸光昭。萬葉浮金碧，千林静調刁。皎皎北堂户，流光入綺寮。簟紋凝冰色，拂之不能消。徘徊下庭除，石棱削瓊瑶。銀鑰聽未闞，萬户正蕭條。五藴洞虚空，玄冥問參寥。

拾海錯 海邊人謂之趕海

大化何奫淪，泱漭無停止。天地混沌日，滄海何時起？一碧渾涵間，今有太古水。潮汐割昏曉，如斯夫不已。月滿魚腦盈，月晦蚌胎死。漁父攜筠籃，追隨者稚子。逐蝦尋海舌，淘泥拾鴨鯺。海舌即水母蜆，形如鴨鯺。細不遺蟹奴，牽連及魚婢。生物供人用，造化意如此。鯤鯨在其中，芥子須彌耳。圓嶦時一望，《晉書·天文志》：「東海氣如圓嶦。」磨青幾萬里。

女蘿行

女蘿附樗木，開花不芳潔。好女居桑中，身名不貞烈。昔有貧家女，嫁于羽林兒。未御羅綺裳，不解脂粉施。甘心操井臼，守分炊扊扅。良人饜酒肉，身自餔糟醨。鄰家冶遊輩，交口稱淑姬。良人當遠調，踰時不歸來。行者易裘葛，居者守簿帷；行者日以遠，居者石不轉。忽然過鄰家，鄰家多狹邪。日間貿絲布，夜間爲寄豭。解爲冶由笑，解塗絳朱唇。笥中疊綺縠，厨下羅芳珍。朝遊柳陌頭，暮宿桃花津。豈曰無芳草？芳草須芳鄰。

山田行

昔余方嬉戲，耕田在平地。今未三十年，耕田在山巔。山田高于屋，屋上驅耕犢。田萊日益開，生計日益蹙。地利原有盡，人生齒漸繁。寄語催租吏，莫叩貧兒門。

勵志

五日不讀書，筋力欲衰老。十日不作文，心思已枯槁。常恐名不立，青春去人早。鉛槧無虚陳，經訓恣蒐討。况偕素心人，疑義相與考。偶然窺新境，朗若睹清昊。孜孜入编記，日久成初稿。時余方與婉佺輯《詩問》。敢云希古人，亦曰敦宿好。

書帶草

我友周麟之，貽我書帶草。端容再拜受，嘉名尤爲寶。思人愛其樹，玆物洵美好。築工培根荄，開池酌濕燥。灌以德日新，滋以青未了。漢末章句儒，門户競紛擾。細大各争流，其究爲行潦。鼠穴强鑽研，兔絲自纏繞。坐令聖賢心，瞢彌雲霧表。所以數百年，重昏殆無曉。一旦北海濱，青天出日杲。蹶厥生康成，長駕烟塵埽。衢馗剷棘荆，林大摧枯槁。渾灝納百川，靈奇孕三島。藝圃爰菑畬，書林乃搜討。上溯帝羲軒，下迄王豐鎬。不其開講席，禮堂窺窈窕。東道兼齊魯，北學空燕趙。乃有庭階前，豐草何裊裊。紛綸一萬卷，龍葱鬱紹繚。經笥資披拂，綏文門新巧。雨浥映箋注，風吹解衿抱。迄今二千年，青青尚未老。豈曰莖根堅？惟有神是保。辱余小芳齋，珍若贈吳縞。夙夜敬佩之，學殖憂不早。榮華非所懷，此草未見有花香。荒落反其道。生意自欣欣，清標殊矯矯。經神或見夢，彩筆舒文藻。我欲書之紳，後世有以考。

祭外姑

千秋感知遇，難孤國士恩。東床近五載，倏已睽音塵。外姑遭閔凶，廿六失所天。孀母攜孤女，形影相依憐。訓養兼恩誼，詩禮數晨昏。治家尚嚴肅，秉心惠且温。迄今三十年，傳誦遍六親。行本窮途子，落魄守蓬蓽。維時年既壯，孤鴻尚求匹。蒹葭託青雲，有惠賜之室。恆督作文字，延師爲評騭。飲食兼教誨，殊難罄口筆。何圖沉疾嬰，埃風遽上征。吁嗟今已矣，葵誠何日傾？況復遺孤女，顧影悲零丁。微風動繐帳，仿佛聞音聲。痛因過時積，恩由感念生。碧海深無底，之罘高不極。我無筆如椽，何以銘大德？

寒蛩篇

棲霞者宿欒風南先生之仲子婦王氏，于歸三載，失所天，年甫十九，奉養衰翁，備嘗艱苦。今嘉慶丁巳之歲，上距夫亡二十三年矣。先生高其義，取季子之嬰兒命氏鞠之，親題木主，立以爲嗣，一時傳誦，形諸咏歌。因爲兹篇，以紀其事。

寒蛩咽空壁，孤鴉棲舊林。良人隔重壤，之子多苦心。應門無尺童，高堂憖一老。豈惜軀命捐？願代子承考。自言寒閨女，未熟《内則》篇。紉箴奉滫瀡，親串俱稱賢。粉書字不滅，鸞鏡影長别。奉養三十年，瑶池鑒冰雪。冰雪有消時，丹青無變期。君舅曰阿婦，阿婦即阿兒。嗷嗷林烏哺，棲棲寸草句。志向黄泉盟，心偕白日訴。白日照燕門，黄泉泣鵑魂。淚枯藁碪墓，心惜桑榆暄。人生寄隙駒，年命如蕉鹿。千載標清風，清風在緑竹。

常棣篇有叙

《左傳》有言：「召穆公思周德之不類，故糾合宗族于成周而作詩」。然則，《常棣》詩者，召穆公之所作也。不類，猶言不肖也。糾合，言其離散也。每讀是篇，令人友悌之心油然而生，乃知詩之可以興也。壬戌暮春，感念先人，心傷不類，長嘆昔賢糾合之難，怵然爲戒。他日，造爲此篇，書之座右，並示二弟懿林云。

韡韡道旁華，同類共榮悴。如何凡今人，根同而未異？一解

十指有短長，分居各一方。忽然遭虧損，慘痛摧肝腸。二解

鴻雁離矰繳，帶箭歸林薄。鳥鳶或相悲，鷃雀已相樂。三解

猛虎攫人去，齧臂弟代兄。酒食生嫌怨，睚眦共鬥爭。四解

華妍復解語，鶯嬌更巧啼。前時帶箭雁，今日飛東西。五解

姬姜如絲麻，漚湅分清濁。臧獲憔悴輩，何故工謠諑？六解

謠諑日益尋，蒂芥日益深。昔爲唇與齒，今爲商與參。七解

兄競南園桑，弟爭北園柳。父母生兒時，桑柳皆何有？八解

築娌有後先，本自同室人。交近情易離，勢遠分益親。九解

踪迹相與遠，性情相與淺。百年本須臾，何必競長短？十解

鴻鵠篇贈鹿篔谷之官滇南

鴻鵠豐羽毛，雲路高翺翔。鷄鶩處籬落，翹首睨其旁。君家在東海，與余爲同鄉。束髮受書後，相偕走名場。君主騷壇盟，余亦附景光。文戰常拔幟，聲譽日騰揚。馳驅二十載。君遂獨高驤。余仍困鹽車，躑躅上太行。更閲十年所，始復共頡頏。給事尚書省，牽絲粉署郎。明允君誠擅，疏拙余自將。君著平反績，余慚會計長。浮沉幾十稔，君出牧南疆。循民問疾苦，和緩夙稱良。篔谷素工醫。仁風扇榑棟，清水照瀾滄。伊余尚局促，天海遥相望。著書用何等？温經備遺忘。清貧守故態，索米庸何傷？君至滇池日，第一問點蒼。金馬碧鷄神，有無涉渺茫。盛覽張叔輩，文學開遐方。人物及山水，并採入詩囊。他時郵寄余，爲君舉一觴。此行近萬里，潘鬢新含霜。臨岐各言别，驪駒踐康莊。努力加餐飯，聲播鳴琴堂。清時重治理，報最登巖廊。徙官符三丙，君丙午登賢書，丙辰成進士，今以丙寅遷官也。後會應相當。行行君莫顧，勉勉余未遑。何時賦歸來，林泉共徜徉。

七月六日冒雨赴署

俗人言織女，七夕渡銀河。余生五十載，未睹星曾過。又言此夕近，雨淚雙滂沱。豈知古織女，今老猶情多？鮫淚綴珠網，絲雨漂秋羅。郎官位應宿，府史藁分科。檄移走旁午，文字稽謬譌。冒雨驅車馬，羸敝奈愁何！天街泥又滑，帝城恩復波。我欲理舟楫，手中無斧柯；我欲汎斗牛，海上無仙楂。身是農曹輩，且復問禾麻。今年甘霖足，滿篝復滿車。公庭少案牘，邊方靖干戈。公餘飽食後，捫腹酣吟哦。

自巧夕後一日雨至望前一日

推翻烏鵲橋，倒瀉銀河水。烏蝀拏淵傾，黑雲壓城圮。街泥没馬膺，田萊生禾耳。所見戴簦人，無非張蓋士。簷瀑無停流，屋漏有故紙。昔爲階與庭，今爲沼與沚。蛙脚交竈陘，蝸蜓亂垣墉。所望既晴佳，寧言其雨喜。天亦真難爲，而人不諒只。暘旱生吁嗟，淫霖更謗訾。請召風伯神，衝飈東北起。迅埽陰霾天，放開旭日晷。

秋夜記事

家人半未睡，屋上聞行聲。開門把火看，萬籟空虛清。又疑非人迹，競逐走貍鼪。因何蹋瓦裂，仿佛如人行。我室雖懸磬，薪米猶關情。毋乃杯蛇影，空俾池魚驚。閉門却復睡，河漢當天横。

反送窮，用徐曉初韵

窮乃我之友，何因見遣送？送去須迎富，富將受玩弄。貧人常得閒，富人多不空。未辨黄粱炊，已覺黑甜夢。回頭竟何有？爬搔短髮鬆。豈若囊雖空，還餘酒滿甕。微醉狂飲詩，春禽雜謡哢。有時强著書，談言亦頗中。我友交我久，兩情並愚戇。願保歲寒盟，一任人譏諷。

嘉慶甲戌七月五日，同人于萬柳堂集，爲北海鄭公生日設祭，賦詩紀之，兼呈同集諸子

古今如旦暮，燕齊猶比鄰。天涯聚首日，共拜傳經人。城南選勝地，遲客聽車輪。柳條踠垂帽，芳草如鋪茵。我生距千載，懸弧後一晨。余以七月六日生。家園傍通德，汲古尊經神。書帶縈階下，竹窗懷清新。論述有至樂，擁書不知貧。俯仰一頭雪，慨然望車塵。敢謂同鄉里，鑽研情獨親。敬從諸子後，持蔬爲主賓。緬想行酒日，悽愴歲在辰。

答書問有叙

袁簡齋隨園二十四咏，其《書倉》云：「聚書如聚穀，倉儲苦不足。爲藏萬古人，多造三間屋。書問藏書者：幾時君盡讀？」余代答之云：

讀書如啖肉，其味常在腹。一臠或有餘，千蹠憂不足。萬卷羅心胸，定非飽耳目。無奈肉如山，入山莫空還。還問入山者，材多而取寡。答言奔且馳，輕鞭加快馬。到處都留連，卧遊須手寫。毋云髮蒼蒼，秉燭資餘光。

詠雪

纔過小雪節，翩然傾大雪。天地微茫間，混沌略分別。瓦縫無參差，觚棱類玉切。踐去如不勝，恐同過涉滅。身在冰壺中，骨寒神亦徹。緼袍冷復冷，狐裘熱更熱。願教積雪化爲銀，大千世界無貧人；或爲綿絮軟且温，衣被普天少寒門。快哉！衮衮紅塵盡一埽，渾知太初太素氣顥顥。

買竹行有叙

移居齊魯會館之明年六月中，買竹數十竿，樹之讀書舍後，越四旬餘，稍抽細筍，碧潤鮮新，庶少延清賞，詩以紀之，時丁丑初秋廿二日也。

小住如逆旅，底事空殷勤。雖曰非吾廬，何可無此君？北地風高寒，種樹徒紛紛。燕人種竹如種玉，背秋涉冬葉不緑。縱無渭川千萬竿，此間得趣良已足。維時月在未，穀貴竹亦貴。爲博檀欒姿，何惜四千費？今年遭旱乾，植物傷凋殘。二日呼水灌，三日爬土看。兒童慣好事，日來報平安。客入門先喜，娱目青琅玕。東鄰有鍛者，毋乃嵇叔夜。砧聲無了時，聒耳如同舍。我客厭譁囂，欲遷寄公駕。我謂奚必然，一枝亦偶借。天地區廬幾由旬，古今傳舍更多人。但使吾居少有竹，何妨終朝食無肉！四五十竿雖言少，亦自扶疏繞我屋。槿花早榮暮已萎，寒蟬秋嘶夏登木。當前快意聊自娱，吾本胸中無此竹。

除夕

天上無除日，今昔平等觀。人間有除夕，新故還無端。迎新送故歲，情似別所歡。唯有除不盡，書生酸與寒。酸存舊風味，寒仍故門闌。道不離須臾，屯利居盤桓。旅筵有肴核，妥神薦春盤。春意方款曲，是日立春。冬心漸摧殘。忽驚户剥啄，偷從旁隙看。知君索債客，聽我言艱難。客便勃然怒，語聲譁且讙。京官畏三節，流年指一彈。長安當車馬，半是貧衣冠。鶺鴒苦饑瘦，蜂紙窮緣鑽。胡爲鷦巧危，而易鳩拙安。勸君且飲屠蘇酒，祈以黄耇酌以斗。樽不空，歲其有，饋年糕，煮牢九，是夕，北俗多啖煮餅，即水餃也。殷勤相約庚申守。今日還是尾丁丑，明日便爲戊寅首。

紀年詩戲作

余家有瓷碗，每餐果余腹。但求腹不枵，何必食有肉。微物關念比車服，策勳頻加賜湯沐。家人知余此意，藏諸珍如韞櫝。歲在戊寅春，正月廿有六，笥杯竟羽化，湟鹿失蕉覆。西鄰隔牆喧且譁，碗忽來歸自鄰家。完璧居然復返趙，不㾷不破聲不沙。㾷〔㾷〕、破，見《方言》六；沙，猶嘶也，見《内則》注。飛去飛來止經宿，狡獪誰爲仙姑麻？弈棋轉移局靡定，塞馬失得空吁嗟。譬如樹花風飄墮，墜茵落溷無不可。念余生逢盛時，誤罣吏議，廿年官不移，長安索米，腹中苦飢，九年艱食，迄于今兹，亦惟曰怨咨。自今飯甕欣有具，喜氣揚揚樂不可支。稻雪常翻匙，從此含哺鼓腹而熙熙，加餐何不食肉糜！

黄花魚即石首，京師名黄花。

我家近東海，春早紛魚蝦。家家豐鮭菜，味不數黄花。薄宦遊京邸，魚貴倍于米。黄花味偏佳，方悔前誨詆。物論貴賤有何常？惟口于味分低昂。海濵山積人不顧，名播皇都字帶香。君不見，楚人雉，給作鳳皇千金市！又不見，汧陽豕，坐客淡名誇肉美！世事悠悠盡如此。

酬象思齋雨中見懷之作

七月二日雨後

風颯晚烟凉，雨浥輕塵滌。竹徑瀉寒泉，花間餘點滴。此時少情閑，披卷苦尋覓。心與境爲緑，色偕聲俱寂。念君騁驊騮，嗤我蝸粘壁。

附象作

蘿薜摇輕烟，支牖對寒碧。濕雲凝不流，微雨暗將夕。于焉得偃仰，隔斷輪蹄迹。緬維素心人，焚香展瑶籍。注疏多苦辛，誰與分經席？余酬作欲效其體，終不似之，因録以志賞玩。

咏史

史事新艷可喜，古書多有增飾，因仿史公合傳體詮叙其事，并論著于篇。

昔有呼韓邪，竟寧初款塞。願言壻漢家，漢宫饒粉黛。競買圖中人，多負畫工債。阿誰侍娉婷，欲進無媒介。良璞羞自獻，誤被卞和賣。漢帝哀窈窕，單于喜歸妹。婉彼孔鸞姿，竄入鷹鸇隊。豈知百年前，兹事先有對。龍準困平城，曲逆弄狡獪。畫入閼氏驚，圖窮匈奴怪。一紙花貌妍，十萬雄兵退。惜哉此良工，姓字竟茫昧。班書既無聞，桓譚論又晦。《漢書》只言陳平祕計，應劭注始詳，師古以爲出桓譚《新論》，今亡。或入掖庭間，描寫宫娥態。若使匈奴知被欺，大索平城誅畫師；以罪黜閼氏，按圖索蛾眉。又使漢天子，不拘文俗陋。由余爲秦謀，獻女弭戎寇；婁敬主和親，修好結婚媾。當時朝廷若不謬，策勳應首毛延壽。

露坐觀天河

微雲浄如洗，河漢明初秋。連天波不起，當户聲宵流。黄姑與織女，近人寧無憂。睆彼瓠市南頭，欲問天上將安求？一片黑雲携雨過，急移繩床屋裏坐。

初見雪，欣然有作。今兹冬暖，邈無雪意。玄月廿一值大雪節，風氣陰寒，夜未渠央，花霙密布，霑灑庭除，開門盈矚，積素皓然矣。

觀書夜習静，扃户耽深嚴。燒燭續殘跋，避風輕動簾。坐久怯衣薄，爐寒呼炭添。斗然肌生粟，未擬地撤鹽。開門一縱目，萬瓦凌飛檐。仰眺天欲霽，月斜凍明蟾。花生却在眼，白纏偏依髯。曠如遠行客，埸來喜憂兼。就凉莫趨暖，暖處非久淹。敢近湯火地，而求雨露霑。依隱聊守素，因方以爲廉。開罇且獨酌，訪戴吾猶嫌。

病後作

有淚不輕滴，無病誰復呻？風寒入肌骨，頭目昏津津。雖生不快意，恒卧真愁人。既飲散寒藥，豁如解囚縛。問安兒狂喜，還乃翁矍鑠。今同脱鈎魚，昨占噪簷鵲。始知平爲福，無憂便足樂。俗士每帶酸，逢人輒言寒。請看乞丐子，汝寒豈至此？若作如是觀，皆當大喜歡。辭榮亦辭辱，知足乃恒足。我非談道人，我解愛此身。雖乏金石堅，欲忘紛華慕。紛華詎能忘？偶爾生覺悟。暫覺殊難憑，且尋静中趣。問余何能然？因病識其故。

除夜詞

歲君殘將别，形容似愁絶。言我與爾居，憐爾爲宦拙。空有范叔寒，而無熱官熱。落拓二十年，不覺頭似雪。老驥櫪還伏，唾壺擊應缺。但見魚上竿，曾微兔營穴。余聞心未然，不如歲君説。朱門多近憂，黄屋少真悦。桑霍方作家，樓臺已喋血。曾不如豚孤，安能及駑劣？伊余轅下駒，終歲守初轍。爲米寧折腰，問妻尚存舌。雖未矜超乘，然亦免傾跌。捫腹常熙熙，研經亦切切。此夕詩客酬詩神，余甘拙宦爲拙人。守拙自然樂清貧，冷淡生活成閒身。君不見索債似征討，見錢論舊好。古今天下市道交，廉頗將軍悟不早。君勿哀我窮，錫我永難老。八九十歲翁，何妨任潦倒。

箴佞佛

佛出身毒國，能了清淨因。彼土服其教，印度共罽賓。不合入東土，堯舜周孔鄰。遂令有方士，化作無業民。民生重似續，莫大乎君親。凡在食土毛，普天皆稱臣。如何袈裟著，公然辮髮落。抗不拜人主，而且相籠絡。雲霧迷香烟，栴檀起綺閣。有田不菑畬，供養仰耕鑿。名爲優婆僧，實享王侯樂。樂亦只能及其身，何故衣食勞吾人？謂宜人其人、火其書，不然彼道其所道，吾儒亦自爲吾儒，苟如是者其庶乎？胡乃衣冠薦紳輩，辱作沙門頭陀徒。噉清齋，唱梵唄。諷南無，下膜拜。稱弟子，願受戒。頭有髮，心無奈。衣不緇，冠不挂。混僧俗，真可怪。聽鼓趨朝仍作官，下直聽講携蒲團。讀孔孟書，笑酸寒。孔子生衰周，未及西方佛。見老稱猶龍，見佛豈體屈？口不道六如，爲顔説四勿。顔氏雖殆庶，屢空了未訖。彼教惟了空，吾儒及民物。同具慈悲心，不爲富貴屈。我習儒家言，敢云學孔孟。但挾塵垢囊，追隨康成鄭。蟲魚苦鑽研，老至尚未竟。素無參禪功，亦無談禪病。滓穢點太清，卿居心不淨。彼我更相非，儒釋兩無競。我自讀我書，彼佛焉用佞？

嘆老儒

嘆老儒，惟知書。道味腴，世事疏。交如水，食無魚。書千卷，室中虚。硯耕穫，筆菑畬。心稂莠，意誅鋤。口所道，胸無餘。自怡悦，誰共攄？挾此術，將焉如？支離叟，不材樗。亦曾登車赴紫陌，待詔金門大射策。試官置下第，拂衣作歸客。歸客云何傷？書聲滿大宅。匡衡困經生，揚雄守古籍。不逢識珍人，荆璆亦燕石。忽膺當途薦，學古入服官。官宜鴟侻巧，而獨鳩拙安。公子耀裘馬，此翁古衣冠。彼言良有茅，爾語蹇復難。門前羅飢雀，囊中無米看。室謫翁乃笑，晚達聊相寬。孔兄久交絶，范叔剩一寒。官貧事復迫，不及窮儒歡。柳絮隨風飄，奚爲自黏著？飛蟲挂珠絲，困鷄且解縛。本自蕭散人，惟宜置丘壑。何苦强作官，又非被人捉。已矣乎！賣我車，典我襦，束歸裝，與書俱。書爲友，良不孤。無長物，亦堪娱。謀餬口，仍受徒。食己力，非貪污。有私累，無官逋。恒安步，免走趨。耽高卧，絶吏呼。遊羲黄，樂唐虞。老農老圃吾不如，請從此去爲老儒。

七言古

友石齋爲茹古先生作

先生招飲友石齋，多士紛紛趨而來。各異鄉縣同門友，不知姓字共舉杯。强語乾笑非款曲，石能無言獨免俗。此中欲辨意已忘，相對默默情亦足。四面羅列看嶙峋，如揖如讓旁無人。昵交密友孰非假，磥砢此君乃其真。米家之兄先生友，只此石交可不朽。坐中歡讌方高談，我勸此君一杯酒。

石友齋爲蘭皋擬作有叙

古香先生以友石名齋，余既作詩紀之。他日，因思余性嗜石，自惟卑賤，力不及遠，然每獲一石，有小佳處，輒數日喜，觀玩不釋。往六七年，屬趙蘆洲太守覓汝寧石，以非所好，久而未獲。近前年秋，就王式莽侍御乞瀘石，侍御言其先贈君性尤嗜此，遊幕所經，搜尋殆遍，嘗到瀘江募人購取，厚畀其直，所得故多佳者，然侍御珍之，不以餉人。余再三敦求，僅得其不甚惜者凡八枚，余意少之。去年冬，復乞得二枚，又覓得治玉沙，磨其石之陂陀者，共置一盤，注水其中，聊資清賞。私念異時儻力能致遠，須構小齋，題曰石友，不能自謂友石也。亦作一詩，因寄所託。

蘭皋不敢言友石，且道胸懷自悦懌。性類頑石生而堅，情欣此君愛不釋。因思玩石同玩花，偏宜雅稱寒士家。色聲香味兼觸法，六者之妙輕豪奢。豪奢力雖能兼有，荆棘胸中那可剖？石寒且瘦士亦然，相視莫逆乃真友。共偕晨夕愜素心，心在吏隱非山林。請改蘭皋作蘭石，勸汝一杯酒自斟。

王侍御家觀瀘石

侍御出其贈公卜亭先生所藏諸石，色態都佳，巧構形似，詩以紀之，兼呈侍御。

東井精絡岷山江，渾渾洪洪洚水洚。神禹鑿山六丁扛，迸出碎石流奔瀧。漂漱激轉聲摐橦，堆積堤岸紛魚矼。犖駁璘斌瑩如玉，月白江清樹映緑。半皴蓮葉彈曉鬟，赬梅一枝酡朱顏。穠纖淡雅妙寫繪，混沌初剖誰狡獪？恐是媧皇補天餘，殘剩零星棄江隅。人世塵劫歷千百，不磷不泐完此石。成都以東夔府西，二千餘里沿江溪。瀘州以外絶未有，精物應歸神靈守。帝臺之棋著無人，玉女投壺事非真。璿珠玉果周滿辱，趙璧雖還秦人欲。物惟珍美招人嫌，鬼瞰其家吏非廉。不寶爲寶藏可久，鬱林片石定不朽。先生清白遺厥後，摩抄汗澤猶在手。鄭重不敢趨而走，竦立整冠拜石友。

河邊古塚

薄霧冥冥暗林麓，陰風獵獵吹山足。松楸寡色日將暮，啾啾河邊舊鬼哭。岸上新鬼聞而笑：「自古有死寧汝獨？」舊鬼聞言忽長嘆，嘆罷欲言先顰蹙：「昔我宅兆卜高原，術者建言宜水澳。

我家子孫并慈孝，厚我絞衾美我櫝。期以百歲千秋間，無使土侵膚與肉。一朝河水忽吼怒，須臾遷變陵爲谷。狐狸穴我幽宫門，兒童破此長夜屋。白楊有日摧爲薪，宿草無根春不緑。遂令善地稱牛眠，到此殘骸剩骨誰掩覆？」余聞此言忽有觸，孔子曰死而朽也不如速，身後那復知榮辱？由來萬事隨轉燭，無定河邊百歲髑。

花肆行

日聞深巷賣花聲，杳然不見栽花地。偶因送客過街頭，或曰此間乃花肆。行行纔入扉，香風襲我衣。蘿陰曲徑仄，樹杪懸泉飛。松柏獨奇古，矯苦虯龍舞。桃李艷芳姿，燕姬年十五。榴花紅映肉，不及山躑躅。躑躅人不奇，榴花衆稱之。小婢街頭來，手撚茉莉花。誰家貴公子，薝蔔摘露葩。薝蔔宜染黄，茉莉薰髮香。豪門一花草，中農十户糧。今年長安米價貴，天子曰咨汝發棠。安得花肆千萬間？爲民倉庾儲粟支十年。

此工部詩也。人學其聲貌，此學其肝腸。孰爲工部？

牟默人

紫槖駝歌

槖駝生于流沙磧，形龐骨竦紫花脊。其性善能識伏流，蹴蹋千里無人迹。龍堆蒲海都經遊，誤入中國爲人役。中國山路皆陂陀，水草不及西域多。飲齕不時惟人命，俯首貼耳敢誰何？千鈞重任苦難舉，脊梁挺著無撐拒。繩穿鼻孔從人牽，瘦骨難施紫藤鞭。溽暑熏蒸酷炎熱，白汗背浹口流涎。蹄伸膝折行不得，毴毛脱落皮無色，肉鞍柔脆痛難勝，載實圖鳴聊喘息。繩牽鼻斷流朱殷，揚鞭怒目還相逼。仰噴俯鳴氣不伸，嗟乎自咎豈尤人！物惟有欲故可制，神龍可豢虎可馴。槖駝喜啖雪花鹽，計汝所須亦云廉。食人之食供人使，驅策不殊犬羊爾。迴首故山黄葉落，沙流泱漭數千里。

慷慨悲歌。醉後讀之，嗚嗚然。

牟默人

古瓦罌歌

何物陶器如瓶罌，呺然腹大容百觥。泥質粗澀模範古，獸齒鐶鐍形猙獰。圓孔有五穿其底，舉以向日分光明。我疑此物靡所用，江海豈庸漏卮盛？私怪當年埏埴拙，鑿破混沌殘其形。藏此器者爲林氏，閒嘗爲我言其情：先人昔宦黄河側，黄河千年漠然清。閒眺河壖偶得之，雖有其器無其名。當時只供兒童弄，今日亦等鴻毛輕。前年有客長安來，博雅鑑古識最精。因言此物名曰□，豚，上聲。用鎮狂瀾息訇訇。世間此類惟有三，奇談真令俗耳驚。我聞古有驅山鐸，噌吰鞺鞳發大聲。或置斷壁懸崖間，千山響應齊鏦錚。因疑兹物或禹製，疏瀹江河地效靈。嗚呼！于今此器亦安用？吾山永莫瓠子平。

筆筆有擒縱之力，超忽離合，的是歌行擅長，不似元、白諸公手滑也。牟默人

賭郎行

雍正間人陸鑑明，江南寧國府宣城縣諸生。

陸家賢婦有焦娘，嫁得兒夫是賭郎。一擲曾聞連百萬，傷心何意棄紅糯。紅糯本是良家子，十三嬌小學書史。香閣裁成芍藥篇，吟窗養就芙蓉紙。方期金屋貯阿嬌，誰料紅顔爲君死？陸郎

輕薄秀才家，終朝團局作生涯。窗下青燈常暗淡，碗中白骨任撾拏。是誰留下陷人坑？邪鬼不生世不成。囊中金盡眠方穩，榻上燈昏眼愈明。暮暮朝朝都不辨，幺幺六六時相戀。寒士曾無避債臺，佳人屢脱黄金釧。金釧雖亡何足悲，兒夫浮蕩淚雙垂。一局那能贏别墅，千金豈有賭蛾眉！錢神不媚酸寒骨，骰鬼偏欺薄幸兒。仰屋計窮猶技痒，手中還作摩挲想。博進負人積似山，巾袍典盡鳴孤掌。恨殺奸人黄黑心，强將窈窕抵多金。黄金有價人無價，白璧雖沉志不沉。本謂多情戀箕帚，何期掩淚辭稿砧？低眉欲寫心中事，下筆難傾言外意。粉扇題成絶命詩，湘裙書就斷腸字。温柔敦厚繼風人，悱惻纏綿動星使。封章朝奏九重天，祠典新邀大表賢。蕩子權爲香火使，富豪罰以萬千錢。斷指錐心寧云報，綱常凛烈斗山懸。森森松柏清風廟，至今過客猶憑弔。繡鞶已自表千秋，齏臼還應稱二妙。黄池郵下漾愁津，陸生，黄池鎮人。花草經年怨不春。賭局風光還似舊，芳魂月夜定如新。殷勤欲問狹邪子，可有深閨飲泣人？

雁聲引

三秋之夕，群雁嘈嘈，感人之處，世有似此者，聊爲賦之。

我聞禽聲之中鶴第一，其次無如雁聲清。鶴唳九霄雁入雲，所以一鳴令人驚。塞上之草秋先白，牛羊下山日將夕。篳篥驚起離群鴻，沉墜悠揚音屢易。天陰月黑風蕭蕭，繁聲急響求其曹。此時前者婦，後者奴，既恐聲聞爲人覺，後虞相失時相呼。紅樹山頭葉聲乾，叫起一片霜天寒。此時離人并下淚。高樓半掩銀燈殘。稿砧宦遊近何在？聞説今秋客雁門。絶塞秋深三尺雪，雁來却與雁門别。幾經銜蘆到此間，風餐烟宿應愁絶。嗚呼！孰能爲此區區稻粱食，僕僕朝南而暮北？獨不見華亭有仙禽，朝遊雲際暮深林。瀟瀟疑出塵壒外，飲惟清泉啄甘蔕。長歌一曲猶未終，瀏然洗耳來松風。

鐵樹篇

樅樹，俗名鐵樹，棲霞縣城之北太虚宫前夾道雙植，自余童時僅存一枝。壬子春初，復遊其地，生意盡矣。恐遂湮没，興言記之。

我聞鐵樹花開乙卯年，此樹從來花杳然。或言歲歲花常著，未見其真語浪傳。《爾雅》遺文曾所讀，松葉柏身是樅木。憶余總角遊此宫，喜見一枝緑茸茸。迄今曾未三十載，向之存者亦已空。至元天子昔好道，長春先生抒偉抱。先生豈是黄冠流，鼎沸雲擾無時休。宋帝覆舟元定鼎，飄然頓作陶宏景。清心寡慾不殺人，煌煌謨訓垂箴警。太虚宫殿倚雲開，先生旋賦歸去來。花草皆含仙氣色，懿此二樹新培栽。根枝左紐與常異，壺中日月誰復記？一任烽烟迷戰場，那知風骨帶仙香？劫火雖燒終不死，舊傳爲火所災，惟一枝存。挺然身如百煉剛。枯者亦終不朽，叩之作銅鐵聲。殿瓦雨漂巢蝙蝠，殘枝還向人間緑。豈意消息如瓊花，瓊花有日歸仙家。柱礎縱横委瓦礫，宫垣冷落無烟霞。迆邐元明入我朝，五百餘年獨後凋。嗚呼！長春先生安在哉？至元天子意已矣！世人那得身如鐵，君看鐵樹猶如此。

老少年歌

老少年，草名，即雁來紅。

君不聞秦皇漢武鬢毛斑，日遣方士求三山？馳想安期羨門子，往來方丈蓬瀛間。文成已誅五利死，徐福入海終不還。人世長生信無術，何物小草駐朱顔？秋花秋葉半憔悴，籬落一枝血色殷。翩若少女倚簾櫳，燕支幾點映脣紅。又疑白髮龍鍾叟，强顔偷入少年叢。昔日老萊辭楚歸，更有嬰兒戲著斑斕衣。何時披拂上秋草，秋草居然亦賜緋？静之新煮肉芝熟，童顔還如十五六。夏姬得道年，容華絶世老愈姸。徐娘亦是多情種，半面粧倚晚風前。梧桐葉落橘柚老，亭亭獨立斜更好。世人勞攘鬢成霜，顔如渥丹輸秋草。我今對草發長嘆，求仙枉上蓬萊島。噫嘻！求仙枉上蓬萊島！

龍洞

山中多海棠，欲詣不果，歌以代遊。

久聞濟南好溪山，溪山深處龍洞彎。蝙蝠如斗掠林間，海棠開作珊瑚斑。誰家女兒門朱顏，人面花貌雙迴環。燕支雨浥紅裙殷，餘香入衣散雲鬟。有客有客殊閑閑，未能扶筇叩仙關。重陽携酒登高還，斜日人影蓼花灣。青峰江上絶塵寰，空聞流水聲潺湲。

上水石

千巖萬壑盆中閒，造化雕鎪聳奇觀。偶將杯水坳堂注，淋漓濡染造其巔。性本就下惟流濕，孰激而行竟在山？濃如經雨空翠滴，潤似新沐黛痕濺。麗譙層觀競吐納，懸崖飛瀑紛鈎連。陵夾有濵山有澗，歕欲縱横頃刻變。迅如迸裂銀瓶漿，豁如激射銅壺箭。寒氣逼人渾似秋，置我一壑並一丘。石根鍾乳林麓透，琪花瑶草春巖幽。硯山奚足誇奇勝？弱水真堪供遨遊。安得追隨羨門子？身入方丈蓬瀛洲。

己酉下第後，聞生子，喜甚，燈下醉賦，時四月十二日。

長安滿眼杏花春，愧我不是看花人。浮名得失何足問？天倫之樂乃其真。況于此兒殆英物，兆以吉夢符前因。騎尾傅説星中箕，摩頂徐陵天上麟。奎壁居然論甲子，娵提還擬降庚寅。椿諼更喜侍堂前，堂前喜見瓜綿綿。紅蘭茁芽既抱子，緑竹生筍兼娛親。他年吾兒幸早達，莫似乃翁空踆踆。

捕蝗行

蝗來也，蝗來也！一片黄雲罨四野，所過皆空地爲赭。茅茨食盡餘屋瓦，貪狼很羊似此者。長枕短棒帚杈杷，殷殷訇訇讙且譁。兵丁捕蝗如捕虜，父老捕蝗如捕虎；兒童捕蝗如捕馬，婦女捕蝗如捕鼠。蝗一斗，錢百五，蝗一升，二十許，門隸盗錢不肯予。予又逗遛肆嫚侮，民不敢言而敢怒。昨日客從鄰境聞，具言蝗蟲能食人。有嬰兒爲蝗所啖。前日守土官堪訝，具報蝗蟲不食稼。一年旱，二年水，水説不逢雨甲子，旱説不逢歲在巳。盗起託言非掠鹵，軍興諱言踐禾黍，因逸聲言空囹圄。婦子槁餓官不舉，羸瘦何堪痛箠楚，昨巳鬻男今鬻女。秋成報歲滿篝筥，滿篝滿筥復滿車。不在民家在官家，錙銖搜取盡泥沙，金錢山積供豪奢。官有禄，民無穀，窮檐二日一食粥，蝦兵蟹荒稼不熟。官蝗又來啖人肉，蟲蝗助虐啄人粟。蝗過所在旋生蝝，更俾遺種兹邑育。食我麥苗不食菽，今年尚樂明年哭。

反送窮用徐曉初韵

窮乎依我以爲重，我非迎之何故送？俸錢雖少官事空，頗有風月資吟弄。室無擔儲且減用，每日兩餐有飯甕。蘇詩注：山東人埋肉于飯下而食之，謂之飯甕。此借用。淡泊裁宜寒士供，粗布衫子多綻縫。破巾短髮任鬔鬆，懶散那期禮數中。索債不驚春枕夢，交游雖疏恕我戇。妻任呼荆子題鳳，有時唱酬共咏諷。讀書何妨强忍凍，窮乎依我若伯仲。

李將軍三十韵

將軍閩産而浙宦，生應于兵死遇難。忠勤勇敢古無匹，惟馬伏波常百萬。蔡賊小醜初跳梁，跳梁未敢恣汗漫。蟻封潰穴無堅提，蜮弩射人有靦面。豈料結蟵幺麿蟲，化爲鯨鯢逞曼衍？颶母風起舟船翻，乘災利危肆强悍。陽侯之神何不仁，坐令凶殘久逆叛？天生將軍海嶠間，與賊同生共鄉縣。同安縣芳蘭穢草殊薰蕕，誓埽凶鋒靖海岸。束髮從戎讀兵書，妙選期門戴鶡冠。出爲鎮將兼樓船，腰中常懸大羽箭。殺人如草殫威稜，破浪衝鋒激閃電。遂教一舉鷹鸇驅，直使三洲鳥獸竄。搴旗屢睹渠魁殲，每獲乘舟始罔獻。前年追賊出粵關，彼已計窮思逃散。賊船高我船三尺，仰首攻圍勢不便。風吹剥柿浮江頭，駕駛揚帆制奇變。更兼刁斗都森嚴，十萬舟師總訓練。所以兵過如擣虛，賊望旌旗已股戰。丁卯冬十有二月，下兵南澳伺賊倦。乘勝追及黑水洋，賊艘唯三更破爛。火弩齊發俱延燒，將軍身爲士卒先。挂船正欲施殲擒，誰料風飈起水涣？人謂賊子游釜魚，天哀將軍受鉛彈。壯士盡哭都無聲，搏膺呼天未厭亂。嗚呼師捷身亦死，求而得仁又何怨！虎臣雖死猶如生，真剛原曾歷百鍊。鼠子雖生魂已死，不久身殘爲京觀。死剉其骨揚爲灰，生割其肉作萬段。李伯廟貌賜謚壯烈伯，立廟同安縣。垂千秋，能弭災兵扞大患。

仙鹿謡有叙

刺淫也。余遊宦京華，前後十餘寒暑，朋舊凋零，存亡殆半。或才名蓋代，智略冠時，而好并登徒，魂迷佳俠，命懸朝露，恩斷情絲，可爲悼嘆。不敢質言，聊託物情，以資規諷，庶言者無罪而聞者足戒云。

鹿本禽中仙，兼食九種草。滋液儲靈根，容顔故不老。雖能抱骨延千齡，亦須嗇精愛三寳。

不然泡影色空身，那有長生久視道？溪父山間瓜，安期海上棗，莊叟逍遥遊，盧生蓬萊島。忽然夢入温柔鄉，玉貌花顔嫸嬇好。《方言》卷十：嫸嬇，鮮好也。牝麀思久勞精魂，渥丹難駐類木槁。恣情縱慾喪其軀，漁色獵香鹽汝腦。身死山林間，命難金石保。覆以湟中蕉，誰謂非壽考？野人葬汝于庖廚，老饕餟爾以醉飽。修短隨化雖歸天，禍福已求命自造，應由辨之苦不早。君觀野有死鹿篇，有女如玉哀窈窕。

大氣奔放，運掉自如，是學少陵而得其神味者。 趙鳳崖

胡竹巖郎中邀同户曹諸子小集思豫堂觀劇，是日甚寒，戊寅仲春九日也。

初春天氣多晴暄，此日朝隱扶桑暾。登樓披裘裘欲薄，臨軒把酒酒不温。主人雅意爲敬客，命具沸湯重開罇。妙選歌童出四喜，觀者如堵門如市。嬉笑怒駡都逼真，衣冠雍容非貌似。始信千載以上人，懔懔至今尚未死。人生故者方爲陳，何妨陳者猶爲新。世態反覆難可問，生氣奄奄如陳人。灞上棘門同兒戲，安知戲場非真身？真與非真兩不朽，諸君莫停杯中酒。

反明妃怨

達梅岑以《明妃怨》舊作見示，愧無以酬，因反其詞以寄其意。《宋書·樂志》有《明妃怨》，李伯時嘗畫《昭君圖》，韓駒爲序。自是以還，文咏甚多，各標新義。今録其尤者，如宋劉子翬云：「武皇重色思傾國，趙氏承恩亦亂宮。自售懸知非静女，漢家嘗論畫師功。」許有壬云：「和親納侮號上策，建議詒謀婁敬責。」吴師道云：「琵琶馬上無窮恨，最恨當年誤入宮。」王思廉云：「漢室禦戎無上策，錯教紅粉怨丹青。」明邱濬云：「當時不遇毛延壽，老死深宮誰得知？」「西京自有麒麟閣，畫向功臣衛霍間。」王庭珪云：「不如夔州舊邨女，三幅羅帬兩髻丫。」元劉因云：

漢帝和親自失策，毛君圖畫焉足責？天心妒色如忌才，長沙遭斥朔方讁。人毚鈎弋兩奇冤，長門團扇永幽隔。漢家薄德誰孤恩？恩深終只結仇隙。始知遠嫁翻多情，拜謝君王去紫庭。燕支未減漢宮靨，黛色常留冢草青。

古鏃韜筆有叙

友人遺余銅鏃，古色斑然，蓋幾千年物也。余壯其神武威棱而形體完具，因彼空中作爲筆沓，庶兼收文武之資焉。

古皇寓兵在耕讀，後賢出身别科目。武夫投筆驅中原，文士彎弓處白屋，兩家正可共盤桓，那論鋒端與筆端？要離伯鸞冢相望，何妨同居不同量。前年有客遠方來，貽我尺書親手開。其中一鏃三鐮具，方言：「三鐮者謂之羊頭。」注云：「鐮，棱也。」鄭重摩挲意屢猜。精銅爲質形模古，不是周秦即漢楚。疑從沙漠貫雙雕，飲羽或經穿伏虎。當時戰場幾回臨，血色斑斑尚可尋。破的屢曾驚敵膽，寒芒猶有殺人心。殘戈折戟沉沙磧，完然此器仍無易。宣威久已著疆場，策動今復到文席。回首殘雲掃陣横，累經百戰樹威名。請將新息標銅柱，移换頭銜付管城。

運巧思于巨手，只覺落落大方。

鮑雙五

翼兒順女以危危祠神，云是古法，余笑而從之，爲賦是詩，時閏四月廿四日。

兒女僬僬走奔忙，我疑非癡即發狂。牲幣紛羅索衣裳，云爲迎富降神香。我謂此神不可迓，就令要來恐無暇。舉步不離富兒門，抗顏寧枉貧士駕。貪夫有言富不仁，俗士猶道力勝貧。腰金佩銀大如斗，寒儒兩肩荷一口。可憐韓君《送窮文》，神若無見亦無聞。借問神係何官職？我亦不知復不識。南陽有客燔黄羊，滿家從此豐穰穰。祠神亦自非荒唐，安知穰田不倍償？芻茭唤牛兔唤狗，汗流且奔僵且走。兒女莫笑顛狂叟，也同汝曹拜稽首。祝云自今歲其有，噫嘻！祝云自今歲其有！

愁霖六月下旬雨至七月下旬

不雨自春到夏五，草枯石爛盡焦土。七月初旬霖復霖，三日以往多不數。我疑天公非不仁，空教暑寒怨吾人。風既旦南而暮北，雨何徹夜復經晨？欲託豐霳通芳訊，今肯布施昔何吝？萬斛水向銀河傾，千顆珠跳簷溜迅。中庭忽見方塘開，我欲乘桴無取材。空濛烟重失遠樹，濃碧階滑緑蒼苔。頽垣聲裂石坪磕，老屋先憂勢將壓。漏痕經夕窺承塵，濕暈明晨倒筐篋。筐篋津透承塵穿，濕薪藴火寒無烟。苦霖若待歲旱用，人復何恨呼蒼天？

五言律

秋日遊百澗山邨

犬隔疏籬吠，人尋曲徑遥。野蔬收白菔，邨餉足紅椒。俗名川椒，野人喜啖之。日映葵花艷，風輕柿葉凋。何須武陵去，此地絶塵囂。

秋日出遊晚歸

草際蟲吟苦，林中倦鳥還。殘霞猶在水，落日漸沉山。携菜郇翁急，驅牛牧豎閒。分明城郭近，暝色有無間。

山寺

蕭寺空山裏，攀蘿曲徑尋。茅庵依絶巘，鐘梵出深林。瓦落蜂巢結，苔荒屐齒侵。老僧無定迹，來去白雲心。

臨水

翛然臨水際，幽興此中添。翠鳥窺魚穴，紅蜓立石尖。波平苔散髮，潭定鏡開奩。何必濠梁想，會心應不嫌。

食蟹

磊落一何壯，盤餐味少留。堅螯俗作鳌，誤。憑利齒，家釀出新篘。黄破霜前橘，紅分月下榴。底須窮一飽，東海問蝤蛑。

冬日途中即景

朔氣忽凌兢，雲山幾萬層。陰崖多積雪，淺水半成冰。天迥雁聲遠，地寒霜氣凝。那堪迢遞路，衣薄苦難勝。

姑河曉渡

在萊陽西南，經即墨入海，所謂姑尤以西者也。

寒流尋古渡，清曉發長堤。霜重侵沙冷，烟濃壓水低。雁鳧驚曲渚，星月落前溪。難辨遠郵樹，冥濛一色迷。

雪夜

日暮不知昏，寒深雪擁門。高天空色相，大地一胚渾。纔覺霑衣濕，旋思挾纊温。子猷殊解事，眠覺便開尊。

寒食前一日懷幼弟允文

自别斯人後，餘音久不聞。書還存舊篋，偶睹遺書，愴然隕涕。草已長新墳。半載猶同席，千秋各異群。春風寒食節，桃粥一家分。

濟南道中

竟被虚名誤，行踪類轉蓬。青山千里月，黄葉一林風。病謝相如渴，途甘阮籍窮。誰憐遊子意？搔首送歸鴻。

滸山濼俗呼作泊

鄒平西十里，先是一片水田，芰荷魚鳥，風景絶人。近時堰以沙土，水鄉竟爲原田。又其地有墨王亭，今廢，詩以存其概云。

墨王傳舊迹，澤國變芳塍。山果空街落，湖魚晚市登。風淳饒古樸，地僻絶囂凌。但解邨中樂，誰知問武陵？

伏生碑

漢代傳經里，荒烟訪故居。身曾爲博士，女亦識《尚讀平聲書》。學綜五三後，年過九十餘。遺碑瞻道左，摩挲重唏噓。

牛山二首

榮華能幾許？富貴使人愁。不下此山淚，誰爲孺子牛？峴碑同雪涕，羊叔自風流。若戀山河美，請君問爽鳩。

千駟安能累？百年更可憂。山河皆帶感，家國不生愁。《晏子春秋》載：「公出田，十有七日而不反。」落日空山瀞，浮雲大野流。蒼茫惟一氣，何處辨營丘？

冬夜

漏斷人聲定，城嚴夜拆敲。參横茅屋角，月挂竹林梢。枯坐蝸黏壁，羇棲鵲失巢。一燈渾是伴，閒數落花抛。

除夕前一日

歲事行將暮，星杓看復迴。雪隨冬後盡，梅傍臘前開。折紙書門帖，安篘漉凍醅。東君連夜至，矯首上春臺。

春初感懷

壯心殊未已，愁思鎮相牽。篝火燈殘夜，春雲日暮天。茅齋成坐隱，詩卷當參禪。早歲驚霜鬢，余年廿八始見二毛。終期雪此言。

勵志二首

白屋皆能貴，青雲獨未通。幻思春夢裏，豪氣酒杯中。書劍應嗟晚，文章豈固窮？丈夫須有立，何得老桑蓬？不是貂裘敝，寧將鵠印歸。生駒經挫折，蘿劍起光輝。冬雪藏頭蟄，春雷破壁飛。從來流水少，莫怪識音稀。

正月廿九日東萊道中曉發

近海雲多暗，遥山氣未青。寒溪浸殘月，深柳出疏星。郕去二三里，烟連長短亭。誰憐多病容？飄泊任流萍。

曉渡蒲臺河

烟光分柳岸，曉色入蒲臺。近渡春流闊，衝寒小榜開。城連波影動，人破水痕來。欲效濟川用，恐非舟楫才。

夜渡蒲臺河

夜色滿河洲，一篙離岸頭。烟痕沉極浦，燈影亂中流。纔覺葦杭轉，乍驚星斗浮。依稀近古渡，身已下輕舟。

將抵家

半載長安客，居然幾度春。鄉音經耳熟，山色與人親。見面兒翻避，聞聲犬自馴。入門心轉急，不復正衣巾。

寧戚冢在平度州東

難挫英雄氣，清商扣角歌。鯉長溪漲水，牛茁草緣坡。風雨單衣卧，星霜白石過。身逢圖霸主，猶自老巖阿。

霜風何冷落，孤冢尚嶕嶢。始信真賢達，非終老牧樵。燎暉庭外動，角響月中遥。千載荒原上，牛瞑伴寂寥。

渡濰河即濰水

岸平濰水闊，擊楫渡中流。影浸千邨樹，波摇一葉舟。宦情付秋水，身事逐浮漚。欲問囊沙處，濤聲帶雨愁。

秋雨夜坐

暗竹藏螢火，空階咽晚蛩。如何今雨夜，竟絶故人踪。徑濕泥全滑，苔黏屐半濃。孤燈昏欲蕊，坐久意疏慵。

雨過

雨過山如洗，雲歸樹欲留。忽然驚蟋蟀，倏已入商秋。小草芟逾長，疏花晚更稠。習閒籬落久，端不厭清幽。

愛竹軒偶吟

愛竹開幽徑，非關與世逃。樹多嫌屋仄，雲净識山高。不學窺園董，聊同運甓陶。夜來疏雨過，商意滿林皋。

滸山濼

最是幽奇處，萍踪未及遊。好山全入畫，遠水更宜秋。樹影藏游騎，漁人聚小洲。王郎讀書地，見漁洋《詩話》。到此重淹留。

苦熱

夙有園林癖，况經苦熱心。任披羅瑟瑟，終戀樹陰陰。荷沼浮寒碧，槐庭落碎金。永懷濠濮上，尊酒共棲尋。

深秋晚景二首

蕭瑟度寒雁，素秋行復過。白沙潦水盡，黄葉暮山多。晚架收籬豆，空場設雀羅。前邨日將夕，谷口下樵歌。

滿目皆蕭索，烟凝日漸昏。草枯原野闊，霜下果蔬存。場圃餘麻母，人家穫稻孫。牛羊來已暮，隱約入前邨。

山行記程四首

虎斑石

山石嵌凸，巖穴窅冥，兩山對峙，北嶺之半有竅，石色斑如，昔人所稱虎穴者也。其西稍高有蘭若，形制古樸。迆東而下，茅舍一區。僧徒居之。山木蓊鬱，楓楮甚多，又有如皂莢而無牙者，其草羅生石畔，翠葉纖長，蓋吉祥麥冬之類。紅葉酣霜，綠蘿抱石，亦奇觀也。余以辛亥初冬阻風雨其下，興言記之。

虎子何年去？空山見虎斑。風生洞口陗，雲卧石根閒。老木秋先瘦，疏花晚更殷。從今風雨避，不數二陵間。

許家臺

邨臨絶岸，地勢如臺，是日阻雨宿焉。

曲徑泥猶滑，荒邨客暫停。晚霞林色白，山雨石痕青。斷響餘檐滴，烘衣向竈陘。主人殊不惡，對客話寒燈。

林家崟邑人以山路崎嶇者爲崟，讀音如綫，蓋近俗别字也。《廣韵》、《集韵》崄音虚檢切，是知崟正文當爲崄。

山形險峻，盤旋而上，行者難之。崟之陰皆荒草，曲徑微通，劣容足迹，面壁而進，視瞻勿回。其陽多苞櫟棘荆，拉雜塞途，凡三四里始達平地。鳥道盤空上，人踪蹩險過。衣防牛棘曳，面苦石棱磨。徑仄疑無地，途迴類轉螺。天從山際出，何怪拂雲多？

上崖頭

由林家崟數里，路漸平，乃見小邨。

蕭條秋晚後，慘淡雨餘天。黄葉滿邨路，青山多墓田。外間人不到，此處地尤偏。颯颯風林過，征途倍暗然。

瓜田

草聚圓蝸舍，瓜生方罫田。聞香來得得，披蔓摘綿綿。地僻知延客，人淳不取錢。龍蹄與貍首，入齒漱甘泉。

蓮人蓮子爲面殼爲衣

的白宜爲面，衣青雅稱身。胸中非有物，足下是何人？色相終成幻，巾袍恰逼真。浮生同過客，夢繞採蓮津。

君豈有知者？與生同一般。居然真面目，休笑假衣冠。露墜花房冷，烟深水國寒。浮沉如我輩，應作此人看。

步和徐曉初《七夕雨》

良會動經歲，暫時歡愛生。獨憐游宦客，長感别離情。海國秋應早，徐，廣東和平人。魚書寄未成。遥知蕉葉雨，偏向綺筵傾。

次韵繭園劉太翁年丈《蘆筍》詩

芽茁蘆侵岸，聲喧鴨滿灘。莫教争吘嘍，留取供盤餐。味亞絲蓴脆，鮮侔雪薄寒。葭蒼秋色老，吟遍幾千竿。

七月望後一日雨中奉邀繭園翁小酌疊前韵

檐溜未成瀑，庭坳如下灘。特來尋舊雨，因便勸加餐。味薄頻羞儉，酒傾更畏寒。烹鮮唯縮項，新買釣魚竿。鯿魚頗新鮮，繭翁亟稱之，故及。

八月一日雨中種諸葛菜

不是凡蔬品，名傳自武鄉。公非老圃輩，我愛菜根香。穊種留鋤處，攤泥趁雨忙。思人猶愛樹，珍重莫輕嘗。

迎春花

春風如有待，遲緩度芳辰。花解逢迎意，人餘懶散身。笑梅舒靨冷，憐柳折腰新。偃蹇應憎我，韶華落後塵。

曬書堂詩鈔卷下

七言律

晉西平公張實

誰起雍涼練義兵？惟公兩世篤忠貞。實父軌亦嘗入援。千人羞入趙王殿，一璽終還晉帝營。實以兵入衛，後愍帝降趙，而義兵千人終不動，嘗獲玉璽獻之。肯向空山尋橡秙，因憐故國滿蒿荆。時百官奔散，入山拾橡采秙而食，長安城中蒿荆成林。定知身死西州日，留却英魂守舊京。實後爲下所殺。

玉蘭盛開賦長律二首

皎潔無塵軟玉齊，璁瓏萬朵壓枝低。雪堂夢鶴衣猶縞，月殿無娥裳是霓。净影宜藏深院裏，幽香暗度小窗西。芳名久刻茗華上，不許騷人艷語題。

肥比江梅莫謾誇，文徵明詩：「瘦比江梅不恨肥。」月明清影更無瑕。白衣宰相山中客，綠萼仙人羽士家。塵表居然推玉樹，揚州幾見失瓊花。底須煎作牛酥美，留取餘香試點茶。

蓮花二首錄一

淥波澄净出幽香，誰識花中道趣長？瀟灑只應推茂叔，温柔不合擬張郎。願移君子花三字，持贈伊人水一方。若謂猶饒脂粉態，臨池欲盡洗紅粧。

八月六日北澗張兒邨即景

疏林微露野人家，行到林中路又賒。細徑紆迴隨石轉，孤邨掩映被山遮。黄垂街道初收果，綠滿柴棚正熟瓜。此地外間人迹少，重來恐失舊桃花。

是日途中遇雨

横風吹笠起林間，策馬揮鞭不暫閒。黄犢負犂奔野屋，黑雲携雨過前山。兒童結草場初蓋，邨舍臨溪户盡關。聞説驚雷猶倚柱，征衫濕透且開顔。

廿八日復遇雨，前詩云「征衫濕透」，今果然矣，再賦一首。

那堪兩度賦瀟瀟，噴薄無端似湧潮。雨氣全吞斜日角，虹梁直駕暮天腰。僕夫踉蹡奔山寺，潦水縱横下野橋。爨底烘衣吹豆火，孤檠且復慰蕭條。

秋日雜感

排去又來無過癡，個中寧解道相思。難乾别淚紅油燭，不斷情緣碧藕絲。夜雨每從孤枕聽，秋風偏向薄衾吹。菊開將近重陽節，莫讀茱萸九日詩。

中秋對月痛飲

依然浩魄滿長空，但覺今宵望不同。萬里雲烟收眼底，一天星斗落杯中。飲酣揮手頻邀月，興發凌虚欲御風。佳節團圓徒妄語，嫦娥寂寞蕊珠宫。

哭舅氏二首録一

門庭冷落似空龕，底事雲霄駕鶴驂。自愧品題經范寧，誰將別墅乞羊曇？語長猶記寒暄問，情短難傾肺腑談。他日亢宗須弱弟，眼前無奈髮鬖鬖。

舅氏没後余痛其孤孀無依

嫠婦孤兒不忍看，清宵血淚濕闌干。蘄年若得壽同穆，塵甑何妨貧似丹。塞馬還來翁竟禍，銀瓶落去井空寒。那堪有子飢呼母？爲典荆釵置一餐。

六月二十三日祭馬王神。據《夏官》校人「春祭馬祖」，「夏祭先牧」，「秋祭馬社」，「冬祭馬步」。今以夏祭而稱馬王，將類其祖，又疑其步，義未能决。緣昔人重馬之意，感而賦之。

駑駕何堪駿雁行，要須緩轡步康莊。銅駝荆棘横郊壘，鐵騎風霜老戰場。櫪下寧知埋駿骨，車中總是困羊腸。千秋知遇説良藥，厮養至今祠馬王。

漫興

作吏廿年仍晏如，久應歸去屢踟蹰。貧難供給非關客，懶愛蕭閒却著書。開卷羲皇人以上，登堂親舊話如初。不知許事休輕説，日報平安樂有餘。

余家居有模糊之名，年將及壯，志業未成，自嘲又復自勵

破浪長風得未曾，而今自笑客無能。文章定愧陳驚座，心事頗如蘇模棱。壯志蹉跎難伏櫪，《陰符》簡練且挑燈。祖鞭得手須先著，豈願輕肥學五陵？

咏菊

晚圃幽香不媚春，南窗寄傲想前身。輸他艷冶穠華侣，何物嶔奇歷落人？于著色中標骨格，

向無言處見風神。寧知桃李莫相笑，且學延年聊保真。

其二

霜氣蕭森月半殘，偏從此際露珊珊。幽如蘭蕊微添瘦，清似梅花未覺寒。我本俗人應見鄙，君無傲骨不須看。圃中存得數畦在，留取落英供一餐。

登州留别慕丈色五二首録一

壯志未酬氣愈昂，十年奔走困名場。青衿我坐馮唐老，白眼君非阮籍狂。每到酒酣腸更熱，却從話别語偏長。定知來歲東籬下，金鳳花開壓衆芳。慕丈以鳳仙佳種見贈。

太虚宫懷邱長春先生遺迹

濱都舊里半荒烟，遺構巍巍五百年。畫棟雕甍元制度，方巾闊袖古神仙。持身大節追三聘，悟主微言祖七篇。先生對元世祖云：「欲長生在清心寡慾，一天下在不嗜殺人。」爲問黄冠談道客，先生衣鉢幾人傳？

太虚宫古檜俗名鐵樹

故宫零落樹猶存，爲問何年植小園？孤幹杈枒酣雨雪，一枝蒼翠出金元。苔痕著葉形逾古，鐵色凌霜氣不温。我爲長春真賞在，時來此地訪仙根。

柳絮

似絮如花浪得名，日長庭院趁風輕。點溪鷗鷺爲茵軟，撲硯烟雲落筆横。偶逐游絲千丈起，徐飛暖雪一天晴。飄零肯作霑泥想，須放青萍水上行。

濟南雜感二首録一

荻花蕭瑟藕花枯，全勝山川入霸圖。白雪滄溟湮故里，秋風楊柳老明湖。重城畫角吟霜冷，古館寒燈伴月孤。莫向旗亭論酒價，年來秫貴不堪酤。

遊羅氏園亭在濟南城西偏。四首録三。

何年池館已消沉，到此依然起隱心。竹徑平添風雨氣，泉聲半落蘚苔陰。客來花樹無僮埽，葉下湖亭有鳥吟。剩得芭蕉愁暗結，主人别後到于今。

紅葉當階水滿池，豆棚陰下子離離。亭先得月緣波浸，魚似親人倚藻窺。花草未更新第主，風篁猶刻舊題詞。當時修禊人皆盡，曲水流觴未有詩。

曲曲穿來又一亭，賢清泉上好談經。泉在園中，濟南七十二泉之一。叢蕉礙徑删爲紙，修竹當門束作屏。瓦落檐頭秋掠蝠，藤垂池畔夜藏螢。園丁漫下葼蕤鎖，蛛網常封户已扃。

北極廟

玄宫縹緲碧成環，一帶紅牆抱水彎。北拱斗牛朝紫府，南窺鄒魯引青山。棋聲半落松陰裏，湖色平鋪柳浪間。縱使高寒輸玉宇，也應揮手謝人寰。

千佛山

鷲峰飛去復飛還，花徑幽通晝掩關。覺路斜從松澗入，諸天高出石巖間。鵲華南向空林静，灤濟西來法水彎。不比尋常蘭若地，塵中咫尺近靈山。

趵突泉

冰輪激轉勢砰訇，混混靈源號小清。沫灑半天飛雨氣，波翻平地走雷聲。花開洞口春風暖，水積庭心夜月明。邃石幽泉臨竟日，不知身已在蓬瀛。

黄葉

洞庭波渺水平堤，木葉亭皋一色齊。千里曉風征戍淚，半林殘月鷓鴣啼。空江送客舟初度，斜徑停車日向西。豈爲傷心賦摇落？無邊蕭瑟畫中題。

遣愁

心田種得幾多情，剷絶萌芽却又生。閒數燈花消寂寞，悉聽更鼓倍分明。十年鴻爪徒虚話，半點蠅頭博細名。惆悵終宵誰共語？芭蕉窗外作人聲。

打球

迴雪流風宛轉遊，凌虚跳躑氣充周。但須平地擎雙手，便向高人出一頭。跌宕荷盤珠顆動，輕盈紙剪月輪浮。騰空不著湘簾隔，直要飛身入玉樓。

鋸齒山

山形如鋸齒，因名。國初于逆之亂，鏖兵于此。于本捕快，名小喜，以順治十七年冬據山反叛。山在棲霞城東南四十里。

巉巖石齒劍峰攢，險惡山形霧裏看。陰壑無從收白骨，愁雲有意壓青巒。烟横舊壘三軍覆，草滿荒坡六月寒。天意豈教藏狡兔？蕭條窟穴已摧殘。聞近年山北間有崩阤處。

山頭夜半落欃槍，曾此魂銷舊戰場。射石熊渠矜壯勇，負隅虎子敢猖狂。血濺殘壁今猶赤，日淡陰崖古已黃。一自燕然功勒後，春風滿岫野花香。

大城

西北天高瞻帝座，山川形勝接龍蟠。雲臨關塞全無色，風入幽燕特地寒。萬里車書皇極遠，千金馬骨霜圖礶。請看坰野桑麻美，堠火清閑日報安。

風鳶次蔡松若韵

瓏玲弦索掛晴烟，颺起塵埃看紙鳶。偶逐蓬飄難著脚，纔因羽化即登仙。影摩白日青雲過，響入鷄林雁塞傳。閶闔若教君可到，直須風送竟朝天。

又嘲風鳶

裁剪任施生趣少，飄零莫逐少年遊。全憑引綫人方起，一遇無風地却休。不立操持難著脚，若嫌輕薄早回頭。争如解脱無牽絆，飛入雲霄得自由。

都門米商劉徽五索詩戲贈

長日肩頭幾斛珠，底須乞米問陶奴。傾囊莫數陳因粒，擲地頻防狡獪姑。香稻可餘鸚鵡未，胡麻曾飯阮劉無。長安雖貴居偏易，笑殺書生計太疏。

都門五日

榴花如火照欄前，令節驚心恨倍牽。路鬼揶揄新病客，蒲觴冷落故鄉筵。曾無彩縷施菱角，但有艾人握蒜拳。憔悴真同漁父卜，何當重問楚先賢？

都下將歸有作

京華爲客倦遊還，炎熱場中總厚顔。失路幾曾遭白眼，盟心終是狎青山。人如秋蛙由他冷，身似浮雲落得閒。半載長安塵土面，應須洗盡返柴關。

吏部觀揀發諸公多美髯戲作

却看于思得意時，風吹頷下颺絲絲。當年楚相皆長鬣，今日郎官未剃髭。燃去應嗔持燭吏，挽來須憶侯門兒。君髯如戟休相笑，如信丈夫不守雌。

爲趙晴虹先生書箑時揀發陝西

名家科第鬱芊綿，品望清秋玉鑑懸。琴鶴風流真父母，舄鳧瀟灑自神仙。緑牌傳殿榮今日，絳帳論文感昔年。爲報河陽花早放，不須重訪孝廉船。

蕊宫高步幾逡巡，卓犖文章似古人。秋谷西園簪筆舊，邠卿北海著書新。十年槐市人争附，先生館棲霞最久。百里桑陰雉更馴。珍重冶亭揮扇語，須教花縣盡生春。

運河

黄河東走勢逶迤，運道横開入海時。青浦閘門千艘下，緑楊瓜步一帆遲。飛車輓粟秦人拙，鑿水穿渠鄭國奇。千里安流功不細，漕船銜泥抵京師。

冒雨宿野人家同趙晴虹先生

野店人家白板扉，那堪連夜雨霏霏？一身全濕惟留齒，半榻難眠止挂衣。波浪掀天疲馬渡，舍車乘馬，仍雇人牽挽而行。江湖滿地旅人稀。似曾贏得路旁笑，君在泥中胡不歸？

六月二日同趙晴虹先生去濰十里阻雨，是夜于河水大至，兩岸廬舍多圮，屋中水深三尺許

洪濤萬馬下膠河，濰北風高湧白波。望去止疑茅屋矮，浮來但覺水田多。蛙行沉竈泥踪亂，苴罣浮漚樹杪拖。曾記南方鷓鴣語，如言行不得哥哥。

夏日讀冒姬《董小婉傳》，因書冒辟疆《影梅庵憶語》後

玉骨娉婷謫大羅，芳蘭摧折惡風多。我疑佳麗招天譴，誰信姻緣惹鬼磨？白雪才嫺吟不忝，青蓮命短恨如何？小婉，一字青蓮。爐香茗碗塵封久，月色猶應戀素娥。性愛月亮。

孤鴻飄泊落秦淮，欲赴如皋恨屢乖。盗賊窟中藏玉骨，風波江上蕩金釵。盗賊，風波，具詳本傳。佳人知己惟君獨，名士多情自古皆。借問紅箋《奩艷集》，可曾同付暗香埋？《奩艷集》，辟疆曾欲梓之而未果，見《影梅庵憶語》。

冒雨郊行

天寒風急出闤闠，極目川原入畫圖。邨舍幾家全冪䍥，峰巒數點半模糊。烟迷曲渚鷗尋岸，影亂荒汀雁入蒲。只恐小橋看不見，旗亭有酒倩誰沽？

五日登艾山

巉巖勢與白雲齊，未到崖巔首已低。放眼欲空滄海北，摩天直走岠嵎西。半山語落人難見，

古木陰多晝亦迷。採藥深林逢羽客，何緣仙境許攀躋？

其二

艾因佳節門青葱，仄徑紆迴路可通。兩戒中分限南北，山之陽爲棲霞，其陰爲蓬萊。孤庵懸絶各西東。山童覓藥幽巖裏，道士听泉亂石中。絶頂有仙求不得，舉杯長嘯碧天空。

趙桐陽莊扶郈居即事

家有詩書野有農，門臨溪水户臨峰。晚登肥蟹連膂擘，沽河出美蟹。新熟香秔帶殼舂。場圃并于晴日趁，俗呼築場爲趁。漁罾斜向暮烟衝。便須卜築從君住，無奈秋風歸興濃。

重九前一日甚雨，次日大風，至暮密霰微下，頗有寒色。今年十日甫霜降，而九日雨雪有足異者，詩以紀之乙巳年

隔城山遠聽疏鐘，霜葉未成雪已封。菊爲重陽冒風雨，天將一日判秋冬。山防帽落登臨懶，

租免人催詩興濃。獨有寒花宜寒月，蕭蕭疏影伴溶溶。

丁未夏歸自都門，感内人林殂謝倏已經年，喟然有作

蕭條寶瑟久生塵，尚有窺梁語燕頻。憔悴我今爲倦客，凄凉君已作歸人。歸人，出《尸子》。

燈寒旅館驚蕉夢，身逐飄蓬愧雁臣。十載風流悲老大，鳥啼花落怨殘春。

夜静

夜色幽便獨步宜，輕衫薄薄怯凉飈。蒼苔徑暗螢來早，庭樹陰多月上遲。景霽連番疏雨後，

秋生萬户擣衣時。良宵辜負南樓興，玉笛聲中有所思。

秋夜

庭柯静對總怡顔，寂寞深宵户未關。月色不離幽徑側，蟲聲多在亂離間。開窗一任飛蟲入，

踞石真同野鶴閒。獨伴孤檠渾不寐，聊將詩草自增删。

秋雨多，蓬蒿成林，時隱其中

門外何曾轍迹深，居然城市有遐心。寒蟬抱樹期期語，促織緣籬切切吟。半圃晚香留小草，一天商意動高林。款關有客來相訪，直向蒼苔徑裏尋。

晚眺

山城八月雁初飛，寂寂蕭辰託興微。蟋蟀聲中疏雨歇，芙蓉香裏晚花稀。暮烟鄰舍新炊黍，暝色高樓正擣衣。獨向小齋深坐久，閒聽落葉打窗扉。

寄奉族叔别駕塞北塔子溝四首

落落同宗各一州，偶因萍水共淹留。都門聚首逢蒲月，海國懷人涉菊秋。北阮諸郎多顯達，南溟有鳥尚沉浮。何時再向長安道，重訪新豐舊酒樓。

詩書先世舊生涯，塞北幾經度歲華。庾信過江官始顯，杜陵遷蜀客爲家。邊城落葉催寒戍，錢騎秋風冷暮笳。况是蕭條連九月，故鄉南望日西斜。

迴首昌陽舊業殘，其先萊陽人。即今駟馬焕門闌。娵隅歌句承家學，半刺風流屬長官。薛鳳寧教題凡鳥，田荆早謝憶阿干。叔有長兄殂逝。忝稱同譜殊庸碌，每倚長風向北看。

落魄依然剩故吾，自慚書劍學猶疏。風流定愧稱佳士，章句應教笑腐儒。塞馬凌霜思走坂，邊鴻鍛羽且銜蘆。北風頻望德音惠，翹首天涯起壯圖。

早發鄒平

麗譙高聳畫圖開，烟樹蒼茫曉氣催。流水傳聲繞郭去，好山送色入城來。紛騰市語喧車騎，衿帶人家傍水隈。最是重關看不足，輕鞭躍馬出塵埃。

己酉下第書以自勵四首

浮情淡似霜前菊，歸思濃于雨後山。馬遇燕臣市骨去，人從秦國上書還。主司未必烘頭腦，士子真應厚甲顔。記取來時須近夜，青衫依舊返柴關。

過眼何曾迷五色，看花止恨負三春。熱中夢想都成幻，失意詩書且復親。磨硯要如先達輩，積薪還作後來人。未充觀國心猶壯，萬卷須知筆有神。

虧得清和逢首夏，輕衫一任敝貂裘。汗顏真似蒙頭豹，失意還如破卵鳩。宋五居然稱坦率，孫三終是狎吟謳。寒窗未了青燈債，豈便薰衣鳳沼遊？

無勇難言非戰罪，有成方敢坐論功。同袍負羽人皆北，似箭歸心馬欲東。愧我簡書曾未習，輸他文陣獨稱雄。五千精騎胸中練，還向《陰符》問太公。

初夏途中即景

四月恢台景物清，頓頭布穀正啼聲。暖浮麥氣薰風透，涼散槐陰午日晴。野店臨衢帘影挂，山橋沿路馬蹄輕。少陵東免懷家室，極目蒼茫賦《北征》。

松柏有心

柯葉儘教冰雪侵，爲堅多處故森森。曾經春早暗無色，寧願歲寒明此心。嶺澗便應埋骨老，風霜贏得練思深。棟梁題品亦多事，方寸自堪凌古今。

小閒

心生閒趣即田園，地少軒車絶問存。纖雨連綿常竟日。好花掩映恰當門。葵須新摘頻呼婢，竹爲晚萌期抱孫。從此倍饒蔬筍味，秋來何慮缺盤飧！

冬日省中撥火烘印有感而作

華省巃嵸粉署層，空虛生白怯凌兢。冷銅須暖頻烘火，熱宦憎寒却飲冰。花爲向陽春易早，梅因卧雪凍難勝。冬春相去無多日，忍耐些兒得未曾。

榆莢錢有叙

俗情雲擾，塵冗風馳，意無寧緒，偶讀《小倉山房》，喜其解脱，因檢舊作，補成四章。丁丑八月望後一日作。

百千下箸仍嫌薄，億萬纏腰尚覺輕。蒸食只應餉貧子，鎸文直欲認方兄。青銅于我原無分，阿堵嗤君枉擅名。若許輸將同鼓鑄，寒門可使到公卿。

盜鑄東皇例不刑，千枝萬朵壓林亭。偶緣天上星飛白，撒向人間樹帶青。窮措不須嘲我屋，官家何故肖君形？春風到處皆成富，張説漫誇《本草》經。張説有《錢本草》。

索債人來指樹顛，東君教我且隨緣。他年頗有買山本，此日盡銷酤酒錢。關念嫁婚須措手，驚看兒女已齊肩。男十七，女十一。就令草木堪驅使，過眼空花亦枉然。

來去阿婆春夢中，豪華散盡一場空。絶無文字憑誰使，剩有園林坐汝窮。輕薄終須付流水，飄零底事怨狂風。階前莫遣兒童埽，留與人間説鄧通。時有苛人受錢，事聞抵罪者，感喟之情，溢于言表。

時有招余爲市隱者，余既辭不爲，旋又聳余不持一文坐收三倍，余知不可，姑笑而存之，因成四首窮年屹屹老儒生，自分華顛守管城。吏隱可能兼市隱，孔兄今要作家兄。爲郎已被馮唐誤，斷虀還遭孟叟輕。多謝鄰翁招引意，幾年唇未染君羹。斷俸八年無米吃。

宦情殊薄冷如秋，蕭灑空囊且自由。夫子執鞭無不可，小人近市有何求？家傳舊業非葱肆，老去生涯在菟裘。菟字讀作去聲。自愧衰翁應戒得，阿戎猶勸習牙籌。

門臨小市據通都，作賈無妨亦作儒。豈有桑羊偕孔冶？能同鮑叔待夷吾。身難作藺酬園客，手拙持竿愧釣徒。欲問古來懷玉者，可曾留意學屠沽？

充隱虛名自不妨，諸君教我且充商。半生未了讎書債，晚景新添別業莊。寧有一寒憐范叔，容無二價學韓康。青州從事徒虛語，捧腹還須細忖量。

書齋盆菊今兹特盛，花又耐久，賀之以詩

蘭衰蓉老怯秋凉，籬菊新分瓦瓿藏。冷面相看增嫵媚，清心直欲挾冰霜。到無言處天生淡，如有意閒特地香。莫把齋頭輕位置，此花只合在書堂。

東坡詩題欲以石易畫，晉卿難之，蓋仇池海石與韓幹畫馬並資賞玩，理可推移，因思昔人用愛妾换馬，殊覺非倫，深堪嘆詫，詩以紀之

鼓瑟人抛换祖龍，連城易璧亦非工。長鳴騏驥秋風裏，忍斷鴛鴦錦被中。石畫隨人歸野土，蘇王陳迹逐飄蓬。若同莊叟觀齊物，秦鹿何妨抵楚弓。

至家

乍遠長安市上塵，故園風景喜相親。青山有意迎歸客，緑竹居然識主人。書味尋時還似舊，世情閲處更添新。牙籤未理須吾事，且養他年拜獻身。

石竹花

階縫石罅結根香，影瘦偏宜竹嶼旁。鳳尾偷裁纖葉格，桃枝巧構小花房。分無君子清虚質，雅有貧姬儉淡粧。更喜聯綿開不斷，秋風直接菊芬芳。

賀岳伯王先生生孫

玉昆金友列階前，欣看麟兒屬後賢。正則庚寅初度日，康成丁卯恰同年。祖孫并己酉年生。蘭亭舊寫分甘帖，槐室新儲賜果錢。何必貴爻占《易傳》？德門英秀自蟬聯。

夏日口占

人言三伏暑天長，我有閒中逃暑方。山氣西來朝帶爽，窗風北過午生凉。心清不借甘瓜鎮，几静惟聞古墨香。更喜眠餘湘簟冷，蟬聲亂落讀書床。

棲霞督捕張君際安假歸山陰

追胥互櫜歷朝昏，君與桐鄉故有恩。十載萑苻清鄭國，張在棲邑十二年，尤喜詰盜。一天風雪赴吴門。歸帆遥指大江樹，候騎争看小步邨。邨，張所居。過歲長安尋舊約，旗亭杯酒話寒温。

平泉棲霞東北，距城四十里。

苔青水碧漾澄鮮，平地縈迴總是泉。百頃潭空花掩映，三春波暖鴨留連。穿經巷口微侵屋，繞出邨頭半入田。記得此間街里語，由來雨澤不求天。

蒲臺河曉渡寄内

緑波澄瀞絶無塵，回首相思南浦濱。楊柳杏花藏縣郭，曉風殘月渡河津。請看水上浮萍客，都是閨中曉夢人。隔岸只容杭一葦，無端臨發幾逡巡。

途中寒食

二月中旬杏花雨，一百五日楊柳風。故園春色應何似？寒食禁烟到處同。冷酒自酤邨巷北，賣錫人過小橋東。介山焚後千秋恨，散作征塵十丈紅。

舟行王家口阻風距天津尚百里

日慘雲昏駭石尤，鳶飛塵起怒陽侯。小舠如屋聊容膝，潑浪迎人欲打頭。自煮鮮魚供下酒，閒憑細槳學操舟。縱饒一棹明晨發，水宿居然人似鷗。

抵天津

帝京咫尺望重宵，雄鎮巍然拱斗杓。河色橫開城外郭，海聲直走日邊潮。樓船旌旆分吴越，市井魚蝦換暮朝。洵是天家股肱郡，人烟何處更喧囂？

庚戌四月下第作

空有涸魚望水噞，定無藏屐畏泥黏。蠶叨葉老絲先熟，蜂釀花多蜜晚甜。雨足聊閒春圃甕，風輕不漾酒家帘。青楊落後黄楊在，爲語詩人得免嫌。

途中口占

風塵慘淡歷征鞍，不耐朝昏宿復餐。馬上吟詩藏腹稿，邨中酤酒恨腸寬。未成報國心猶壯，纔擬歸家夢已安。旅邸鶺鴒一枝穩，鷄聲喚起月初殘。

襬裙天將雨，人家貯水甕半截濕。俗云：「襬裙則雨」，驗之良不誣。

溽暑蒸騰甕有裙，淋漓數幅寫羊欣。漢陰抱去新漂練，湘水拖來濕帶雲。曳地濃湔荷葉色，黏泥細暈蘚苔紋。黄梅經過連番雨，頓覺腰肢重幾分。

小園

城市居然似隱淪，小園閒涉趣偏真。花間徐步不驚鳥，竹裏深藏如避人。冒雨尋畦蔬甲嫩，隨籬插樹土痕新。蓬蒿滿徑荒蕪久，芋栗全收復不貧。

閨怨擬作限溪、西、鷄、齊、啼爲韵，兼用一、二、三、四、五、六、七、八、九、十、百、千、萬、兩、雙、半、丈、尺等字填入

百丈江頭七里溪，八千路隔萬峰西。一簾風定窺雙燕，半樹月明聽五鷄。春水桃花三尺下，畫眉柳葉兩彎齊。笙歌二十四橋夜，九轉六幺淚暗啼。

春閨擬作限温、樽、昏、痕、魂爲韵，又限花名、酒名、美人名、官名、鳥名、曲名、山名、藥名，各依次填之。

紅杏花開日漸温，蘭生不御掩空樽。採蘋江上春烟暝，洗馬池邊夜雨昏。用「薄倖郎牽馬洗春沼」之語。恰恰鶯兒啼樹底，雙雙燕子蹩花痕。望夫立遍山頭石，想到當歸合斷魂。

積雪爲小山

長枕短帚出柴關，滿地峰巒指顧間。不解浮花空色相，翻將遠勢鬥孱顔。只供學生烹茶用，莫引遊人蠟屐攀。知否扶桑開曉霽，雪山未必勝冰山。

附句

野雀避寒檐下宿，雛貓偎暖傍人暝。——《冬日晚景》

一歲無如秋夜好，千金難買此身閒。——《秋夜》

幼婦新辭憐綉虎，君王獨夜咏牽牛。

——《跋〈洛神賦〉》

和涂瀹莊《六月藤花》原韵

重向長安作客來，故鄉三度紫藤開。小園藤一株，余十許歲時手植，久經拱把，花數千朵，自嘉慶八年再客都門，此花消息不復聞問。緣君庭院花偏晚，感我家園意屢猜。回首繁華春事盡，驚心新蕊巧工裁。葳蕤枝上還多子，黄熟休誇五月梅。藤實繁盛，藉祝多男。瀹莊春秋五十有三，此時方有弄璋之望，故及。

今月有叙

《抱朴子》言俗士云：「今月不及古月之朗」。李供奉因爲《古朗月行》，又把酒問月云：「今人不見古時月，今月曾經照古人。」並用前語也。陰霖積久，忽睹清輝，緬然思古人不可復見，聊借前著用暢幽情。

今人懷古月偏朗，古月照今人已陳。閱盡英雄兒女態，催殘楊柳曉風辰。浮雲過處都成幻，明鏡磨來總未真。欲向蟾宫問消息，桂花誰種證前因？

戲嘲芭蕉有叙

余家居喜種蕉，緑天庵裏，歲饒數十株，蔭覆半畝餘矣。自寓都門，蝸廬半榻，蟹殼一園，蕉生消息，久絶音塵。歲在丙寅，炎夏如蒸，偶緣事會小集繼蓮龕精舍，碧紗幮外，緑瑣窗前，十步之内，無一非蕉生行徑也。余既感此，因憶家園不知近復何若，爲賦長律二章，意存欣慕，詞涉嘲諧，覽者得無掩口。

心多剛展又踟躕，偷放輕陰數畝餘。盡送雨聲驚榻夢，那容花影到窗虛？諸天隔絶人難見，隙地全遮草未除。一自被彈修竹後，何堪拈葉更爲書？

代芭蕉解嘲

羃羃陰陰翠欲流，凄風苦雨不成愁。清虛誰解心如石？冷落何妨氣似秋。葛越自憐機軸妙，苔箋休惹墨痕浮。解人唯有王摩詰，畫出幽姿雪裏留。

柬宣城守歐陽梅龕

宣城名紙所出，閣下佳墨如林，自今二妙仍望寄存。再，君家《六一公集》久許惠頒，何不及今富貴時將家集贈人爲榮觀也？蕪函裁訖，興會未闌，旋成四韻，因憶昔年共署，詩酒追隨，洵足樂也。録呈清政，兼竚和章。

十年粉署竊仙名，公子翩翩意屢傾。家法依然歐永叔，風流雅續謝宣城。書從積處人憑借，酒到酣時句已成。剩有梅龕佳墨贈，雲烟落紙尚縱横。

都門九月九日雨

長安米貴旅憂飢，不復登高把酒巵。風雨重陽原有例，蒹葭秋色可無詩。宦情雖淡貧猶戀，晚景偏佳老自知。尋菊未能空索莫，故鄉秫稻繫人思。聞家園秋成頗稔，藉慰羇懷。

次韵翁覃溪先生丁卯科重預鹿鳴宴四首

鳴鹿秋高振遠天，耆英會後接芳筵。不分先後稱同輩，都合顛厥論忘年。恰值康成揆初度，鄭司農以丁卯生。應從許渾續吟編。渾有《丁卯集》。橋名真爲科名設，纔拜君恩便著篇。

燕喜文明接景光，聯鑣前後共騰揚。人看鶴髮盈新帽，樂奏鸞笙暖舊簧。樂家以火炙簧，謂之暖笙。見宋章淵《稿簡贅筆》。五叟之中松等壽，七旬以外桂重香。當年高會群仙日，曾著天孫雲錦裳。

神姿龍鶴遜高騫，問字蘇齋訪古言。昔有林閭宗雅訓，林閭翁孺好訓詁，揚子雲師之。見《答劉歆書》。今偕蘭譜續芳尊。銀鈎墨迹家争購，金谷詩篇語不煩。海内依然稱四杰，白頭同日荷殊恩。

三五成名故未遲，華顛今更作人師。徐梁羅共登科日，黄綺園同預宴時。更老初霑新寵命，前此重宴鹿鳴未有晉秩者自先生始。冠軍重結舊相知。

次韵徐曉初同年哭朱仰山同年之作

此生杯斝未曾離，舉酒攤書白眼時。仰山喜飲酒、讀書、葉子戲，三事未嘗離手。吟興齒衰全不減，飢軀兒問欲何之。華顛仍滯馮唐署，仰山登第年已六十餘。去國曾經杜宇祠。詩卷文篇糟粕在，步兵身後可無碑。

次韵族外舅萊蕪廣文先生見寄之作

蕪城冷署久生塵，況是青氈老病身。賴有兒童工索笑，還因山水足頤神。詩中好句尋秋谷，琴外知音憶子春。片石殷勤千載意，模糊燕影未全真。先生以圓山燕子石二片見惠。飽厭京華拂面塵，冷官偏喜稱閒身。懶因成癖每疏客，窮且著書防損神。夜雨燈前忘假寐，曉風庭畔不知春。先生常以眠遲起晏見規，兹復致書垂問，存此志感。蟲魚貪注減吟興，近方整頓《爾雅》。湯餅却憐風味真。先生客都門日，每相過從，喜啖唐廚水餅。水餅即刴麵也。刴，讀陳，上聲。

和閻紫岩太守言懷之作

酒泉張掖幾經遊，十載逢君雪滿頭。瀚海羽書孤雁渺，玉關羌笛旅人愁。閻于役曾出玉門，西行萬里。邊城嚴急心猶悸，宦況蕭條氣若秋。應爲故人今惜别，京華兩月尚淹留。時爲甘州守，比還左遷司馬。

和王幼海員外洊饑八首

舊傳貧瘠是登萊，近日凋殘劇可哀。滿路哭聲縈白骨，幾家空屋鎖蒼苔。磨稭爲飯朝難飽，磨高粱稭爲屑，饑民啖之。市米望兒暮未來。莫怪長官輕民瘼，秋收已報不成災。各州縣有報收成六分至八分者，惟登屬招遠，萊屬平度等以報止二三分，蒙賑。

那堪水旱鎮相連，比屋無炊罄久縣。慈淚翻因拋女減，郎衣多爲别妻牽。賣女止三四千，賣妻或千五百。良田計頃難酬值，惡粟乘飢倍取錢。斗粟至千八百，高粱至千五百。十室九空存絶少，逃亡鄰境亦凶年。

底須搔首問穹蒼，陽九偏丁痛此鄉。海北舊容民占籍，關東新斷客輸糧。登、萊向資海運，辛未秋奉天歉收，將軍奏暫停商販。又以山東流民至盛京者多，奏禁出關。蠲租詔下人先死，煮粥官多户已亡。邨落可憐鷄犬盡，無家何處辨滄桑？

凶饑疾病遞相尋，天妒此方害氣深。壯健兒郎多短折，龍鍾老叟半呻吟。災延親故傳疑誤，談到姓名痛不禁。魏文帝《與吳質書》：「昔年疾疫，親故多離其災。」又云：「觀其姓名，已爲鬼録。」堪恨人家輕送死，衣薪誰復覓棺衾。一槥之值至二三十千，葦薄亦爲之貴。

荒烟蔓草儘酸辛，九死餘生豈但貧。行客歸來訪兒女，喪家竟日絶親賓。青耕未信能驅鬼，《山海經圖讚》：「青耕禦疫，跂踵降災。」白晝居然不見人。疫癘盛行，或全家不遺一人，麥有委積于場至五六十日不收者。百萬尸填坑盡滿，長平莫怨虎狼秦。

平原一望冢纍纍，到處荒涼盡可悲。暴骨如經兵火後，揚塵疑到劫灰時。民非有罪同遭禍，天是無心豈不慈。曾讀王充《命義》語，墨儒均足耐人思。《論衡·命義篇》云：「墨家之論以爲人死無命，儒家之議以爲人死有命。」云云

城郭依然井里殘，災餘景物倍荒寒。瘡痍未復催科拙，生死都經撫字難。斷梗隨流無倚著，哀鴻滿野盡孀單。伊誰獨展回天手，守土應爲補漏看。縣令有被逮者，以撫卹不善之故。

福澤如天遍兩州，災黎忍使嘆無鳩。梓桑偏動微臣念，粱菽均關聖主憂。近因盛京二麥豐收，

詔以所存高粱三十餘萬石之半，招集商販送至登、萊，以資接濟。應見黄雲鋪繡陌，休教青草溷良疇。遥知存没皆霑惠，聞説今秋勝去秋。

芍藥

居然國色艷朝霞，不比尋常野草花。空把别離誣鄭國，寧知相謔屬誰家？芳名恰入桐君録，韵事争留宰相誇。只共牡丹分少許，如何富貴獨歸他？

洛川令田若谷鈞以詩招隱賦此答之並依其韵

客爲逃喧欲避人，衰翁何意苦逡巡？未將婚嫁付兒女，寧有水山酬智仁。作吏仍容藏拙宦，著書那得乞閒身？請訂曾子歸耕日，漁艇仙源試問津。

其二

少小邨遊愛里居，野田風味葛懷如。京塵隔斷還山夢，俗冗消歸索米書。頭白浸驚霜信早，燈昏每到漏殘餘。余觀書每過夜半，同人多見規誨，不能改也，聊以志過。視陰常恐懸車晚，却愧輸君賦遂初。

有丐余爲墓表者，屬稿方竟，欲倩人書。甫出户爲風颺去，遍覓不獲，戲爲詩記之。時二月十三日也

東風無奈太顛狂，底事吹花擘柳忙。豈有文章驚海内，偏教聲價破天荒。應嗤韓子諛非美，疑怪魏公拙未藏。枉使兒童尋覓苦，海翁一笑任飄颺。

今年九日俗冗罷登高有作

自慚非吏亦非儒，却走風塵誤插萸。忙裏觀書如捉影，每好車中把書。此間尋菊似追逋。偏將獨醒酬佳節，少得偷閒便小娱。待到明年今日健，摘花餐蕊唤提壺。

晚菊今年九月二十二日霜降，立冬節後，菊猶盛開。

十月齋頭看菊花，却緣霜信晚猶賒。經年餐蕊追騷客，此日銜杯傍酒家。傲骨須從寒處練，浮情都被淡中遮。合將重九稽留住，待到冬初亦自嘉。

蜀葵花

嘗讀尤西堂《雜説》五載：占城使者寓蘇州天王堂，見葵花，問何名，人給之曰「一丈花也」，即題詩云：「花于木槿渾相似，葉比芙蓉只一般。五尺闌干遮不盡，尚留一半與人看」。此花本名一丈紅，西堂不知，而云「吳人給之」，非也。《爾雅》戎葵注：「華如木槿」。其詩首句亦非漫然，余居停院落偏饒此花，因賦之云。

楚荆繁露各争芳，高秀獨標出蜀鄉。仍自錦城判顔色，莫將胡槿共評量。要來攀摘須翹首，不好窺覘每出牆。却笑詩人都未識，占城題品勝西堂。

立春日大雪

暖厭裘多爲近春，連宵飄屑望無垠。如將白地光明錦，隔斷紅塵要路津。霑足何須編户籍，陽和到處數家珍。怪他難積易消却，昨天懸知斗指寅。

雪水烹茶

兒童操帚撰瓶笙，一點紅爐活火烹。此水須知天上味，七泉不共世閒争。莫嫌陶穀真寒乞，嬴得茗柯有别情。恰好玉梅花正放，欲和香蕊入杯傾。

正月十日

浮生未似夢來真，催促韶華過眼新。病後方知身是我，老來無復事如人。書經忘處偏能記，官到鈍時更諱貧。今日入春纔十日，年登八八及兹辰。

白髮

白髮星星怕鏡看，水流雲在兩相安。事非經意來逾好，花到當開近欲殘。筵客是遲翻有味，寺鍾初聽已無歡。滿園桃李驕春色，却讓髯翁耐歲寒。

自遣

吏隱何須更買山？倦遊權作鳥飛還。猶頗善飯寧言老，得少攤書莫等閒。懶性解衣愁應客，寒門非債喜長關。蕭然半日無酬對，開卷心恬已破慳。

五言絶句

渡濰河二首

河在昌邑界，字本作濰，即古濰淄，《漢志》或省作淮，而俗便呼爲江淮之淮，則失之矣，因訂正。

源是出箕屋，非關桐柏尋。東流自其道，何處問淮陰？

河水形如帶，將軍恨轉眸。狗烹緣兔死，頗復悔囊沙。

冬日馬上即景用唐祖咏《望終南霽雪》原韵二首

雪嶺出天末，斜陽明樹端。溪山渾一色，到處清光寒。

積雪失蹊徑，徑在遠林端。郇巷不知處，遥聞犬聲寒。

冬日山莊早發四首

霜氣透征衣，流澌鳴澗水。夢殘月滿鞍，行過青山觜。

一條長板橋，遥與沙堤對。路暗少行人，隔林邨犬吠。

瘦馬怯寒溪，層冰危欲裂。鷄聲出遠林，月挂西山缺。

濃霜壓背寒，凍水侵肌骨。遠寺發疏鐘，深林邨火没。

春曉

春曉貪餘夢，寒輕起故遲。窗櫺上初日，爐火正温時。

萊陽道中晚眺

遠山潑淡墨，寫向蒼茫裏。立馬望長天，返照暮雲紫。

青縣鹽河曉渡

帆駛下鹽艘，曉風喧客舟。一篙點水過，錯認是輕鷗。

邨中寄家書

極目千餘里，飛鴻却復回。衷情書不盡，緘罷又重開。

初冬望翠屏山欣然賦黄葉四章

黄葉滿山徑，丁丁發樵響。聞聲無處尋，遊人獨來往。

黄葉下山坡，淅 淅如風雨。半嶺餘殘紅，疑有藏春塢。

黄葉連衰草，覫髳何茀離？人從半山出，隱隱如見之。

黄葉奄將夕，牛羊下山脊。未及上翠城，何處尋行迹？

七言絶句

燕趙懷古二十首

凉珠消暑曉宫開，碣館招賢出霸才。先達有言自隗始，七雄低首一金臺。

雖無騎劫功難就，未死昭王黨已分。戰國能明臣主義，可人獨有望諸君。

如何西帝獨稱雄？周轍雖微尚在東。燕趙古多慷慨士，至今猶有魯連風。

騎馬彎弓戰士憂，千年遺恨在沙丘。陽臺雲散歸何處？應解飛來神女樓。樓在真定，趙武靈王夢神女于此。

趙括空能讀父書，一無頗、牧國爲墟。三軍坑盡將軍死，母也知人父不如。

一劍豈能酬馬肝，荆卿鹵莽倖功難。便教銅柱非誤中，秦國寧饒太子丹？

邯鄲歸後祖龍生，西帝焉知吕易嬴？陽翟、李園同狡獪，秦人休笑楚人傖。

窈窕嬪嬙輦入秦，阿房曉鏡艶争春。祖龍若監雍宫禍，休選邯鄲鼓瑟人。

亡命椎埋勳業高，也應未得匹蕭曹。漢家茅土人人享，盧綰封王况趙敖。

井底青蛙白帝屯，赤眉猖獗過黄巾。滹沱冰渡蕪蔞飯，應識帝王自有真。

當塗、典午始陵夷，奄忽齊梁儘可悲。南北渾如巢幕燕，春秋來去不多時。

漚麻池涸生春草，捫蝨人亡剩古陵。自有渡江龍馬在，區區浪説慕容廆。

齊梁人擅《雪兒詞》，絳帳風流屬阿誰？莫道河汾遜濂洛，千秋房、杜亦吾師。

河北雄藩踞大都，坐令跋扈計何疏？削平吴蔡中興主，細柳營中周亞夫。

鵶軍亞子總虚談，燕頸絲牽梁首函。養虎由來自遺患，唐宫不合怨朱三。

如鐵頭顱厭老拳，奪牛端不爲蹊田。人生五代干戈裏，朝暮蜉蝣五十年。

錦繖英雄下汴州，燕支不御舊糚樓。夫人城内餘荒草，殘照西風故壘秋。都城北門外有土垣數里，傳是遼蕭后所築城。

清心寡慾長生訣，膜拜宫中問道歸。虞、揭、柳、黄皆國士，風流不及一蓑衣。邱長春真人一號蓑衣先生，詩首句乃長春語。

文嫡誰言勝立賢？舉棋不定簡文年。已知如意類高帝，况乃天教始啓燕。

吾輩激成此論允，東林党籍細推求。諸君早讀《范滂傳》，也要清流投濁流。

悼亡三十首録十二

槐黄眼看火雲流，深鎖空閨止獨愁。背地沉吟燈畔語，不關宋玉好悲秋。

矮几銅瓶插幾枝，繞欄親摘葉參差。石榴花色驚憔悴，從此小園不再窺。園中石榴一株，數月前忽萎。

無窮心緒藕中絲，銘筆深慚庾信詞。最是惱人長短句，黄昏風雨畫簾垂。

晚風吹露下中庭，夜静無人户自扃。何處深閨喧笑語？競將羅扇撲流螢。

獨坐蕭齋唤奈何，十年情事付流波。寸心却似須彌芥，藏得新愁萬斛多。

紙帳銅瓶和靖齋，可憐鬱鬱暗香埋。孤山冷落梅花影，霜滿空庭月滿階。

雪蕊冰花裁剪新，香閨靧面更無人。夜寒爐冷肌生粟，半臂何從乞一身。

咄咄自言還自嗟，黄昏庭樹噪棲鴉。不堪重讀催粧句，雲鬢花鈿燭影斜。余完婣時，陳見莽先生以詩賀之，末句略本其意。

數載匆匆雁影分，巋然夏屋起新墳。生前頗似能蕉葉，特酌香醪酹細君。

春花如繡柳如毿，柳暗花明映小潭。陌上香車歸未得，斷腸紅豆唱江南。

勝日揚鞭度小橋，橋邊風景儘魂銷。兩堤無限垂楊柳，繫得新愁幾萬條。

乍明乍滅夕陽山，如泣如愁澗水潺。今夜遥憐閨里月，幾家相對數刀環。

春日都門偶步近郊有作二首

帝京山色濃如黛，瀛海水光碧似苔。家在杏花天裏住，人從芳草地邊來。

紅隖杏花鋪碎錦，碧溪楊柳弄垂絲。近郊春色濃如許，身在城中尚未知。

燕子

飛來燕子短牆東，向我呢喃小語通。似問曉風楊柳色，幾時青到故園中？

題畫

浮家泛宅五湖東，鴨緑鱗鱗望不窮。水鳥偷聽蘆葉雨，漁舟輕繫柳陰風。

慰人下第

花滿長安錦繡堆，子規聲裏喚春來。須知桃李仙宮樹，揀就東風始一開。

都門竹枝詞四首

底須曲水引流觴，暑到燕山自解凉。銅碗聲聲街裏唤，一甌冰水和梅湯。

繫筑悲歌燕市空，争如豐樂譜人風。太平父老清閒慣，多在酒樓茶社中。

簾捲空階日影斜，蜂聲滿院静槐衙。晝長湘簟瞑初覺，聽賣街頭茉莉花。

人物繁華第一都，挑燈唤酒更呼盧。榛聲纔下人踪定，須避金吾過九衢。

夏日田居雜興二首

鵓鴣聲里雨疏疏，五月苗稀草未鋤。人卧柳陰貪午睡，一蓑笠外更無餘。

樹陰深處露籬笆，茅舍依稀四五家。客到莫愁行路渴，呼兒先摘野棚瓜。

秋夜即景二首

羅羅樹影上階横，蟋蟀聲中秋月明。偶向緑蘿陰裏過，貍奴偷眼耿雙晴。

荒園雨過竹成叢，俏步蒼苔曲徑中。月色也應嫌寂寞，又移花影過牆東。

秋雨

滿地青莎蟋蟀鳴，初秋天氣半陰晴。如絲細雨微微灑，纔上梧桐便有聲。

閒眺

紅藕將殘翠葉疏，晚塘風定落花初。連番雨過添新水，又長盆池繡尾魚。

次韵寄趙桐陽妹壻四首

歸家後頗復完繕舊書，即今尚未了，甚匆匆耳。前讀近體數篇，除前四章和拙著外，其餘四首，風度清妍。蕭齋燈下，濡毫步和，漏下十二刻矣。久不共話，止此奉寄，聊代剪燭西窗耳，非云詩也。

書劍應嗟學已遲，翀霄虚負舊衿期。三更蟋蟀聲悲壯，別有愁心説向誰？

蛛網懸窗手自除，高秋爽氣動衣裾。午晴簾捲渾無事，整頓牙籤理舊書。

虚度桃源負宿心，十年流水苦難尋。尊前白髮憐潘鬢，羞學漁郎再問津。

剜苔剔蘚苦冥搜，尚有中丞手迹留。雨過蕭齋添墨暈，硬黄紙上搨雙鈎。近方搜輯先世祖中丞公詩文兼搨墨刻，永爲家藏，他日來棲當出相示耳。

典衣買書二種戲成四韵

典却寒衣小置書，笥中蛇影竟成虚。挑燈跌宕西窗下，《文選·恨賦》：「跌宕文史。」最怯凉秋九月餘。

兩貫青蚨不用添，算來酬直亦頗廉。因其價廉，外又贈錢二百。雖無寒士綈袍子，却有蘇家亂葉籤。

花燭詞次韵趙桐陽

玉臺新影啓糚樓，金榜無名亦可羞。阿大中郎應笑我，誰教夫婿不封侯？

紅艷瀟湘六幅裙，青鴉雙髻綰巫雲。從今縑素休輕比，此意相知獨有君。

二十五年諧鳳卜，八千餘里壯鵬圖。挑燈隱約窺糚鏡，生怕人前唤老奴。

壯志蹉跎三十餘，蕭蕭潘鬢已盈梳。夜來偶對菱花照，始悔從前不讀書。

得失寸心只自知，文章憎命我終疑。來年同覓月中桂，各向蟾宫折一枝。僕既駑鈍，頗爲閨中口實，故相激發，期雪斯言。

梅蕊初含映曉糚，深深花氣撲簾香。酒闌棋罷渾無事，閒話《毛詩》一二章。閨中多暇，輒喜談詩。

題趙秋谷《海漚小譜》

架上官袍久惹塵，莫愁舊曲更翻新。茂陵那有遺書獻？消得工夫賦美人。

自王家口登舟是日泊天津城外紅橋

波引客心去不停，帆開風利快揚舲。水行如問程多少，獨漉橋東楊柳青。楊柳青，水邨名。獨漉橋，俗謌獨立橋。

答趙桐陽寄農語二首

里句二章，聊步前韻，亦東施效顰意也。寄來農語，穆乎可思，真如錫我拱璧，但乞兒索食，苦不足耳。君家秋谷云：「門臨秔稻關晴雨。」更望輟讀之餘，廣益搜羅，有光鄙著，則是「收墨莊之租可無荒年，飽書田之粟皆是真味」矣。

庚戌長安下第年，農桑《寶訓》輯新編。緣知絲粟來非易，特繪《豳風·七月》篇。

農語聽來亦偶然，豆棚瓜架雨餘天。知君身在羲皇上，不獨柴桑處士賢。

即景

燕子掠蟲飛跕地，蜂兒供蜜早趨衙。一般辛苦都爲累，誰識浮生是有涯？

途中連日雨同趙晴虹先生

回首長安滿面塵，那堪遍地是河津。故鄉若問征途況，兩个拖泥帶水人。

至萊陽西與趙晴虹先生分途歸復冒雨疊前韵。

翹首故鄉盼洗塵，從今不復問迷津。蕭條風雨昌陽路，側帽弄鞭剩一人。

大小姑河水發幾不得渡 小姑在平度界，即姑尤以西之尤水者也。大姑在萊陽界。

野渡無人客自呼，衣裝盡日委泥塗。朅來生怕風濤險，偏不饒人大小姑。

壽光西北水田數里夏月偶經其地二首

緑溪十里盡人家，境似桃源不見花。初夏分秧秋掘藕，此中人不識桑麻。

菱塘柳陌接天青，近水低田半是汀。岸上兒童偷眼看，新荷葉底撲蜻蜓。

桑氏園亭近依水側頗爲幽勝

小亭臨水鑑虚清，圓牖窺波浸月明。十里芰荷青不斷，香風吹入壽光城。

渡濰

麥黄時節却經過，水上風紋捲緑羅。笑殺舟人不識字，津頭呼客渡淮河。濰，《漢志》或省作淮，俗遂呼爲淮河。

萊州道中

樹影重重埽不開，林梢露出小郵來。旗亭也有無灰酒，下馬提鞭酤一杯。

天氣陰晴早夏間，故鄉風景最相關。田家此節閒人少，大麥黄時繭上山。俗以樹枝棲蠶作繭謂之繭上山。見《齊民要術》。

初冬野望

柳老西風送暮秋，騎驢蹀躞過林丘。分明似雨却非雨，黄葉蕭蕭落樹頭。

美人蕉

粤中争購番蘭柿，不是荆州魚枕苗。特愛風流仙一品，青紗帳裏貯紅綃。

書無名氏詩集後四首

泥雪而今總是空，爪痕猶在失飛鴻。當年過信東坡語，不注姓名詩集中。

樂府篇篇都擅奇，梨園争購十郎詩。昔人原是有深意，名字至今談李癡。

七言五字並長城，月窟天根骨氣清。賦罷子虚人亦是，居然烏有一先生。
麗句都堪付雪兒，阿誰踪迹畏人知。平生不解藏人善，却是無緣説項斯。

病中覓醫不得戲以自遣

紙頭黏壁半參差，盡道先生國手奇。我奉《太平經》一卷，但求無病不求醫。

北郵

數畝田園幸未荒，秋來婦子盡登場。郵中好景詩中畫，茄紫莧紅柿葉黄。

九月扶病與客登高

登高有客意殊强，豈爲幽憂頓減狂。濟勝何曾誇有具？只因不肯負重陽。

久客歴下漫題

濟南名勝甲三齊，水榭花亭訪舊蹊。强作詩人苦吟咏，風烟佳處半留題。

濟南竹枝詞效樂府小秦王體，四首録二

明湖秋水碧于油，女伴相邀共冶遊。蘆荻叢中喧笑語，前亭放下採蓮舟。

城南一帶野人家，龍洞彎環曲徑斜。紅粉青蛾山下路，更無人看海棠花。龍洞在城南三十里，秋海棠布滿山谷，士女于九日競爲游觀。

戲咏息夫人不言三首

戈矛闉闠息侯驚，斷送桃花入楚城。自是羞談亡國事，何曾絶口不言兵？

山河已舊黛眉新，子滿花房暗度春。若效緑珠輕一擲，楚宫誰號未亡人？翻用杜樊川詩意。

令君蕭鼓可憐生，不解深宫脈脈情。六百戎車還向楚，胡盧依樣替家兄。

觀弈二首

世人勞擾市中塵，君向蕭齋拜積薪。千載興亡同一局，輸贏畢竟有誰真？

楸枰橘叟趁閒身，坐隱問君幾度春。獨對蕉窗松閣裏，爛柯山下一樵人。

踏青詞赴都途中作

如絲弱柳弄輕埃，菜甲初紅細雨催。君看踏青芳草路，弓鞵步步曳春來。

曉風楊柳渡河津，薄薄輕寒二月辰。休怪紅塵當面起，陌頭初過踏青人。

曈曈紫陌曉霞開，鬥草南園女伴回。邨舍清閒無個事，一籃炒豆一團灰。里俗二月二日炒豆食之，或調蜜裹麵謂之蜜豆，又天曉于庭心撒灰作團圞之形以象倉囷也。

運河

河聲北走入金臺，貢道當年碣石開。楊柳堤頭帆似箭，吳船閩舶一時來。

苑家口

漠漠寒烟籠曉流，燕山二月尚披裘。騎驢側帽長安客，風雪滿天過霸州。

都下春日口占

春光淡沱雨初晴，二月和風滿帝城。禁水橋邊漪柳色，長安街裏賣花聲。

次韻繼述之消夏八首禁富貴習氣并泛徵故實

躁心偏與熱心并，塵氣却緣暑氣生。楊柳陰中棋一局，不知人事幾回更？

靜室纔安小板床，好風恰送十分凉。北窗閒覓羲皇侶，莫夢仙娥霓作裳。

暑在睡鄉逃不得，醉鄉逃暑亦非宜。好風微雨從東過，愛誦淵明五字詩。

香風捲起碧橱紗，字字經文見妙花。閒坐攤書消内熱，何須更覓鎮心瓜？

偶愛幽香學種蘭，小軒容膝亦頗寬。忽聽銅碗街頭喚，新買冰來貯滿盤。

十載著書歲月經，問奇猶愧子雲亭。去年今日方高卧，余以癸亥春服闋，夏間復來農曹供職。竹雨松風歷歷聽。所居曬書精舍頗饒松竹。

難窮《爾雅》蟲魚注，易混夏王《山海圖》。未解蒲盧援蜃蛤，翻牽震澤入江湖。《中山經》：青要之山多蒲盧。郭璞注誤引《爾雅》爲釋，似忘《夏小正》傳也。其釋《爾雅》「十藪具區」，誤從孔傳，以太湖爲震澤。斯皆郭注之失，偶摘二條，用資博物。

拙宧胸中絶點塵，冰心未厭貯壺頻。詩中也有清凉散，却是不堪持贈人。

和恒雲岩東繼述之疊前韵

功名原是泡中影，富貴真如樹上花。早達如君年最少，述之新補官，年未逾立。同曹剩我繫瓠瓜。余于庚申冬歸里，癸亥夏始復來京，班列視諸君最後。

三十窮經已太遲，從今宦學更非宜。年來幸步諸君後，也擘花箋賦小詩。

蠅頭微利原無分，蝸角虛名誤此生。一自讀書忘世味，炎涼回首幾曾更？

才疏何必中頻熱？官冷自然心解涼。頗怪清狂江上客，芙蓉荷葉作衣裳。

滿座清芬氣似蘭，君恩波及小臣寬。署中每日叨官飯，免笑先生苜蓿盤。

誰將軒冕等泥塗，争羡凌烟閣上圖。近日紛紛廊廟客，都無人肯卧江湖。

封禪當年事幾經？金泥玉檢爛雲亭。登臨一覽衆山小，杜老語君子細聽。

更憐東海未揚塵，蜃氣吹噓入望頻。多少樓臺烟雨裏，何曾有個問津人？雲岩要余説敝鄉風景，故二詩聊一及之。

正月望前一日燈下走筆，和繼述之員外《食春紅浮圓》戲成二絶原韵　附戴蓮士協揆原唱云：「春寒釀雪試燈前，庭樹無花罨晚烟。瞥見小紅浮似玉，晶球應讓十分圓。」「小名擬共侍兒呼，唐突西家製絶殊。若比洞庭霜點句，傲他傅粉逐施朱。」

帝城春到上元前，風日晴暄柳帶烟。别有太平清雅事，輕紅飛上小湯圓。

霜橙風絮任人呼，錢文端公句云：「風團謝家絮，霜點洞庭橙。」舊樣翻新製更殊。食譜從今誇絶艶，當年施粉近調朱。

昨赴尚書下省，有民人王家靄詣署投呈，爲認買田畝。當事者訊問，供詞既稱「大部」，又稱「我」，旋稱「生員」，或稱「生身」，衆咸斥其謬妄，又改稱「小底」，自言係生員，被黜。坐中皆掩口，因走筆戲成一絶。

蓦來越訴爲抄田，大部生身語混牽。莫怪民人安分少，于今小底半生員。

從趙内翰鉞乞菊有小柬

屢過高軒，頻涉盛園，飽賞名花，曾未奉面。看竹何須問主人，顧弟非王子猷耳。特展謝忱，並候安福，兼求菊中小小者見惠數種，供置齋頭，少延清賞。如蒙割愛，倍以欣然，儻可乞陶令之花，敬當酬王宏之酒。

城市山林自一家，暖堂芬馥足名花。就中特愛淵明菊，爲助齋頭逸興賒。

苦雨四首

青草久枯無麥禾，芳田旋復怨滂沱。天公真有難爲處，恨少無端又恨多。

莫嗟旬日雨紛紛，只爲田頭久矚雲。若許甘霖撙節用，桑麻終歲盡鋪棻。

街頭笠子聚成陰，水到渠平幾許深。莫爲饒多生厭賤，甘霖曾是貴如金。

滴滴檐頭斷復連，長安市内欲乘船。猛風不遣猪雲散，却把銀河水倒懸。占書言：「黑雲如豕向天河，數日必大雨。」

次韵賈髯山仲見贈之作

曾是聯行共我三，古《論語》：「我三人行。」郎曹盡日筆常簪。一從平谷君歸後，三里河邊孰與談？君舊寓居三里河。

好鳥懷音久倦聽，時花一任送芳馨。養痾三載席門掩，舊患偏疝，今餘二年。酈注桑書讀未經。君舉《水經》見詢，慚無以應。

乙亥春初，髯山以二詩見貺並屬和，余時抱恙未痊。旋復繼惠十章，情韵斐然。侵尋夏杪，舊患少差，宿雨連旬，偶披藏篋，翰墨如新，已延半載，嘆分陰易邁而寸柬未酬，意殊恧然，聊步二章兼係一絶以彌其闕云。

眼轉春過夏又闌，新詩緘篋病衰殘。盈旬舊雨連今雨，徑濕蒼苔總未乾。

從歐陽梅龕太守索南筆仿京式者，時六月廿二日久雨新晴後作

毛穎功名久擅場，臨池今已退鋒鋩。廬陵頗有生花管，好向梅齋覓一床。南朝以筆四管爲一床。

嘉慶丙子季夏刊《宋瑣語》諸書，向友人索價，因賦短章

典却衣衫爲辦書，夜涼風静苦踟蹰。幾曾賣貴洛陽紙，已涉蘭秋七月初。

秋海棠

西施、鄭旦兩傾城，千載誰能定品評？只爲幽姿偏冷落，獨教西府擅芳名。

小寒日作

頻催短景小寒天，爐火微烘凍墨研。莫道齋頭花冷落，迎春消息在梅前。迎春盛開，梅花初綻。

菊花開後杳無花，梅蕊初含影半斜。二客相從殊不惡，淡人家復冷人家。

五言排律

看竹何須問主人十二韵

醫俗惟憑竹，言觀愜夙懷。微寒清夏簟，似束蔭空階。命駕將焉適？尋幽即此諧。儼如君子斐，底事主人偕。禮數雖疑簡，風流莫與儕。客非因造榻，門喜未關柴。嘯傲聊堪賞，譏訶亦復佳。不逢投刺使，誰進乞詩牌？若怪窺園遽，應順縠旦差。此君真灑落，同爾釋形骸。翠籜紛紛是，青陰處處皆。還當移數畝，看近小茅齋。

山楂糕十六韵寄張夢穎

品在唐菉上，名標《爾雅》中。珍偕梨並舉，製擬橘難同。可口推尤美，題糕愧未工。頗宜呼醋醋，恰好比紅紅。唇濺燕支膩，眉攢措大窮。解酲資夏語，著色任冬烘。梅子津初釃，櫻桃爛欲融。艶分官長態，味帶士林風。齒稍添新齼，心仍表赤忠。煎調傳大令，鄭重寄衰翁。開匣驚全滿，收漿怯半豐。裴匣過盈，汁漿欲盡。苦匏猶繫北，甘菊早還東。夢穎壯歲即以奉養去官。舊雨追今夜，華緘託遠鴻。薦盤欽石友，鑽果憶園公。熱渴煩兼滌，酸甜澀備充。相思千里外，無物報周菘。張，安邱人，戊申同鄉薦。

象思齋

情韵兼勝，不徒賦物爲工。

七言排律

二月春風似剪刀十二韵

底事封姨運手勢，颯然經過快如刀。無端蘋末輕飈動，有似并州利器操。横斷晴烟堤外柳，摧殘綵纈井邊桃。應妨誤觸蜂鬚墜，恰趁斜飛燕尾高。截雨江頭分幾段，裁雲嶺上掠周遭。穿開繡陌塵皆麴，刺破吳淞水半篙。捎著花香縈翠箔，拖將草色入青袍。蝶衣粉褪驚莊夢，荇帶絲牽憶楚騷。刃蹴簾鈎光閃閃，尖敲玉片韵嘈嘈。楊荑折處疑垂綫，雁羽飄來認剪毛。少女枝間貪鬥巧，大王庭下舊稱豪。蘭臺宫裏風曾賦，那比鋒鋩物莫逃？

觀秋稼登場十二韵

報道南山豆莢黄，邨中婦子盡登場。兒癡且喜能分穀，女弱還教助舉筐。盡室初欣完國課，逢鄰先共話家穰。棚因草葺聊遮露，粒已風乾可貯倉。滿地珍珠全散米，一天粟雨半飛糠。鷄銜遺穗群争逐，犬卧疏籬静不忙。多秫好留供麴糵，殘藁兼復飽牛羊。偶餘棲畝非齋盜，憑聚爲山尚滿囊。無怪當年思稼圃，有秋今日樂羲皇。篝車作隊喧邨徑，枷板連聲送夕陽。閒話人皆歸比屋，新炊飯已潤枵腸。何時社鼓枌榆會？更看歡呼舉國狂。

自記

田家樂事，無過穰秋，摩寫兹篇，黄農在月，時剖胸臆，過吾師丈人遠矣。

曬書堂試帖

磁石引針得相字　科試題

物以機爲引，神偕迹兩忘。是針方許合，非石謾輕嘗。妙自無心遇，形偏易地良。生原同臭味，性本協堅剛。偶觸能潛入，群投總不妨。有緣符結契，無間隱毫芒。漆與膠須會，金還玉共相。此中如未喻，芥珀更推詳。

日含王字

德輝天下覽，君象日中含。有字苞符啓，尊王點畫諳。宛如丹篆寫，疑向緑圖探。復旦重光耀，同書所照覃。宅中從地見，居正與天參。得統原歸一，成文自貫三。董子曰：「一貫三爲王。」當陽辰拱北，履位面居南。似鏡懸仁壽，離明萬國函。

十八學士趙鹿泉先生試題，取優貢第一名。

文學開仙館，巖廊得大朋。秦藩勤採擇，策府集賢能。聯袂皆英俊，同堂盡股肱。經綸霖雨作，詞采綺霞蒸。松夢年同契，箕疇數倍增。十人書舊有，八士瑞先徵。麟閣終須畫，瀛洲已共登。孟侯符際會，《尚書大傳》：「天子、太子年十八日孟侯。」鳳翼看飛騰。

輕燕受風斜

燕燕初枝尾，斜斜恰受風。乍移深院北，旋過短牆東。翩若雙襟啓，冷然兩掖通。差池翻駭緑，宛轉曳殘紅。薄午炊烟外，新晴絮影中。微鼓楊柳陌，低蹴菜花叢。好聽呢喃異，誰矜綽約同？只疑留不得，飛去入寥空。

奇文共欣賞

鷗閣寧堪賞，鴻章自所欣。精思超八極，健筆埽千軍。語訝從天落，聲疑擲地聞。奥詞搜古壁，逸氣薄蒼雯。一任才稱鬼，須知思不群。書曾供下酒，賦欲奏凌雲。汩汩斯爲貴，詹詹豈足云。無庸尋峋嶁，千古愛奇文。

六事廉爲本

弊吏期何許？當官本在廉。存心標石介，舉足遠瓜嫌。勿以苞苴受，而忘砥礪嚴。須留稜角陗，可使懦頑砭。節愛從兹出，公明自爾兼。不貪人是寶，無慾志能恬。玉鑑清秋映，冰壺朗月瞻。聖朝澄汰切，簡拔及幽潛。

樵夫笑士

譽髦良所重，風議故應超。談客信皆士，笑人疑乃樵。蕘言殊不擇，燕語妄相驕。請學推農老，循名愧楚翹。譬諸區草木，甘以謝芻蕘。道藝根原淺，薰蕕味豈調？野哉真品下，莞爾肯聲銷。茅塞當須去，儒林蔚聖朝。

花與思俱新

園林呈異采，詩思發春華。命意初含蕊，攄情漸茁芽。秀從文圃擢，新入畫欄遮。不待詞飛藻，先符筆夢花。每當抽乙乙，都與鬥斜斜。浥雨姿偏艷，臨風態並嘉。寧譏淫以麗，雅合正而葩。靜對神俱永，鮮妍映錦霞。

迎歲早梅新

凍蕊衝寒放，梅梢綻玉英。新從初歲發，恰與早春迎。首冠群芳茂，欣逢暖日榮。羅浮風色暮，庾嶺雪天晴。暗暗香微動，疏疏影乍横。一番花有信，半樹月微明。氣奪椒觴馥，姿連柏葉清。上林先向日，留取待調羹。

桃始花

黍谷初回暖，園林未吐葩。彼穠方結蕊，其灼始成華。墟囿春偏麗，山巖錦欲遮。微烘亭午日，乍蔚遠郵霞。有態還增艷，無言亦足誇。雨中脂水漲，風外酒旗斜。燕蹴繽紛采，蜂探爛漫花。竹籬茅舍處，借問是誰家？

春日遲遲

韶光浮化國，旭日藹芳春。暖送千門曉，遲喧二麥勻。繡添拈綫女，磚待入朝人。澹淹時偏永，舒長景倍新。桑陰歸緩緩，鶯語度頻頻。邐迤花風候，清和穀雨辰。農書宜獻種，社鼓競吹豳。勤苦逢蠶月，微行正可遵。

再成英

屼峍形堪紀，英成未易攀。本疑孤島嶼，如門兩烟鬟。螺髻盤旋上，蜂腰斷續間。岫聯雲疊出，巖互菊重斑。萬笏蒼如畫，雙屏翠并環。不緣窮《爾雅》，誰與辨青山？

禮堂寫經

不其開講席，吾道在東齊。注禮堂稱古，傳經字可稽。殘編傷腐敝，汗簡舊標題。有卷藏巾笥，無書覓赫蹏。赫蹏，見《漢書》。《廣韵》作幱幭，云：「赤紙，出埤蒼。」刊殊碑作篆，校待閣然藜。筆吐心花燦，毫含帶草低。紛綸囊錦貯，繕寫架籤迷。千載曲臺後，從君問徑蹊。

九月築場圃

三秋將納稼，半畝幸猶存。此日場須築，前時圃尚樊。登憑霜戒曉，畚鍤月初昏。步去非閒地，除來是舊園。斜連楓葉屋，正對竹籬門。町畽差堪擬，倉箱且莫論。杵聲流迥野，耞韵動前邨。竚看升新穀，豐穰荅國恩。

六月徂暑

三庚當暑後，六月近秋辰。藕雪絲初軟，桑鑽火已陳。祝融行緩緩，夷則促頻頻。竹簟歸思展，蕉衫别恨新。未移西柄斗，還卧北窗人。暮宿聞蟬送，晨裝浥露勻。黄騶餘蹀躞，青女莫逡巡。漸覺辭紈扇，凉颸動白蘋。

華封三祝

瞻就依雲日，恬熙樂井田。請看三祝願，寧減九如篇。要裕螽麟後，須知福壽先。呼疑嵩嶽出，語是華封傳。祉介男稱百，眉豪歲有千。人忘庚癸唤，史紀甲辰年。祚共階蓂永，祥因譜瓞綿。即今移善禱，長樂戴堯天。

沉珠于淵

虞帝敷文日，明珠被棄捐。産崖光自潤，映水折空圓。欲絶清心後，輝生照乘前。月華沉極浦，星彩隱重淵。岸上憑遊蚌，波閒任媚川。底須勞象索，曾不礙龍眠。迹本殊投璧，珍寧擬在璿。聖皇崇儉約，群仰寶惟賢。

冬日可愛

莫訝冬烘暖，都緣愛日存。地爐辭宿火，牆角上朝墩。赤實良堪擬，黃綿未足論。怡顏當北陸，曝背在南軒。短景臨虛牖，晴暉暖遠邨。渾如人藹藹，誰似德温温？有纊何須挾，無衣亦負暄。和光千載挹，不羨暴桑恩。

鴻毛遇順風

噫氣生蘋末，征鴻厲羽毛。一行隨爽籟，千里度秋毫。逸翮原能振，衝飈恰與遭。快乘風力順，偏覺雁飛高。蝓蠮雲橫塞，瀟湘水滿篙。排空真復易，藉勢渾忘勞。漸陸思騫翥，爲儀勵譽髦。聖賢相遇處，多士看翔翺。

一樹十穫

甫田誇歲有，嘉樹接芳鄰。實落知堪取，材成信可掄。穀升還似舊，條肄更生新。圃毓皆維寶，園收未是貧。十年勤養木，百億笑盈囷。倍入超多稼，承先在析薪。莫教山濯濯，何羨粟陳陳？杞梓天家用，熙朝貴樹人。

萬寶告成

皞帝催將斂，西成秩叙偕。以殷秋是仲，維寶物難儕。地産紛無數，天時詎有乖？芳園琅作菜，珍果繡鋪街。白屋千家富，黄雲萬頃排。珠隨瑶草拾，粒豈玉田埋？美利穰穰滿，豐年處處皆。太平逢樂日，筐篚獻堯階。

九月寒砧催木葉

凉天經雨後，晚菊送秋殘。戍所長爲客，衣襟怯是單。誰家砧調急？滿地葉聲乾。宛轉傳霜信，槭槮伴月看。低隨蛩度響，遠帶雁驚寒。落木凄晨聽，繁音警夜闌。關山懷渺渺，塞草望漫漫。極目遼陽外，冬裘幸復完。

焚膏繼晷

讀書憐短晷，學富美多文。日御憑誰返？蘭膏好共焚。一燈花燦爛，千卷影繽紛。隙未憂駒過，香還待馬薰。自堪消永夜，聊復續斜曛。脂潤光偏遠，心精業倍勤。寸陰原是惜，燒燭更曾聞。竚望然藜閣，餘輝儻可分。

春風柳上歸

經歲春風别，迢遥信尚稀。忽穿花底過，輕拂柳梢歸。頗覺如期至，應知取徑微。千絲牽暖吹，一路惹芳菲。淡蕩眠還起，輕揚是與非。行踪殊緩緩，客思正依依。極目來何處？沿堤長幾圍？龍池和氣早，汁染入朝衣。

大衍虚其一

神蓍宣奥祕，演策啓圖書。揲去三方變，懸來一是虚。奇形寧待耦，乘數却歸除。道妙根無極，天心損有餘。惟樞能運斗，去轂不成車。至静觀元始，非空溯太初。零占桐葉剩，朔驗草痕舒。大衍含精藴，靈緘孰得如？

一覽衆山小

杖策登東岱，超然縱目閒。蒼茫分一氣，隱約藐千山。撲地成丘垤，連峰失黛鬟。青氛低楚岫，紫靄壓秦關。不蟻封何聚？如拳石是頑。寧宜辭土壤，直爲絶塵寰。衆鳥憑軒翥，浮雲任往還。曾聞天下小，逸步願追攀。

海浴褰鵬噣

南山巉絶處，鳥翥勢孤撑。噣舉鵬摶見，形褰海浴清。疑銜三島去，恰帶六鼇横。浪碧翻顱脰，波紅閃目睛。峰尖高欲啄，水底怪潛驚。插漢翅千尺，摩雲出八紘。扶摇看直上，口吻總難名。朗咏昌黎句，奇音尚覺鏗。

十月滌場

龍見田功畢，時寒入孟冬。穀升期百億，場滌慰三農。逐隧兒童喜，迎喧老叟逢。稼雲堆地盡，邨月伴人春。潔净經風埽，圓瑩待雪封。町旁眠有鹿，牆角噪無蛩。蜡樂聲先肆，春醪色未濃。應知豳國俗，朋酒獻君宗。

抽沉掇淪

造物藏無盡，奇珍有美含。是珠憑採掇，如璞尚包函。蚌孕三更月，驪眠百尺潭。泥塗拚久辱，沙礫復何堪？謾説眸空注，須知手可探。騰輝盈一握，論價抵雙南。但覺潛當發，何妨寶不貪？即今求隱逸，雅意重淵涵。

崇巖吐清氣

最愛登臨處，清新展畫函。嵐光浮遠岫，爽氣下崇巖。暮紫千層合，空青一色咸。洞天靈不祕，崖谷口難緘。晚照翻蒼壁，秋風老碧杉。自然雲結構，都是石巉喦。樹帀峰全隱，樵歸日半銜。匡廬真勝絶，到此隔塵凡。

刺繡五紋添弱綫

履長春有信，紅女展香匳。未返陽烏舍，初遲晝漏籤。花磚三刻度，綵綫一痕添。暗送金針影，輕移玉指尖。殘絨窗自唾，密縷手頻拈。歷録人堆繡，温暾日射檐。鴛紋增娴娴，駒影逗纖纖。漸覺喧妍近，梅糚映曉簾。

歲豐民樂

瓠瓜占歲稔，場圃樂農秋。白屋新添潤，黄雲爛欲流。史將書大有，筀是奏崇邱。禹甸歡心洽，堯衢信口謳。邨童閒戲馬，野老慢驅牛。問客呼庚未，求漿在酉不？合錢同飲醵，擊壤任嬉游。聖世豐年屢，歈豳不讓周。

蟹胥直隸試題

盤中新薦醢，海表舊旁行。本自尋灘得，還從覆瓿成。脯黄同解散，戈甲憶縱横。鹽漬腴偏美，芒輸味更清。臭寧同鹿臡，鹿臡，見《禮·内則》注。珍豈亞侯鯖。竟復菹彭越，《嶺表録異》云：「彭蜞，小蟹也。吴人呼爲彭越，蓋語訛也。」《李陵書》：「韓彭菹醢。」何緣唤長卿？《古今注》：「彭蜞，一名長卿。」貢鮮殊鮚醬，鮚醬，見《説文》。鄉思比尊羹。青土傳方物，君庖貴不盈。

霧凇象思齋塾課題

雺霧凌晨合，嚴霜帶夜寒。凝殊冰筋結，碎作玉英殘。曉霽烟初散，林凋粉更團。凍花黏不落，霏屑著方乾。瑶草期相拾，瓊枝若可餐。玲瓏分樹影，羃䍥接江干。木稼休輕擬，琴心莫更彈。普天同瑞色，白屋盡騰歡。俗諺云：「霜凇打霧凇，窮漢置飯甕。」見某氏詩注。

昭文不鼓琴塾課改王希洛作

能識琴中趣，何勞技絶殊。輕彈聲每變，不鼓韵方無。得意寧揮手，忘言但據梧。《莊子·德充符》：「據槁梧而瞑。」《釋文》崔云：「據琴而睡也。」海天空浩渺，松石入模糊。林静蟬初歇，花閑鳥自呼。停宜凉月待，眠趁緑陰鋪。境寂心逾豁，音希詣未孤。漆園談妙理，真解定非虚。

波屬雲委

《宋書》曾著論，謝客夙工文。共訝淪漣轉，誰將靉靆分？只緣詞涌水，更看筆垂雲。奇作峰巒矗，濃連荇藻紛。千層浮極浦，幾疊點蒼雯。落紙烟難埽，推波響欲聞。池塘春草夢，林竹石門曛。秀句思康樂，山川意不群。

紅梅

素質反成絢，淡情微帶濃。不妨脂粉態，仍是雪冰容。俗艷排桃李，塵囂遠蜨蜂。色香參小果，心事寄殘冬。赬頰非關酒，寒姿獨伴松。施朱還綽約，家在藐姑峰。

魯相拔葵塾課改一嶸弟作

機上無留織，園中豈畜葵？如茅同拔却，及菽任烹之。别有傾心處，寧忘衛足時。幽圖人自繪，晉客馬空馳。蔬甲新方嫩，畦丁利可辭。早教蒲妾遠，寧許木奴私。魯削憑人誚，臣清只自知。至今繁露在，誰復念公儀？

鐵硯磨穿塾課改一嶸弟作

硯鑄何州鐵？桑窮幾許年？豈知人勵志，非但石能穿。任作錚錚響，難勝墨墨研。形隨駒隙轉，質共麝煤遷。竟似卮無當，何妨璧失圓！磨寧矜不磷，鑽莫嘆彌堅。此即剛柔克，全憑識力專。不勞媧煉補，終古漏青天。

春雪

萬片浮空下，三農紀瑞占。暖宜滋麥壠，輕不掛茅檐。柳茁蕛猶嫩，梅殘萼更添。居然呈粉本，宛爾失峰尖。春淺先飛絮，冬餘尚撒鹽。點衣寒欲滅，隨屐膩還黏。錯認花生樹，翻疑月映簾。如膏同霢霂，帝澤共優霑。

清心俊逸，兼而有之。

劉莘麓

曬書堂詩餘

小令

憶王孫

水仙花

銀臺金盞出凡塵。謝盡鉛華色味真。微步凌波蹙水紋。想前身，不是湘神是洛神。

如夢令

燈宵無月二首

沸地笙歌激烈，竟夜燈花紅徹。搔首問姮娥，那閉廣寒宮闕?明月，明月，似妒良宵佳節。

燈也有時銷歇，月也有時虧闕。古往與今來，多少華燈明月。佳節，佳節，催促白頭如雪。

前調

秋宵八咏 録六

月色不離花影，風葉亂抛苔井。徙倚下中庭，仰視星河耿耿。清冷，清冷，秋是愁人先領。

牟默人評曰：「清雋似吳晉人語。」

借問寒蛩作響，幾許殷憂惆悵？夜半不成瞑，苦作哀吟悲唱。思量，思量，都在燈前枕上。

密篠深叢夜黑，幾點流螢照得。飛過綺窗西，又度芭蕉院北。思憶，思憶，爾是誰家秋色？

蝙蝠窺燈深屋，鼠子作聲床足。花徑小貍奴，偷覰熒熒雙目。休逐，休逐，踏破蒼苔階緑！

鬢是爲愁催雪，腸是爲情添結。霜雁帶邊聲，鐵笛中宵吹裂。悽切，悽切，合向雲中君説。

天也何曾常碧？月也何曾常白？三萬六千場，有酒何妨無客。難得，難得，付我今年今夜。

夢江南

題畫　箑

鴛湖畔，人面妒花妍。欸乃聲中楊柳緑，絲絲綰住採蓮船。情在阿儂邊。

搗練子

邑有商于外者，久不歸。婦病危篤，夜夢夫授一詞，曰：「熟諷疾良已。」試之，果然。未幾，鄰人自外至者具言夫没塞北數月矣。余按：其詞乃調寄《搗練子》，一名《深院月》，南唐後主之所造也。然其醫病之功殊不可解，豈昔人常誦杜詩治瘧，兹適與之合耶？顧聞其夫不知書，此詞又誰授之者？一時傳播，字或錯謬。余既異其事，因録其詞，兼次原韵得三首。其詞曰：「深院静，小庭空，斷續寒砧斷續風。無奈夜長人不寐，數聲和月到簾櫳。」

遼海外，信音空，水上浮萍一葉風。人比黄花還瘦損，瀟瀟暮雨掩房櫳。

歡夢散，枕衾空，恨殺檐頭鐵馬風。盼到當歸詞一闋，玉人病起倚簾櫳。

空是色，色還空，雨泣花愁怨暮風。妾感君魂留塞外，君隨妾影傍簾櫳。

中調

一剪梅

咏小屋盆梅

閣筆閒將品格論。不是仙人，便是山人。明窗凈几寄閒身。何處陽春？此處陽春。肯與凡花衆卉群。雪伴黄昏，月伴黄昏。幽香不許蜨蜂親。誰賞清芬？自賞清芬。

長相思

秋閨

怕清秋，又清秋，落葉無風下樹頭，懷人獨倚樓。思悠悠，恨悠悠，好把心愁與舊愁，都教付水流。

浪淘沙

前題

倚枕剔殘釭，月白如霜，砧聲搗碎九迴腸。料想寒燈孤館夜，一樣淒凉。　露白又葭蒼，好製衣裳，閒拈色綫細端詳。無奈惱人蕉聒雨，偏近西窗。

臨江仙

癸卯冬夜，偶讀武王衣銘「蠶桑苦，女工難」，未嘗不掩卷而嘆也。昔杜少陵寓蜀，每蠶熟，與妻兒躬行乞曰：「如或相憫，惠我一兩絲。」痛哉言乎！余願司牧者各書一通於座右。綴詞四章，聊附瞽矇諷誦之義。

祈蠶

楝子纔風梅子雨，蠶家日日匆忙。應知浴罷潔收藏。梨花初釀酒，新祭馬頭娘。　穩歷三眠三起後，須移葦薄筠筐。當年謾笑杜陵狂。乞將絲一兩，採盡陌頭桑。

鷓鴣天

飼蠶

蔟蔟匴間出未齊，旋移媆葉碧萋萋。燠寒飢飽都關會，陌上人歸日又西。　朝雨後，晚風時，蠶性惡濕忌風。小心防護過嬰兒。山妻笑向園公問：報得辛勤幾兩絲？

攤破浣溪紗

收繭

梅子青時繭已黄，摘來旋滿女兒筐。了爾綢繆陰雨事，固包桑。　可嘆功成身已隱，辛勤空爲主人忙。借問行藏誰得似？漢張良。

虞美人

繅絲

繅車安放蛾眉杖，絲老翁初上。蛾眉杖，絲老翁，俱挂絲用之。見《農桑輯要》。冷盆旋轉出絲窩，細看絮盤錢眼有多多！　西陵人是千秋祖，縷縷皆辛苦。豪門切莫賤綾羅，受盡幾番風雨幾回磨！

醉花陰

雪後

亥冥櫢下催滕六，滿樹梨花撲。曉起急呼童，先看牆頭，壓折幾竿竹？　起來行到梅花屋，花蕊含新緑。埽雪掩柴門，整頓牙籤，經史須勤讀。

西江月

食芋

如斗汶山拾得，地爐桴炭煨將。詞人作束細端詳，好認蹲鴟模樣。　鮮美輸他墳首，豐肥飽我枵腸。須知此味不輕嘗，領取十年宰相。

憶秦娥

重過馮氏故居馮居北郭西偏，地頗幽静，兼有園亭之勝。余八九歲時，隨族曾祖往遊，距今二十餘年矣。歲甲辰春，以事重經其地，惟見蓬蒿滿徑，狐鼠窺人而已。聊賦四章，用存遺迹。

爐烟裊，蘭房春暖人聲俏。人聲俏，小鬟來報，海棠開了。名姝狹客知多少？醉鄉絲管無昏曉。無昏曉，金釵狼藉，玉山傾倒。

誰歌哭？空堂白晝鳴鴞鵩。鳴鴞鵩，雕梁燕子，别巢新屋。菟裘十載成虚築，繞階修竹森如束。森如束，滿庭芳草，到春猶緑。

寒烟漠，西園長閉沉魚鑰。沉魚鑰，春風香徑，小桃開落。亭臺傾圮池塘涸，蓬蒿滿院堪羅雀。堪羅雀，青苔石畔，綉裙曾掠。

春夢絶，豪華自古同銷歇。同銷歇，平泉金谷，廢垣荒陌。蕭然環堵高人宅，清風明月逍遥客。逍遥客，軀蒙栗里，陶潛彭澤。

踏莎行

秋海棠

絳靨新舒，朱脣斜映，多應生在胭脂井。凄風苦雨度黄昏，紅顔嬴得傷秋病。寶鴨香殘，緑窗人静。芳容似比生前勝。一枝嬌懶未全開，倦眸貪睡何曾醒？

海棠春

都門看演《祝英臺傳奇》

彩鸞妙結文簫友，共几硯芳心微逗。薄倖小金磚，隔斷連環鈕。良緣已分成嘉耦，却不道承筐有咎。風雨晝簾垂，頗憶書窗否？

卜算子

前題用東坡先生韵

月老没來由，錯把良緣定。辜負漁郎覓武陵，隔岸桃花影。斷帶結同心，此意無人省。金燈燼流螢自入幃，月落空階冷。

長調

滿江紅

李生作杲婦張氏，夫死日即殉，壯而賦此。

粉褪香銷，留正氣、千秋不死。憶夫病、臨危叮囑，别離今始。六幅紅裙濺血淚，一條白練辭姑姊。盼空梁、燕子落香泥，忙驚起。

松筠志，誰能擬？知來生化作、并頭連理。浪説神媧天補漏，虚傳思婦城崩圮。古今來、多少未亡人，何須爾？淡遠堂，今齊美。氏祖姑孫氏亦殉節。李氏堂名淡遠。

前調

義姬郭氏，李卓甫先生之侍兒也。先生爲邑名宿，郭于先生没後奉養主母，守志不嫁，今其年蓋七十餘矣。余既撰次其事，兼爲此以壯其節，其事詳具于傳。

裙布釵荆，誰似此、芳心如鐵？况三五、衾裯未抱，小星空列。燕子樓偕闗盼老，緑珠腸爲齊奴熱。却輸他、婢未作夫人，尤奇絶。

脂粉氣，全消滅。眉黛恨，何曾結？念君恩流水，妾心冰雪。國士難忘知己遇，女郎饒有驚人節。五十年、白髮兩孤嫠，燈前説。

前調

自嘆丁未春，以優貢生朝考，久客都門，悵然有作。

生小嬋娟，那敢道、芙蓉如面？妄思想、姮娥有意，幸垂青盼。豈料夢遊仙洞府，而今流落閒宫殿。論班行、雖不是青衣，終輕賤。整頓就，描鸞管。安排下，繡鴛綫。待剪裁香茗，標題紈扇。無奈君王金屋宿，獨教賤妾長門怨。望朦朧、月色隱昭陽，難窺見。

沁園春

趙秋谷《海鷗小譜》書後

忒殺佯狂，紅燈屋裹，碧瑣窗邊。把鶯鶯燕燕，紅紅簡簡，樵成小像，寫向花箋。紫陌尋春，青樓買笑，費盡囊中舊俸錢。催人老，揚州一夢，二十餘年。歸來重整丹鉛，空學生風流艷八磚。想鳳皇池畔，珂鳴曉漏；鷺鵷隊裹，笏掛朝烟。狹路疲驢，天街怒馬，回首炎凉劇可憐。無頭腦，混荆卿市上，蘇小筵前。

滿庭芳

山陰余生完姻棲霞署中，詞以賀之。 代城守王作

天上雙星，人間二美，鵲橋剛報初秋。珠簾繡幌，斜月掛銀鈎。鳳管鸞蕭隱隱，霞山署、僑作秦樓。須分付，今宵蓮漏，慢下五更籌。

宦遊，踪不定，相逢萍水，竟賦河洲。望家山雲中，江樹悠悠。却扇分明認取，依稀是、夢裏箜篌。華堂内，故鄉燕子，最戀玉釵頭。新娘，余生同鄉人，亦客于棲。

前調

歲癸卯，家郡泉叔舉于鄉，賦此自勵。

風雨連朝，重陽近也，好音雲外飛傳。姮娥有意，的是愛青年。張樂都門飲餞，此行去、何異登仙？知他到，鵲華橋畔，争訪孝廉船。

可憐！將額點，龍門無分，又落孫山。論文章須要、花樣新鮮。便把寒窗重整，青雲志、窮且益堅。曾聞道，阮家咸籍，俱是竹林賢。

賀新郎

甲辰之歲，寧海大姓某有女年十八，遘疾不起。 委頓中爲男子音聲，自言前身爲海陽李孝廉，客死都門，游魂無依託，爲君女十有八年矣，今當長逝。舊緣雖盡，獨新恩未酬耳，將歸謀諸婦。言已遂卒。有頃，復蘇，語音頓異，詢之，即孝廉婦也。爲詞一闋，以志其事。

憎殺書生相。脱青衫、換將紅袖，前因暗想。夢里燕山尋舊雨，曾否故交無恙？禁不住、狂吟豪放。便是翩翩林下女，孝廉船、那好夫人上？應怕見，休相訪。　而今勾却從前帳。十餘年、黄粱炊熟，寶珠離掌。止欠蓼莪詩一卷，未報雙親鞠養。欲别去、轉生惆悵。幸有齊眉人可託，舊釵裙、改作新模樣。願百歲，長依傍。

念奴嬌

冬日書懷

面城荒圃，經營就、茅屋三間而已。屋内雖然無别物，頗有圖書文史。幾本梅花，幾株松樹，竹影摇窗紙。儘堪怡悦，説甚山林城市！　連日天氣清寒。問春何在？在我蝸廬裏。竹綠松青梅又白，不是陽春誰是？富貴何時？人生行樂，飲酒賦詩耳！問予何人，碧桐書屋居士。

沁園春

紙鳶和韵

裝點頗工，真亦非真，空亦非空。把兒童游戲，弄成題鳳；佳人裁剪，認作驚鴻。柳綫微牽，遊絲輕漾，斷送伊家兩臂功。須著眼，莫求高反墜，斷梗飄蓬。　朦朧月照花叢，恰便要乘虛入桂宫。恐驀然蹉跌，難施腕力；任人操縱，横被狂風。澹蕩斜陽，徘徊烟陌，身在虛無縹緲中。回頭看，似胡盧依樣，爾我相同。

和鳴集

《和鳴集》序

金石無情乎？磁針胡爲而相引？草木無情乎？花葉胡爲而相當？凡品彙之倫，生成于陰陽，斯應感以聲氣，而况人乎？

人于陰陽尤得其靈秀，非若金石之頑冥、草木之無知也。雖然，亦有異焉。或漓而薄，或泛以濫，心匪石堅，性類金寒。若彼其人，殆不可轉。乃若終風寫怨，陰雨孤恩，苟兩美其未合，固獨絃之難張；仰寥廓而莫承，亦雖鳴而勿善。譬諸草木，薰蕕判矣，安望同心之言臭如蘭也？

夫情之至者恆不可解。昔人有言：「理之所無，情之所有。」乃今日見之矣。兹有兩人：瑞玉、蘭皋。其于情也，蓋其深焉，而瑞玉尤甚。方其未見，或徵諸夢，或遇以神，結同心矣。既而，雍鳴雁，尚瓊英，如賓友焉。蓋臭味之投定于有生之後，而精神之契在乎未接之先。兩人者，真奇遇哉！

蘭皋曰：「兹嘉話也，不可以弗傳。詩者，人所藉以鳴也。金石不和則不鳴，草木之無聲，風撓之鳴，維詩亦然。集而曰《和鳴》者何？懿氏有言：『鳳凰于飛，和鳴鏘鏘。』是其徵也。

昌黎亦云：『和其聲以鳴，國家之盛。』今兩人所爲詩，雖未敢云播之金石也，豈如薰蕕之不可同器藏乎哉？」瑞玉曰：「善。」于是著于篇。

蘭皋氏撰

和鳴集

催粧二首

天賜良緣會，人看燕喜時。雙星低繡閾，兩葉映新詩。桃李何穠矣，英華俟著而。蔓燈頻結彩，未締姻前，瑞玉屢有雙燈吉夢，知非偶然。早定百年期。——蘭皋

由來天作合，今值于歸時。宜室欣題句，令居喜咏詩。高山吟仰止，充耳俟乎而。敬戒萱堂樂，預知偕老期。——瑞玉

却扇二首

糚閣燒銀燭，良宵寶篆熏。君才嫻咏雪，我意慕凌雲。花點齊眉案，香飄賦茗文。早知諳女誡，挽鹿謝殷勤。——蘭皋

佳夕雙星會，焚香寶篆薰。妾心非愛酒，君志可登雲。積錦書添色，生花筆有文。不堪燈下

讀，拙作謝殷勤。——瑞玉

前題

二十五年諧鳳卜，八千餘里壯鵬圖。燈前滉漾窺糨鏡，切莫低聲喚老奴。——蘭皋

千里良緣綵綫牽，三冬穀旦結團圓。挑燈最喜親風雅，先説《周南》第一篇。——瑞玉

梅花

何處清香遠，遥瞻嶺上梅。不隨群卉茂，獨占一陽開。——瑞玉

前題步和

百卉皆争發，一枝獨放梅。爲嫌茅屋小，先向玉堂開。——蘭皋

秋月

瑞玉十歲尚未讀書，秋月新霽，與諸女伴戲月下，因得句云：

海上一輪月，乾坤通徹明。兔宫桂花滿，先照玉堂中。——瑞玉

迎春花

頃覺陽和至，迎春早吐花。風來舒緑葉，律轉鬥黄葩。凍蝶驚新夢，寒蜂出舊衙。預知天地意，逐暖露光華。——瑞玉

前題步韵

東風催早放，迎暖發春花。碧玉裁爲葉，黄金鏤作葩。粟形分挂蕊，桂花名金粟，迎春大于桂而花樣似之。蜜色照蜂衙。上苑推先入，新年第一華。——蘭皋

擬西崑體贈瑞玉

嘉耦謾誇九十儀，可人最喜是情癡。青燈入夢金花榜，紅果同心玉樹枝。日暖蘭苕遊翡翠，雪深硯水凍瑠璃。捲簾煮茗爐烟裊，裁罷詩箋更著棋。——蘭皋

淋漓詩草滿箋紅，飛雪翩翩柳絮風。不信佳人非國士，方知婦女是英雄。文成織錦珊鈎艷，書罷簪花古墨融。看取朝天揮彩筆，當年舉案笑梁鴻。——蘭皋

瑞玉請題《美人三子圖》

繞膝兒皆美，誠求母最諳。斯螽推則百，雛鳳恰成三。庭喜芝蘭列，人矜磊落談。世説其人磊落而英多。家祥兼國瑞，多福更多男。——蘭皋

關關雎鳩得鳩字

雙雙鷙鳥下河洲，兩兩和聲動遠流。共看于飛占彩鳳，相關對語聽雎鳩。霞紅十里音皆妙，草緑三春韵更悠。八百餘年開大業，誰知窈窕始鳴周？韓文：周公鳴周。——蘭皋

河鯉登龍門得登字

龍門百尺勢峻嶒，河鯉雄心在此登。雷雨經綸成變化，風雲會合助飛騰。分開碧浪三千里，透出丹霄十二層。得意凌空初破壁，鳳凰池上喜同升。——蘭皋

邦家之光得光字

門興駟馬有輝光，夢卜飛熊感聖王。玉筍聯班推國器，桂花幾樹滿庭芳。文章有用輕縑筆，

勳業無邊畫錦堂。青史千秋書第一，金甌覆處姓名香。——蘭皋

飛鴻響遠音得飛字

丈夫有志慕雄飛，豈爲稻粱願自肥？響入九天烟漠漠，音騰萬里霧霏霏。清聲直上青雲路，高韻還驚白玉扉。燕雀安知鴻鵠志？一鳴須看動邦畿。——蘭皋

丁未嘉平，良夜月明，挑燈閒話，瑞玉拈此四題，限酒熱詩成。自慚鈍拙，僅完二首，遂叨佳釀。其後二首，異日方足成之，視詩箋淋漓，尚帶酒氣也。他日，瑞玉乃屬和焉。

戊申三月望前三日，蘭皋識

關關雎鳩

摯鳥飛來度遠洲，相關對語兩情投。清音嚦嚦遥連水，雅韵悠悠喜聽鳩。鸞鳳和鳴流太液，鴛鴦逸響振皇州。會當飛入龍津裏。飲啄上林得自由。——瑞玉

河鯉登龍門

龍門最喜列千層，河鯉奮身自可登。三汲浪中神變化，九天雲外忽飛騰。行看直上辭波濁，

倏爾凌空見海澄。雷雨訇訇偏助勢，凡魚那得望同升？——瑞玉

邦家之光

丈夫立志慕龍光，覲國用賓逢聖王。蓮漏朝天輝彩筆，桂花滿樹現文章。和鸞燕笑登螭陛，嘉客笙簧樂玉堂。拜手賡歌成上理，一人齊祝壽無疆。——瑞玉

飛鴻響遠音

塞上春回鴻欲歸，雙雙携伴喜同飛。清聲嘹嚦浮蒼靄，餘韵悠揚度翠微。一一天邊横逸翮，鴻飛天上，越人誤以爲乙。遥遥雲際趁斜暉。鳳凰池上應先入，響近丹霄白玉扉。——瑞玉

瑞玉嘗夜夢呼者曰：「照圓名大吉。」後因以字爲名，名曰照圓，字瑞玉，一號婉佺。蘭皋乃記以詩云：

神貺良非偶，嘉名自此更。來從西竺國，兩字恰天成。——蘭皋

簪迎春花

灰飛新節至，小苑發春花。迎暖分金蕊，横釵映鬢斜。——瑞玉

風暖聞啼鳥

好鳥乘時至，飛鳴自遠郊。芳林開錦幄，曉樹接雲巢。恰自花間出，還同月下敲。千聲傳葉底，百囀度林梢。翅拂青枝動，風添翠影交。會當棲上苑，雅韵傍螭坳。——瑞玉

桃始華

微暖韶光早，夭桃始發華。和風吹緑葉，細雨潤丹葩。爛熳迎朝日，輕盈鬥晚霞。芳林鶯出谷，暖囿蝶尋花。謝靈運詩：「墟囿散紅桃。」似錦繁枝麗，如雲艷影斜。高堂春色滿，之子咏宜家。——瑞玉

風雨交集

長空風雨集，杳靄起清烟。瀑重庭前竹，輕扶水面蓮。如膏催柳緑，似扇弄花妍。日出浮雲捲，龍飛上九天。——瑞玉

春雪間早梅

春暖陽和至，輕明雪尚堆。銀光鋪素玉，嶺上門紅梅。日出芳枝濕，花繁凍蕾開。寧隨群卉茂，獨占百花魁。——瑞玉

竹箭有筠

喜見庭前竹，菁菁緑幾尋。虚心千尺迥，勁節四時深。堅直同松柏，青葱閲古今。棲柯鸞鳳穩，林外聽瑶琴。王維詩：「獨坐幽篁裏，彈琴復長嘯。」——瑞玉

春柳

時回春日暖，晴看柳垂金。緑葉和風放，新枝拂曉禽。——瑞玉

雪夜懷瑞玉正月二十一日

東風吹雪下瓊樓，對酌黄昏憶昔遊。謝女吟成歸錦里，陶郎烹就掩金甌。《文選》：「掩金觴而誰御。」孤山竟阻尋梅客，剡木空賖訪戴舟。今夜圍爐深坐久，可曾擁被覺寒不？——蘭皋

戊申秋試寄蘭皋二首

七月初旬零雨濛，君將行路日曈曨。登山臨水千程遠，撥霧披雲萬里通。早起單衣添曉露，晚眠細葛透清風。會當得副青雲志，静案幽窗莫輟功。——瑞玉

其二

小試文場久擅名，矮廬一入倍經營。案頭揮筆風添勢，夜半構思月助明。花結錦成人易懶，雲飛露白馬登程。如君折得蟾宫桂，自爾高山聽鹿鳴。——瑞玉

步原韵

初戒行裝細雨濛，詰朝旋見日曈曨。雖經紫陌行回遠，且喜青雲萬里通。眼注文章冲北斗，心隨駿馬逐西風。要須身作登瀛客，不負螢窗十載功。——蘭皋

其二

五試秋闈未有名，臨文檢點細經營。敢誇筆陣凌風勢，要使奎光映月明。局促未經呈驥足，

扶摇且看接鵬程。感君千里遥相憶，側耳西風聽鹿鳴。——蘭皋

濟南歸途有作贈瑞玉

感君千里寄魚書，迢遞歸途思有餘。七夕橋深危駿馬，三官嶺曲罷征車。最愁倦客登長路，且喜家山近敝廬。側耳好音頻聽取，問期應在菊花初。——蘭皋

過西海子看新荷

凉亭水榭映朝霞，碧沼初開菡萏花。海子西頭楊柳岸，緑烟深處是仙家。——瑞玉

驅蚊

雷聲隱隱遠飛來，快唤阿奴羽扇開。幾縷雲烟空繚繞，幺麿盡掃作塵埃。——瑞玉

其二

蒲臺艾葉兩濃薰，剛到黄昏唤辟蚊。捲起湘簾烟漸細，繁聲莫遣小兒聞。——瑞玉

新秋晚凉即事

繩床露坐望天街，牛女無言傍水崖。却聽鄰家喧笑語，隔牆燈影落牙牌。——瑞玉

六月廿日炎熱特甚雨後有作

夕陽紅處火雲烝，霹靂一聲得未曾。雨後晚凉天宇淨，渾如人抱玉壺冰。——瑞玉

前題和韵

一洗長空暑氣蒸，汗流揮扇又何曾？月明天宇凉如水，誰向街頭更買冰？——蘭皋

偶題

君親須孝也須忠，女子顯揚男子同。氣吐九霄光日月，裙釵端的是英雄。——瑞玉

勵志

三十年來拂面塵，而今未改鏡中春。平生要作校書女，不負烏衣巷裏人。——瑞玉

福山二伯母索詩題

慈闈屢向索詩篇，舊稿拋殘已數年。燕石何堪供一笑？休將兒女話人前。——瑞玉

秋夜

晚涼雨過暗香生，籬豆花開月正明。滿院梧桐秋色老，惱人蟋蟀枕邊聲。——瑞玉

附：家人祭財神率爾有作　王照圓

卵蝦香楮薦靈神，聞道此君解濟貧。多少繁華桃李占，梅花寒似讀書人。

沉實、高華、抑揚、瀟灑。

其二

魚頭何必論錢神？寒到梅花未覺貧。贏得流芳傳百世，功名須咬菜根人。

答得好！

其三

下筆千言如有神，等身著述不爲貧。玉臺金屋皆黄土，惟有永初作賦人。曹大家《東征賦》，永初七年作。正恐難索解人。

其四

不必焚香枉賽神，立身清白始能貧。長安多少豪華客，羞煞深閨刺繡人。是生公説法，末二語從《孟子》化出。

其五

青蚨萬貫妙通神，兩世盧生故是貧。三十爐頭騰鬼火，冥間亦有愛錢人。宋人小説稱盧懷慎暴死復蘇，嘆曰：「冥司有三十爐，日夜爲張説鑄横財，我無一焉！」詼諧入妙。

其六

竹林風采儼如神，手握牙籌定不貧。阿堵無言錢故在，當年鑽李又何人？看得破，便不爾。

其七

八十攤言妙入神，草元何補子雲貧？甄劉鼎貴忙中盡，載酒輸他問字人。清韵。

其八

澗菜溪毛可薦神，瓣香留得孔顔貧。簞瓢疏水依然在，閲盡浮雲世上人。大家猛省！

其九

稽首天公造化神，看來誰富與誰貧。山丘華屋同歸盡，總是空空妙手人。

稍近俳

其十

餐風飲露練精神，便學真仙也是貧。左右圖書尋至樂，紅塵白髮幾多人？

有曲終江上峰青之妙。

十首，借題抒寫，一氣呵成，淋漓盡致，却不顧世眼驚也。

辛未九月四日蘭皋讀

點校後記

曬書堂，是郝氏在京都的書室名稱。《曬書堂集》原名《曬書堂草》，有《雜文》、《雜著》、《雜記》、《古近體詩詩餘》等，共七册，僅約略部居而已，經周悦讓重新編定，分門别類，始稱今名。它包括《曬書堂文集》、《曬書堂外集》、《曬書堂别集》、《曬書堂筆記》、《曬書堂筆録》、《曬書堂時文》、《曬書堂詩鈔》、《曬書堂試帖》、《曬書堂詩餘》、《和鳴集》等，共二十七卷。

《曬書堂集》内容異常繁雜，有許多是郝氏親筆記述的真實可靠的第一手材料，對研究郝氏家世、生平事迹、著述情况及其思想有重要的參考價值。作者治學的方法、心得、體會、收穫等，對我們閱讀和研究古籍很有啓發，可作爲治學的參考。其中，以《曬書堂文集》的學術價值爲最高。

《曬書堂集》衹有清光緒十年東路廳署刻本，故不能廣羅衆本進行對校。我們在校勘時，僅將文中因衍、脱、訛等造成意思相反或錯誤的情况予以注明。書中還有一些缺筆的避諱字，乃避清聖祖玄曄、清世宗胤禛及孔丘之諱，則予以逕改。對一些罕見的古字、異體字均改爲常見字。

原書某些文章後面有郝氏好友牟庭（字默人）等人的評語，對了解該文有一定參考價值，今一並收入。

原書中作者自己加的按語、小注等，刻印時皆双行小字，今爲印刷方便，改爲單行小字。

因限於學力，書中標點錯誤之處，恐仍難免，懇請讀者批評指正。

附録

耿天勤　輯校

目録

郝公蘭皋墓誌銘

牟庭撰

君諱懿行，字恂九，號蘭皋，棲霞人。八世祖晉，順治中保定巡撫。祖光宏，邑庠生，貤贈奉直大夫。祖母張氏，貤贈宜人。父培元，歲貢生，誥封奉直大夫。母林氏，誥贈宜人。自君祖父累葉長厚，不疑人欺，家故豐富，由此而貧。

君少嗜學，蚤有文譽，十九入邑庠，二十三食廩餼。旋遇學使趙鹿泉師，愛才如渴，有「棲霞四杰」之目，君與焉。五年三試，獎待甚榮。丙午决科大課，拔君第一，爲齊魯冠，以優生貢入太學。于時年三十歲，益力學，精心訓詁，愛倉雅，一貫群書，操六藝之鈐鍵矣。

乾隆戊申恩科，中式山東鄉試。嘉慶己未成進士，官户部額外主事。二十五年而後補缺，又三年不得調，已皤皤老矣，然君自處泊如也。

人非素交，莫往莫來。得俸錢輒以買書，郎署二十七年，恍然如名山風味。生無他嗜，惟孳孳好學，若肌膚性命也。當其得意，頭抵植木而不知也。少壯家居，以讀書爲孝愛；既入官，以讀書爲忠勤。修身，以讀書爲卓德；立名，以讀書爲奇勳。家有鴻儒，老人忘貧，養志之孝也；

學殖不落，可用爲儀，華國之勤也；款曲古歡，不識俗人，葆真之德也；介紹後賢，古今相見，千載之勤也。

道光五年乙酉，六十九歲，二月六日卒于官。四月，子雲鵠扶柩歸里，將以五月之望葬君于金鈎山原，祔于先人，禮也。

君娶林氏，贈宜人。繼娶王氏，封宜人。宜人有學，善著書，與君義兼師友。君既卒，餘禄不足以舉喪，宜人欲歸里，無資糧，無居業，羈京師未知所依。傷哉，貧也！

君所撰著，計不下數百卷，遺書在遠，余未得悉見，不能詳也。

少年同學，晚暮離思。當余牢落，視君悲凉。芝焚蕙嘆，孰知我哀？銘曰：古云「金滿籯，不如遺一經」。今日抱書編，不如一囊錢。平生但信古人言，哭死方知事不然；不可生無書，那可死無錢？嗚呼！古人一瞑百不見，長使今人淚如霰。

——《棲霞縣續志》卷九

郝蘭皋先生墓表

胡培翬撰

昔人有云：「搢紳道行，禄利然也。」自漢迄今，士之鶩于學者多以譁衆取寵已耳。當其射策決科時，六藝且不能究厥旨，矧既入仕途，尚安有矻矻其中者乎？乃若顓意纂述，謝却寵榮，終其身窮困老死而不悔，非至篤好，曷爲若此？

棲霞郝蘭皋先生，以嘉慶己未成進士，官户部主事。余初至都，聞先生名謁焉，其後遂常往還。時方治《爾雅疏》，有所得必以相咨。先生爲人，恂恂謙退，吶若不出口，然自守介，不輕與人晉接。遇非素知者，或相對竟日無一語，惟談論經義，則喋喋忘倦。所居四壁蕭然，庭院蓬蒿常滿，僮僕不備，先生處之晏如。浮沉郎署二十七年，視官之榮悴，若無與于己者，而惟一肆其力于著述。所著書有《爾雅義疏》十九卷，《春秋説略》十二卷，《春秋比》一卷，《山海經箋疏》十八卷，《竹書紀年校正》二卷，《晉宋書故》一卷，《宋瑣語》二十篇，《補宋書刑法志》、《食貨志》各一篇，《荀子補注》二卷，《雜問》一卷，《記海錯》一卷，《燕子春秋》一卷，《蜂衙小記》一卷，《通俗文疏證》若干卷，《通姓録》若干卷，《晉文鈔》若干卷，《曬書堂雜文》、《雜記》若干卷。

先生嘗曰：「《爾雅》邵氏《正義》蒐輯較廣，然聲音訓詁之原，尚多壅閡，故鮮發明。今余作《義疏》，于字借聲轉處，詞繁不殺，殆欲明其所以然。然言之既多，有所得必有所失矣。」又曰：「余田居多載，遇草木蟲魚有弗知者，必詢其名，詳察其形，考之古書，以徵其然否。今兹疏中，其異于舊説者，皆經目驗，非憑胸臆，此余書所以别乎邵氏也。」先生之于《爾雅》，用力最久，稿凡數易，垂殁而後成。于故訓同異，名物疑似，必詳加辨斷，故所造較邵氏《正義》爲深。

《春秋説略·叙例》：説《春秋》者不得妄生褒貶，《春秋》直書其事，褒貶自見。又謂《春秋》皆實録，多一字、少一字皆事實如此，非聖人意爲增減，蓋亦先生得意之作也。

《山海經》、《竹書紀年》，傳習者希，每爲後人羼亂。先生于《山海經》援引各籍，正名辨物，訂其譌謬。于《紀年》則據唐以前書所引比附校勘，使秩然就緒，殆昌黎韓氏所謂味于衆人之所不味者。

乙亥之歲，先生以養痾輟《爾雅》業，瀏覽晉、宋史書，撰《書故》、《瑣語》、《補志》，又鈔晉文百數十首，謂王右軍「虚談廢務，浮文妨要」二語，切中當時之弊，所鈔屏黜虚浮，一以切實爲主。其自作雜文，亦出入漢魏、晉宋之間。《雜記》數衷，旁徵稗説，閒采時事，意主勸戒，似其鄉漁洋山人雜著。其參稽古訓，正《荀子》楊注之誤；静觀物態，作《燕子春秋》、《蜂衙》諸記，皆本《説雅》緒餘；而《記海錯》一册，尤足補證《禹貢》疏。此先生著作之大凡也。

先生淹抑户曹，未遷一官，貧病相侵，尋以徂逝，而其同歲生用部屬起家，持節鉞于外者比比。人或以是爲先生惜，又或咎先生不習吏事，仰屋著書，以故無表建于世，是殆不然。丈夫之仕也，固宜乘時樹績，俾朝廷收用人之效，然亦視位之得爲與其性情才力何如耳。若不自顧度而冒進矯拂以爲之，必阤。先生勤勤斷簡中，整齊釐剔，明古義以詔來者，其益于世甚大。設令舍其所業，抱牘以馳，吾未知其建立何如，其官之升沉未可知，而其不能著作繁富以傳于後，則固有斷然者。由是觀之，先生未爲失已。

先生諱懿行，字恂九，蘭皋其號也。道光乙酉卒于官，其孤雲鵠歸葬于金鈎山。原友人牟庭誌其墓。今其孤以華表之文來屬余，余交于先生久，頗悉其意趣，如先生者，浸淫故訓，始之非以禄利勸，繼之不以仕宦紛，其于書真性命依之。蓋當世篤學君子，所撰著何可無紀？乃爲撮其大指，詮次如右，使歸而揭諸石。至其生平行事及世系，已見牟君誌者，不具録。

先生繼配宜人王氏，名照圓，字瑞玉，號婉佺，博涉經史，撰《列女傳補注》、《列仙傳校正》、《詩經小記》。先生卒後，輯其遺書以求彰顯于世，是亦不可無傳者，爰附及焉。

《續碑傳集》卷七十二

郝懿行傳

郝懿行，字恂九，山東棲霞人。嘉慶四年進士，授户部主事。二十五年，補江南司主事。道光三年，卒，年六十九。

懿行謙退，呐若不出口，然自守廉介，不輕與人晉接。遇非素知者，相對竟日無一語，迨談論經義，則喋喋忘倦。所居四壁蕭然，庭院蓬蒿常滿，僮僕不備，懿行處之晏如。浮沉郎署，視官之榮悴，若無與于己者，而一肆力于著述，漏下四鼓者四十年。所著有《爾雅義疏》十九卷，《春秋説略》十二卷，《春秋比》一卷，《山海經箋疏》十八卷，《易説》十二卷，《書説》二卷，《鄭氏禮記箋》四十九卷。

懿行嘗曰：「邵晉涵《爾雅正義》蒐輯較廣，然聲音訓詁之原，尚多壅閡，故鮮發明。今余作《義疏》，于字借聲轉處，詞繁不殺，殆欲明其所以然。」又曰：「余田居多載，遇草木蟲魚有弗知者，必詢其名，詳察其形，考之古書，以徵其然否。今兹疏中其異于舊説者，皆經目驗，非憑胸臆，此余書所以别乎邵氏也。」懿行之于《爾雅》，用力最久，稿凡數易，垂殁而後成。訓故同異，名物疑似，必詳加辨論，疏通證明，故所造較晉涵爲深。高郵王念孫爲之點閲，寄儀徵阮元刊行。元總裁會試時，從經義中識拔懿行者也。

其著《春秋説略》有十例：一曰説《春秋》不得褒貶天王，以明臣子之義；二曰説《春秋》不得妄生褒貶，《春秋》直書其事，褒貶自見；三曰説《春秋》者好于經所無處尋褒貶，《春秋》皆實録，其多一字、少一字皆事實如此，非聖人意爲增減；四曰《春秋》多闕文，然以義推之，皆大略可見；五曰《春秋》經文當從左氏，左氏闕誤，乃從公、穀；六曰左氏深于經，公、穀説經，字字求褒貶，左氏但叙本事，褒貶自見，得聖人渾厚之旨；七曰説《春秋》者好緣傳生義，不顧經文，説經當一以經爲主，范武子曰「三傳殊説，擇善而從」，此言可爲治經者法；八曰《春秋》刑書也，刑書之例，一成不移，故法必行而人知畏；九曰《春秋》聖人義理之書，本不待傳而明；十曰比事屬辭，《春秋》教也，事同相比，事異相比，辭同相屬，辭異相屬，其義自見。河間紀昀睹其書，以爲「能剗盡千秋藤葛。」

其箋疏《山海經》，援引各籍，正名辨物，事刊疏謬，辭取雅馴。阮元謂吴氏《廣注》徵引雖博，失之蕪雜；畢沅校本，訂正文字尚多疏略；惟懿行精而不鑿，博而不濫。

懿行妻王照圓，字瑞玉。博涉經史，當時著書家有「高郵王父子，棲霞郝夫婦」之目。照圓聰慧過人，每與懿行持論不合，諍辨竟日。著有《詩説》一卷，《列女傳補注》八卷，附《女録》一卷，《女校》一卷。又與懿行以詩答問，懿行録之爲《詩問》七卷。其《爾雅義疏》亦间取照圓説。

光緒七年，倉場侍郎游百川進呈懿行所著《春秋》、《爾雅》、《山海經》四種。奉旨：「郝懿行所著書，當交南書房翰林閲看。據稱郝懿行學問淵博，經術湛深，嘉慶年間，海内推重，所著各書，精博邃密，足資考證，即著留覽。」八年，府尹畢道遠等續進懿行及照圓所著六種，奉旨「著留覽」。懿行所著未經進者有《詩經拾遺》一卷，《汲冢周書輯要》一卷，《竹書紀年校正》十四卷，《荀子補注》一卷，《晉宋書故》一卷，《補晉書刑法志》一卷，《食貨志》一卷，《宋瑣語》一卷，《寶訓》八卷，《蜂衙小記》、《燕子春秋》、《海錯》各一卷，《證俗文》十八卷，《筆録》六卷，《文集》十二卷。

懿行以養痾輟《爾雅》業，時瀏覽晉、宋史，鈔晉文百數十首，謂王右軍「虚談廢務，浮文妨要」二語，切中當時之弊。所鈔屏黜虚浮，一以切實爲主。其自作雜文亦出入漢、魏、晉、宋之間。《雜記》數帙，旁徵稗説，閒采時事，皆意主勸戒。照圓所著未經進者，又有《列仙傳校正》二卷，《夢書》一卷。

《清史列傳》卷六十九

郝蘭皋夫婦年譜　附著述考

許維遹撰

先生名懿行，字恂九，一字尋韭，號蘭皋，山東棲霞人。牟庭撰《墓誌銘》　始祖明遠公，原籍直隸棗强縣，明洪武初，由萊州府徙居棲霞縣城内，十五世至先生。《曬書堂支譜》

曾祖名倬，字卓人，號雲漢，附監生，考授州同。《支譜》　好義樂施，事母以孝聞，晚年喜讀史，知醫，嘗手集《醫方便覽》。《曬書堂文集》卷五《記先曾祖遺事》

曾祖母萊陽縣張氏，康熙辛丑進士學孜女。《支譜》　祖名光宏，字駿聲，邑庠生。《支譜》

祖母萊陽縣張氏，容縣知縣天植女。《支譜》　二十五歲而寡，奉舅姑教孤兒爲己任。培元既免喪，張氏督促從鄉先生受書，隆寒盛暑，不以假課罷，歸舍，偕往舅所受教，以爲德器基于童幼，以故培元恂恂端謹，不愧名家子，得母訓爲多也。《棲霞懸志》陳嘉炎撰《節婦郝張氏傳》

父名培元，字萬資，号梅荞，兩舉優行歲貢生，候選訓導。《支譜》著有《梅叟閒評》四卷，《灌園小史》一册。

母林孺人，東廟後村貢生檀女。《支譜》德性磨煉，久而彌純，如慈惠、公平、勤儉諸節，一一可觀。《梅叟閒評》卷一

梅荞公云：大兒懿行，頗與書近，余不欲輟其功，故事無大小自任之。次兒懿林，浮而不沉，躁而不耐，余甚憂焉。《梅叟閒評》卷一

又云：余與二子閒話，偶及命運之説，長子懿行謂：「命不可强，無如何也，晚矣，何如安心讀書，其具在我，新奇之書悦目，義理之味養心，不奔走而勞形，不憂戚而役志，面擁百城，心醉六經，亦云樂矣。此而與前途茫茫争不可知之命者相權衡，果孰得而孰失耶？」余喜其言頗近理，録之。牟默人云：蘭皋固佳士也，翁亦深知義命，不持親老家貧之説，以撓其志，乃知蘭皋之學，其來有自。《梅叟閒評》卷二

清高宗乾隆二十二年丁丑（公元一七五七年），先生一歲。按：公元紀年爲編者所加。

七月初六日午刻，先生生于棲霞城内。《支譜》、《墓銘》

是年，盧文弨四十一歲，江聲三十七歲，王鳴盛三十六歲，戴震三十五歲，紀昀三十四歲，程瑶田三十三歲，錢大昕三十歲，朱筠二十九歲，畢沅二十八歲，姚鼐、朱珪二十七歲，章學誠

二十歲，段玉裁二十三歲，桂馥二十二歲，孔繼涵十九歲，邵晉涵十五歲，王念孫、汪中十四歲，武億十三歲，孔廣森六歲，惲敬一歲。

乾隆二十三年戊寅（公元一七五八年），先生二歲。

八月初九日寅刻，元配林安人生，安人棲霞上林村中立女。《支譜》

是年，姚文田、徐養原生；陳世倌、汪由敦、胡穉威、惠棟卒。

乾隆二十四年己卯（公元一七五九年），先生三歲。

三月十九日申刻，曾祖母卒。《支譜》

是年，弁庭生；顧棟高、汪紱卒。

維遹案：牟庭字默人，亦棲霞人也，爲先生之表祖，自幼同學，先生每有著述，輒與商榷。默人學無不窺，經史子集，隨文訂正，兼明算術，尤好今文《尚書》。先後著書五十餘種，墨板者少，稿藏于家，遭寇亂，亡佚大半。遺編零落，幸而得存，又不易獲見。余恐鄉先達平生心血，從此湮没，不揣譾陋，故有《著述考》（見本學報第九卷第二期）之作，雖不足以彰其偉業，然借斯訪其遺著，亦後生所當爲也。

乾隆二十五年庚辰（公元一七六〇年），先生四歲。

乾隆二十六年辛巳（公元一七六一年），先生五歲。

是年，張惠言、江藩生；陳宏謨卒。

乾隆二十七年壬午（公元一七六二年），先生六歲。

正月初六日，曾祖雲漢公卒，享年七十有三。《記先曾祖遺事》

是年，嚴可均生；江永卒。

乾隆二十八年癸未（公元一七六三年），先生七岁。

始入家塾，日讀《論》、《孟》數行。《文集》卷三《新製書衣叙》

是年，焦循、嚴杰、莫與儔、黄丕烈生；史貽直、梁詩正卒。

附繼配《王安人瑞玉年譜》

九月二十九日申刻，繼配王照圓生，字瑞玉，號婉佺，福山縣河北村錫瑋女。《支譜》

維遹案：安人初名瑞玉，字照圓，嫁後因以字爲名，名曰照圓，字瑞玉，號婉佺。《曬書堂和鳴集》母林孺人，爲棲霞望族，幼知書，居家有法度，年不五十而終。《梅叟閒評》卷二

乾隆二十九年甲申（公元一七六四年），先生八歲。

是年，師阮元生；秦蕙田卒。

乾隆三十年乙酉（公元一七六五年），先生九歲。

是年，洪頤煊、舒位生；鄭燮卒。

乾隆三十一年丙戌，先生十歲。

臘底，在内室温《毛詩》，梅莽公問曰：「提抽能背誦否？」先生曰：「能。」及連舉數句皆遺忘，梅莽公怒掌批之，母含淚趨出，終無一言。又母見梅莽公之勤于督責，戲語梅莽公曰：「天下不親兒者莫若君。」梅莽公應曰：「天下解親兒者孰若我耶？諺云：『鞭打快牛』，牛快而加鞭，欲其力田多耳。」《梅叟閒評》卷四

是年，王引之、彭光蓀、顧廣圻生；程延祚卒。

乾隆三十二年丁亥（公元一七六七年），先生十一歲。

是年，吳德旋、臧庸生。

乾隆三十三年戊子（公元一七六八年），先生十二歲。

七月初九日寅刻，弟懿林生，字又彝，號晴崖，邑庠生。《支譜》

附安人六歲。

父錫瑋公逝世。《閨中文存·讀孝節録》

是年，李鋭、陳鴻壽、許宗彦、汪萊、周中孚生；齊召南卒。

乾隆三十四年己丑（公元一七六九年），先生十三歲。

始從外傅受時文，率日誦一篇，未幾，遂學爲文。《新製書衣叙》

是年，李申耆生；沈德潛、諸錦、邵齊燾卒。

乾隆三十五年庚寅（公元一七七〇年），先生十四歲。

是年，洪震煊、康紹鏞、丁履恒生。

乾隆三十六年辛卯（公元一七七一年），先生十五歲。

是年，陳壽祺、黄承吉生；徐大椿、姚範卒。

乾隆三十七年壬辰（公元一七七二年），先生十六歲。

應童子試，自云：不獨諸經瞢如，即四子書尚未粗知大義。《新製書衣叙》

附安人十歲。

母教讀《孝經》、《内則》。《讀孝節録》

秋夜新霽，與諸女伴戲月下，因得句云：「海上一輪月，乾坤通徹明。兔宫桂花滿，先照玉堂中。」《和鳴集》

是年，方東樹生；沈廷芳、錢維城卒。

乾隆三十八年癸巳（公元一七七三年），先生十七歲。

是年，吴榮光、嚴元照、洪飴孫、端木國瑚生；杭世駿、劉統勳、裘日修卒。

乾隆三十九年甲午（公元一七七四年），先生十八歲。

七月十二日，弟懿徽生。

維遹案：《悼幼弟文》云：次弟懿林生；越六年而懿徽弟生，是時吾母年四十矣。又云：吾兄弟三人，俱生于七月，吾以初六生，其次相後各三日，人曰：「兹真手足也」。據此推知。

附安人十二歲。

自云：母授《毛詩》，略通大義，幼不喜讀，母令背誦，常至夜分。《讀孝節録》

乾隆四十年乙未（公元一七七五年），先生十九歲。

補縣庠弟子員。《墓誌銘》、《新製書衣叙》

是年，梁章鉅、沈欽韓、包世臣、鄧廷楨、凌曙、徐同柏、俞正燮生。

乾隆四十一年丙申（公元一七七六年），先生二十歲。

是年，胡承珙、宋翔鳳、臧禮堂、劉逢禄生。

乾隆四十二年丁酉（公元一七七七年），先生二十一歲。

娶林安人，陳見莽以詩賀之。《曬書堂詩鈔》卷下注

維遹案：《悼亡》詩云：「獨坐蕭齋唤奈何，十年情事付流波。」《詩鈔》卷下《祭亡室

林氏文》云：「汝年二十，來歸我家」，而林安人生于乾隆二十三年，距此正二十歲，卒于乾隆五十一年，距彼正十年，故知在是年完婣。

附安人十五歲。

甫知勵志，女紅既飭，兼肄經史，風木不停。《讀孝節録》

是年，賈田祖、秦大士、戴震卒。

乾隆四十三年戊戌（公元一七七八年），先生二十二歲。

食廩餼，遇學使仁和趙鹿泉，愛才如渴，有棲霞四杰之目，先生與焉。五年三試，獎待甚榮。《墓誌銘》

維遹案：先生食廩餼後，雖專治時文，習舉子業，而深覺東省教子弟甚無法，以數十篇腐爛時文，奉爲傳家衣鉢，不攻經史諸書，非治學之道也。當準歐陽讀書之法，自七八歲始，不過十五六歲，大約諸經已讀畢，然後出其緒餘，文亦易工矣。《新製書衣叙》

乾隆四十四年己亥（公元一七七九年），先生二十三歲。

秋試不第。

長女桂生。

維遹案：《祭亡室林氏文》云：「既歸三載，誕生一女，我適秋試，歸而晤語。」「女名曰桂，佳兆攸繫，詎我命蹇，依然下第。」

乾隆四十五年庚子（公元一七八〇年），先生二十四歲。

是年，劉大櫆、朱仕琇卒。

乾隆四十六年辛丑（公元一七八一年），先生二十五歲。

次女英生。岳母棄世，林安人遂遘厲，瘦骨難支，湯藥不離。《祭亡室林氏文》

是年，劉開、周濟、徐松生；朱筠卒。

乾隆四十七年壬寅（公元一七八二年），先生二十六歲。

是年，胡培翬、馬瑞辰生；童鈺卒。

乾隆四十八年癸卯（公元一七八三年），先生二十七歲。

先生半途無師，茫茫然〔者〕數年。秋，梅莽公會濟寧孝廉李承璉以郡學博攝棲篆，閱先生文謂之曰：「若心花未開，惟吾能開若」，遂師之。約回郡以郵〔筒〕寄文，三年閱文六七十首，而孝廉生平爲文得力處，更樂道不倦。先生考試余暇，輒鍾門請教。自時厥後，嘗肆力諸經，寒暑不輟，實自孝廉發之也。《梅叟閒評》卷四

是年，苗夔生；孔繼涵、黄景仁卒。

乾隆四十九年甲辰（公元一七八四年），先生二十八歲。

子毓麟生，甫十二日殤。林安人亦病篤。《祭亡室林氏文》

春，作《憶秦娥》詞。《詩餘》

《題〔重〕過馮氏故居》自注云：「馮居北郭西偏，地頗幽静，兼有園亭之勝。余八九歲時，隨族曾祖往遊，距今二十餘年矣。歲甲辰春，以事重經其地，惟見蓬蒿滿徑，狐鼠窺人而已。聊賦四章，用存遺迹。」

是年，王筠、包世榮生；彭啓豐、鄭虎文、程晉芳、蔣士銓、李惇卒。

乾隆五十年乙巳（公元一七八五年），先生二十九歲。

秋七月，作《遺蝎文》。《外集》卷下

九月，作詩一首。《詩鈔》卷下

是年，程恩澤、林則徐、陳沆、姚瑩生。

乾隆五十一年丙午（公元一七八六年），先生三十歲。

六月二十四日寅刻，林安人逝世。《支譜》，《文集》卷十二《幼子文虎哀辭》

作《悼亡》詩三十首，今《詩鈔》僅録十二首。作《祭亡室林氏文》。

秋，决科大課，拔先生第一，爲齊魯冠，以優貢生入太學。《墓誌銘》　在歷下，同年友菏澤劉朗亭贈陸士衡《平復帖》一，杜樊川、張好好詩一，宋思陵《黄庭經》一。《跋洛神賦十三

行》

是年，陳奂、江喜孫生；孔廣森卒。

乾隆五十二年丁未（公元一七八七年），先生三十一歲。

幼弟懿徽殤。《悼幼弟文》

春，赴都門應試，不售。《曬書堂筆録》卷四《長生果》

夏，歸自都門，與表祖萊陽趙晴虹同車。《詩鈔》卷下

七月八日，遵梅荞公之命，裝潢家藏舊書，八月三日告成。《新製書衣叙》又搜輯先八世祖中丞公詩文，兼搨墨刻。《詩鈔》卷下《次韻寄趙桐陽妹婿》注

維遹案：中丞公諱晉，字康仲，號崑岳，崇禎戊辰進士。《支譜》手書長幅一幀，長丈余，及碑帖跋尾，今仍藏于郝家，余親見焉。又著《丸嘯齋集》一册，内系詩文，篇首附蘭皋先生叙文，未刊。書面題《高曾規矩》，下題乾隆丁未手抄，知爲蘭皋手翰。

在都門，作《滿江紅》詞，《詩餘》《楊君畫馬記》。《文集》卷三 途中，作《討壁虱檄文》。《外集》卷下 在家，作《途中連日雨同趙晴虹先生》詩，《至萊陽西與趙晴虹先生分途歸復冒雨疊前韵》詩，《丁未夏歸自都門感内人林殂謝倏已經年喟然有作》詩，《至家》詩，《次韵趙桐陽妹婿》詩四首，《詩鈔》卷下 《霖雨十三章》詩，《詩鈔》卷上 《董公》，

《某進士》，《返魂》《筆録》卷二《馬蘭花賦》，《外集》卷二《悼幼弟文》。《新製書衣叙》

附安人二十五歲。

冬完姻。

安人云：「洎季隗待翟之年，爰至結縭，命以在家。」《葩經小記叙》先生《却扇》詩云：「二十五年諧鳳卜，八千余里壯鵬圖。燈前滉漾窺粧鏡，切莫低聲唤老奴。」安人詩云：「千里良緣彩綫牽，三冬縠旦結團圓。挑燈最喜親風雅，先説《周南》第一篇。」《和鳴集》足徵安人冬月于歸，正二十五歲。

完姻後，夫婦以詩唱和，《催粧》詩各一首，《却扇》詩各二首，《關關雎鳩》、《河鯉登龍門》、《邦家之光》、《飛鳴響遠音》，各一首。先生自記云：「丁未嘉平良夜月明，挑燈閒話，瑞玉拈此四題，限酒熱詩成。自慚鈍拙，僅完二首，遂叨佳釀。其後二首，異日方足成之，視詩箋淋漓，尚帶酒氣也。他日瑞玉乃屬和焉。」《和鳴集》先生又作《花燭詞次韵趙桐陽》詩六首，其第五首云：「得失寸心祇自知，文章憎命我終疑。來年同覽月中桂，各向蟾宫折一枝。」自注：「僕既駑鈍，頗爲桂〔閨〕中口實，故相激發，期雪斯言。」《詩鈔》卷下

牟默人云：林孺人訓婉佺以禮，針指之暇，課令讀父書，授以《孝經》、《内則》、《毛詩》，

尊師勸學，爲婉佺相攸得棲霞郝蘭皋，延入甥館，爲致名師講習。已而蘭皋成進士，官户部，封婉佺安人。夫婦同學，久官益貧，然富于著述，其書滿家，海内禀仰，尊爲經師。此孺人平生所願望者也。鈔本《雪泥屋遺文·節母林孺人家傳》

維遹案：《梅叟閒評》卷二、《文集》卷三《壺海生詩草叙》謂：先生以連姻故，獲福山王古郖先生，并持文藝就正，遂師焉。古郖爲先生外姑林孺人之族兄，孺人備束脩，每月徵課藝，往來郵寄，凡四五年。牟氏所謂孺人爲致名師講習，殆指此。

是年，曹仁虎，嚴長明生。

乾隆五十三年戊申（公元一七八八年），先生三十二歲。

春，撰《詩經拾遺叙》。據本書

秋，七月初旬，赴濟南應試，中舉人。《支譜》、《和鳴集》

考官茹棻，吴鼎。

題：君子不以二句。載華嶽而一句。今夫水搏至在山。賦得云開雁路長，得長字。《清祕述聞》卷八

在濟旅邸，獲晤劉大紳。劉氏字寄菴，雲南寧州人，進士。初宰新城以惠聞，旋調曹縣，不就。著有《名士年譜》，牟默人增補之。劉氏與偃師武虚谷友善，武氏罷官，僑居歷下，與劉

氏朝夕過從，因從劉氏處得交默人。是先生拜謁劉氏，默人亦必在内。略本《文集》卷五《五君政績記》，鈔本《楚詞述芳》武億序，鈔本《雪泥書屋遺書目録》。先生由濟南返里，同行者有牟默人。九月二十五日，雨阻大于河旅次，燈下作《五烈傳》。《文集》卷九

在濟南，作《步原韵二首贈瑞玉》、《濟南歸途有作贈瑞玉》。《和鳴集》

附安人二十六歲。

作《戊申秋試寄蘭皋》詩二首，其末首云：「小試文場久擅名，矮廬一入倍經營。案頭揮筆風添勢，夜半搆思月助明。花結錦成人易懶，雲飛路白馬登程。如君折得蟾宫桂，自爾高山聽鹿鳴。」《和鳴集》

是年，薛傳均、朱駿聲生；莊存與卒。

乾隆五十四年己酉（公元一七八九年），先生三十三歲。

春，赴都門應試，不售。

子壽恩生。

維遹案：《幼子文虎哀辭》云：余生三十年，未有子息，而室亦亡。粤明年再娶，又明年兒子壽恩生。

在都門，作《己酉下第書以自勵》詩四首，《詩鈔》卷下《己酉下第後聞生子喜甚燈下醉賦

時四月十二日》。《詩鈔》卷上

四月之望，歸自都門，同行者有孫兄、王生。《外集》卷下《臨水亭記》

在家，作《賀岳伯王先生生孫》詩，《詩鈔》卷下《臨水亭記》。

維遹案：岳伯即王古邨先生。詩注云：祖孫并己酉年生。

是年，劉文淇生；褚寅亮、任大椿卒。

乾隆五十五年庚戌（公元一七九〇年），先生三十四歲。

春，赴都門應試，不售，作《庚戌四月下第作》詩。《詩鈔》卷下

夏，歸自都門，感道旁枯柳，作《枯柳賦》。《外集》卷上

端陽後，撰《寶訓》。秋，牟默人爲之作《寶訓牟言》。據本書

維遹案：《詩鈔》卷下《答趙桐陽寄農語》有云：「庚戌長安下第年，農桑寶訓輯新編。」附記：「寄來農語，穆乎可思，真如錫我拱璧，但乞兒索食，苦不足耳。君家秋穀云：『門臨杭稻關晴雨』，更望輟讀之余，廣益搜羅，有光鄙著，則是收墨莊之祖，可無荒年，飽書田之粟，皆是真味矣。」藉知《寶訓》之作，桐陽有所助焉。

初秋，撰《汲冢周書輯要序》。據本書

梅莽公撰《灌園小史》成。據本書

是年，錢塘卒。

乾隆五十六年辛亥（公元一七九一年），先生三十五歲。

二月三日，燈下讀《居易録》，因作《書白衣觀音神咒後》。《文集》卷四　作《祭外姑》詩。《詩鈔》卷下

撰《鑑略》。

維遹案：此書不分卷數，《文譜》及《登州府志》均著録，未刊行。今發現其稿本：在第一册内，夾紙條二，一云：是編辛亥二月鈔，偶閲前人成書，時有會心。下闕。一云：自東漢訖隋所録每傷簡略，又或有目無綱，他時須檢原文補之，辛亥六月二十九日識。今察此稿已成完書，後附綱目，自三皇五帝紀起，至明懷宗止，詳《著述考》。

附安人二十九歲。

母林孺人逝世。安人云：「二十九之年，慈親見背。終鮮兄弟，孤孑一身，自恨爲女，纓繫于人，義又不得殉親也。」《讀孝節録》

是年，毛嶽生、錢泰吉、董佑誠、劉寶楠生；孔繼涑、周永年卒。

乾隆五十七年壬子（公元一七九二年），先生三十六歲。

孟夏晦日，《春秋説略》初稿成，牟默人撰序。據本書

仲冬，撰《易説序》。據本書

冬，子壽恩、女英俱殤于痘。《幼子文虎哀辭》牟默人撰《春秋説略序》

是年，龔自珍、姚配中、梁紹壬生；陸錫熊卒。

乾隆五十八年癸丑（公元一七九三年），先生三十七歲。

正月念二日，梅莽公命先生赴福山，爲外姑林孺人禫祭，因曰：「爾外姑遇爾，厚逾常格，其令人不能忘者，尤在擇師一節，連姻以來，即國士遇爾，諄諄以讀書爲念。」《梅叟閒評》卷二

夏，裝潢舊帖。《跋洛神賦十三行》

七月二十七日辰刻，母林孺人逝世。《文譜》

先生以内艱廢《春秋説略》業。《春秋説略叙·附記》

先生云：六月與瑞玉説《詩》，後及《素冠》篇，瑞玉悽然不勝悵，因而罷講。蓋是時外姑没三年矣。是歲七月，余母見背，嗚呼！《蓼莪》之廢，與瑞玉同矣，豈凶禍將至，四體之動，幾有先見者耶？偶視此編，淚涔涔下，十一月望後書。《詩鈔》卷上

梅莽公《梅叟閒評》成。據本書

是年，祁雋藻生；汪縉、魯九皋、江德量卒。

乾隆五十九年甲寅（公元一七九四年），先生三十八歲。

二月既望，作《詩問叙》。　據本書

維適案：《詩問》以夫婦閒居答問之語，而合著一書，在當時亦藝林之佳話也。安人所著《葩經小記》，有叙無書，殆采入于内，詳《著述考》。

春，牟默人從先生所借得《楚詞》朱子本、張素存本。　《楚詞述芳雜記》

秋，子應虎生。梅葊公云：余家玉蘭一株，今歲花後蒂落，于幹末平處，結一果，余見而喜曰：此生孫兆也。不旬日，長子懿行舉男，余趙婿曰：是兒母字瑞玉，父號蘭皋，恰是玉蘭，玉蘭應其在斯乎？因以徵果爲兒號。先生云：兒名應虎，以今甲寅年生也。古人云：王父名子，今更賜號矣，此亦嘉話也。　《梅叟閒評》卷三

初冬一日，葬林孺人于金鈎。　同上

是年，汪遠孫、魏源、丁晏生；盧文弨、謝墉、竇光鼐卒。

乾隆六十年乙卯（公元一七九五年），先生三十九歲。

《禮記箋》成，叙作于七月望後五日。　據本書

訂正《春秋説略》，增以十例，爲第二稿。　《春秋説略·附識》

是年，陳慶墉、徐繼畬、柳興恩生；錢灃卒。

仁宗嘉慶元年丙辰（公元一七九六年），先生四十歲。

春，赴禮部應試，未售。同行者，有牟默人。過濰縣，獲交郭伀封，郭君正撰《經治堂解義》，因屬默人爲叙，未果。《文集》卷三《經治堂解義叙》

秋，默人又過郭氏處，借新刊汲古閣本《説文》。鈔本《雪泥書屋遺書目録》

維遹案：默人校正《説文》，即用閣本，據棲霞來人云：此校本今藏在牟族某，惟被蠹蛀侵蝕，漫漶不清，已非完書，惜矣。

秋，始撰《讀書記》。

維遹案：此書底稿今存，共二册，在第一册書面題：自丙辰秋訖戊午夏。

是年，彭紹升卒。

嘉慶二年丁巳（公元一七九七年），先生四十一歲。

作《寒蛩篇》，《詩鈔》卷上《義姬郭氏傳》。郭氏爲棲霞名士李卓甫之侍兒，與卓甫以義相許。梅莽公受業于卓甫，先生少受業于卓甫之弟樸園，郭氏死在是年。梅莽公與同學諸君子，義其事而題其門，先生爲之傳。《文集》卷九

是年，袁枚、王鳴盛卒。

嘉慶三年戊午（公元一七九八年），先生四十二歲。

夏，《讀書記》第一册成，又繼撰第二册。

四月望前三〔四〕日，作《韓詩外傳考證叙》。《文集》卷三

十二月十二日，作《談夢》。《曬書堂筆録》卷三

是年，李棠階生；江聲、周廣業卒。

嘉慶四年己未（公元一七九九年），先生四十三歲。

春，來都門，寓山左會館。《曬書堂筆記》卷上

維適案：山左會館在宣武門外，校場頭條，今仍存。

禮部試中進士，任户部江南司主事。《支譜》、《墓誌銘》、《墓表》

考官朱桂，阮元，劉權之，文寧。

題：是故君子至失之。曾子慎至遠矣。孟子曰盡至天矣。

賦得鳴鳩拂其羽，得鳴字。《清祕述聞》卷八

先生家書云：兒懿行叩稟父親安。近日痁病調理，想全愈耶，家中大小俱平康，兒在外亦甚壯旺，放心。五月初四日引見，兒幸列部員，雖不及館選之榮，然草茅書生，遽叨六品，揣分自思，得此已過。况補缺後亦得考差升遷兼御史府道。古人云：「家貧親老，不擇禄而仕」，人子養親，幸邀天家升斗，博膝下歡，樂何如也！惟部員告假，雖三四月，便坐算一年，後日補

缺，未免過遲，且此次分部至八十名之多，何堪更遲一年，重困寒士耶？兒既不便請假，又不能久違膝下，反復思維，父親必須來京。又今年九月後，應有覃恩，京官例得加級請封爵命之榮，當令兒膝前拜舞，戲彩娱親也。兒在京，米鹽絲絮，皆所未諳，出入度支，尤須料理。每日早赴部畫稿，下衙門後，更有賓客應酬，現在雖有長隨二名，下缺，此書爲先生手翰，今藏孫蜀丞先生處。八月，作《關中義勇記》。九月十三日，作《爲東野生題畫記》。十月四日，作《雙蓮華記》。《文集》卷十

維遹案：余從先生第六世孫處，見畫一幀，題云：蓮并蒂，古稱祥，今觀之，何弗臧！有令子，聞于邦。儲鳳毛，卜寢昌。以娱老，且壽康。雙蓮室，足徜徉。梅翁年伯大人命，乞賜誨言，古历下年愚侄楊受廷識。又一幀横書「雙蓮書屋」四大字，左題蘭皋先生嘉慶己未成進士之年，盆蓮雙蒂，因顔書屋曰：雙蓮。此屋久屬他人，咸豐三年，文孫伯愷世講，以脩脯所積贖得。因余識蘭皋先生，屬題故額。余嘉伯愷能承先志，雪涕書此，且以愧夫爲人子孫棄其祖業而不惜者。天中節後七日，高密後學單爲聰。

十月，來都。《外集》卷上《與舍弟第一書》自注。

附安人三十七歲。

是年，何紹基、吴熙載、王伯心、黄汝成生；武億卒。

嘉慶五年庚申（公元一八〇〇年），先生四十四歲。

順天鄉試，先生司外分校閱卷千餘。《文集》卷七《泉考》

春，《讀書記》成，其第二册書面題：起戊午夏訖庚申春。

仲春，作《道引書》。《筆記》卷六〔下〕

初秋，王古邨來書，附詩。《文集》卷三《壺海生詩草叙》

七月八日，與舍弟書云：老親在堂，幸尚康健，故我得薄宦游，違膝下，然亦五六年後，便當爲歸養之計。桂女勿令使性懶惰，好爲人家作媳婦也。《醫方便覽》二本，未及披閱，俟八月寄下，《吕氏春秋》，《祕書二十一種》，便中寄至京，俟秋冬間不遲。我新病初起，意緒無聊，因修家書，信筆抒情，遂令絮絮不休。《外集》卷下〔上〕

十一月初八辰刻，梅莽公逝世。《支譜》

先生與安人歸里服喪。《詩鈔》卷下《和恒云岩柬繼述之叠前韵》自注：余于庚申冬歸里。

維遹案：《壺海生詩草叙》謂：「比冬臘間，行接家書，慘離五五，粤辛酉春，倉卒旋里」，與《詩鈔》注似違。或冬由京歸，越年初詣里，故云然。又先生服闋始來京，知安人必隨之同歸。

嘉慶六年辛酉（公元一八〇一年），先生四十五歲。

正月初四日辰刻，子雲鵠生。《支譜》

維遹案：《支譜》云：「雲鵠原名雲翼，字小蘭，號仲翔，爲先生第二子。長子龍圖，三子寅虎，俱殤，皆安人出。」惟據《外集》卷上《戊辰答族外舅王金田太守書》云：「兒子文翊，今甫八齡。」戊辰爲嘉慶十三年，距此正八年，是文翊與雲鵠爲一人，龍圖即壽恩。又據《幼子文虎哀辭》，文虎即寅虎，爲次子，雲鵠爲三子，疑《支譜》誤記。

是年，章學誠、馮應榴、湯鵬生；金榜、孫志祖卒。

嘉慶七年壬戌（公元一八〇二年），先生四十六歲。

仍在家居喪。

孟春下澣，爲福山王古邨撰《壺海生詩草叙》。

五月望前二日，作《遊方山記》，山在城西三十里。《文集》卷十

九月望後二日，作《柳脊庵記》，庵在邑東四十里。同上

跋《洛神賦》十三行。《跋》云：陸士衡《平復帖》，世罕見者，丙午秋，歷下同年友劉朗亭出行笥見贈。劉，菏澤人也。《洛神十三行》，舊爲趙桐埜學博物，趙，東萊人，所收帖迹多可觀，此其一焉。初祕不肎與，後因端溪一片石得之，與翁覃溪先生所識者，雖神韵不周調，故皆典午書之佼佼者耳。此外杜樊川張好好詩一，宋思陵《黄庭經》一，俱朗亭贈，并以乾隆癸

丑夏裝潢訖。今年偶檢舊帖，爲述其略如此，嘉慶壬戌初秋，郝懿行識。

維遹案：此跋爲先生手翰，書在《洛神賦十三行》尾；據《詩鈔》卷下《積雪爲小山》詩附句云：「幼婦新辭憐繡虎，君王獨夜咏牽牛」，自注：「跋《跋洛神賦》」，知此跋作于七月七日，今藏孫蜀丞先生處。

是年，費丹旭、汪士鐸生；王文治、謝啓昆、黄易、張惠言卒。

嘉慶八年癸亥（公元一八〇三年），先生四十七歲。

春，作《版約》。《文集》卷十一

服闋，夏復來都，就農部職，寓矖書精舍。《詩鈔》卷下《次韻繼述之消夏八首》自注　作《紫綬邵君墓誌銘》。《文集》卷十一

始撰《山海經箋疏》。

《與孫淵如書》云：癸亥夏，重詣都門，而後有《山海經》之作。《文集》卷三

是年，吴嘉賓、宋琦生；錢大昕、吴省欽、彭元瑞、吴東發卒。

嘉慶九年甲子（公元一八〇四年），先生四十八歲。

子寅虎殤于痘。《幼子文虎哀辭》。案：寅虎即文虎，説見前。

二月二十八日，撰《山海經箋疏叙》。據本書

附安人四十二歲。

二月初，作《列仙傳校正叙》。據本書

維遹案：此書及《山海經箋疏》，是年尚未脱稿，《文集》卷五《老道人》有云：嘉慶丙寅、丁卯間，先生赴白雲觀借校《山海經》、《穆天子傳》諸書。今見《山海經》、《列仙傳》初校本，依《祕書二十一種》本，確據道藏訂正，是其明驗。又《列仙傳》凡引藏本云云，皆出先生手，蓋當時藏經之閣，安人不得登焉，故先生助之。與王石渠校《吕氏春秋》，託名其子伯申，迴乎不同。《吕氏春秋雜志》計引伯申十條，今復按底本，有七條爲石渠所校，又《十二紀》雷始收聲條，陳觀樓引作石渠云，與底本合，而《經義述聞》校《月令》爲引之案，其痕迹不可掩矣。

是年，劉墉卒。

嘉慶十年乙丑（公元一八〇五年），先生四十九歲。

三月，校《玉篇》。手校本，説詳《著述考》。

六月十日，在舍内宴会同年友李蓮堂〔塘〕、張夢泉，客未至前，作《長生果》。《筆録》卷四

秋，讀膠西《法氏春秋取義測》，因檢《春秋説略》，重加校正，爲第三稿。《春秋説略叙附識》

維遹案：紀曉嵐睹是書，深加嗟賞，謂吾見《春秋》無慮百數十家，惟兹能剷盡千秋藤葛。

同上　先生《與孫淵如書》云：「前二十年著有《春秋説略》。其時尚未治漢學，但主于詮釋經文，及經中前後自有比例，持以銓衡三傳是非，不失毫釐，雖復拘迂，亦自謂不刊之作。」《文集》卷二

六月十八日，作《硯影叙》，有云：膠西劉大木清識士也，工摹印書，又精相硯，今年夏，客都門，館余曬書堂之東軒，摩莎〔挲〕諸石，擇其尤者爲鎸字訖，并摹其影，屬余叙其略云。《外集》卷上

維邁案：先生家藏二硯，皆爲劉大木所鎸，今尚存。其一硯背叙云：壬子、癸丑間，于梅華書屋之西偏，闢一小園，亂石自間，余登眺得石焉，琢爲研石，色深緑，金星布滿。余異之，而未能名也。膠西劉大木，精于識硯，謂余是蓋鼉礬之異者爾。夫物顯晦有時，名實相資，兹石非遇余曷繇顯？不遇大木何繇名？豈獨兹石之生平也哉？乙丑季夏，尋韭氏銘并叙，計斤劉椽大木勒石。據余所藏拓片録出　據先生六世孫云：其一藏在郝氏族某處，亦有先生叙銘，惜未見其拓片。余考《梅叟閒評》卷二曾記此二硯形狀，前者初名緑蛙，後者名碧葉。

仲冬，作《李柘村指頭畫叙》，有云：「柘村，海陽世家，高才宿學，顧不求仕進，世亦無能知之者，獨知其畫耳。」又云：「其家大人曰悔道人，嘗以其法馳聲畫苑，柘村傳其家學，衍而暢之。」《文集》卷三

維遹案：柘村筆名崦道人，父子指頭畫，最爲吾省藏畫家所珍貴。余從先生六世孫處，見柘村所畫蒼鷹一幀，題「乙丑客都門，應恂九兄屬，崦道人指頭畫」。是先生此文之作，其來有自。

附安人四十三歲。

八月四日，作《列女傳補注叙》。據本書

維遹案：先生在嘉慶十三年《與孫淵如書》有云：拙荆近欲注《列女傳》，將上繼曹大家之遺躅，亦未知能了此事不也？足徵此書尚未完成。

是年，鄒漢勳、張穆、吴敏樹生，紀昀、王杰、桂馥、鄧琰、劉台拱卒。

嘉慶十一年丙寅（公元一八〇六年），先生五十歲。

炎夏，緣事赴繼蓮龕精舍，因作《戲嘲芭蕉》。《詩鈔》卷下

端陽後，作《鷄愁》。《筆録》卷四

是年，鄭珍生；朱珪、錢坫卒。

嘉慶十二年丁卯（公元一八〇七年），先生五十一歲。

冬，女幼蘭生。《外集》卷上《答族外舅王金田太守書》，《筆録》卷四《讀志林》。

長至月望後六日，重訂《返魂》舊稿。冬，重訂《冥讞》舊稿。《筆録》卷三

《次韵翁覃溪先生丁卯科重預鹿鳴宴》四首。《詩鈔》卷下

是年，羅澤南生；王昶、丁杰卒。

嘉慶十三年戊辰（公元一八〇八年），先生五十二歲。

子雲鵠八歲，始延師教讀。《答族外舅王金田太守書》

《山海經箋疏》成。《與孫淵如觀察書》

維通案：此書以傳習者少，復經後人羼亂，先生徵引各籍，訂其譌謬，疏其阻閡，于是名正物辨，釐然可讀。其前雖有吴氏廣注，畢氏校本，然前者援引太博，失之雜鑿，後者精于山川考證，而疏于文字訂正。《箋疏》則精而不鑿，博而不雜，即有小疵，終不害其大醇，蓋亦精心結撰之作也。

始撰《爾雅義疏》。初名《爾雅略義》

《與孫淵如書》云：「《爾雅正義》一書，足稱該博，猶未及乎研精，至其下卷尤多影響。懿行不揆檮昧，創爲略義，不欲上掩前賢，又不欲如劉光伯之規杜過，用是自成一書，不相因襲。性喜簡略，故名之《爾雅略義》。」《文集》卷二　又云：「《爾雅》邵氏《正義》，蒐輯較廣，然聲音訓詁之原，尚多壅閡，故鮮發明。今欲作義疏，于字借聲轉處，詞繁不殺，殆欲明其所

以然。」又云：「余田居多載，遇草木蟲魚有弗知者，必詢其名，詳察其形，考之古書以徵其然否。今兹疏中，其異於舊説者，皆經目驗，非憑胸臆，此全〔余〕書所以別于邵氏也。」《墓表》

維遹案：《爾雅義疏》爲先生畢世精粹之作，其所以別于邵氏《正義》，先生述之詳矣。今執編覆按，確乎相符，而近儒有謂「是書因前人成書，增益補苴，較爲精密，此中才以下盡人而可能，郝氏于發例絶無新發明，其内容亦襲邵氏之舊者十六七，實不應別撰一書。《義疏》之作，剿説掠美，百辭莫辨，我主張公道，不能不取邵棄郝。」余以爲未盡然也。訓詁之學，聲音文字爲本，而聲音尤爲訓詁之管鍵。聲音雖緣地域不同，方俗有殊，然其語根所由，終有痕迹可尋。邵氏雖取聲近之字，旁推其義，究不若郝氏于聲義博其恉趣，要其會歸，依同近通轉，以相統系，自多爲前人所未發。固不能與王氏《廣雅疏證》媲美，亦可謂不刊之作。益以經目參驗，不憑胸臆，非特爲歷來治《爾雅》者所無，即在訓詁學上，亦屬獨闢新徑。且一書之内，所包者廣，著者學力各有專長，若求全書盡善盡美，致中原無用武之地，在千百名著中，尚不一見，其難可知矣。如邵氏上卷，差可與郝氏比肩，而郝氏下卷，便駕乎其上。事實昭彰，無容掩諱，非獨因爲郝氏之書偏存愛嗜耳。至云郝氏鈔襲，更不足爲累，著家往往博引經典，以爲藉徵，而經典爲公衆注疏之園囿，非個人佔有，邵氏雖引之于先，郝氏亦可引之于後，必曰轉引，非但詞繁不殺，而向亦無此體製。若邵氏之按語，郝氏引而不名者，方屬剿襲掠美。此爲著家慣例，清儒守之尤嚴，郝氏以樸學起家，豈不知斯而甘冒不韙以予後人之口實乎？矧郝氏每撰成一篇，必與王石渠、阮雲臺、孫淵如、王伯申、馬元伯諸儒往來商榷，焉敢掠美，竊自取辱。余將邵、郝兩書，拜讀一過，郝引經典，避與邵重，其重者亦非攝鈔，實無掠美之嫌。不過就著書體例而論，邵先疏正文，再疏郭注，井然有序，郝則詳正文而略其注，是以邵、郝兩家各有所長，不可偏廢。必欲取邵棄郝，雖曰公道，實非公道。

四月，撰《竹書紀年校正叙》。據本書

夏，作《幼子文虎哀辭》。《文集》卷十二　九月，作《李飲川説春秋册跋》。《文集》卷四

九月二十三日，作《送王春溪員外遊越中叙》。《文集》卷三

附安人四十六歲。

六月九日，作《葩經小記叙》，有云：「廿餘年前，《葩經小記》草，强半脱落，兼之遺忘，聊欲補葺成書，亦以追惟慈氏之訓，寄明發之懷。維時嘉慶歲在著雍執徐，六月九日，宿雨初晴，新疴乍起，温經伊始，輒立課程。日率一篇，多至二三，或適有他事，來日補足成之。偶獲新義，隨筆札記，取供採擇，庶幾積日累月，續成前作，無忘所學云爾。」《閨中

文存》

是年，張文虎生。

嘉慶十四年己巳（公元一八〇九年），先生五十三歲。

三月，作《春秋比叙》。據本書

四月，阮雲臺爲刻《山海經箋疏》并撰序。據本書

六月六日，《爾雅·釋詁》一篇未畢。《文集》卷二《再奉雲臺先生論爾雅書》

六月十八日，與王伯申書。《外集》卷上

代作《歐陽靖園六十壽叙》。同上

是年，馮桂芬、陳橋樅、陳立生；洪亮吉、凌廷堪卒。

嘉慶十五年庚午（公元一八一〇年），先生五十四歲。

季秋，臧在東來書論校《山海經》，先生作答書。《拜經堂文集》卷三

季冬，評閲《臧在東答秦小峴少司寇書》及《論韓昌黎書》。同上

附安人四十八歲。

冬十有一月望後四日，作《讀孝節録》。

維遹案：孝節爲臧在東哲弟，亡于嘉慶十年乙丑秋。《拜經堂文集》卷五《跋汪鋭齋員外題孝

節書後》

《孝節録》，在東作也。在東爲安人撰《列女傳補注序》云：歲庚午，庸再遊學京師，一時師友之盛，日以經史古義相研究。時有父子著述，一家兩先生者，王石渠觀察暨令嗣曼卿學生也；有夫婦著述，一家兩先生者，郝蘭皋户部暨德配王婉佺安人也。庸寓吳鑑庵通政家，距石渠先生之居僅數廛，因得朝夕請益。而慕安人之學之名，特至，嘗以《孝節録》從户部乞言于安人，撰《讀孝節録》一首以應，性情真摯，文辭高曠，得六朝文法。書法亦遒勁，唐人歐、褚遺範也。《拜經堂文集》卷二

是年，邵懿辰、陳澧、李善蘭生。

嘉慶十六年辛未（公元一八一一年），先生五十五歲。

宋于庭始識先生，時接言論，每致商榷，輒付掌録，不以前輩而輕後生。《爾雅義疏序》

趙明府來書，問四川人謂熟為□，不審應作何字。《筆録》卷四，下同。

三月十六日，作《答趙明府瞰問》。

六月二十四日，作《答張蒙泉重刻金石三例書》。《文集》卷二

維遹案：雅雨堂盧氏《重刻金石三例》，先生爲之撰叙。叙見《文集》卷三

張蒙泉來書，指其疏謬，故先生以書答之。

九月四日，評讀安人《祭財神》詩。詩附《和鳴集》後附安人四十九歲。

《葩經小記》未卒業。

四月，作《松岑詩草叙》。《閨中文存》

七月，臧在東爲安人校定《列女傳補注》并作序。《拜經堂文集》卷二

維遹案：李蒓客《受禮廬日記》謂：是書洪筠軒、馬元伯諸君更相佐助，頗爲精密。梁氏端亦注此書，其中引蘭皋先生及安人説者，僅三四處，而疏證較詳，勘訂較密。同時陳碩甫等，復爲之審定，故是正頗多。端字無非，錢塘人，曜北氏玉繩之女孫，汪小米之室。閨中之秀，南北並出，此前古所無者也。

是年，曾國藩、吴云、莫友芝、張之萬生。

嘉慶十七年壬申（公元一八一二年），先生五十六歲。

始整理《證俗文》。先生云：「近六七年來，遇有所得，用紙札記，藏弆遂多。今檢其紙，有破損者，雨濕者，烟熏者，紙尾細書不可辨者，乃者涒灘之歲，稍欲收拾散亡，集而録之。」《文集》卷三《證俗文叙》

正月七日，爲阮雲臺先生作《肅慎氏砮考》。《文集》卷七

二月晦日，游萬柳堂，同游者胡墨莊，朱蘭坡，雪邨，立亭，鶴書。《求是堂文集》卷三《游萬柳堂記》

作《鳳尾蕉賦》《文集》卷一《記先曾祖遺事》。《文集》卷五

附安人五十歲。

三月望日，馬元伯爲安人作《列女傳補注叙》。據本書。下同。

十一月長至日，洪筠軒爲安人作《列仙傳校正序》。

是年，江忠源、胡林翼、左宗棠、吴可讀生；錢伯坰卒。

嘉慶十八年癸酉（公元一八一三年），先生五十七歲。

《證俗文》成。據本書

維遹案：此書爲治經時零星札記，其條貫古今，縱横經史，援引廣博，斷制切實，意在補《爾雅》、《方言》、《釋名》之所未備。《爾雅義疏》之作，類發軔于此，亦可謂其具備。蓋凡著一書，必先有具備，如王石渠爲作《廣雅疏證》，先治周、秦、漢、魏音韵訓詁〔詁〕，以備著述之利器，由其遺稿，便可窺其端倪。先生治《爾雅》亦然，惟一書所包者廣，著者未備，未必全行充實。王氏于聲韵蓄力獨厚，故較郝氏論聲韵處精確。郝氏于目驗實物有年，故較王氏論草木蟲魚處切實。讀王、郝二名著，既可佐助治學工具，亦可啓發後生治學門

徑，此學者所宜知也。

陳希白以其師郭岱封《經冶堂解義》遺稿，請先生讎校並索叙。《文集》卷三《經冶堂解義叙》

春，忽嬰痁病，迄乙亥之秋，養疴廢業，遂罷《爾雅》之役。乃因病閒瀏覽晋、宋等書，又苦善忘，爰付札記，問命安人鈔録。《晉宋書故跋》

夏五月，作《刁氏墓誌銘石刻跋》。《文集》卷四　七月，校《世説新語》。

維遹案：《任誕篇》校語書嘉慶癸酉七月廿三日，此類極多，手校本今存，説詳《著述考》。

十月初九，方葆巖來訃音爲太夫人逝世，十月十七日，先生奉書慰弔。《外集》卷上

十一月十八日，林臯言來書，十二月二日，先生作答書，有云：懿行官沉〔宦況〕窮迫難支，明歲恐要作京外之遊，亦不得不然耳。《外集》卷上

作《記異》、《記星》、《林清之變》，有云：「九月十五日午刻，賊衆數十人闖入紫金城，東華〔等〕門皆閉，禁兵及火器等營殲擒之，六七日乃盡。渠首林清旋亦就擒，及其黨與數百人皆伏誅。」《筆録》卷一

附安人五十一歲。

十二月，爲劉静春作《古列女傳詩序》。《閨中文存》

是年，陳介祺、楊沂孫生；吳騫、錢大昭、莊逵吉卒。

嘉慶十九年甲戌（公元一八一四年），先生五十八歲。

二月，桐城張阮林卒于京邸。張君諱聰咸，字阮林，一字小阮，著有《左傳杜注辯證》、《經史質疑》、《傳巖詩集》。《研六室文鈔》卷七《左傳杜注辯證書後》

維遹案：先生與張阮林、胡竹村、胡墨莊爲至友，近數年來，蓋無旬日不會晤，晤則必談經義。《求是堂文集》胡培翬序

三月二十七日，作《高王觀世音經靈異記》。《文集》卷四

四月二十一日，赴大通橋泛舟，同游者，胡承珙、朱伯仁、立亭，暨蘭坡幼子五郎凡六人。《求是堂文集》卷二《大通橋泛舟記》

七月五日，先生赴萬柳堂，爲北海鄭公生日設祭，同祀者，涇朱蘭坡珔、胡墨莊承珙、玉鐎世奇、文登畢九水亨、陽湖洪孟慈飴孫、桐城馬元伯瑞辰、徐樗亭璈、胡小東方朔、祁門陳警園士瀛、錢塘葉小斡朝采，及胡竹存培翬。《研六室文鈔》卷八《漢北海鄭公生日祀于萬柳堂記》

先生賦詩紀之，兼呈同集君子。《詩鈔》卷下　陸敬安《冷廬雜識》卷二云：文登畢恬溪大令以田，精研古訓，嘗謂宋儒好鑿空，以俗訓訓古經，其尤甚者，自春秋至唐，書策所在，皆子糾兄而桓公弟。顧于千載下，意變其長幼，以伸己議，淺者韙之。年七十，以舉人大挑一等，分發江西，委署安義。值赦，令邑有兄殺胞弟之案，大令列之不準援赦，上游駁斥，大令執

「不念鞠子，哀泯亂彝倫，刑兹無赦」之經義以諍之。大府已定劾休，適歙程春海侍郎恩澤主試廣東，取道豫章，大府款之，侍郎問大令起居甚悉，事乃得解。嗣補崇義，卒官。著有《九水山房文存》二卷，楊至堂河督刊行于世。

維遹案：畢亨，原名以田，字九水，一字恬溪，嘉慶十二年丁卯舉人。受業于戴東原，能通經學、小學，壯年爲孫淵如幕賓，孫氏著述多引其説。據《清史列傳·孫星衍傳》謂：孫氏《尚書今古文注疏》一書，九水有所助焉。丁卯科，考官朱蘭坡與九水詩云：玉壺敢詡静中明，稽古功深合得榮。近海偏隅知實學，通經博識雪虚聲。議登虎觀差能稱，材到龍門自不平。當日戴憑重坐席，絳帳原是舊諸生。《小萬卷齋詩稿》卷九　知九水先生在乾嘉間，頗爲儒林推重，惜其著述大半散逸，或助他人著述而隱其名，後世知之者寡，故特附識于此。

陳恭甫來書，兼寄《五經異義疏證》。《文集》卷二《答陳恭甫侍御書》

作《蒲葵扇賦》、《經冶堂解義叙》。《文集》卷一、〔卷三〕

附安人五十二歲。

八月二十六日，作《記從表妹林氏遺事》。《閨中文存》

是年，龍啓瑞、周壽昌、孫衣言生；程瑶田、張問陶卒。補：趙翼卒。

嘉慶二十年乙亥（公元一八一五年），先生五十九歲。

設館授徒。《外集》卷上《奉阮雲臺先生書》

春初，賈髫山伸以二詩見貺，並屬和。先生時正抱恙，未果。旋復寄十首。先生在夏初舊恙少痊，遂步二首兼附一絶。《詩鈔》卷下

與王伯申書，論沈約《宋書》無刑法、食貨二志，乃剌取紀傳補之，並欲撰《晉宋藝文志》，不列古書于前，但採晉宋人著述，標其最目，各爲條流，亦如漢志《藝文》之體。然難于躁括，先在罣漏，恐見聞短淺，將來未易可成也，聊擬度之耳。《文集》卷二

九月，作《晚菊》詩、《詩鈔》卷下《晚菊賦》、《文集》卷一《冬日齋中看菊叙》。《外集》卷上

十二月，作《補宋書刑法食貨志叙》。《文集》卷三　作《宋瑣語》。據本書

是年，彭玉塵生，梁同書、周春、姚鼐、段玉裁、楊芳燦、伊秉綬、舒位、洪震煊卒。

嘉慶二十一年丙子（公元一八一六年），先生六十歲。

移居海岱門東，齊魯會館。《詩鈔》卷上《買竹行叙》《與陳恭甫書》云：《爾雅》之業，屢經削草，卒未成書，期以二三年間，粗當了畢，便可逍遥無事。年衰計短，無可營生。近住海岱門東，齊魯會館，地頗閒曠，將謀授徒，自同食力。《外集》卷上

《晉宋書故》成，胡承珙序作于六月十三日。

夏，刻《宋瑣語》、《補宋書刑法志食貨志》及《晉宋書故》。《文集》卷二《與馬元伯書》

作《丙子〔季〕夏刊〈宋瑣語〉諸書向友人索價因賦短章》詩。《詩鈔》卷下

六月，作《奈〔佘〕氏族譜考》。《文集》卷七《與鄧湘皋書》。《文集》卷二

維邁案：此書未記年月，據《南村草堂文集》卷三，湘皋《自訂年譜序》，是年湘皋之母逝世，先生書内有云：「奉菲奠及附贈《宋瑣語》」，故厠入此年。

《答陳恭書》云：前二年中，曾惠手問，兼承遠頒《異義疏證》，展誦之餘，如聆謦咳，意甚樂也。居常私念《五經異義》一書，紛綸葳蕤，隱栝宏通，漢儒舊説，多藉收羅，實古經之淵囿，箋注之郭郛也。不獨因爲許君之書偏存愛嗜耳。鄭君之駁，過于掊擊，鄙意雅所不喜。且經生師授，各有門風，異撰何傷？亦各其志。推此而言，《鍼膏》、《發墨》亦屬詞繁，况五經無雙之許叔重乎？愚病此久矣，聊因尊著，一發洩之。自惟狂簡，幸望大雅辱而裁之。賤患偏疝，三載于今，邇來體氣差覺平復耳。以此之故，蟲魚輟注，良以慨然，比緣間廢，聊刊《瑣語》小書，欲爲索米之資。自比鈔胥，不堪覆〔瓿〕，只恐流播人間作話柄耳。今從同年趙穀士編修寄上此書，并拙荆《列女傳補注》各一分，並希加以是正。燕、閩相望，眠食爲珍。《文集》卷二

作《晉文鈔》。《與馬元伯書》

十二月初，與馬元伯書。《文集》卷二

作《贈奉直大夫賈公傳》。《外集》卷下

附安人五十四歲。

作《晉宋書故跋》。據本書

先生養疴，雖罷《爾雅》之業，仍披卷停吟。安人每以却書静攝爲箴，顧不見從，乃以病間瀏覽晉、宋等《書》，劄記。安人助爲鈔録成帙，不欲委之塵簏，因慫慂付諸鎸鋟。本跋

李慈銘云：此跋可作千古佳話。以眎李易庵《金石録序》作于嫠居亂後者爲不同矣。李氏手校《晉宋書故》，今藏北平圖書館。

是年，劉蓉生、崔述、莊述祖卒。

嘉慶二十二年丁丑（公元一八一七年），先生六十一歲。

初秋，讀《屺思堂詩集》，隨録數篇，以資吟賞。《筆記》卷上《劉稚川詩》

初秋二十二日，作《買竹行》詩。《詩鈔》卷上

八月望後一日，作《榆夾錢》詩，叙云：偶讀《小倉山房》，喜其解脱，因檢舊作，補成四章。《詩鈔》卷下

重九後二十有五日，作《花市買菊叙》。《外集》卷上

冬十一月八日，作《重修石泉洞龍神廟碑》。《文集》卷十一

作《除夕》詩，末句云：今日還是尾丁丑，明日便爲戊寅首。《詩鈔》卷上

是年，龔橙、閻敬銘生；陳鱣、李賡芸、惲敬、嚴元照卒。

嘉慶二十三年戊寅（公元一八一八年），先生六十二歲。

鄧湘皋來書，有云：拜惠以來，三載于兹，曾一書之未達，以在喪不敢越禮言謝。《南村草堂文集》卷九 正月，爲補《三國蜀志》作《程畿傳彤傳》。《文集》卷九

仲春九日，胡竹巖邀先生及同户曹諸子，小集思豫堂觀劇，先生以詩紀之。《詩鈔》卷上

八月，作《狐卜》。《筆録》卷二

十月，作《印文反戾》。《筆記》卷下

作《口琴賦》、《文集》卷一《夢死〔尸〕得官糞得財解》、《外集》卷下《因果談》。《筆録》卷三

是年，劉傅瑩、郭嵩燾、劉毓崧、蔣春霖、方宗誠生；翁方綱、董誥、吳錫麒、孫星衍卒。

嘉慶二十四年乙卯（公元一八一九年），先生六十三歲。

子雲鵠完淵，配王氏福山縣褚佳曈餘英長女。餘英爲嘉慶己巳進士，湖南善化縣知縣。《支譜》及《外集》卷上《代婉佺謝四史疑年録啓》

正月，作《瑞霙頌》。《外集》卷上。二月十六日，代安人作《謝四史疑年録啓》，自注：此書爲阮雲臺先生之側室劉文如書之撰。

夏，作《難老賦》、《罵病賦》。《文集》卷一

七月初五日，胡培翬等復祀鄭北海于萬柳堂，同祀者，元和蔣香度廷恩、新城陳石士用光、嘉興錢衎石儀吉、桐城光栗原聰諧、長洲陳碩甫奂、崇明陳辛伯兆熊、鶴山馮晉魚啓蓁、邵陽魏默深源、武進張彦惟成孫，暨朱蘭坡、胡墨莊、徐樗亭，而甲戌年同祀者，洪孟慈已官歿湖北，先生以病未能至，其餘六人俱已出都。《研六室文鈔》卷八《漢北海鄭公生日祀于萬柳堂記》

十二月二十三日，作《醉司命説》。《外集》卷下

嘉慶二十五年庚辰（公元一八二〇年），先生六十四歲。

正月七日，作《織具式》。《筆記》卷下《正月十日》詩，末句云：今日入春才十日，年登八八及兹辰。《詩鈔》卷下 二十五日，作《記雪》。《筆録》卷一

二月中旬，復訂正《爾雅》，謂此書，期以二年當可了畢，便欲挂冠，身作閒人。《外集》卷上《與方雪浦書》

六月，與兩浙轉運史〔使〕方雪浦書。同上

八月，作《馬笑》。《筆録》卷二〔三〕

十二月三日，與莒州莊杏園同年書，云：「弟投老殘年，官〔宦〕情久淡，所以未能引退者，非有所戀，徒以無家可歸。又恨力綿，無處買山而隱，然思歸之念，固無日而忘也。」「弟近欲醫貧，亦思教讀，而生徒寥寥，館金又薄，令人喚奈何也。」《外集》卷上

是年，勞格、丁寶楨生；焦循卒。

宣宗道光元年辛巳（公元一八二一年），先生六十五歲。

作《記疫》。《筆録》卷一

是年，李元度、俞樾生；吴鼒卒。

道光二年壬午（一八二二年），先生六十六歲。

《爾雅義疏》成。

陳碩甫云：先生僻處京之東偏，杜門不與外政，雖僮僕不具，弗顧也。道光壬午歲，奂館汪户部孟慈喜荀家，先生挾所著《爾雅疏》稿，徑來館中，以自道其治經之難，漏下四鼓者四十年，常與老妻焚香對坐，參徵異同得失，論不合輒反目不止。草木蟲魚，多出親驗，訓詁必通聲音，余則疏于聲，子盍爲我訂之？奂時將南歸，不敢諾。丙戌猶子兆熊殁于官，再入都，而先生古矣。陸刻《爾雅義疏跋》

道光三年癸未（公元一八二三年），先生六十七歲。

二月十二日，生孫，名聯蓀，字向榮，號伯楷，改從伯愷，附貢生。《支譜》

是年，張裕釗、李鴻章生；汪龍卒。

道光四年甲申（公元一八二四年），先生六十八歲。

撰《荀子補注》。

二月與王伯申論孫卿書，有云：楊注動多疐碍，蒙意未安，欲復稍加訂正，以存本來。《文集》卷二

六月五日，女幼蘭殤，先生時正養痾端憂，暇讀《志林》。《筆録》卷四《讀志林》

閏七月二十四日，與李月汀璋煜比部論楊倞書。《文集》卷二

八月望日，作《郝氏族譜考》。《文集》卷七

十一月，撰《晉文鈔叙》。《文集》卷三

維遹按：此書未刊，世所鮮知，今亦在先生遺稿内，詳《著述考》。

是年，曾國荃、何秋濤生。

道光五年乙酉（公元一八二五年），先生六十九歲。

二月初六日卯刻，卒于京邸。四月，子雲鵠扶柩歸里。五月之望，舉葬于金鈎先塋。《支譜》、《墓誌銘》

胡竹存云：余初至都，聞先生名謁焉，其後遂常往還。時先生方治《爾雅疏》，有所

得必以相咨。先生爲人，恂恂謙退，呐若不出口，然自守介，不輕與人晉接，遇非素知者，或相對竟日無一語。惟談論經義，則喋喋忘倦。所居四壁蕭然，庭院蓬蒿常滿，僮僕不備，先生處之晏如。浮沉郎署二十七年，視官之榮悴若無與己者，而惟一肆其力于著述。下略　先生淹抑户曹，未遷一官，貧病相侵，尋以徂逝，而其同歲生同〔用〕部屬起家持節鉞于外者比比。人或以是爲先生惜，又或咎先生不習吏事，仰屋著書，以故無表建于世，是殆不然。丈夫之仕也，固宜乘時樹績，俾朝廷收用人之效，然亦視位之得爲與其性情才力如何〔何如〕耳。若不自顧度而冒進矯拂以爲之，必陁。先生勤勤斷簡中，整齊蠹剔，明古義以詔來者，其益于世甚大。設令舍其所業，抱牘以馳，吾未知其建立何如。其官之升沉未可知，而其不能著作繁富以傳于後，則固有斷然者。由是觀之，先生未爲失已。下略。《研六室文鈔》卷十《郝蘭皋先生墓表》

附安人六十三歲。

歸里，整理先生遺書，以求彰顯于世。《墓銘》、《墓表》

九月十七日生孫，名聯薇，字小翔，號近垣，官順天府同知。《支譜》

維遹案：安人自歸里後，事迹蕭沉，無以稽考，故譜亦至此告結。據《支譜》安人卒于咸豐元年，正月初十日申刻，享壽八十有九，而遺書之刻，皆由文孫聯薇陸續付梓。余曾見聯薇爲刻遺書經過艱難自叙，及《解嘲七絶》四首手稿，不禁嘉聯薇能承先志也。

郝蘭皋先生著述考

已刊者

《詩經拾遺》

刻入《郝氏遺書》内，以下凡未注明者同此。案元稿與《校汲冢周書》合鈔一册，名曰《詩書拾遺》。舊藏郝氏曬書堂，今歸國立清華大學圖書館，以下凡舉校本、稿本未註明者同此。

《寶訓》八卷

《汲冢周書輯要》一卷

案：初校本依《祕書二十一種》本，今存。

《易説》十二卷

案：末附《易説便録》，故刻本作十三卷，元稿分爲二册，無卷數，今存。

《詩問》七卷

案：此書中引瑞玉曰云云，即繼配王安人《葩經小記》之説，其釋詩不盡宗小序及傳箋，然亦不盡廢也。又引牟默人《詩意》。牟氏所著《詩切》初名《詩意》，先王爲之撰叙，亦稱

《詩意》。此書未刊，元稿今藏國立山東大學。

《詩説》二卷

案：此書專調合漢、宋，不主一家，亦多夫婦問答之詞，殆與《詩問》互相發明耳。

《書説》二卷

案：《詩説》、《書説》初名《碧窗雜記》。考《山東續通志·藝文志》既著録《詩説》、《書説》，又著録《碧窗雜記》，而《雜記》一書，無從獲見，疑郝氏著述必有散逸者。今由其逸稿內，果檢出此書，共二册，總名《碧窗雜記》，內容一爲《詩説》，一爲《書説》。編《通志》者乃本《府志》，見元稿，可斷言矣。

《禮記箋》四十九卷

《讀書記》八卷

案：此書有湖南刻本，篇首附秀水金蓉鏡序，《遺書》未收入，纂輯《韓詩》、鄭氏《周易》、《尚書大傳》、《石經考》、《經義》及《帝王遺書》逸文，頗詳慎，有裨經學，不得以玉屑視之。元稿今存。

《春秋説略》十二卷

《春秋比》二卷

《山海經箋疏》十八卷，附《圖讚》一卷、《訂譌》一卷

案：是書初校本，依《祕書二十一種》本，今存。有嘉慶年刻本，遺書刻本，堪稱郝氏精粹之作。惟大醇不無小疵，故刊訖後尚有先生同年張介侯及友人臧在東來書訂正，今録如左。

張介侯來書云：一昨承示大著《山海經箋疏》，俾爲校正譌誤，澍念此書校勘者，自雲臺侍郎師而下，共十七人，皆碩學淹通，自必精審無玼，况以澍之陳椽馳逐，未嘗旭歷于學，其何能有一得之補乎？日來披尋一（過）似〔仍〕有罅漏，尚待補苴者。如《南山經》「猨翼之山多蝮虫。」郭注「虫古虺字」。《箋疏》引《説文》云：「虫一名蝮。」「虺以注鳴」。是虫虺非一字，與郭義異。按《説文》當作虫一名蝮，蛇下虺字，系後人竄改者。「句餘之山」，郭注「句章、餘姚因此爲名，見張氏《地理志》」，《箋疏》以爲張晏。按《太平寰宇記》引張敖《地理志》，當是張敖。《西山經》「崇吾之山，有獸如禺而文臂豹虎。」《箋疏》言「獸兼有虎豹之體，故被是名。」按《博物志》所言，本是虎僕，毛可爲筆，故辭人呼筆曰虎僕。《御覽》引字有譌，不足據也。《北山經》「決決之水，中多人魚。」《箋疏》謂「鯢字古省作兒，兒從儿，即古文人字，上闕脱，止存下人字。」按以此人字，係兒字闕脱其上，何下句嬰兒兒字不闕脱耶？《史記》有人魚，即今之孩兒魚也，此不必改者。《中山經》「太山有

草，其葉如荻。」郭注「荻亦蒿也，音狄。」《箋疏》謂「荻當爲萩，狄當爲秋，字形之誤，《尒疋》『蕭萩』。」郭注云：「即蒿」。按荻字是，不得作萩，萩是梓木類，《尒疋》蕭萩本宜作荻，觀郭注皆云蒿，可知作荻者是。《海外北經》「北方禺彊」。郭注「字玄冥，水神也」。《箋疏》謂「玄冥禺彊聲相近，玄冥即禺京，禺京即禺彊。」按禺京，禺彊，玄冥，均爲水神，各自一人，猶之重黎，吳回、祝融皆是火官，不得合爲一人。然謂禺京即禺彊，尚可以京與彊通，如鯨魚作鱷魚也，禺京爲禺虢之子，禺虢爲黄帝子，則梁簡文所云：禺京爲黄帝孫者相合。若玄冥則少昊子脩也，焉得合爲一人？《海内東經》「贛水出聶都東山」，《箋疏》謂「贛水一名豫章水，郡縣俱因水得名。」按《水經注》豫章以木氏郡，蓋水亦因郡縣得名也。《大荒東經》「有羲和之國，有女子名曰羲和。」《箋疏》言「帝嚳次妃娵訾氏女曰常儀，《大荒西經》又有帝俊妻常儀，疑常儀與常羲爲一人。」按常羲當作常儀，《吕氏春秋》「羲和占日，常儀占月」，顯係二人，不得云常儀即羲和也。老童生祝融。《箋疏》引《大戴禮·帝繫》篇，老童娶竭水之子，謂之高緺氏，産重黎及吳回。按竭水之子驕福，一作驕𣈆，見《世本》，又作嬌極，見《漢書·古今人表》。《大荒北經》「深目民之國肦姓。」郭注云：「眼絶深，黄帝時姓也。」按《王會解》有自深國，自古文鼻字，見《説文》，是自深即鼻深，亦即目深矣。《箋疏》以黄帝子有滕荀姓，疑肦姓或滕或荀，此説非。或民之國亦肦姓，又豈譌文乎？又《訂譌》卷内「崇吾之山，有木員葉而白柎」。云：「經文柎當作拊。」此説非，柎與跗通，華足也，經文作柎不錯。「黄帝是食是饗。」郭注：「所以得登龍于鼎湖而龍蜕也。」《訂譌》云：「龍蜕二字譌。」按宜作靈蜕，《御覽》作靈化，亦通。「積石之山有石門河水冒以西流。」郭注「今在金城河門關」。《訂譌》云：「門字衍。」按門字不衍，當在今字之上。「三危之山有獸名傲徆。」《訂譌》云：「傲當爲獒，徆當爲狚。」按獸名有不從犭者，如牴牻礋碰獪犢是也，如徆作狚，則傲宜作獓，不必作獒也。「有鳥其名曰鴟。」郭注「扶狩則短」。「訂譌」云：「當爲扶獸則死。」按狩與獸古字通，《車攻》詩之摶狩，漢人亦作摶獸。「有川在尾上。」郭注「川，竅也。」本不誤。《訂譌》云：「川當爲州。」按川，穿也，則竅也，竅，穀道也，《爾雅》之白州燕，亦當作川，余《續黔書》川字説最詳。「番條之山，減水出焉。」郭注「音減損之減」。《訂譌》云：「郭注音減，則經文不當作減，未審何字之譌。」按經文當爲咸字，如漢咸宣之咸，注亦音減也。「金星山其木多彫棠。」《訂譌》云：「彫疑當爲彤。」按草有彫胡，木不當有彫棠乎？必非彤字。「實惟川之九都。」郭注「九水所潛，故曰九都」。《訂譌》云：「郭注潛字誤。」按潛宜作渚，渚，聚也。又或作潴，潴亦聚也，故孟諸一作孟都。「嘉榮服之者不霆。」郭注音「廷搏之廷」，《訂譌》云：「當爲脡脯之脡。」按郭音似引古語，宜從之，古廷字有定音，見《匡謬正俗》。「女兒之山多閭麋麢麂。」郭注「㹤毛豹脚」。《訂譌》云：「㹤當作獶，豹當爲狗。」按㹤宜作猥，即猥豹也，不當爲獶，言毛似猥，脚似豹耳。凡此數條，雖于書之大體無關，然閣下精心果力尚有此失，則信乎著述之難也。澍所言儻有違戾，仍希大雅教之。（《養素堂文集》卷十四《與郝蘭皋户部書》）

臧在東來書云：《山海經·西山經》浮山多盼木。郭傳「音美目盼兮之盼」，凡二見。《箋疏》曰：「郭既音盼，知經（文）必不作盼，未審何字之訛。」庸簽云：盼字不妨有兩讀，手示「以經典内凡加音者，必系異字，若同字不須加音」，鄙見以經典内加音，有異字者多同部及聲相近之字也，有同一字而其讀不同者，乃高下疾徐之別，猶後世一字有四聲而其義亦因之而異也。《顔氏家訓·音辭篇》云：「鄭玄注六經，高誘注《吕覽》、《淮南》；許慎造《説文》，劉熹製《釋名》；始有譬况假借以證音字，而古語與今殊別，其間輕重清濁猶未可曉，加以外言内言，急言徐言，讀若之類，益使人疑。」又如《公羊傳》一伐字，而有長言短言二讀，《釋名》一天字，而有舌腹舌頭兩言，一風字，而有横口合唇言之、踧口開唇推氣言之之別，皆同字異讀之證也。又《禮記·樂記》、《祭義》皆有易直子諒之心句，鄭讀俱云：「子讀如不子之子。」《儀禮·鄉飲酒禮》：「賓西階上疑立。」注云：「疑讀爲疑然後從于趙盾之疑，疑正立自定之貌。」《周禮·冢宰之職》六曰：「主以利得民。」鄭康成云：「利讀如上思利民之利，謂以政教利之。」「外府掌邦布之入出。」注云：「布，泉也，布讀如宣布之布，其藏曰泉，其行曰布，取名于水泉，其流行無不遍。」是皆同字加音之明證，其所以異者，不子之子，與父子音異，疑立之疑，與疑慮音異，利民之利，與財利音異，宣布之布，與布帛音異。故疑然，今本《公羊傳》作仡然，而不子，當從徐仙民將吏反，陸德明如字，非也。（《樂記祭義釋文》同）手示云：「盼字從分聲，即使有兩讀，似不得以盼音盼。」庸案：盼從分聲，一語已了，然字從分而讀亦從之者，如《詩·碩人》「巧笑倩兮，美目盼兮。」倩從青聲，盼從分聲，爲真清合韵，詩人必不讀盼敷莧反也。又如王褒《九懷》「進瞵盼兮上丘墟」。此讀盼如彬，又讀瞵盼如瞵矉，聲雖小變，猶爲盼之本音，古讀原近是也。然《詩》美目盼兮，徐仙民敷諫反，吕忱《字林》匹簡反，又匹莧反，陸氏《毛詩音義》敷莧反，《論語音義》普莧反，音切，皆轉入元類，與分聲之本音真文類已不同，故郭必加音，猶《禮記》子諒，恐人讀爲父子，故鄭亦加音矣。《釋名·釋天》曰豫司兖冀，以舌腹言天。天，顯也，在上高顯也。青徐以舌頭言天。天，坦也，坦然高而遠也。夫三百篇天字古音在真類，而顯、垣二釋取音相近者，已轉入元類，故知郭傳盼音，亦轉入元類。景純、仙民皆東晉人，而非三百篇之盼與倩韵也。《釋名·釋天》之由真轉元，亦同斯例。《山海經》内郭音似此音，皆非誤也。聲音之道，當于今之異者會其同，又當于古之同者求其異，庸雖能言之，而未能盡之。《北次山經》：「繡山其中鱯黽」，郭傳「鼃黽似蝦蟇小而青」。《箋疏》曰：「鼃當爲耿字之譌，耿黽見《秋官》蟈字注，亦見《爾雅》。」馬元伯曰：「《爾雅》郭注，耿黽似青蛙，鼁䵶似蝦蟇。」此云似蝦蟇，則不得以鼃黽爲耿黽，秋酋古同聲，鼃疑即䵶之或體。䵶《説文》讀如戚，䵶之變爲鼃，猶䵶之音爲秋也，秋戚亦一聲之轉。手示云：「郭鼃黽似蝦蟇小而青一句，兼包《爾雅》二物，若但云似蝦蟇則是鼁䵶。」又云：「小而青則兼耿黽矣，《爾雅》言在水者黽，此經曰黽皆水族也。」庸以尊説與馬君説皆是，而分析未清，何則？《爾雅》上文鼁䵶蟾諸。郭注云：「似蝦蟇居陸地，淮南謂之去蚥」，此一物也。下文在水者黽。郭注云：「耿黽也，似青蛙，大腹，一名土鴨。」此又一物，蓋同類異種。《山海經》注實兼《爾雅》二物言之，尊説融會二經注最善，然以黽爲兼有鼃黽耿黽義則可，以鼃即耿字之譌則不可。馬君詮發鼃字之義至精，能心知其意，確不可易，特謂此注言似蝦蟇，則不得以鼃黽爲耿黽，似失之太拘。但不得以鼃爲耿之譌，何妨以黽爲耿黽，是于郭氏兼包並舉之旨，有未察耳。庸請申言馬君鼀字之義曰：《説文》黽部鼀下云：「䵶鼀詹諸也，《詩》曰得此䵶鼀。」（今《毛詩》作得此戚施）言其行鼀鼀。又鼁下云：「鼁鼀（舊作圥鼁，訛）詹諸也，其鳴詹諸，其皮鼁鼁，其行鼀鼀（此即孟施施從外來之施施也，舊作圥圥，訛，今改正）。從黽從圥，圥亦聲。」䵶下云：「鼁或從酋。」然則鼁䵶實一字也。今《爾雅》作鼁䵶蟾諸者，鼁即鼁之訛，《釋文》字從去，起据反，則陸所見本已誤。䵶即鼁字，不當重出。以《説文》校之，則䵶當爲⿰爾黽。《釋文》音秋，則陸本已譌，今通志堂本作䶕從齒，更誤中誤矣。然即此可證展轉相乖之致。書此奉復，鄙説如有可采，或附之訂訛，並以質之馬君。

先生答臧在東書云：漢儒不言音，故多譬況假借之詞，晉人始言音，故多取字異聲同之字，以定本文之音。如《山海經》、《穆天子傳》、《方言》之類，皆郭氏注，其所作音，大氏取用異字，間有同字者，必與正文相涉而譌。承示鼁䵶詹諸一條，讀書精細，當采入拙著《爾雅古音義疏》中。舊引《説文》虫部，⿰虫匊鼁詹諸之文，以證《爾雅》鼁䵶鼁字之譌，自以爲得之矣。今以先生及馬元伯之論，剖析精當，勝于鄙見遠甚。又馬虞部引《夏小正·鳴蜮傳》曰：屈造之屬也，《淮南·説林訓》鼓造避兵，高誘注「鼓造亦蝦蟇」，造鼀戚古音同，去屈蚼音相近，屈造鼓造鼄鼅蚼鼄，皆一聲之轉，郭注《爾雅》云：《淮南》謂之去父，《廣雅》「去蚁，蝦蟇也，」鼄字非譌。

臧在東又云：按《西山經》「浮山多盼木」，郭注「音美目盼兮之盼」。又「黄山盼水出焉」，郭傳「音美目盼兮之盼」。又「皋塗之山有獸名曰玃如」。郭傳「音玃嬰之嬰」（《箋疏》曰：「當爲玃，注當爲玃。」按玃玃實一字，凡犬旁豸旁之字皆互通矣）。《北山經》「單張之山，有獸名曰諸犍」。郭傳「音如犍牛之犍」。「神囷之山」，郭傳「音如倉囷之囷」，《東山經》「番條之山，減水出焉。」郭傳「音同減損之減」。《海内東經》「肆水出臨晉西南」。郭傳「音如肆習之肆」。（《箋疏》曰《水經注》本引作肆水，故郭音肆習以别之。按肆亦古肄字，鄭注《玉藻》云：「肆讀爲肄。」此經如作肄水，傳當云音如肄習之肄）。《大荒南經》「有山名曰去痓」。郭傳「音如風痓之痓」。有小人名曰菌人。郭傳「音如朝菌之菌」。《海内經》「有菌山」。郭傳「音芝菌之菌」。凡郭音經傳同文者十見，皆一字有異讀之明證，可決非相涉之譌，并無藉取徵于他書矣。至《説文》蚼字與鼄鼅鼀皆一聲之轉，蚼鼄之不得連文，猶鼅之不得連文也。《説文》虫部之蠅誤爲鼄，猶《爾雅·釋魚》鼀誤爲鼅也。去聲古在魚類，與幽類異，鼄之爲鼄，實形之譌。許書所載皆三代古文，與《爾雅》相表里，正以鼄鼅本一字，故《爾雅》鼄䵹，當從《説文》作鼄蝥，不得援《廣雅》去蚥，《爾雅》注去父，遽執《爾雅》從去爲不誤。鼓與去皆魚類，屈則遠在脂類，蝃則仍與鼄酉秋戚爲一類，未可强合。鄙見雖然，恐啓黨同伐異之習，故不復論難，附識于此。王懷祖先生見前書云：「尊説據《説文》以訂《爾雅》之訛是也。」十月五日識。（《拜經堂文集》卷三《與郝蘭皋農部論校山海經書》附《郝氏答書》。）先生與王伯申書云：「《山海經箋疏》者，本自末學，不更師授，深慚疏拙，未敢效劉舍人于車下干沈隱侯也。謬承吾兄激賞，敢遂仰丐高明，亟加是正。兼肯賜之教言，登諸簡首，俾享帚之珍，緘石之謬，得以流布人間，亦鼠坻牴糞後一種話頭也。昨聞書簏未以自隨，謹上書五種，以資檢校，計《廣雅疏證》、《畢氏山海經新校正》、《吳氏廣注》及《玉篇》、《廣韵》等，外有需檢看者，仍開書目刺取，再當呈上。肅此奉瀆，即候伯申大兄大人日安不具。」（自《昭代經師手簡》二編録出）

《竹書紀年校正》十四卷附《竹書紀年通考》

案：初校本，依《祕書二十一種》本，今存。此書據《唐志》分爲十四卷，先生以爲後之編書者雜入《紀年》中，並疑是書古有二本及其注非沈約撰。援證確切，可謂明論，校勘精慎，尤爲餘事。

《證俗文》十九卷

《補宋書刑法志》一卷

《補宋書食貨志》一卷

《宋瑣語》

《晉宋書故》一卷

《爾雅義疏》十九卷

案：此書之作，始于嘉慶十三年戊辰，落成于道光二年壬午，歷時正十五年，中因養痾廢業三年，舉實數言，則云十二年也。段氏《説文解字注》，計作十八年，王氏《廣雅疏證》，計作八年（據吾友劉盼遂先生所著段、王年譜）。宜乎此三名著，爲儒林所最推重。《爾雅義疏》有阮刻學海本，陸刻本犀香館本，及郝氏家刻《遺書》本。阮刻據王石渠先生删削本，陸刻又據阮本，復經陳碩甫重行校勘，多刊俗字，遠勝阮刻本、家刻本。家刻本所謂足本是也。陳碩甫跋陸本有云：「高郵王先生爲蘭臯先生通訂全書，删削之，甚至數十字，數十句，不更增易其字。」而家刻本宋于庭序云：「陸本與阮本無異，嘉興高君又得足本，以校阮、陸兩本，多四分之一。或云：删去之文，出高郵王石渠先生乎？或云：他人所删，而嫁名于王。」案宋氏既見陸本陳跋，反謂出于假託之詞，殊失其實。前數年上虞羅叔言得王石渠撰《爾雅義疏刊誤》稿，此案于是大白。羅氏有跋，見《殷禮在斯堂叢書》。

阮雲臺來書云：古人字從音，出喉舌之間，音之所通者簡，天下之大言之所異者繁。《爾雅》者，近正也。正者，虞、夏、商、周建都之地之正言也，近正者，各國近于王都之正言也。予姻家劉端臨之言曰：「予所雅言，詩書執禮。雅言者，誦《詩》讀《書》從周之正言，不爲魯之方言也。執禮者，詔相禮儀，亦以周音説禮儀也。《小雅》、《大雅》皆周詩之言也。」劉氏此説，足發千古之蒙矣。然則《爾雅》一書，皆引古今天下之異言，以近于正言。夫曰近者，明乎其有異也。正言者猶今官話也，近正者各省土音近于官話者也。揚雄《方言》自署曰：輶軒使者絶代語，釋別國方言。夫絶代別國尚釋之，况本近正者乎？言由音聯，音在字前，聯音以爲言，造字以赴音，言簡而字繁，得其簡者以通之，此聲韵文字訓詁之要也。《大戴記·小辨》一篇，足明《爾雅》之學。小辨者，一知半解之俗學也。魯國當時或有此學，猶漢《急就章》，宋王安石《字説》之類，然不可考矣。小辨之學易，《爾雅》之學難，故孔子曰：「社稷之主愛日。」又曰：「士學順辨言以遂志。」順與訓通借，即訓詁之訓，遂志者通其意也，不學其訓，則言不辨意不通矣。又曰：「小辨破言，小言破義，小義破道，道小不通，通者必簡。」《爾雅》以觀于古，足以辨言矣，傳言以象反舌皆至，可謂簡矣。夫亦固十變之秓，由不可既也，而况天下之言乎？孔子此數言，述《爾雅》之學甚明，何後儒之昧昧也？訓詁錯則言語錯，執古聖之書，以小辨破其言。而斷斷論之，道義皆錯矣。使古聖人見後人如此錯解之，必啞然笑曰：吾所言本不若是也。是以不明《爾雅》之學，則五經四書皆鼠璞矣。今子爲《爾雅》之學，以聲音爲主，而通其訓詁，余亟許之，以爲得其簡矣。以簡通繁，古今天下之言皆有部居而不越乎喉舌之地。孔子曰：「辨言之樂不下席」，余與子接席而辨之，其樂可知。（《研經室一集》《與郝蘭皋户部論〈爾雅〉書》）

《海錯》

《燕子春秋》

《蜂衙小記》

案：以上三書底稿，合鈔一册，今存。

《荀子補注》二卷

案：王先謙《荀子集解》采入此書。

張介侯來書云：嚴風朔雪之時，訪閣下于齊魯會館。入其門，落葉滿階，升其庭，積塵盈几，聞書聲，琅琅可聽，則閣下方咏諷古經也。頃之，閣下自内出，被敝羊裘，狀觳觳然，弟乃深嘆閣下之溺苦于學而不以貧爲病也。然閣下雖嗜貧，而弟則淚涔涔，心焉痛之。既而見照圓嫂婦人，方以《爾雅》疑事詰難。弟雖勉强酬富，亦幾辭窮，則又羨嫂夫人之研經不倦也。歸來慷慨不已，辦膺自咎者久之。頃聞錢恬齋方伯同年，不日入都，與衎石侍御商之，當嚮恬齋言爲銷書百部，稍可以爲日用之需。又知閣下天素高亮，不肯向人乞憐，此弟與衎石之意，與閣下之貞介無損，亦可爲者。恬齋爲政明敏，操守廉潔，曩來甚佩服閣下，必有以應之，願勿却以副友朋之意爲禱。承示《荀子補注》大致精確，弟蠡管所及，輒爲改正七條。未審是否？尚祈教之。（《養素堂文集》卷十四《與郝蘭皋户部同年書》）

《顔氏家訓校記》

案：此書未刻入《遺書》内，有太原圖書館鉛印本，篇首附晉城郭允叔先生序，末附武昌張損庵、陽城田玉如兩先生跋。張跋謂：「郝先生《顔氏家訓校記》一卷，田君玉如得其手迹于太原書肆。原用《漢魏叢書》本，校記于眉端，前後均無款識，惟記内自稱某某名者三。又與牟默人商榷數事，均可信其爲郝先生也。」案張説甚是。《曬書堂文集》卷五《亡書失硯》云：「昔年余有《顔氏家訓》，系坊間俗本，不足愛惜，乃其上方空白紙頭，每檢閱隨加箋注，積百數十條，後爲誰何携去，至今思之不忘也。」知此書佚已久，今竟刊行于世，豈先生所能料及與？復察刻本都凡百二十餘條，與《文集》所云均合。

《曬書堂詩鈔》二卷

《曬書堂詩餘》

《曬書堂文集》十二卷

《曬書堂外集》二卷

《曬書堂别集》一卷

《曬書堂筆記》二卷

《曬書堂筆録》六卷

《曬書堂時文》

《曬書堂試帖》

《曬書堂和鳴集》 先生與王安人合著

未刊者

《説文廣詁》

案：此書依汲古閣刻四聲韵譜本，用黄筆批注。《山東續通志·藝文志》著録謂：「此書乃其在試闈掌謄録時所輯，故皆用黄筆。」今察是書，間用墨筆，蓋續有增補，又有附鈔本六册，編爲十四卷。張濬《校説文廣詁書後》云：「《説文廣詁》，郝蘭皋先生草創未成之書也，依四聲韵譜本，用黄筆作細楷，叶縫帙眉旁行斜上，錯綜皆滿，無次第。其哲嗣先生隨文鈔録，編十四卷，始一東，終一百十九甲，蓋其慎也，然殊失許氏始一終亥之義，恐非蘭皋先生之本意耳。其編録字句去取前後之間，似亦間有不達蘭皋先生之旨者。丙申歲濬捧檄權菀棲霞，訪先生未刻之遺書，同年郝誠之乃以此書原鈔二本屬校勘。竊以鄙意略加是正，一曰删，一曰增，一曰乙校。未及半而瓜代有期，未能卒業，竊有憾焉，因書臆見于其後，以俟世之精于此學者董而理之可也。丁酉仲春黄巖後學張濬誌。案張氏《書後》一文，余從蘭皋先生後人處獲見，副鈔本第一、二册有朱筆增删者知出張氏之手。惟余編訂此書，仍遵整理先儒遺稿慣例，依元書次第，不從張説。今藏清華大學圖書館。以下校本稿本凡未注明者同此。

校正《大戴禮記》十三卷

案：依盧氏刻本，書眉行句間，校語錯綜，約七十餘則，間引張氏本仁山金氏戴東原、張蒿庵、宋于庭及其同邑牟盧坡諸人之説。《曬書堂文集》卷三，嘉慶十三年戊辰與孫淵如書有云：「《韓詩外傳》、《大戴記》俱有訂正，即今尚未脱稿。」尋嘉慶十六年辛未宋于庭始識先生，知此書殆成于嘉慶十六年後。

校正《韓詩外傳》十卷

案：依嘉慶己未味經堂刻本，校語在書眉，計九十餘則。惟稱「兄曰案」，知爲先生胞弟懿林抄録。又引牟默人説，牟氏手校《韓詩外傳》及《淮南子》，近在濟南亦搜得。據王獻唐先生來書云：「此二書皆傑作也，時人所捧之黄蕘翁、顧千里以校勘名者較之，誠不足道，蘭皋先生亦不及也。」郝、牟兩家遺著，同時發現，誠藝林之幸事也。

校正《淮南子》二十一卷

案：依《漢魏叢書》本，校語亦在眉端，或在字行間，增字乙字，計壹百十餘則。

校正《前漢書》

校正《後漢書》

案：上二書依汲古閣本，計校五百餘則，引牟默人説極多，牟書存否？尚不可知，而《雪泥書屋遺書目録》，亦未著録，尤屬珍貴。

《文心雕龍補注》十卷

案：《支譜》著録，名曰《補注》，今仍之。依養素堂刻本，即姚培謙所刊黄叔琳輯注初刻本，全用細楷，書在眉端及字行間，并有紙條貼在内，計壹百九十餘則，意在補正黄注，及疏證正文。在《正緯篇》、《隱秀篇》有云：「愚聞之紀大宗伯曉嵐先生云云」，考紀氏卒于嘉慶十年，此書之作，始于嘉慶初年與？

校正《説苑》二十卷

案：依《漢魏叢書》本，計校五十餘則。

校正《新序》十卷

案：依《漢魏叢書》本，計校四十餘則。

校正《鹽鐵論》十二卷

案：依坊間俗本，計校七十餘則。

校正《世説新語》

案：《世説新語》及《世説新語補》裝成一函，皆坊間增訂本，校語書在紙條，貼在字行間，計壹百二十餘則。補證劉孝標注，駁正《世説》謬誤，及訂正誤字。

《穆天子傳補注》

《小爾雅補注》

校正《急就篇》

案：以上三書，合鈔一册，書面題「甲子年輯，尋韭氏本。」《穆天子傳》據《文選注》、《水經注》、唐宋類書及明藏經本校之。《曬書堂文集》卷五《老道人》篇有云：「白雲觀者，都中之名勝，有道藏焉。嘉慶丙寅、丁卯間，余再三遊歷，登藏經之閣，披甲乙之函，曾借校《山海經》、《穆天子傳》諸書」。考甲子爲嘉慶九年，丙寅爲嘉慶十一年，知是書鈔本在校書之前，故校語在眉端。

校正《風俗通義》四卷

案：依《祕書二十一種》本，校語甚少。

校正《昭明文選》六十卷

案：依六臣本，校語在書眉，書在紙條者，大半殘闕，間引劉奉世、何義門、宋于庭諸人之說。

校正《廣韵》

案：依張氏澤存堂刻本，計校壹百八十餘則，據《說文》、《爾雅》、《玉篇》諸書校之。

校正《玉篇》

案：依張氏澤存堂刻本，計校二百二十餘則。在朱錫鬯序後記云：《太平御覽》七百五十卷引《陳書》曰：《顧野王傳》曰：宣城王爲楊州刺史，野王及瑯琊王褒并爲賓客。王甚愛其才，野王又好丹青，善圖寫。王于東府起齋，乃令野王畫古賢，命王褒讃之，時人稱爲二絶。嘉慶十年乙丑三月晦前一日蘭皋識。

校正《水經注》

案：依戴東原校本，校語書在紙條，貼眉端，計壹百餘則。

校正《九經古義》

案：依竹西書屋刻本，校語多訂正惠氏之誤。

增補《風星正源》

案：此書爲牟默人撰，《雪泥書屋遺書目録》著録，元稿存否尚不可知，書面題曬書堂鈔本，在書眉增補壹佰二十餘則。兹經先生鈔補，得重見于世，非特牟氏之幸，亦治牟學之幸也。

《古文考證》

篇目：《易》，《説文》引《書》，《詩》，《禮》，《傳》，《論語》，《孟子》，《孝經》，《漢律》，《爾雅》，《楚詞》，《淮南子》，《老子》，《墨子》，《文選》引《詩》。

《漢紀摘考》

篇目：《域地》，《宫闕》，《璽符》，《車乘》，《服飾》，《器物》，《稱號》，《律令》，《刑法》，《賞賚》，《賦税》，《貨幣》，《徭戍》，《獸産》，《占侯》，《經傳訓詁》，《古文字》，《古音讀》，

《方俗語》。

案：上二書非專著也，前者爲治《説文》而分類纂輯，《文選》引《詩》一篇，復轉入《讀書記》内，是其明驗。後者爲治《漢書》而分類纂輯，藉此足以窺出先生治學方法矣。

《倫閒集》

案：《文譜》、《登州府志》、《山東續通志》均著録，作《偷閒録》。今察其字迹，非先生手翰，爲其後人鈔録。篇目：《文房小史》，《讀書語録》，《文體》，《詩話》，《畫品》，《書法》，《茅齋月令》，《花木考》，《格言》，《浮屠家言》，《山水主人》，《高人逸史》，《高人語録》，《風月嘉話》，《清涼散》，《清言小品》，《摘録集》，《翰林集》。

《鑑略》

案：《登州府志》、《山東續通志》均著録。今察此書，共十七册，初稿爲一巨册，乃先生手翰，餘爲其後人鈔清。已成書，有綱目，自三皇五帝起至明懷宗止。

《晉文鈔》

案：此書共二册，别有副本十餘册，爲其後人鈔録。内夾數叶印成版式，似付梓未果。有叙及綱目，綱目文繁不録。

自叙云：晉人尚清談，其源出于王輔嗣、何平叔，遊心莊、老，祖尚清虚，當塗、典午之間，餘波所蕩，兹風遂競，勝士名流，靡不馳逸，辯吐清辭，所謂紅紫成章丘陵生韵者矣。然當泰始、泰康之際，耆碩如羊叔子、山巨源、傅休奕、杜元凱輩，率皆篤實忠純，謀謨弼亮，有濟于時，凡兹數子，不在能言之科。嚮使晉朝用人皆多此類，王夷甫輩豈能以盛名處大位敗俗傷化，如羊公所譏云云哉？延及江左，王與馬共天下，人材不及西朝。加以競逐浮華，靡存恤緯，燕燕巢幕，烏甫畢逋，所謂朝不謀夕，悕其危矣。王右軍語謝太傅曰：「今四郊多壘，宜人人自效，而虚談廢務，浮文妨要，恐非當今所急」，此言真能切中時弊，惜當時君相，因循偷安不能用耳。余讀晉文，鈔晉文凡百數十首，大抵切事實，崇要務，屏黜虚浮之習，一如右軍所論云。道光四年十一月。

《游文小史》　据《支譜》

附　王安人瑞玉著述考

《列女傳補注》八卷

《列仙傳校正》二卷附《列仙讚》一卷

《葩經小記》

案：蘭皋先生與孫淵如書云：「拙荆王婉佺《葩經小記》，未有定本。」今只存叙，殆未落成，惟其説多散見于《詩問》、《詩説》。馬元伯《毛詩傳箋通釋·七月》篇引安人《詩小記》，其説與《詩問》義同字異。馬氏素與郝氏夫婦過從甚密，必據其元稿，當時殆未采入《詩問》内，故稱《詩小記》而不稱《詩問》。《山東續通志》于《詩問》下有云：「書中凡引瑞玉曰云云，蓋即《葩經小記》之説」。甚是。

《夢書》

《曬書堂閨中文存》

《家人祭財神率爾有作》詩十首　附在《和鳴集》後

附　郝康仲先生著書目

康仲名晉，號崑岳，蘭皋先生第八世祖也。崇禎戊辰進士，官保定巡撫兼都察院右副都御史授資政大夫。（見《支譜》）

《九嘯齋集》

案：此書爲蘭皋先生手抄本，並爲之撰叙，此叙《文集》未收入。謹録如左。

「石鼎聯篇，敝簏之遺文斯在；金麟耀日，奚囊之佳句猶存。懸梯撫岣嶁之碑，依稀青字；汲井出篆銘之石，仿佛黄初。因知性癡愛奇，情耽嗜古，自昔而然，于今爲烈。矧夫音徽未沫，似續若新，尤稱撰著之佼佼者乎？粤昔先中丞公誕齊申甫，降擬庚寅，乃于攬揆懸弧之初，厥有維箕入夢之異。起家巴令，馴逐鱷魚，按部太倉，薙除奸蠹。非夫心勞撫字，信格冥頑，其孰能設施烜赫至于如斯者矣。若乃絶營温飽，雅喜林泉，雖接簿書，不辭翰墨。秋高爽籟，時裁放鶴之篇；春曉青窗，每仿愛鵝之帖。然而藏弆頗多，散軼不少，加以蝎黄蠹碧，石泐編殘，此所以杜陵歌白雖留入蜀之句，而庚信文章止有渡江之作者也。獨是邊集刻于漁洋，猶懷桑梓；豈其千文臨于智永，弗念高曾。爰乃倒篋傾箱，搜鴻泥之故爪；剜苔剔蘚，覓鶴脛之餘踪。拾半斤之赫蹏，亟登卷軸；尋數行之斷碣，珍擬琳瑯。固將仰丐勝流，彌張光價，詎止別風淮雨剩甲殘鱗之威已乎？且夫公具康濟之才，身應封疆之寄，江左方思安石，成都行召文翁，而乃甫擁節旄，旋歸丘壑。石芝園内，懷獨樂以相羊；句曲亭中，慕隱居而容與。有四足之遺風，追二疏之高致，寄託于茲人，咸爲公惜焉。豈知点也曠懷，蕭然沂水；羲之妙迹，韵矣蘭亭。况乃高朋則宗炳、陶濳，群季皆惠連、康樂。一觴一咏，其水某丘，人之惜公蓋不少，而不知公之所得固已多也。嗟乎！覽衛公之故物，手澤猶留；繹柳氏之舊聞，典型如昨。從茲酒闌燈灺，感神爽而惝怳若來，行見月夕花辰，哦遺編而低徊不去。」

附：郝梅萶先生著書目

《梅叟閒評》四卷

案：此書已刻入《郝氏遺書》，稿本今存，惟察其字迹及排列，蓋其後人抄録者。

《灌園小史》稿本

自叙云：「余昔謂交友之道可通于花，友以淡乃成，花以淡相遭也。天壤之間，楚耶越耶？

陌路客耶？一言相投，則千里命駕，性情係之耳。花猶是也，故志異地同，居等楚越。心同則異地猶金蘭，吾惡知友之不可通于花而花之不可通于友耶？余也少孤，終鮮兄弟，家庭之樂蓋難言，又性鈍不嗜讀書，情之所鍾，惟在于花。方其始也，購得之難，譬猶二三同志，落落晨星，今則良朋濟濟矣。花式不盡中款，而品格自在，猶夫君子之交取節焉可也。花之類不必珍異，惟視力所可得者購之，所謂寒士無百里交也。當夫俗冗塵坌，命小奚奴代爲周旋，心竊竊然懼曰：保無慢吾友乎？迨隆冬初寒，恐其凍也；茅屋逼窄，虞其褻也；紙窗風透，慮其侵也；盆近卧榻，俗人不韵，則又憂其于邑而無色也。凡兹數事，刻刻關情，譬諸臭味無有差池，吾又安能等金蘭于楚越哉？昔程繁三柳軒，識花名十客，世以爲雅戲。姚氏淺語演爲三十客，其中有未當者，伍涵芬易其一二，且復得二十客，并著之。夫客之與友，尺寸之間耳，然余猶謂昔人之于花未若余厚耳。余老矣，四十餘年來，花之年已有與余相若且强半者。結習既深，性情愈厚，花如有神，吾將呼而問之曰：汝吾老友乎？則諾。歲在上章閹茂，梅莽老人時年六十，書于桐華書屋。」

——《清華學報》第拾卷第一期

圖書在版編目(CIP)數據

郝懿行集/(清)郝懿行著;安作璋主編. —濟南:齊魯書社,2010.4

ISBN 978 - 7 - 5333 - 2128 - 4

Ⅰ.郝…　Ⅱ.①郝…②安…　Ⅲ.郝懿行(1755 - 1823)—文集　Ⅳ.Z424.9

中國版本圖書館 CIP 數據核字(2008)第 185488 號

郝懿行集(全七册)

[清]郝懿行　著　安作璋　主編

出版發行　齊魯書社
社　　址　濟南經九路勝利大街 39 號
郵　　編　250001
網　　址　www.qlss.com.cn
電子郵箱　qlss@sdpress.com.cn
印　　刷　山東人民印刷廠泰安廠
開　　本　850×1168mm　1/32
印　　張　193.25
插　　頁　35
字　　數　3870 千字
版　　次　2010 年 4 月第 1 版
印　　次　2010 年 4 月第 1 次印刷
標準書號　ISBN 978 - 7 - 5333 - 2128 - 4
定　　價　980.00 圓

普通高中新课程实验教科书 语文（选修）

中国现当代

经全国中小学教材审定委员会2006年初审通过

普通高中新课程实验教科书 ● 语文（选修）

中国现当代小说选读